国家社会科学基金重大项目（批准号:10&ZD130）
国　家　出　版　基　金　项　目
国家"双一流"建设学科"南京大学中国语言文学"资助项目
江苏省2011协同创新中心"中国文学与东亚文明"资助项目

第十卷

中国古代文献文化史史料辑要

程章灿 许勇 编著

中国古代文献文化史

程章灿 主编

南京大学出版社

图书在版编目(CIP)数据

中国古代文献文化史史料辑要 / 程章灿,许勇编著
. —南京:南京大学出版社,2021.11
(中国古代文献文化史/程章灿主编)
ISBN 978-7-305-25161-0

Ⅰ. ①中… Ⅱ. ①程… ②许… Ⅲ. ①古文献学-史料-中国-古代 Ⅳ. ①G256.1

中国版本图书馆 CIP 数据核字(2021)第 253303 号

出版发行	南京大学出版社
社　　址	南京市汉口路22号　　邮编 210093
出 版 人	金鑫荣
丛 书 名	中国古代文献文化史
主　　编	程章灿
书　　名	**中国古代文献文化史史料辑要**
编　　著	程章灿　许勇
责任编辑	刘丹
出版统筹	胡豪　李亭
装帧设计	赵秦
封底篆印	徐兴无
责任监制	郭欣
照　　排	南京紫藤制版印务中心
印　　刷	南京爱德印刷有限公司
开　　本	718×1000　1/16　印张 31　字数 432 千
版　　次	2021 年 11 月第 1 版　2021 年 11 月第 1 次印刷
ISBN	978-7-305-25161-0
定　　价	135.00 元

网　　址:http://www.njupco.com
官方微博:http://weibo.com/njupco
官方微信:njupress
销售咨询热线:(025)83594756

* 版权所有,侵权必究
* 凡购买南大版图书,如有印装质量问题,请与所购
　图书销售部门联系调换

总　序

程章灿

中华民族有着五千年悠久而灿烂的文明,绵延至今,从未断绝。浩如烟海、形式多样的中国古代文献,在中华文明传承过程中发挥了重要的作用。中国古代文献不仅是文化的载体,也承载着历史的记忆,生生不息,成为中华文明一大特色。"中国古代文献文化史"这一研究课题,就是以文献为切入点来研究文化,从文化的视角来研究文献,前者强调文化研究的实证基础,后者突出文献研究的宏观视野。对于认识中华文化的形成过程及其特点,认识中国古代文献的发展变化及其文化价值,这一研究的意义是显而易见的。

纵观五千年中华文明史,造纸术与印刷术的发明,早已被公认是推动人类文明重大跨越的不朽贡献。实际上,早在造纸术和印刷术发明之前,中国古代就有了甲骨契刻、简帛书写、金石镌刻等文献生产方式,开创了源远流长的文字书写传统,也确立了坚实深厚的文献历史传统。《尚书·多士》最早用文字记载确认了这一传统:"惟殷先人,有典有册。"这个传统一方面体现在中国古代文献数量极夥,以现存1911年以前的古籍文献(不包括出土文献)而言,即不下二十万种。另一方面,这个传统体现在中国古代文献类型十分丰富,除书本外,文书、卷子、档案、信札、石刻、契约、账册、书画等不一而足。中国古代文献在书写、制作、印刷与流通等方面取得了很高的成就,为中国乃至世界文化发展做出了巨大的贡献,它吸引后人展开全面而深入的文化研究,同时也为这种研究奠定了坚实的文献基础。

从文化史的角度来看，文献既是文化的重要载体，也是突出的文化现象，具有重要的文化史研究价值。狭义的文献一般指书籍或有文字、图像的载体，广义的文献外延较广，包括一切人类符号载体。文献是思想知识的载体，其根本属性是"精神"与"物质"的结合。文献的这一属性决定了它本身也是一种重要的文化现象，不仅以自身的内容记载传承文化，而且以自身的物质形式嵌入广义的文化史架构之中。据《论语·八佾》记载，孔子最早使用"文献"一词，他说："夏礼吾能言之，杞不足征也；殷礼吾能言之，宋不足征也。文献不足故也，足则吾能征之矣。"宋代大儒朱熹在《论语集注》中解释"文献"这个词，明确指出："文，典籍也。献，贤也。言二代之礼我能言之，而二国不足取以为证，以其文献不足故也。文献若足，则我能取之以证吾言矣。"这是"文献"一词的经典解释。在这个话语体系中，"文献"包括典籍与贤人两个方面。典籍是载录文化的载体，贤人是传承文化的主体，典籍与贤人亦即物与人的深刻交集，恰好揭示了文献的物质文化与精神文化本质。环绕着文献的制作、生产、衍生、阅读、聚散、流通、使用等过程，各种社会群体与历史力量参与其间，纵横交错，在文化与文献之间形成无数交叉联结之点。经由这些联结点，既可以看到被文化史所塑造的文献现象，也可以看到文献史所凸显的文化特性。这正是中国古代文献文化史研究首要着力的方向。

中西学术传统都很重视对于文献本身的研究，由此产生了目录学、版本学、校勘学、书志学、典藏学等文献学相关学科，图书馆学、金石学、历史文献学等学科也涉及对古代文献的研究。涵盖校勘学、目录学、版本学和典藏学等学科的中国古典文献学，历来以整理图书为己任，尤重考镜源流、辨章学术，为往圣继绝学，表现出强烈的延续文化学术的历史使命感。具体而言，校勘学揭示了古代书写与传播的方式与特点；目录学揭示了文献的历史状况、分类源流和学术思想轨迹；版本学揭示了文献的物质文化形态；典藏学揭示了文献聚散传承的轨迹及其社会文化因缘。它们都为中国古代文献文化史研究提供了宝贵的学术文献资源，其中所蕴含的文化自觉和历史意识，更为中国古代文献文化史研究提供了重要的文化思想资源。

随着20世纪初中国学术现代化的发轫,中国古典文献研究中的文化自觉更加明显,其代表作有王国维《简牍检署考》、孙德谦《汉书艺文志举例》《刘向校雠学纂微》、陈登原《古今典籍聚散考》、余嘉锡《古书通例》等。其后又有刘国钧《中国书史简编》、张秀民《中国印刷术的发明及其影响》等,它们带动了一大批关于书史、印刷史的研究,但此类研究仍然偏重于书籍物质形态本身,对文献的文化史意义的抉发不够深广,还谈不上是系统的中国古代文献文化史研究。

自20世纪西方新史学诞生以来,特别是社会史、文化史观照视角兴起以后,开始出现以社会、经济、文化取代传统历史编纂学叙事关注的倾向。文献,特别是印刷书籍成为被关注的热点之一,书籍史研究于是应运而生。1958年,法国年鉴学派史学家费夫贺(Lucien Febvre)与马尔坦(Henri-Jean Martin)出版了《印刷书的诞生》,从宏观角度解答印刷术发明对整个欧洲历史的深远影响,为书籍史研究导夫先路。20世纪中期以后,广义历史研究的"文化转向"进一步明显,图书的阅读史、接受传播史、商品贸易史,特别是图书对社会文化影响的研究成为一种重要的学术思潮,其代表作为美国史学家达恩顿(Robert Darnton)所著《启蒙运动的生意:〈百科全书〉出版史(1775—1800)》,以18世纪狄德罗《百科全书》为个案,从其出版过程及流通的角度,探讨图书出版与启蒙运动的互动历史。其突出贡献在于提出了"书的历史"的重要价值,将书籍的传播过程视为理解思想、社会以及历史的最佳途径及策略。

简而言之,西方学者的这些"书籍史"(histoire de livre)研究,不同于图书馆学、目录学和版本学意义上的"图书史"(history of the book),它是一种文化史的观照,其核心是将书籍理解为文化历史中的一股力量。书的制作情形如何?由谁制作?为谁制作?撰著者与出版商之间的关系为何?国家意识形态如何影响书籍的出版?思想理念又如何通过书籍而传播?书的价格与书的贸易情况如何?书籍的传播与接受的社会效果如何?读者的阅读能力与参与性怎样?国家文化当局的权威及其影响力如何?等等。这些问题的产生,使二十世纪六七十年代以来的当代书籍史研究开始超越传统的文献学研究,成为一个专门学科。这一学科的内涵是:在文献书籍存在的长久时段内,用最广泛、最完整的视角来看待它,探究其社会功用、经济和政治利益、文化实践与影响等等。

西方学者运用西方书籍史的视角,研究中国古代文献与社会文化历史的关系,产生了一系列富有价值的成果,也在一定程度上推动了中国本土学者在书籍史方面的探索。但西方学者主要关注近世以来的书籍与印刷,对其他时代、其他形态的文献关注不足,亦较少利用中国传统文献学中的学术资源。因而,结合中西学术积累进行中国古代文献文化史研究,是一个极富意义并具有广阔发展前景的学科方向。

2010年底,以程章灿教授为首席专家的南京大学文学院古典文献研究所团队成功申请国家社科基金重大项目"中国古代文献文化史"(批准号:10&ZD130),项目分为十个子课题,子课题负责人依次为:赵益教授、徐兴无教授、于溯副教授、巩本栋教授、俞士玲教授、徐雁平教授、张宗友教授、程章灿教授、金程宇教授等九位。其预期成果为十卷本《中国古代文献文化史》。这个研究团队及其依托的学科群体,在古典文献学、域外汉籍研究、古代文化史研究等领域已有较为丰厚的学术积累,也较早开始了中国古代文献文化史的研究探索。

立项以来,研究团队多次对十卷本《中国古代文献文化史》的架构进行系统规划,深入研讨这一课题的内涵、意义、价值及研究方法,凝聚共识。研究团队多次主办学术讨论会、专题暑期学校、学术论坛、工作坊、系列报告会等,深化对文献文化史概念及其研究思路的思考。研究团队还在《文献》《南京大学学报》《学术研究》《古典文献研究》等重要学术刊物上组织专栏,发布文献文化史研究的阶段性成果。2013年1月23日,《中国社会科学报》A1版以《古代文献文化史:超越"书籍史"的本土化尝试》为题,发表该报记者霍文琦对程章灿教授的访谈;同年赵益教授在《南京大学学报》第3期发表《从文献史、书籍史到文献文化史》一文,系统阐述文献文化史的研究思路,扩大了本项目的社会影响和学术影响。从2010年至2020年,研究团队邀请来自美、欧、日、韩的国外学者来校交流、讲学,通过多种形式的国际学术交流,以更好地借鉴外来的学术方法与观念,开阔视野。在研究团队成员的指导下,南京大学中国古典文献学和中国古代文学专业的研究生们围绕中国古代文献文化史进行专题研究,进一步开拓了中国古代文献文化史这一新的学科领域。

"十年磨一剑,霜刃未曾试。"经过十年的辛勤耕耘,十卷本《中国古代文献文化史》终告完成。2020年,十卷本《中国古代文献文化史》荣获国家出版基金资助,标志着这一成果获得了学界同行的认可。十卷本《中国古代文献文化史》包括:

  第一卷 中国古代文献:历史、社会与文化(赵益著)
  第二卷 早期经典的形成与文化自觉(徐兴无著)
  第三卷 中古时期的历史文献与知识传播(于溯著)
  第四卷 宋代文献编纂与文化变革(巩本栋著)
  第五卷 明代书籍生产与文化生活(俞士玲著)
  第六卷 清代的书籍流转与社会文化(徐雁平著)
  第七卷 治乱交替中的文献传承(张宗友著)
  第八卷 作为物质文化的石刻文献(程章灿著)
  第九卷 汉籍东传与东亚汉文化圈(金程宇著)
  第十卷 中国古代文献文化史史料辑要(程章灿、许勇编著)

第一卷《中国古代文献:历史、社会与文化》是全书之绪论。本卷开宗明义,就中国古代文献文化史之研究内容与撰述方针提出自己的见解。全卷除"绪论"之外共设五章,分别从中国古代文献之历史、社会与文化三个方面,拈出具有宏观性的问题进行系统论述,对其中悬而未决或有待探索的重要问题,辨证前说,阐述新见,也为深入的思考和未来的研究提示方向。

第二卷《早期经典的形成与文化自觉》是专论之一,专论先秦两汉时代早期经典形成的历史语境和形成条件。本卷既注重从文明史的角度讨论中国"前轴心时代"和"轴心时代"的经典文化,又重视从经典文化的角度讨论早期中国经典的意义、体系及其文化转变。从早期经典的发生,到诸子文献的形成,从先秦两汉经学文献体系的形成,到西汉末年谶纬的兴起,本卷系统论述了经典的宇宙化、历史化和神秘化过程。

第三卷《中古时期的历史文献与知识传播》是专论之二，专论中古史部文献之形成与传播。本卷第一章抓住中古时期历史编纂和历史知识传播的新特点进行讨论。以下四章围绕这些特点，以史书、史志、史注、史部形成以及具体史传文本为中心，讨论中古时期不同历史文献的书写策略，进而论述中古文献收藏以及史部文献在收藏活动中的优势和劣势，呈现中古史部文献的存佚与当时文化环境之间的关系。

第四卷《宋代文献编纂与文化变革》是专论之三，专论宋代文献编纂及其对文化变革之影响。宋代正式从钞本时代进入刻本时代，文献数量浩如烟海，其编纂方式、阅读方式与传播方式都发生了显著改变。本卷选取宋初四大书、经部文献、北宋私家藏书与文献编纂、南渡之际文献传承以及集部文献的新变等个案，通过对具体文献之编纂、整理、刊刻、流传的研究，挖掘和揭示其蕴含的思想文化意义，确立其在宋代思想文化史上的作用和地位，勾勒有宋一代思想文化发展的轨迹。

第五卷《明代书籍生产与文化生活》是专论之四，专论明代书籍生产及其文化环境。本卷挑战传统文献学中所谓"明人刻书而书亡"的观念，从新的角度思考明代图书生产现象。明代图书生产者身份多样，官刻、坊刻与家刻长期互动，时常联手，造成嘉靖、万历以降图书生产的兴盛，其征稿、编书、写书方式以及图书文化功能发生丕变，足以体现明代图书生产的灵活性和复杂性。本卷十分重视商业出版，但不是在商业出版的框架内讨论书籍的社会史和文化史，而是在书籍的社会史和文化史中发现商业因素，从而确认在图书生产中政府、社会群体、作者、赞助者、出版者、评论者、接受者各自的位置、角色及身份的变化。

第六卷《清代的书籍流转与社会文化》是专论之五，专论清代之文献文化，其基本思路是关注社会中层与底层，尤其是区域社会的"书群"，以体现清代文献的时代特色和本土特色。本卷强调，文献文化史要研究"动态的文献"或者有"社会情缘的文献"，具体而言，是既要关注文献的内容与物质形态呈现（如家集、新学书籍、日记等新文献形态），关注文献之著述、编辑、刊印、流通、阅读等环节以及每一环节所牵涉的行为动机，又要关注所关联的环节与人群之间的互动，如关注抄书、藏书题跋、石印等环节以及书估、女性读者等人群,通过对零散材料的搜集与整合,提炼问题,展开深入而有新意的探讨。

第七卷《治乱交替中的文献传承》是专论之六,专论治乱交替与文献传承之关系。本卷以治乱交替之背景为切入点,研讨中国古代文献传承的内在理路。文献作为文化载体,具有强大的文化内驱力,在历代研习、注解、新纂中不断实现文本衍生与代际传承,以刘向、刘歆父子与朱熹等人为代表的历代知识阶层是推动文献传承的主体力量。历代帝王从维护巩固其统治地位、加强思想控制出发,也往往重视文化建设,建构同本朝政治体制相适应的文献体系,从而成为文献恢复、整理、编纂与传承的有力推动者。

第八卷《作为物质文化的石刻文献》是专论之七,专论石刻文献,弥补了以往文献研究及书籍史研究之不足。中国古代石刻源远流长,类型繁多,影响深远。本卷超越以往石刻研究偏重史料研究和史学研究的格局,从物质文化角度深入石刻的生产、使用、阅读、传播全过程,特别关注刻工与拓工这两个以往被忽视或遗忘的人群,透过刻工、拓工与文士的交往,突显其社会文化存在。各章论述中提炼的"尤物""礼物""景物""方物""文物""读物"等主题词语,概括并凸显了作为物质文化的石刻在中国文化史上的功能与意义。

第九卷《汉籍东传与东亚汉文化圈》是专论之八,专论汉籍东传与汉文化之东亚传播。汉籍不只是文化交流的媒介和途径,也是东亚汉文化的重要组成部分;不只是中国与东亚其他国家之间的文化桥梁,也是日本、韩国等国吸收世界其他文明的媒介。可以说,汉籍东传是促使东亚汉文化圈形成、东亚文明格局发生变化的动力之一。从东亚汉文化圈的视野研究汉籍东传,意义重大。本卷从汉籍东传之途径、特点以及汉籍回流等角度切入论题,详细论述汉籍东传对东亚各国广泛与深远之文化影响。

第十卷《中国古代文献文化史史料辑要》分为两个部分:第一部分是从古典文献中辑录有关古代文献文化史研究之资料,分门别类,首次建构了中国古代文献文化史的传统论述框架;第二部分选取海内外有关书籍史、印刷史、阅读史、藏书史等方面的研究著作四十余种,各撰提要,加以评述,为中国古代文献文化史研究融合中外、开拓创新提供思考和参证的基础。

从总体架构上看,十卷本《中国古代文献文化史》舍弃传统的线性叙事和面面俱到的论述结构,而以绪论、专论与史料辑要来建构全书论述。绪论一卷(第一卷)以中国古代文献的总体状况为基础,以历史发展为线索,以若干具有全局性问题的论述作为发端,对中国古代文献文化史进行宏观观照。专论八卷(第二卷至第九卷),由各项专门研究组成,包括不同时期及不同类型文献的作用与影响,各种文献现象的社会文化内涵,不同的文献制作、传播、阅读、授受方式与社会文化的互动关系等众多的专门问题。史料辑要一卷(第十卷)汇辑有关中国古代文献文化的史料以及海内外重要研究成果提要,通过资料汇编和研究文献评述来总结学术历史,为未来研究奠定基础。

从总体思路上看,《中国古代文献文化史》有如下三个重点:第一,从文化的视角阐释文献,突出新视角与开阔视野,以文献为依据叙述文化,强调实证求是,勾勒文献发展的历史线索,突出中国古代文献的民族文化特色;第二,注重文献的生产、阐释、传播与接受的历史传统,在动态过程中把握文献的社会文化意义,重视中国古代文献的域外传播及其对东亚文化圈形成的影响;第三,既强调对中国古代文献历史的整体把握,也注重文献形态的复杂性与多样性,特别是书籍以外的其他文献形态,如石刻等。总而言之,本书始终把文献理解为中国文化史中的一股重要力量,探寻这股力量如何发生作用,具有怎样的意义,以及如何形塑了中国文化的传统。

本丛书采取多维视角,运用多学科研究方法,主要包括而不限于如下三个层面:第一,在文献层面上,采取包括传统校雠学、目录学、版本学、典藏学、编纂学等多学科相结合的方法,以期更好地分析与解决问题。本书第四卷较多采用编纂学的研究视角,而第七卷较多采用了目录学的视角。第二,在文化层面上,结合当代文化研究的理论与方法,如新文化史、物质文化研究、接受学、传播学等,更好地揭示了古代文献的文化内涵。本丛书第八卷较为集中运用物质文化研究的视角,而第九卷则结合了目录学与传播学的方法。第三,在历史层面上,既以技术史,也以经济史、社会史、学术史、思想史、文化史的视野进行多方面的观照。本丛书第六卷第十章使用技术史的视角,第一卷和第二卷则较多使用学术史和思想史的视角,而在第三卷和第五卷中,社会史视角比较突出。

  本丛书的总体特色主要体现在如下三个方面:第一,结构体系上,以问题为中心,以历史发展为线索,对文献文化史进行全面而系统的观照。丛书的总体框架大致以绪论与专论相结合,既重视各卷之间的连续性和整体性,也突出各自的专题性和独特性。每个子课题都设立核心焦点,从各自不同的角度切入,追求论述的深度和视角的创新。第二,具体操作上,简牍时代、写本时代与印本时代并重,在继续深入进行明清书籍史研究的同时,显著填补宋以前文献文化史的空白;在突出其历史阶段性的同时,重视中国古代文献的形态多样性,动态把握其历史进程,特别重视中国古代文献外传对东亚汉文化圈形成的意义。第三,理论方法上,从原始文献出发,传世文献与出土文献兼收,文字材料与图像资料互相参证,考据与义理并重,旨在总结中国古代文献的民族特色,彰显其对人类文化的贡献。

  本丛书确立了中国古代文献文化史这一新的研究方向与领域,在文献发掘、研究方法及学术思路上都力求创新。本丛书重视发掘以往未受重视的文献类型,在传统的书籍文献之外,重视日记、书札、石刻与出土文献;在传统的古文献学资料之外,重视国外的书籍史、印刷史、新文化史等研究文献。此其一。本丛书由多位在古典文献学领域素有研究的学者承担,注重"长时段"的时间观念,弱化单纯的线性进程,各以一个较大问题为中心,如古代文献的核心问题、早期经典的形成与文化自觉、中古时期的历史文献与知识传播、治乱交替中的文献传承、宋代文献编纂与文化变革、明代书籍生产与文化生活、清代的书籍流转与社会文化、汉籍东传的文化意义以及古代石刻文献的内涵与意义等,进行深入细致的探讨,多维度阐释中国古代文献文化的丰富内涵。此其二。本丛书的学术思路是将文献与文化相互融合,从文献的实证角度阐释文化,从文化的宏观视角审视文献,突破了已有研究成果将文献史研究与文化史研究割裂的格局。换句话说,本丛书的研究突破了传统文献史研究的旧有框架,借鉴"书籍史"此一新文化史研究视野并力求超越,研究对象从"书籍"扩展至"文献",时间范围从"宋元明清"扩展至整个中华文明史,深入挖掘中国古代文献的文化历史内涵,特别注重发掘古代文献的文化建构意义。此其三。

本丛书虽然已有十卷之多,字数也多达400万,但是,相对于浩瀚的中国古代文献文化史研究领域,这只是扬帆初航而已。我们深知,已经完成的工作尚有诸多不足,还有大量的领域有待继续深化拓展。

"路漫漫其修远兮,吾将上下而求索。"

2021年6月26日初稿
8月3日定稿

目　次

文献辑要

一、文献生成 · 003
 （一）书写 · 003
  《墨子》（四则） · 003
  司马迁《报任少卿书》（节选） · · · · · · · · · · · · · · · · · 004
  房玄龄《晋书·左思传》 · 004
  刘知几《史通·题目》 · 005
  白居易《苏州南禅院白氏文集记》 · · · · · · · · · · · · · · · 006
  金圣叹《第五才子书施耐庵水浒传序》 · · · · · · · · · · · 007
 （二）传抄 · 011
  葛洪《抱朴子自叙》（节选） · · · · · · · · · · · · · · · · · · · 011
  刘义庆《世说新语·文学》（一则） · · · · · · · · · · · · · · 012
  萧绎《金楼子·聚书篇》 · 012
  陈鹄《东坡钞汉书》 · 013
  罗大经《手写九经》 · 014
  顾炎武《钞书自序》 · 014
  孙庆增《钞录》 · 015

叶德辉《书节钞本之始》…… 017
叶德辉《明以来之钞本》…… 018
叶德辉《钞书工价之廉》…… 025
叶德辉《传录》…… 025

(三) 刻拓 …… 026
司马迁《史记·秦始皇本纪》(节选) …… 026
范晔《后汉书·蔡邕传》(节选) …… 026
杨衒之《洛阳伽蓝记》(节选) …… 026
邵伯温《邵氏闻见录》(一则) …… 027
陈槱《总论古今石刻》…… 027
陶宗仪《淳化祖石刻》…… 028
沈德符《小楷墨刻》…… 029
方以智《碑拓》…… 029
钱泳《刻碑》…… 032
柯昌泗《精拓》(一则) …… 033
李洣《镂金勒石皆以刀刻字之先河》…… 035
【附】叶德辉《刀刻原于金石》…… 035
徐珂《谢梅石论拓碑法》…… 036

(四) 雕版印刷 …… 037
欧阳修《论雕印文字札子》…… 037
【附】《禁断印历日版》…… 037
苏轼《乞赐州学书板状》…… 038
叶梦得《石林燕语》(二则) …… 038
【附】邵博《邵氏闻见后录》(一则) …… 039
【附】王明清《挥麈录》(一则) …… 039
【附】罗壁《成书得书难》(节选) …… 040
林春祺《铜板序》…… 040

朱彭寿《安乐康平室随笔》(一则) ······ 040
　　叶德辉《书有刻板之始》 ······ 041
　　叶德辉《刻板盛于五代》 ······ 042
　　严谷声《保护雕版工艺建议》 ······ 044

  (五) 活字印刷 ······ 046
　　沈括《梦溪笔谈》(一则) ······ 046
　　王祯《造活字印书法》(节选) ······ 046
　　华燧《会通馆校正宋诸臣奏议序》 ······ 048
　　李诩《时艺坊刻》 ······ 048
　　金简《武英殿聚珍版程式》 ······ 048
　　叶德辉《宋以来活字板》 ······ 052

二、文献载体 ······ 056
  (一) 甲骨 ······ 056
　　孙诒让《契文举例叙》 ······ 056
　　孙诒让《名原叙》 ······ 058
　　刘鹗《铁云藏龟序》 ······ 059
　　【附】罗振玉《铁云藏龟之余序》 ······ 061
　　罗振玉《殷商贞卜文字考序》 ······ 061
　　罗振玉《殷虚书契前编序》 ······ 062
　　罗振玉《殷虚书契后编序》 ······ 063
　　罗振玉《殷虚书契考释序》 ······ 064

  (二) 简帛 ······ 065
　　《仪礼注疏·聘礼》(节选) ······ 065
　　王充《论衡》(三则) ······ 066
　　赵彦卫《云麓漫钞》(一则) ······ 066
　　【附】邵博《邵氏闻见后录》(一则) ······ 066

王观国《方书》 ………………………………………………… 067
罗振玉《流沙坠简序》 …………………………………… 068
罗振玉《简牍遗文序》 …………………………………… 069

(三) 金石 …………………………………………………………… 069
欧阳修《集古录目序》 …………………………………… 069
【附】欧阳棐《录目记》 ………………………………… 070
吕大临《考古图后记》 …………………………………… 071
赵明诚《金石录序》 ……………………………………… 072
郑樵《金石略序》 ………………………………………… 072
黄伯思《法帖刊误叙》 …………………………………… 073
洪适《隶释序》 …………………………………………… 073
朱熹《家藏石刻序》 ……………………………………… 074
于奕正《天下金石志序》 ………………………………… 075
黄宗羲《金石要例》(节选) …………………………… 075
阮元《商周铜器说》 ……………………………………… 077
王昶《金石萃编序》 ……………………………………… 079
钱大昕《山左金石志序》 ………………………………… 081
钱大昕《金陵石刻记序》 ………………………………… 082
王鸣盛《潜研堂金石文跋尾序》 ………………………… 083
叶昌炽《语石》(三则) ………………………………… 084
叶德辉《石经为经本之祖》 ……………………………… 087
【附】叶德辉《缩刻唐开成石经周易尚书毛诗三经跋》
 ………………………………………………………… 087
罗振玉《愙斋集古录序》 ………………………………… 088
罗振玉《三代吉金文存序》 ……………………………… 089
马衡《金石学之定义及其范围》 ………………………… 090
陈寅恪《杨树达积微居小学金石论丛续稿序》 ………… 091

（四）纸 …………………………………… 092

范晔《后汉书·蔡伦传》………………………… 092

傅咸《纸赋》………………………………… 093

嵇含《南方草木状》（一则）……………………… 093

王嘉《拾遗记》（一则）…………………………… 094

李肇《叙诸州精纸》………………………………… 094

段成式《与温庭筠云蓝纸绝句序》………………… 094

苏易简《纸谱》（一则）…………………………… 095

宋祁《宋景文公笔记》（一则）…………………… 095

米芾《书史》（两则）……………………………… 096

黄庭坚"厚纸本"（三则）………………………… 097

程大昌《澄心堂纸》………………………………… 097

陈槱《论纸品》……………………………………… 098

史绳祖《纸笔不始于蔡伦蒙恬》…………………… 098

费著《笺纸谱》……………………………………… 099

胡应麟《经籍会通》（节选）……………………… 101

高濂《论纸》………………………………………… 101

吴振棫《养吉斋丛录》（二则）…………………… 103

钱泳《硾纸》………………………………………… 103

三、文献流散 ……………………………… 105

（一）聚集 ……………………………… 105

班固《汉书·艺文志总叙》………………………… 105

阮孝绪《七录序》…………………………………… 105

长孙无忌《隋书·经籍志总叙》…………………… 108

刘昫《旧唐书·经籍志总叙》……………………… 112

张廷玉《明史·艺文志总叙》……………………… 115

（二）散佚

李清照《金石录后序》 …… 116

张邦基《藏书之富者》 …… 119

郑樵《书有名亡实不亡论》 …… 119

【附】郑樵《亡书出于后世论》 …… 120

【附】郑樵《亡书出于民间论》 …… 120

周密《书籍之厄》 …… 121

【附】洪迈《书籍之厄》 …… 122

【附】谢肇淛《物聚必散》 …… 122

【附】顾起元《藏书》 …… 123

【附】钱大昕《藏书之厄》 …… 123

元好问《故物谱》 …… 123

胡应麟《经籍会通》（节选） …… 125

朱彝尊《文渊阁书目跋》 …… 127

全祖望《钞永乐大典记》 …… 128

袁枚《散书记》 …… 130

袁枚《散书后记》 …… 130

丁丙《淳祐临安志跋》 …… 131

叶昌炽《古碑之厄》 …… 131

曹溶《流通古书约》 …… 134

徐珂《清伯希和得敦煌石室古物》（节选） …… 135

陈垣《敦煌劫余录序》 …… 137

四、文献整理

（一）汇集

钱大昕《永乐大典》 …… 139

周永年《儒藏说》 …… 141

朱筠《谨陈管见开馆校书折子》……143
【附】《四书全书总目·圣谕·乾隆三十八年二月初六日奉旨》……144
《四书全书总目·圣谕·乾隆三十七年正月初四日奉上谕》……144
《四书全书总目·提要叙》（四十八篇）……145
朱彭寿《安乐康平室随笔》（一则）……165
张元济《印行〈四部丛刊〉启》……166

（二）校勘……167
 程俱《校雠》……167
 彭叔夏《文苑英华辨证序》……170
 孙庆增《校雠》……171
 章学诚《校雠通义叙》……172
 阮元《十三经注疏校勘记序》……173
 叶德辉《校勘》……180
 俞樾《古书疑义举例序》……181
 张元济《〈百衲本二十四史〉前序》……181
 陈垣《校法四例》（节选）……183

（三）辑佚……184
 严可均《全上古三代秦汉三国六朝文总叙》……184
 【附】严可均《全上古三代秦汉三国六朝文·凡例》……184
 匡源《玉函山房辑佚书序》……187
 叶德辉《辑刻古书不始于王应麟》……188
 罗振玉《鸣沙石室佚书序》……189
 杨守敬《日本访书志缘起》……190

（四）辨伪……194
 刘知几《史通·疑古》……194

胡应麟《四部正讹》(节选) ·· 198

　　【附】祁承㸁《鉴书》(节选) ···································· 200

　　顾炎武《窃书》 ·· 200

　　姚际恒《古今伪书考序》 ·· 201

　　【附】顾实《重考古今伪书考序》 ································ 201

　　【附】黄云眉《古今伪书考补证序》 ···························· 202

　　崔述《考信录提要·释例》(一则) ······························· 204

(五) 考证 ·· 205

　　马端临《文献通考自序》(节选) ····································· 205

　　潘耒《日知录序》 ·· 207

　　钱大昕《廿二史考异序》 ·· 209

　　王鸣盛《十七史商榷序》 ·· 210

　　赵翼《廿二史札记小引》 ·· 212

　　王国维《流沙坠简序》 ·· 212

　　余嘉锡《四库提要辨证序》 ·· 219

　　陈寅恪《陈垣敦煌劫余录序》 ·· 223

五、文献收藏 ·· 225

(一) 官藏 ·· 225

　　范晔《后汉书·儒林传序》 ·· 225

　　牛弘《请开献书之路表》 ·· 226

　　李林甫《唐六典·集贤殿书院》(节选) ······················· 228

　　程俱《书籍》 ·· 229

　　脱脱《宋史·艺文志总叙》 ·· 233

　　徐𤊹《帝王好书》 ·· 235

　　顾起元《南内藏书》 ·· 236

(二) 私藏 ·· 236

班固《汉书·河间献王刘德传》(节选) ·················· 236
　　陈寿《三国志·蜀书·向朗传》 ························ 237
　　王钦若《册府元龟·聚书》 ···························· 237
　　苏轼《李氏山房藏书记》 ······························ 240
　　晁公武《郡斋读书志序》 ······························ 241
　　毛开《遂初堂书目序》 ································ 241
　　杨士奇《文籍志序》 ·································· 242
　　祁承㸁《澹生堂藏书约序》 ···························· 243
　　张岱《陶庵梦忆》(两则) ····························· 245
　　徐燉《笔精》(五则) ································· 246
　　洪亮吉《北江诗话》(一则) ··························· 247
　　黄宗羲《天一阁藏书记》 ······························ 248
　　【附】阮元《宁波范氏天一阁书目序》 ·················· 250
　　钱泳《汲古阁》 ······································ 251
　　李调元《西川李氏万卷楼藏书约》 ······················ 251

(三) 书院收藏 ·· 252
　　徐锴《陈氏书堂记》 ·································· 252
　　曹彦约《白鹿书院重建书阁记》 ························ 253
　　魏了翁《书鹤山书院始末》 ···························· 255
　　虞集《袁州路南轩书院新建藏书阁记》 ·················· 256
　　李东阳《岘山书院崇经阁记》 ·························· 257
　　李东阳《永嘉县学奎光阁记》 ·························· 258
　　马理《河东书院藏书楼记》 ···························· 259
　　李尧栋《岳麓书院藏书记》 ···························· 259
　　魏源《敦善书院条规》 ································ 260
　　丁申《敷文书院》 ···································· 262

(四) 寺观收藏 ·· 263

白居易《苏州南禅院千佛堂转轮经藏石记》……263
白居易《香山寺新修经藏堂记》……264
王安石《真州长芦寺经藏记》……265
王安石《涟水军淳化院经藏记》……265
范纯仁《安州白兆山寺经藏记》……266
杨万里《兴崇院经藏记》……267
释法明《宝梵教寺经藏记》……268
罗颂《古岩经藏记》……269
耶律楚材《燕京大觉禅寺创建经藏记》……270
任士林《杭州路崇福院藏经阁记》……271

（五）公藏……272
郑观应《藏书》……272
梁启超《万木草堂书藏征捐图书启》……274
罗振玉《京师创设图书馆私议》……276
傅增湘《北平图书馆善本书目序》……278

论著提要

《中国印刷术的发明和它的西传》提要 …… 翟新明 283
《日本古印刷文化史》提要 …… 章早晨 288
《印刷书的诞生》提要 …… 白艳波 292
《书于竹帛》提要 …… 刘碧波 300
《近代藏书三十家》提要 …… 曹天晓 304
《中国纸和印刷文化史》提要 …… 刘碧波 314
《启蒙运动的生意——〈百科全书〉出版史（1775—1800）》提要
………………………………………………………… 余 凡 318
《书法与古籍》提要 …… 陈思建 322

《拉莫莱特之吻：有关文化史的思考》提要……… 翟　敏　326
《版权的起源》提要 ……………………………… 崔　筠　331
《中国宋代书籍文化与文本传播》提要 ………… 侯承相　335
《阅读纸草，书写历史》提要 …………………… 王祖琪　339
《阅读史》提要 …………………………………… 刘慧婷　343
《印刷术的普及与宋代的学问》提要 …………… 曹天晓　347
《汉籍输入的文化史——从圣德太子到德川吉宗》提要
　　…………………………………………………… 安　生　353
《满满的书页——书的历史》提要 ……………… 崔　筠　356
《纵乐的困惑：明代的商业与文化》提要 ……… 尧育飞　360
《历史上的书籍与科学》提要 …………………… 张鑫龙　364
《莎士比亚与书》提要 …………………………… 李晓田　369
《书的历史》提要 ………………………………… 崔　筠　373
《中国出版文化史》提要 ………………………… 李盛尧　377
《谋利而印：11至17世纪福建建阳的商业出版者》提要
　　…………………………………………………… 许　勇　380
《木简竹简述说的古代中国》提要 ……………… 何百川　384
《明末江南的出版文化》提要 …………………… 陈灿彬　388
《传媒与真相：苏轼及其周围士大夫的文学》提要…… 徐亦然　392
《书籍的流通如何影响宋代文人对文本的观念》提要
　　…………………………………………………… 尧育飞　396
《书籍的社会史：中华帝国晚期的书籍与士人文化》提要
　　…………………………………………………… 侯承相　400
《印刷的世界：书籍、出版文化与中华帝国晚期的社会》提要
　　…………………………………………………… 徐亦然　404
《文化贸易：清代至民国时期四堡的书籍交易》提要…… 尧育飞　408
《分析书志学纲要》提要 ………………………… 刘慧婷　412

《西方校勘学论著选》提要 …………………… 李晓田　418
《徽州:书业与地域文化》提要 ………………… 贾文霞　422
《万卷:黄庭坚和北宋晚期诗学中的阅读与写作》提要
　　…………………………………………… 侯承相　426
《书史导论》提要 ………………………………… 时鹏飞　431
《为自然书籍制图:16 世纪人体解剖和医用植物书籍中的
　　图像、文本和论证》提要 ………………… 陈健炜　434
《图书馆的故事》提要 …………………………… 陈灿彬　438
《书籍的秩序:14 至 18 世纪的书写文化与社会》提要
　　…………………………………………… 陈灿彬　442
《家与世界:16 至 17 世纪雕版印刷物中所编写的"皇明"》提要
　　…………………………………………… 庄文龙　446
《铸以代刻》提要 ………………………………… 潘振方　450
《帝制中国地方志的书写、出版和阅读(1100—1700 年)》提要
　　…………………………………………… 陈灿彬　455
《书的大历史:六千年的演进和变迁》提要 …… 汪　斌　459
《从书籍史到阅读史:阅读史研究理论与方法》提要 …… 陈灿彬　464
《近代中国的学术与藏书》提要 ………………… 翟新明　468

文献辑要

一、 文献生成

（一）书写

《墨子》（四则）

古者圣王既审尚贤，欲以为政，故书之竹帛，琢之盘盂，传以遗后世子孙。（《尚贤下》）

则夫好攻伐之君有重不知此为不仁不义也，有书之竹帛，藏之府库。为人后子者，必且欲顺其先君之行，曰："何不当发吾府库，视吾先君之法美。"（《天志下》）

古者圣王必以鬼神为，其务鬼神厚矣。又恐后世子孙不能知也，故书之竹帛，传遗后世子孙。咸恐其腐蠹绝灭，后世子孙不得而记，故琢之盘盂，镂之金石，以重之。有恐后世子孙不能敬莙以取羊，故先王之书，圣人一尺之帛，一篇之书，语数鬼神之有也，重有重之。此其故何？则圣王务之。今执无鬼者曰："鬼神者，固无有。"则此反圣王之务。反圣王之务，则非所以为君子之道也。（《明鬼下》）

昔者暴王作之，穷人术之，此皆疑众迟朴，先圣王之患之也，固在前

矣。是以书之竹帛,镂之金石,琢之盘盂,传遗后世子孙。(《非命下》)

([清]孙诒让撰,孙启治点校《墨子间诂》,中华书局2001年版)

司马迁《报任少卿书》(节选)

古者富贵而名摩灭,不可胜记,唯俶傥非常之人称焉。盖西伯拘而演《周易》;仲尼厄而作《春秋》;屈原放逐,乃赋《离骚》;左丘失明,厥有《国语》;孙子膑脚,《兵法》修列;不韦迁蜀,世传《吕览》;韩非囚秦,《说难》《孤愤》。《诗》三百篇,大氐贤圣发愤之所为作也。此人皆意有所郁结,不得通其道,故述往事,思来者。及如左丘明无目,孙子断足,终不可用,退论书策以舒其愤,思垂空文以自见。仆窃不逊,近自托于无能之辞,网罗天下放失旧闻,考之行事,稽其成败兴坏之理,凡百三十篇,亦欲以究天人之际,通古今之变,成一家之言。

([汉]班固撰,[唐]颜师古注《汉书》卷六十二,中华书局1962年版)

房玄龄《晋书·左思传》

左思字太冲,齐国临淄人也。其先齐之公族有左右公子,因为氏焉。家世儒学。父雍,起小吏,以能擢授殿中侍御史。思少学钟、胡书及鼓琴,并不成。雍谓友人曰:"思所晓解,不及我少时。"思遂感激勤学,兼善阴阳之术。貌寝,口讷,而辞藻壮丽。不好交游,惟以闲居为事。

造《齐都赋》,一年乃成。复欲赋三都,会妹芬入宫,移家京师,乃诣著作郎张载访岷、邛之事。遂构思十年,门庭藩溷皆著笔纸,遇得一句,即便疏之。自以所见不博,求为秘书郎。及赋成,时人未之重。思自以其作不谢班、张,恐以人废言,安定皇甫谧有高誉,思造而示之。谧称善,为其赋序。张载为注《魏都》,刘逵注《吴》《蜀》而序之曰:"观中古以来为赋者多矣,相如《子虚》擅名于前,班固《两都》理胜其辞,张衡《二京》文过其意。至若此赋,拟议数家,傅辞会义,抑多精致,非夫研核者不能练其旨,非夫博物者不能统其异。世咸贵远而贱近,莫肯用心于明物。斯文吾有异焉,故聊以余思为其引诂,亦犹胡广之于《官箴》,蔡邕之于《典引》也。"陈留卫权又为思赋作《略解》,序曰:"余观《三都》之赋,言不苟华,必经典要,品物殊类,禀之图籍;辞义瑰玮,良可贵也。有晋征士故太子中庶子安定皇甫谧,西州之逸士,耽籍乐道,高尚其事,览斯文而慷慨,为之都序。中书著作郎安平张载、中书郎济南刘逵,并以经学洽博,才章美茂,咸皆悦玩,为之训诂;其山川土域,草木鸟兽,奇怪珍异,佥皆研精所由,纷散其义矣。余嘉其文,不能默已,聊藉二子之遗忘,又为之《略解》,只增烦重,览者阙焉。"自是之后,盛重于时,文多不载。司空张华见而叹曰:"班张之流也。使读之者尽而有余,久而更新。"于是豪贵之家竞相传写,洛阳为之纸贵。初,陆机入洛,欲为此赋,闻思作之,抚掌而笑,与弟云书曰:"此间有伧父,欲作《三都赋》,须其成,当以覆酒瓮耳。"及思赋出,机绝叹伏,以为不能加也,遂辍笔焉。

秘书监贾谧请讲《汉书》,谧诛,退居宜春里,专意典籍。齐王冏命为记室督,辞疾,不就。及张方纵暴都邑,举家适冀州。数岁,以疾终。

([唐]房玄龄等撰《晋书》卷九十二,中华书局1974年版)

刘知几《史通·题目》

上古之书有《三坟》、《五典》、《八索》、《九丘》,其次有春秋、尚书、梼杌、志乘。自汉已下,其流渐繁,大抵史名多以书、记、纪、略为主。后生祖述,各从所好,沿革相因,循环递习。盖区域有限,莫逾于此焉。

至孙盛有《魏氏春秋》,孔衍有《汉魏尚书》,陈寿、王劭曰志,何之元、刘璠曰典。此又好奇厌俗,习旧捐新,虽得稽古之宜,未达从时之义。

榷而论之,其编年月者谓之纪,列纪传者谓之书,取顺于时,斯为最也。夫名以定体,为实之宾,苟失其途,有乖至理。案吕、陆二氏,各著一书,唯次篇章,不系时月。此乃子书杂记,而皆号曰春秋。鱼豢、姚察著魏、梁二史,巨细毕载,芜累甚多,而俱榜之以略,考名责实,奚其爽欤!

若乃史传杂篇,区分类聚,随事立号,谅无恒规。如马迁撰皇后传,而以外戚命章。案外戚凭皇后以得名,犹宗室因天子而显称,若编皇后而曰外戚传,则书天子而曰宗室纪,可乎?班固撰《人表》,以古今为目。寻其所载也,皆自秦而往,非汉之事,古诚有之,今则安在?子长《史记》别创八书,孟坚既以汉为书,不可更标书号,改书为志,义在互文。而何氏《中兴》易志为记，此则贵于革旧，未见其能取新。

夫战争方殷，雄雌未决，则有不奉正朔，自相君长。必国史为传，宜别立科条。至如陈、项诸雄，寄编汉籍；董、袁群贼，附列《魏志》。既同臣子之例，孰辨彼此之殊？唯《东观》以平林、下江诸人列为载记。顾后来作者，莫之遵效。逮《新晋》始以十六国主持，载记表名，可谓择善而行，巧于师古者矣。

观夫旧史列传，题卷靡恒。文少者则具出姓名，若《司马相如》《东方朔》是也。字烦者唯书姓氏，若毋将、盖、郑、诸葛传是也。必人多而姓同者，则结定其数，若《二袁》《四张》《二公孙》传是也。如此标格，足为详审。

至范晔举例，始全录姓名，历短行于卷中，丛细字于标外，其子孙附出者，注于祖先之下，乃类俗之文案孔目、药草经方，烦碎之至，孰过于此？窃以《周易》六爻，义存象内；《春秋》万国，事具传中。读者研寻，篇终自晓，何必开帙解带，便令昭然满目也。

自兹已降，多师蔚宗。魏收因之，则又甚矣。其有魏世邻国编于魏史者，于其人姓名之上，又列之以邦域，申之以职官，至如江东帝主则云僭晋司马叡、岛夷刘裕，河西酋长则云私署凉州牧张寔、私署凉王李暠。此皆篇中所具，又于卷首具列。必如收意，使其撰《两汉书》《三国志》，题诸盗贼传，亦当云僭西楚霸王项羽、伪宁朔王隗嚣。自余陈涉、张步、刘璋、袁术，其位号皆一一具言，无所不尽者也。

盖法令滋章，古人所慎。若范、魏之裁篇目，可谓滋章之甚者乎？苟忘彼大体，好兹小数，难与议夫"婉而成章""一字以为褒贬"者矣。

（［唐］刘知几著，［清］浦起龙通释，王煦华整理《史通通释》卷四，上海古籍出版社2009年版）

白居易《苏州南禅院白氏文集记》

唐冯翊县开国侯太原白居易，字乐天，有文集七帙，合六十七卷，凡三千四百八十七首。其间根源五常，枝派六义，恢王教而弘佛道者，多则多矣。然寓兴、放言、缘情、绮语者，亦往往有之。乐天，佛弟子也，备闻圣教，深信因果。惧结来业，悟知前非。故其集家藏之外，别录三本。一本置于东都圣善寺钵塔院律库中，一本置于庐山东林寺经藏中，一本置于苏州南禅院千佛堂内。夫惟悉索弊文归依三藏者，其意云何？且有本愿，愿以今生世俗文字放言绮语之因，转为将来世世赞佛乘转法轮之缘也。三宝在上，实闻斯言。开成四年二月二日，乐天记。

（[唐]白居易著，谢思炜校注《白居易文集校注》卷三十三，中华书局 2011 年版）

金圣叹《第五才子书施耐庵水浒传序》

原夫书契之作，昔者圣人所以同民心而出治道也。其端肇于结绳，而其盛肴而为六经。其秉简载笔者，则皆在圣人之位而又有其德者也。在圣人之位，则有其权；有圣人之德，则知其故。有其权而知其故，则得作而作，亦不得不作而作也。是故《易》者，导之使为善也；《礼》者，坊之不为恶也；《书》者，纵以尽天运之变；《诗》者，衡以会人情之通也。故《易》之为书，行也；《礼》之为书，止也；《书》之为书，可畏；《诗》之为书，可乐也。故曰《易》圆而《礼》方，《书》久而《诗》大；又曰《易》不赏而民劝，《礼》不怒而民避，《书》为庙外之几筵，《诗》为未朝之明堂也。若有《易》而可以无《书》也者，则不复为《书》也；有《易》有《书》而可以无《诗》也者，则不复为《诗》也；有《易》有《书》有《诗》而可以无《礼》也者，则不复为《礼》也。有圣人之德，则知其故；知其故，则知《易》与《书》与《诗》与《礼》各有其一故，而不可以或废也。有圣人之德而又在圣人之位，则有其权；有其权，而后作《易》，之后又欲作《书》，又欲作《诗》，又欲作《礼》，咸得奋笔而遂为之，而人不得而议其罪也。无圣人之位，则无其权；无其权，而不免有作，此仲尼是也。

仲尼无圣人之位，而有圣人之德。有圣人之德，则知其故；知其故，而不能已于作，此《春秋》是也。顾仲尼必曰："知我者，其惟《春秋》乎？罪我者，其惟《春秋》乎？"斯其故何哉？"知我惟《春秋》"者，《春秋》一书，以天自处学《易》，以事系日学《书》，罗列与国学《诗》，扬善禁恶学《礼》：皆所谓有其德而知其故，知其故而不能已于作，不能已于作而遂兼四经之长,以合为一书,则是未尝作也。夫未尝作者,仲尼之志也。"罪我惟《春秋》"者,古者非天子不考文,自仲尼以庶人作《春秋》,而后世巧言之徒,无不纷纷以作。纷纷以作既久,庞言无所不有。君读之而旁皇于上,民读之而惑乱于下,势必至于拉杂燔烧,祸连六经。夫仲尼非不知者,而终不已于作,是则仲尼所为引罪自悲者也。

或问曰:然则仲尼真有罪乎?答曰:仲尼无罪也。仲尼心知其故,而又自以庶人不敢辄有所作,于是因史成经,不别立文,而但于首大书"春王正月"。若曰:其旧则诸侯之书也,其新则天子之书也。取诸侯之书,手治而成天子之书者,仲尼不予诸侯以作书之权也。仲尼不肯以作书之权予诸侯,其又乌肯以作书之权予庶人哉!是故作书,圣人之事也。非圣人而作书,其人可诛,其书可烧也。作书,圣人而天子之事也。非天子而作书,其人可诛,其书可烧也。何也?非圣人而作书,其书破道;非天子而作书,其书破治。破道与治,是横议也。横议,则乌得不烧?横议之人,则乌得不诛?故秦人烧书之举,非直始皇之志,亦仲尼之志。乃仲尼不烧而始皇烧者,仲尼不但无作书之权,是亦无烧书之权者也。若始皇烧书而并烧圣经,则是虽有其权而实无其德。实无其德,则不知其故;不知其故,斯尽烧矣。故并烧圣经者,始皇之罪也;烧书,始皇之功也。无何汉兴,又大求遗书。当时在廷诸臣,以献书进者多有。于是四方功名之士,无人不言有书,一时得书之多,反更多于未烧之日。

今夫自古至今,人则知烧书之为祸至烈,又岂知求书之为祸之尤烈哉!烧书而天下无书,天下无书,圣人之书所以存也;求书而天下有书,天下有书,圣人之书所以亡也。烧书,是禁天下之人作书也;求书,是纵天下之人作书也。至于纵天下之人作书矣,其又何所不至之与有!明圣人之教者,其书有之;叛圣人之教者,其书亦有之。申天子之令者,其书有之;犯天子之令者,其书亦有之。夫诚以三代之治治之,则彼明圣人之教与申天子之令者,犹在所不许。何则?恶其破道与治,黔首不得安也。如之何而至于叛圣人之教、犯天子之令,而亦公然自为其书也?原其由来,实惟上有好者,下必尤甚。父子兄弟,聚族撰著,经营既久,才思溢矣。夫应诏固须美言,自娱何所不可?刻画魑魅,诋讪圣贤,笔墨既酣,胡可忍也？是故，乱民必诛，而"游侠"立传；市侩辱人，而"货殖"名篇。意在穷奇极变，皇惜刿心呕血，所谓上薄苍天，下彻黄泉，不尽不快，不快不止也。

如是者，当其初时，犹尚私之于下，彼此传观而已，惟畏其上之禁之者也。殆其既久，而上亦稍稍见之，稍稍见之而不免喜之，不惟不之禁也。夫叛教犯令之书，至于上不复禁而反喜之，而天下之人岂其复有忌惮乎哉！其作者，惊相告也；其读者，惊相告也。惊告之后，转相祖述，而无有一人不作，无有一人不读也。于是而圣人之遗经，一二篇而已；诸家之书，坏牛折轴不能载，连阁复室不能庋也。天子之教诏，土苴之而已；诸家之书，非缥缃不为其题，非金玉不为其签也。积渐至于今日，祸且不可复言。民不知偷，读诸家之书则无不偷也；民不知淫，读诸家之书则无不淫也；民不知诈，读诸家之书则无不诈也；民不知乱，读诸家之书则无不乱也。夫吾向所谓非圣人而作书，其书破道；非天子而作书，其书破治者，不过忧其附会经义，示民以杂；测量治术，示民以明。示民以杂，民则难信；示民以明，民则难治。故遂断之破道与治，是为横议，其人可诛，其书可烧耳；非真有所大诡于圣经，极害于王治也，而然且如此。若夫今日之书，则岂复苍帝造字之时之所得料，亦岂复始皇燔烧之时之所得料哉？是真一诛不足以蔽其辜，一烧不足以灭其迹者。而祸首罪魁，则汉人诏求遗书实开之衅。故曰：烧书之祸烈，求书之祸尤烈也。烧书之祸，祸在并烧圣经。圣经烧，而民不兴于善。是始皇之罪，万世不得而原之也。求书之祸，祸在并行私书。私书行，而民之于恶乃至无所不有。此汉人之罪，亦万世不得而原之也。然烧圣经，而圣经终大显于后世，是则始皇之罪犹可逭也；若行私书，而私书遂至灾害蔓延不可复救，则是汉人之罪终不活也。

呜呼！君子之至于斯也，听之则不可，禁之则不能，其又将以何法治之与哉？曰：吾闻之，圣人之作书也以德，古人之作书也以才。知圣人之作书以德，则知六经皆圣人之糟粕，读者贵乎神而明之，而不得枨比字句，以为从事于经学也；知古人之作书以才，则知诸家皆鼓舞其菁华，览者急须搴裳去之，而不得捃拾齿牙以为谭言之微中也。于圣人之书而能神而明之者，吾知其而今而后始不敢于《易》之下作《易传》，《书》之下作《书传》，《诗》之下作《诗传》，《礼》之下作《礼传》，《春秋》之下作《春秋传》也。何也？诚愧其德之不合，而惧章句之未安，皆当大拂于圣人之心也。于诸家之书而诚能搴裳去之者，吾知其而今而后始不肯于《庄》之后作广《庄》，《骚》之后作续《骚》，《史》之后作后《史》，《诗》之后作拟《诗》，稗官之后作新稗官也。何也？诚耻其才之不逮，而徒唾沫之相袭，是真不免于古人之奴也。夫扬汤而不得冷，则不如且莫进薪；避影而影愈多，则不如教之勿趋也。恶人作书，而示之以圣人之德，与夫古人之才者，盖为游于圣门者难为言，观于才子之林者难为文，是亦止薪勿趋之道也。

然圣人之德，实非夫人之能事；非夫人之能事，则非予小子今日之所敢及也。彼古人之才，或犹夫人之能事；犹夫人之能事，则庶几予小子不揣之所得及也。夫古人之才也者，世不相延，人不相及。庄周有庄周之才，屈平有屈平之才，马迁有马迁之才，杜甫有杜甫之才。降而至于施耐庵有施耐庵之才，董解元有董解元之才。才之为言，材也。凌云蔽日之姿，其初本于破荄分荚；于破荄分荚之时，具有凌云蔽日之势；于凌云蔽日之时，不出破核分荚之势，此所谓"材"之说也。又才之为言，裁也。有全锦在手，无全锦在目；无全衣在目，有全衣在心。见其领，知其袖；见其襟，知其裾也。夫领则非袖，而襟则非裾，然左右相就，前后相合，离然各异，而宛然共成者，此所谓"裁"之说也。今天下之人，徒知有才者始能构思，而不知古人用才乃绕乎构思以后；徒知有才者始能立局，而不知古人用才乃绕乎立局以后；徒知有才者始能琢句，而不知古人用才乃绕乎琢句以后；徒知有才者始能安字，而不知古人用才乃绕乎安字以后：此苟且与慎重之辩也。言有才始能构思、立局、琢句而安字者，此其人，外未尝矜式于珠玉，内未尝经营于惨淡，隤然放笔，自以为是。而不知彼之所为才，实非古人之所为才，正是无法于手而又无耻于心之事也。

言其才绕乎构思以前、构思以后，乃至绕乎布局、琢句、安字以前、以后者，此其人，笔有左右，墨有正反；用左笔不安换右笔，用右笔不安换左笔；用正墨不现换反墨；用反墨不现换正墨。心之所至，手亦至焉；心之所不至，手亦至焉；心之所不至，手亦不至焉。心之所至手亦至焉者，文章之圣境也；心之所不至手亦至焉者，文章之神境也；心之所不至手亦不至焉者，文章之化境也。夫文章至于心手皆不至，则是其纸上无字、无句、无局、无思者也。而独能令千万世下人之读吾文者，其心头眼底乃窅窅有思，乃摇摇有局，乃铿铿有句，而烨烨有字，则是其提笔临纸之时，才以绕其前，才以绕其后，而非徒然卒然之事也。故依世人之所谓才，则是文成于易者，才子也；依古人之所谓才，则必文成于难者，才子也。依文成于易之说，则是迅疾挥扫，神气扬扬者，才子也；依文成于难之说，则必心绝气尽，面犹死人者，才子也。故若庄周、屈平、马迁、杜甫，以及施耐庵、董解元之书，是皆所谓心绝气尽，面犹死人，然后其才前后缭绕，得成一书者也。

庄周、屈平、马迁、杜甫，其妙如彼，不复具论。若夫施耐庵之书，而亦必至于心尽气绝，面犹死人，而后其才前后缭绕，始得成书。夫而后知古人作书，真非苟且也者。而世之人犹尚不肯审己量力，废然歇笔，然则其人真不足诛，其书真不足烧也。夫身为庶人，无力以禁天下之人作书，而忽取牧猪奴手中之一编，条分而节解之，而反能令未作之书不敢复作，已作之书一旦尽废，是则圣叹廓清天下之功，为更奇于秦人之火。故于其首篇，叙述古今经书兴废之大略如此。虽不敢自谓斯文之功臣，亦庶几封关之丸泥也。

（［清］金圣叹著，陆林辑校整理《金圣叹全集》第三册《第五才子书施耐庵水浒传》卷一，凤凰出版社2016年版）

（二）传抄

葛洪《抱朴子自叙》（节选）

洪者，君之第三子也。生晚，为二亲所娇饶，不早见督以书史。年十有三，而慈父见背，夙失庭训。饥寒困瘁，躬执耕穑，承星履草，密勿畴袭。又累遭兵火，先人典籍荡尽，农隙之暇无所读，乃负笈徒步行借。又卒于一家，少得全部之书。益破功日，伐薪卖之，以给纸笔。就营田园，处以柴火写书。坐此之故，不得早涉艺文。常乏纸，每所写反覆有字，人鲜能读也。年十六，始读《孝经》《论语》《诗》《易》。贫乏无以远寻师友，孤陋寡闻，明浅思短，大义多所不通。但贪广览，于众书乃无不暗诵精持。曾所披涉，自正经、诸史、百家之言，下至短杂文章，近万卷。

（［晋］葛洪著，杨明照撰《抱朴子外篇校笺》卷五十，中华书局1991年版）

刘义庆《世说新语·文学》（一则）

裴郎作《语林》，始出，大为远近所传。时流年少，无不传写，各有一通。载王东亭作《经王公酒垆下赋》，甚有才情。

（［南朝宋］刘义庆著，［南朝梁］刘孝标注，余嘉锡笺疏《世说新语笺疏》卷上之下，中华书局2007年版）

萧绎《金楼子·聚书篇》

初出阁，在西省，蒙敕旨赉《五经》正副本。为琅琊郡时，蒙敕给书，并私有缮写。为东州时，写得《史》《汉》《三国志》《晋书》。又写刘选部孺家、谢通直彦远家书。又遣人至吴兴郡，就夏侯亶写得书。又写得虞太中阐家书。为丹阳时，启请先宫书，又就新渝、上黄、新吴写格五戏，得少许。为扬州时，就吴中诸士大夫写得《起居注》，又得徐简肃勉《起居注》。

前在荆州时，晋安王子时镇雍州，启请书写。比应入蜀，又写得书。又遣州民宗孟坚下都市得书。又得鲍中记泉上书。安成炀王于湘州薨，又遣人就写得书。刘大南郡之遴、小南郡之亨、江夏乐法才、别驾庚乔、宗仲回、主簿庚格、僧正法持纬经书，是其家者皆写得。又得招提琰法师众义疏及众经序。又得头陀寺昙智法师阴阳、卜祝、冢宅等书。又得州民朱澹远送异书。又于长沙寺经藏，就京公写得四部。又于江州江革家，得元嘉前后书五帙。又就姚凯处得三帙，又就江禄处得四帙。足为一部，合二十帙，一百一十五卷，并是元嘉书，纸墨极精奇。又聚得元嘉《后汉》，并《史记》《续汉春秋》《周官》《尚书》及诸子集等，可一千余卷。又聚得细书《周易》《尚书》《周官》《仪礼》《礼记》《毛诗》《春秋》各一部。

又使孔昂写得《前汉》《后汉》《史记》《三国志》《晋阳秋》《庄子》《老子》《肘后方》《离骚》等，合六百三十四卷，悉在一巾箱中，书极精细。

还石城为戍军时，写得玄儒众家义疏。为江州时，又写萧谘议贲、刘中记缓、周录事弘直等书。时罗乡侯萧说于安成失守，又遣王谘议僧辩取得说书。又值吴平光侯广州下，遣何集、曹沔写得书。又值衡山侯雍州下，又写得书。又兰左卫钦从南郑还，又写得兰书，往往未渡江时书，或是此间制作，甚新奇。张湘州缵经饷书，如樊光注《尔雅》之例是也。张豫章绾经饷书，如《高僧传》之例是也。范鄱阳胥经饷书，如高诱注《战国策》之例是也。隐士王缜之经饷书，如《童子传》之例是也。又就东林寺智表法师写得书。

法书，初得韦护军叡饷数卷，次又殷贞子钧饷。尔后又遣范普市得法书，又使潘菩提市得法书，并是二王书也。郡五官虞瞻大有古迹，可五百许卷，并留之。伏事客房篆又有三百许卷，并留之，因尔遂蓄诸迹。又就会稽宏普惠皎道人搜聚之。及临汝灵侯益州还，遂巨有所办。后又有乐彦春、刘之遴等书，将五千卷。又得南平嗣王书。又得张雍州书。又得桂阳藩王书。又得留之远书。

吾今年四十六岁，自聚书来四十年，得书八万卷。河间之侔汉室，颇谓过之矣。

（[梁]萧绎撰，许逸民校笺《金楼子校笺》卷二，中华书局2011年版）

陈鹄《东坡钞汉书》

朱司农载上尝分教黄冈，时东坡谪居黄，未识司农公。客有诵公之诗，云："官闲无一事，蝴蝶飞上阶。"东坡愕然，曰："何人所作？"客以公对。东坡称赏再三，以为深得幽雅之趣。异日，公往见，遂为知己。自此时获登门。

偶一日，谒至。典谒已通名，而东坡移时不出。欲留，则伺候颇倦；欲去，则业已达姓名。如是者久之，东坡始出，愧谢久候之意。且云："适了些日课，失于探知。"坐定，他语毕，公请曰："适来先生所谓日课者何？"对曰："钞《汉书》。"公曰："以先生天才，开卷一览，可终身不忘，何用手钞耶?"东坡曰:"不然,某读《汉书》,至此凡三经手钞矣。初则一段事,钞三字为题,次则两字,今则一字。"公离席复请,曰:"不知先生所钞之书,肯幸教否?"东坡乃命老兵就书几上取一册至。公视之,皆不解其义。东坡云:"足下试举题一字。"公如其言,东坡应声辄诵数百言,无一字差缺。凡数挑皆然。公降叹良久,曰:"先生真谪仙才也。"

他日,以语其子新仲,曰:"东坡尚如此,中人之性,岂可不勤读书耶!"新仲尝以是诲其子辂。

([宋]陈鹄撰,孔凡礼点校《西塘集耆旧续闻》卷一,中华书局2002年版)

罗大经《手写九经》

唐张参为国子司业,手写九经,每言读书不如写书。高宗以万乘之尊,万几之繁,乃亦亲洒宸翰,遍写九经,云章烂然,终始如一,自古帝王所未有也。又尝御书《汉光武纪》赐执政徐俯,曰:"卿劝朕读《光武纪》,朕思读十遍不如写一遍,今以赐卿。"圣学之勤如此。

([宋]罗大经撰,王瑞来点校《鹤林玉露》卷一,中华书局1983年版)

顾炎武《钞书自序》

炎武之先家海上,世为儒。自先高祖为给事中,当正德之末,其时天下惟王府官司及建宁书坊乃有刻板,其流布于人间者不过《四书》《五经》《通鉴》、性理诸书。他书即有刻者,非好古之家不蓄,而寒家已有书六七千卷。嘉靖间,家道中落,而其书尚无恙。先曾祖继起为行人,使岭表,而倭阑入江东,郡邑所藏之书与其室庐俱焚,无孑遗焉。洎万历初,而先曾祖历官至兵部侍郎,中间莅方镇三四,清介之操,虽一钱不以取诸官,而性独嗜书,往往出俸购之,及晚年而所得之书过于其旧,然绝无国初以前之板。而先曾祖每言:"余所蓄书,求有其字而已,牙签锦轴之工,非所好也。"其书后析而为四。炎武嗣祖太学公为侍郎公仲子,又益好读书,增而多之,以至炎武,复有五六千卷。自罹变故,转徙无常,而散亡者什之六七,其失多出于意外。二十年来,赢縢担囊,以游四方,又多别有所得,合诸先世所传,尚不下二三千卷。其书以选择之善,较之旧日虽少其半,犹为过之,而汉、唐碑亦得八九十通,又钞写之本,别贮二簏,称为多且博矣。自少为帖括之学者二十年,已而学为诗古文,以其间纂记故事,年至四十,斐然欲有所作;又十余年,读书日以益多,而后悔其向者立言之非也。自炎武之先人,皆通经学古,亦往往为诗文。本生祖赞善公文集至数百篇,而未有著书以传于世者。昔时尝以问诸先祖,先祖曰:"著书不如钞书。凡今人之学,必不及古人也;今人所见之书之博,必不及古人也。小子勉之,惟读书而已。"先祖书法盖逼唐人,性豪迈不群,然自言少时日课钞古书数纸,今散亡之余,犹数十帙,他学士家所未有也。自炎武十一岁,即授之以温公《资治通鉴》,曰:"世人多习《纲目》,余所不取。凡作书者,莫病乎其以前人之书改窜而为自作也。班孟坚之改《史记》,必不如《史记》也;宋景文之改《旧唐书》,必不如《旧唐书》也;朱子之改《通鉴》,必不如《通鉴》也。至于今代,而著书之人几满天下,则有盗前人之书而为自作者矣。故得明人书百卷,不若得宋人书一卷也。"炎武之游四方十有八年,未尝干人。有贤主人以书相示者则留。或手钞,或募人钞之。子不云乎:"多见而识之。知之,次也。"今年至都下,从孙思仁先生得《春秋纂例》《春秋权衡》《汉上易传》等书。清苑陈祺公资以薪米纸笔,写之以归。愚尝有所议于《左氏》,及读《权衡》,则已先言之矣。念先祖之见背已二十有七年,而言犹在耳,乃泫然书之,以贻诸同学李天生。天生,今通经之士,其学盖自为人而进乎为己者也。

([清]顾炎武撰,刘永翔校点《亭林诗文集·亭林文集》卷二,上海古籍出版社2012年版)

孙庆增《钞录》

书之所以贵钞录者,以其便于诵读也。历代好学之士,皆用此法。所以有刻本,又有钞本,有底本。底本便于改正,钞本定其字划。于是钞录之书,比之刊刻者更贵且重焉。况书籍中之秘本,为当世所罕见者,非钞录则不可得,又安可以忽之哉!从未有藏书之家而不奉之为至宝者也,则其道固不可不讲也。

宋人钞本最少，字画墨气古雅，纸色罗纹旧式，方为真本。若宋纸而非宋字、宋跋、宋款而非宋纸，即系伪本。或字样纸色墨气无一不真，而图章不是宋镌，印色不旧，割补凑成，新旧相错，终非善本。元人钞本亦然。常见古人稿本，字虽草率，而笔法高雅，纸墨图章，色色俱真，自当为希世之宝，以宋、元人钞本较之宋刻本而更难也。明人钞本，吴门朱性甫、钱叔宝子充治手钞本最富，后归钱牧翁。绛云焚后，仅见一二矣。吴宽、柳佥、吴岫、孙岫、太仓王元美、昆山叶文庄、连江陈氏、嘉兴项子京、虞山赵清常、洞庭叶石君诸家钞本，俱好而多，但要完全校正题跋者，方为珍重。王雅宜、文待诏、陆师道、徐髯翁、祝京兆、沈石田、王质、王稚登、史鉴、邢参、杨仪、杨循吉、彭年、陈眉公、李日华、顾元庆、都穆、俞贞木、董文敏、赵凡夫、文三桥、湖州沈氏、宁波范氏、吴氏、金陵焦氏、桑悦、孙西川，皆有钞本甚精。新钞，冯已苍、冯定远、毛子晋、马人伯、陆敕先、钱遵王、毛斧季各家，俱从好底本钞录。惟汲古阁印宋精钞，古今绝作，字画纸张，乌丝图章，追摹宋刻，为近世无有能继其作者，所钞甚少。至于前朝内阁钞本，生员写校者为上。《文苑英华》《太平广记》《太平御览》《百官考传》《皇明实录》等书，大部者必须嘉隆钞本方可，若内监钞本、南北监钞本，皆恶滥不堪，非所贵也。余见叶石君钞本，校对精严，可称尽美。钱遵王钞录书籍，装饰虽华，固不及汲古之多而精，石君之校而备也。

古人钞录书籍，俱用黄纸，后因诏诰用黄色纸，遂易以白纸。宋、元人钞本用册式，而非汉、唐时卷轴矣。其记跋校对，极其精细，笔墨行款，皆生动可爱。明人钞本，各家美恶不一，然必有用之书，或有不同常本之处，亦皆录而藏之，然须细心绅绎，乃知其美也。吴匏庵钞本用红印格，其手书者佳。吴岫、孙岫钞用绿印格，甚有奇书，惜不多见。叶文庄钞本，用绿墨二色格，校对有跋者少，未对草率者多，间有无刻本者亦精。至于《杨诚斋集》《周益公集》《各朝实录》《北盟会编》《校正文苑英华》等书，虽大部难以精钞，亦不可忽，但须校正无讹，不遗漏为要耳。大凡新钞书籍，已属平常，又弗校正，难言善也。凡书之无处寻觅者，其书少，必当另钞底本，因无刻本故也。若钞录精工，则所费浩繁，虽书写不工，亦必珍之重之，留为秘本。前辈钞录书籍，以软宋字小楷，颜、柳、欧字为工，宋刻字更妙。摹宋板字样笔划，均匀，不脱落，无遗误，乌丝，行款整齐，中带生动，为至精而备美。序跋、图章、画像，摹仿精雅，不可呆板，乃为妙手。钞书要明于义理者一手书写，无脱漏错误，无破体字，用墨一色，乃为最善。若钞底本，大部书用行书为上，草书亦可，但以不差落为主。若字好而不明文理者，仅可印钞而已。钞本书画图最难，用白描法，运笔古雅秀劲为主，人物画像要生动，又要清雅而端庄，方为合式。有《皇宋五彩画本本草图经》最精工，集天下名手，着色画成。又有白描《列女传》《孝经》等书，无出其右者。近时钱遵王有五彩着色画本《香奁集》、白描《卤簿图》《营造法式》《营造正式》等书，虽弗及前人，今亦不可得矣。所以钞录书籍，亦非易事也，识者鉴之。

（［清］孙庆增撰《藏书纪要》，收入［明］祁承㸁等撰《澹生堂藏书约（外八种）》，上海古籍出版社2005年版）

叶德辉《书节钞本之始》

古书无刻本，故一切出于手钞，或节其要以便流观。如《隋志》所载梁庾仲容《子钞》，其书虽佚不传，而唐魏徵《群书治要》、马总《意林》，固其流派也。宋有曾慥《类说》，无撰人之《续谈助》。元有陶九成《说郛》。明有陆楫《古今说海》。其体例颇相类。而于卷帙少者，无所省删，周亮工《书影》：余幼时在金陵，闻旧曲中老寇四家有《说郛》全部，以四大厨贮之。近见虎林刻本才十六套，每一种为数少者尚全镌，多者咸为逸去，每一集有存不四五叶者。陶氏当时即有去取，未必如此之简。此刻未出时，博古之士多有就寇氏钞录者。及此刻出，不知者以为《说郛》尽于此，更不知求其全。余尝言，自刻本《说郛》出而《说郛》亡矣。《四库全书提要》入之子杂家、杂纂、杂编之属，盖本《隋志》之例。至刻本书之节钞者，宋坊行有《十七史详节》，托名于吕祖谦，然未有及于他书者。魏了翁节录《五经正义》为《五经要义》，是为节钞义疏之始。正以义疏过繁，故摘其要以便省览，然未有及于经文者。乃周密《癸辛杂识》云：廖群玉九经本最佳。凡以数十种比校，百余人校正而后成。然或者惜其删落诸经注，反不若韩、柳文为精妙。又有《三礼节》《左传节》《诸史要略》，及建宁所开《文选》。其后又欲开手节《十三经注疏》、姚氏《战国策》、注坡诗，皆未及入梓，而国事异矣。窃谓吾人读书，正苦浩博，钩玄提要，如魏氏之节钞《五经正义》，亦未始不可为课程。若删节三礼、《左传》并及其他古书，此三家村学究之所为，而不谓南宋末已有此陋习，然则明人如胡文焕、陈继儒之流，又何责焉。

（[清]叶德辉著《书林清话（附书林余话）》卷二，中华书局1957年版）

叶德辉《明以来之钞本》

明以来钞本书最为藏书家所秘宝者，曰吴钞，长洲吴匏庵宽丛书堂钞本也；曰叶钞，先十八世族祖昆山文庄公赐书楼钞本也；曰文钞，长洲文衡山徵明玉兰堂钞本也；曰王钞，金坛王宇泰肯堂郁冈斋钞本也；曰沈钞，吴县沈辨之与文野竹斋钞本也；曰杨钞，常熟杨梦羽仪七桧山房钞本也；曰姚钞，无锡姚舜咨咨茶梦斋钞本也；曰秦钞，常熟秦酉岩四麟致爽阁钞本也；曰祁钞，山阴祁尔光承爃淡生堂钞本也；曰毛钞，常熟毛子晋晋汲古阁钞本也；曰谢钞，长乐谢肇淛在杭小草斋钞本也；曰冯钞，常熟冯已苍舒、冯定远班、冯彦渊知十兄弟一家钞本也；曰钱钞，常熟钱牧斋谦益绛云楼钞本，谦益从子钱遵王曾述古堂钞本，合之谦益从弟履之谦贞竹深堂钞本，皆谓之钱钞也。此外吾家二十五世祖石君公树廉朴学斋，秀水曹洁躬溶倦圃，昆山徐健庵乾学传是楼，秀水朱竹垞彝尊潜采堂，吴县惠定宇栋红豆斋，仁和赵功千昱小山堂，钱唐吴尺凫焯绣谷亭，海昌吴槎客骞、子虞臣寿旸拜经楼，歙县鲍以文廷博知不足斋，钱唐汪小米远孙振绮堂，皆竭一生之力，交换互借，手校眉批。不独其钞本可珍，其手迹尤足贵。

以吾所知，吴匏庵钞本，板心有丛书堂三字。孙从添《藏书纪要》：匏庵钞本用红格，其手书者佳。朱彝尊《曝书亭集·书尊前集后》：吴文定手钞本，书法精楷，索直三十金。钱曾《敏求记》：《孟子注疏》十四卷。毛目：《裔夷谋夏录》一本，《春明退朝录》一本，《国初事迹》一本，《大唐传载》一本，钞宋本《宾退录》十卷二本，红格钞本《续博物志》一本，红格钞本《霏雪录》二本，《南方草木状》一本。黄记：《墨子》十五卷，《嵇康集》十卷。张志：刘国器《纲目分注发微》十卷。瞿目：宋柳开《河东集》十六卷，范成大《石湖居士文集》三十四卷。黄续记：红格竹纸钞本《王建诗集》十卷。**家文庄公家钞本，板心有赐书楼三字**。《藏书纪要》云：叶文庄钞本用绿、墨二色格。黄记：梁公《九谏》一卷，《张乖崖集》宋钞缺卷。瞿目：唐《李元宾文集》六卷，《补遗》一卷，茧纸钞本。《昼上人集》十卷。**文衡山钞本，格栏外有玉兰堂录四字**。瞿目：影宋钞本《新雕诗品》三卷。文钞极为孙从添庆增《藏书纪要》所称，而钞本传者绝少。吾家旧藏衡山曾孙女文俶手钞本宋王沂孙《碧山乐府》即《玉笥词》一卷，首叶钤"玉磬山房"白文长方印，为绛云楼火后物。上钤"遗稿天留"朱文长方印。全卷经秦敦夫太史恩复手校，补录佚词。于书眉卷尾钤"鲍氏正本"朱文方印，"知不足斋"白文方印。卷首又钤"金石录十卷人家"朱文长方印。此即钱曾《敏求记》所云藏宋本《金石录》之冯研祥印也。后来韩小亭泰华、阮文达元皆仿刻此印，与此印不同。盖此书虽止三十余叶，其为国朝以来藏书家宝贵可知。然则文钞之希见，益可见矣。**王宇泰钞本，板心有郁冈斋藏书五字**。瞿目：乐史《广卓异记》二十卷。**沈辨之钞本，格栏外有吴县野竹家沈辨之制九字**。瞿目：《山水纯全集》一卷。**杨梦羽钞本，板心有嘉靖乙未七桧山房八字**，黄记、瞿目：宋孔平仲《珩璜新论》一卷。**亦有板心作万卷楼杂录五字者**。瞿目：《穆天子传》六卷。**姚舜咨钞本，板心有茶梦斋钞四字**。范目：手钞宋吕大圭《春秋五论》一卷，明唐寅《漫堂随笔》一卷。张志、瞿目：手钞马令《南唐书》三十卷，《唐阙史》二卷。黄记、张志、瞿目：手钞《续谈助》五卷。瞿目：手钞《甘泽谣》一卷。**秦酉岩钞本**，毛目：手钞《亢仓子》一本，《紫青真人注道德经》一本，《酉岩山人真迹》三册六本，一册《考工左国篆》，一册《吕览节》，一册《三子篆》，荀子、淮南子、杨子附文中子，手钞《太和正音谱》二本。**板心有致爽阁三字**，瞿目：唐苏鹗《杜阳杂编》三卷。**或玄览中区四字**，张志：俞豹文《吹剑录》一卷，《穆天子传》六卷。**或又玄斋三字**，张志：唐诗《极玄集》二卷。瞿目：姚合《极玄集》二卷。**或玄斋二字**。**祁尔光钞本，板心有淡生堂钞本五字**。黄记：《国朝名臣事略》十五卷。黄记、张志：蓝格本《勿轩集》八卷。瞿目：《周益公集》二百卷。张志、瞿目、丁志：元吴海《闻过斋集》四卷。丁志：《淡生堂藏书谱》八册，《藏书训略》二卷，原本每叶十六行，蓝格竹纸本，版心刊淡生堂藏书目。又蓝格白纸《广笔畴》一卷，蓝格纸钞《许白云先生文集》四卷。**毛子晋钞本**，《藏书纪要》云：汲古阁印宋精钞，古今绝作。字画、纸张、乌丝、图章追摹宋刻，为近世无有。**板心有汲古阁三字**，张志：新刊张小山《北曲联乐府》三卷，《外集》一卷。瞿目：宋华岳《翠微先生南征录》十一卷。丁志：宋高登《东溪词》一卷，赵磻老《拙庵词》一卷，李好古《碎锦词》一卷。**格栏外有毛氏正本汲古阁藏八字**。张志《云台编》三卷。瞿目：宋陈郁《藏一话腴》一卷。**谢肇淛钞本，板心有小草斋钞本五字**。墨格九行本。张志、瞿目：宋沈作喆《寓简》十卷。瞿目：王黄州《小畜集》三十卷。袁簿：宋朱翌《猗觉寮杂记》二卷。**冯彦渊钞本，格栏外有冯彦渊藏本五字**。张志：唐《杜荀鹤文集》三卷。毛目：《李太白集》四本，从绛云楼北宋板，觅旧纸延冯窦伯影钞。按：窦伯名武，彦渊子也。**冯定远钞本，格栏外有冯氏藏本四字**。张志：《许丁卯集》二卷，《续集》二卷。瞿目：宋周密《云烟过眼录》一卷，**冯已苍钞本，格栏板心均无字**。张志、黄记：手钞《近事会元》五卷，《汗简》七卷。黄记：校明影宋钞本《元英先生诗集》十卷，后有崇祯戊辰年六月冯氏空居阁阅一行。**墨格钞本**，有毛晋孙绂万跋《华阳国志》十二卷，云顾涧薲藏，空居阁钞本。李群玉、方干诗集合装一本。**钱牧斋钞本，板心有绛云楼三字**。袁簿：墨格本《开国群雄事略》残稿本三册，绿格本《双陆谱》一卷，《玄玄棋经》一卷，合装一本。**钱遵王钞本**，《藏书纪要》云：钱遵王有五彩着色本《香奁集》，白描《卤簿图》《营造法式》《营造正式》。**格栏外有虞山钱遵王述古堂藏书十字**，黄记：《春秋繁露》十七卷。张志：《何博士备论》一卷，《文昌杂录》六卷。续记：《东家杂记》二卷。瞿目：圭塘《欸乃集》一卷。丁志：日本刻《孟子音义》一卷。**或钱遵王述古堂藏书八字**。瞿目：《吴越备史》四卷，蔡襄《茶录》一卷，《教坊记》一卷，《北里志》一卷，《青楼集》一卷，《吕和叔集》十卷。丁志：《昭德先生郡斋读书志》二十卷，均白纸墨格本。丁志：《温庭筠诗集》七卷，《别集》一卷，蓝丝栏精钞本，半叶十二行，行二十一字。**钱履之钞本，板心有竹深堂三字**。张志：《李群玉集》三卷，《后集》五卷，钞陈道人书棚本唐杜荀鹤《唐风集》一卷。石君公钞本，《藏书纪要》云：叶石君钞本，校对精严，可称尽美。钱遵王钞录书籍，装饰虽华，固不及汲古多而精，石君之校而备也。又云：叶石君所藏书籍，皆手笔校正，临宋本，印宋钞，俱借善本改正，博古好学，称为第一。叶氏之书，至今为宝。板匡外有朴学斋三字。丁志：明王文安《英公诗集》五卷，《文集》六卷。曹洁躬钞本，板心有樵李曹氏倦圃藏书八字。张志、瞿目：元刘秉忠《藏春集》六卷。丁志：钱惟善《江月松风集》十二卷，《补遗》一卷。徐健庵钞本，板心有传是楼三字。张志：魏了翁《周易要义》十卷。黄记：《五代春秋》一卷，每叶二十二行，行二十字，均白纸墨格钞本。惠定宇钞本，格栏外有红豆斋藏书钞本七字。吾藏《周易本义辨证》手写稿本，《九经古义》稿本残本，墨格十行。赵功千钞本，格栏外有小山堂钞本五字。丁志：宋游九言《默斋遗稿》二卷。吴尺凫钞本，板心有绣谷亭三字。袁簿：《南宋杂事》一卷，稿本，绿格十行本。朱竹垞、吴槎客、鲍以文、汪小米四家钞本，皆毛泰纸钞，无格栏。此外何元锡梦华馆钞本，金檀文瑞楼钞本，王宗炎十万卷楼钞本，多归丁丙八千卷楼。其余旧钞无考者，有穴研斋钞本，黄记：钱遵王藏有马令《南唐书》三十卷，《何博士备论》一卷，《芦浦笔记》《杨公笔录》，不分卷，徐度《却扫编》三卷，黄复休《茅亭客话》十卷。怡颜堂钞本，板心有怡颜堂钞书五字。张志：柯山夏先生重修《尚书详解》十六卷，《丰清敏公遗事》一卷，新刊《历代制度详说》一卷。黄记：《建炎时政记》三卷。退翁书院钞本，江阴缪氏对雨楼刻《诗品》一卷，吾见《汉魏诗录》一册，不知全录卷数若干。笃素居钞本，黄记：校钞本《萨天锡集》十卷。又一钞本为汲古阁藏本，中有毛子晋手钞处，竹纸墨格，木板心有笃素居三字。吴兴陶氏钞本，板心有笃素好斋藏书六字。丁志：依宋钞本徐公铉文集十卷。太原祝氏钞本，阮外集：《通玄真经注》十二卷，云此太原祝氏依宋板摹写。皆明末国初人各家藏书，均不知姓名籍里。

又有华亭孙明叔道明，钱《敏求记》：《自号录》一卷，《临汉隐居诗话》一卷。张志：《北梦琐言》二十卷，《广川书跋》六卷。瞿目：吾丘衍《闲居录》一卷，《张司业集》八卷，《五国故事》三卷，《蜀梼杌》十卷，《皇宋书录》三卷。黄记：《衍极》五卷。陆志：玉峰先生《脚气集》二卷。丁志：《锦里耆旧传》五卷。按:《临汉隐居诗话跋》云:洪武九年丙辰,映雪老人写于华亭集贤外坡草舍雨窗,时年八十。计其生年,当在元成宗元贞二年丙申,但不知卒于何年耳。孙星衍、莫晋合撰《松江府志》:孙道明,字明叔。华亭人,居泗泾。博学好古,藏书万卷,遇秘书辄手自钞录。筑映雪斋,延接四方名士校阅藏书为乐。造一舟曰水光山色,徜徉南浦,自号停云子。尝与陶九成共泛,九成制词,道明即倚箫声和之,与棹歌相答。吴县柳大中金,钱《敏求记》:《沈云卿集》二卷。黄记:《录异记》八卷,高似孙《纬略》十二卷,《渑水燕谈录》九卷,《朱庆余诗集》,不分卷。瞿目:《蟹略》四卷,《张贞居先生诗集》四卷,词一卷。陆志:《乐府古题要解》二卷。丁志:宋王得臣《麈史》三卷。**钱叔宝毂**,黄记:马令《南唐书》三十卷,《道德真经指归》三十卷,手钞陶九成《游志续编》一卷。**钱子功甫允治**,杨录:影宋精钞本《西昆酬唱集》二卷,卷末行书一行,云万历乙丑九月十七日书毕,下有功甫印,乃钱功甫手钞也。**吴方山岫**,吴岫钞用绿印格。毛目:《定陵注略》八本,《瀛涯胜览》一本。丁志:《吕温州文集》十卷。**先二十五世祖林宗公奕**,黄记:手录《李群玉诗集》三卷,《后集》五卷。瞿目:手录《沈下贤集》十二卷,《古文苑》九卷。陆志:《何水部集》一卷。**金孝章俊明**,黄记:手钞《金石例》十卷。续记:手钞元人总集月泉吟社、谷音、河汾诸老诗,《中州集》,并目录、小传四种。按:魏禧《朱参军家传》,吴门之隐君子曰金俊明,余见之,年七十一矣。父曰朱参军,本姓金氏,名允元。七岁而孤,母贫不能自存。有姊适朱氏,属养焉,遂冒朱姓,更名永昌。入资授绥宁簿。天启乙丑卒。俊明始为诸生,亦姓朱氏,名衮。后复姓,更今名,字孝章。朱彝尊《静志居诗话》:先生平生好录异书,靡间寒暑。仲子侃亦陶继之。矮屋数椽,藏书满楼,皆父子手钞书也。习隽等《乾隆苏州府志》:春草闲房在卧龙街西双林巷,金俊明孝章所构书斋也。按:先生当日以胜国遗民,名重一时。汪琬为撰墓志,先横山公为作传,皆极推重。今见两集,不具录。**俊明子亦陶侃**,王士禛《居易录》:顾迂客贻所刊《范石湖集》诗三十三卷,《楚词古赋》一卷,金侃亦陶写校宋板本也。《带经堂诗话》张宗楠附识云:购得《张蜕庵集》,卷尾有李崇系跋云:从金亦陶手钞全本借录,凡五卷。丁日昌《持静斋书目》:金侃钞元

一、文献生成

人诗黄镇成《秋声集》四卷,卢琦《圭峰集》五卷,杜本《清江碧嶂集》一卷,胡乘龙《傲轩吟稿》一卷,揭俣斯《揭曼硕诗集》四卷,马祖常《石田集》五卷,陈泰《所安遗集》一卷,曹伯启《汉泉漫稿》五卷,元淮《金渊集》一卷,郑允端《肃雍集》一卷,丁复《桧亭稿》五卷,黄潜《黄文献公集》五卷,贡性之《南湖诗集》二卷,陈樵《鹿皮子集》四卷,成廷珪《居竹轩集》四卷,马臻《霞外集》十卷,傅若金《傅汝砺诗集》八卷,虞集《道园学古录》八卷,郭钰《静思先生集》八卷。云皆其六十岁后手钞。**常熟赵清常琦美**,黄记:手钞《文房四谱》四卷,《张光弼诗》二卷。瞿目、丁志:《东国史略》六卷,宋秦九韶《数书九章》十八卷。**陆敕先贻典**,黄记:手钞陆游《南唐书》十八卷,赵明诚《金石录》十卷。**曹彬侯炎**,黄记:《琴川志》十五卷,《契丹国志》十七卷。吴记:《武林旧事》十卷。**江阴李贯之如一**,原名鹗翀,字如一,后以字行。黄记:手钞陶宗仪《草莽私乘》一卷。**周研农荣起**,王士禛《居易录》:《梧溪集》七卷,细书工致,似钟太傅。终卷如一,是周研农荣起手录。周江阴老儒,常熟毛子晋刻校古书,多其勘正。黄记:手钞《衍极》五卷,蒋光煦《东湖丛记》,手钞朱性甫《铁网珊瑚》十四卷。**昆山先二十四世祖德荣公国华**,黄荛圃年谱:手钞《法帖刊误》一卷。**石门吕无党葆中**,黄记:吾研斋补钞《小畜集》三十卷,手钞元刘秉忠《藏春集》六卷,赐书楼蒋氏藏《栟榈集》二十五卷。黄续记:手抄《刘后村集》五十卷。**长洲顾云美苓**,黄记:《林和靖诗集》四卷。瞿目:《隶续》二十一卷。**张青芝位**,黄记:手钞《归潜志》八卷。《五代会要》三十卷,《桂林风土记》一卷,《麈史》三卷。瞿目:《朱庆余集》,不分卷。陆志:《隐居集》一卷。**位子充之德荣**。黄记:《蜀鉴》十卷,《湖山类稿》五卷,《汪水云诗钞》一卷,《补遗》一卷,《旧宫人诗词》一卷,《附录》一卷。**吴枚庵翌凤**,江藩半毡斋题跋:枚庵,长洲庠生。手钞秘籍数百种。戴延年《抟沙录》:吴枚庵,名翼凤,吴县人。酷嗜异书,无力购致,往往从人借得,露钞雪纂,目为之眚。按:枚庵名翌凤,不作翼凤。吴县庠生。黄记、陆志、丁志:手钞书极多,曾主讲湖南浏阳南台书院。其平日以钞书为课程,故至今流传不绝。

尤可贵者,冯已苍舒,当甲乙鼎革之交,遁迹于荒村老屋,酷暑如蒸,而手钞不辍。张志,《近事会元》五卷跋云:太岁乙酉,避乱于洋荡之村居。是年闰六月,忧闷无聊,遂手书此,二十日而毕。是书是秦季公所藏，余从孙岷自借钞之。七月初六日屠守老人记。《汗简》七卷跋云：右《汗简》上中下各二卷，末卷为略序目录，共七卷。李公建中序为郭忠恕所撰，引用者七十一家，亦云博矣。崇祯十四年借之山西张孟恭氏，久置案头，未及钞录。今年乙酉，避兵入乡，居于莫城西之洋荡村。大海横流，人情鼎沸，此乡犹幸无恙。屋小炎蒸，无书可读，架上偶携此本，便发兴书之，二十日而毕。家人笑谓予曰：世乱如此，挥汗写书，近闻有焚书之令，未知此一编者，助得秦坑几许虐焰？予亦自笑而已。犹忆予家有旧钞《张燕公集》，卷末识云：吴元年南濠老人伍德手录。此时何时，啸歌不废，他年安知不留此洋荡老人本耶？但此书向无别本，张本亦非晓字学者所书，遗失讹谬，未可意革。李公序云，赵字旧字下俱有臣忠恕字，今赵字下尚存，旧下则亡之矣，确然知其非全本也。既无善本可资是正，而所引七十一家，予所有者仅仅始一终亥本《说文》、古《老子》及《碧落碑》而已，又何从订其讹谬哉？亦姑存其形似耳。又此书亦有不可余意处，如沔字、汸字、泯字、涸字俱从水，今沔从丐，汸从万，泯从氏，涸从卤，腾从月而入脊部，郤从邑而入谷部，驶从马而入史部，朽从木而入丂部，诸此之类，不可枚举。大抵因古文字少，未免援文就部以足其数，其实非也。目录八纸，应在第七卷，今七卷首行尚存略叙目录四字。古人著书，多有目录是他人作者，故每云书若干卷，目录几卷。即一人所作，目录亦或在后。徐常侍所校《说文》，其明证也。今人一概移置卷首，非是。今此本目录亦在第七卷，后人知之。书成后，偶余一纸，信笔书此，以供他年一笑。太岁乙酉闰六月之十日，屠守老人识。

观此二跋，古人拳拳爱书之心，直与性命为轻重。吾自遭国变，逃难四方，辛壬癸甲之交，始则避乱于邑之朱亭。居停罗南仙朝庆，患难相依，颇有钞书之暇。继而流寓海滨日下，终日嬉游征逐，几席尘封，他时无一卷书之流传，无一片土之遗迹，以视屠守老人，滋愧甚矣，更何敢侈言绳武，以上希萟竹、朴学二公耶！近时精钞本，如金山钱熙祚守山阁钞本，十二行绿格，格阑外有守山阁钞本五字。归安姚觐元咫进斋钞本，十三行绿格，板心有咫进斋三字。又厉樊榭鹗钞书用八行墨格，钮匪石树玉钞书用十行绿格，皆钞本中之可贵者，附记于此，以待藏书家留意焉。

（[清]叶德辉著《书林清话（附书林余话）》卷十，中华书局1957年版）

叶德辉《钞书工价之廉》

古人钞书工价不可考,惟乾嘉间略见一班。黄记:明钞本《草莽私乘》一卷下云:此书载汲古阁珍藏秘本书目,估值二钱。是书之值,几六十倍于汲古所估,旁观无不诧余为痴绝者。然余请下一解曰:今钞胥以四五十文论字之百数,每叶有贵至青蚨一二百文者,兹满叶有字四百四十,如钞胥值约略相近矣,贵云乎哉?因此可见当时佣书之廉,由于食用之俭。今则米珠薪桂,百物艰难。俯仰古今,不免东京梦华之感矣。

([清]叶德辉著《书林清话(附书林余话)》卷十,中华书局1957年版)

叶德辉《传录》

士生宋元以后,读书之福,远过古人;生国朝乾嘉后者,尤为厚福。五代、北宋之间,经史正书,鲜有刻本,非有大力者,不可言收藏。既有刻本,又不能类聚一处,即有大力搜求,亦非易事。古人以窥中秘读老氏藏为荣幸者,今则有资,一日可获数大部。国朝诸儒,勤搜古书,于四部之藏,十刻七八;仅宋、元、明人集,未得刻尽,究为不急之书。至于日本卷子、唐抄、中原故家久藏秘籍,其为乾嘉诸儒未见之足本、不传之孤本,以及秦、晋、齐、鲁发地之古器、古物,好事者绘图释义,著为成书,既日出而不穷,亦石印之简便。居今日而言收藏,可以坐致百城,琳琅满室矣。而犹有待于传录者,盖其书或仅有抄本,不能常留,过目易忘,未存副录,校刻则有不给,久假复不近情,惟有彼此借抄,可获分身之术。

传录之法,多倩佣书者,以别舍处之。以工资计,湘省最廉,善书者一日可书五千字。凡字一千,不过七八十文内外,若至百文一千,则谋者蝇集矣。故抄一书字至十万,仅费钱七八千,较之"千金买《汉书》""貂裘贿侍史",其廉为何如耶!抄写之纸,以日本、高丽细茧纸为上,其纸吸墨而滑笔,但使写手轻匀,易于增色;其次中国之洁净花胚,即官堆之高者。杭连虽白,至为不佳,墨干则笔涩,墨湿则字毛,一遇积霉,或沾鼠溺,则腐碎不可触手。此余二十年所亲历,故能言其害也。

(叶德辉撰《藏书十约》,收入[明]祁承㸁等撰《澹生堂藏书约(外八种)》,上海古籍出版社2005年版)

（三）刻拓

司马迁《史记·秦始皇本纪》（节选）

维秦王兼有天下，立名为皇帝，乃抚东土，至于琅邪。列侯武城侯王离、列侯通武侯王贲、伦侯建成侯赵亥、伦侯昌武侯成、伦侯武信侯冯毋择、丞相隗林、丞相王绾、卿李斯、卿王戊、五大夫赵婴、五大夫杨樛从，与议于海上。曰："古之帝者，地不过千里，诸侯各守其封域，或朝或否，相侵暴乱，残伐不止，犹刻金石，以自为纪。古之五帝三王，知教不同，法度不明，假威鬼神，以欺远方，实不称名，故不久长。其身未殁，诸侯倍叛，法令不行。今皇帝并一海内，以为郡县，天下和平。昭明宗庙，体道行德，尊号大成。群臣相与诵皇帝功德，刻于金石，以为表经。"

（[汉]司马迁撰《史记》卷六，中华书局2014年版）

范晔《后汉书·蔡邕传》（节选）

建宁三年，辟司徒桥玄府，玄甚敬待之。出补河平长。召拜郎中，校书东观。迁议郎。邕以经籍去圣久远，文字多谬，俗儒穿凿，疑误后学，熹平四年，乃与五官中郎将堂溪典、光禄大夫杨赐、谏议大夫马日䃅、议郎张驯、韩说、太史令单飏等，奏求正定六经文字。灵帝许之，邕乃自书（册）[丹]于碑，使工镌刻立于太学门外。于是后儒晚学，咸取正焉。及碑始立，其观视及摹写者，车乘日千余两，填塞街陌。

（[南朝宋]范晔撰，[唐]李贤等注《后汉书》卷六十下，中华书局1965年版）

杨衒之《洛阳伽蓝记》（节选）

报德寺，高祖孝文皇帝所立也。为冯太后追福。在开阳门外三里。开阳门御道东有汉国子学堂，堂前有三种字。石经二十五碑，表里刻之，写《春秋》《尚书》二部，作篆、科斗、隶三种字，汉右中郎将蔡邕笔之遗迹也。犹有十八碑,余皆残毁。复有石碑四十八枚,亦表里隶书,写《周易》《尚书》《公羊》《礼记》四部。又赞学碑一所,并在堂前。魏文帝作《典论》六碑,至太和十七年犹有四碑。高祖题为劝学里。武定四年,大将军迁石经于邺。

([魏]杨衒之撰,周祖谟校释《洛阳伽蓝记校释》卷三,中华书局2010年版)

邵伯温《邵氏闻见录》(一则)

长安百姓常安民,以镌字为业,多收隋、唐铭志墨本,亦能篆。教其子以儒学。崇宁初,蔡京、蔡卞为元祐奸党籍,上皇亲书,刻石立于文德殿门。又立于天下州治厅事。长安当立,召安民刻字,民辞曰:"民愚人,不知朝廷立碑之意。但元祐大臣如司马温公者,天下称其正直,今谓之奸邪,民不忍镌也。"府官怒,欲罪之。民曰:"被役不敢辞,乞不刻安民镌字于碑,恐后世并以为罪也。"呜呼!安民者,一工匠耳,尚知邪正,畏过恶,贤于士大夫远矣。故余以表出之。

([宋]邵伯温撰,李剑雄、刘德权点校《邵氏闻见录》卷十六,中华书局1983年版)

陈槱《总论古今石刻》

古者金、铜等器物,其款识文字,皆以坯冶之后镌刻,非若今人就范模中径铸成者。余于武陵郡开元寺铁塔上见镌刻经咒之属,皆是冶铸后为之。至于石刻,率多用粗顽石。又字画入石处甚深,至于及寸。其镌凿直下,往往至底乃反大于面,所谓如蠹虫钻镂之形,非若后世刻削,丰上锐下,似茶药碾槽状。故古碑之乏也,其画愈肥;近世之碑之乏也,其画愈细。愈肥而难漫,愈细而易灭。余在汉上及襄岘间,亲见魏、晋碑刻如此。兼石既粗顽,自然难坏,后世石虽精好,然却易剥缺。以是知古人作事不苟,皆非今人所能及也。

([宋]陈槱撰《负暄野录》卷上,《全宋笔记》第七编五,大象出版社2015年版)

陶宗仪《淳化祖石刻》

大梁刘衍卿世昌云：大德己亥，妇翁张君锡携余同观淳化祖石帖，卷尾各有题识。第一卷边，高平范仲淹曾观，年月日题。第五卷，东坡、张文潜等题。又有姜白石小楷三四十字。第六卷，洛阳伊川老夫，不知为何人。又太学博士陈士元云，此正祖石。又有苏舜钦题。第七卷，陈简斋奉旨观于秋香亭下，云：魏晋法书，非人间合有，自我太宗皇帝刻石，宠锡下方，见不满十数，臣与义顿首谨书。第八卷，苏颂云：此帖世不多见，是日赏牡丹，得观于相君西斋。张舜民题亦在此卷。第十卷，太宗书：淳化四年六月廿二日，赐毕士安。赐字上宝。后段，毕丞相黄字书"子孙保享"等语百余字。逐卷有高宗内府印百余颗。后有贾氏长字印。又有一小印合缝，云是蔡太师印。山和尚锦装褫，签头题云"淳化祖石刻"。

及见吴郡陆友仁又云：尝观褚伯秀所记，江南李后主命徐铉以所藏古今法帖入石，名升元帖，此则在淳化之前，当为法帖之祖。

刘、陆之说，殊不相合。偶读刘跂《暇日记》，亦载此事云，马传庆说，此帖本唐保大年摹上石，题云：保大七年，仓曹参军王文炳摹勒，校对无差。国朝下江南，得此石。淳化中，太宗令将书馆所有，增作十卷，为版本，而石本复以火断缺，人家时收得一二卷。然阁帖于各卷尾篆书题云："淳化三年壬辰岁十一月六日，奉圣旨模勒上石。"此侍书王著笔也。而陈简斋亦云太宗刻石，则衍卿所谓祖石刻，岂即南唐时帖乎？抑太宗增刻者，但不知南唐亦作十卷否？徐铉、马传庆二说又不同。今世言淳化阁帖用银锭闩枣木板刻，而以澄心堂纸、李廷珪墨印者，则传庆板本之说合。故赵希鹄《洞天清禄集》亦云用枣木板摹刻，故时有银锭纹。用李廷珪墨打，手揩之，不污手。余尝见阁本数十，止三本真者，其纸墨法度，种种迥别，妙在心悟，固难以言语形容。然又传仁宗尝诏僧希白刻石于秘阁，前有目录，卷尾无篆书题字，所谓祖石刻者，岂即此与？

（［元］陶宗仪撰《南村辍耕录》卷六，中华书局1959年版）

沈德符《小楷墨刻》

墨刻自阁帖后转盛,至本朝则种类愈繁,几不胜收。如文氏停云馆最著。说者终谓俱出待诏父子伎俩,不甚逼真。而小楷为尤甚,是亦有说。唐刻推李北海,然皆自写自刻,所称工人伏灵芝、黄仙鹤、苏长生,俱诡名也。又俱一二寸大字,无一小楷,故无不如意。若颜之《麻姑坛》,右军之《曹娥碑》,即真宋刻而神彩皆索然。今小楷之佳无如《黄庭经》,然开软熟宗门,断非《换鹅》古迹,亦断非南唐升元旧本也。近日新安大估吴江村名廷者,刻《余清堂帖》,人极称之。乃其友杨不器手笔,稍得古人遗意。然小楷亦绝少。董玄宰刻《戏鸿堂帖》,今日盛行,但急于告成,不甚精工,若以真迹对校,不啻河汉。其中小楷,有韩宗伯家《黄庭内景》数行,近来宇内法书,当推此为第一,而戏鸿所刻,几并形似失之。予后晤韩胄君诘其故,韩曰:"董来借摹,予惧其不归也,信手对临百余字以应之,并未曾双钩及过朱,不意其遽入石也。"因相与抚掌不已。此外刻帖纷纷,俱不足置齿颊矣。

([明]沈德符撰《万历野获编》卷二十六,中华书局1959年版)

方以智《碑拓》

帖刻于石而拓之,曰法帖。自有石经碑刻,应有拓帖,而未著称。《蔡邕传》言:"观及摹者,车日千两。"摹则今之墨拓也。《会要》:"贞观六年正月,命整理御府古今工书钟、王等真迹,得一千五伯一十卷。开元六年整理数同。十六年,内出二王真迹及芝、昶等古迹一百六十卷,付集贤院依文拓两本进内,分赐诸王。两本者,分真迹与真草迹也。真迹卷帙,以贞观字为印缝,真草迹,令褚遂良真书小字帖纸影之。"所谓拓影,不知比今何法也。若但描临,安能逼肖邪?当时亦呼拓写。《兰亭》一本入昭陵;又一本太平、安乐公主奏借出外拓写,遂失所在。《六典》:"弘文馆拓书三人,习其法也。"意其兼学双钩过朱之法乎?《褚遂良传》:"帝方慕羲之,故帖莫质真伪,遂良独论所出,无舛冒。"登善影本,今犹相传。宋自太平兴国诏访笔迹,于是荆湖献张芝草书,潭州献唐明皇所书《道林寺王乔观碑》，升州献二王及桓温等十八家石版书迹。七年，钱惟治以钟、王等墨迹七轴献，钱昱献钟、王墨迹八轴。旧说六百年而神去，七百年而纸坏。以淳化四年四月之勒，上距魏晋约五百余年，冀得其真，如米所评，又寥寥矣。元祐中，刘次庄为《法帖释文》十卷，靖国初，刘焘续之。淳熙中，刻《秘阁续法帖》。宋至我生之初不满五百年，而宋初拓阁帖遂为稀有，价值千金。余曾在陈眉公顽仙庐见一本，乃董玄宰宗伯藏者，旁有黄山谷朱书释文，字体微肥。又一在嘉兴项氏。石经已混，陕碑在西安府学，不必汉魏，多是唐郑覃书。蜀毋昭裔所书石经，今有注。宋何琪镇长安，摹拓二千余本，民以为害，往往镵削其字。韩缜修霸桥，督工急，民磨碑石供之。罹此二厄，全者遂少。世所谓《曹全碑》，则汉八分之至明者矣。相传石崖崩而碑出，故拓少而明也。《圣教》不断本，李北海《娑罗》《岳麓》《云麾》皆难得。万历初，内乡李荫令宛平，发地得柱础六，乃唐李邕书《云麾将军碑》，因建古墨斋。崇祯壬午，智房师傅海峰为顺天府尹，修书斋，又掘得二圆扁石，亦北海《云麾碑》，有李琇名其前所得者未尽邪？升庵常言断裂在蒲城，而正德中刘远夫铁束之，物之显晦固各有时。《淳化阁帖》，宋太宗命侍书王著临拓，以枣木镂刻。至仁宗，又诏僧希白刻石于秘阁，前有目录，卷后无篆题。世传以为《二王府帖》者，非也。又有高宗绍兴中国子监本，其首尾与《淳化》略无少异。当时御前拓者，多用匮纸，盖打金银箔者也。自后碑工作蝉翼本，且以厚纸覆版上，隐然为银挺攘痕以愚人。初，徽宗建中靖国间刻《续法帖》。大观中，又摹拓刻石于太清楼，字行稍高，而以建中靖国《续帖》十卷，易去岁月名衔，以为后帖。又刻孙过庭《书谱》及《贞观十七帖》，总为二十二卷，谓之《大观太清楼帖》。《绛帖》者，尚书郎潘师旦以官帖摹刻于家，为石本，而传写字多讹舛，世称为《潘驸马帖》。单炳文、曹士冕各有模刻本，又有新绛本，北方别本，武冈新旧本，福清、乌镇、彭州、资州本，皆《绛帖》之别也。《潭帖》者，庆历中，刘丞相帅潭日，以《淳化官帖》命慧照大师希白摹刻于石，置之郡斋，增入《伤寒》《十七日》、王蒙、颜真卿诸帖，而字行颇高，与《淳化阁》本差不同，逐卷有慧照大师希白重模字，而岁月各异，中间谬处甚多。朱文公讥之，是也。《潭帖》之别，则有刘丞相私第本、长沙碑匠新刻

一、文献生成

本、三山木本、庐陵萧氏本。《戏鱼》即《临江帖》也。元祐间,刘次庄以家藏《淳化阁》十卷,摹刻戏鱼堂,除去篆题而增释文。又有淳熙修内司本、北方印成本、乌镇张氏、福清李氏本。刘后村云:"《阁帖》为祖,《绛帖》次之,《临江》又次之,武冈又次之,《大观》尤妙。武冈佳者可乱《绛》,《临江》佳者可乱《阁》,《潭》乃僧希白所摹,有江左风味。希白工于摹字,屈于寻行数墨,文理错缪,然其字比之《淳化帖》为胜。"东坡推《潭帖》胜《阁帖》。韩侂胄开《群玉帖》,字好。薛绍彭亦有《家塾帖》,好。又按:蔡京《党碑》,遍刻粤洞,不以憝废。然吴兔客直指凿星岩,北魏大武作始皇《峄碑》,人欲字香,宜自珍重。又得近拓一本,因叹元祐诸公姓名史不备者,反赖以传。宋陆友仁《研北杂志》曰:"定武《禊序》,唐文皇模本所刻,故毫发无逾矩。至遍赐诸王群臣,则皆一时能书所临,精神横逸,虽抵掌相似,然犹以为优孟也。"予所见元嘉赐本第一,神龙第二,苏才翁家第三,才翁本则祖神龙,褚河南误字本第四,冯承素本第五,褚延海本第六,陆柬之本第七,赵模本第八,最后见米老所仿褚河南第九,仿冯承素第十,绍兴内府藏本第十一,与定武微别,又皆茧纸,非双钩响拓所作,独张似之家绢本,云是汤普彻所摹,为不同耳。刘克庄跋林竹溪家藏定武本,乃薛氏续刊本,不如其断石本远矣。又有云:段石本乃婺州倅厅本,前辈评其为定武典刑,亦名"梅华本"。陶九成言:"兰亭百十七刻,装褫作十册,宋理宗所藏,有图书钤缝玉池后,于陆国瑞处录其目。"姜白石又有《禊帖偏傍考》。今传于世,能几本邪!孟𫖯摹定武本在北京。褚摹《兰亭》,归德府、同州学俱有石刻。嵇好善掘得《玉版兰亭》。万历中,颍井夜光,探得六铜罍、刻石《兰亭》《黄庭》。董玄宰定为米南宫书。《潜草》曰:"双钩过朱,惟恐失神。鲁公家僮修改,米元章叹之。而李端叔见庐山石刻,字有精神,因知模勒之妙,有以假借致然。偶遇南唐人陈格,从事于此十二世矣。"

曰临摹,曰硬黄,曰响拓,皆学帖法也。临谓置纸在傍学之;摹谓以薄纸覆摹;硬黄谓置纸热熨斗上,以黄蜡涂匀,俨如鱿角,毫厘必见;响拓谓以纸覆就明窗映光摹之。此宋张世南说。今之油纸摹帖,盖硬黄之遗也。古帖远者,墨浓者,坚若漆,挨之纤毫无染,兼以摹弄日久,纸面生光，且有异香。以此为辨。《研北杂志》曰："北碑刻深，谓之沟道。"《后汉》传：方者曰碑，员者曰碣。宋黄长睿《辨阁帖》伪者几半于真。米海岳亦然。宣和书画有瓢印。孙宗鉴《东皋杂录》言："汉碑额多篆，身多隶，隶多凹，篆多凸。"此偶见耳。皆凹者，又汉额多凿圆孔。

有蝉翅拓、乌金拓。颜籀解《史游章》曰："蝉缯之轻薄者，若蝉翼也。"纸亦有如蝉翼者。或云用薄纸拓石，则锋棱毕出。梁虞和《论书表》曰："拓书悉用薄纸。"赵希鹄言北拓色淡而纹绉，曰夹纱，作蝉翅拓也。南纸纹竖，墨用油烟，以蜡，故黑而有光，为乌金拓。

（[清] 方以智著，黄德宽、诸伟奇主编《方以智全集》第五册《通雅》卷三十一，黄山书社2018年版）

钱泳《刻碑》

自汉、魏、六朝、唐、宋、元、明以来，碑板不下千万种，其书丹之人，有大家书，有名家书，亦有并不以书名而随手属笔者。总视刻人之优劣，以分书之高下，虽姿态如虞、褚，严劲如欧、颜，若刻手平常，遂成恶札。至如《唐骑都尉李文墓志》，其结体用笔，全与《砖塔铭》相似，王虚舟云必是敬客一手书，而刻手恶劣，较《砖塔铭》竟有天壤之隔。又《西平王李晟碑》，是裴晋公撰文，在柳诚悬当日书碑时，自然极力用意之作，乃如市侩村夫之笔，与《玄秘塔》截然两途，真不可解也。唐人碑版如此类者甚多，其实皆刻手优劣之故。

大凡刻手优劣，如作书作画，全仗天分。天分高则姿态横溢，如刘雨若之刻《快雪堂帖》，管一虬之刻《洛神十三行》是也。

文氏《停云馆帖》，章简甫所刻也。然惟刻晋、唐小楷一卷最为得笔，其余皆俗工所为，了无意趣。

书法一道，一代有一代之名人，而刻碑者亦一时有一时之能手，需其人与书碑者日相往来，看其用笔，如为人写照，必亲见其人而后能肖其面目、精神，方称能事，所谓下真迹一等也。世所传两晋、六朝、唐、宋碑刻，其面目尚有存者，至于各种法帖，大率皆由拓本赝本转转模勒，不特对照写照，且不知其所写何人，又乌能辨其面目、精神耶？吾故曰藏帖不如看碑，与其临帖之假精神，不如看碑之真面目。

刻手不可不知书法，又不可工于书法。假如其人能书，自然胸有成见，则恐其将他人之笔法，改成自己之面貌；如其人不能书，胸无成见，则又恐其依样胡芦，形同木偶，是与石工木匠雕刻花纹何异哉？

刻行楷书似难而实易，刻篆隶书似易而实难。盖刻人自幼先从行楷入手，未有先刻篆隶者，犹童蒙学书，自然先习行楷，行楷工深，再进篆隶。今人刻行楷尚不精，况篆隶乎？

（[清]钱泳撰，张伟点校《履园丛话》卷十二，中华书局1979年版）

柯昌泗《精拓》（一则）

叶书盛称陈簠斋拓法为古今第一，簠斋与吴子苾承刘燕庭之后，日事毡蜡，讲求益精，东州好古者传拓金石，悉宗其法。若王文敏、丁陶斋之于彝器碑版，高翰生之于砖瓦，王念庭之于泉币，纸墨皆与寻常不同，晚近名家守其法者周季木也。季木所招致宾客为之拓金石者，多黄、潍两县人，得簠斋之真传，是以周氏拓本，一望而知为齐鲁间之法也。

吴氏《金石汇目分编》，卷前附拓碑七则，曰：一、先须洗剔，古碑之不常拓，多为尘土侵翳，拓时先以水洗刷极净，然后施以纸墨，则字画清朗。一、纸须绵料者方可用，大碑字大者用细洁皮纸，小碑字小者用细薄绵连纸。陕西极细毛头纸，白净者即佳也。一、纸之四边须大于碑，勿令少缺，即碑字极剥蚀者，亦用大纸，并无字处精拓。近时拓工多惜纸墨，往往丈余丰碑，只拓片纸。一、墨须香墨，磨细调匀，忌用粗烟。一、用巾蘸水湿纸匀透，以棕皮软帚刷于碑上，勿使折绉，碑字大者匀刷一次，字即清朗可拓。碑之四边，仍须用丁字平头木椎，衬清水净毡椎之，以防浮起。碑字小者，轻刷后，仍须毡椎遍击字画，乃得精神。如碑大于纸，接缝处压四五分，加以毡椎，即可不脱，不必用糊。一、拓具用细绸无花者裹棉作包，极圆紧，蘸墨调匀疾扑，胜于毡卷拭墨远甚。碑字大及平正无缺者，绸包大则墨益匀，碑字小及残泐者，大包不能细到处，以小包细扑之。一、拓手须精到，用墨不拘浓淡，以浓不浸入画里，淡而笔锋逼真为妙，全在视纸干湿之候，及调墨轻重也。纸干，则墨燥而黏纸，湿则墨走而模糊。以干湿得中，通幅一色，字之精彩全现为上。

陈氏《传古别录》亦云：拓古石须厚纸，先扑后拭，石完者，以浓芨胶上纸、干，以白蜡先微拭之，再上拭墨，即有古毡蜡之意。必不可用胶矾水上纸，尤不可用大椎重击。拓时须先洗刷使清晰，拓石须四围留纸，并额阴侧勿遗。拓砖必须拓五面，或正面及有字有花纹者。又云：昔用清水上纸。或折纸、水湿匀透，吹开上之，拓可速而纸易起。水上者不甚起，而字中有水，每干湿不匀。后用大米汤上纸，胜于清水。上纸之劣，莫劣于胶矾，矾则损石脆纸矣。今用张叔未浓煎白芨胶法上纸，以芨水上纸，以纸隔匀，去湿纸，再以干纸垫刷击之。拓包，外用帛一层，内包新棉，扎紧，旧帛少省，然不如圆丝帛之零者为佳。包上墨时，以笔抹墨，涂于小椀盖上或瓷碟上，以包速揉之令匀，干则再上墨。不可以包入墨聚处蘸之，使棉有湿点，着纸即成墨点，有墨点即须易棉。近有使棉全湿者，究不合法，最易墨入字中。包外墨用不到处易积，而忽用之则墨重，须常揉去之。帛敝则易，包松则时扎之，紧则不入字，松则易入字。上墨须视纸干湿，湿而色略白，即用包揉浓墨少干，趁湿上一遍，令少干再拓。此一遍最易盖纸地且润，然不可接连上。上墨须胶不黏手再上，方黏不起纸。胶即重，纸即不起，亦不可。上墨须匀，勿先不匀，后再求匀。上墨不可使有骇墨透纸。使纸背有不白处，有轻重浓淡处，最后则俟纸极干时，以包蘸好墨扑而兼拭，则墨色明矣。其要则先须字边真，尤须字肥。瘦细，即边真，亦不如真而肥者。拓止为字，字边真而肥，乃得原神。墨色则其次，淡墨蝉翼拓固雅，不及深墨之纸黯而犹可钩摹也。字外之墨渐淡，而无如烟云为佳，不可有痕。拓墨须手指不动而运腕，运腕乃心逐使动，而腕仍不动，不过其力或轻或重，或扑或扬，一到字边，包即腾起，如拍如揭，以腕起落而纸有声，乃为得法。劣拙则以樫包直捣入字，不看纸干湿之候，不问包墨之匀不匀，不求手法，不审字边之真不真而已。

（［清］叶昌炽撰，柯昌泗评，陈公柔、张明善点校《语石·语石异同评》卷十，中华书局1994年版）

李浉《镂金勒石皆以刀刻字之先河》

案:《易·系辞》:上古结绳而治,后世易之以书契。宣尼所称上古乃在庖牺以前。书契者,书契也。盖古代卜吉以龟,货贝亦以龟,故其契龟削甲,实为文字鼻祖,又即刀刻先河。要亦就习用之物奏刀为之,以著法数,初无所谓深义。而《河图》《洛书》托言灵龟者,疑亦邃古契龟之文,藏于河、洛之间,为庖牺所创获,爰就契文,演画八卦。而古史相传,矜为神秘耳。他若纬书所纪仓颉为帝,洛汭之水,灵龟负书,文止二十八字,后李斯识八字,叔孙通识十一字。又黄帝、尧、禹、汤并得龟书,可识可写。皆其左证。近年汤阴古羑里城有龟甲文出土,一时嗜古文奇字者,摹印考释,定为殷人刀笔书。足见契龟文字,下迨商周之际,沿而未改,又一明征。然则契龟削甲,必更古于镂金勒石矣。叶氏此篇,漏未举似,故论及之。

(李浉《书林清话校补》,收入叶德辉著《书林清话》,中华书局1957年版)

【附】叶德辉《刀刻原于金石》

凡物之初,无不简朴。草衣卉服,而后有冠裳;巢居穴处,而后有宫室;污尊抔饮,而后有樽罍;结绳画卦,而后有文字。惟刻工亦然。刻竹削牍,镂金勒石,皆以刀作字之先河。然纪事多用竹木,《汉书·东方朔传》:奏三千奏牍。此古人公牍用木刻字之证。又姚方兴于大航头得《舜典》二十字,此亦木刻之仅存者。纪功专用金石,古鼎彝金器字,有范铸者,有刀刻者。汉印亦然。今之所谓单刀法者,即当时刻印字也。划然二途,各有体也。

汉末,蔡邕书九经,刻石鸿都太学,是为以石刻经之始。自后魏三体之《尚书》《左传》,唐石台之隶书《孝经》,皆在开成十二经之先,以其时未知刻版之利便也。唐开元御书《道德经》,今易州石刻,乃其旧本。以石刻子,殆始于此时,然实胚胎于六朝崖峪石幢之刻佛经。盖魏晋以后,佛、老大行,其刻《道德经》,乃重释老,非刻诸子也。故论有唐一代文治之盛,全在初盛之时。石刻既繁,木版亦因之而出。柳玭《训序》所云蜀时书肆,字书小学,率雕版印纸,可见当时蜀刻之广。迨乎末造,五季雕匠人役，学有专门，《六经》《文选》大部书，亦遂层出不穷，非复墨拓纸钞之多所濡滞矣。夫石刻毡椎，旷工废日，装潢褾背，费亦不赀，因是群趋于刻板之一途，遂开书坊之利薮。此亦文治艺术由渐而进之效也。

吾尝言汉儒以后有功经传者三人：一为刘歆，一为蔡邕，一为冯道。有刘歆之《七略》，班固乃得因之为《艺文志》，于是经师不传之本，可以睹其目而知其人，此功之至大者也。其次则蔡邕之刻石，俾士人得睹全经；冯道之刻板，俾诸经各有读本。两庑特豚之祀，与其为语录空谈之儒所窃据，何若进此三人之餍人心志哉！虽然，此三人者，一则臣事王莽，一则失身董卓，一则为五姓恩荣之长乐老，至今为人口实，不得稍为之宽假，是则出处之际，又不可不自审已。

（叶德辉著《书林清话》卷一，中华书局1957版）

徐珂《谢梅石论拓碑法》

有谢梅石者，名庸，吴中碑估也。尝论拓碑之法，其言曰："拓碑之法，昔用毡卷，白细绒毡不夹灰土者，卷紧，以带满缚紧两头，切平，适用为便。后用毛刷，犀尾者胜羊毛，皆栉沐所用。有柄者施之字在平面者，无柄而圆者，入竹筒，施之深腹之字者。此种每有鬃鬣，过刚，久用虽隔纸亦损字边际、锋芒之弊。或用劈者，用柔者，用退毫大笔者，愈久愈柔纯愈佳，不可不慎也。二者重用，皆有所损。凡敲击皆不可过重，很而捣者，直下者，尤甚也。毛刷有纸为刷刺之弊，圆鬃硬刷，究大可畏，以不用为妥。昔用铜弩键，衬薄细毡，敲击极细浅之字，良佳，但不可过重，尤以中平无廉隅不伤器者为可试用也。昔用六吉棉连扇料纸，俗名十七刀者，今无之矣。薄者名净皮，较之昔，不能薄，尤不能软。纸料粗，有灰性，工不良之故也。张叔未有宋本书副页纸拓本，至佳。以明罗文纸为之，亦佳。素方伯拓本纸，黄色亦雅，纸厚则粗，拓石尚可，拓吉金则不能精到也。昔用清水上纸，或折纸，水湿匀透，吹开上之，拓可速而纸易起。水上者不甚起，而字中有水，每干湿不匀。后用大米汤上纸，胜于清水。上纸之劣，莫劣于胶矾，矾则损石脆纸矣。今用张叔未浓煎白芨胶法上纸，以纸隔匀，去湿纸，再以干纸垫刷击之，此皆用纸之良法也。"

一、文献生成

梅石又言李春湖、马傅岩事，其言如下。

李宗瀚，字公博，一字春湖，江西临川人，乾隆癸丑进士，官至工部左侍郎，癖嗜金石文字，所藏多名拓，筑湖东楼贮之。桂林山水奇秀，岩壁间多唐、宋人手迹，登椒穷邃，摩磋挲玩，手拓殆遍。又尝得元康里氏所藏唐拓《庙堂碑》，及唐拓《化度寺碑》，皆亲自钩摹上石，均极神妙。

马傅岩，道光初年之嘉兴人。吴门椎拓金石之人，向不解全形，傅岩能之，释六舟得其传。曾在玉佛龛为阮文达公作《百岁图》，先以六尺匹巨幅，外廓草书一大寿字，再取金石百种椎拓，或一角，或上或下，皆能不见全体。着纸须时干时湿，易至五六次，始得藏事。装池既成，携至邗江，文达极赏之，酬以百金。阳湖李锦鸿亦善是技，则得之六舟者。

（徐珂编撰《清稗类钞》第九册，中华书局2010年版）

（四）雕版印刷

欧阳修《论雕印文字札子》

臣伏见朝廷累有指挥禁止雕印文字，非不严切，而近日雕板尤多，盖为不曾条约书铺贩卖之人。臣窃见京城近有雕印文集二十卷，名为《宋文》者，多是当今论议时政之言。其首篇是富弼往年让官表，其间陈北虏事宜甚多，详其语言，不可流布。而雕印之人不知事体，窃恐流布渐广，传入虏中，大于朝廷不便。及更有其余文字，非后学所须，或不足为人师法者，并在编集，有误学徒。臣今欲乞明降指挥下开封府，访求板本焚毁，及止绝书铺，今后如有不经官司详定，妄行雕印文集，并不得货卖。许书铺及诸色人陈告，支与赏钱贰佰贯文，以犯事人家财充。其雕板及货卖之人并行严断，所贵可以止绝者。取进止。

（［宋］欧阳修著，李逸安点校《欧阳修全集》卷一百八，中华书局2001年版）

【附】《禁断印历日版》

［唐文宗太和］九年十二月丁丑，东川节度使冯宿奏，准敕禁断印历

日版。剑南、两川及淮南道皆以版印历日鬻于市,每岁司天台未奏颁下新历,其印历已满天下,有乖敬授之道,故命禁之。

（[宋]王钦若等编纂,周勋初等校订《册府元龟》卷第一百六十,凤凰出版社2006年版）

苏轼《乞赐州学书板状》

元祐四年八月□日,龙图阁学士朝奉郎知杭州苏轼状奏。右臣伏见本州学,见管生员二百余人,及入学参假之流,日益不已。盖见朝廷尊用儒术,更定贡举条法,渐复祖宗之旧,人人慕义,学者日众。若学粮不继,使至者无归,稍稍引去,甚非朝廷乐育之意。前知州熊本,曾奏乞用废罢市易务书板,赐与州学,印赁收钱,以助学粮；或乞卖与州学,限十年还钱。今蒙都督指挥,只限五年。见今转运司差官重行估价,约计一千四百六贯九百八十三文。若依限送纳,即州学岁纳二百八十一贯三百九十七文,五年之间,深为不易。学者旦夕阙食,而望利于五年之后,何补于事。而朝廷岁得二百八十一贯三百九十七文,如江海之中增损涓滴,了无所觉。徒使一方士民,以谓朝廷既已捐利与民,废罢市易,所放欠负,动以万计,农商小民,衔荷圣泽,莫知纪极,而独于此饥寒儒素之士,惜毫末之费,犹欲于此追收市易之息,流传四方,为损不小,此乃有司出纳之吝,非朝廷宽大之政也。臣以侍从,备位守臣,怀有所见,不敢不尽。伏望圣慈特出宸断,尽以市易书板赐与州学,更不估价收钱,所贵稍服士心以全国体。谨录奏闻,伏候敕旨。

贴黄。臣勘会市易务元造书板用钱一千九百五十一贯四百六十九文,自今日以前所收净利,已计一千八百八十九贯九百五十七文,今若赐与州学,除已收净利外,只是实破官本六十一贯五百一十二文,伏乞详酌施行。

（[宋]苏轼撰,孔凡礼点校《苏轼文集》卷二十九,中华书局1986年版）

叶梦得《石林燕语》（二则）

唐以前,凡书籍皆写本,未有模印之法,人以藏书为贵。人不多有,而藏者精于雠对，故往往皆有善本。学者以传录之艰，故其诵读亦精详。五代时，冯道始奏请官镂《六经》板印行。国朝淳化中，复以《史记》《前后汉》付有司摹印，自是书籍刊镂者益多，士大夫不复以藏书为意。学者易于得书，其诵读亦因灭裂，然板本初不是正，不无讹误。世既一以板本为正，而藏本日亡，其讹谬者遂不可正，甚可惜也。余襄公靖为秘书丞，尝言《前汉书》本谬甚，诏与王原叔同取秘阁古本参校，遂为《刊误》三十卷。其后刘原父兄弟，《两汉》皆有刊误。余在许昌得宋景文用监本手校《西汉》一部，末题用十三本校，中间有脱两行者。惜乎，今亡之矣。

世言雕板印书始冯道，此不然，但监本《五经》板，道为之尔。《柳玭家训·序》，言其在蜀时，尝阅书肆，云"字书、小学，率雕板印纸"，则唐固有之矣，但恐不如今之工。今天下印书，以杭州为上，蜀本次之，福建最下。京师比岁印板，殆不减杭州，但纸不佳；蜀与福建多以柔木刻之，取其易成而速售，故不能工；福建本几遍天下，正以其易成故也。

（［宋］叶梦得撰，侯忠义点校《石林燕语》卷八，中华书局1984年版）

【附】邵博《邵氏闻见后录》（一则）

唐以前文字未刻印，多是写本。齐衡阳王钧手自细书《五经》，置巾箱中。巾箱《五经》自此始。后唐明宗长兴三年，宰相冯道、李愚，请令判国子监田敏校正《九经》，刻板印卖。朝廷从之。虽极乱之世，而经籍之传甚广。予曾大父遗书，皆长兴年刻本，委于兵火之余，仅存《仪礼》一部。

（［宋］邵博撰，刘德权、李剑雄点校《邵氏闻见后录》卷五，中华书局1983年版）

【附】王明清《挥麈录》（一则）

毋丘俭贫贱时，尝借《文选》于交游间，其人有难色，发愤异日若贵，当板以镂之遗学者。后仕王蜀为宰，遂践其言刊之，印行书籍，创见于此。事载陶岳《五代史补》。后唐平蜀，明宗命太学博士李锷书五经，仿其制作，刊板于国子监。监中刻书之始。今则盛行于天下，蜀中为最。明清家有锷书印本五经存焉，后题长兴二年也。

（［宋］王明清撰《挥麈录·余话》卷二，上海书店出版社2009年版）

【附】罗壁《成书得书难》（节选）

　　蔡氏云："古书自篆籀变而为隶，竹简变而为缣素，缣素变而为纸，纸变而为模印。模印便而书益轻，后生童子习见以为常。与器物等，藏之者只观美而已。"余谓书少而世不知读，固可恨；书多而世不知重，尤可恨也。唐末书犹未有模印，多是传写，故古人书不多而精审，作册亦不解线缝，只叠纸成卷后，以幅纸概黏之，犹今佛老经。其后稍作册子。后唐明宗长兴二年，宰相冯道、李愚始令国子监田敏校六经，板行之，世方知镌甚便。宋兴，治平以前，犹禁擅镌，必须申请国子监。熙宁后方尽弛此禁。然则士生于后者，何其幸也。

　　　　　　　　　（[宋]罗壁撰《识遗》卷一，《文渊阁四库全书》本）

林春祺《铜板序》

　　世有铜板之书，而铜板之传甚少。春祺韶年即闻先大父与先君论说古铜板书，恒惋惜世无铜板，致古今宿儒硕彦有不刊之著述而无力刻板，与夫已刻有板而湮没朽蠹终同于无板者难更仆数，春祺心焉说之。弱冠就学古杭、姑苏，从亲宦游洛阳、粤海，每接见名公大人，亦无不以古铜板之书为可宝贵，然举世刻之者卒罕觏。岁乙酉捐资兴工镌刻，时春祺年十八。至丙午而铜字板告成，古今字体悉备，大小书籍皆可刷印，为时二十载。计刻有正韵笔画楷书铜字大小各二十余万字，为之实难，成更不易，中间几成而不成者屡矣。今幸成此铜板，则古今宿儒硕彦有所著述无力刻板与夫已刻而湮没者，皆可刷而传之于不朽。是春祺不惜耗资二十余万金，辛苦二十年，半生心血销磨殆尽，岌岌乎勉成此，庶亦勿忘祖与父之夙志云尔。春祺世籍本古闽福清之莆田，因即名此铜板为福田书海云。古闽怡斋林春祺志。

　　　　　　（转引自傅增湘撰《藏园群书经眼录》卷二，中华书局2009年版）

朱彭寿《安乐康平室随笔》（一则）

　　本朝人所刻之书，以康熙间最为工整，至当时钦定诸籍，其雕本尤极精良，然大都出自臣工输赀承办。如《全唐诗》则为通政使曹寅所刻，《历代赋汇》则为詹事府詹事陈元龙所刻,《佩文斋咏物诗选》则为翰林院编修高舆所刻,《历代题画诗类》则为翰林院编修陈邦彦所刻,《历代诗余》则为司经局洗马王奕清所刻,《佩文斋书画谱》则为候补主事王世绳等数人所刻,《御批通鉴纲目》则为吏部尚书宋荦所刻,《四库提要》作吏部侍郎,似误。《佩文斋广群芳谱》则为河南道监察御史刘灏所刻,《全金诗》则为内阁中书郭元釪所刻,此书本元釪原编,后奉敕增补,仍由元釪刻行。《历代纪事年表》则为翰林院检讨马豫所刻,《康熙字典》则为翰林院侍读陈世倌所刻。盖其时士大夫中,皆以校刻天府秘籍、列名简末为荣,故多有竭诚报效者。即致仕福建巡抚官梦仁所撰之《读书纪数略》亦于刻成后将原板缴进。自乾隆以后,凡奉敕编纂书籍,始无不由内府刊行矣。后惟嘉庆中钦定《全唐文》为两淮盐政阿克当阿于淮商中集赀承刻。

([清]朱彭寿撰,何双生点校《安乐康平室随笔》卷一,中华书局1982年版)

叶德辉《书有刻板之始》

书有刻本,世皆以为始于五代冯道。其实唐僖宗中和年间已有之。据唐柳玭《家训序》诸书称引多作柳玭《训序》。无家字。此殿本《薛五代史·唐书·明宗纪》注引。云:"中和三年癸卯夏,銮舆在蜀之三年也。余为中书舍人。旬休,阅书于重城之东南。其书多阴阳杂记、占梦相宅、九宫五纬之流,又有字书小学。率雕板印纸。浸染不可晓。"是为书有刻板之始。

先六世祖宋少保公《石林燕语》八。云:"世言雕板印书始冯道,此不然。但监本《五经》板,道为之尔。柳玭《训序》言其在蜀时,尝阅书肆。云字书小学,率雕板印纸。则唐固有之矣,但恐不如今之工。"此虽节载《训序》之文。固信以为唐有刻板书之证。特当时所刻印者,非经典四部及有用之书,故世人不甚称述耳。宋朱翌《猗觉寮杂记》云:"雕印文字,唐以前无之。唐末益州始有墨版,后唐方镂《九经》。悉收人间所收经史,以镂板为正。见《两朝国史》。"据朱氏亦谓刻板实始于唐矣。近日本岛田翰撰《雕板渊源考》所撰《古文旧书考》之一。据《颜氏家训》称"江南书本",谓书本之为言,乃对墨板而言之。又据陆深《河汾燕闲录》引隋开皇十三年十二月八日敕"废像遗经悉令雕板"之语,谓雕板兴于六朝。然陆氏此语本隋费长房《三宝记》,其文本曰"废像遗经,悉令雕撰",意谓废像则重雕,遗经则重撰耳。阮吾山《茶余客话》亦误以雕像为雕板。而岛田翰必欲傅合陆说,遂谓陆氏明人,逮见旧本,必以雕撰为雕板。不思经可雕板,废像亦可雕板乎?岛田翰又历引《颜氏家训》"江南书本";《玉烛宝典》引《字训》解瀹字曰"皆依书本";宋晁公武《古文尚书训诂传》引隋刘炫《尚书述议》曰"四隩既宅,今书本隩皆作墺":谓"书本"是墨板,为北齐以前有刻板之证。上虞罗振玉作《鸣沙山石室秘录》,记于雕本《一切如来尊胜陀罗尼经》下,亦从其说。

　　吾以为谓雕板始于唐,不独如前所举唐柳玭《训序》可为确证。唐元微之为白居易《长庆集》作序,有"缮写模勒,炫卖于市井"之语,司空图《一鸣集》九载有《为东都敬爱寺讲律僧惠确化募雕刻律疏》,可见唐时刻板书之大行,更在僖宗以前矣。若以诸书称本,定为墨版之证,则刘向《别传》"校雠者一人持本",后汉章帝赐黄香《淮南子》《孟子》各一本,亦得谓墨板始于两汉乎?岛田氏谓在北齐以前,其所援据止诸书称本之词,陆氏误字之语,则吾未敢附和也。

　　([清]叶德辉著《书林清话(附书林余话)》卷一,中华书局1957年版)

叶德辉《刻板盛于五代》

　　雕板肇祖于唐,而盛行于五代。薛《五代史·唐书·明宗纪》:"长兴三年二月辛未,中书奏请依《石经》文字刻《九经》印板。从之。"宋王溥《五代会要》八《经籍》云:"后唐长兴三年二月,中书门下奏请依《石经》文字刻《九经》印板。敕令国子监集博士儒徒,将西京《石经》本,各以所业本经句度钞写注出,子细看读。然后顾召能雕字匠人,各部随帙刻印板,广颁天下。如诸色人要写经书,并须依所印敕本,不得更使杂本交错。其年四月,敕差太子宾客马缟、太常丞陈观、太常博士段颙、路舩、尚书屯田员外郎田敏,充详勘官。兼委国子监于诸色选人中召能书人,端楷写出,旋付匠人雕刻。每日五纸,与减一选。如无选,可减等第,据与改转官资。"又《汉书·隐帝纪》："乾祐元年五月己酉朔,国子监奏《周礼》《仪礼》《公羊》《穀梁》四经未有印板,欲集学官考校雕造,从之。"《五代会要》云:"汉乾祐元年闰五月,国子监奏,见在雕印板《九经》内。有《周礼》《仪礼》《公羊》《穀梁》四经未有印本,今欲集学官校勘四经文字镂板,从之。"宋王溥《五代会要》卷八《经籍》。:"周广顺六年六月,尚书左丞兼判国子监事田敏,进印板《九经书》《五经文字》《九经字样》各二部,一百三十册。"按:《会要》所采多薛史,此亦薛史《周本纪》文,今本薛史辑自《永乐大典》,原文本多残缺,故《会要》所引周汉事亦较薛史为详。或亦薛史原文也。王应麟《玉海》引《中兴书目》云:"《字样》一卷,开成丁巳岁唐元度撰,大历十年司业张参纂成《五经文字》,以类相从。开成中,翰林待诏唐元度加《九经字样》,补所不载。晋开运末,祭酒田敏合二者为一编。后周广顺三年,田敏进印板《九经书》《五经文字样》各二部。"按:应麟所记与《会要》微有不同。《会要》言田敏所进为《五经文字》《九经字样》,而应麟谓田敏合二者为一编。据陈振孙《直斋书录解题》云:"《九经字样》一卷,往宰南城,出谒。有持故纸鬻于道者,得此书。乃古京本,五代开运丙午所刻也,遂为家藏书籍之最古者。"是振孙所见旧刻《五经文字》《九经字样》,各自为书,未尝合编也。应麟称引,与《会要》《书录》皆不符,非《中兴书目》之误,即所见为流俗本也。"显德二年二月,中书门下奏国子监祭酒尹拙状称:'准敕校勘《经典释文》三十卷,雕造印板,欲请兵部尚书张昭、太常卿田敏同校勘。'敕其《经典释文》已经本监官员校勘外,宜差张昭、田敏详校。"按:显德二年,周世宗即位之二年也。疑亦薛史旧文。

当五代兵戈俶扰,禅代朝露之际,而其君若臣,犹能崇尚经典,刻板印行,不得谓非盛美事也。夫上有好者,下必有甚。其时士大夫之好事者,如《宋史·毋守素传》云:"毋昭裔在成都,令门人勾中正、孙逢吉书《文选》《初学记》《白氏六帖》镂版,守素赍至中朝,行于世。"其嘉惠士林,固有足多者。至自刻己集,如薛史《和凝传》云:"平生为文章,长于短歌艳曲,尤好声誉。有集百卷,自篆于版,模印数百帙,分惠于人焉。"又贯休《禅月集》,有王衍乾德五年昙域后序,称"检寻稿草及暗记忆者,约一千首,雕刻成部"。可见其时刻板风行,举之甚易。故上自公卿,下至方外,皆得刻其私集,流播一时。今和凝仅传《宫词》《宋朝类苑》(殿本薛史本传注引):"和鲁公凝有艳词一编,名《香奁集》。凝后贵,乃嫁其名为韩偓。今世传韩偓《香奁集》,乃凝所为也。凝生平著述,分为《演纶》《游艺》《孝悌》《疑狱》《香奁》《籯金》六集。自为《游艺集序》云:'予有《香奁》《籯金》二集,不行于世。'凝在政府避议论,讳其名,又欲后人知,故于《游艺集序》实之。此凝之意也。"《疑狱集》,四卷。《四库全书·法家类》著录云:"五代和凝与其子㠓同撰。……陈振孙《书录解题》称:《疑狱》三卷,上卷为凝书,中下二卷为㠓所续。今本四卷,疑后人所分。"而贯休《禅月集》,乃衮然有二十卷传世,则固有幸有不幸也。

若其时诸书刻本,自来未闻藏书家收藏。光绪庚子,甘肃敦煌县鸣沙山石室出《唐韵》《切韵》二种,为五代细书小板刊本。载罗振玉《鸣沙山石室秘录》。惜为法人伯希和所收,今已入巴黎图书馆。吾国失此瑰宝,岂非守土者之过欤?

([清]叶德辉著《书林清话(附书林余话)》卷一,中华书局1957年版)

严谷声《保护雕版工艺建议》

吾国典籍流传,自隋唐发明锓版,而广衍于五代,盛于南北两宋,洎金元明清而益昌。虽有官刻、私刻、坊刻之分,多能讲究刊刻、书法、行格、纸墨,各有著名善本。宋刻精工。其书体雕刻,已造成一种艺术,最为世重,藏书家至有佞宋之风。元刻每用名手缮写,体仿松雪,颇有胜于宋本者。明刻亦不乏精品,除南北京监本与诸藩刻书外,家刻之书,如天禄琳琅所载诸刻,誉者谓其书刻皆有根据,不啻为宋椠作千万化身。清则内府刊钦定诸书,均极华美。至坊刻历代著名者,宋有建安余氏、临安陈氏,元有建安叶氏,明有建溪精舍、凤下精舍、古杭勤德书堂、魏氏仁实书堂等。至于刻书名工,代有传人。刻名书上,多不胜举。此足征流传善本,皆劳动人民之智慧,令人开卷朗然,豁目赏心,既便讽诵,并资珍玩,允为国家瑰宝,即外人亦极之尊贵。如法人伯希和所作《敦煌鸣沙山石室古书考》、日人森立之《经籍访古志》、岛田翰《古文旧书考》考订精析，津津乐道。

清代士夫于刻书一事，著名者亦多，若士礼居黄氏、平津馆孙氏、知不足斋鲍氏、雅雨堂卢氏、小珍珑山馆马氏、经训堂毕氏、文选楼阮氏、别下斋蒋氏、粤雅堂伍氏、海山仙馆潘氏、灵鹣阁江氏、嘉业堂刘氏、聚学轩刘氏皆其著者。清末以来，至解放时止，五十余年中，先父岳莲及谷声先后精刻书籍凡数十种。抗战期中，杭州马氏一浮流居乌尤山，犹孜孜雇工刻复性书院丛书数十种，率皆流通传播至今。可见当石印、排印、影印盛行于世之时，而木刻书仍不失其固有价值。

解放以来，我政府注意整理旧籍，广为流布，而于旧时手工技艺，亦发掘提倡，令勿失传统，百花齐放，近若陶瓷、竹石、玉漆、象牙、刺绣、板画等工艺，皆日新月异，骎骎迈古，惟刻书手工，尚未闻发展。或因木刻不若石印、排印、影印之省易，但以艺术上观念而言，木刻书与板画同为吾国艺术之一种，似亦不可偏废。正如剧种之例，既演大众化之京剧、评剧、话剧，同时亦演古雅之昆剧，盖同是一国文化遗产，皆宜发扬光大。木刻书实为传播文化要术之一，应与石印、排印、影印等书并行不悖，此等传统优良之刻工，现今各省尚不乏其人，及今提挈复兴，尚堪与玉牙等工艺靳骎并进，否恐年老病亡，绝艺失传，不免为国家一种损失。谷声世代藏书，并曾刻书多种，多年流布，常感木刻书艺术废弃之可惜，间与许多知友论及，皆有同感。窃谓当次重兴手工艺术之时，似宜建议政府设法保存。谨陈愚见，敬候采择。可否？乞为酌核。

渭南严谷声（原名式诲）谨议。一九六十、五。

【谢无量附记】

影印、石印、排印虽已发展，木刻自应并重，以存古型。木刻中亦有精美之板画，又古书之能传久，尤在名工之补缀丛残。此种人材不宜使之失业，则传古之方与装潢之志，皆得继续不朽，亦盛事也。乐至谢无量附记。

（方继孝著《旧墨记——世纪学人的墨迹与往事》，国家图书馆出版社2005年版）

（五）活字印刷

沈括《梦溪笔谈》（一则）

板印书籍，唐人尚未盛为之。自冯瀛王始印五经已后，典籍皆为板本。庆历中，有布衣毕昇又为活板。其法用胶泥刻字，薄如钱唇，每字为一印，火烧令坚。先设一铁板，其上以松脂蜡和纸灰之类冒之。欲印则以一铁范置铁板上，乃密布字印，满铁范为一板，持就火炀之，药稍镕，则以一平板按其面，则字平如砥。若止印三、二本，未为简易，若印数十百千本，则极为神速。常作二铁板，一板印刷，一板已自布字，此印者才毕，则第二板已具，更互用之，瞬息可就。每一字皆有数印，如"之""也"等字，每字有二十余印，以备一板内有重复者。不用则以纸帖之，每韵为一帖，木格贮之。有奇字素无备者，旋刻之，以草火烧，瞬息可成。不以木为之者，文理有疏密，沾水则高下不平，兼与药相粘，不可取，不若燔土，用讫再火令药镕，以手拂之，其印自落，殊不沾污。昇死，其印为予群从所得，至今保藏。

（[宋]沈括撰，金良年点校《梦溪笔谈》卷十八，中华书局2015年版）

王祯《造活字印书法》（节选）

有人别生巧技，以铁为印盔，界行，内用稀沥青浇满，冷定，取平，火上再行煨化，以烧熟瓦字排于行内，作活字印板。为其不便，又有以泥为盔界，行内用薄泥，将烧熟瓦字排之，再入窑内烧为一段，亦可为活字板印之。近世又有铸锡作字，以铁条贯之作行，嵌于盔内界行印书。但上项字样难于使墨，率多印坏，所以不能久行。今又有巧便之法。造板木作印盔，削竹片为行，雕板木为字。用小细锯锼开，各作一字，用小刀四面修之，比试大小高低一同，然后排字作行，削成竹片夹之。盔字既满，用木㨄㨄之，使坚牢，字皆不动，然后用墨刷印之。

写韵刻字法：先照监韵内可用字数分为上下平、上、去、入五声，各分韵头,校勘字样,抄写完备,择能书人取活字样制,大小写出各门字样,糊于板上,命工刊刻。稍留界路,以凭锯截。又有如助辞"之""乎""者""也"字及数目字,并寻常可用字样,各分为一门,多刻字数,约有三万余字。写毕,一如前法。今载立号监韵活字板式于后。其余五声韵字,俱要仿此。(后略)

锼字修字法:将刻讫板木上字样,用细齿小锯,每字四方锼下,盛于筐筥器内。每字令人用小裁刀修理齐整。先立准则,于准则内试大小高低一同,然后另贮别器。

作盔嵌字法:于元写监韵各门字数,嵌于木盔内,用竹片行行夹住,摆满,用木𣐿轻𣐿之,排于轮上,依前分作五声,用大字标记。

造轮法:用轻木造为大轮,其轮盘径可七尺,轮轴高可三尺许。用大木砧凿窍,上作横架,中贯轮轴,下有钻臼。立转轮盘,以圆竹笆铺之,上置活字板面,各依号数上下相次铺摆。凡置轮两面,一轮置监韵板面,一轮置杂字板面。一人中坐,左右俱可推转摘字。盖以人寻字则难,以字就人则易,此转轮之法,不劳力而坐致。字数取讫,又可补还韵内,两得便也。

取字法:将元写监韵另写一册,编成字号,每面各行各字俱计号数,与轮上门类相同。一人执韵依号数喝字,一人于轮上元布轮字板内取摘字只,嵌于所印书板盔内。如有字、韵内别无,随手令刊匠添补,疾得完备。

作盔安字刷印法:用平直干板一片,量书面大小四围作栏,右边空,候摆满盔面,右边安置界栏,以木𣐿𣐿之。界行内字样须要个个修理平正。先用刀削下诸样小竹片,以别器盛贮,如有低邪,随字形衬𣐿之,至字体平稳,然后刷印之。又以棕刷顺界行竖直刷之,不可横刷。印纸亦用棕刷顺界行刷之。此用活字板之定法也。

前任宣州旌德县县尹时方撰《农书》,因字数甚多,难于刊印,故用己意,命匠创活字,二年而工毕。试印本县志书,约计六万余字,不一月而百部齐成。一如刊板,始知其可用。后二年,予迁任信州永丰县,挈而之官。是时《农书》方成,欲以活字嵌印。今知江西,见行命工刊板,故且收贮以待别用。然古今此法未见所传，故编录于此，以待世之好事者，为印书省便之法，传于永久。本为《农书》而作，因附于后。

（［元］王祯撰《农书》卷二十六，《武英殿聚珍版丛书》本）

华燧《会通馆校正宋诸臣奏议序》

书行既久，版就湮讹，吾邑大夫荣侯忧其失传，欲重锓梓而重民费，乃俾燧会通馆活字铜板印正，以广其传。始燧之为是板也，以私便手录之烦，今以公行天下，使山林泽薮之间亦得披览全文，开明心目，观感而兴起，吾侯之举也。且是书之初成于宋淳熙庚戌，再成于淳祐庚戌，今又值皇明弘治庚戌，是岂偶然哉！

（转引自李致忠《会通馆印正〈宋诸臣奏议〉一百五十卷》，载贺云翱主编《中华国宝图典》，山东画报出版社2014年版）

李诩《时艺坊刻》

余少时学举子业，并无刊本窗稿。有书贾在利考，朋友家往来，钞得镫窗下课数十篇，每篇誊写二三十纸，到余家塾，拣其几篇，每篇酬钱或二文或三文。忆荆川中会元，其稿亦是无锡门人蔡瀛与一姻家同刻。方山中会魁，其三试卷，余为怂恿其常熟门人钱梦玉以东湖书院活字印行，未闻有坊间板。今满目皆坊刻矣，亦世风华实之一验也。

（［明］李诩撰，魏连科点校《戒庵老人漫笔》卷八，中华书局1982年版）

金简《武英殿聚珍版程式》

成造木子

聚珍版摆印书籍，固称简捷，然以数十万散字中辍辑成章，其木子大小难以画一。若逐字铲削，又事繁而工费。故制造木子之法，利用枣木解板厚四分许，竖裁作方条，宽一寸许。先架叠晾干，两面用刨取平，以净厚二分八厘为准。然后横截成木子。每个约宽四分，豫以硬木一块，长一尺四寸，宽一寸八分，中挖槽一条，内宽一寸，深三分，底墙欲平直，外墙以铁镶口下首，两墙挖空寸许，将木子数十个仄排槽内，用活闩，挤紧刨之。以平槽口为度，是槽深三分，则木子亦净宽三分，宽厚分数既得，再用木槽一个，其法如前。中挖之槽，只宽三分而深用七分，将木子竖排于槽内，刨之，平槽口，则得直长之数。凡大木子，每个厚二分八厘，宽三分，直长七分。其小木子，厚长分数皆与大木子相同，而宽只二分，将前槽深三分者另制深二分木槽一个，仄排，刨之，即得。但用刨必须轻捷，若沈着太过，恐刨齿致损槽口，仍于刨完后用铜制大小方漏子二个，中空，分数与大小木子相符，将木子逐个漏过，自无不准之弊矣。

刻字

应刊之字，照格写准宋字后，逐字裁开，覆贴于木子之上面。用木床一个，高一寸，长五寸，宽四寸，中挖槽五条，宽三分，深六分，每槽可容木子十个上下，用活闩塞紧，即与镌刻整版无异。

字柜

按照《康熙字典》分十二支名排列十二木柜，高五尺七寸，宽五尺一寸，进深二尺二寸，足高一尺五寸，每柜下用木凳一条，高与柜足相齐，以便登踏取字。每柜做抽屉二百个，每屉分大小八格，每格贮大小字母各四，俱标写某部某字及画数于各屉之面。取字时先按偏傍应在何部，则知贮于何柜，再查画数则知在于何屉，如法熟习，举手不爽，间有隐僻之字所用不多而备数亦少，仍按集另立小柜，置于各柜之上，自能一目了然。

槽版

用陈楠木做方盘，外口面宽九寸五分，径长七寸七分，高一寸六分。里口面宽七寸六分，径长五寸八分八厘，深五分。四围用铜包角，以期坚固。

一分通长夹条

用楠木或松木做成条片，宽五分，长五寸八分八厘，厚一分。凡书内整行大字靠整行大字，即用此夹摆按套格，每行额宽四分，而大字木子只宽三分，以之居中，则每行之两傍各空半分，二行计之则合空一分，故用一分夹条方能恰合格线。

半分通长夹条

宽长如前,厚半分,凡整行小字靠整行大字者,用此。盖小字木子,每个宽二分,双行排摆则宽四分,尺寸与套格相符。本行原无庸夹条,但傍边若靠大字,则仍有半分之空处,故宜用半分夹条。

一分长短夹条

厚一分,长自一字起至二十字止,凡双行小字下遇大字而傍行亦系大字者,视字之多寡长短拣用。

半分长短夹条

厚五厘,亦自一字起至二十字止,凡大字下遇双行小字而傍行系大字者,用此。其长短亦随字拣用,若傍边均系小字,则全不用夹条,自然合格。

顶木

凡书有无字空行之处,必需嵌定,方不移动,是谓顶木。用松木做成方条,高五分,用于大字者,面宽三分;小字者,面宽二分。俱自一字起至二十字止,量其空字处长短,拣合尺寸,嵌于无字空行处。

中心木

凡摆书至九行,即放中心木一条。亦用松木,高五分,长五寸八分八厘,宽四分,此即套格之版心处也。

类盘

用松木做托盘,宽一尺四寸,长八寸,深五分,内嵌木档数十根,档宽四分许,凡取字、归字,随时安放木子,庶不致倒乱。

套格

用梨木版,每块面宽七寸七分,长五寸九分八厘,与槽版里口画一,周围放宽半分为边,按现行书籍式样,每幅刻十八行格线,每行宽四分,版心亦宽四分,即将应摆之书名、卷数、页数暨校对姓名先另行刊就,临时酌嵌版心。

摆书

俱用粗通文义明白字体之人分稿后,即将原文统计。文内某字用若干个，各以类聚，另誊一单，按单取完。各字置于类盘之内，然后照稿，顺其文义，配合夹条、顶木排摆于槽版之内。随用小方签写某书、某卷、某页，贴于槽版之外边，以便查记。凡遇大字书，每人一日可摆二版，小字书，只可得一版之数。间有某字即同某字，今字柜中褫其重复，酌存其一。抑或原稿内写法与字柜中写法不同，而实即一字者，俱不可不审其同异而辨其正俗之体也。至于有不归偏傍而未易检查之字，在字典中补遗检字诸法皆备习之，则自得崖略。

垫版

木子虽按式制准，然经刷印之后，干湿不匀，则木性究有伸缩，故摆书完后，视其不平之处，将低字抽出，用纸折条微垫即能平整。

校对

每版垫平之后，即印草样一张。校阅或有移改以及错字，实时抽换再刷，清样覆校妥即可刷印，其换出之字仍即贮于本柜内。

刷印

逐版校竣之后，即将前刻套格版先行刷印格纸。如某书应刷若干部，则每块豫刷格纸若干张，随将所摆之槽版查对方签与格纸卷、页相符，用以套刷，即可成书。如遇溽暑天气刷书时，木子渗墨微涨，即略为停手，将版盘风晾片刻，再为刷印。至套刷本系常法，然用之于画图、套色、套边偶为之耳，今逐部逐篇用此，其中墨气条线均不得草率从事，亦宜令艺精者为之。

归类

每版印完之后，即将槽版内字子尽数抽出，各按部分检，置于类盘之内，然后就柜归于原屉。凡取字、归字出入必须按类，方能清晰无讹，故虽千百万之多，亦不觉其浩繁。若稍有紊淆，则茫无涯际，取给何能应手，仍于每年岁底逐柜检查一次，不但字数有所稽考，亦且无鲁鱼之谬矣。

逐日轮转办法

现在刊成字数，其中虚字及经见常用之字多备，已不啻倍蓰。然书帙种类不一，其用字各有所重，如算书之于数目字、《禹贡》之于"山""海""地""舆"字多有一语而两三见者，苟办理不善，则虽备数百万字，亦不能资其取给，又何简捷之有焉。故摆书与归类必须间日相继，而垫版、校对、刷印等事亦必按日轮转，不可令有一处耽延。或遇卷页浩繁之书，此种应用之字如实有不敷，则宜兼摆别种书一部，俟归类一二次，再行续摆本书，则字数自能活泼敷用。他书亦可兼办而出矣。兹列十日办法于左，其版数之多寡纵不必拘定程序，而轮转之法殆不可忽也。

跋

乾隆三十八年春诏出内府所藏秘籍及征天下遗书与《永乐大典》中散见而世罕传本者，汇录为《四库全书》，择其尤者，刊布海内，臣简实奉命董其事。简惟群书既集，拟刊者多，悉用版行则颁布需时，下无以副学者先睹之愿，即上无以体圣主嘉惠之意。爰以活字法奏请，得旨允行，锡名曰"武英殿聚珍版"，系以睿制。简乃率属鸠工行之三年，事省而功速，较胜于镕铅埏泥而成，洵有如御题诗序所云者。顾其间刻木有法，藏庋有具，排校有次第，讲之精而后用之熟，则程序不可不定也。间尝因事为图，因图系说。事惟其详，辞惟其质，虽工匠之微皆得通晓，俾从事者有所守而将来有所遵云。

乾隆四十一年十二月户部右侍郎总管内务府大臣正蓝旗满洲副都统管理武英殿御书处奉宸苑事务四库全书副总裁臣金简谨记。

（[清]金简撰《武英殿聚珍版程式》，《武英殿聚珍版丛书》本）

叶德辉《宋以来活字板》

活字板印书之制，吾窃疑始于五代。晋天福铜板本载宋岳珂《九经三传沿革例》，此铜版殆即铜活字版之名称。而孙从添《藏书纪要》云："宋刻有铜字刻本、活字本，分铜字、活字为二。惜岳氏未及注明，不得详其制也。"明陆深《金台纪闻》云："毗陵人初用铅字，视板印尤巧妙。"此为今日铅字活板之滥觞。宋庆历中，毕昇造胶泥活字板。其法用胶泥刻字，薄如钱唇，每字为一印，火烧令坚。先设一铁版，其上以松脂蜡和纸灰之类冒之。欲印，则以一铁范置铁版上。乃密布字印，满纸铁范为一版，持就火炀之。药稍融，则以一平板按其面，则字平如砥。若止印三二本，未为简易，若印数十百千本，则极为神速。详宋沈括《梦溪笔谈》。吾藏《韦苏州集》十卷，即此板。其书纸薄如细茧，墨印若漆光，惟字画时若啮缺，盖泥字不如铜铅之坚，其形制可想而知也。《天禄琳琅后编》二有《毛诗》四卷，云是"南宋季年本，然'家伯维宰降予卿士'之类，从古本，与后来诸本不同"。又云："宋活字本，《唐风》内'自'字横置可证。模印字用蓝色，尤稀见。"《缪续记》载范祖禹《帝学》八卷，宋活字本，末有印书缘起，为嘉定辛巳十四年。季夏望日青社齐砺书。书中"宋"字、"玉音"字抬头。又云"访得元本，因俾锓木"。据此，则活字印书已盛行于两宋。刻泥刻木，精益求精，此势之必然者。

元时活字印书虽不传，然明嘉靖庚寅九年。山东布政司李龆、顾应祥刻元王桢《农书》三十六卷，后有文移一通，内称梨版刻字画匠工食银两，于司库贮泰山顶庙香钱内动支。王士禛《居易录》二十九云："吾乡泰山收碧霞元君祠香税，自明正德十一年从镇守太监言始。"《通诀》后载，桢"前任宣州旌德县尹时，方撰《农书》，因字数太多，难于刊印，故尚己意，命匠创活字。二年而毕工，试用一如刊版。古今此法未有所传，故编录于此，以待后之好事者，为印书省便之法。本为《农书》而作，因附于后"。然则元时活字用木刻，即此可知。但谓"古今此法未有所传"，则未知两宋已有此法也。

明以来，活字板盛行。弘治间，锡山华氏兰雪堂、会通馆印书尤多，为世珍秘，吾别为之考矣。又有吴郡孙凤印宋陈思《小字录》一卷，见《瞿目》。建业张氏印《开元天宝遗事》二卷，见《黄记》《杨录》《丁志》。钞本云前有"建业张氏铜版印行"一条。锡山安国印《颜鲁公集》十五卷、《补遗》一卷，《魏鹤山先生大全集》一百九卷，见《张续志》《瞿目》《陆志》《丁志》《缪续记》。云板心有"锡山安氏馆"五字。金兰馆印《石湖居士集》三十四卷，弘治癸亥（十六年）印。见《朱目》《瞿目》《丁志》。五云溪馆印《襄阳耆旧集》一卷，见《张志》《陆志》。《玉台新咏》十卷，见《袁簿》。蜀府嘉靖辛丑二十年印苏辙《栾城集》五十卷、《后集》二十四卷、《三集》十卷，见《缪记》。芝城嘉靖壬子三十一年。蓝印《墨子》十五卷，见《森志》

《黄记》，后藏杨以增海源阁，见《杨录》。按：明唐藩庄王名芝址，弟芝垝、芝玧并好古，有令誉。此芝城亦疑唐藩兄弟。浙人倪灿万历元年印《太平御览》一千卷，前有黄正色序。见《钱日记》。无名氏印《杜审言集》二卷，见《陆志》。云明初活字印本。《曹子建集》十卷，见《丁志》。郭云鹏刻曹集跋。《刘漫塘先生文集》二十二卷，见《缪记》。云《天禄琳琅后目》推为宋版者。《唐太宗皇帝集》二卷、《玄宗皇帝集》二卷、《李峤集》三卷、《张说之集》八卷、《钱考功集》十卷、《刘随州集》十卷、《戴叔伦集》二卷、《羊士谔集》二卷、《二皇甫集》五卷、《李嘉祐集》二卷，并见《丁志》。昆山吴大有印《小字录》不分卷，见《黄记》。云"'陈思纂次'一行后，有'昆山后学吴大有校刊'一行"。《瞿目》云："吴郡孙凤以活字本印行，此板后归昆山吴氏。于'陈思纂次'一行添出'昆山后学吴大有校刊'一行，书中剜改之迹显然。"按：瞿说非是。活字印本随聚随散，安有以板归人之理？此明为两人：一以活字印行，一即据活字本重刊。瞿误以二本为一本耳。明人如此类活字印本，传世甚多。

至国朝乾隆时，《四库全书》告成，以活字印行者，《武英殿聚珍版丛书》。《御制题武英殿聚珍板十韵》有序："校辑《永乐大典》内之散简零编，并搜访天下遗籍，不下万余种，汇为《四库全书》。择人所罕觏，有裨世道人心及足资考镜者，剞劂流传，嘉惠来学。第种类多则付雕非易，董武英殿事金简，以活字法为请，即不滥费枣梨，又不久淹岁月，用力省而程功速，至简且捷。考昔沈括《笔谈》记：'宋庆历中，有毕昇为活版，以胶泥烧成。'而陆深《金台纪闻》则云：'毗陵人初用铅字，视版印尤巧便。'斯皆活版之权舆。顾埏泥体粗，镕铅质软，俱不及锓木之工致。兹刻单字计二十五万余，虽数百十种之书，悉可取给。而校雠之精，今更有胜于古所云者。第活字之名不雅驯，因以聚珍名之，而系以诗：稽古搜四库，于今突五车。开镌思寿世，积版或充闾。张帖唐院集，周文梁代余。同为制活字，用以印全书。精越鹖冠体（昨岁江南所进之书，有《鹖冠子》，即活字版。第字体不工，且多讹谬耳），富过邺架储。机圆省雕氏，功倍谢钞胥。联腋事堪例，埏泥法似疏。毁铜昔悔彼（康熙年间编纂《古今图书集成》，刻铜字为活版，排印藏功，贮之武英殿。历年既久，铜字或被窃缺少，司事者惧干咎，适值乾隆初年，京师钱贵，遂请毁铜字供铸。从之。所得有限，而所耗甚多，已为非计。且使铜字尚存，则今之印书不更事半功倍乎，深为惜之），刊木此惭予。既复羡梨枣，还教慎鲁鱼。成编示来学，嘉惠志符初。乾隆甲午仲夏。"（德辉按：姚元之《竹叶亭杂记》四："乾隆三十九年，金侍郎简请广《四库全书》中善本，因仿宋人活字板式，镌木单字二十五万余。高宗以活字版之名不雅驯，赐名曰聚珍板。"）自后嘉道以来，民间则有吴门汪昌序嘉庆丙寅十一年。印《太平御览》一千卷。每卷后间题"吴兴陈杰、沈震，仪征毕贵生分校"等字，颇罕见。璜川吴志忠嘉庆辛未十六年。印五代邱光庭《兼明书》五卷、元迺贤《河朔访古记》二卷、《洛阳伽蓝记》五卷。朱麟书白鹿山房嘉庆壬申十七年。印《中吴纪闻》六卷、高似孙《纬略》十二卷。张金吾爱日精庐嘉庆己卯二十四年。印宋李焘《续资治通鉴长编》五百二十卷。成都龙燮堂万育嘉庆十四年印《天下郡国利病书》一百二十卷；道光三年印《读史方舆纪要》一百三十卷、《形势纪要》九卷。此二书后均重刻。京师琉璃厂半松居士，印《南疆绎史》二十四卷、《摭遗》十八卷、《恤谥考》八卷、《南略》十八卷、《北略》二十四卷。留云居士印《明季稗史》十六种，共二十七卷。咸同间，则有仁和胡珽琳琅秘室印《琳琅秘室丛书》五集。五集尤罕见。江夏童和豫朝宗书屋印明严衍《资治通鉴补》二百九十四卷、附《刊误》二卷、宋袁枢《资治通鉴纪事本末》四十二卷、明陈邦瞻《宋史纪事本末》二十六卷、《元史纪事本末》四卷、谷应泰《明史纪事本末》八十卷、马骕《左传事纬》十二卷、《附录》八卷、《陈思王集》十卷。光绪间，则有董金鉴重印《琳琅秘室丛书》四集。吴门书坊印日本《佚存丛书》全集。光绪戊子，姚觐元印《北堂书钞》七十余卷。功未竟而觐元殁，板遂散佚。余见一残本，前有"光绪己丑集福怀俭斋以活字印行"字两行。凡此皆以木刻活字印书者也。其他书坊射利，时亦有之。吾藏活字印伪本苏过《斜川集》六卷、方岳《秋崖诗集》三十八卷，无摆印人姓名。《邵注四库书目》，《秋崖诗集》目为乾隆本。其书无直阑，其字近楷体，似是国初时坊本。然此类书随印随散，为吾辈所不及见者多矣。

（[清]叶德辉著《书林清话（附书林余话）》卷八，中华书局1957年版）

二、文献载体

（一）甲骨

孙诒让《契文举例叙》

　　文字之兴，原始于书契，契之正字为栔，许君训为刻，盖镂刻竹木以著法数斯谓之栔。契者，其同声假借字也。《周礼·小宰》八成"听取予以书契"。乃契券之一种，与《易》书契小异。《诗·大雅·绵》云："爰始爰谋，爰契我龟。"毛公训"契"为"开"。开、刻义同，是知栔刻又有施之龟甲者。《周礼·菙氏》："掌共燋契，以待卜事。"又云："遂龡其焌契，以授卜师。"杜子春云："契谓契龟之凿也。"亦举《绵》诗以证义。郑君则谓契即《士丧礼》之楚焞，所用灼龟也。综斠杜、郑之义，知开龟有金契，有木契。杜据金契，用以钻凿；郑据木契，用以然灼。二者盖同名异物。金契即刻书之刀、凿，将卜，开甲俾易兆，卜竟，纪事以征吉，殆皆有栔刻之事。《诗》《礼》所述，义据焯然。商周以降，文字繁孳，竹帛漆墨，日趋简易，而栔刻之文，犹承用不废。汉承秦燔之后，所存古文旧籍，如淹中古经，西州剩简，皆漆书也。汲冢竹书，出晋太康初，亦复如是。然则栔刻文字，自汉时已罕觏，迄今数千年，人间殆绝矣。

　　迩年河南汤阴古羑里城，掊土得古龟甲甚夥，率有文字。丹徒刘君铁云，集得五千版，甄其略明晰者千版，依西法拓印，始传于世。刘君定为殷人刀笔书,余谓《考工记》"筑氏为削",郑君训为书刀,刀笔书,即契刻文字也。甲文既出于刀笔,故庸峭古劲,觚折浑成,恍若读古史手札,唯璖画纤细,拓墨漫漶,既不易辨仞,甲片又率烂阙,文义断续不属,刘本无释文,苦不能鬯读也。蒙治古文大篆之学四十年,所见彝器款识逾二千种,大氏皆出周以后,赏鉴家所櫜楬为商器者,率臆定不能确信,每憾未获见真商时文字。顷始得此册,不意衰年睹兹奇迹,爱玩不已。辄穷两月力校读之,以前后复重者,参互寀绎,乃略通其文字,大致与金文相近,篆画尤简省,形声多不具,又象形字颇多,不能尽识。所偶人名号,未有谥法,而多以甲乙为纪,皆在周以前之证。羑里于殷属王畿,于周为卫地。据《周书·世俘篇》殷时已有卫国,故甲文亦有商、周、卫诸文,以相推谳,知必出于商、周之间,刘君所定为不诬。至其以"𦥑"为"子",以"𥝩"为"系",间涉籀文,或疑其出周宣以后,斯则不然。夫《史籀》十五篇,不必皆其自作,犹之许书九千字,虽为秦篆而承用仓、沮旧文者,十几七八,斯固不足以献疑尔。甲文多纪卜事,一甲或数段,从横反正,这遭纠互无定例。盖卜官子弟,应时记识,以备官成,本无雅辞奥义,要远古契刻遗文,藉存辜较,朽骼畸零,更三四千年,竟未漫灭,为足宝耳。

今就所通者,略事甄述,用补有商一代书名之佚,兼以寻究仓后籀前文字流变之迹,其所不知,盖阙如也。抑余更有举证者,《尚书·洪范》原本《雒书》,汉刘子骏、班孟坚旧说,咸谓"初一曰五行"至"威用六极"六十五字,为雒水所出《龟书》,禹得之以为《九畴》,马、郑所论略同。后儒疑信参半,遂滋异议。顾彪、刘焯、刘炫、孔颖达之伦,虽依用刘、班,犹致疑于字数繁简之间。今所见龟文残版,径一二寸者,刻字辄数十计,元龟全甲尺二寸,必可容百名以上,以相推例,雒水龟书,殆亦犹是。盖本邃古之遗文,贤达宝传,刻著龟甲,用代简毕。大禹浮雒,适尔得之,要其事实不过如此,自纬候诡托,以为神龟负书,文璖天成,后儒矜饰符瑞,遂若天玺神谶,祥符天书,同兹诬诞。实则契龟削甲,古所恒觏,不足异也。此似足证经义,辄附记之,以谂学者。

光绪甲辰十一月,籀庼居士书。

([清]孙诒让著《籀庼述林》卷五,中华书局2010年版)

孙诒让《名原叙》

汝南许君云:"仓颉之初作书,盖依类象形,故谓之文。其后形声相益,即谓之字。"是文字之初,固以象形为本,无形可象,则指事为之。沓后孳乳寖多,而六书大备。今《说文》九千文,则以秦篆为正,其所录古文,盖捃拾漆书经典,及鼎彝款识为之。籀文则出于史篇,要皆周以后文字也。仓、沮旧文,虽杂厕其间,而叵复识别,况自黄帝以迄于秦,更历八代,积年数千,王者之兴,必有所因于故名,亦必有所作于新名,新故相袭,变易孳益。巧历不能计,又孰从而稽核之乎?

自宋以来,彝器文间出,考释家或据以补正许书之讹阙。迩年又有龟甲文出土,尤简省奇诡,间有原始象形字,或定为商时契刻,间与籀文同,或本商前旧文,而籀篇因袭之。然亦三代璞迹尔。余少耆读金文,近又获见龟甲文,咸有撰录。每惜仓、沮旧文,不可复睹,窃思以商周文字展转变易之迹,上推书契之初轨,沈思博览,时获确证。最栝论之:书契初兴,形必至简,沓其后品物众而情伪滋,简将不周于用,则增益分析而渐繁。其最后文极而敝,苟趣急就,则弥务省多,故复减损而反诸简。其更迭嬗易之为,率本于自然。而或厌同耆异,或袭非成是,积久承用,皆为科律,故历年益远,则讹变益众。而李斯之作小篆,废古籀,尤为文字之大厄。盖秦汉间诸儒,传读经典,已不能精究古文。如古多假"忞"为"文",与㥯形近,金文"文"多作𢎥,与㥯作𢟏绝相似。而《书·大诰》曰"宁考""宁王""前宁人""宁武",则皆"文"之讹也。略本吴清卿说。古文有"𢆉"市,即《礼》之爵韠,又有"𢆉"字,当为爵帛本字。而《毛诗·丝衣》曰"载弁俅俅",载则𢆉、𢆉之假也。"庸",古文作㣫,与敦偏旁相涉。而《左传》说成王赐鲁"土田倍敦",倍敦,则"附庸"之讹也。《书》《诗》传自伏生、毛公,《左氏春秋》上于张苍,大毛公当六国时,前于李斯。伏固秦博士,张则柱下史,咸逮见李斯者。三君所传尚不无舛驳,斯之学识,度未能远过三君,而乃奋臆制作,徇俗蔑古,其违失仓、史之恉,宁足责邪!通校古文大小篆,大氐象形字,与画缋通,随体诘诎,讹变最多。指事字次之,会意、形声字,则子母相检,沿讹颇鲜。而与转注相互转注从徐锴说。为例,又至广博。其字或秦篆所不具,或许氏偶失之,故不胜枚举。而假借依声托事,则尤茫无涯涘矣。古文假借至多,兹不遑论。

今略摭金文、多据原器拓本,未见拓本,则以阮元、吴荣光、吴式芬三家摹本左之。宋薛尚功、王俅诸家所摹多误,不足依据,唯今拓本所无之字,略有援证,余悉不冯也。龟甲文、据丹徒刘氏摹本。石鼓文、据拓本,及重摹天乙阁北宋拓本。贵州红岩古刻,据摹本,此盖古苗民遗迹,篆形奇诵难识,与古文字例不甚符合。邹叔勋以为殷高宗伐鬼方纪功石刻,臆说不足据也。与《说文》古籀互相勘校,楬其岐异,以箸省变之原。而会最比属,以寻古文、大、小篆沿革之大例,约举辜较,不能备也。世变方亟,兹学几绝。所觊金石瓈刻,日出不穷,仓、沮旧迹,倘重见于人间,后之治古文奇字者,执吾说以求之,其于造作书契之微恉,或得冥符于万一尔。光绪乙巳十一月。

([清]孙诒让著《籀庼述林》卷五,中华书局 2010 年版)

刘鹗《铁云藏龟序》

龟板己亥岁出土在河南汤阴县属之古牖里城。传闻土人见地坟起,掘之,得骨片与泥相粘结成团,浸水中,或数月,或月余,始见离晰。然后置诸盆盎,以水荡涤之,约两三月,文字方得毕现。同时所出,并有牛胫骨,颇坚致。龟板,一种色黄者稍坚,色白者略用力即碎,不易拓也。

既出土后,为山左贾人所得,咸宝臧之,冀获善价。庚子岁,有范姓客挟百余片走京师,福山王文敏公懿荣,见之狂喜,以厚值留之。后有潍县赵君执斋,得数百片,亦售归文敏。未几义和拳乱起,文敏遂殉难。壬寅年,其哲嗣翰甫观察售所藏,清公夙责,龟板最后出,计千余片,予悉得之。定海方君药雨,又得范姓所藏三百余片,亦以归予。赵执斋又为予奔走齐、鲁、赵、魏之郊,凡一年,前后收得三千余片。总计予之所藏,约过五千片。己亥一坑所出,虽不敢云尽在于此,其遗亦仅矣。

毛锥之前为漆书,漆书之前为刀笔。小篆聿字,漆书笔也,从手持✦,象注漆形,盖汉人犹得见古漆书,若刀笔无有见者矣。是以许叔重于古籀文,必资山川所出之彝鼎。不意二千余年后,转得目睹殷人刀笔文字，非大幸与？

以六书之指推求钟鼎，多不合，再以钟鼎体势推求龟板之文，又多不合，盖去上古愈远，文字愈难推求耳。

龟板可识者，干支而已。如甲申（四三·四）、乙酉（二二·三）、丙寅（五九·一）、丁卯（三六·一）、戊午（四二·一）、己亥（四六·一）、庚戌（二四·三）、辛丑（四六·三）、壬辰（六〇·二）、癸未（四〇·四），惟巳字不见。其百十三叶第四片，仿佛辛巳，是否？未敢定也。

龟板虽皆残破，幸其卜之繇辞文本甚简，往往可得其概，如："丁酉卜大问角丁亥彤日"（二二·三），"庚戌卜哉问雨帝不我□"（二五·三）之类。若百廿七叶，左行曰："庚申卜厌问归好之子"，右行曰："辛丑卜厌问兄于母庚"。凡两段皆完好也。兄疑即况字。

凡称问者，有四种：曰哉问、曰厌问、曰复问、曰中问，中字作🆎。哉、厌两问最多，疑哉为初问，厌为再再问，故诗曰"我龟既厌不我告"，犹言我已再问，而龟不我告也。其称甲子有与后人不同者，如："乙子卜"（四·一）、"今巳子月不雨"（二三·二）、"癸子卜厌问𠂤父卜"（六七·三）之类。其称乙子、巳子、癸子，皆后世所无也。

钟鼎凡有象形者，世皆定为商器，此于车、马、龙、虎、犬、豕、豚等，皆象形也。其他象形之字甚多，钟鼎有立戈形，此戊戌二字皆本之。然则立戈者，有戍边之意，戊戌二字并由戍字来也。

🝆，雨字象形。🝇，角字亦象形，石鼓文："君子云猎"，猎字下或云从角，与此正同。凡问角皆为雨旸事。《春秋传》："龙见而雩，雩雨祭也。"龙，东方苍龙七宿，角实为之首也。

象形之字既多，可知其为史籀以前文字。何以别其非周初？观其曰"问之于祖乙"（三·三）、"问之于祖辛"（五四·一）、"乙亥卜祖丁十五牢"（三三·一）、"辛丑卜厌问兄于母庚"（一二七·一），祖乙、祖辛、母庚，以天干为名，实为殷人之确据也。

🝈字，见杞伯每父敦；🝉字，疑其象𠂤形，以与鼎彝𠂤文相近也。𠂤父当是掌卜者之名，故称𠂤父，卜者甚多，其卜占二字，往往加🝊以为识别，未详其谊。

龟板、牛骨两种,牛骨居十之一二。初本分别拓之,后因装治淆乱,遂不及厘正,然不举其概,恐阅者病焉,其五十一至六十,此十叶中,五十六、七、八皆牛骨,余悉龟板,以此类推可知矣。

龟板文字极浅细,又脆薄易碎,拓墨极难。友人闻予获此异品,多向索拓本,苦无以应。然斯实三代真古文,亟当广谋其传,故竭半载之力,精拓千片,付诸石印,以公同好。任是役者,直隶王瑞卿也。

光绪癸卯九月既望,丹徒刘铁云识。

(刘鹗撰《铁云藏龟》,蟫隐庐石印本)

【附】罗振玉《铁云藏龟之余序》

予之知有贞卜文字也,实因亡友刘君铁云。刘君所藏,予既为之编辑为《铁云藏龟》。逾十年,予始考订其文字为《殷商贞卜文字考》,时君则以事流西陲死矣。又二年,选予所蓄,手自拓墨,以成《殷虚书契》八卷。又二年,成《考释》一卷,则距君之死且数年矣。居恒辄叹殷虚遗宝由君得传于斯世,而君竟不及见予书之成也。欲揭君流传之功,以告当世,乃搜箧得君曩日诒予之墨本,选《藏龟》所未载者,得敷十纸,为《铁云藏龟之余》,以旌君之绩,以慰君于九泉。呜呼!君遂将藉此书留姓名于人间矣,岂不哀哉。乙卯春正月。

(罗继祖主编《罗振玉学术论著集》第九集,上海古籍出版社2010年版)

罗振玉《殷商贞卜文字考序》

光绪己亥,予闻河南之汤阴发见古龟甲兽骨,其上皆有刻辞。为福山王文敏公所得,恨不得遂见也。翌年,拳匪起京师,文敏殉国难,所藏悉归丹徒刘氏。又翌年,始传至江南。予一见诧为奇宝,怂恿刘君亟拓墨,为选千纸付影印,并为制序。顾行箧无藏书,第就《周礼》《史记》所载,略加考证而已。亡友孙仲容征君诒让亦考究其文字,以手稿见寄,惜亦未能洞析奥隐。嗣南朔奔走,五六年来,都不复寓目。去岁,东友林学士泰辅始为详考,揭之《史学杂志》,且远道邮示,援据赅博,足补正予向序之疏略,顾尚有怀疑不能决者。予乃以退食余暑,尽发所藏拓墨,又从估人之来自中州者,博观龟甲兽骨数千枚,选其尤殊者七百。并询知发见之地，乃在安阳县西五里之小屯，而非汤阴。其地为武乙之墟。又于刻辞中得殷帝王名谥十余，乃恍然悟此卜辞者实为殷室王朝之遗物。其文字虽简略，然可正史家之违失，考小学之源流，求古代之卜法。爰本是三者，以三阅月之力，为考一卷。凡林君之所未达，至是乃一一剖析明白。乃亟写寄林君，且以诒当世考古之士。惜仲容墓已宿草，不及相与讨论为憾事也。宣统二年，岁在庚戌仲夏，上虞罗振玉记。

（罗继祖主编《罗振玉学术论著集》第一集，上海古籍出版社2010年版）

罗振玉《殷虚书契前编序》

　　光绪二十有五年，岁在己亥，实为洹阳出龟之年。予时春秋三十有四，越岁辛丑，始于丹徒刘君许见墨本。作而叹曰：此刻辞中文字，与传世古文或异，固汉以来小学家若张、杜、杨、许诸儒所不得见者也。今幸山川效灵，三千年而一泄其秘。且适当我之生，则所以谋流传而攸远之者，其我之责也夫。于是尽墨刘氏所藏千余为编印之，而未遑考索其文字。盖彼时年力壮盛，谓岁月方久长，又所学未邃，且三千年之奇迹，当与海内方闻硕学共论定之。意斯书既出，必有博识如束广微者，为之考释阐明之，固非曾曾小子所敢任也。观先后数年间，仅孙仲容征君诒让作《契文举例》，此外无闻焉。仲容固深于《仓》《雅》《周官》之学者，然所为《举例》，则未能阐发宏旨。予至是始有自任意。

　　岁丁未，备官中朝，曹务清简，退食之暇，辄披览墨本及予所藏龟，于向之蓄疑不能遽通者，谛审既久，渐能寻绎其义。顾性复懒散，未及笺记。宣统改元之二年，东友林君泰辅寄其所为考至，则视孙征君《举例》，秩然有条理，并投书质疑。爰就予所已知者，为《贞卜文字考》以答之。已而渐觉其一二违失，于旧所知外，亦别有启发，则以所见较博于畴昔故。于是始恍然宝物之幸存者有尽，又骨甲古脆，文字易灭。今出世逾十年，世人尚未知贵重，不汲汲搜求，则出土之日，即澌灭之期。矧所见未博，考释亦讵可自信。由此观之，则搜求之视考释，为尤急矣。因遣山左及厂肆估人至中州，瘁吾力以购之。一岁所获，殆逾万。意不自歉，复遣人至洹阳采掘之，所得又再倍焉。寒夜拥炉，手加毡墨。拟先编墨本为《殷虚书契前编》，考释为《后编》。并谋投劾去官，买地洹阳，终我天年，以竟此志。乃逾年冬而国难作，避地浮海。将辛苦累蓄之三千年骨与甲者，郑重载入行笈，而展转运输及税吏检察，损坏者十已五六，幸其尤殊者，墨本尚存。乃以一岁之力，编为《前编》八卷，付工精印。其未及施墨者，异日当辑为《续编》，而《后编》亦将次写定。

呜呼！丧乱以来，忽已匝岁，神州荒翳，文献荡然。天既出神物于斯文垂丧之时，而予又以偷生忍死之余仓皇编辑。须鬓日改，犬马之齿亦既四十有七，上距己亥已阅十有四年。买地洹阳之愿既虚，茫茫斯世谁复有读吾书者？亦且抱此遗文以自慰藉而已。穷冬濡豪，万感百忧，一时交集。岁在壬子十二月。

（罗继祖主编《罗振玉学术论著集》第九集，上海古籍出版社2010年版）

罗振玉《殷虚书契后编序》

宣统壬子，予既类次所藏殷虚文字为《书契前编》八卷。书既出，群苦其不可读也。越二岁，予乃发愤为之考释。私意区宇之大，圆颅方趾之众，必将有嗣予而阐明之者，乃久而阒然。复意并世之士，或不乐为此寂寞之学，当有会最殷虚文字以续我书者，久亦阒然无所闻也。一若发潜阐幽为区区一人之责者，至是予乃益自厉。曰：天不出神物于我生之前、我生之后，是天以畀予也。举世不之顾，而以委之予，此人之召我也。天与之，人与之，敢不勉夫？爰以乙卯仲春，渡海涉洹。吊武乙氏之故虚，履发掘之遗迹，恍然如见殷大史藏书之故府。归而发箧，尽出所藏骨甲数万，遴选《前编》中文字所未备者，复得千余品。手施毡墨，百日而竣。方谋所以流传之，家人闻而匿笑曰："往以印书故，灶几不黔。今行见釜鱼矣。"乃亦一笑而罢，然固未尝恝置也。

今年春游沪渎，有欧人某君者，闻予为此书，请而刊焉。乃以十日之力，亟厘为二卷付之，俾与《前编》共传当世。往尝念言学术传布之责，天下有力者当共肩之。顾久无所遇也，今乃幸得之。异日者，当更就箧中所藏，并再至殷虚，搜求其孑遗，以补此两编之所未备。不知尚有好古如某君者，为我任剞劂之事者乎？爰书以召之，岁次丙辰上巳。

（罗继祖主编《罗振玉学术论著集》第九集，上海古籍出版社2010年版）

罗振玉《殷虚书契考释序》

宣统壬子冬，予既编印《殷虚书契》，欲继是而为考释。人事乖午，因循不克就者，岁将再周。感庄生"吾生有涯"之言，乃发愤键户者四十余日，遂成《考释》六万余言。既竟，书其端曰：

予读《诗》《书》及周秦之间诸子、太史公书，其记述殷事者，盖寥寥焉。孔子学二代之礼而曰："杞宋不足征。"殷商文献之无征，二千余年前则已然矣。吾侪生三千年后，欲根据遗文补苴往籍，譬若观海，茫无津涯。予从事稍久，乃知兹事实有三难：史公最录商事，本诸《诗》《书》，旁揽《系本》，顾考父所校，仅存五篇。《书序》所录，亡者逾半。《系本》一书，今又久佚。欲稽前古，津逮莫由，其难一也。卜辞简质，篇恒十余言，短者半之，又字多假借，谊益难知，其难二也。古文因物赋形，繁简任意，一字异文，每至数十。书写之法，时有凌猎，或数语之中，倒写者一二。两字之名，合书者七八。体例未明，易生炫惑，其难三也。今欲祛此三难，勉希一得。乃先考索文字，以为之阶，由许书以溯金文，由金文以窥书契，穷其蕃变，渐得指归，可识之文，遂几六百。循是考求典制，稽证旧闻，途径渐启，扃镭为开。

稽其所得，则有六端：一曰帝系。商自武汤逮于受辛，史公所录为世三十，见卜辞者二十有三。史称太丁未立，而卜辞所载祀礼，俨同于帝王。又大乙、羊甲、卜丙、卜壬，校以前史，与此异文。而庚丁之作康祖丁，武乙之称武祖乙，文丁之称文武丁，则言商系者之所未知。此足资考订者一也。二曰京邑。商之迁都，前八后五，盘庚以前具见《书序》，而小辛以降，众说多违。洹水故墟旧称亶甲。今证之卜辞，则是徙于武乙，去于帝乙。又史称盘庚以后商改称殷，而遍搜卜辞，既不见殷字，又屡言入商。田游所至，曰往，曰出，商独言入。可知文丁、帝乙之世，国尚号商。书曰戎殷，乃称邑而非称国。此可资考订者二也。三曰祀礼。商之祀礼，夐异周京。名称实繁，义多难晓。人鬼之祭，亦用紫煮。牢鬯之数，一依卜定。"王宾"之语，为《洛诰》所基。辟牡之荐，非镐京始创。此可资考订者三也。四曰卜法。商人卜祀，十干之日，各依祖名。其有爽者，则依爽名。又大事贞龟,余事骨卜。凡斯异例,先儒未闻。此可资考订者四也。五曰官制。卿事之名,同于《雅》《颂》。大史之职,亦载《春官》。爰及近臣,并符周制。乃知姬旦《六典》多本殷商。此可资考订者五也。六曰文字。召公之名,是奭非奭。鸟鸣之字,从鸡非鸟,隹鸟不分,子巂殊用。牝牡等字,牛羊任安,牢牧诸文,亦同斯例。又藉知大小二篆,同乎古文。古文之真,间存今隶。如此之类,未遑偻数。此可资考订者六也。

予爰始操翰,讫于观成,或一日而辨数文,或数夕而通半义。譬如冥行长夜,乍睹晨曦,既得微行,又蹈荆棘。积思若痗,雷霆不闻。操觚在手,寝馈或废。以兹下学之资,勉几上达之业,而既竭吾才,时亦弋获。意或天启其衷,初非吾力能至。但探赜索隐,疑蕴尚多,覆篑为山,前修莫竟,继是有作,不敢告劳。有生之年,期毕此志。订讹补阙,俟诸后贤。它山攻错,跂予望之。

宣统甲寅十二月。

(罗继祖主编《罗振玉学术论著集》第九集,上海古籍出版社2010年版)

(二) 简帛

《仪礼注疏·聘礼》(节选)

束帛加书将命,百名以上书于策,不及百名书于方。

(郑玄注:)将犹致也。名,书文也,今谓之字。策,简也。方,板也。(贾公彦)疏:云"名,书文也,今谓之字"者,郑注《论语》亦云:"古者曰名,今世曰字。"许氏《说文》亦然。此者,欲见经云"名",名者,即今之文字也。云"策,简,方,板也"者,简谓据一片而言,策是编连之称,是以《左传》云南史"执简以往",是简者未编之称。此经云"百名以上书之于策",是其众简相连之名。郑作《论语序》云:"《易》《诗》《书》《礼》《乐》《春秋》策,皆尺二寸,《孝经》谦,半之,《论语》八寸策者,三分居一,又谦焉。"是其策之长短。郑注《尚书》:"三十字,一简之文。"服虔注《左氏》云:"古文篆书，一简八字。"是一简容字多少者。云"方，板"者，以其百名以下书之于方，若今之祝板，不假连编之策，一板书尽，故言方板也。

（［清］阮元校刻《十三经注疏·仪礼注疏》卷二十四，中华书局2009年版）

王充《论衡》（三则）

人未学问曰蒙。蒙者，竹木之类也。夫竹生于山，木长于林，未知所入。截竹为筒，破以为牒，加笔墨之迹，乃成文字，大者为经，小者为传记。断木为椠，杤之为板，力加刮削，乃成奏牍。夫竹木，粗苴之物也，雕琢刻削，乃成为器用。况人含天地之性，最为贵者乎！（《量知篇》）

唐、虞、夏、殷，同载在二尺四寸，儒者推读，朝夕讲习。（《宣汉篇》）

说《论》者，皆知说文解语而已，不知《论语》本几何篇；但〔知〕周以八寸为尺，不知《论语》所独一尺之意。夫《论语》者，弟子共纪孔子之言行，敕记之时甚多，数十百篇，以八寸为尺，纪之约省，怀持之便也。以其遗非经，传文纪识恐忘，故但以八寸尺，不二尺四寸也。（《正说篇》）

（黄晖撰《论衡校释》，中华书局1990年版）

赵彦卫《云麓漫钞》（一则）

宣和中，陕右人发地，得木简于瓮，字皆章草，朽败不可诠次。得此檄云："永初二年六月丁未朔，廿日丙寅得车骑将军莫府文书，上郡属国都尉、二千石守丞、廷义县令三水，十月丁未到府受印绶，发夫讨畔羌，急急如律令。马四十匹，驴二百头，日给。"内侍梁师成得之，以入石。未几，梁卒，石简俱亡，故见者殊鲜。

（［宋］赵彦卫撰，傅根清点校《云麓漫钞》卷七，中华书局1996年版）

【附】邵博《邵氏闻见后录》（一则）

崇宁初，经略天都，开地得瓦器，实以木简札，上广下狭，长尺许，书为章草，或参以朱字，表物数曰：缣几匹，绵几屯，钱米若干，皆章和年号。

松为之,如新成者,字遒古若飞动,非今所畜书帖中比也。其出于书吏之手尚如此,正古谓之札书。

([宋]邵博撰,李剑雄、刘德权点校《邵氏闻见后录》卷二十七,中华书局1983年版)

王观国《方书》

《前汉·张苍传》曰:"秦时为御史,主柱下方书。"如淳注曰:"方,板也。或曰主四方文书也。"颜师古注曰:"苍明习天下图书计籍,则主四方文书是也。"观国按:古人以木为方,用以写书,有当书于方者,则谓之方书。张苍为御史,主柱下方书者,盖张苍为柱下御史也。柱下御史所掌之事当书于方者,故曰主柱下方书,非四方文书也。若主四方文书而谓之方书,则言不成文。《周礼·内史》:"王制禄则赞为之,以方出之。"盖王者制诸臣之禄,则内史赞为之辞,而书之于方,然后颁出,故曰以方出之。又有外史掌四方之志,达书名于四方,此即四方文书也。硩蔟氏掌覆天鸟之巢,以方书十日十二辰十二月十二岁二十有八星之号,垂其巢上则去之。《史记·龟策传》,褚先生曰:"写取龟策卜事,编于下方。"又曰:"谨连其事于左方。"凡此言方,皆谓书其事于木方也。张苍所主方书,是亦书其事于方耳。

古人写书者,有简,有策,有觚,有方,有牍,有札,有椠,有板。盖简、策、觚皆以竹为之。方、牍、札、椠、版皆以木为之。简有间,以竹为之,用以写书。《后汉》吴祐父恢,以火炙竹令汗,取其青写书,谓之杀青简。晋武帝时,汲郡人掘冢,得竹简古书十余万言,所谓竹简书,此类是也。策,象册字形,中有二编。孔子读《易》韦编三绝者,以韦贯编作册也。《周礼·内史》:"凡命诸侯及孤卿大夫,则策命之。"《春秋左氏传》曰:"王命内史策命晋侯为侯伯。"皆谓书其文于策也。觚以竹为之,其形有方角,亦作觚,所谓操觚者,可持以书也。方以木为之,柱下方书,以方出之类是也。牍以木为之,所谓尺牍者,盈尺之牍。《史记·周勃传》曰:"狱吏乃书牍背示之。"《前汉·昌邑王贺传》曰:"簪笔持牍趋谒。"此类是也。札以木为之而薄小者。《前汉·司马相如传》曰:"上令尚书给笔札。"又曰："遗札书，言封禅事。"又《郊礼志》曰："卿有札书。"颜师古注曰："札，木简之薄小者。"故《朱博传》曰："与笔札，使自记奸臧，投刀使削所记。"然则札可以托书，而不可以垂久远，非如简策可以垂久远也。椠以木为之，可修削者。《玉篇》曰："椠，削版牍也。"《论衡》曰："断木为椠。"《释名》曰："椠版长三尺。"《扬子法言》，或问叔孙通，曰："椠人也。"注曰："简牍之人也。"《西京杂记》曰："子云好事，尝怀铅提椠。"盖言修削书也，版以木为之。《周礼·小宰》"听闾里以版图"，司书掌邦中之版土地之图，司会掌版图之贰，内宰掌书版图之法，而大胥掌学士之版，盖版以记户籍，图以记土地。《论语》曰："式负版者。"谓民数书于版者也。

古未有纸，故简牍以竹或木为之，其谬误则以刀削之，故刀笔吏者，持刀笔以自随，乃俗吏之所为也。至后世，则或以缣帛写书，故纸字从系，帋字从巾，皆以缣帛为之。至蔡伦乃用木肤、麻头、敝巾、鱼网以为纸，自是天下从用焉。若夫以玉为册，则谓之玉册，以金为简，则谓之金简，以金为版，则谓之金版。五臣注《文选·册魏文九锡文》曰："诸侯进爵，受于玉册。"《吴越春秋》曰："禹东巡岱山，发金简之书，得通天地之理。"《周礼·职金》曰："旅于上帝，则共其金版。"此盖各以金玉正名其物也。

（[宋] 王观国撰，田瑞娟点校《学林》卷四，中华书局1988年版）

罗振玉《流沙坠简序》

光绪戊申，予闻斯坦因博士访古于我西陲，得汉晋简册，载归英伦。神物去国，恻焉疚怀。越二年，乡人有自欧归者，为言往在法都，亲见沙畹博士方为考释，云且版行，则又为之色喜。企望成书，有如望岁。

及神州乱作，避地东土，患难余生，著书遣日。既刊定《石室佚书》，而两京遗文，顾未寓目。爰遗书沙君，求为写影，嗣得报书，谓已付手民，成有日矣。于是望之又逾年，沙君乃亟寄其手校之本以至。爰竭数夕之力，读之再周。作而叹曰：古简册见于世，载于前籍者，凡三事焉。一曰晋之汲郡，二曰齐之襄阳，三曰宋之陕右。顾蠹冢遗书亡于今文之写定；楚邱竹简毁于当时之炬火。天水所得，沦于金源。讨羌遗刻，仅存片羽。异世间出，澌灭随之。今则斯氏发幽潜于前，沙氏阐绝业于后，千年遗迹，顷还旧观，艺苑争传，率土咸诵。两君之功，可谓伟矣。顾以欧文撰述，东方人士不能尽窥，则犹有憾焉。

因与王静安征君分端考订，析为三类，写以邦文。校理之功，匝月而竟。乃知遗文所记，裨益至宏。如玉门之方位，烽燧之次第，西域二道之分歧，魏晋长史之治所。部尉曲侯，数有前后之殊；海头楼兰，地有东西之异。并可补职方之记载，订史氏之阙遗。若夫不觚证宣尼之叹，马夫订墨子之文。字体别构，拾洪丞相之遗；书迹递迁，证许洨长之说。此又名物艺事，考镜所资。如斯之类，偻指莫罄。

惟是此书之成，实赖诸贤之力。沙氏辟其蚕丛，王君通其衢术，僧雯达识，知《周官》之阙文；长睿精思，辨永初之年月。予以谫劣，滥与编摩，蠡测管窥，裨补盖鲜，尚冀博雅君子为之绍述，补阙纠违，俾无遗憾。此固区区之望，亦两博士及王君先后述作之初心也。爰弁简端，用诏来者。宣统甲寅正月。

（罗继祖主编《罗振玉学术论著集》第九集，上海古籍出版社2010年版）

罗振玉《简牍遗文序》

古简文字最难识，其时最先者，上承篆书，下接章草，一也；边徼急就之书，颇多讹略，二也；断烂之余，不能求其义理，三也。诸简皆然，而书牍为尤甚。此编所录，合简纸计之都八十有八，而完整者不过二三，其可考见事实者亦甚鲜。然借以知书体之变迁，窥简牍之体式，其裨益亦甚巨。兹略著一二于释文之下，其于所不知，盖阙如也。甲寅二月。

（罗继祖主编《罗振玉学术论著集》第九集，上海古籍出版社2010年版）

（三）金石

欧阳修《集古录目序》

物常聚于所好，而常得于有力之强。有力而不好，好之而无力，虽近且易，有不能致之。象犀虎豹，蛮夷山海杀人之兽，然其齿角皮革，可聚而有也。玉出昆仑流沙万里之外，经十余译乃至乎中国。珠出南海，常生深渊，采者腰绠而入水，形色非人，往往不出，则不饱蛟鱼。金矿于山，凿深而穴远，篝火糗粮而后进，其崖崩窟塞，则遂葬于其中者，率常数十百人。其远且难而又多死祸，常如此。然而金玉珠玑，世常兼聚而有也。凡物好之而有力，则无不至也。

汤盘，孔鼎，岐阳之鼓，岱山、邹峄、会稽之刻石，与夫汉、魏已来圣君贤士桓碑、彝器、铭诗、序记，下至古文、籀篆、分隶诸家之字书，皆三代以来至宝，怪奇伟丽、工妙可喜之物。其去人不远，其取之无祸。然而风霜兵火，湮沦摩灭，散弃于山崖墟莽之间未尝收拾者，由世之好者少也。幸而有好之者，又其力或不足，故仅得其一二，而不能使其聚也。

夫力莫如好，好莫如一。予性颛而嗜古，凡世人之所贪者，皆无欲于其间，故得一其所好于斯。好之已笃，则力虽未足，犹能致之。故上自周穆王以来，下更秦、汉、隋、唐、五代，外至四海九州，名山大泽，穷崖绝谷，荒林破冢，神仙鬼物，诡怪所传，莫不皆有，以为《集古录》。以谓转写失真，故因其石本，轴而藏之。有卷帙次第，而无时世之先后，盖其取多而未已，故随其所得而录之。又以谓聚多而终必散，乃撮其大要，别为录目，因并载夫可与史传正其阙谬者，以传后学，庶益于多闻。

或讥予曰："物多则其势难聚，聚久而无不散，何必区区于是哉？"予对曰："足吾所好，玩而老焉可也。象犀金玉之聚，其能果不散乎？予固未能以此而易彼也。"庐陵欧阳修序。

（［宋］欧阳修著，李逸安点校《欧阳修全集》卷四十二，中华书局2001年版）

【附】欧阳棐《录目记》

《集古录》既成之八年，家君命棐曰："吾集录前世埋没阙落之文，独取世人无用之物而藏之者，岂徒出于嗜好之僻，而以为耳目之玩哉？其为所得亦已多矣，故尝序其说而刻之。又跋于诸卷之尾者，二百九十六篇，序所谓可与史传正其阙缪者，已粗备矣。若撮其大要，别为目录，则吾未暇，然不可以阙而不备也。"棐退而悉发千卷之藏而考之曰：呜呼！可谓详矣。盖自文、武以来迄于五代，盛衰得失，贤臣义士、奸雄贼乱之事，可以动人耳目者，至于释氏、道家之言，莫不皆有。然分散零落数千百年而后聚于此,则亦可谓难矣。其聚之既难,则其久也,又遂将散而无传,宜公之惜乎此也。于是各取其书撰之人,事迹之始终,所立之时世,而著之为一十卷,以附于跋尾之后。夫事必简而不烦,然后能传于久远。今此千卷之书者,刻之金石,托之山崖,未尝不为无穷之计也。然必待集录而后著者,岂非以其繁而难于尽传哉。故著其大略而不道其详者,公之志也。熙宁二年二月记。

（[宋]欧阳修著,李逸安点校《欧阳修全集》卷一百四十三,中华书局2001年版）

吕大临《考古图后记》

庄周氏谓儒者遂迹丧真,学不善变,故为轮扁之说,刍狗之谕,重以《渔父》《盗跖》、"诗礼发冢"之言,极其诋訾。夫学不知变,信有罪矣;变而不知止于中,其敝殆有甚焉。以学为伪,以智为凿,以仁为姑息,以礼为虚饰,荡然不知圣人之可尊,先王之可法。克己从义,谓之失性;是古非今,谓之乱政。至于坑杀学士,燔爇典籍,尽愚天下之民而后慊。由是观之,二者之学,其害孰多？尧、舜、禹、皋陶之书,皆曰"稽古",孔子自道,亦曰"好古,敏以求之"。所谓古者,虽先王之陈迹,稽之好者,必求其所以迹也。制度法象之所寓,圣人之精义存焉,有古今之所同然,百代所不得变者,岂刍狗、轮扁之谓哉？汉承秦火之余,上视三代如更夜梦觉之变,虽遗编断简,仅存二三,然世移俗革,人亡书残,不复想见先王之绪余,至人之謦欬。不意数千百年后,尊、彝、鼎、敦之器,犹出于山岩、屋壁、陇亩、墟墓之间,形制文字,且非世所能知,况能知所用乎？当天下无事时,好事者蓄之,徒为耳目奇异玩好之具而已。噫！天之果丧斯文也,则是器也胡为而出哉？

予于士大夫之家,所阅多矣,每得传摹图写,寖盈卷轴,尚病纂启,未能深考。暇日论次成书,非敢以器为玩也;观其器,诵其言,形容仿佛,以追三代之遗风,如见其人矣。以意逆志,或深其制作之原,以补经传之阙亡,正诸儒之谬误,天下后世之君子,有意于古者,亦将有考焉。

（[宋]吕大临等撰,陈俊民辑校《蓝田吕氏遗著辑校》,中华书局1993年版）

赵明诚《金石录序》

余自少小喜从当世学士大夫访问前代金石刻词,以广异闻。后得欧阳文忠公《集古录》,读而贤之,以为是正讹谬,有功于后学甚大。惜其尚有漏落,又无岁月先后之次,思欲广而成书,以传学者。于是益访求藏畜,凡二十年而后粗备。上自三代,下讫隋、唐、五季;内自京师,达于四方遐邦、绝域夷狄,所传仓史以来古文奇字、大小二篆、分隶行草之书,钟鼎、簠簋、尊敦、鬲鼐、盘杅之铭,词人墨客诗歌、赋颂、碑志、叙记之文章,名卿贤士之功烈行治,至于浮屠、老子之说,凡古物奇器、丰碑巨刻所载,与夫残章断画、磨灭而仅存者,略无遗矣。因次其先后为二千卷。余之致力于斯,可谓勤且久矣,非特区区为玩好之具而已也。

盖窃尝以谓《诗》《书》以后,君臣行事之迹悉载于史,虽是非褒贬出于秉笔者私意,或失其实,然至其善恶大节有不可诬,而又传诸既久,理当依据。若夫岁月、地理、官爵、世次,以金石考之,其牴牾十常三四。盖史牒出于后人之手,不能无失,而刻词当时所立,可信不疑。则又考其异同,参以他书,为《金石录》三十卷。至于文词之美恶,字画之工拙,览者当自得之,皆不复论。

呜呼,自三代以来,圣贤遗迹著于金石者多矣。盖其风雨侵蚀,与夫樵夫、牧童毁伤沦弃之余,幸而存者止此耳。是金石之固犹不足恃,然则所谓二千卷者,终归于摩灭,而余之是书有时而或传也。孔子曰:"饱食终日,无所用心,难矣哉!不有博弈者乎?为之,犹贤乎已。"是书之成,其贤于无所用心,岂特博弈之比乎!辄录而传诸后世好古博雅之士,其必有补焉。东武赵明诚序。

([宋]赵明诚撰,金文明校证《金石录校证》,中华书局2019年版)

郑樵《金石略序》

序曰:方册者,古人之言语。款识者,古人之面貌。以后学跂慕古人之心,使得亲见其面而闻其言,何患不与之俱化乎。所以仲尼之徒三千皆为贤哲,而后世旷世不闻若人之一二者,何哉?良由不得亲见闻于仲尼耳。盖闲习礼度，不若式瞻容仪，讽诵遗言，不若亲承音旨。今之方册所传者，已经数千万传之后，其去亲承之道远矣。惟有金石所以垂不朽，今列而为略，庶几式瞻之道犹存焉。且观晋人字画，可见晋人之风猷，观唐人书踪，可见唐人之典则，此道后学安得而舍诸！三代而上，惟勒鼎彝。秦人始大其制而用石鼓，始皇欲详其文而用丰碑。自秦迄今，惟用石刻。散佚无纪，可为太息，故作《金石略》。

（［宋］郑樵撰，王树民点校《通志二十略·金石略》，中华书局1995年版）

黄伯思《法帖刊误叙》

淳化中，内府既博访古遗迹，时翰林侍书王著受诏绪正诸帖。著虽号工草隶，然初不深书学，又昧古今，故《秘阁法帖》十卷中，瑶珉杂糅，论次乖讹，世多耳观，遂久莫辩。故礼部郎米芾元章笔翰妙荐绅间，在淮南幕府日，尝跋卷尾，作数百语，颇有条流。但概举其目，疏略甚多。故诸部中，或伪迹甚著而不觉者，若李怀琳所作卫夫人书《逸少阔别稍久帖》之类；有虽审其伪而讥评未当者，若知伯英、大令诸草帖为唐人书，而不知乃书晋人帖语之类；有讥评虽当，主名昭然而不能辩者，若以田畴字为非李斯书，而不知乃李阳冰《明州碑》中字之类；有误著其主名者，若以晋人章草《诸葛亮传》中语，遂以为亮书之类是也。其余舛午尚多，书家责能书者备，故仆于元章慨然。古语有之：善书不鉴，善鉴不书。仆自幼观古帖至多，虽豪墨积习未至，而心悟神解，时有所得。故作《法帖刊误》，凡论真伪皆有据依，使钟、王复生，不易此评矣。元章今已物故，恨不示之，后有高识，赏予知言。大观戊子岁六月七日，西都府院东斋序。

（［宋］黄伯思撰《东观余论》卷上，收入《全宋笔记》第三编四，大象出版社2008年版）

洪适《隶释序》

秦燔书，废古训，而官狱多事，乃令下杜人程邈作小篆。而邈复献隶书，所以施之徒隶，趋简易也，亦曰佐书。汉魏之际，蔡邕、钟繇、梁鹄、邯郸淳俱有书名。后魏郦道元注《水经》，汉碑之并川者始见其书，盖数十百余。陵迁谷变,火焚风剥,至宣和、政和间已亡其什八。本朝欧阳公、赵明诚好藏金石刻,汉隶之著录者,欧阳氏七十五卷,赵氏多欧阳九十三卷而阙其六。自中原厄于兵,南北壤断,遗刻耗矣。予三十年访求,尚阙赵录四之一,而近岁新出者亦三十余,赵盖未见也。既法其字为之韵,复辨其文为之释,使学隶者藉书以读碑,则历历在目而咀味菁华,亦翰墨之一助。唯老子、张公神、费凤三数碑有撰人名氏,若华山亭为卫觊之文,见于它说者财一二尔。其文或险而难解,涩而太凿者,譬之纪甗郜鼎,皆三代仅存之器,其剥缺不成章,与魏初之文数篇附于后,如断圭残璧亦可宝。自刘熹、贾逵已下字画,不足取者皆不著。乾道三年正月八日,鄱阳洪适景伯序。

（曾枣庄、刘琳主编《全宋文》第二百一十三册,上海辞书出版社、安徽教育出版社2006年版）

朱熹《家藏石刻序》

予少好古金石文字,家贫,不能有其书,独时时取欧阳子所集录,观其序跋辨证之辞以为乐。遇适意时,恍然若手摩挲其金石而目了其文字也。既又怅然自恨身贫贱,居处屏远,弗能尽致所欲得,如公之为者,或寝食不怡竟日。来泉南,又得东武赵氏《金石录》观之,大略如欧阳子书,然诠序益条理,考证益精博,予心亦益好之。于是始胠其橐,得故先君子时所藏与熹后所增益者凡数十种。虽不多,要皆奇古可玩。悉加标饰,因其刻石大小,施横轴悬之壁间,坐对循行卧起恒不去目前,不待披筐箧,卷舒把玩而后为适也。盖汉魏以前刻石制度简朴,或出奇诡,皆有可观,存之足以佐嗜古之癖,良非小助。其近世刻石,本制小者或为横卷若书秩,亦以意所便也。盖欧阳子书一千卷,赵氏书多倍之,而予欲以此数十种者追而与之并,则诚若不可冀。然安知积之久,则不若是其富也耶?姑首是书以俟。绍兴二十六年岁次丙子八月二十二日壬辰,吴郡朱熹序。

（曾枣庄、刘琳主编《全宋文》第二百五十册,上海辞书出版社、安徽教育出版社2006年版）

二、文献载体

于奕正《天下金石志序》

仓颉昔始作字,临雒汭,灵龟负书以出,遂捉二十八字于阳虚之石室。繇是观之,自始文字,即已托金石永其年矣。阳虚片石。今不可寻,而李斯识其字八,叔孙通识其字十二,至今传之。若是乎,金石之寿,不寿于楮墨也。今天下堙曡沉鼎,颓跌仆碣,或呵护于苍莽之滨者,一古人精魂所寄,自欧阳永叔、赵德甫搜而辑之,后来鲜有,将使奇文秘字,剥蚀之以风雨,摧残之以樵牧,捶击之以俗吏腐儒已乎!於戏!后死者得与于斯文也,何以称焉。闲居寡营,偶编周秦暨宋元金石之属某地者,以贻同志。编已载,护之传之,即未载,尚求之其土之人,则以佳楮妙墨,发古人之幽光,韵今人之眉睫,敢曰古人是功,抑后死者之有责焉尔!嗟夫!趾不及垣,目无周览,纪志不详,征引未的,则以俟读万卷、行万里者。崇祯壬申七月,宛平于奕正识。

([明]于奕正撰《天下金石志》,民国十七年《顾氏金石舆地丛书》本)

黄宗羲《金石要例》(节选)

序

碑版之体,至宋末元初而坏。逮至今日,作者既张、王、李、赵之流,子孙得之以答赗奠,与纸钱寓马相为出入,使人知其子姓婚姻而已。其坏又甚于元时,似世系而非世系,似履历而非履历,市声俗轨,相沿不觉其非。元潘苍崖有《金石例》,大段以昌黎为例,顾未尝著为例之义与坏例之始。亦有不必例而例之者,如上代兄弟宗族姻党,有书有不书,不过以著名不著名,初无定例,乃一一以例言之。余故摘其要领,稍为辩正,所以补苍崖之缺也。

墓志无铭例

墓志而无铭者,盖叙事即铭也。昌黎《张圆之志》云"叙次其族世名字事始终而铭曰"云云,盖所谓志铭者,通一篇而言之,非以叙事属志,韵语属铭。犹如作赋者,末有"重曰""乱曰",总之是赋,不可谓重是重、乱是乱也。故无铭者,犹赋之无重无乱者也。《正考甫之鼎铭》云:"一命而偻,再命而伛,三命而俯,循墙而走,亦莫敢余侮,饘于是,粥于是,以糊余口。"《比干铜盘》曰:"右林左泉,后冈前道,万世之宁,兹焉是保。"汉《滕公石铭》曰:"佳城郁郁,三千年见白日,吁嗟滕公居此室。"此有韵之铭也。季札之丧,孔子铭其墓曰:"呜呼有吴延陵季子之墓。"卫《孔悝鼎铭》曰:"六月丁亥,公假于太庙。公曰叔舅,乃祖庄叔,左右成公。成公乃命庄叔随难于汉阳,即宫于宗周,奔走无射,启右献公。献公乃命成叔纂乃祖服。乃考文叔,兴旧耆欲,作率庆士,躬恤卫国,其勤公家,夙夜不懈,民咸曰休哉。公曰,叔舅予女铭,若纂乃考服。悝拜稽首曰:对扬以辞之,勤大命,施于烝彝鼎。"此无韵之铭也。古来原有此两样墓表神道碑,俱有铭有不铭。

神道碑例

柳州葬令曰:凡五品以上为碑,龟趺螭首;降五品为碣,方趺圆首,此碑碣之分。是凡言碑者,即神道碑也。后世则碣亦谓之碑矣,岂以神道二字重于墓乎? 地理家以东南为神道。苏瑰碑建于茔北一十五里,亦曰神道碑。宋孙何《碑解》云:班固有泗亭长碑文,蔡邕有郭有道、陈太邱碑文,其文皆有序冠篇,末则乱之以铭,未尝以碑为文章之名也。迨李翱为高愍女碑,罗隐为三叔碑、梅先生碑,则所谓序与铭皆混而不分。集列其目,亦不复曰文,戾孰甚焉。今当如班、蔡之作,存序与铭,通谓之文可也。

杨炯为成知礼神道碑,其碑铭之后,有系曰若楚词,别自一体。

妇人妃主,亦称神道碑,如张说和丽妃、息国长公主,李华东光县主,杨绾郭汾阳夫人是也。

碑志烦简例

志铭藏于圹中,宜简;神道碑立于墓上,宜详。然范仲淹为种世衡志数千言,韩维志程明道亦数千言,东坡范蜀公志五千余言,唯昌黎烦简得当。

(沈善洪主编《黄宗羲全集》第二册《金石要例》,浙江古籍出版社1986年版)

阮元《商周铜器说》

上

形上谓道,形下谓器,商、周二代之道存于今者,有《九经》焉,若器则罕有存者,所存者,铜器钟鼎之属耳。古铜器有铭,铭之文为古人篆迹,非经文隶楷缣楮传写之比,且其词为古王侯大夫贤者所为,其重与《九经》同之。北宋后,古铜器始多传录,钟、鼎、尊、彝、敦、槃、戈、剑之属,古词古文不可胜识,其见称于经传者,若汤之盘,正考父、孔悝之鼎,其器皆不传于今,然则今之所传者,使古圣贤见之,安知不载入经传也?器者所以藏礼,故孔子曰:"唯器与名,不可以假人。"先王之制器也,齐其度量,同其文字,别其尊卑。用之于朝觐燕飨,则见天子之尊,锡命之宠,虽有强国,不敢问鼎之轻重焉。用之于祭祀饮射,则见德功之美,勋赏之名,孝子孝孙,永享其祖考而宝用之焉。且天子诸侯卿大夫非有德位,保其富贵,则不能制其器;非有问学,通其文词,则不能铭其器。然则器者,先王所以驯天下尊王敬祖之心,教天下习礼博文之学。商祚六百,周祚八百,道与器皆不坠也。且世禄之家,其富贵精力必有所用,用之于奢僭奇邪者,家国之患也;先王使用其才与力与礼与文于器之中,礼明而文达,位定而王尊,愚慢狂暴,好作乱者,鲜矣。故穷而在下,则颜子箪瓢不为俭,贵而在上,则晋绛钟镈不为奢。此古圣王之大道,亦古圣王之精意也。自井田封建废,而梓人凫氏亦失传矣。故吾谓欲观三代以上之道与器,《九经》之外,舍钟鼎之属,曷由观之?

下

三代时鼎钟为最重之器,故有立国以鼎彝为分器者,武王有分器之篇,《书序》,武王封诸侯,班宗彝作分器。鲁公有彝器之分《左》定四年,分鲁公官司彝器,分康叔大吕,分唐叔姑洗,皆钟也。是也。有诸侯大夫朝享而赐以重器者,周王予虢公以爵,庄二十一年,郑伯之享王也,王以后之鞶鉴予之,虢公请器,王予之爵,郑伯由是恶王。元案:鞶鉴者,后之器也。《说文》:"鉴,大盆也。""鞶"与"槃""盘"皆通借。故《左》定六年"定之盘鉴",《释文》又作"鞶"。《易·讼》"鞶带",《释文》或作"槃",可见

"鞶"非本字。郑伯以其为妇人之物而恶之耳。杜注解为带饰以鉴,此望文生义。夫以小镜饰于鞶带之上,经传无征。且即令如此,当云"鉴鞶",今云"鞶鉴",文义倒置矣。晋侯赐子产以鼎《左》昭七年,晋侯赐子产莒之二方鼎。是也。有以小事大而赂以重器者,齐侯赂晋以地而先以纪甗,《左》成二年。鲁公贿晋卿以寿梦之鼎,《左》襄十九年,公享晋六卿,贿荀偃束锦,加璧、乘马、先吴寿梦之鼎。郑赂晋以襄钟,《左》成十年郑子罕赂晋以襄钟。杜注,郑襄公之庙钟。齐人赂晋以宗器,《左》襄二十五年。杜注,宗器,祭祀之器。陈侯赂郑以宗器,《左》襄二十五年。燕人赂齐以斝耳,《左》昭七年。徐人赂齐以甲父鼎《左》昭十六年。郑伯纳晋以钟镈《左》襄十一年。亦见《晋语》。是也。有以大伐小而取为重器者,鲁取郜钟以为公盘《左》襄十二年。齐攻鲁以求岑鼎《吕氏春秋》,齐攻鲁,求岑鼎,鲁君载他鼎以往,齐侯弗信。又见《说苑》《新序》。是也。有为述德儆身之铭以为重器者,祭统述孔悝之铭,叔向述谗鼎之铭,《左》昭三年。孟僖子述正考父鼎铭,《左》昭七年。史苏述商衰之铭《晋语》。是也。有为自矜之铭以为重器者,礼至铭杀国子,《左》僖二十五年。季武子铭得齐兵《左》襄十九年。是也。有铸政令于鼎彝以为重器者,《司约》书约剂于宗彝,《周礼·秋官》。晋、郑铸刑书于刑鼎《左》昭六年,又二十九年。是也。且有王纲废坠之时,以天子之社稷而与鼎器共存亡轻重者,武王迁商九鼎于雒,楚子问鼎于周,《左》宣三年。秦兴师临周求九鼎《战国策》。是也。此周以前之说也。

　　自汉至唐,罕见古器,偶得古鼎,或至改元,称神瑞书之史册,儒臣有能辨之者,世惊为奇。故《说文序》曰,郡国往往于山川得鼎彝,其铭即前代之古文是也。今略数之,则有汉元鼎汾阴得宝鼎。《汉书》,元鼎元年夏五月,得鼎汾水上。四年六月,得宝鼎后土祠旁。《汉书纪》又《郊祀志》。宣帝时,美阳得鼎献之,张敞辨之。《郊祀志》,敞释文曰:"王命尸臣,官此栒邑,赐尔旂鸾、黼黻、彤戈。尸臣拜手稽首曰,敢对扬天子,丕显休命。"鼎小有款识,不宜荐于宗庙。元按:此铭乃汉书约记张敞之言,非铭全文也。永平六年,王雒出宝鼎。《汉书·明帝纪》,永平二年六月,王雒山出宝鼎,庐江太守献之,诏陈鼎于庙。永元元年,窦宪上仲山甫鼎

《窦宪传》，和帝永元元年九月，窦宪伐单于，遗宪古鼎，容五斗，其旁铭曰："仲山甫鼎，其万年子子孙孙永宝用。"元按：汉人习隶，罕识籀文，此铭亦约辞，非全铭之体。吴赤乌十二年，宝鼎出临平湖，又出鄮县。宋元嘉十三年，武昌县章山出神鼎。二十二年，新阳获古鼎，有篆书四十二字。泰始五年，南昌获古鼎，容斛七斗。七年，义阳郡鼎受一斛。皆献于朝。并见《符瑞志》。唐贞观二十二年，遂州涪水中获古鼎，旁有铭刻。开元十年，获鼎，改河中府之县名宝鼎县。十二年，后土祠获鼎二，大者容四升，小者容一升，色皆青。十三年，万年人获宝鼎五，献之，四鼎皆有铭。铭曰："垂作尊鼎，万福无疆，子孙宝用。"元按：此铭文亦不全。二十一年，眉州献宝鼎，重七百斤，有篆书。天宝元年，平凉获古饕鼎，献之。元和二年，诏以湖南所献古鼎付有司，重一百十二斤。咸平三年，乾州献古铜鼎，状方，四足，上有古文二十一字。直昭文馆句中正与杜镐详其文曰："维六月初吉，史信父作鬻甋，斯万年子子孙孙永宝用。"以上皆见正史及会要。此自汉至唐之说也。

北宋以后，高原古冢搜获甚多，始不以古器为神奇祥瑞，而或以玩赏，加之学者考古释文，日益精核，故《考古图》列宋人收藏者，河南文潞公、庐江李伯时等三十余家，士大夫家有其器，人识其文，阅三四千年而道大显矣。古之器余不得而见，余今所见之器，安知后之人能见否也？且又安知后千百年新出之器，为今所未见者，不更多也？是宜以周以前、唐以前、北宋以后三者分别论之。

（［清］阮元撰，邓经元点校《揅经室集》三集卷三，中华书局1993年版）

王昶《金石萃编序》

宋欧、赵以来，为金石之学者众矣。非独字画之工，使人临摹把玩而不厌也。迹其囊括包举，靡所不备。凡经史、小学，暨于山经地志、丛书别集，皆当参稽会萃，核其异同，而审其详略，自非轳材末学能与于此。且其文亦多瑰伟怪丽，人世所罕见，前代选家所未备，是以博学君子咸贵重之。

欧、赵所采，止于五代，后之著录者取以为法焉。然欧公上至五代，仅及百年。《金石录》以刘跂作序之岁数之，亦百有五十年耳。而宋末辽金迄今，至历五百余年之久，其未可引欧、赵之例，斤斤以五代为断明矣。且《宋》《辽》《金》三史，皆成于托克托之手，卒以时日迫促，载者有所弗详，重者有所未削，方藉碑碣文字正其是非，而可置而不录欤？古金石之书，具目录，疏年月，加考证焉尔。录全文者，惟洪氏《隶释》《隶续》为然，而明都氏穆、近时吴氏玉搢等继之。然洪氏隶书之外，篆与行楷屏而不载。都氏止六十八通，吴氏止一百二十余通。爱博者颇以为憾焉。

余弱冠即有志于古学，及壮，游京师，始嗜金石，朋好所赢，无不丐也；蛮陬海澨，度可致，无不索也。两仕江西，一仕秦，三年在滇，五年在蜀，六出兴桓而北，以至往来青、徐、兖、豫、吴、楚、燕、赵之境，无不访求也。盖得之之难如此。然方其从军于西南徼也，留书簏于京师，往往为人取去。又游宦辄数千百里，携以行，间有失者，失则复搜罗以补之。其聚之之难又如此。而后自三代至宋末辽金，始有一千五百余通之存。夫旧物难聚而易散也，后人能守者少，而不守者多也。使瑰伟怪丽之文销沉不见于世，不足以备通儒之采择，而经史之异同详略，无以参稽其得失，岂细故哉！于是因吏牍之暇，尽取而甄录之，缺其漫漶跁剥不可辨识者，其文间见于他书，则为旁注以记其全。秦汉三国六朝篆隶之书，多有古文别体，摹其点画，加以训释。自唐以后，隶体无足异者，仍以楷书写定。凡额之题字，阴之题名，两侧之题识，胥详载而不敢以遗。碑制之长短宽博，则取汉建初虑傂尺度其分寸，并志其行字之数，使读者一展卷而宛见古物焉。至题跋见于金石诸书及文集所载，删其繁复，悉著于编。前贤所未及，始援据故籍，益以鄙见，各为按语，总成书一百六十卷，名《金石萃编》。

呜呼！余之为此，前后垂五十年矣。海内博学多闻之彦，相与摩挲，参订者不下二十余人，咸以为欲论金石，取足于此，不烦他索也。然天下之宝，日出不穷，其藏于嗜古博物之家，余固无由尽睹，而丛祠破冢，继自今为田父野老所获者又何限，是在同志之士，为我续之已矣。

嘉庆十年仲秋，青浦王昶书，时年八十有二。

（[清]王昶撰《金石萃编》，清嘉庆十年刻同治钱宝传等补修本）

钱大昕《山左金石志序》

金石之学始于宋,录金石而分地亦始于宋。有统天下而录之者,王象之《碑目》、陈思之《丛编》是也。有即一道而录之者,崔君授之于京兆,刘泾之于成都是也。

国朝右文协古,度越前代,而一时诸巨公,博学而善著书。于是毕秋帆尚书镇抚雍、豫,翁覃溪学士视学粤东,皆荟萃翠墨,次弟成编。独山左圣人故里,秦、汉、魏、晋、六朝之刻,所在多有,曲阜之林庙,任城之学宫,岱宗、灵岩之磨厓,好事者偶津逮焉,犹挹水于河,而取火于燧矣。近时黄小松、李南涧、聂剑光、段赤亭辈虽各有编录,只就一方,未赅全省,是诚艺林一阙事也。

乾隆癸丑秋,今阁学仪征阮公芸台奉命视学山左,公务之暇,谘访耆旧,广为搜索。其明年冬,毕尚书来抚齐、鲁,两贤同心,赞成此举,遂商榷条例,博稽载籍,萃十一府、两州之碑碣,又各出所藏彝器、钱币、官私印章,汇而编之。规模粗定,而秋帆移督三楚,讨论修饰润色,一出于公。乙卯秋,公移节两浙,携其稿南来,手自删订,嘉庆丙辰秋书成,凡廿四卷,寓简于大昕,俾序其颠末。

盖尝论书契以还,风移俗易,后人恒有不及见古人之叹。文籍传写,久而踳讹,唯吉金乐石,流转人间,虽千百年之后,犹能辨其点画而审其异同,金石之寿,实大有助于经史焉。而且神物护持,往往晦于古而显于今。如《武梁画象》,元、明人目所未睹,而今乃尽出,更有出于洪文惠之外者,《任城夫人碑》又欧、赵之所失收。若此者,古人未必不让今人也。金石之多,无如中原,然《雍》《豫》无西汉以前石刻,而山左有秦碑三、西汉三;《雍》《豫》二记,著录仅七八百种,此编多至千有七百。昔欧、赵两家集海内奇文,欧目仅千,赵才倍之,今以一省而若是其多,谁谓今人不如古哉!山左固文献之薮,而公使车所至,好问好察,采获尤勤,又有博闻之彦,各举所知,故能收之极其博。公又仿洪丞相之例,录其全文,附以辨证,记其广修尺寸,字径大小,行数多少,俾读之者了然如指诸掌。既博且精,非必传之业而何!公研覃经史,撰述等身,此编不过尝鼎一裔,而表微阐幽,实有合于輶轩采风之谊。剞劂既竣,又将辑两浙金石为一书,大昕虽病废,尚及见而序之。

([清]钱大昕著,陈文和主编《嘉定钱大昕全集·潜研堂文集》卷二十五,凤凰出版社2016年版)

钱大昕《金陵石刻记序》

金陵石刻,见于张敦颐《六朝事迹》、王象之《舆地碑目》、陈思《宝刻丛编》及无名氏《宝刻类编》者甚夥,然存于今者不及什之一。相传明祖营治都城,尽辇碑石为街道之用。窃意六朝、三唐,世次久远,磨灭残毁,理亦宜然。宋、元与明相去甚近,而城内自宣圣庙以外,绝无宋、元之刻,其为洪武所毁无疑。夫古人姓名著之金石,将为不朽之计,而金石之寿,亦似有数存乎其间,此永叔、德甫诸公集古之勤大有造于古人也。

予集录金石二十余年,每见近代收藏家著录,往往至唐而止。予谓欧、赵之视唐、五代,犹今之视宋、元、明也,欧、赵之录,近取诸唐、五代,今去欧、赵七百余年,尚守其例不变,是责唐之司刑以读鄝侯之律,宋之司天以用一行之算也,可乎哉?故予于宋、元时刻,爱之特甚,而与予同志者,唯严侍读道甫、朱学士竹君、李郡丞南涧三四人耳。子进为侍读之长子,濡染家学,深造自得,其于金石刻,殆废寝忘食以求之。尤以金陵桑梓之地,旧刻之湮没者既不可考,乃访其见在者拓而藏之。始汉讫元,以时代为次,录其全文,附以考证,合一府七县,凡若干种。穷乡僻巷,古庙荒坟,无不策蹇裹粮,手自椎拓。不特可备一方之掌故,且使著我录者,可销可毁,可蚀可泐,而文终不可亡,善之善者也。尝怪汉、唐碑刻,西北多而东南少,以为石质有坚脆之别,然而校官之碑,岩山之刻,始兴、安成、吴平之墓碣,高正臣、颜贞卿、张从申、窦臮之书,近在金陵百里间,岿然无恙,使旁郡皆得子进其人者汇而录之,何渠不西北若哉!

([清]钱大昕著,陈文和主编《嘉定钱大昕全集·潜研堂文集》卷二十五,凤凰出版社2016年版)

王鸣盛《潜研堂金石文跋尾序》

傅青主问阎百诗：金石文字足以正经史之讹而补其阙，此学始于何代何人？百诗考得王肃据《子尾尊》、刘杳据《齐景公尊》、孟康据《玉琯》、张晏据《伏生碑》、晋灼据《黎阳碑》、傅宏仁据《齐胡公铜棺题字》、颜之推据《秦权铭》凡七事，以为此外无先之者。但王肃、刘杳、孟康所据，皆无文字，则精确者惟四事耳。

而此外若昭三年传叔向引《谗鼎铭》以证"忧不可乐"、昭七年传孟僖子引《考父鼎铭》以证"明德后有达者"、《礼记·祭统篇》引《孔悝鼎铭》以证作铭之义、《考工记·㮚氏》引《嘉量铭》以证量之制。此见于经者也。《史记·封禅书》，李少君识齐桓公柏寝铜器，案其刻果然。《汉书·郊祀志》，张敞案《美阳鼎》款识，辨为周鼎。此见于史者也。若《家语》载《金人铭》、《大戴礼》载《丹书铭》、《秦本纪》载始皇所立诸碑、魏收《魏书·卫操传》载操所立《大邗城碑》，而《柏人城西门碑》阚骃且据以为即舜纳于大麓之迹。凡此，皆百诗之所未及举也。

然则金石之学自周、汉以至南北朝，咸重之矣。而专著为一书者，则自欧阳永叔始。自永叔以下，著录者甚多。有专取一体书者，如洪氏适《隶释》、娄氏机《汉隶字原》是也。有取金不取石者，若《宣和博古图》及薛氏尚功《钟鼎款识》、王氏俅《啸堂集古录》是也。有专取一地者，若黄氏叔璥《中州金石考》、毕氏沅《关中金石记》是也。而王氏象之虽称《舆地碑目》，实限于偏安州郡。至叶氏封《嵩阳石刻记》限于一山，黄氏华蕃《恒山石墨考》限于一庙，而潘氏迪《石鼓音训》、桑氏世昌、俞氏松《兰亭考》、周氏在浚《天发神谶考》、郑氏元庆《石柱记释》、陈氏鹏年《瘗鹤铭考》，则并专考一碑，更为狭矣。凡此，皆偏而不全，姑勿具论。

予尝论其完备者凡六家：自欧阳外则赵氏明诚、都氏穆、赵氏崡、顾氏炎武、王氏澍，斯为具体。而以跋入文集者，如曾氏巩、归氏有光，寥寥数通，未足名家。惟朱氏彝尊始足并列为七焉。最后，予妹婿钱少詹竹汀《潜研堂金石跋尾》，乃尽掩七家出其上，遂为古今金石学之冠。呼！此岂予污其所好，为一人之私言哉？实平心研核而灼见其然者尔。且夫金石之学，青主虽并称有益经史，实惟考史为要。盖汉碑或间足证经，亦须精识慎择。若魏、晋以下碑，何必作经证哉！故知当专取考史也。乃七家中最佳者，能考史十之三四，其次一二而已。下者至但评词章之美恶，点画波磔之工拙，何裨实学乎？竹汀于史，横纵钩贯，援据出入，既博且精。所作《二十二史考异》，固已得未曾有。出其余技，以治金石，而考史之精博，遂能超轶前贤。论者动云：今人不及古人，何哉？予曩与竹汀同居燕邸，两人每得一碑，辄互出以相品骘。及先后归田，予肆力于史，作《十七史商榷》，于金石未暇别成一书，而竹汀独兼之。予才固不逮竹汀远甚，竹汀顾欲得予言弁其端者，岂非以其才虽不逮而意趣则同故邪？

丁未冬日，同里西庄王鸣盛撰。

（［清］钱大昕著，陈文和主编《嘉定钱大昕全集·潜研堂金石文跋尾》，凤凰出版社2016年版）

叶昌炽《语石》（三则）

论碑之名义缘起

曩为北平艺术专科学校讲汉碑学，辄以鄙见质于众曰：碑与文字刻石，本是两事。碑者，所以丽牲引绋，初无文字。古人纪事垂后，类皆铭刻器物，吉金款识为多。间刻于珪璋者，已为最初之石文，然不抵金文千百分之一。其有事涉时地，取传久远，则因山崖之石而刻其上。见记载者，周之坛山，赵之番吾，秦之华山，皆摩崖刻也。惟石鼓文，乃专伐石以纪田猎。秦始皇六刻石，就所立石周围刻之，同于石鼓，俱为特制。西汉斫琱为朴，不闻刻石纪功。今存石文，若赵群臣上酬摩崖，其式出于坛山诸刻。以至东汉开通褒斜，昆弟六人买山，皆沿此式。又若测景日晷，四时嘉至石磬，其式出于器物款识。而鲁北陛，江都中殿等，刻文于所营建之石，盖款识之流别。东汉南武阳三阙等，立于祠墓之间，属于营建之类。凡此均未别立一石以刻文字也。

至若新莽莱子侯，东汉三老讳字忌日，都乡修通水道，马姜墓记等，虽别立石，然文字朴略，仅为记莂，仍自营建石刻递嬗而来，与周秦特制殊科。即裴岑一石，为纪功而立，不过数言。宋伯望分界刻石，虽四面环刻,亦民间契券之语。可见其时刻石,但取足以纪事,而非有意为文,犹是古者款识摩崖之遗。由西汉迄于东汉中叶,大氐皆然,尚无碑名,亦无碑文一体。此等石文,固与碑无涉也。

班孟坚燕然山铭,其体虽为摩崖,其用,则猎碣相斯之文。汉代文章,被诸刻石,其昉于此乎。于是刻石之文,竞趋繁缛,自成体制。而丽牲引绋之石,无不大书深刻,为前此所未有。考之著录,最早见者,崔子玉张平子碑。张碑与袁安、袁敞碑同是篆书,而文质迥异。蔡伯喈尤以此体擅长。顺、桓而后,风行一时。皆以崔、蔡为二宗。魏晋六朝,咸相祖述,不知在当时乃新创之文体也。自此石文始以碑名,碑亦专为刻文之用。今则凡石文皆目之为碑,非其朔矣。

汉末碑文盛行,标题尚有区别。曰碑或碑铭者,以祠墓为限。至于颂德纪功,虽用碑式,其题则曰表颂,或功德叙,功勋铭。有以碑名则系之以事,曰黄龙甘露之碑,曰中部碑,曰校官之碑。下至魏晋,受禅曰表,大飨曰祀,璧雍曰颂。拓跋氏御射碑,犹曰皇帝东巡之颂,名义秩然不紊。唐宋始概曰功德碑。此碑为石文之通名所由来也。

自有碑名,文体既异,书法刻工亦由拙而工。试以拓本观之,变迁之迹甚明。周石鼓、秦刻石以降,石刻字体简质,似不经意。石面恒不加平镌,以刀直下,刻画而成,类似锥凿。或有不书而刻者,以校同时之铜漆诸器题识,迥不相侔。若黄山、长杨两鼎,宣帝时物也,小篆结构,绝胜居摄坟坛。乐浪漆盘,明帝时物也,八分波磔,甚似曹全、礼器。此由立石之时,书镌本不求工,故悬殊若此。迨至华山诸碑出,察书市石,莫不用意。磨砻之精,无异纸素。书者极其笔势,刻者复能侧锋入石。结字之点画波折,用笔之轻重疾徐,皆可毫厘不失。于是书刻与碑文,同为后代模楷,列于六艺之一矣。

辑录碑文

以碑版考史传,往往抵牾。年月、官职、舆地,尤多异同。朱竹垞、钱竹汀,皆为专门之学,然不徒证史也。即以文字论,一朝总集,莫不取材于此。归安陆存斋观察辑《全唐文补遗》,余见其目,亦取诸石刻为多。近时畿辅辽金碑,先后出土,余欲辑金文以补张金吾之阙。又欲辑辽文,艺风以为先得我心，请割爱。余曰：文章天下之公器也，遂辍业。唐《韩集》之《五箴》《伯夷颂》，《柳集》之《永州八记》《罗池庙碑》，宋之永叔、子瞻、刘贡父、蔡君谟，元之姚燧、黄溍、柳贯、干文传、朱德润诸家，皆有碑版传世。以校集本，亦莫不有异同。山川桥梁，孔子之宫，二氏之居，其兴造古刻，或为图经所不载。宋郑虎臣《吴都文粹》以地为断，其所采不皆吴人之作，余欲取乡先贤之无集传世者，或有集而散佚者，都其文为一编。若陆长源之《景昭法师碑》《会善寺戒坛记》，顾少连之《少林寺厨库记》，孙翌、顾方肃所撰墓志，皆先哲遗文之仅存者也。钱竹汀举云居寺两诗，为《全唐诗》所未收，不知东南摹崖，唐人诗刻可采者尚不少。宋元名家，如石湖、剑南、遗山诸诗，零玑碎璧，亦可补全集之遗。金石文字，有裨考古如此，岂得为玩物丧志哉。然吾人搜访著录，究以书为主，文为宾，文以考异订讹、抱残守阙为主，不必苛绳其字句。若明之弇山尚书辈，每得一碑，惟评骘其文之美恶，则嫌于买椟还珠矣。

碑版有资考订

撰书题额结衔，可以考官爵。碑阴姓氏，亦往往书官于上。斗筲之禄，史或不言，则更可以之补阙。郡邑省并、陵谷迁改，参互考求，了于目验。关中碑志，凡书生卒，必云终于某县某坊某里之私第。或云葬于某县某村某里之原，以证《雍录》《长安志》，无不吻合。推之他处，其有资于邑乘者多矣。至于订史，唐碑之族望及子孙名位，可补宗室宰相世系表。建碑之年月，可补朔闰表。生卒之年月，可补疑年录。北朝造象寺记，可补《魏书·释老志》。《天玺纪功》《天发神谶》之类，可补符瑞志。投龙、斋醮、五岳登封，可补郊祀志。汉之孔庙诸碑，魏之《受禅》《尊号》，宋之道君《五礼》，可补礼志。唐之《令长新诫》，宋之《慎刑箴》《戒石铭》，可补刑法志。古人诗集，凡有登览纪游之作，注家皆可以题名考之。郡邑流寓，亦可据为实录。举一反三，饷遗靡尽。

（[清]叶昌炽撰，柯昌泗评，陈公柔、张明善点校《语石·语石异同评》卷六，中华书局1994年版）

叶德辉《石经为经本之祖》

自汉熹平刻石立于太学鸿都,当时如汉末人注经,罕见征引。惟《公羊·昭二十五年传》,既哭以人为菑,何休解诂云:菑,周埒垣也,所以分别内外卫威仪,今太学辟雍作侧字。唐徐彦疏云:今太学辟雍作侧字者,谓何氏所注者是菑字。今汉时太学辟雍所读者作侧字,云既哭以人为侧。阮元校勘记云:此即东汉熹平立石之《公羊传》也。按:汉末人经注惟此引一条。何劭公与郑康成、蔡伯喈为同时人,不知郑注礼时何以不及?据《后汉书·蔡邕传》,邕乃自书丹于碑,使工镌刻,立于太学门外,于是后儒晚学,咸取正焉。据此,知当时太学石经,已为人所重视,劭公偶一引用之耳。自后魏正始立三体石经,唐开成立十二经石经,孟蜀广政立十三经石经,宋至和立二体石经,高宗南渡立御书石经于杭州学宫,此皆元、明以前旧本。今惟开成石经独存,次则高宗御书各经,十存六七。然开成石经一误于乾符之修改,再误于后梁之补刊,三误于北宋之添注,四误于明人之磨勘。及至版本代兴,各相沿误,去古日远,伪体难裁。余尝欲据唐石经刊定四误,别为善本,以复古而信今。岁月蹉跎,有志未逮。偶从莫楚生观察处获见缩刻唐石经木本,止《易》《书》《诗》三经,似是未刻完之本。审其避讳缺笔,当刻于嘉、道间。是固先得我心。惜乎未见全经,即此三经亦流传极鲜也。

(叶德辉著《书林清话(附书林余话)》书林余话卷下,中华书局1957版)

【附】叶德辉《缩刻唐开成石经周易尚书毛诗三经跋》

缩刻《唐开成石经》,凡《周易》十卷、《尚书》十三卷、《毛诗》二十卷,巾箱本,每半叶十行,每行二十字,大题隶书,传注人名同皆石刻原式。唐讳如"渊""民"等字缺笔、脱字,挦刻于旁,亦仍石刻之旧。卷中讹字未刻墨块,皆有墨笔校补于上方。《毛诗》卷第三八叶上有校语云"此叶另刻",又十九一叶上有校语云"此叶刻坏细修",其他刻手草率之处,皆逐卷校正。盖初印时,复校之样本尚未流行者也。莫楚生观察得之金陵市摊,持以示余,余诧为未见。观察以书中庙讳字缺笔至宣宗止,定为道光时刻,或者刻成未印,即遭粤寇之乱毁失,故传本罕见,而人不知之。三经之外，是否尚刻他经，亦莫得而详矣。《开成石经》为经本之祖，有开成而后有孟蜀，有孟蜀而后有冯道镂版。及北宋诸刻，今人不惜千金，以求宋本，而于现存之唐石反忽视而不之重，岂非数典忘祖与！余于宣统初元，与长沙王阁学先谦共事思贤书局，拟用局资，据唐石经遍刻九经三传，以陆德明《释文》及宋、元以下诸本异文，校列本经句下方，谓此本一出，可驾岳刻而上之。未几，武昌变起，长沙回应，匪徒劫取，局资净尽，原有书板大半散亡。十余年来，兵乱频仍，邪说蜂午，学堂林立，群倡废经。读且无人，安有好古尊经之儒建议重刻！读此不禁掩卷而三叹也。辛酉三月谷雨，识于阊门曹家巷泰仁里寓，南阳叶德辉。

（[清]叶德辉撰，张晶萍点校《郋园山居文录》卷上，岳麓书社2010年版）

罗振玉《愙斋集古录序》

予弱冠治金石文字之学，私以为金石文字者，古载籍之权舆也。古者大事勒之鼎彝，故彝器文字，三代之载籍也。唐以前无雕板，而周秦两汉有金石刻，故周秦两汉之金石刻，雕板以前之载籍也。载籍愈远，传世愈罕，故古彝器之视碑版为尤重焉。

往尝与友人言古之典籍，掌之史氏，民间不获传流。孔子辙环列邦，观百二十国之宝书，乃修《春秋》。吾人对三代列邦古彝器，是不啻不下堂而观三古列国之宝书也。生三千年之后，而神游三千年以前，得据以补诗书之所遗佚，订许、郑诸儒之所遗佚，岂非至可快之事哉！

顾古彝器藏于好古而有力者，非人人所能尽睹。故许君序《说文解字》，言山川往往得鼎彝，其铭即前代之古文，而书中古文但据群经，非不欲并收彝器文字，不获遍览也。今则有传拓之法，有诸家著录之本，视古人为便矣。而犹不能无憾焉者：著录诸家或传模失真，点画讹舛，一也。见闻所限，搜辑未备，二也。疏于鉴别，真赝杂糅，三也。昧于古文义例，考释或疏，四也。有斯四失，遂难依据。

往见吴子苾阁学《攟古录》，所收墨本多至千三百有奇。考释矜慎，模写不苟，几乎美备矣，而仍不免有点画之小讹，后世伪器偶有删之未尽者,盖甚矣兹事之难也。

　　子锐意收集古器墨本,汰伪存真,得二千余通,欲编辑为集古遗文。荏苒垂二十年,尚未克就,尝以为憾事。今年春,返国养疴,住沪江者月余。闻吴恒轩中丞所编《集古录》手稿二十余册尚在吴中,吾友张菊生侍郎将借付影印,为之惊喜。徒以衰病杜门,未获往观。比归东山寓居,而侍郎以书至,属为之序。始得见首册。据中丞自序言,所收诸器其数与《捃古录》相埒,而甄别精严,考释确当则过之。盖中丞于古文所诣至深,天资超绝。曩读所作《字说》,每为之解颐。盖我朝古金文之学,实至中丞而中兴也。今得菊生侍郎为之精印,视墨本不爽铢黍,有四喜而无四失,可谓尽美且善,无遗憾矣!异日书成,予亦将就行箧所储取斯篇所遗者编印,以为此书之续,俾三古载籍不至散亡,岂非艺林之至幸哉?

　　又闻庐江刘惠之部郎藏愙斋中丞手稿数册,乃专续子苾阁学《捃古录》者,侍郎盍亦精印与斯书并行,当亦宇内学者所欲争先睹者,爰书此以谂之,侍郎倘有意乎?

　　丁巳八月三日永丰乡人罗振玉书于海东寓居之梦郼草堂。

　　　　　　([清]吴大澂撰《愙斋集古录》卷首,《续修四库全书》本)

罗振玉《三代吉金文存序》

　　往在海东,亡友王忠悫公从予治古彝器文字之学。予以古金文无目录,劝公编《金文著录表》。既竣事,公请继是当何作,予曰:"前人考古彝器文字者,咸就一器为之考释,无会合传世古器文字分类考释之者,今宜为古金文通释,可约分四类:曰邦国,曰官氏,曰礼制,曰文字。试略举其凡:如古器所记国名,燕作'匽'、作'郾',郑作'奠',芮作'内',祝作'铸',滕作'朕',薛作'胏',莒作'笞',苏作'穌'、作'蘇',邾作'鼄',邶作'北',与《左》《国》诸书不同。又如官名,司空之作'司工'。女姓之任,本字作'妊',隗本字作'媿',已本字作'妃'。又金文所载射礼,足考证载记文字之繁变、通假、正俗,多可订正许祭酒书。如是之类姑略举,可以隅反。"公闻而欣然。

　　方拟从事,乃遽应欧人之请,返沪江。公既归,遗书曰:"金文通释之作，沈乙庵尚书闻之，亟盼其成。然沪上集书甚难，各家著录不易会合，与曩载大云书库中左右采获，难易不啻霄坏。某意不如先将尊藏墨奉，无论诸家著录与否，亟会为一书，而后为通释即此一编求之，不烦他索，成书较易矣。"予于时至趣公言。

顾未几欧战起，战后海东疫作，家人多抱病，乃携家返津沽。人事牵阻，未及从事，而忠悫遽完大节，乙庵尚书又先委化，著述之兴，不复能自振。及移居辽东，闭门多暇，又以限于资力，始课儿子辈先将所藏金文之未见诸家著录者，编为《贞松堂集古遗文》。先后凡三编，夙诺仍未克践也。

去年乙亥，马齿既已七十，慨念四十年辛苦所搜集，良朋所属望，今我不作，来者其谁。乃努力将旧藏墨本及近十余年所增益，命儿子福颐分类督工写影，逾年乃竣，编为《三代吉金文存》二十卷，寄海东精印，以偿夙志。而尚书与忠悫，则已不及观成矣。至通释之作，不知炳烛余光，尚能继是而有成乎？是亦且委之不可知之数而已。抚今追昔，伤逝怀贤；揽素缀辞，曷胜凄感！

丙子重九，贞松老人书于七经堂。

（罗振玉编《三代吉金文存》，中华书局1983年版）

马衡《金石学之定义及其范围》

金石者，往古人类之遗文，或一切有意识之作品，赖金石或其他物质以直接流传至于今日者，皆是也。以此种材料作客观的研究以贡献于史学者，谓之金石学。古代人类所遗留之材料，凡与中国史有关者，谓之中国金石学。

凡甲骨刻辞、彝器款识、碑版铭志及一切金石、竹木、砖瓦等之有文字者，皆遗文也。其虽无文字而可予吾人以真确之印象者，如手写或雕刻之图画，明器中之人物模型及一切凡具形制之器物等，皆有意识之作品也。

由上所言，既名金石学，而范围乃不仅限于金石者何欤？盖有故焉。试先述其名称之由来及学科成立之概况。

商周之时，所谓金石者，皆指乐器而言，非今之所谓金石也。其以金与石并举，而略同于今之定义者，盖自秦始。《史记·秦始皇本纪》所载群臣奏议及始皇二世诏书，多曰金石刻，或曰金石刻辞。其意盖欲以文辞托之不朽之物质，以永其寿命，故合金与石而称之曰金石刻或金石刻辞。后世称此类刻辞，谓之金石文字，或竟简称为金石。

五代以前，无专治金石学者。昔傅山问阎若璩，此学始于何代何人，阎举七事以答之。王鸣盛为钱大昕作《潜研堂金石文跋尾序》，又续举十一事。李遇孙辑《金石学录》，其第一卷中皆辑自《经典》《史》《汉》以及《唐》《五代》者，并阎氏、王氏所举者计之，亦不过四十余事。此四十余事中，不皆属于考证。其有可以订讹补缺者，亦皆一鳞片甲，不能成家。有宋一代，始有专攻此学者，欧阳修《集古录》为金石有专书之始。自是以后，吕大临、薛尚功、黄伯思、赵明诚、洪适辈，各有著述，蔚为专家。郑樵作《通志》，以金石别立一门，侪于二十略之列。而后金石学一科，始成为专门之学，卓然独立，即以物质之名称为其学科之名称矣。

宋以来之为此学者，大致分为二类。其一可名为古器物之学，不论其为金为玉，不论其有无文字，凡属三代秦汉之器物，皆供赏玩者是也。其一可名为金石文字之学，不论其物质之为何，苟有镌刻之文字，皆见采录者是也。故此二者之范围，最初仅限于器物及碑碣，其后乃渐及于瓦当砖甓之属。至于今日，古物出土之种类，日益滋多，殷虚之甲骨，燕齐之陶器，齐鲁之封泥，西域之简牍，河洛之明器等，皆前人著录所未及者。物质名称虽不足以赅之，而确为此学范围以内所当研究者。故今日之所谓金石学，乃兼古器物学、金石文字学而推广之，为广义的学科名称，非仅限于狭义的物质名称已也。

（马衡著《中国金石学概论》，时代文艺出版社2009年版）

陈寅恪《杨树达积微居小学金石论丛续稿序》

长沙杨遇夫先生自辰溪湖南大学寄示近著《积微居小学金石论丛续稿》若干卷，命寅恪序之，媵以感事诗一首，有"只有青山来好梦，可怜白发换浮名"之叹。寅恪尝闻当世学者称先生为今日赤县神州训诂小学之第一人。今读是篇,益信其言之不诬也。自昔长于金石之学者,必深研经史之人,非通经无以释金文,非治史无以证石刻。群经诸史,乃古史资料多数之汇集。金文石刻则其少数脱离之片段,未有不了解多数汇集之资料,而能考释少数脱离之片段不误者。先生平日熟读三代两汉之书,融会贯通,打成一片。故其解释古代佶屈聱牙晦涩艰深之词句,无不文从字顺,犁然有当于人心。此则读先生之书者,自能知之,不待寅恪赘言也。虽然,寅恪于此别有感焉,百年以来,洞庭衡岳之区,其才智之士多以功名著闻于世。先生少日即已肄业于时务学堂,后复游学外国,其同时辈流,颇有遭际世变,以功名显者,独先生讲授于南北诸学校,寂寞勤苦,逾三十年,不少间缀。持短笔,照孤灯,先后著书高数尺,传诵于海内外学术之林,始终未尝一藉时会毫末之助,自致于立言不朽之域。与彼假手功名,因得表见者,肥瘠荣悴,固不相同,而孰难孰易,孰得孰失,天下后世当有能辨之者。呜呼!自剖判以来,生民之祸乱,至今日而极矣。物极必反,自然之理也。一旦忽易阴森惨酷之世界,而为晴朗和平之宙合,天而不欲遂废斯文也,则国家必将尊礼先生,以为国老儒宗,使弘宣我华夏民族之文化于京师太学。其时纵有入梦之青山,宁复容先生高隐耶?然则白发者,国老之象征。浮名者,亦儒宗所应具,斯诚可喜之兆也。又何叹哉?又何叹哉?寅恪未尝学问,岂敢于先生之书多所论列,因先生之命,故别陈所感者如此,不识世之读先生书者,以为何如也。壬午十二月二十五日陈寅恪谨书于桂林雁山别墅。

(陈寅恪著《金明馆丛稿二编》,生活·读书·新知三联书店2007年版)

(四)纸

范晔《后汉书·蔡伦传》

蔡伦字敬仲,桂阳人也。以永平末始给事宫掖,建初中,为小黄门。及和帝即位,转中常侍,豫参帷幄。

伦有才学,尽心敦慎,数犯严颜,匡弼得失。每至休沐,辄闭门绝宾,暴体田野。后加位尚方令。永元九年，监作秘剑及诸器械，莫不精工坚密，为后世法。自古书契多编以竹简，其用缣帛者谓之为纸。缣贵而简重，并不便于人。伦乃造意，用树肤、麻头及敝布、鱼网以为纸。元兴元年奏上之，帝善其能，自是莫不从用焉，故天下咸称"蔡侯纸"。

元初元年，邓太后以伦久宿卫，封为龙亭侯，邑三百户。后为长乐太仆。四年，帝以经传之文多不正定，乃选通儒谒者刘珍及博士良史诣东观，各雠校家法，令伦监典其事。

伦初受窦后讽旨，诬陷安帝祖母宋贵人。及太后崩，安帝始亲万机，敕使自致廷尉。伦耻受辱，乃沐浴整衣冠，饮药而死。国除。

（[南朝宋]范晔撰，[唐]李贤等注《后汉书》卷七十八，中华书局1965年版）

傅咸《纸赋》

盖世有质文，则治有损益。故礼随时变，而器与事易。既作契以代绳兮，又造纸以当策。犹纯俭之从宜，亦惟变而是适。夫其为物，厥美可珍。廉方有则，体絜性贞。含章蕴藻，实好斯文。取彼之弊，以为此新。揽之则舒，舍之则卷。可屈可伸，能幽能显。若乃六亲乖方，离群索居。鳞鸿附便，援笔飞书。写情于万里，精思于一隅。

（[清]严可均编《全上古三代秦汉三国六朝文·全晋文》卷五十一，中华书局1958年版）

嵇含《南方草木状》（一则）

蜜香纸，以蜜香树皮叶作之。微褐色，有纹如鱼子，极香而坚韧。水渍之，不溃烂。太康五年，大秦国献三万幅，帝以万幅赐镇南大将军当阳侯杜预，令写所撰《春秋释例》及《经传集解》以进，未致而预卒，诏赐其家，令上之。

（[晋]嵇含撰《南方草木状》卷中《木类》，收入《汉魏六朝笔记小说大观》，上海古籍出版社1999年版）

王嘉《拾遗记》（一则）

张华字茂先，挺生聪慧之德，好观秘异图纬之部，捃采天下遗逸，自书契之始，考验神怪，及世间闾里所说，造《博物志》四百卷，奏于武帝。帝诏诘问："卿才综万代，博识无伦，远冠羲皇，近次夫子。然记事采言，亦多浮妄，宜更删剪，无以冗长成文。昔仲尼删《诗》《书》，尚不及鬼神幽昧之事，以言怪力乱神。今卿《博物志》，惊所未闻，异所未见，将恐惑乱于后生，繁芜于耳目，更可芟截浮疑，分为十卷。"即于御前赐青铁砚，此铁是于阗国所出，献而铸为砚也。赐麟角笔，以麟角为笔管，此辽西国所献。侧理纸万番，此南越所献。后人言"陟里"与"侧理"相乱，南人以海苔为纸，其理纵横邪侧，因以为名。帝常以《博物志》十卷置于函中，暇日览焉。

（［前秦］王嘉撰《拾遗记》卷九，收入《汉魏六朝笔记小说大观》，上海古籍出版社1999年版）

李肇《叙诸州精纸》

纸则有越之剡藤苔笺，蜀之麻面、屑末、滑石、金花、长麻、鱼子、十色笺，扬之六合笺，韶之竹笺，蒲之白蒲、重抄，临川之滑薄。又宋亳间有织成界道绢素，谓之乌丝栏、朱丝栏，又有茧纸。

（［唐］李肇撰《唐国史补》卷下，收入《唐五代笔记小说大观》，上海古籍出版社2000年版）

段成式《与温庭筠云蓝纸绝句序》

一日辱飞卿九寸小纸，两行亲书，云要彩笺十番，录少诗稿。予有杂笺数角，多抽拣与人。既玩之轻明，复用殊麻滑。尚愧大庾所得，犹至四百枚；岂及右军不节，尽付九万幅。因知碧联棋上，重翻《懊恼》之辞；红方絮中，更拟相思之曲。固应桑根作本，藤角为封，古拙不重蔡侯，新样偏饶桓氏。何啻奔走驰骋，有贵长帘；下笔纵横，偏求侧理。所恨无色如鸭卵，状如马肝，称写璇玑，且题裂锦者。予在九江，出意造云蓝纸，既乏左伯之法，全无张永之功。辄分五十枚，并绝句一首，或得闲中暂当药饵也。

（［宋］苏易简著，朱学博整理校点《文房四谱》卷三，上海书店出版社2015年版）

苏易简《纸谱》（一则）

蜀人造十色笺，凡十幅为一榻。每幅之尾，必以竹夹夹之，和十色水逐榻以染。当染之际，弃置捶埋，堆盈左右，不胜其委顿。逮干，则光彩相宣，不可名也。然逐幅于方版之上研之，则隐起花木麟鸾，千状万态。又以细布，先以面浆胶令劲挺隐出其文者，谓之鱼子笺，又谓之罗笺。今剡溪亦有焉。亦有作败面糊，和以五色，以纸曳过令沾濡，流离可爱，谓之流沙笺。亦有煮皂荚子膏，并巴豆油傅于水面，能点墨或丹青于上，以姜揾之则散，以狸须拂头垢引之则聚。然后画之为人物，研之为云霞及鸳鸟翎羽之状，繁缛可爱。以纸布其上而受彩焉，必须虚窗幽室，明檠净水，澄神虑而制之，则臻其妙也。近有江表僧于内庭造而进之，御毫一洒，光彩焕发。

（［宋］苏易简著，朱学博整理校点《文房四谱》卷三，上海书店出版社2015年版）

宋祁《宋景文公笔记》（一则）

古人写书尽用黄纸，故谓之黄卷。颜之推曰："读天下书未遍，不得妄下雌黄。"雌黄与纸色类，故用之以灭误。今人用白纸，而好事者多用雌黄灭误，殊不相类。道、佛二家写书，犹用黄纸。《齐民要术》有治雌黄法。或曰：古人何须用黄纸？曰蘗染之，可用辟蟫。今台家诏敕用黄，故私家避不敢用。

（［宋］宋祁撰《宋景文公笔记》卷上，《全宋笔记》第一编五，大象出版社2003年版）

米芾《书史》（两则）

唐人背右军帖，皆硾熟软纸如绵，乃不损古纸。又入水荡涤而瞰，古纸加有性不縻。盖纸是水化之物，如重抄一过也。余每得古书，辄以好纸二张，一置书上，一置书下，自傍滤细皂角汁和水，霈然浇水入纸底，于盖纸上用活手软按拂，垢腻皆随水出，内外如是。续以清水浇五七遍，纸墨不动，尘垢皆去。复去盖纸，以干好纸渗之两三张，背纸已脱，乃合于半润好纸上，揭去背纸，加糊背焉。不用绢压四边，只用纸，免折背重挷损古纸。勿倒衬帖背古纸，随隐便破，只用薄纸与帖齐头相拄，见其古损断尤佳，不用贴补。古人勒成行道，使字在筒瓦中，乃所以惜字。今俗人见古厚纸必揭令薄，方背，若古纸去其半，损字精神，一如摹书。又以绢帖勒成行道，一时平直，良久舒展为坚，所隐字上却破。京师背匠坏物不少，王诜家书画屡被揭损，余谕之，今不复揭。又好用绢背，虽熟犹新硬，古纸墨一时苏磨，落在背绢上。王所藏《书谱》、桓、谢帖，俱为绢磨损。近好事家例多绢背磨损，面上皆成绢文。余又以右军《与王述书》易得唐文皇手诏，以枣花黄绫背诏面上，一齐隐起花纹。余寻重背，以台州黄岩藤纸硾熟，揭一半背，滑净软熟，卷舒更不生毛。余家书帖多用此纸，一一手背手装，方入笈。古背佳者，先过自揭不开，干纸印了，面向上，以一重新纸四边着糊黏桌上，帖上更不用糊，令新纸虚挷压之，纸干下自干，慎不可以帖面金漆桌，揭起必印墨。余背李邕《光八郎帖》，光，王琚也，揭起黏一分墨在金漆桌上一月余，惜不洗桌。此帖今易与王诜，上有唐氏杂迹，陈氏图书印，得于石夷庚，昌言故物也。后石携第三《厉少府到京帖》，王因与以五十星洗锣，不肯易，今居陈州。有右军古凤池紫石砚，苏子瞻以四十千置往矣。古砚心凹，所谓砚瓦如铜瓦，笔至水即圆。古书笔圆，有助于器也。今世传古画《晋贤图》，犹存其制。余收晋砚一，智永砚一，心如臼，天章寺僧所献也。

余尝硾越竹，光滑如金版，在油拳上短截作轴，入笈番覆，一日数十张，学书作诗。寄薛绍彭、刘泾云："越筠万杵如金板，安用杭油与池茧。

高压巴郡乌丝栏,平欺泽国清华练。老无他物适心目,天使残年同笔砚。图书满室翰墨香,刘薛何时眼中见。"薛和云:"书便莹滑如碑版,古来精纸惟闻茧。杵成剡竹光凌乱,何用区区书素练。细分浓淡可评墨,副以溪岩难乏砚。世间此语谁复知,千里同风未相见。"其论笔砚间物云:"研滴须琉璃,镇纸须金虎,格笔须白玉,研磨须墨古。越竹滑如苔,更须加万杵。自对翰墨卿,一书当千户。"

([宋]米芾撰《书史》,《全宋笔记》第二编四,大象出版社2006年版)

黄庭坚"厚纸本"(三则)

伯氏梁县颇安职,每得安问也。令嗣安胜。诗人得在江山胜处,沈痾当脱然去体。有新诗,数见寄为佳。因来乞《韦苏州集》,得差厚纸印之,幸甚。烛下眼涩,十字九乖,幸照察。(《与邢和叔书二》)

外甥鸿父得托贵门,相与遂有瓜葛,良以为慰。诸令弟想讲学不倦。哀悴昏塞,不记贵字,欲奉字曰"斯举",不知可用否?取《论语》所谓"色斯举矣"者,但恐或犯讳字耳,因来示谕。陈季常所刻苏尚书诗集,烦为以厚纸印一本见寄,只封在鸿父处亦可尔。(《答何斯举书二》)

寄惠苏公诗集,亦自有用处。要欲得一本厚纸者,藏之名山耳。季常所寄亦是此一种纸,当料理季常为用厚纸印耳。"斯举"者,观所谓"色斯举矣,翔而后集",已极古人去就之意,无可措言,欲作序者但为之华藻耳。哀悴以来,文思枯涸,几如井谷射鲋,俟寒泉稍集,即当下笔。(《答何斯举书三》)

([宋]黄庭坚著,郑永晓整理《黄庭坚全集辑校编年》,江西人民出版社2008年版)

程大昌《澄心堂纸》

江南李后主造澄心堂纸,前辈甚贵重之。江南平后六十年,其纸犹有存者。欧公尝得之,以二轴赠梅圣俞。梅诗铺叙其由,而谢之曰:"江南李氏有国日,百金不许市一枚。当时国破何所有,帑藏空竭生莓苔。但存图书及此纸,弃置大屋墙角堆。幅狭不堪作诏命,聊备粗使供鸾台。"用梅诗以想其制,必是纸制大佳,而幅度低狭,不能与麻纸相及,故曰"幅狭不堪作诏命"也。然一纸已直百钱,亦已珍矣。

（［宋］程大昌撰《演繁露》卷九,《全宋笔记》第四编九,大象出版社2008年版）

陈槱《论纸品》

《兰亭序》用鼠须笔书乌丝栏茧纸。所谓茧纸,盖实绢帛也。乌丝阑,即是以墨间白识其界行耳。布缕为纸,今蜀笺犹多用之。其纸遇水滴则深作窠臼,然厚者乃尔,故薄而清莹者乃可贵。古称剡藤,本以越溪为胜,今越之竹纸,甲于他处,而藤乃独推抚之清江。清江佳处,在于坚滑而不留墨。新安玉版,色理极腻白,然质性颇易软弱。今士大夫多糨而后用,既光且坚,用得其法,藏久亦不蒸蠹。又吾人取越竹,以梅天水淋,晾令稍干,反覆硾之,使浮茸去尽,筋骨莹澈,是谓春膏,其色如蜡。若以佳墨作字,其光可鉴。故吴笺近出,而遂与蜀产抗衡。江南旧称澄心堂纸,刘贡父诗所谓"百金售一幅",其贵如此。今亦有造者,然为吴、蜀笺所掩,遂不盛行于时。外国如高丽、阇婆,亦皆出纸。高丽纸类蜀中冷金,缜实而莹,阇婆者厚而且坚,而长者至三四丈,高丽人云:"抄时使幅端连引,故得尔长。"胡人用作帷幄,修斋供,则张之满室,若有嘉会,乃更设花布及罽绮所为者。

（［宋］陈槱撰《负暄野录》卷下,《全宋笔记》第七编五,大象出版社2016年版）

史绳祖《纸笔不始于蔡伦蒙恬》

传记小说多失实,只如《事始》谓蒙恬造笔,蔡伦造纸,皆未必然。蒙恬乃秦时人,而《诗》中已有彤管,谓女史所载之笔。又传谓"史载笔",又孔子作《春秋》,"笔则笔,削则削","绝笔于获麟"。又《尚书中候》云:"玄龟负《图》出,周公援笔以时文写之。"又《尔雅》及《说文》云:"秦谓之笔,楚谓之聿,吴谓之不律,燕谓之弗,其来尚矣。"马大年乃附会以为简牍之笔,乃今竹笔非毫也,至蒙恬而始用兔毫耳。殊不知庄子书中有舐笔和墨之句,则以毫染墨明矣,竹笔岂可舐耶?庄子在秦之前,笔非造于蒙恬明矣。况崔豹《古今注》:"蒙恬之为笔也,以柘木为管,鹿毛为柱,羊毛为被。"亦非谓兔毛竹管也,则又岂可谓兔毫起于蒙恬耶?此端由《说文》"秦谓之笔"一句以误后世。又如蔡伦乃后汉时人。而《前汉·外戚传》云"赫蹄书",注谓赫蹄乃小纸也,则纸字已见于前汉,恐亦非始于蔡伦。但蒙、蔡所造,精工于前世则有之,谓纸笔始此二人,则不可也。

([宋]史绳祖撰《学斋占毕》卷二,《全宋笔记》第八编三,大象出版社2017年版)

费著《笺纸谱》

古者书契,多编以竹简,其次用缣帛。至以木肤、麻头、敝布、鱼网为纸,自东汉蔡伦始。简太重,缣稍贵,人遂以纸为便。伦,宦者也,传多称其能,然受宫掖风旨,谄亲贵,犹宦者态也。智足以创物,而亦足以杀身。第于文字有功,人至今传蔡伦纸。今天下皆以木肤为纸,而蜀中乃尽用蔡伦法。笺有玉板,有贡余,有经屑,有表光。玉板、贡余杂以旧布、破履、乱麻为之,惟经屑、表光非乱麻不用。于是造纸者庙以祀蔡伦矣。庙在大东门雪峰院,虽不甚壮丽,然每遇岁时祭祀,香火累累不绝,示不忘本也。恩足以及数十百家,虽千载犹不忘如此。

《易》以西南为坤位,而吾蜀西南,重厚不浮,此坤之性也。故物生于蜀者,视他方为重厚。凡纸亦然,此地之宜也。府城之南五里,有百花潭,支流为一,皆有桥焉。其一玉溪,其一薛涛,以纸为业者家其旁。锦江水濯锦,益鲜明,故谓之锦江。以浣花潭水造纸,故佳。其亦水之宜矣。江旁凿臼为碓,上下相接。凡造纸之物,必杵之使烂,涤之使洁,然后随其广狭、长短之制以造砑,则为布纹,为绫绮,为人物花木,为虫鸟,为鼎彝。虽多变,亦因时之宜。

纸以人得名者,有谢公,有薛涛。所谓谢公者,谢司封景初师厚。师厚创笺样,以便书尺,俗因以为名。薛涛本长安良家女,父郧因官寓蜀而卒，母孀养涛。及笄，以诗闻外，又能扫眉涂粉，与士族不伴。客有窃与之宴语。时韦中令皋镇蜀，召令侍酒赋诗，僚佐多士为之改观。期岁，中令议以校书郎奏请之，护军曰："不可。"遂止。涛出入幕府，自皋至李德裕，凡历事十一镇，皆以诗受知。其间与涛唱和者，元稹、白居易、牛僧孺、令狐楚、裴度、严绶、张籍、杜牧、刘禹锡、吴武陵、张祜，余皆名士，记载凡二十人，竟有酬和。涛侨止百花潭，躬撰深红小彩笺，裁书供吟，献酬贤杰，时谓之薛涛笺。晚岁居碧鸡坊，创吟诗楼，偃息于上。后段文昌再镇成都。太和岁，涛卒，年七十三，文昌为撰墓志。

谢公有十色笺，深红、粉红、杏红、明黄、深青、浅青、深绿、浅绿、铜绿、浅云，即十色也。杨文公亿《谈苑》载，韩浦《寄弟诗》云："十样蛮笺出益州，寄来新自浣花头。"谢公笺出于此乎？涛所制笺，特深红一色尔。伪蜀王衍赐金堂县令张蠙霞光笺五百幅。霞光笺疑即今之彤霞笺，亦深红色也。盖以胭脂染色，最为靡丽。范公成大亦爱之。然更梅潦，则色败萎黄，尤难致远，公以为恨。一时把玩，固不为久计也。涛以笺名可矣，虽良家女，乃失身为妓。韦尹欲官之，段尹志其墓焉，何哉？时幕府宾客多天下选，一时纵适不少敛，大抵唐藩镇不度，皆习然也。涛固得之，而诸公似以涛失云。

纸固多品，皆玉板、表光之苗裔也。近年有百韵笺，则合以两色材为之，其横视常纸长三之二，可以写诗百韵，故云。人便其纵阔，可以放笔快书。凡纸皆有连二、连三、连四。售者连四，一名曰船。笺又有青白笺，背青面白；有学士笺，长不满尺；小学士笺又半之；仿姑苏作杂色粉纸，曰假苏笺，皆印金银花于上。承平前辈盖常用之，中废不作，比始复为之。然姑苏纸多布纹，而假苏笺皆罗纹，惟纸骨柔薄耳。若加厚壮，则可胜苏笺也。

蜀笺体重，一夫之力仅能荷五百番。四方例贵川笺，盖以其远，号难致。然徽纸、池纸、竹纸在蜀，蜀人爱其轻细，客贩至成都，每番视川笺价几三倍。范公在镇二年，止用蜀纸，省公帑费甚多，且怪蜀诸司及州县缄牍必用徽、池纸。范公用蜀纸，重所轻也。蜀人事上，则不敢轻所重矣。此以价大小言也。余得之蜀士云。

澄心堂纸，取李氏澄心堂样制也。盖表光之所轻脆而精绝者，中等则名曰玉水纸，最下者曰冷金笺，以供泛使。

广都纸有四色，一曰假山南，二曰假荣，三曰冉村，四曰竹丝，皆以楮皮为之。其视浣花笺纸最清洁。凡公私簿书、契券、图籍、文牒，皆取给于是。广幅无粉者，谓之假山南；狭幅有粉者，谓之假荣；造于冉村曰清水；造于龙溪乡曰竹纸。蜀中经史子籍皆以此纸传印，而竹丝之轻细似池纸，视上三色，价稍贵。近年又仿徽、池法作胜池，亦可用，但未甚精致耳。

双流纸出于广都，每幅方尺许，品最下，用最广，而价亦最贱。双流实无有也，而以为名，盖隋炀帝始改广都曰双流，疑纸名自隋始也。亦名小灰纸。

（［元］费著撰《笺纸谱》，中华书局1985年版）

胡应麟《经籍会通》（节选）

凡印书，永丰绵纸上，常山柬纸次之，顺昌书纸又次之，福建竹纸为下。绵贵其白且坚，柬贵其润且厚，顺昌坚不如锦、厚不如柬，直以价廉取称。闽中纸短窄黧脆，刻又舛讹，品最下而直最廉，余筐篚所收什九此物，即稍有力者弗屑也。近闽中则不然，以素所造法演而精之，其厚不异于常而其坚数倍于昔，其边幅宽广亦远胜之，价直既廉而卷轴轻省，海内利之，顺昌废不售矣。余他省各有产纸，余弗能备知。大率闽、越、燕、吴所用刷书不出此数者，燕中自有一种纸，理粗庞、质拥肿而最弱，久则鱼烂，尤在顺昌下，惟燕中刷书则用之。惟滇中纸最坚，家君宦滇得张愈光、杨用修等集，其坚乃与绢素敌，而色理疏慢苍杂，远不如越中。高丽茧绝佳，纯白滑腻，如舒雪、如匀粉、如铺玉，惟印记用之。

（［明］胡应麟撰《少室山房笔丛》卷四，上海书店出版社2009年版）

高濂《论纸》

高子曰：上古无纸，用汗青者，以火炙竹，令汗出取青，易于作书。至汉蔡伦始制纸，为万世利也。初捣鱼网为纸，曰网纸；以布作者，曰麻纸；

以树皮作者,曰谷纸。蜀有凝光纸,云蓝笺,花叶纸,十色薛涛笺,名曰蜀笺。有侧理纸、松花纸、流沙纸、彩霞金粉龙凤纸、绫纹纸、短帘白纸、硬黄纸、布纸、缥红纸、青赤绿桃花笺、藤角纸、缥红麻纸、桑根纸、六合笺、鱼子笺、苔纸。建中年,有儿女青纸、卵纸。宋有澄心堂纸、蜡黄藏经笺、白经笺、碧云春树笺,有龙凤印边三色内纸,有印金团花并各色金花笺纸,有藤白纸、研光小本纸。李伪主造会府纸,长二丈,阔一丈,厚如缯帛数重。陶谷家藏有鄱阳白数幅,长如匹练。有西山观音帘纸、鹄白纸、蚕茧纸、竹纸、大笺纸。元有黄麻纸、铅山纸、常山纸、英山纸、临川小笺纸、上虞纸。又若子邑之纸,妍妙辉光,皆世称也。今之楚中粉笺、松江粉笺,为纸至下品也,一霉即脱,陶谷所谓化化笺,此尔。止可用供溷材,一化也;货之店中,包面药果之类,二化也。甚言纸之不堪用者,类此。若今之大内细密洒金五色粉笺、五色大帘纸、洒金笺。有等白笺,坚厚如板,两面研光,如玉洁白。有印金花五色笺纸。又若磁青纸,如段素坚韧可宝,多用写泥金字经。有等蓝色者,薄而不佳。高昌国金花笺,亦有五色,有描金山水图者。高丽有绵茧纸,色白如绫,坚韧如帛,用以书写,发墨可爱。有等皮纸,用以为帘,为雨帽,为书夹,坚厚若油为之,中国所无,亦奇品也。近日可用作书者,吴中无纹洒金笺纸为佳。松江近日谭笺,不用粉造,以荆川帘纸褙厚,研光,用蜡打各色花鸟,坚滑可类宋纸。又新安新造仿宋藏经笺纸亦佳。吴中近亦为之,但不如宋笺抄成坚韧,如段帛有性,数百载流传,尚有揭开受用。若今仿效者,纸性终脆,久霉糊懈必松。时尚花边格子白鹿笺,用以作柬、写诗甚便,其式余家有数十种。但白鹿纸以绿子水并槐黄水微煎印者雅甚,以青以红,俱不佳也。又如蜡研五色笺,亦以白色、松花色、月下白色罗纹笺为佳,余色不入清赏。两人研者精美,又不坏板。若用水湿一纸,以润十纸研者不佳。然以白蜡研者受墨,蜜蜡者遇墨成珠,描写不上,深可恨也。并录以供鉴赏。

([明]高濂著,王大淳点校《遵生八笺》卷十二,浙江古籍出版社2017年版)

吴振棫《养吉斋丛录》（二则）

　　供御之文房四事，别类称名，不可胜纪。墨之属则三希堂、墨妙轩，皆御制精选。他如光被四表、太平雨露、宝翰凝香，皆经进常用者。而回氏旧制品重墨神，亦经仿造珍弄。笔之属则以书福笔为万祀珍用之管，所谓赐福苍生也。御书常用者，有斑竹管大提笔，髹漆文檀各种提笔。其寻常供用硃书、墨书之用者，则有万年青管、经天纬地、万年枝、云中鹤、惟精惟一、云汉为章及竹管、檀管、钿管，皆由外省恭进。纸之属，如宫廷贴用金云龙硃红福字绢笺、云龙硃红大小对笺，皆遵内颁式样尺度，制办呈进。其他则有五彩盈丈大绢笺、各色花绢笺、蜡笺、金花笺、梅花玉版笺、新宣纸。旧纸则有侧理、金粟、明仁殿、宣德诏敕。仿古则有澄心堂、明仁殿、侧理纸、藏经纸、宣德描金笺。外国所贡，高丽则有洒金笺、金龙笺、镜光笺、苔笺、咨文笺、竹青纸、各色大小纸，琉球则有雪纸、头号奉书纸、二号奉书纸、旧纸。西洋则有金边纸、云母纸、漏花笺、各色笺纸。又回部各色纸，大理各色纸，此皆懋勤殿庋藏中之别为一类者。

　　金粟笺，唐人书藏经纸也。后人于浙西金粟山寺得之。以其余幅为笺，曾经进御，见高宗《题金粟笺》诗、《四藏书屋咏文房四事》诗注。其笺较宋时金花笺、明时宣德纸，尤坚致莹滑。乾隆丁丑，高宗南巡，得圆筒侧理纸二番。藏一、书一，作歌纪之。后检旧库，复得五番。壬寅，浙江新制侧理纸成，进御。先后皆有题咏。此纸囫囵无端，每番重沓如筒，故有圆筒之称。尝以之颁赐诸臣。彭公元瑞有《恭和御制元韵纪恩诗》。

　　（[清]吴振棫撰，童正伦点校《养吉斋丛录》卷二十六，中华书局2005年版）

钱泳《砸纸》

　　纸类不一，各随所制。近时常用者不过竹料、绵料两种，竹料用之印书，绵料用之写字。然纸质虽细，总有灰性存乎其间，落笔辄渗。若欲去其灰性，必用糯米浆，或白芨水，或清胶水拖之，然后卷在木杆上，以椎千碾万碾，则灰性去而纸质坚。米南宫制纸亦用是法。若欲灰性自退，非百余年不可，然其质仍松不可用也。

笺纸近以杭州制者为佳，砑笺粉笺蜡笺俱可用，盖杭粉细，水色峭，制度精，松江、苏州俱所不及也。有虚白斋制者，海内盛传，以梁山舟侍讲称之得名。余终嫌其胶矾太重，不能垂久。

书笺花样多端，大约起于唐、宋，所谓衍波笺、浣花笺，今皆不传。每见元、明人书札中有印花砑花精妙绝伦者，亦有粗俗不堪者，其纸虽旧，花样总不如近今。自乾隆四十年间苏、杭、嘉兴人始为之，愈出愈奇，争相角胜，然总视画工之优劣，以定笺之高下。花样虽妙，纸质粗松，舍本逐末，可发一笑。

（［清］钱泳撰，张伟点校《履园丛话》卷十二，中华书局1979年版）

三、文献流散

（一）聚集

班固《汉书·艺文志总叙》

　　昔仲尼没而微言绝，七十子丧而大义乖。故春秋分为五，诗分为四，易有数家之传。战国从衡，真伪分争，诸子之言纷然殽乱。至秦患之，乃燔灭文章，以愚黔首。汉兴，改秦之败，大收篇籍，广开献书之路。迄孝武世，书缺简脱，礼坏乐崩，圣上喟然而称曰："朕甚闵焉！"于是建藏书之策，置写书之官，下及诸子传说，皆充秘府。至成帝时，以书颇散亡，使谒者陈农求遗书于天下。诏光禄大夫刘向校经传诸子诗赋，步兵校尉任宏校兵书，太史令尹咸校数术，侍医李柱国校方技。每一书已，向辄条其篇目，撮其指意，录而奏之。会向卒，哀帝复使向子侍中奉车都尉歆卒父业。歆于是总群书而奏其七略，故有辑略，有六艺略，有诸子略，有诗赋略，有兵书略，有术数略，有方技略。今删其要，以备篇籍。

　　（［汉］班固撰，［唐］颜师古注《汉书》卷三十，中华书局1962年版）

阮孝绪《七录序》

　　日月贞明，匪光景不能垂照；嵩华载育，非风云无以悬感。大圣挺生，应期命世，所以匡济风俗，矫正彝伦，非夫丘索坟典诗书礼乐，何以成穆穆之功,致荡荡之化也哉？故洪荒道丧,帝昊兴其爻画；结绳义隐,皇颉肇其文字。自斯以往,沿袭异宜,功成治定,各有方册。正宗既殄,乐崩礼坏,先圣之法,有若缀旒。故仲尼叹曰："大道之行也,与三代之英,丘未逮也。"而有志焉。夫有志以为古文犹可也,故自卫反鲁,始立素王,于是删诗书,定礼乐,列五始于春秋,兴十翼于易道。夫子既亡,微言殆绝。七十并丧,大义遂乖。逮于战国,殊俗异政,百家竞起,九流互作。嬴政嫉之,故有坑焚之祸。至汉惠四年,始除挟书之律。其后外有太常太史博士之藏。内有延阁广内秘室之府。开献书之路,置写书之官。至孝成之世,颇有亡逸。乃使谒者陈农求遗书于天下,命光禄大夫刘向及子伋、歆等,雠校篇籍。每一篇已,辄录而奏之。会向亡丧,帝使歆嗣其前业,乃徙温室中书于天禄阁上。歆遂总括群篇,奏其《七略》。及后汉,兰台犹为书部,又于东观及仁寿闼撰集新记。校书郎班固、傅毅,并典秘籍。固乃因《七略》之辞,为《汉书·艺文志》,其后有著述者,袁山松亦录在其书。魏晋之世,文籍逾广,皆藏在秘书中外三阁。魏秘书郎郑默删定旧文,时之论者谓为朱紫有别。晋领秘书监荀勖,因魏《中经》,更著《新簿》,虽分为十有余卷,而总以四部别之。惠怀之乱,其书略尽。江左草创,十不一存。后虽鸠集,淆乱已甚。及著作佐郎李充始加删正,因荀勖旧簿四部之法,而换其乙丙之书,没略众篇之名,总以甲乙为次。自时厥后,世相祖述。宋秘书监谢灵运、丞王俭、齐秘书丞王亮、监谢朏等,并有新进,更撰目录。宋秘书殷淳撰大四部目。俭又依《别录》之体,撰为《七志》。其中朝遗书,收集稍广,然所亡者,犹大半焉。齐末兵火,延及秘阁,有梁之初,缺亡甚众。爰命秘书监任昉躬加部集。又于文德殿内别藏众书,使学士刘孝标等重加校进,乃分数术之文,更为一部。使奉朝请祖暅撰其名录,其尚书阁内别藏经史杂书,华林园又集释氏经论。自江左篇章之盛,未有逾于当今者也。

孝绪少爱坟籍,长而弗倦,卧病闲居,傍无尘杂。晨光才启,缃囊已散；宵漏既分,绿帙方掩,犹不能穷究流略,探尽秘奥。每披录内省,多有缺然。其遗文隐记,颇好搜集。凡自宋齐已来,王公搢绅之馆,苟能蓄聚坟籍,必思致其名簿。凡在所遇,若见若闻,校之官目,多所遗漏。遂总集众家,更为新录,其方内经史,至于术伎,合为五录,谓之内篇。方外佛道,各为一录,谓之外篇。凡为录有七,故名《七录》。昔司马子长记数千年事,先哲悯其勤,虽复称为良史,犹有捃拾之责。况总括群书四万余卷,皆讨论研核,标判宗旨,才愧疏通,学惭博达,靡班嗣之赐书,微黄香之东观。倘欲寻检,内寡卷轴,如有疑滞,傍无沃启,其为纰缪,不亦多乎?将恐后之罪予者,岂不在于斯录,如有刊正,请俟君子。昔刘向校书,辄为一录,论其指归,辨其讹谬,随竟奏上,皆载在本书。时又别集众录,谓之别录,即今之《别录》是也。子歆撮其指要,著为《七略》。其一篇即六篇之总最,故以辑略为名,次六艺略、次诸子略、次诗赋略、次兵书略、次数术略、次方伎略。王俭《七志》改六艺为经典,次诸子、次诗赋为文翰、次兵书为军书、次数术为阴阳、次方伎为术艺。以向歆虽云七略,实有六条,故别立图谱一志,以全七限。其外又条《七略》及二汉《艺文志》、《中经簿》所阙之书,并方外之经,佛经道经,各为一录,虽继《七志》之后而不在其数。今所撰《七录》,斟酌王刘,王以六艺之称,不足标榜经目,改为经典,今则从之。故序经典录为内篇第一。刘王并以众史合于春秋,刘氏之世,史书甚寡,附见春秋,诚得其例。今众家记传,倍于经典,犹从此志,实为繁芜。且《七略》诗赋不从六艺诗部,盖由其书既多,所以别为一略。今依拟斯例,分出众史,序记传录为内篇第二。诸子之称,刘王并同,又刘有兵书略,王以兵字浅薄,军言深广,故改兵为军,窃谓古有兵革、兵戎、治兵、用兵之言,斯则武事之总名也,所以还改军从兵,兵书既少,不足别录,今附于子末,总以子兵为称,故序子兵录为内篇第三。王以诗赋之名,不兼余制,故改为文翰。窃以顷世文词,总谓之集。变翰为集,于名尤显,故序文集录为内篇第四。王以数术之称,有繁杂之嫌,故改为阴阳。方伎之言,事无典据,又改为艺术。窃以阴阳偏有所系,不如数术之该通。术艺则滥六艺与数术,不逮方伎之要显,故还依刘氏,各守本名。但房中神仙既入仙道,医经经方不足别创,故合术伎之称以名一录,为内篇第五。王氏图谱一志,刘略所无,刘数术中虽有历谱,而与今谱有异,窃以图画之篇,宜从所图为部,故随其名题,各附本录。谱既注记之类,宜与史体相参,故载于记传之末。自斯已上皆内篇也。释氏之教，实被中土，讲说讽味，方轨孔籍，王氏虽载于篇，而不在志限，即理求事，未是所安，故序佛法录为外篇第一。仙道之书，由来尚矣，刘氏神仙陈于方伎之末，王氏道经书于七志之外，今合序仙道录为外篇第二。王则先道而后佛，今则先佛而后道，盖所宗有不同，亦由其教有浅深也。凡内外两篇，合为七录，天下之遗书秘记，庶几穷于是矣。

有梁普通四年，岁维单阏，仲春十有七日，于建康禁中里宅始述此书。通人平原刘杳从余游，因说其事，杳有志积久，未获操笔，闻余已先着鞭，欣然会意。凡所钞集，尽以相与，广其闻见，实有力焉。斯亦康成之于传释尽归子慎之书也。

（［清］严可均编《全上古三代秦汉三国六朝文·全梁文》卷六十六，中华书局 1958 年版）

长孙无忌《隋书·经籍志总叙》

夫经籍也者，机神之妙旨，圣哲之能事，所以经天地，纬阴阳，正纪纲，弘道德，显仁足以利物，藏用足以独善，学之者将殖焉，不学者将落焉。大业崇之，则成钦明之德，匹夫克念，则有王公之重。其王者之所以树风声，流显号，美教化，移风俗，何莫由乎斯道？故曰："其为人也，温柔敦厚，《诗》教也；疏通知远，《书》教也；广博易良，《乐》教也；洁静精微，《易》教也；恭俭庄敬，《礼》教也；属辞比事，《春秋》教也。"遭时制宜，质文迭用，应之以通变，通变之以中庸。中庸则可久，通变则可大，其教有适，其用无穷，实仁义之陶钧，诚道德之橐籥也。其为用大矣，随时之义深矣，言无得而称焉。故曰："不疾而速，不行而至。"今之所以知古，后之所以知今，其斯之谓也。是以大道方行，俯龟象而设卦，后圣有作，仰鸟迹以成文。书契已传，绳木弃而不用，史官既立，经籍于是兴焉。

夫经籍也者，先圣据龙图，握凤纪，南面以君天下者，咸有史官，以纪言行。言则左史书之，动则右史书之。故曰"君举必书"，惩劝斯在。考之前载，则《三坟》《五典》《八索》《九丘》之类是也。下逮殷、周，史官尤备，纪言书事，靡有阙遗，则《周礼》所称：太史掌建邦之六典、八法、八则，以诏王治；小史掌邦国之志，定世系，辨昭穆；内史掌王之八柄，策命而贰之；外史掌王之外令及四方之志，三皇、五帝之书；御史掌邦国都鄙万民之治令，以赞冢宰。此则天子之史，凡有五焉。诸侯亦各有国史，分掌其职。则《春秋传》，晋赵穿弑灵公，太史董狐书曰"赵盾杀其君"，以示于朝。宣子曰："不然。"对曰："子为正卿，亡不越境，反不讨贼，非子而谁？"齐崔杼弑庄公，太史书曰"崔杼弑其君"，崔子杀之。其弟嗣书，死者二人。其弟又书，乃舍之。南史闻太史尽死，执简以往，闻既书矣，乃还。楚灵王与右尹子革语，左史倚相趋而过。王曰："此良史也，能读《三坟》《五典》《八索》《九丘》。"然则诸侯史官，亦非一人而已，皆以记言书事，太史总而裁之，以成国家之典。不虚美，不隐恶，故得有所惩劝，遗文可观，则《左传》称《周志》，《国语》有《郑书》之类是也。

暨夫周室道衰，纪纲散乱，国异政，家殊俗，褒贬失实，隳紊旧章。孔丘以大圣之才，当倾颓之运，叹凤鸟之不至，惜将坠于斯文，乃述《易》道而删《诗》《书》，修《春秋》而正《雅》《颂》。坏礼崩乐，咸得其所。自哲人萎而微言绝，七十子散而大义乖，战国纵横，真伪莫辨，诸子之言，纷然淆乱。圣人之至德丧矣，先王之要道亡矣，陵夷蹉驳，以至于秦。秦政奋豺狼之心，划先代之迹，焚《诗》《书》，坑儒士，以刀笔吏为师，制挟书之令。学者逃难，窜伏山林，或失本经，口以传说。

汉氏诛除秦、项，未及下车，先命叔孙通草绵蕝之仪，救击柱之弊。其后张苍治律历，陆贾撰《新语》，曹参荐盖公言黄老，惠帝除挟书之律，儒者始以其业行于民间。犹以去圣既远，经籍散逸，简札错乱，传说纰缪，遂使《书》分为二，《诗》分为三，《论语》有齐、鲁之殊，《春秋》有数家之传。其余互有蹉驳，不可胜言。此其所以博而寡要，劳而少功者也。武帝置太史公，命天下计书，先上太史，副上丞相，开献书之路，置写书之官，外有太常、太史、博士之藏，内有延阁、广内、秘室之府。司马谈父子，世居太史，探采前代，断自轩皇，逮于孝武，作《史记》一百三十篇。详其体制，盖史官之旧也。至于孝成，秘藏之书，颇有亡散，乃使谒者陈农，求遗书于天下。命光禄大夫刘向校经传诸子诗赋，步兵校尉任宏校兵书，太史令尹咸校数术，太医监李柱国校方技。每一书就，向辄撰为一录，论其指归，辨其讹谬，叙而奏之。向卒后，哀帝使其子歆嗣父之业。乃徙温室中书于天禄阁上。歆遂总括群篇，撮其指要，著为《七略》：一曰《集略》，二曰《六艺略》，三曰《诸子略》，四曰《诗赋略》，五曰《兵书略》，六曰《术数略》，七曰《方技略》。大凡三万三千九十卷。王莽之末，又被焚烧。光武中兴，笃好文雅，明、章继轨，尤重经术。四方鸿生巨儒，负帙自远而至者，不可胜算。石室、兰台，弥以充积。又于东观及仁寿阁集新书，校书郎班固、傅毅等典掌焉。并依七略而为书部，固又编之，以为《汉书·艺文志》。董卓之乱，献帝西迁，图书缣帛，军人皆取为帷囊。所收而西，犹七十余载。两京大乱，扫地皆尽。

魏氏代汉，采掇遗亡，藏在秘书中、外三阁。魏秘书郎郑默，始制《中经》，秘书监荀勖，又因《中经》，更著《新簿》，分为四部，总括群书。一曰甲部，纪六艺及小学等书；二曰乙部，有古诸子家、近世子家、兵书、兵家、术数；三曰丙部，有史记、旧事、皇览簿、杂事；四曰丁部，有诗赋、图赞、《汲冢书》，大凡四部合二万九千九百四十五卷。但录题及言，盛以缥囊，书用缃素。至于作者之意，无所论辩。惠、怀之乱，京华荡覆，渠阁文籍，靡有孑遗。

东晋之初，渐更鸠聚。著作郎李充，以勖旧簿校之，其见存者，但有三千一十四卷。充遂总没众篇之名，但以甲乙为次。自尔因循，无所变革。其后中朝遗书，稍流江左。宋元嘉八年，秘书监谢灵运造《四部目录》，大凡六万四千五百八十二卷。元徽元年，秘书丞王俭又造《目录》，大凡一万五千七百四卷。俭又别撰《七志》：一曰《经典志》，纪六艺、小学、史记、杂传；二曰《诸子志》，纪今古诸子；三曰《文翰志》，纪诗赋；四曰《军书志》，纪兵书；五曰《阴阳志》，纪阴阳图纬；六曰《术艺志》，纪方技；七曰《图谱志》，纪地域及图书。其道、佛附见，合九条。然亦不述作者之意，但于书名之下，每立一传，而又作九篇条例，编乎首卷之中。文义浅近，未为典则。齐永明中，秘书丞王亮、监谢朏，又造《四部书目》，大凡一万八千一十卷。齐末兵火，延烧秘阁，经籍遗散。梁初，秘书监任昉，躬加部集，又于文德殿内列藏众书，华林园中总集释典，大凡二万三千一百六卷，而释氏不豫焉。梁有秘书监任昉、殷钧《四部目录》，又《文德殿目录》。其术数之书，更为一部，使奉朝请祖暅撰其名。故梁有《五部目录》。普通中，有处士阮孝绪，沉静寡欲，笃好坟史，博采宋、齐已来，王公之家凡有书记，参校官簿，更为《七录》：一曰《经典录》，纪六艺；二曰《记传录》，纪史传；三曰《子兵录》，纪子书、兵书；四曰《文集录》，纪诗赋；五曰《技术录》，纪数术；六曰《佛录》；七曰《道录》。其分部题目，颇有次序，割析辞义，浅薄不经。梁武敦悦诗书，下化其上，四境之内，家有文史。元帝克平侯景，收文德之书及公私经籍，归于江陵，大凡七万余卷。周师入郢，咸自焚之。陈天嘉中，又更鸠集，考其篇目，遗阙尚多。

其中原则战争相寻，干戈是务，文教之盛，苻、姚而已。宋武入关，收其图籍，府藏所有，才四千卷。赤轴青纸，文字古拙。后魏始都燕、代，南略中原，粗收经史，未能全具。孝文徙都洛邑，借书于齐，秘府之中，稍以充实。暨于尔朱之乱，散落人间。后齐迁邺，颇更搜聚，迄于天统、武平，校写不辍。后周始基关右，外逼强邻，戎马生郊，日不暇给。保定之始，书止八千，后稍加增，方盈万卷。周武平齐，先封书府，所加旧本，才至五千。

隋开皇三年，秘书监牛弘，表请分遣使人，搜访异本。每书一卷，赏绢一匹，校写既定，本即归主。于是民间异书，往往间出。及平陈已后，经籍渐备。检其所得，多太建时书，纸墨不精，书亦拙恶。于是总集编次，存为古本。召天下工书之士，京兆韦霈、南阳杜頵等，于秘书内补续残缺，为正副二本，藏于宫中，其余以实秘书内、外之阁，凡三万余卷。炀帝即位，秘阁之书，限写五十副本，分为三品：上品红琉璃轴，中品绀琉璃轴，下品漆轴。于东都观文殿东西厢构屋以贮之，东屋藏甲乙，西屋藏丙丁。又聚魏已来古迹名画，于殿后起二台，东曰妙楷台，藏古迹；西曰宝迹台，藏古画。又于内道场集道、佛经，别撰目录。

大唐武德五年，克平伪郑，尽收其图书及古迹焉。命司农少卿宋遵贵载之以船，溯河西上，将致京师。行经底柱，多被漂没，其所存者，十不一二。其《目录》亦为所渐濡，时有残缺。今考见存，分为四部，合条为一万四千四百六十六部，有八万九千六百六十六卷。其旧录所取，文义浅俗、无益教理者，并删去之。其旧录所遗，辞义可采，有所弘益者，咸附入之。远览马史、班书，近观王、阮志、录，挹其风流体制，削其浮杂鄙俚，离其疏远,合其近密,约文绪义,凡五十五篇,各列本条之下,以备经籍志。虽未能研几探赜,穷极幽隐,庶乎弘道设教,可以无遗阙焉。夫仁义礼智,所以治国也,方技数术,所以治身也;诸子为经籍之鼓吹,文章乃政化之黼黻,皆为治之具也。故列之于此志云。

([唐]魏徵、[唐]令狐德棻撰《隋书》卷三十二,中华书局1973年版)

刘昫《旧唐书·经籍志总叙》

夫龟文成象,肇八卦于庖牺;鸟迹分形,创六书于苍颉。圣作明述,同源异流。《坟》《典》起之于前,《诗》《书》继之于后,先王陈迹,后王准绳。《易》曰:"观乎人文以化成天下。"《礼》曰:"君子如欲化民成俗,其必由学乎!"学者非他,方策之谓也。琢玉成器,观古知今,历代哲王,莫不崇尚。自仲尼没而微言绝,七十子丧而大义乖。嬴氏坑焚,以愚黔首。汉兴学校,复创石渠。雄、向校雠于前,马、郑讨论于后,两京载籍,由是粲然。及汉末还都,焚溺过半。爰自魏、晋,迄于周、隋,而好事之君,慕古之士,亦未尝不以图籍为意也。然河北江南,未能混一,偏方购辑,卷帙未弘。而荀勖、李充、王俭、任昉、祖暅,皆达学多闻,历世整比,群分类聚,递相祖述。或为七录,或为四部,言其部类,多有所遗。及隋氏建邦,寰区一统,炀皇好学,喜聚逸书,而隋世简编,最为博洽。及大业之季,丧失者多。贞观中,令狐德棻、魏徵相次为秘书监,上言经籍亡逸,请行购募,并奏引学士校定,群书大备。

开元三年,左散骑常侍褚无量、马怀素侍宴,言及经籍。玄宗曰:"内库皆是太宗、高宗先代旧书,常令宫人主掌,所有残缺,未遑补缉,篇卷错乱,难于检阅。卿试为朕整比之。"至七年,诏公卿士庶之家,所有异书,官借缮写。及四部书成,上令百官入乾元殿东廊观之,无不骇其广。九年十一月,殷践猷、王惬、韦述、余钦、毋煚、刘彦真、王湾、刘仲等重修成《群书四部录》二百卷,右散骑常侍元行冲奏上之。自后毋煚又略为四十卷,名为《古今书录》,大凡五万一千八百五十二卷。禄山之乱,两都覆没,乾元旧籍,亡散殆尽。肃宗、代宗崇重儒术,屡诏购募。文宗时,郑覃侍讲禁中,以经籍道丧,屡以为言。诏令秘阁搜访遗文,日令添写。开成初，四部书至五万六千四百七十六卷。及广明初，黄巢干纪，再陷两京，宫庙寺署，焚荡殆尽，曩时遗籍，尺简无存。及行在朝诸儒购辑，所传无几。昭宗即位，志弘文雅。秘书省奏曰："当省元掌四部御书十二库，共七万余卷。广明之乱，一时散失。后来省司购募，尚及二万余卷。及先朝再幸山南，尚存一万八千卷。窃知京城制置使孙惟晟收在本军，其御书秘阁见充教坊及诸军人占住。伏以典籍国之大经，秘府校雠之地，其书籍并望付当省校其残缺，渐令补辑。乐人乞移他所。"并从之。及迁都洛阳，又丧其半。平时载籍，世莫得闻。今录开元盛时四部诸书，以表艺文之盛。

四部者，甲、乙、丙、丁之次也。

甲部为经，其类十二：一曰《易》，以纪阴阳变化。二曰《书》，以纪帝王遗范。三曰《诗》，以纪兴衰诵叹。四曰《礼》，以纪文物体制。五曰《乐》，以纪声容律度。六曰《春秋》，以纪行事褒贬。七曰《孝经》，以纪天经地义。八曰《论语》，以纪先圣微言。九曰图纬，以纪六经谶候。十曰经解，以纪六经谶候。十一曰诂训，以纪六经谶候。十二曰小学，以纪字体声韵。

乙部为史，其类十有三：一曰正史，以纪纪传表志。二曰古史，以纪编年系事。三曰杂史，以纪异体杂纪。四曰霸史，以纪伪朝国史。五曰起居注，以纪人君言动。六曰旧事，以纪朝廷政令。七曰职官，以纪班序品秩。八曰仪注，以纪吉凶行事。九曰刑法，以纪律令格式。十曰杂传，以纪先圣人物。十一曰地理，以纪山川郡国。十二曰谱系，以纪世族继序。十三曰略录，以纪史策条目。

丙部为子，其类一十有四：一曰儒家，以纪仁义教化。二曰道家，以纪清净无为。三曰法家，以纪刑法典制。四曰名家，以纪循名责实。五曰墨家，以纪强本节用。六曰纵横家，以纪辩说诡诈。七曰杂家，以纪兼叙众说。八曰农家，以纪播植种艺。九曰小说家，以纪刍辞舆诵。十曰兵法，以纪权谋制度。十一曰天文，以纪星辰象纬。十二曰历数，以纪推步气朔。十三曰五行，以纪卜筮占候。十四曰医方，以纪药饵针灸。

丁部为集，其类有三：一曰楚词，以纪骚人怨刺。二曰别集，以纪词赋杂论。三曰总集，以纪文章事类。

煚等撰集，依班固《艺文志》体例，诸书随部皆有小序，发明其指。近史官撰《隋书·经籍志》，其例亦然。窃以纪录简编异题，卷部相沿，序述无出前修。今之杀青，亦所不取，但纪部帙而已。而煚等所序四部都录以明新修之旨，今略载之：

窃以经坟浩广，史图纷博，寻览者莫之能遍，司总者常苦其多，何暇重屋复床，更繁其说？若先王有阙典，上圣有遗事，邦政所急，儒训是先，宜垂教以作程，当阐规而开典，则不遑启处，何获宴宁。曩之所修，诚惟此义，然礼有未惬，追怨良深。于时秘书省经书，实多亡阙，诸司坟籍，不暇讨论。此则事有未周，一也。其后周览人间，颇睹阙文，新集记贞观之前，永徽已来不取；近书采长安之上，神龙已来未录。此则理有未弘，二也。书阅不遍，事复未周，或不详名氏，或未知部伍。此则体有未通，三也。书多阙目，空张第数，既无篇题，实乖标榜。此则例有所亏，四也。所用书序，咸取魏文贞；所分书类，皆据《隋经籍志》。理有未允，体有不通。此则事实未安，五也。昔马谈作《史记》，班彪作《汉书》，皆两叶而仅成；刘歆作《七略》，王俭作《七志》，逾二纪而方就。孰有四万卷目，二千部书，名目首尾，三年便令终竟，欲求精悉，不其难乎？所以常有遗恨，窃思追雪。乃与类同契，积思潜心，审正旧疑，详开新制。永徽新集，神龙近书，则释而附也；未详名氏，不知部伍，则论而补也。空张之目，则检获便增；未允之序，则详宜别作。纰缪咸正，混杂必刊。改旧传之失者，三百余条；加新书之目者，六千余卷。凡经录十二家，五百七十五部，六千二百四十一卷。史录十三家，八百四十部，一万七千九百四十六卷。子录十七家，七百五十三部，一万五千六百三十七卷。集录三家，八百九十二部，一万二千二十八卷。凡四部之录四十五家，都管三千六十部，五万一千八百五十二卷，成《书录》四十卷。其外有释氏经律论疏，道家经戒符箓，凡二千五百余部，九千五百余卷。亦具翻译名氏，序述指归，又勒成目录十卷，名曰《开元内外经录》。若夫先王秘传，列代奥文，自古之粹籍灵符，绝域之神经怪牒，尽载于此二书矣。

夫经籍者，开物成务，垂教作程，圣哲之能事，帝王之达典。而去圣已久,开凿遂多,苟不剖判条源,甄明科部,则先贤遗事,有卒代而不闻,大国经书,遂终年而空泯。使学者孤舟泳海,弱羽凭天,衔石填溟,倚杖追日,莫闻名目,岂详家代?不亦劳乎!不亦弊乎!将使书千帙于掌眸,披万函于年祀,览录而知旨,观目而悉词,经坟之精术尽探,贤哲之睿思咸识,不见古人之面,而见古人之心,以传后来,不其愈已!

其序如此。

煚等《四部目》及《释道目》,并有小序及注撰人姓氏,卷轴繁多,今并略之,但纪篇部,以表我朝文物之大。其《释道录目》附本书,今亦不取,据开元经籍为之志。天宝已后,名公各著文章,儒者多有撰述,或记礼法之沿革,或裁国史之繁略,皆张部类,其徒实繁。臣以后出之书,在开元四部之外,不欲杂其本部,今据所闻,附撰人等传。其诸公文集,亦见本传,此并不录。四部区分,详之于下。

([后晋]刘昫等撰《旧唐书》卷四十六,中华书局1975年版)

张廷玉《明史·艺文志总叙》

明太祖定元都,大将军收图籍致之南京,复诏求四方遗书,设秘书监丞,寻改翰林典籍以掌之。永乐四年,帝御便殿阅书史,问文渊阁藏书。解缙对以尚多阙略。帝曰:"士庶家稍有余资,尚欲积书,况朝廷乎?"遂命礼部尚书郑赐遣使访购,惟其所欲与之,勿较值。北京既建,诏修撰陈循取文渊阁书一部至百部,各择其一,得百柜,运致北京。宣宗尝临视文渊阁,亲披阅经史,与少傅杨士奇等讨论,因赐士奇等诗。是时,秘阁贮书约二万余部,近百万卷,刻本十三,抄本十七。正统间,士奇等言:"文渊阁所贮书籍,有祖宗御制文集及古今经史子集之书,向贮左顺门北廊,今移于文渊阁、东阁,臣等逐一点勘,编成书目,请用宝钤识,永久藏弆。"制曰"可"。正德十年,大学士梁储等请检内阁并东阁藏书残阙者,令原管主事李继先等次第修补。先是,秘阁书籍皆宋、元所遗,无不精美,装用倒折,四周外向,虫鼠不能损。迄流贼之乱,宋刻元镌胥归残阙。至明御制诗文,内府镂板,而儒臣奉敕修纂之书及象魏布告之训,卷帙既夥,文藻复优,当时颁行天下。外此则名公卿之论撰,骚人墨客一家之言,其工者深醇大雅,卓卓可传,即有怪奇驳杂出乎其间,亦足以考风气之正变,辨古学之源流,识大识小,掌故备焉。挹其华实,无让前徽,可不谓文运之盛欤。

四部之目,昉自荀勖,晋、宋以来因之。前史兼录古今载籍,以为皆其时柱下之所有也。明万历中,修撰焦竑修国史,辑《经籍志》,号称详博。然延阁广内之藏,竑亦无从遍览,则前代陈编,何凭记录,区区掇拾遗闻,冀以上承《隋志》,而赝书错列,徒滋讹舛。故今第就二百七十年各家著述,稍为厘次,勒成一志。凡卷数莫考、疑信未定者,宁阙而不详云。

([清]张廷玉等撰《明史》卷九十六,中华书局1974年版)

(二)散佚

李清照《金石录后序》

右《金石录》三十卷者何?赵侯德父所著书也。取上自三代,下讫五季,钟、鼎、甗、鬲、盘、匜、尊、敦之款识,丰碑大碣、显人晦士之事迹,凡见于金石刻者二千卷,皆是正讹谬,去取褒贬,上足以合圣人之道,下足以订史氏之失者皆载之,可谓多矣。呜呼!自王播、元载之祸,书画与胡椒无异;长舆、元凯之病,钱癖与传癖何殊。名虽不同,其惑一也。

余建中辛巳始归赵氏,时先君作礼部员外郎,丞相时作吏部侍郎,侯年二十一,在太学作学生。赵、李族寒,素贫俭。每朔望谒告出,质衣取半千钱,步入相国寺,市碑文、果实归,相对展玩咀嚼,自谓葛天氏之民也。后二年,出仕宦,便有饭蔬衣练、穷遐方绝域、尽天下古文奇字之志。日就月将,渐益堆积。丞相居政府,亲旧或在馆阁,多有亡诗逸史、鲁壁汲冢所未见之书,遂力传写,浸觉有味,不能自已。后或见古今名人书画、三代奇器,亦复脱衣市易。尝记崇宁间,有人持徐熙《牡丹图》求钱二十万。当时虽贵家子弟,求二十万钱,岂易得耶?留信宿,计无所出而还之。夫妇相向惋怅者数日。

后屏居乡里十年，仰取俯拾，衣食有余。连守两郡，竭其俸入，以事铅椠。每获一书，即同共勘校，整集签题。得书画、彝鼎，亦摩玩舒卷，指摘疵病，夜尽一烛为率。故能纸札精致，字画完整，冠诸收书家。余性偶强记，每饭罢，坐归来堂烹茶，指堆积书史，言某事在某书某卷第几叶第几行，以中否角胜负，为饮茶先后。中即举杯大笑，至茶倾覆怀中，反不得饮而起。甘心老是乡矣，故虽处忧患困穷而志不屈。

收书既成，归来堂起书库大橱，簿甲乙，置书册。如要讲读，即请钥上簿关出。卷帙或少损污，必惩责揩完涂改，不复向时之坦夷也。是欲求适意而反取憀栗。余性不耐，始谋食去重肉，衣去重采，首无明珠翡翠之饰，室无涂金刺绣之具，遇书史百家字不刓阙、本不讹谬者，辄市之储作副本。自来家传《周易》《左氏传》，故两家者流文字最备。于是几案罗列，枕席枕藉，意会心谋，目往神授，乐在声色狗马之上。

至靖康丙午岁，侯守淄川，闻金人犯京师，四顾茫然，盈箱溢箧，且恋恋，且怅怅，知其必不为己物矣。建炎丁未春三月，奔太夫人丧南来，既长物不能尽载，乃先去书之重大印本者，又去画之多幅者，又去古器之无款识者，后又去书之监本者，画之平常者，器之重大者，凡屡减去，尚载书十五车。至东海，连舻渡淮，又渡江，至建康。青州故第尚锁书册什物，用屋十余间，期明年春，再具舟载之。十二月，金人陷青州，凡所谓十余屋者，已皆为煨烬矣。建炎戊申秋九月，侯起复知建康府。己酉春三月罢，具舟上芜湖，入姑孰，将卜居赣水上。夏五月，至池阳。被旨知湖州，过阙上殿，遂驻家池阳，独赴召。六月十三日，始负担，舍舟坐岸上，葛衣岸巾，精神如虎，目光烂烂射人，望舟中告别。余意甚恶，呼曰："如传闻城中缓急，奈何？"戟手遥应曰："从众。必不得已，先弃辎重，次衣被，次书册卷轴，次古器，独所谓宗器者，可自负抱，与身俱存亡，勿忘也。"遂驰马去。途中奔驰，冒大暑，感疾，至行在，病痁。七月末，书报卧病。余惊怛，念侯性素急，奈何。病痁或热，必服寒药，疾可忧。遂解舟下，一日夜行三百里。比至，果大服柴胡、黄芩药，疟且痢，病危在膏肓。余悲泣，仓皇不忍问后事。八月十八日，遂不起。取笔作诗，绝笔而终，殊无分香卖屦之意。

葬毕，余无所之。朝廷已分遣六宫，又传江当禁渡。时犹有书二万卷，金石刻二千卷，器皿、茵褥可待百客，他长物称是。余又大病，仅存喘息。事势日迫，念侯有妹婿任兵部侍郎，从卫在洪州，遂遣二故吏先部送行李往投之。冬十二月，金人陷洪州，遂尽委弃，所谓连舻渡江之书，又散为云烟矣。独余少轻小卷轴书帖，写本李、杜、韩、柳集，《世说》、《盐铁论》，汉、唐石刻副本数十轴，三代鼎、鼐十数事，南唐写本书数箧，偶病中把玩、搬在卧内者，岿然独存。

上江既不可往，又虏势叵测，有弟迒任敕局删定官，遂往依之。到台，台守已遁。之剡，出陆，又弃衣被，走黄岩，雇舟入海。奔行朝。时驻跸章安。从御舟海道之温，又之越。庚戌十二月，放散百官，遂之衢。绍兴辛亥春三月，复赴越。壬子，又赴杭。先侯疾亟时，有张飞卿学士，携玉壶过视侯，便携去，其实珉也。不知何人传道，遂妄言有"颁金"之语。或传亦有密论列者。余大惶怖，不敢言，亦不敢遂已，尽将家中所有铜器等物，欲赴外廷投进。到越，已移幸四明。不敢留家中，并写本书寄剡。后官军收叛卒，取去，闻尽入故李将军家。所谓岿然独存者，无虑十去五六矣。惟有书画砚墨可五七簏，更不忍置他所，常在卧榻下，手自开阖。在会稽，卜居土民钟氏舍，忽一夕，穴壁负五簏去。予悲恸不得活，重立赏收赎。后二日，邻人钟复皓出十八轴求赏，故知其盗不远矣。万计求之，其余遂牢不可出。今知尽为吴说运使贱价得之。所谓岿然独存者，乃十去其七八。所有一二残零不成部帙书册，三数种平平书帖，犹复爱惜如护头目，何愚也耶！

今日忽阅此书，如见故人。因忆侯在东莱静治堂，装卷初就，芸签缥带，束十卷作一帙。每日晚，吏散，辄校勘二卷，跋题一卷。此二千卷，有题跋者五百二卷耳。今手泽如新，而墓木已拱，悲夫！昔萧绎江陵陷殁，不惜国亡而毁裂书画；杨广江都倾覆，不悲身死而复取图书，岂人性之所著，死生不能忘欤？或者天意以余菲薄，不足以享此尤物耶？抑亦死者有知，犹斤斤爱惜，不肯留在人间耶？何得之艰而失之易也！

呜呼！余自少陆机作赋之二年，至过蘧瑗知非之两岁，三十四年之间，忧患得失，何其多也！然有有必有无，有聚必有散，乃理之常；人亡弓,人得之,又胡足道?所以区区记其终始者,亦欲为后世好古博雅者之戒云。绍兴二年玄黓岁壮月朔甲寅,易安室题。

([宋]赵明诚撰,金文明校证《金石录校证》,中华书局2005年版)

张邦基《藏书之富者》

藏书之富,如宋宣献、毕文简、王原叔、钱穆父、王仲至家及荆南田氏、历阳沈氏,各有书目。谯郡祁氏多书,号外府太清老氏之藏室,后皆散亡。田、沈二家不肖子,尽鬻之。京都盛时,贵人及贤宗室往往聚书,至多者万卷。兵火之后,焚毁迨尽,间有一二留落人间。亦书史一时之厄也。吴中曾旼彦和、贺铸方回二家书,其子献之朝廷,各命以官。皆经彦和、方回手自雠校,非如田、沈家贪多务得,舛谬讹错也。

([宋]张邦基撰,孔凡礼点校《墨庄漫录》卷五,中华书局2002年版)

郑樵《书有名亡实不亡论》

书有亡者,有虽亡而不亡者,有不可以不求者,有不可求者。《文言》《略例》虽亡,而《周易》具在。汉、魏、吴、晋鼓吹曲虽亡,而乐府具在。《三礼目录》虽亡,可取诸《三礼》。《十三代史目录》虽亡,可取诸《十三代史》。常鼎宝《文选著作人名目录》虽亡,可取诸《文选》。孙玉汝《唐列圣实录》虽亡,可取诸《唐实录》。《开元礼目录》虽亡,可取诸《开元礼》。《名医别录》虽亡,陶隐居已收入《本草》。李氏《本草》虽亡,唐慎微已收入《证类》。《春秋括甲子》虽亡,不过起隐公至哀公甲子耳。韦嘉《年号录》虽亡,不过起汉后元至唐中和年号耳。《续唐历》虽亡,不过起续柳芳所作至唐之末年,亦犹《续通典》续杜佑所作至宋初也。《毛诗虫鱼草木图》盖本陆玑《疏》而为图,今虽亡有陆玑《疏》在,则其图可图也。《尔雅图》盖本郭璞注而为图,今虽亡有郭璞注在,则其图可图也。张频《礼粹》出于崔灵恩《三礼义宗》,有崔灵恩《三礼义宗》则张频《礼粹》为不亡。《五服志》出于《开元礼》,有《开元礼》则《五服志》为不亡。有杜预《春秋公子谱》,无顾启期《大夫谱》可也。有《洪范五行传》,无《春秋灾异应录》可也。丁副《春秋三传同异字》可见于杜预《释例》、陆淳《纂例》。京相璠

《春秋土地名》可见于杜预《地名谱》、桑钦《水经》。李腾《说文字源》不离《说文》,《经典分毫正字》不离《佩觿》。李舟《切韵》乃取《说文》而分声,《天宝切韵》即《开元文字》而为韵。《内外转归字图》《内外传钤指归图》《切韵枢》之类,无不见于《韵海镜源》。书评、书论、书品、书诀之类,无不见于《法书苑墨薮》。唐人小说多见于《语林》,近代小说多见于《集说》。《天文横图》《圆图》《分野图》《紫微图》《象度图》,但一图可该。《大象赋》《小象赋》《周髀星述》《四七长短经》《刘石甘巫占》,但一书可备。《开元占经》《象应验录》之类,即《古今通占鉴》《乾象新书》可以见矣。李氏《本草拾遗》《删繁本草》,徐之才《药对》《南海药谱》《药林》《药论》《药忌》之书,《证类本草》收之矣。《肘后方》《鬼遗方》《独行方》《一致方》及诸古方之书,《外台秘要》《太平圣惠方》中尽收之矣。纪元之书,亡者甚多,不过《纪运图》《历代图》可见其略。编年纪事之书,亡者甚多,不过《通历》《帝王历数图》可见其略。凡此之类,名虽亡而实不亡者也。

  ([宋]郑樵撰,王树民点校《通志二十略》,中华书局1995年版)

【附】郑樵《亡书出于后世论》

  古之书籍,有不出于当时,而出于后代者。按萧何律令,张苍章程,汉之大典也,刘氏《七略》、班固《汉志》全不收。按晋之故事即汉章程也,有《汉朝驳议》三十卷,《汉名臣奏议》三十卷,并为章程之书,至隋、唐犹存,奈何阙于汉乎?刑统之书本于萧何律令,历代增修,不失故典,岂可阙于当时乎?又况兵家一类,任宏所编,有韩信《军法》三篇,《广武》一篇,岂有韩信《军法》犹在,而萧何律令、张苍章程则无之,此刘氏、班氏之过也。孔安国《舜典》不出于汉而出于晋,《连山》之《易》不出于隋而出于唐。应知书籍之亡者,皆校雠之官失职矣。

  ([宋]郑樵撰,王树民点校《通志二十略》,中华书局1995年版)

【附】郑樵《亡书出于民间论》

  古之书籍,有上代所无,而出于今民间者。《古文尚书音》,唐世与宋朝并无,今出于漳州之吴氏。陆机《正训》,《隋》《唐》二志并无,今出于荆州之田氏。《三坟》自是一种古书,至熙丰间始出于野堂村校。按漳州吴氏《书目》,算术一家有数件古书,皆三馆四库所无者,臣已收入求书类矣。又《师春》二卷,《甘氏星经》二卷,《汉官典义》十卷,《京房易钞》一卷,今世之所传者皆出吴氏。应知古书散落人间者,可胜计哉,求之之道未至耳。

（［宋］郑樵撰,王树民点校《通志二十略》,中华书局1995年版）

周密《书籍之厄》

世间凡物未有聚而不散者,而书为甚。隋牛弘靖请开献书之路,极论废兴,述五厄之说,则书之厄也久矣,今姑摭其概言之。

梁元帝江陵蓄古今图书十四万卷,隋嘉则殿书三十七万卷。唐惟贞观、开元最盛,两都各聚书四部至七万卷。宋宣和殿、太清楼、龙图阁、御府所储尤盛于前代,今可考者,《崇文总目》四十六类三万六百六十九卷,史馆一万五千余卷,余不能具数。南渡以来,复加集录馆阁书目五十二类四万四千四百八十六卷、续目一万四千九百余卷,是皆藏于官府耳。

若士大夫之家所藏,在前世如张华载书三十车,杜兼聚书万卷,韦述蓄书二万卷,邺侯插架三万卷,金楼子聚书八万卷,唐吴竞西斋一万三千四百余卷。宋承平时,如南都戚氏,历阳沈氏,庐山李氏,九江陈氏,番易吴氏,王文康,李文正,宋宣献,晁以道,刘壮舆,皆号藏书之富。邯郸李淑五十七类二万三千一百八十余卷,田镐三万卷,昭德晁氏二万四千五百卷,南都王仲至四万三千余卷,而类书浩博,若《太平御览》之类,复不与焉。次如曾南丰及李氏山房,亦皆一、二万卷,然后靡不厄于兵火者。

至若吾乡故家如石林叶氏,贺氏,皆号藏书之多,至十万卷。其后齐斋倪氏,月河莫氏,竹斋沈氏,程氏,贺氏,皆号藏书之富,各不下数万余卷,亦皆散失无遗。近年惟直斋陈氏书最多,盖尝仕于莆,传录夹漈郑氏、方氏、林氏、吴氏旧书至五万一千一百八十余卷,且仿《读书志》作解题,极其精详,近亦散失。至如秀岩,东窗,凤山三李,高氏,牟氏皆蜀人,号为史家,所藏僻书尤多,今亦已无余矣。

吾家三世积累,先君子尤酷嗜,至鬻负郭之田以供笔札之用。冥搜极讨,不惮劳费,凡有书四万二千余卷,及三代以来金石之刻一千五百余种,庋置书种、志雅二堂,日事校雠,居然籯金之富。余小子遭时多故,不善保藏,善和之书,一旦扫地。因考今昔,有感斯文,为之流涕。因书以识吾过,且以示子孙云。

（［宋］周密撰,张茂鹏点校《齐东野语》卷十二,中华书局1983年版）

【附】洪迈《书籍之厄》

梁元帝在江陵,蓄古今图书十四万卷,将亡之夕尽焚之。隋嘉则殿有书三十七万卷,唐平王世充,得其旧书于东都,浮舟溯河,尽覆于砥柱。贞观、开元募借缮写,两都各聚书四部。禄山之乱,尺简不藏。代宗、文宗时,复行搜采,分藏于十二库。黄巢之乱,存者盖鲜。昭宗又于诸道求访,及徙洛阳,荡然无遗。今人观汉、隋、唐《经籍》《艺文志》,未尝不茫然太息。晁以道记本朝王文康初相周世宗,多有唐旧书,今其子孙不知何在。李文正所藏既富,而且辟学馆以延学士大夫,不待见主人,而下马直入读书,供牢饩以给其日力,与众共利之。今其家仅有败屋数楹,而书不知何在也。宋宣献家兼有毕文简、杨文庄二家之书,其富盖有王府不及者。元符中,一夕灾为灰烬。以道自谓家五世于兹,虽不敢与宋氏争多,而校雠是正,未肯自逊。政和甲午之冬,火亦告谴。惟刘壮舆家于庐山之阳,自其祖凝之以来,遗子孙者唯图书也,其书与七泽俱富矣,于是为作记。今刘氏之在庐山者,不闻其人,则所谓藏书殆亦羽化。乃知自古到今,神物亦于斯文为靳靳也。宣和殿、太清楼、龙图阁御府所储,靖康荡析之余,尽归于燕；置之秘书省,乃有幸而得存者焉。

（［宋］洪迈撰,孔凡礼点校《容斋随笔》续笔卷十五,中华书局2005年版）

【附】谢肇淛《物聚必散》

大凡尤物,聚极必散,毋论货财,即书画器具,裒集甚艰,而其究也,或厄于水火,或遘于兵燹,或败坏于不肖子孙,或攘夺于有力势豪。如隋嘉则之书籍,宋宣和之玩好,李卫公平泉之木石,赵明诚校雠之书刻,以四海之物力,毕世之精神,而一旦澌灭,无复孑遗,岂成毁自有数耶？抑亦造物之所忌也！千载之下,犹扼腕叹恨,何况当时？

（［明］谢肇淛撰,沈世荣标点《文海披沙》卷六,大连图书供应社1925年版）

【附】顾起元《藏书》

南都前辈多藏书之富者,司马侍御泰、罗太守凤、胡太史汝嘉,尤号充栋,其后人不能守,遂多散轶。司马家书目,尤多秘牒,有东坡先生论语解钞本四卷。其家数有郁攸之变,此书亡矣。胡氏牙签锦轴,最为珍异,而子孙式微,凋落市肆,尤为人所惋叹。昔人言藏书八厄,水一也,火二也,鼠三也,蠹四也,收贮失所五也,涂抹无忌六也,遭庸妄人改窜七也,为不肖子鬻卖八也。周吉甫言:里中谢家小儿喜闻裂书声,乳媪日抱至书室,姿裂之,以招嘻笑。此当为藏书九厄。乃予又闻里中故家子有分书不计部数,以为不均,每遇大部,兄弟平分,各得数册者。有藏书不皮箧笥,狼籍大米桶中,或为人践踏者。此其厄,视梁元帝、南唐黄保仪之焚毁,又何如哉!至若为庸夫作枕头,为村店糊壁格,为市肆覆酱瓿,为婢妪夹鞋样,比于前厄差降一等。其它如堆积不晓披阅,收藏不解护持,秘本吝惜不肯流传,新刻差讹不加雠校,书之众厄,又有未易枚举者矣。

([明]顾起元撰,谭棣华、陈稼禾点校《客座赘语》卷八,中华书局1987年版)

【附】钱大昕《藏书之厄》

魏华父言:"藏书之盛鲜有久而弗厄者。"孙长孺自唐僖宗时为榜"书楼"二字,国朝之藏书者莫先焉。三百年间,再毁于火。江元叔合江南吴、越之藏凡数万卷,为藏仆窃去,市人裂之以籍物。其入于安陆张氏者,传之未几,一箧之富,仅供一炊。王文康、李文正、庐山刘壮舆、南阳井氏皆以藏书名,未久而失之。宋宣献兼有毕文简、杨文庄二家之书,不减中秘,而元符中荡为烟埃。晁文元累世所藏,自中原无事时已有火厄,至政和甲午之灾尺素不存。

([清]钱大昕著,陈文和主编《嘉定钱大昕全集·十驾斋养新录》余录卷下,凤凰出版社2016年版)

元好问《故物谱》

予家所藏,书,宋元祐以前物也;法书,则唐人笔迹及五代写本为多;画,有李、范、许、郭诸人高品。就中薛稷《六鹤》最为超绝,先大父铜山府君官汲县时,官卖宣和内府物也。铜碌两小山,以酒沃之,青翠可摘,府君部役时物也。"风"字大砚,先东岩君教授乡里时物也。铜雀砚,背有大钱一、天禄一,坚重致密,与石无异,先陇城府君官冀州时物也。

贞祐丙子之兵,藏书壁间,得存。兵退,予将奉先夫人南渡河,举而付之太原亲旧家。自余杂书及先人手写《春秋》三史、《庄子》《文选》之等,尚千余册,并画百轴,载二鹿车自随。三砚则瘗之郑村别墅。是岁寓居三乡。其十月,北兵破潼关,避于女几之三潭。比下山,则焚荡之余,盖无几矣。

今此数物,多予南州所得,或向时之遗也。往在乡里,常侍诸父及两兄燕谈。每及家所有书,则必枚举而问之。如曰某书买于某处,所传之何人,藏之者几何年,则欣然志之。今虽散亡,其缀缉装褙、签题印识,犹梦寐见之。《诗》有之:"维桑与梓,必恭敬止。"以予心忖度之,知吾子孙却后当以不知吾今日之为恨也。

或曰:"物之阅人多矣!世之人玩于物,而反为物所玩。贪多务取,巧偷豪夺,遗簪败履,恻然兴怀者皆是也。李文饶志平泉草木,有'后世毁一树一石,非吾子孙'之语,欧阳公至以庸愚处之。至于法书、名画,若桓玄之爱玩、王涯之固护,非不为数百年计,然不旋踵,已为大有力者负之而趋。我躬之不可必,奚我后之恤哉?"予以为不然。三代鼎钟,其初出于圣人之制,今其款识故在。不曰"永用享",则曰"子子孙孙永宝用",岂为圣人者超然远览,而不能忘情于一物耶?抑知其不能必为我有,而固欲必之也?盖自庄周、列御寇之说盛,世之诞者遂以天地为逆旅,形骸为外物,虽圣哲之能事,有不满一笑者,况外物之外者乎?虽然,彼固有方内外之辩矣。道不同不相为谋。使渠果能寒而忘衣,饥而忘食,以游于方之外,虽渺万物而空之,犹有托焉尔。如曰不然,则备物以致用,守器以为智,惟得之有道,传之无愧,斯可矣!亦何必即空以遣累,矫情以趋达,以取异于世耶?乃作《故物谱》。

丙申八月二十有二日,洛州元氏太原房某引。

([金]元好问著,狄宝心校注《元好问文编年校注》卷四,中华书局2012年版)

胡应麟《经籍会通》（节选）

牛弘所论五厄，皆六代前事。隋开皇之盛极矣，未几皆烬于广陵；唐开元之盛极矣，俄顷悉灰于安、史。肃、代二宗浡加鸠集，黄巢之乱复致荡然。宋世图史一盛于庆历，再盛于宣和，而女真之祸成矣；三盛于淳熙，四盛于嘉定，而蒙古之师至矣。然则书自六朝之后，复有五厄，大业一也、天宝二也、广明三也、靖康四也、绍定五也，通前为十厄矣。等而论之，则古今书籍盛聚之时、大厄之会各有八焉，春秋也、西汉也、萧梁也、隋文也、开元也、太和也、庆历也、淳熙也，皆盛聚之时也；祖龙也、新莽也、萧绎也、隋炀也、安史也、黄巢也、女真也、蒙古也，皆大厄之会也。东京之季，纂辑无闻，魏晋之间，采摭未备；卓、曜诸凶，摧颓余烬，于聚于厄俱未足云。

古今坟籍之厄，秦固诛首，莽即次之。盖秦所焚率三代上书，西汉稍稍鸠集，莽又继之，故靡尺简也。唐之厄厄于叛贼，宋之厄厄于裔夷，彼非有意于焚，兵烬所经，玉石俱毁，况书宜火物也，独湘东以文士甘心焉，罪浮政矣。炀虽雅尚，卒以不道祸延，薄乎云尔。

大抵历朝坟籍，自唐以前概见《隋志》。宋兴而后《通考》为详。第其卷帙之数往往异同，缘诸家辑录，或但纪当时，或通志一代，或因仍重复、或节略猥凡，故刘、班接迹繁简顿殊，王谢并兴多寡悬绝，即博洽之流勤于论核，而疑似之迹未易精详。今绅绎群言，旁参各代，推寻事势，考定异同，录其灼然者于左。

西汉三万三千九十卷　刘歆《七略》总目。《旧唐书》"九十"作"九百"，非是。据班志所省十家三百余篇，而所增又数十篇，仅得后数，与此不合，然他无可考。

东汉一万三千二百六十九卷　班固《艺文志》总目。本刘氏《七略》，入刘向、扬雄等儒术三家，省《伊尹》《墨子》兵类十家，东汉无增者。

晋二万九千九百四十五卷　荀勖四部总目。书不存，见《隋志》序。

《旧唐书》作二万七千九百五十四卷。

东晋三千一十四卷　李充校定止此,惠、怀之乱故也。

东晋孝武增益三万余卷　徐广校定,见《崇文总目》序。

宋万四千五百八十二卷　谢灵运所校,《隋志》以为六万。案六代间书尚难得,晋渡江才得三千,孝武时三万恐亦重复。宋初何遽能尔？当以《旧唐书》为正。阮氏《七录》数同。

齐万五千七十四卷　王俭校修,《隋志》作"一万五千七百四卷"。

齐永明增益一万八千一十卷　谢朓、王亮修,诸家皆同。

梁二万三千一百六卷　任昉部集,凡释氏书不与。

梁普通增集三万余卷　阮孝绪《七录》总目。盖梁世荐绅家藏并在其中,秘书则或因任昉之旧,然释、道二典并存其间,则所增亦才数千,而梁世之书尽此矣。

隋初一万五千余卷　见牛弘进书表。此时合正、副本仅三万余,湘东煨烬所存并平陈所得也。

隋大业中三万七千余卷　柳䛒等校定。总三十七万卷,正本进御仅此。然隋志总目八万九千余卷,盖柳氏校定之后或有所增,或唐诸人据前代旧目,芟除猥杂会为此编也。诸史《艺文》皆草草,惟《隋志》盛欲备一家言,追刘、王、阮氏诸书,序意可见大都。

唐开元中八万二千三百八十四卷　《新唐书》序。总《旧唐书》止五万六千四百七十六卷,盖释、道二家不与,及唐人自著不全入也。

唐开成中五万六千四百七十六卷　《旧唐志》序所载。是时搜录未必如前之盛,盖释、道、本朝具录矣。

宋庆历中三万六百六十九卷　王尧臣《崇文总目》。后屡增益,至四万余卷。

宋淳熙中四万四千八十六卷　陈骙等《四库书目》。后屡增益,至五万九十余卷。

考诸史《艺文志》,往往与当时书目相左,隋三万七千而志八万九千六百六十六卷,唐八万二千,而《旧唐》后序十二万五千九百六卷,宋《崇文目》四万、《中兴目》五万而史十一万九千九百七十二卷。盖史或会萃一代，志但纪录一时，故不无异同，而《宋史》则深可疑也。

古今书籍，人知其厄于火而不知其厄于水者，二焉。隋嘉则殿书，寇乱亡轶，武德初尚八万卷，王世充平，命司农少卿宋遵贵以舟载之，行经砥柱漂没风浪，十仅二三，见《隋志》及《旧唐书·经籍志》后序，俱云存者无几，《新唐志》以尽亡其书，盖信笔不考之过也。次则汉兰台、石室诸书，董卓迁都，载舟西上，因罹寇盗，沉溺河中，仅数船存，此一事，他书不载，独《旧唐·经籍志》后序记此。考光武迁都，书籍二千余两，诸家以为三倍于前，固非实录，而时无纂辑，尺简不传，惜哉！

凡前代书籍之厄，史皆备书，独隋世篇籍最盛，而诸志不言所终。考隋世诸书咸在东都，炀幸广陵，东都守御独完，自王世充降唐，唐尽收其图史，仅八万卷，中间未尝被火，向之藏蓄之盛竟何在邪？惟杜宝《大业江都记》云隋书籍三十七万悉焚于广陵，当是实录。盖隋炀酷嗜经典，既欲徙都广陵，必尽载诸书自从。洛阳八万意当时副本耳。宋书籍绍、定间复灾，所存者尚众，德祐航海，蒙古之难，又荡然矣。观此则图籍废兴大概关系国家气运，岂小小哉！

（［明］胡应麟撰《少室山房笔丛》卷一，上海书店出版社2009年版）

朱彝尊《文渊阁书目跋》

《文渊阁书目》，编自正统六年六月，著录者，少师兵部尚书兼华盖殿大学士杨士奇，翰林院侍讲学士马愉，侍讲曹鼐也。其目不详撰人姓氏，又不分卷，俾观者漫无考稽，此牵率之甚者已。按宋靖康二年，金人索秘书监文籍，节次解发，见丁特起《孤臣泣血录》，而洪容斋《随笔》亦云："宣和殿、太清楼、龙图阁所储书籍，靖康荡析之余，尽归于燕。"元之平金也，杨中书惟中，于军前收伊洛诸书，载送燕都，及平宋，王承旨构，首请辇送三馆图籍。至元中，又徙平阳经籍所于京师，且括江西诸郡书板。又遣使杭州，悉取在官书籍板刻至大都。明永乐间敕翰林院，凡南内所储书，各取一部，于时修撰陈循，督舟十艘，载书百橱，送北京。又尝命礼部尚书郑赐,择通知典籍者,四出购求遗书,皆储之文渊阁内。相传雕本十三,抄本十七,盖合宋金元之所储而汇于一。缥缃之富,古未有也。考唐宋元藏书,皆极其慎重,献书有赉,储书有库,勘书有人,曝书有会。至明以百万卷秘书,顾责之典籍一官守视,其人皆赀生,不知爱重。而又设科专尚帖括,四子书、《易》《诗》,第宗朱子,《书》遵蔡氏,《春秋》用胡氏,《礼》主陈氏,爱博者窥大全而止,不敢旁及诸家。秘省所藏,土苴视之,盗窃听之,百年之后,无完书矣!迨万历乙巳,辅臣谕内阁敕房办事大理寺左寺副孙能传,中书舍人张萱、秦焜、郭安民、吴大山,校理遗籍,惟地志仅存,亦皆嘉隆后书。初非旧本,经典散失,寥寥无几,萱等稍述作者之旨,较正统书目,大为过之,惜已无足观,徒为有识者叹惜而已。

([清]朱彝尊撰《曝书亭集》卷四十四,《四部丛刊》本)

全祖望《钞永乐大典记》

明成祖敕胡广、解缙、王洪等纂修《永乐大典》,以姚广孝监其事。始于元年之秋,成于六年之冬。计二万二千七百七十七卷,凡例、目录六十卷。冠以御制文序,定为万二千册。广孝奉诏再为之序。其时公车征召之士,自纂修以至缮写,几三千人,缁流羽士,亦多预者。书成,选能诗古文词及说书者二百人,充试吏部,拔其尤者三十人授官,其余亦有注籍选人者。

方是书初上,诏名《文献大成》,后改焉。孝宗最好读书,召对廷臣之暇,即置是书案上。嘉靖四十一年,禁中失火,世宗亟命救出,此书幸未被焚,遂诏阁臣徐阶,照式摹钞一部,当时书手一百八十,每人日钞三纸。一纸三十行,一行二十八字。至隆庆改元始毕。

崇祯时刘若愚著《勺中志》,已言是书不知今贮何所。是其书在有明二百余年以来,赖世庙得如卿云之一见,而总未尝入著述家之目。暨我世祖章皇帝万几之余,尝以是书充览,乃知其正本尚在乾清宫中,顾莫能得见者。及《圣祖仁皇帝实录》成,词臣屏当皇史宬书架,则副本在焉,因移贮翰林院,然终无过而问之者。前侍郎临川李公在书局,始借观之,于是予亦得寓目焉。

其例乃用《洪武四声韵》分部,以一字为纲,即取《十三经》《廿一史》、诸子百家,无不类而列之,所谓因韵以统字,因字以系事者也,而皆直取全文,未尝擅减片语。夫偶举一事,即欲贯穿前古后今书籍,斯原属事势所必不能。而大典辑眷并包,不遗余力,虽其间不无汗漫陵杂之失,然神魄亦大矣。盖尝闻诸儒商榷凡例,初多参辰,王偁笑曰:"欲构层楼华屋,乃计功于籖桶都料耶?"则凡例,盖取偁手也。若一切所引书,皆出文渊阁储藏本。自万历重修书目,已仅有十之一,继之以流寇之火,益不可问。闻康熙间,昆山徐尚书健庵以修《一统志》言于朝,请权发阁中书资考校,寥寥无几,则是书之存,乃斯文未丧一硕果也。

因与公定为课,取所流传于世者,概置之,即近世所无,而不关大义者亦不录,但钞其所欲见而不可得者。而别其例之大者为五:其一为经,诸解经之集大成者,莫如房审权之《易》,卫湜、王与之之二《礼》,此外莫有仿之者;今使取《大典》所有,稍为和齐而斟酌,则诸经皆可成也。其一为史,自唐以后,六史篇目虽多,文献不足;今采其稗野之作,金石之记,皆足以资考索。其一为志乘,宋、元图经旧本,近日存者寥寥,明中叶以后所编,则皆未见古人之书而妄为之;今求之《大典》,厘然具在。其一为氏族,世家系表而后,莫若夹漈《通略》,然亦得其大概而已,未若此书之该备也。其一为艺文,东莱《文鉴》不及南渡,遗集之散亡者,《大典》得十九焉。其余偏端细目,信手荟萃,或可以补人间之缺本,或可以正后世之伪书,则信乎取精多而用物宏,不可谓非宇宙间之鸿宝也。

会逢今上纂修《三礼》,予始语总裁桐城方公钞其《三礼》之不传者,惜乎其阙失几二千册,予尝欲奏之今上,发宫中正本以补足之,而未遂也。夫求储藏于秘府,更番迭易,往复维艰,而吾辈力不能多畜写官,自从事于是书,每日夜漏三下而寝,可尽二十卷。而以所签分令四人钞之,或至浃旬未毕,则欲卒业于此,非易事也。然以是书之沈屈,忽得人读之,不必问其卒业与否,要足为之吐气。嗟乎!温公《通鉴》之成,能读之至竟者只王益柔一人,其余未及一卷,即欠伸思睡。况《大典》百倍于此,其皮阁也固宜。今吾辈锐欲竟之,而力不我副,是则不能不心以为忧者也。

([清]全祖望撰,朱铸禹汇校集注《全祖望集汇校集注》,上海古籍出版社2000年版)

袁枚《散书记》

乾隆癸巳,天子下求书之诏。余所藏书传抄稍希者,皆献大府,或假宾朋,散去十之六七。人恤然若有所疑。余晓之曰:天下宁有不散之物乎？要使散得其所耳,要使于吾身亲见之耳。古之藏书人,当其手抄縑易,侈侈隆富,未尝不十倍于余。然而身后子孙有以《论语》为薪者,有以三十六万卷沉水者,牛宏所数五厄,言之慨然。今区区铅椠,得登圣人之兰台、石渠,为书计,业已幸矣。而且大府因之见功,宾朋因之致谢,为予计更幸矣。

不特此也,凡物恃为吾有,往往庋置焉而不甚研阅。一旦灘然欲别,则郑重审谛之情生。予每散一帙,不忍决舍,必穷日夜之力,取其宏纲巨旨,与其新奇可喜者,腹存而手集之。是散于人,转以聚于己也。

且夫文灭质,博溺心。寡者,众之所宗也。圣贤之学,未有不以返约为功者。良田千畦,食者几何耶？广厦万区,居者几何耶？从来用物宏,不如取精多。删其繁芜,然后迫之以不得不精之势,此予散书之本志也。

([清]袁枚著,周本淳标校《小仓山房诗文集·小仓山房续文集》卷二十九,上海古籍出版社1988年版)

袁枚《散书后记》

书将散矣,司书者请问其目。余告之曰:凡书有资著作者,有备参考者。备参考者,数万卷而未足;资著作者,数千卷而有余。何也？著作者镕书以就己,书多则杂;参考者劳己以徇书,书少则漏。著作者如大匠造屋,常精思于明堂奥区之结构,而木屑竹头非所计也;考据者如计吏持筹,必取证于质剂契约之纷繁,而圭撮毫厘所必争也。二者皆非易易也。

然而一主创,一主因;一凭虚而灵,一核实而滞;一耻言蹈袭,一尊事依傍；一类劳心，一类劳力。二者相较，著作胜矣。且先有著作而后有书，先有书而后有考据。以故著作者，始于《六经》，盛于周、秦；而考据之学，则自后汉末而始兴者。郑、马笺注，业已回冗。其徒从而附益之，抨弹蹎驳，弥弥滋甚。孔明厌之，故读书但观大略；渊明厌之，故读书不求甚解。二人者，一圣贤，一高士也。余性不耐杂，窃慕二人之所见，而又苦本朝考据之才之太多也，盍以书之备参考者尽散之！

（[清]袁枚著，周本淳标校《小仓山房诗文集·小仓山房续文集》卷二十九，上海古籍出版社1988年版）

丁丙《淳祐临安志跋》

咸丰辛酉仲冬，粤西之寇环攻杭城，战守两穷，城中人唏嘘待尽而已。时秀水高伯平先生寓寒舍，因相事校书，以消忧愤。一日，邵位西枢佥来，言及《淳祐志》姚仲芳广文处有之。托其假归，凡抄本四册。取《挈经室外集》所列是书提要对核，门目不同，又中志宋事不书国朝而书宋字，疑书估伪抄为利者，遂璧还之。未几城破，位西、仲芳殉难。余避走，与伯翁会于如皋。先是，伯兄以先亲葬事冒贼烽至西溪，见村市货物率裹旧纸，以四库书页为多。星偕匍诣文澜阁，书本狼藉过半。沿途贼社垒卡逻伺，不容携片纸，乃侨称收购字纸，贼果担书来售，屡屡无次，亦不仅四库书。分别简料，得书八百余束，束高二尺，《图书集成》与四库书不计。渐运至沪，属周君汇西部署。是志即出其内，姚氏故物也。旋杭三十年，中间一假朱子涵观察藏本，钩校视此仅得其半，一假筱珊太史藏本，钩校视此尤多阙误。此本辑自《永乐大典》，而较阮氏所得六卷本为多，信可保也。独惜当日胡书农学士家藏有辑出残本，凡十六卷，竟未及借校，不知曾化劫灰否耳。光绪丁酉曝书日送老识。

（南京图书馆主办"家国书运：八千卷楼藏书特展"）

叶昌炽《古碑之厄》

藏书有五厄，古碑之厄有七，而兵燹不与焉。韩退之诗云"雨淋日炙野火燎"，又云"牧童敲火牛砺角"，亦不与焉。高岸为谷，深谷为陵，地震崩摧,河流漂溺,汉《华山碑》、唐《顺陵碑》,皆为地震崩裂。《熹平石经》,周大象中,自洛窃载还邺,船坏没溺。祇园片石,误椎化度之碑,范谔《化度寺铭跋》:高王父讳雍,使关右,历南山佛寺,见断石砌下,视之乃此碑,称叹以为至宝。寺僧误以为石中有宝,破石求之,不得,弃之寺后。砥柱洪涛,久没纯陁之碣。谓薛纯陁砥柱铭。此一厄也。匠石磨砻,耕犁发掘,或断为柱础,北海《李秀碑》,为一教官断为柱础六,四础为王损仲携至汴,两础犹在都中。《汉石经》,隋开皇六年载入长安,置于秘书内省,营造司亦用为柱础。或支作灶陉,邰阳《魏十三字残碑》,康强跋云,是夏阳人家支灶物。或为耕场之礌磳,齐鲁间经幢,农民皆断为礌磳。或为废寺之甂甑。元许有壬《兴元阁记》,见《圭塘小稿》。今残碑百余字尚在,和林寺僧毁为香案。通衢如砥,填江左之贞珉,相传六朝刻石,明太祖时皆用以甃治街道。今金陵聚宝门内,石道坦平如砥,云背面皆有字也。架水为梁,支汉经之残字。《广川书跋》:《熹平石经》,周大象后破为桥基。荒坟蔓草,遍卧蟠螭,废垒长杨,聊资列雉。吾乡王废基防营,墙基累累,皆旧碑也。此二厄也。唐宋题名,摩崖漫刻,后来居上,有如积薪。唐贤名迹,宋人从而磨刻之,宋贤名迹,明人乃更加甚焉。贺方回之题字,惆怅武邱,虎邱《贺方回题名》,庚申前尚完好,今为茗上一伧父凿损。史延福之刻经,模糊伊阙。龙门如意元年《史延福刻陁罗尼经》,明提学赵岩,刻"伊阙"两大字于上。邠原揽古,空谭大佛因缘,邠州大佛寺,吴窓斋中丞为学使时,列炬访之,观壁间题名累累,有唐刻一通,为宋人冪刻其上。岱顶勒崇,莫问从臣姓氏。唐玄宗《泰山铭》后,附刻从臣姓氏,皆为后游者刻损。莫不屋中架屋,床上安床。此三厄也。武人俗吏,目不识丁,勾工选材,艰于伐石,或去前贤之姓字,而改窜己名,余所藏宋元幢,其字迹有绝类唐人者,盖皆属吏媚其府主作功德,俗僧为取旧幢,磨去年月姓名,而改刻之。或磨背面之文章,而更刊他作,唐《华岳精享昭应碑》,即刊于天和碑之阴。《授堂金石跋》曰:《水经注》,樊城西南,有曹仁《记水碑》,杜元凯重刻其后,书伐吴之事。古人简便,不重烦如此。又《渭水》内,载汉文帝庙一碑,建安中立。汉镇远将军段煨文、给事黄门侍郎张昶书。魏文帝又刻其碑阴二十余字,又在杜征南之前。然碑阴本无字则可，若如《颜鲁公庙碑》，有碑阴记，或有故吏题名，亦从而磨刻之，则前贤名迹已失其半矣。甚或尽铲旧文，别镌新制，改为改作，澌灭无遗。如《唐书·姜行本传》，高昌之役，磨去汉《班超纪功碑》，更刊颂陈国威灵，即贞观十四年《姜行本碑》是也。陆务观《老学庵笔记》云：北都有《魏博节度使田绪遗爱碑》，张宏靖书。《何进滔德政碑》，柳公权书，皆石刻之杰也。政和中，梁左丞子美为尹，皆毁之，以其石刻《新颁五礼新仪》。赵德甫跋《何进滔碑》亦云：政和中，大名尹建言，磨去旧文，别刻新制，好古者为之叹惜。孙渊如述何梦华之言云，金承安三年，牛头祖书《唐相魏文贞庙记》，亦磨去唐碑重刻，碑首犹存"唐"字。《唐深州刺史墓志》盖，明人刻作《金牛禅师塔碑》趺。元时学官所刻至元、大德圣旨碑，大半磨治旧石，而更刻之。此四厄也。裴李争功，熙丰钩党。李义山云：长绳百尺拽碑倒，粗沙大石相磨治。苏子由云：北客若来休问讯，西湖虽好莫题诗。韩苏之文，毁于谣诼。又若闰朝僭号，讳于纳土之余，吴越钱氏诸碑有建元者，宋初纳土后皆毁去。所毁经幢尤多。叛镇纪年，削自收京以后。《悯忠寺宝塔颂》，史思明纪年皆磨去，重刊唐号。或碎裂全文，或削除违字，后贤考订，聚讼转滋。此五厄也。津要访求，友朋持赠，轺车往返，以代苞苴，官符视若催科，匠役疲于奔命，一纸之费，可以倾家，千里之遥，不殊转饷。里有名迹，重为闾阎之累，拔本塞原，除之务尽。今昭陵诸碑，无一瓦全，关陇巩洛之交，往往谈虎色变。此六厄也。夫石刻者，所以留一方之掌故，非镇库之奇珍，海内藏家，敝帚自享，宦游所至，不吝兼金。或装廉吏之舟，亦入估人之橐，夺人所好，迁地弗良，转展贸迁，必至失所。此关中毛茂才所以有勿徙石刻之记，而言者谆谆，听者充耳。《化度寺碑》，宋范氏书楼本，已先作俑，毕秋帆中丞自关中携四唐石归，置之灵岩山馆，庚申之劫，与平泉花石，同付劫灰。此七厄也。有此七厄，其幸存天壤者，皆硕果矣，可不宝诸。

汉唐以来，石刻有"王"字者其碑幸存，亦多镌毁，此金海陵之虐政也。顾亭林《金石文字记》云："裴漼《少林寺碑》内'王'字俱镌去。按《金史》海陵正隆二年二月，改定亲王以下封爵等第，追取存亡告身，公私文书，但有'王爵'字者，皆立限毁抹，碑志并发而毁之。此碑'王宫''王言'

'夏王''有王'等字，亦从而镌去。完颜之不通文义，而肆为无道，可胜叹哉。"此又碑之一小厄也。贞石之寿，遇伧父而不永，犹可言也。惟有明一代，如前所纪提学赵岩者，俨然学者师。苏许公《朝觐坛颂》，梁升卿八分书，在玄宗纪泰山铭之侧，朱竹垞云：明有俗吏以"忠孝廉节"四大字镵其上，颂文毁去者半，以弇州尚书之言证之，所谓俗吏，迺闽人林焯也。又北海《麓山寺碑》阴，刻官属衔石，每列姓名下各系以赞，武虚谷云：为妄庸人题字。交午横贯，以致损蚀，不可次第，其大书横勒者，则前明提学郭登庸也。宋真宗《登泰山谢天书述功德铭》，明鄞人俗吏汪坦大书题名于上，每行毁三四十字不等。古刻遭此厄者非一，操刃者大抵皆科目中人，空腹高心，以卫道自命，遇二氏之碑辄毁之。此又碑之一小厄也。《新唐书·武宗本纪》，会昌五年八月壬午，大毁佛寺，复僧尼为民。王圻《续通考》，上恶僧尼耗蠹，敕上都、东都各留二寺，天下节镇各留一寺，凡天下所毁寺四千六百余区。其时官吏奉行，至于碑幢铭赞之类无不凿毁，或坎地而瘗之。其见于石刻者，如鲁公《八关斋报德记》，后有宋州刺史崔倬书石幢事，云：会昌中诏大除佛寺，凡镕塑象刻，堂阁室宇，焚灭销破，一无遗余，分遣御史覆视之。此州开元寺有颜鲁公《八关斋会》镵记大幢，刺史邑宰以不可折，遂錾凿缺口以仆之。又大中八年，牟玚《方山证明功德记》，会昌五年毁去额寺五千余所，兰若三万余所，丽名僧尼廿六万七百余人，所奉驱除，略无孑遗。又大云寺残幢，后有题记云：此幢五年囗月奉敕毁寺，其幢随囗囗囗，至大中四年庚午，溧水尉刘皋等同再建立。盖驱除未几，至大中初而寻复矣。然元魏以后造象所毁，当已不少，经幢尤多殃及。余所藏唐幢，往往有大中重建题字。五代宋初，尚有发地得之而再立者，皆因会昌之劫也。此又碑之一小厄也。

（[清]叶昌炽撰，柯昌泗评，陈公柔、张明善点校《语石·语石异同评》卷九，中华书局1994年版）

曹溶《流通古书约》

自宋以来，书目十有余种，灿然可观。按实求之，其书十不存四五，非尽久远散佚也。不善藏者，护惜所有，以独得为可矜，以公诸世为失策也。故入常人手,犹有传观之望;一归藏书家,无不绨锦为衣,旃檀作室,扃钥以为常。有问焉,则答无。有举世曾不得寓目,虽使人致疑于散佚,不足为怪矣。近来雕板盛行,烟煤塞眼,挟资入贾肆,可立致数万卷。于中求未见籍,如采玉深崖,旦夕莫觊。当念古人竭一生心力,辛苦成书,大不易事。渺渺千百岁,崎岖兵攘劫夺之余,仅而获免,可称至幸。又幸而遇赏音者,知蓄之珍之,谓当绣梓通行,否亦广诸好事。何计不出此,使单行之本,寄箧笥为命,稍不致慎,形踪永绝,只以空名挂目录中,自非与古人深仇重怨,不应若尔。然其间有不当专罪吝惜者,时贤解借书,不解还书,改一瓻为一痴,见之往记。即不乏忠信自秉、然诺不欺之流,书既出门,舟车道路,摇摇莫定,或僮仆狼籍,或水火告灾,时出意料之外,不借未可尽非。特我不借人,人亦决不借我,封己守株,纵累岁月,无所增益,收藏者何取焉。

予今酌一简便法。彼此藏书家各就观目录,标出所缺者,先经注,次史逸,次文集,次杂说,视所著门类同,时代先后同,卷帙多寡同,约定有无相易,则主人自命门下之役,精工缮写,校对无误,一两月间,各赍所钞互换。此法有数善,好书不出户庭也,有功于古人也,己所藏日以富也,楚南、燕北皆可行也。敬告同志,鉴而听许。或曰:"此贫者事也。有力者不然,但节宴游玩好诸费,可以成就古人,与之续命。出未经刊布者,寿之枣梨,始小本,讫巨编,渐次恢扩,四方必有闻风接响,以表章散帙为身任者。山潜冢秘,羡衍人间,甚或出十余种目录外。嗜奇之子,因之覃精力学,充拓见闻。"右文之代,宜有此祯祥,予矫首跂足俟之矣。

倦圃老人曹溶约。

([清]曹溶撰《流通古书约》,收入[明]祁承㸁等撰《澹生堂藏书约(外八种)》,上海古籍出版社2005年版)

徐珂《清伯希和得敦煌石室古物》(节选)

伯希和得敦煌石室古物敦煌县东南三十里,三危山在焉。山下有三寺,上寺、中寺为道观,下寺为僧舍。寺之附近为鸣沙山石洞,乃宋初西夏构兵时藏书之所,有石室数百,唐人谓之莫高窟,俗名千佛洞。各洞有壁画，上截为佛像，下截为造像人之像，并记造像人之姓名里居。中有一洞，藏书满焉，以壁外有画饰，故无知其为藏书所者。光绪庚子，扫治石洞，凿壁而书见，经史子集外，佛经尤多。又有唐时地契及唐历书、唐拓碑。书有绢写本、纸写本、刻本、石刻本。其经帙，以竹丝或席草为之。古书合数卷为一帙，盖即古帙之式也。又有布画佛像、纸画佛像及琥珀、珠、檀香等物。中有《陀罗尼经》，末记太平兴国五年六月雕板字样，此为最近之年月矣。其余各书，大抵皆唐、五代本，又有六朝时绢本墨迹，殆西夏兵革时所藏也。

光绪戊申，法国文学士伯希和游迪化，谒将军长庚，具述其事，并谒载澜及安西州牧某，二人各赠以石室书一卷。伯知为唐写本，乃即驰赴敦煌，以二百金购得十余箱，皆唐、五代时物也。其物品如下。（后略）

端忠愍公方时居京，与学部诸人用摄影法印之，并为排印。余悉运至法，其摄影以寄华者，有三四百片，大抵为唐高宗时物，中有《易》《书》《诗》诸本，及《穀梁》、《文选》李善注、《文选》五臣注，与今本颇有异同，又有已佚之《修文殿御览》及《籝金录》，均残卷。

壬寅，许伯阮游敦煌，得唐人手书藏经五卷，出而语人曰："石屋分内外，内屋因山而筑，有六十六穴，穴藏经四五卷，别无他物。外屋石床一，左铺羊毛毡，尚完好，右铺线毡，已成灰。床下僧履一双，色深黄，白口，如新造者。中一几甚大，金佛一尊，重约三百两。金香炉大小各一，大者重百余两，小者二三十两。大石椅一，铺极厚棕垫。县令某携佛炉而去，又取经二百余卷。后为大吏所知，遣员至敦煌，再启石壁，尽取经卷而去。闻县令取佛炉，悉镕为金条，以致唐代造像美术，未得流行于世，惜哉！"

宣统庚戌，伯再游京师，其行箧尚有书十余种，佛像十余纸，唐拓碑三种。罗叔蕴参议振玉闻之，往谒伯，尽窥箧中所有，并得其寄法之各种书目，撰为《敦煌石室记》印行。

先是，英印度总督派员搜石室书经文，载之归伦敦，伯所得，仅三分之一而已。迨学部贻书甘督，令购送来京，其菁华固已无多。时护甘督何彦升有子在都，故先落其手，佳者复悉为所留。其妇翁李盛铎且分得唐人所写《礼》注、《书经》等，尤可宝贵。凡与何子相契者，无不得之，有分至数百卷之多者，故厂肆出售不绝也。

(徐珂编撰《清稗类钞》第九册，中华书局2010年版)

陈垣《敦煌劫余录序》

《敦煌劫余录》十四帙，著录写经八千六百七十九号，中有缺号，有一号裂为二三轴者，均于检目注明之。今藏北平图书馆。原出敦煌县南四十里之千佛洞。

敦煌自汉至唐，为中西交通孔道，人文极盛。外来宗教如佛，如祆，如景，如摩尼，皆先后集其间。是时雕版尚未大兴，书皆缮写。周隋而后，造像之风浸杀，信佛者有以写经为功德，故佛经写本之传布特多。宋王明清《挥麈录》载：雍熙初，王延德使高昌，见佛寺五十余区，皆唐所赐额。寺有《大藏经》《唐韵》《玉篇经音》等。又有敕书楼，藏唐太宗御札诏敕，缄锁甚谨。复有摩尼寺，波斯僧各持其法。知高昌沙州诸地宋初韫藏文物尚富，且不止释典一门。《通考》载，大中祥符末，沙州归义军节度曹贤顺犹表乞金字藏经。景祐至皇祐中，朝贡不绝，知此等经洞之封闭大约在皇祐以后。

清光绪二十六年四月，洞中佛龛坍塌，故书遗画暴露，稍稍流布，时人不甚措意。三十三年，匈人斯坦因、法人伯希和，相继至敦煌，载遗书遗器而西，国人始大骇悟。宣统二年，学部咨甘肃有司，将洞中残卷悉数运京，移藏部立京师图书馆，即今所著录者是也。顾何以十之九九为佛经？则以国人研究古物，只能于有文字求之，其无文字而为图像器物之属，初不屑也。有文字矣，其文非汉文，而为中亚古代语言，亦不贵也。国人所贵者，汉文古写本。然汉文古写本，为人所同贵。故佛经以外之写本，多已为捷足者所先得。其留遗者，又沿途为黠者所巧取。故今所存者，只此也。

民国初元，予至北平颇震惊。八千轴之数，冀于此得佛教以外之宗教史料。尝就方家胡同图书馆检其目录，惜当时所写定者，仅二千余号，以未窥全豹为憾。得宇字五十六号摩尼教经，以为瑰宝矣。

十一年春，予兼长馆事，时掌写经者为德清俞君泽箴。乃与俞君约，尽阅馆中所藏，日以百轴为度。凡三越月，而八千轴毕。知其中遗文异义，足资考证者甚多。即卷头、纸背所书之日常账目、交易、契约、鄙俚、歌词之属，在昔视为无足轻重，在今矜为有关掌故者亦不少。特目为刊布，外间无由窥其蕴耳。

十三年夏，都人士有"敦煌经籍辑存会"之设，假午门历史博物馆为会所，予被推为采访部长，佥拟征集公私所藏，汇为一目，登报匝月，应者寥寥。予遂先就馆中录其副目按部排比。略仿赵明诚《金石录》前十卷体式，每轴著其原号起止纸数行数及内容，原号者由甘肃解部时所编之号。起止者，每轴首二行之首二字，及末二行之末二字也。稿成名曰《敦煌劫余录》。未及刊行，会又停顿。

十八年春，中央研究院历史语言研究所属编《北平图书馆敦煌写经目录》，予乃重理旧稿，删其复出，补其漏载，正其误考。又越年余，今始写定。夫写定之难，厥为首尾不具之残轴，轴首尾无经名而轴中有品名，尚易定也。虽无品名而其文为吾人所常习，如《金刚》《法华》之类，亦易定也。惟久佚及罕习之经论，往往一残轴，比勘多时，咨询多人，仍不能考定。经入馆二十年，而目迄未刊布者，此其一因也。今第十四帙中俟考诸经即此类。第十四帙中并有续考诸经，为近日秋浦周君叔迦所考定，并依编入。予于此录，始终碌碌，因人成事而已。回忆壬戌之春，佐予检阅至勤者为俞君，今斯录成，而俞君墓有宿草矣。可胜慨哉。

中华民国十九年春分日，圆庵居士陈垣序于北平丰盛胡同之励耘书屋。

（陈智超主编《陈垣全集》第八册《敦煌劫余录（上）》，安徽大学出版社2009年版）

四、文献整理

（一）汇集

钱大昕《永乐大典》

《明实录》，永乐元年七月，谕翰林侍读学士解缙等曰："天下古今事物散载诸书，篇帙浩穰，不易检阅。朕欲悉采各书所载事物类聚之，而统之以韵，庶几考索之便，如探囊取物尔。尝观《韵府》《回溪》二书，事虽有统而采摘不广，纪载太略。尔等其如朕意：凡书契以来经史子集百家之书，至于天文、地志、阴阳、医卜、僧道、技艺之言，备辑为一书，毋厌浩繁。"

二年十一月，翰林院学士兼右春坊大学士解缙等进所纂录韵书，赐名《文献大成》。赐缙等百四十七人钞有差，锡宴于礼部。既而上览所进书尚多未备，遂命重修。而敕太子少师姚广孝、刑部侍郎刘季篪及缙总之。命翰林学士王景、侍读学士王达、国子祭酒胡俨、司经局洗马杨溥、儒士陈济为总裁。翰林院侍讲邹缉、修撰王褒、梁潜、吴溥、李贯、杨觏、曾棨、编修朱纮、检讨王洪、蒋骥、潘畿、王偁、苏伯厚、张伯颖、典籍梁用行、庶吉士杨相、左春坊左中允尹昌隆、宗人府经历高得旸、吏部郎中叶砥、山东按察佥事晏璧为副总裁。命礼部简中外官及四方宿学老儒有文学者充纂修。简国子监及在外郡县学能书生员缮写。开馆于文渊阁，命光禄寺给朝暮膳。五年十一月,太子少师姚广孝等进《重修文献大成》,书凡二万二千二百一十一卷,一万一千九十五本,更赐名《永乐大典》。上亲制序以冠之,其文曰:"昔者圣王之治天下也,尽开物成务之道,极裁成辅相之宜,修礼乐而明教化,阐至理而宣人文。粤自伏羲氏始画八卦,通神明之德,类万物之情,造书契以易结绳之治。神农氏为耒耜之利,以教天下。黄帝、尧、舜氏作,通其变,使民不倦,神而化之,使民宜之,垂衣裳而天下治。禹叙《九畴》,汤修人纪之数。圣人继天之极,皆作者之君,所谓制法兴王之道,非有述于人者。暨乎文、武相继,父作子述,监于二代,郁郁乎文。孔子生周之末,有其德而无其位,承乎数圣人之后,而制作已备,乃赞《易》、序《书》、修《春秋》,集群圣之大成,语事功则有贤于作者。周衰,接乎战国,纵横捭阖之言兴,家异道而人异论,王者之迹熄矣。迄秦有焚禁之祸,而斯道中绝。汉兴,六艺之教渐传,而典籍之存可考。由汉而唐,由唐而宋,其制作沿袭,盖有足征。然三代而后,声明文物所可称述者,无非曰汉、唐、宋而已。洪惟我太祖高皇帝,膺受天命,混一舆图,以神圣之姿,广述作之奥,兴造礼乐制度,文为博大悠远,同乎圣帝明王之道。朕嗣承洪基,勔思缵述,尚惟有大混一之时,必有一统之制作,所以齐政事而同风俗,序百王之传,总历代之典,世远祀绵,简编繁夥,恒慨其难一。至于考一事之微,泛览莫周;求一物之实,穷力莫究:譬之淘金于沙,探珠于海,夐夐乎其不可易得也。乃命文学之臣,纂集四库之书,及购募天下遗籍,上自古初,迄于当世,旁搜博采,汇聚群分,著为奥典。以气者天地之始也,有气斯有声,有声斯有字,故用韵以统字,用字以系事,揭其纲而目必张,振其始而末具举,包括宇宙之广大,统会古今之异同,巨细精粗,粲然明备。其余杂家之言,亦皆得以附见。盖网罗无遗,以存考索,使观者因韵以求字,因字以考事,自源徂流,如射中鹄,开卷而无所隐。始于元年之秋,而成于五年之冬,总二万二千九百三十七卷,名之曰《永乐大典》。臣下请序其首。盖尝论之,未有圣人,道在天地;未有六经,道在圣人。六经作而圣人之道著。所谓道者,弥纶乎天地,贯通乎古今,统之则为一理,散之则为万事,支流蔓衍,其绪纷纭,不有以统之,则无以一之。聚其散而兼总其条贯,于以见斯道之大,而无物不赀也。朕深潜圣道,志在斯文,盖尝讨论其指矣。然万几浩繁,实资玩览,姑述其概,以冠诸篇,将以垂示无穷,庶几或有裨于万一云尔。"赐广孝等二千一百六十九人钞有差。

朱国祯曰:"《永乐大典》乃文皇命儒臣解缙等粹秘阁书,分韵类载,以备检考,赐名《文献大成》。复以未备,命姚广孝等再修,供事编辑者凡三千余人。二万二千九百三十七卷,一万一千九十本,目录九百本,贮之文楼。世庙甚爱之,凡有疑,按韵索览。三殿灾,命左右趣登文楼出之。夜中传谕三四次,遂得不毁。又明年,重录一部,贮它所。"国祯所谓重录本,即翰林院所贮。乃不言翰林,而言它所,是初写时本藏大内,国朝乃移于翰林也,今移贮于文华殿。

([清]钱大昕著,陈文和主编《嘉定钱大昕全集·十驾斋养新录》卷十三,凤凰出版社2016年版)

周永年《儒藏说》

书籍者,所以载道纪事益人神智者也。自汉以来,购书藏书,其说綦详;官私之藏,著录亦不为不多。然未有久而不散者,则以藏之一地,不能藏于天下;藏之一时,不能藏于万世也。明侯官曹氏学佺欲仿二氏为儒藏,庶免二者之患矣。盖天下之物未有私之而可以常据、公之而不能久存者。然曹氏虽倡此议,采撷未就。今不揣谫劣,愿与海内同人共肩斯任,务俾古人著述之可传者,自今日永无散失,以与天下万世共读之。凡有心目者,其必有感于斯言。

丘琼山欲分三处以藏书;陆桴亭欲藏书于邹鲁,而以孔氏之子孙领其事,又必多置副本藏于他处,其意皆欲为儒藏而未尽其说。惟分布于天下学宫书院、名山古刹,又设为经久之法,即偶有残缺,而彼此可以互备,斯为上策。

竹帛变为摹印,书之流传较易。然考历代《艺文》录存而书亡者多矣。或曰:"凡书之不传者,必其不足传者也。"是不然。《尚书》《周官》残于秦火,淹中古《礼》竟亡于隋唐之际,此皆古圣人传心经世之要典,岂其不足以传哉? 则以藏之者无法耳。

释者之书,正伪参半,美恶错出,惟藏之有法,故历久不替。然立藏以后,自成一家之言者,初不多见。儒者则一代之内,必有数种卓然不朽之书可以入藏。释老之藏盛于前而衰于后,儒家则代有增益,此亦闲卫吾道之一端也。

或曰:古今载籍浩如烟海,子之计是愚公之移山也。曰:不然。天竺之书,远隔中国二万余里,六朝迄唐,西域求法高僧见于传记者不可殚述,况中国之书固不必远求乎?明释正可以藏经繁重,欲易为书册以便流通。竭力号召,竟成其事。然则吾党之立志患不固耳,奚其难?

或曰:子欲聚儒者之书而仍袭二氏之名,可乎?曰:守藏之吏见于《周官》。老子为柱下守藏史,固周人藏书之官也。二氏以"藏"名其书,乃窃取儒者之义,今日之举,岂曰袭而用之哉?

或曰:童而习之,白首纷如,一卷之书,终身不能穷其蕴,又奚以多为?曰:是不然。孟子云:"博学详说,将以反约。"不博而约,非约也,陋也。以孔子之圣,犹以"好古敏求"立教,况其下焉者乎?介甫曰:"不尽读百氏之书,必不能明圣人之经。"若曰文足害道,博适溺心,斯二氏之玄谈,非吾儒之宗旨也。

郑渔仲曰:"有专门之书,则有专门之学。人守其学,学守其书;人有存没而学不息,世有变故而书不亡。"然何如毕入于藏,使天下共守之乎?且儒藏既立,则专门之学亦必多于往日。何也?其书易求故也。

郑渔仲曰:"辞章虽富,如朝霞晚照,徒耀人耳目;义理虽深,如空谷寻声,靡所底止。"以其未尽见古人之书,故拘于习尚以自足耳。果取古人之书条分眉列,天文地理、水利农田,任人所求而咸在。苟有千古自命之志,孰肯舍其实者取其虚者乎?故儒藏之成,可以变天下无用之学为有用之学。

天下都会所聚,簪缨之族后生资禀少出于众,闻见必不甚固陋,以犹有流传储藏之书故也。至于穷乡僻壤,寒门窭士往往负超群之姿,抱好古之心,欲购书而无从,故虽矻矻穷年而限于闻见,所学迄不能自广。果使千里之内有儒藏数处,而异敏之士或裹粮而至,或假馆以读,数年之间,可以略窥古人之大全,其才之成也,岂不事半而功倍哉!欧阳公曰:

"凡物非好之而有力则不能聚。"儒藏既立,可以释此憾矣。

先正读书,遗矩亡于明之中叶,高者失之于玄虚,卑者失之于妄庸。儒藏既立,宜取自汉以来先儒所传读书之法,编为一集,列于群书之前,经义治事各示以不可紊之序、不可缺之功。凡欲读藏者,即以此编为师。其涉海有航,无远弗届,而书籍灿陈,且如淮阴之用兵,多多益善矣!又何患其泛滥而无归哉?

([清]周永年《儒藏说》,《丛书集成续编》本)

朱筠《谨陈管见开馆校书折子》

奏为谨陈管见,仰祈睿鉴事。窃惟载籍重于左史,目录著于历代,典至巨也,制至详也。我皇上念典勤求,访求遗书,不惮再三,凡在鼓箧怀椠之伦,莫不蒸蒸然思奋,勉献一得,矧臣蒙恩职厕文学,敢竭闻见知识一二,为我皇上陈之:

一、旧本抄本尤当急搜也。汉唐遗书,存者希矣。而辽宋金元之经注文集,藏书之家,尚多有之,顾无刻本,流布日少。其他九流百家,子余史别,往往卷帙不过一二卷,而其书最精,是宜首先购取,官抄其副,给还原书,用广前史艺文之阙,以备我朝储书之全,则著述有所原本矣。

一、中秘书籍,当标举现有者以补其余也。臣伏思西清东阁,所藏无所不备,第汉臣刘向校书之例,外书既可以广中书,而中书亦用以校外书,请先定中书目录,宣示外廷,然后令各举所未备者以献,则藏弆日益广矣。臣在翰林常翻阅前明《永乐大典》,其书编次少伦,或分割诸书以从其类。然古书之全而世不恒觏者,辄具在焉。臣请敕择取其中古书完者若干部,分别缮写,各自为书,以备著录。书亡复存,艺林幸甚。

一、著录校雠当并重也。前代校书之官,如汉之白虎观、天禄阁,集诸儒校论异同及杀青,唐宋集贤校理,官选其人,以是刘向、刘知几、曾巩等并著专门之业,历代若《七略》《集贤书目》《崇文总目》,其书具有师法。臣请皇上诏下儒臣,分任校书之选,或依《七略》,或准四部,每一书上,必校其得失,撮举大旨,叙于本书首卷,并以进呈,恭俟乙夜之披览。臣伏查武英殿原设总裁、纂修、校对诸员,即择其尤专长者,俾充斯选,则日有课，月有程，而著录集事矣。

一、金石之刻，图谱之学，在所必录也。宋臣郑樵以前代著录陋阙，特作二略以补其失。欧阳修、赵明诚则录金石，聂崇义、吕大临则录图谱。并为考古者所依据。请特命于收书之外，兼收图谱一门，而凡直省所存钟铭、碑刻，悉宜拓取，一并汇送校录良便。

臣梼昧之见，是否可采，伏冀皇上睿鉴施行，谨奏。

（[清]朱筠撰《笥河文集》卷一）

【附】《四书全书总目·圣谕·乾隆三十八年二月初六日奉旨》

军机大臣议覆朱筠条奏，内将《永乐大典》择取缮写，各自为书一节，议请分派各馆修书、翰林等官前往检查，恐责成不专，徒致岁月久稽，汗青无日。盖此书移贮年深，既多残缺，又原编体例分韵类次，先已割裂全文，首尾难期贯串。特因当时采摭甚博，其中或有古书善本，世不恒见，今就各门汇订，可以凑合成部者，亦足广名山石室之藏。着即派军机大臣为总裁官，仍于翰林等官内选定员数，责令及时专司查校，将原书详细检阅，并将《图书集成》互为校核，择其未经采录，而实在流传已久，尚可裒缀成编者，先行摘开目录奏闻，俟朕裁定。其应如何酌定规条，即着派出之大臣详悉议奏。至朱筠所奏，每书必校其得失，撮举大旨，叙于本书卷首之处，若欲悉仿刘向校书序录成规，未免过于繁冗。但向阅内府所贮康熙年间旧藏书籍，多有摘叙简明略节，附夹本书之内者，于检查洵为有益，应俟移取各省购书全到时，即令承办各员，将书中要指櫽括总叙崖略，粘开卷副页右方，用便观览。余依议。钦此。

（《钦定四库全书总目》[整理本]，中华书局1997年版）

《四书全书总目·圣谕·乾隆三十七年正月初四日奉上谕》

朕稽古右文，聿资治理，几余典学，日有孜孜。因思策府缥缃，载籍极博，其巨者羽翼经训，垂范方来，固足称千秋法鉴。即在识小之徒，专门撰述，细及名物、象数，兼综条贯，各自成家，亦莫不有所发明，可为游艺养心之一助。是以御极之初，即诏中外搜访遗书，并命儒臣校勘十三经、二十一史，遍布黉宫，嘉惠后学。复开馆纂修《纲目》三编、《通鉴辑览》及《三通》诸书,凡艺林承学之士,所当户诵家弦者,即已荟萃各备。第念读书固在得其要领,而多识前言往行以畜其德,惟搜罗益广,则研讨愈精。如康熙年间所修《图书集成》,全部兼收并录,极方策之大观,引用诸编,率属因类取裁,势不能悉载全文,使阅者沿流溯源,一一征其来处。今内府藏书,插架不为不富。然古今来著作之手,无虑数千百家,或逸在名山,未登柱史,正宜及时采集,汇送京师,以彰千古同文之盛。其令直省督抚、学政等通饬所属,加意购访。除坊肆所售举业时文及民间无用之族谱、尺牍、屏幛、寿言等类,又其人本无实学,不过嫁名驰骛,编刻酬唱诗文,琐碎无当者均无庸采取。其历代流传旧书,内有阐明性学治法,关系世道人心者,自当首先购觅。至若发挥传注,考核典章,旁暨九流百家之言,有裨实用者,亦应备为甄择。又如历代名人泊本朝士林宿望,向有诗文专集,及近时沉潜经史,原本风雅,如顾栋高、陈祖范、任启运、沈德潜辈,亦各著成编,并非剿说卮言可比,均应概行查明。在坊肆者,或量为给价;家藏者,或官为装印;其有未经镌刊,只系抄本存留者,不妨缮录副本,仍将原书给还。并严饬所属,一切善为经理,毋使吏胥借端滋扰。但各省搜辑之书,卷帙必多,若不加之鉴别,悉令呈送,烦复皆所不免。着该督抚等先将各书叙列目录,注系某朝某人所著,书中要旨何在,简明开载,具折奏闻。候汇齐后,令廷臣检核,有堪备阅者,再开单行知取进。庶几副在石渠,用储乙览。从此四库、七略益昭美备,称朕意焉。钦此。

(《钦定四库全书总目》[整理本],中华书局1997年版)

《四书全书总目·提要叙》(四十八篇)

经部总叙

经禀圣裁,垂型万世。删定之旨,如日中天,无所容其赞述。所论次者,诂经之说而已。自汉京以后,垂二千年,儒者沿波,学凡六变:其初专门授受,递禀师承,非惟诂训相传,莫敢同异,即篇章字句,亦恪守所闻,其学笃实谨严,及其弊也拘。王弼、王肃稍持异议,流风所扇,或信或疑,越孔、贾、啖、赵以及北宋孙复、刘敞等,各自论说,不相统摄,及其弊也杂。洛、闽继起，道学大昌，摆落汉、唐，独研义理，凡经师旧说，俱排斥以为不足信，其学务别是非，及其弊也悍。如王柏、吴澄攻驳经文，动辄删改之类。学脉旁分，攀缘日众，驱除异己，务定一尊，自宋末以逮明初，其学见异不迁，及其弊也党。如《论语集注》误引包咸"夏瑚商琏"之说，张存中《四书通证》即阙此一条以讳其误。又如王柏删《国风》三十二篇，许谦疑之，吴师道反以为非之类。主持太过，势有所偏，才辨聪明，激而横决，自明正德、嘉靖以后，其学各抒心得，及其弊也肆。如王守仁之末派皆以狂禅解经之类。空谈臆断，考证必疏，于是博雅之儒引古义以抵其隙，国初诸家，其学征实不诬，及其弊也琐。如一字音训动辨数百言之类。要其归宿，则不过汉学、宋学两家，互为胜负。夫汉学具有根柢，讲学者以浅陋轻之，不足服汉儒也。宋学具有精微，读书者以空疏薄之，亦不足服宋儒也。消融门户之见，而各取所长，则私心祛而公理出，公理出而经义明矣。盖经者非他，即天下之公理而已。今参稽众说，务取持平，各明去取之故，分为十类：曰"易"、曰"书"、曰"诗"、曰"礼"、曰"春秋"、曰"孝经"、曰"五经总义"、曰"四书"、曰"乐"、曰"小学"。

易类

圣人觉世牖民，大抵因事以寓教：《诗》寓于风谣，《礼》寓于节文，《尚书》《春秋》寓于史，而《易》则寓于卜筮。故《易》之为书，推天道以明人事者也。《左传》所记诸占，盖犹太卜之遗法。汉儒言象数，去古未远也。一变而为京、焦，入于禨祥，再变而为陈、邵，务穷造化，《易》遂不切于民用。王弼尽黜象数，说以老、庄。一变而胡瑗、程子，始阐明儒理，再变而李光、杨万里，又参证史事，《易》遂日启其论端。此两派六宗，已互相攻驳。又《易》道广大，无所不包，旁及天文、地理、乐律、兵法、韵学、算术，以逮方外之炉火，皆可援《易》以为说，而好异者又援以入《易》，故《易》说愈繁。夫六十四卦《大象》皆有"君子以"字，其爻象则多戒占者，圣人之情见乎词矣。其余皆《易》之一端，非其本也。今参校诸家，以因象立教者为宗，而其他"易外别传"者，亦兼收以尽其变，各为条论，具列于左。

书类

《书》以道政事，儒者不能异说也。《小序》之依托，《五行传》之附会，久论定矣。然诸家聚讼，犹有四端：曰今文、古文，曰错简，曰《禹贡》山水，曰《洪范》畴数。夫古文之辨，至阎若璩始明。朱彝尊谓是书久颁于学官，其言多缀辑逸经成文，无悖于理。汾阴汉鼎，良亦善喻。吴澄举而删之，非可行之道也。禹迹大抵在中原，而论者多当南渡。昔疏今密，其势则然。然尺短寸长，互相补苴，固宜兼收并蓄，以证异同。若夫刘向记《酒诰》《召诰》脱简仅三，而诸儒动称数十。班固牵《洪范》于洛书，诸儒并及河图，支离缪戾，淆经义矣。故王柏《书疑》、蔡沈《皇极数》之类，非解经之正轨者，咸无取焉。

诗类

《诗》有四家，毛氏独传。唐以前无异论，宋以后则众说争矣。然攻汉学者，意不尽在于经义，务胜汉儒而已；伸汉学者，意亦不尽在于经义，愤宋儒之诋汉儒而已。各挟一不相下之心，而又济以不平之气，激而过当，亦其势然欤？夫解《春秋》者，惟《公羊》多驳，其中高子、沈子之说，殆转相附益，要其大义数十，传自圣门者，不能废也。《诗序》称子夏，而所引高子、孟仲子乃战国时人，固后来挽续之明证。即成伯玙等所指篇首一句，经师口授，亦未必不失其真。然去古未远，必有所受。意其真赝相半，亦近似《公羊》。全信、全疑，均为偏见。今参稽众说，务协其平。苟不至程大昌之妄改旧文，王柏之横删圣籍者，论有可采，并录存之，以消融数百年之门户。至于鸟兽草木之名，训诂声音之学，皆事须考证，非可空谈。今所采辑，则尊汉学者居多焉。

礼类

古称"议礼如聚讼"。然《仪礼》难读，儒者罕通，不能聚讼。《礼记》辑自汉儒，某增某减，具有主名，亦无庸聚讼。所辨论求胜者，《周礼》一书而已。考《大司乐章》先见于魏文侯时，理不容伪，河间献王但言阙《冬官》一篇，不言简编失次，则窜乱移补者亦妄。《三礼》并立，一从古本，无可疑也。郑康成注，贾公彦、孔颖达疏，于名物度数特详。宋儒攻击，仅摭其好引谶纬一失，至其训诂则弗能逾越。盖得其节文，乃可推制作之精意，不比《孝经》《论语》可推寻文句而谈。本汉唐之注、疏，而佐以宋儒之义理，亦无可疑也。谨以类区分，定为六目：曰周礼、曰仪礼、曰礼记、曰三礼总义、曰通礼、曰杂礼书。六目之中，各以时代为先后，庶源流同异，可比而考焉。

春秋类

说经家之有门户，自《春秋》三传始，然迄能并立于世。其间诸儒之论，中唐以前，则《左氏》胜，啖助、赵匡以逮北宋，则《公羊》《穀梁》胜。孙复、刘敞之流，名为弃传从经，所弃者特《左氏》事迹、《公羊》《穀梁》月日例耳。其推阐讥贬，少可多否，实阴本《公羊》《穀梁》法，犹诛邓析用竹刑也。夫删除事迹，何由知其是非？无案而断，是《春秋》为射覆矣。圣人禁人为非，亦予人为善。经典所述不乏褒词，而操笔临文，乃无人不加诛绝，《春秋》岂吉网罗钳乎？至于用夏时则改正朔，削尊号则贬天王，《春秋》又何僭以乱也！沿波不返，此类宏多。虽旧说流传，不能尽废，要以切实有征，平易近理者为本。其瑕瑜互见者，则别白而存之。游谈臆说，以私意乱圣经者，则仅存其目。盖六经之中，惟《易》包众理，事事可通。《春秋》具列事实，亦人人可解。一知半见，议论易生；著录之繁，二经为最，故取之不可不慎也。

孝经类

蔡邕《明堂论》引魏文侯《孝经传》，《吕览·审微篇》亦引《孝经·诸侯章》，则其来古矣。然授受无绪，故陈骙、汪应辰皆疑其伪。今观其文，去二戴所录为近，要为七十子徒之遗书。使河间献王采入一百三十一篇中，则亦《礼记》之一篇，与《儒行》《缁衣》转从其类。惟其各出别行，称孔子所作，传录者又分章标目，自名一经，后儒遂以不类《系辞》《论语》绳之，亦有由矣。中间孔、郑两本互相胜负，始以开元御注用今文，遵制者从郑；后以朱子《刊误》用古文，讲学者又转而从孔。要其文句小异，义理不殊，当以黄震之言为定论。语见《黄氏日钞》。故今之所录，惟取其词达理明，有裨来学，不复以今文、古文区分门户，徒酿水火之争。盖注经者明道之事，非分朋角胜之事也。

五经总义类

汉代经师如韩婴治《诗》兼治《易》者，其训故皆各自为书。宣帝时始有石渠《五经杂义》十八篇，《汉志》无类可隶，遂杂置之《孝经》中。《隋志》录许慎《五经异义》以下诸家，亦附《论语》之末。《旧唐书·志》始别名"经解"。诸家著录因之，然不见兼括诸经之义。朱彝尊作《经义考》，别目曰"群经"，盖觉其未安而采刘勰《正纬》之语以改之，又不见为训诂之文。徐乾学刻《九经解》，顾湄兼采总集经解之义，名曰"总经解"，何焯复斥其不通。语见沈廷芳所刻何焯点校《经解目录》中。盖正名若是之难也。考《隋志》于统说诸经者，虽不别为部分，然"论语类"末称《孔丛》《家语》《尔雅》诸书，并五经总义附于此篇"，则固称"五经总义"矣。今准以立名，庶犹近古，《论语》《孝经》《孟子》虽自为书，实均《五经》之流别，亦足以统该之矣。其校正文字及传经诸图，并约略附焉，从其类也。

四书类

《论语》《孟子》，旧各为帙，《大学》《中庸》，旧《礼记》之二篇，其编为《四书》，自宋淳熙始，其悬为令甲，则自元延祐复科举始，古来无是名也。然二戴所录《曲礼》《檀弓》诸篇，非一人之书，迨立名曰《礼记》，《礼记》遂为一家。即王逸所录屈原、宋玉诸篇，《汉志》均谓之赋，迨立名曰《楚辞》，《楚辞》亦遂为一家。元丘葵《周礼补亡序》称"圣朝以六经取士"，则当时固以四书为一经。前创后因，久则为律，是固难以一说拘矣。今从《明史·艺文志》例，别立"四书"一门，亦所谓礼以义起也。朱彝尊《经义考》于"四书"之前仍立《论语》《孟子》二类。黄虞稷《千顷堂书目》，凡说《大学》《中庸》者，皆附于礼类，盖欲以不去饩羊，略存古义。然朱子书行五百载矣。赵岐、何晏以下，古籍存者寥寥，元、明以来之所解，皆自《四书》分出者耳。《明史》并入《四书》，盖循其实。今亦不复强析其名焉。

乐类

沈约称：《乐经》亡于秦。考诸古籍，惟《礼记·经解》有乐教之文。伏生《尚书大传》引辟雝舟张四语亦谓之乐，然他书均不云有《乐经》。隋志《乐经》四卷，盖王莽元始三年所立。贾公彦《考工记·磬氏疏》所称"乐曰"，当即莽书，非古《乐经》也。大抵乐之纲目具于《礼》，其歌词具于《诗》，其铿锵鼓舞则传在伶官。汉初制氏所记，盖其遗谱，非别有一经为圣人手定也。特以宣豫导和，感神人而通天地，厥用至大，厥义至精，故尊其教得配于经。而后代钟律之书，亦遂得著录于经部，不与艺术同科。顾自汉氏以来，兼陈雅俗，艳歌侧调，并隶《云韶》。于是诸史所登，虽细至筝、琶，亦附于经末。循是以往，将小说稗官，未尝不记言、记事，亦附之《书》与《春秋》乎？悖理伤教，于斯为甚！今区别诸书，惟以辨律吕、明雅乐者，仍列于经。其讴歌末技，弦管繁声，均退列"杂艺""词曲"两类中，用以见大乐原音，道侔天地，非郑声所得而奸也。

小学类

古小学所教，不过六书之类。故《汉志》以《弟子职》附《孝经》，而《史籀》等十家四十五篇列为小学。《隋志》增以金石刻文，《唐志》增以书法、书品，已非初旨。自朱子作《小学》以配《大学》，赵希弁《读书附志》遂以《弟子职》之类并入小学，又以《蒙求》之类相参并列，而小学益多歧矣。考订源流，惟《汉志》根据经义，要为近古。今以论幼仪者别入儒家，以论笔法者别入杂艺，以《蒙求》之属隶故事，以便记诵者别入类书，惟以《尔雅》以下编为训诂，《说文》以下编为字书，《广韵》以下编为韵书，庶体例谨严，不失古义。其有兼举两家者，则各以所重为主。如李焘《说文五音韵谱》实字书，袁子让《字学元元》实论等韵之类。悉条其得失，具于本篇。

史部总叙

史之为道，撰述欲其简，考证则欲其详。莫简于《春秋》，莫详于《左传》。鲁史所录，具载一事之始末，圣人观其始末，得其是非，而后能定以一字之褒贬，此作史之资考证也。丘明录以为传，后人观其始末，得其是非，而后能知一字之所以褒贬，此读史之资考证也。苟无事迹，虽圣人不能作《春秋》。苟不知其事迹，虽以圣人读《春秋》，不知所以褒贬。儒者好为大言，动曰舍传以求经，此其说必不通。其或通者，则必私求诸传，诈称舍传云尔。司马光《通鉴》，世称绝作，不知其先为长编，后为考异。高似孙《纬略》，载其《与宋敏求书》，称"到洛八年，始了晋、宋、齐、梁、陈、隋六代。唐文字尤多，依年月编次为草卷，以四丈为一卷，计不减六七百卷"。又称"光作《通鉴》，一事用三四出处纂成，用杂史诸书，凡二百二十二家"。李焘《巽岩集》，亦称"张新甫见洛阳有《资治通鉴》草稿盈两屋"。

按焘集今已佚,此据马端临《文献通考》述其父廷鸾之言。今观其书,如淖方成"祸水"之语,则采及《飞燕外传》,张氽"冰山"之语,则采及《开元天宝遗事》,并小说亦不遗之。然则古来著录,于正史之外,兼收博采,列目分编,其必有故矣。今总括群书,分十五类:首曰正史,大纲也。次曰编年,曰别史,曰杂史,曰诏令奏议,曰传记,曰史钞,曰载记,皆参考纪传者也。曰时令,曰地理,曰职官,曰政书,曰目录,皆参考诸志者也。曰史评,参考论赞者也。旧有谱牒一门,然自唐以后,谱学殆绝。玉牒既不颁于外,家乘亦不上于官,徒存虚目,故从删焉。考私家记载,惟宋、明二代为多。盖宋、明人皆好议论,议论异则门户分,门户分则朋党立,朋党立则恩怨结。恩怨既结,得志则排挤于朝廷,不得志则以笔墨相报复。其中是非颠倒,颇亦荧听。然虽有疑狱,合众证而质之,必得其情。虽有虚词,参众说而核之,亦必得其情。张师棣《南迁录》之妄,邻国之事无质也。赵与时《宾退录》,证以金国官制而知之。《碧云骃》一书诬谤文彦博、范仲淹诸人,晁公武以为真出梅尧臣,王铚以为出自魏泰,邵博又证其真出尧臣,可谓聚讼。李焘卒参互而辨定之,至今遂无异说。此亦考证欲详之一验。然则史部诸书,自鄙倍冗杂,灼然无可采录外,其有裨于正史者,固均宜择而存之矣。

正史类

《正史》之名,见于《隋志》。至宋而定著十有七。明刊监版,合宋、辽、金、元四史为二十有一。皇上钦定《明史》,又诏增《旧唐书》为二十有三。近搜罗四库,薛居正《旧五代史》得裒集成编。钦禀睿裁,与欧阳修书并列,共为二十有四。今并从官本校录,凡未经宸断者,则悉不滥登。盖正史体尊,义与经配,非悬诸令典,莫敢私增。所由与稗官野记异也。其他训释音义者,如《史记索隐》之类;掇拾遗阙者,如《补后汉书年表》之类;辨正异同者,如《新唐书纠谬》之类;校正字句者,如《两汉刊误补遗》之类,若别为编次,寻检为繁,即各附本书,用资参证。至宋、辽、金、元四史译语,旧皆舛谬,今悉改正,以存其真。其子部、集部,亦均视此。以考校厘订自正史始,谨发其凡于此。

编年类

司马迁改编年为纪传，荀悦又改纪传为编年。刘知几深通史法，而《史通》分叙六家，统归二体，则编年、纪传均正史也。其不列为正史者，以班、马旧裁，历朝继作。编年一体，则或有或无，不能使时代相续。故姑置焉，无他义也。今仍搜罗遗帙，次于正史，俾得相辅而行。《隋志》史部有起居注一门，著录四十四部。《旧唐书》载二十九部，并实录为四十一部。《新唐书》载二十九部。存于今者，《穆天子传》六卷、温大雅《大唐创业起居注》三卷而已。《穆天子传》虽编次年月，类小说传记，不可以为信史。实惟存温大雅一书，不能自为门目。稽其体例，亦属编年。今并合为一，犹《旧唐书》以实录附起居注之意也。

纪事本末类

古之史策，编年而已，周以前无异轨也。司马迁作《史记》，遂有纪传一体，唐以前亦无异轨也。至宋袁枢，以《通鉴》旧文，每事为篇，各排比其次第，而详叙其始终，命曰"纪事本末"，史遂又有此一体。夫事例相循，其后谓之因，其初皆起于创。其初有所创，其后即不能不因。故未有是体以前，微独纪事本末创，即纪传亦创，编年亦创。既有是体以后，微独编年相因，纪传相因，即纪事本末亦相因。因者既众，遂于二体之外，别立一家。今亦以类区分，使自为门目，凡一书备诸事之本末，与一书具一事之本末者，总汇于此。其不标纪事本末之名，而实为纪事本末者，亦并著录。若夫偶然记载，篇帙无多。则仍隶诸杂史、传记，不列于此焉。

别史类

汉《艺文志》无史名，《战国策》《史记》均附见于《春秋》。厥后著作渐繁，《隋志》乃分正史、古史、霸史诸目。然《梁武帝》《元帝实录》列诸杂史，义未安也。陈振孙《书录解题》创立别史一门，以处上不至于正史，下不至于杂史者，义例独善，今特从之。盖编年不列于正史，故凡属编年，皆得类附。《史记》《汉书》以下，已列为正史矣。其岐出旁分者，《东观汉记》《东都事略》《大金国志》《契丹国志》之类，则先资草创。《逸周书》《路史》之类，则互取证明。《古史》《续后汉书》之类，则检校异同。其书皆足相辅,而其名则不可以并列,命曰"别史",犹大宗之有别子云尔。包罗既广,六体兼存,必以类分,转形琐屑,故今所编录,通以年代先后为叙。

杂史类

杂史之目,肇于《隋书》。盖载籍既繁,难于条析。义取乎兼包众体,宏括殊名。故王嘉《拾遗记》、《汲冢琐语》得与《魏尚书》《梁实录》并列不为嫌也。然既系史名,事殊小说,著书有体,焉可无分。今仍用旧文,立此一类。凡所著录,则务示别裁。大抵取其事系庙堂,语关军国,或但具一事之始末,非一代之全编;或但述一时之见闻,只一家之私记,要期遗文旧事,足以存掌故,资考证,备读史者之参稽云尔。若夫语神怪,供诙啁,里巷琐言,稗官所述,则别有杂家、小说家存焉。

诏令奏议类

记言、记动,二史分司。起居注,右史事也,左史所录蔑闻焉。王言所敷,惟诏令耳。《唐志》史部初立此门。黄虞稷《千顷堂书目》则移制诰于集部,次于别集。夫涣号明堂,义无虚发,治乱得失,于是可稽。此政事之枢机,非仅文章类也,抑居词赋,于理为亵。《尚书》誓诰,经有明征。今仍载史部,从古义也。《文献通考》始以奏议自为一门,亦居集末。考《汉志》载《奏事》十八篇,列《战国策》《史记》之间,附《春秋》末。则论事之文,当归史部,其证昭然。今亦并改隶,俾易与纪传互考焉。

传记类

纪事始者,称传记始黄帝,此道家野言也。究厥本源,则《晏子春秋》是即家传,《孔子三朝记》其记之权舆乎。裴松之注《三国志》、刘孝标注《世说新语》,所引至繁。盖魏、晋以来,作者弥夥。诸家著录体例相同,其参错混淆,亦如一轨。今略为区别:一曰圣人,如孔、孟《年谱》之类;二曰名人,如《魏郑公谏录》之类;三曰总录,如《列女传》之类;四曰杂录,如《骖鸾录》之类。其杜大圭《碑传琬琰集》、苏天爵《名臣事略》诸书,虽无传记之名,亦各核其实,依类编入。至安禄山、黄巢、刘豫诸书,既不能遽削其名,亦未可薰莸同器。则从叛臣诸传附载史末之例,自为一类,谓之曰别录。

史钞类

帝魁以后书，凡三千二百四十篇，孔子删取百篇。此史钞之祖也。《宋志》始自立门。然《隋志》杂史类中有《史要》十卷，注"汉桂阳太守卫飒撰，约《史记》要言，以类相从"。又有《三史略》二十卷，吴太子太傅张温撰。嗣后专钞一史者，有葛洪《汉书钞》三十卷、张缅《晋书钞》三十卷。合钞众史者，有阮孝绪《正史削繁》九十四卷。则其来已古矣。沿及宋代，又增四例。《通鉴总类》之类，则离析而编纂之。《十七史详节》之类，则简汰而刊削之。《史汉精语》之类，则采摭文句而存之。《两汉博闻》之类，则割裂词藻而次之。迨乎明季，弥衍余风。趋简易，利剽窃，史学荒矣。要其含咀英华，删除冗赘，即韩愈所称记事提要之义，不以末流芜滥责及本始也。博取约存，亦资循览。若倪思《班马异同》惟品文字，娄机《班马字类》惟明音训，及《三国志文类》总汇文章者，则各从本类，不列此门。

载记类

五马南浮，中原云扰。偏方割据，各设史官。其事迹亦不容泯灭，故阮孝绪作《七录》，"伪史"立焉。《隋志》改称"霸史"，《文献通考》则兼用二名。然年祀绵邈，文籍散佚，当时僭撰久已无存。存于今者大抵后人追记而已。曰"霸"曰"伪"，皆非其实也。案《后汉书·班固传》称撰平林、新市、公孙述事为"载记"。《史通》亦称平林、下江诸人，《东观》列为"载记"。又《晋书》附叙十六国，亦云"载记"。是实立乎中朝以叙述列国之名。今采录《吴越春秋》以下述偏方僭乱遗迹者，准《东观汉记》《晋书》之例，总题曰"载记"，于义为允。惟《越史略》一书为其国所自作，僭号纪年，真为伪史。然外方私记，不过附存，已声罪示诛，足昭名分，固无庸为此数卷别区门目焉。

时令类

《尧典》首授时，舜初受命，亦先齐七政。后世推步测算，重为专门，已别著录。其本天道之宜以立人事之节者，则有时令诸书。孔子考献征文，以《小正》为尚存夏道。然则先王之政，兹其大纲欤。后世承流，递有撰述，大抵农家日用、闾阎风俗为多，与《礼经》所载小异。然民事即王政也，浅识者歧视之耳。至于选词章，隶故实，夸多斗靡，浸失厥初，则踵事增华，其来有渐，不独时令一家为然。汰除鄙倍，采摭典要，亦未始非《豳风》《月令》之遗矣。

地理类

古之地志载方域、山川、风俗、物产而已，其书今不可见。然《禹贡》《周礼·职方氏》其大较矣。《元和郡县志》颇涉古迹，盖用《山海经》例。《太平寰宇记》增以人物，又偶及艺文，于是为州县志书之滥觞。元、明以后，体例相沿。列传侔乎家牒，艺文溢于总集。末大于本，而舆图反若附录。其间假借夸饰以侈风土者，抑又甚焉。王士禛称《汉中府志》载木牛流马法，《武功县志》载织锦璇玑图，此文士爱博之谈，非古法也。然踵事增华，势难遽返。今惟去泰去甚，择尤雅者录之。凡芜滥之编，皆斥而存目。其编类：首宫殿疏，尊宸居也；次总志，大一统也；次都会郡县，辨方域也；次河防，次边防，崇实用也；次山川，次古迹，次杂记，次游记，备考核也；次外纪，广见闻也。若夫《山海经》《十洲记》之属，体杂小说，则各从其本类，兹不录焉。

职官类

前代官制，史多著录，然其书恒不传。《南唐书·徐锴传》，称后主得《齐职制》，其书罕觌，惟锴知之。今亦无举其名者。世所称述《周官》外，惟《唐六典》最古耳。盖建官为百度之纲，其名品职掌，史志必撮举大凡，足备参考。故本书繁重，反为人所倦观。且惟议政庙堂，乃稽旧典。其间如元丰变法，事不数逢。故著述之家，或通是学而无所用，习者少则传者亦稀焉。今所采录，大抵唐宋以来一曹一司之旧事，与儆戒训诰之词。今厘为官制、官箴二子目，亦足以稽考掌故，激劝官方。明人所著率类州县志书，则等之自郐矣。

政书类

志艺文者有故事一类。其间祖宗创法，奕叶慎守者，为一朝之故事。后鉴前师，与时损益者，为前代之故事。史家著录，大抵前代事也。《隋志》载汉武故事,滥及稗官。《唐志》载魏文贞故事,横牵家传。循名误列,义例殊乖。今总核遗文,惟以国政朝章六官所职者,入于斯类,以符《周官》故府之遗。至仪注条格,旧皆别出,然均为成宪,义可同归。惟我皇上制作日新,垂谟册府,业已恭登新笈,未可仍袭旧名。考钱溥《秘阁书目》有政书一类,谨据以标目,见综括古今之意焉。

目录类

郑玄有《三礼目录》一卷,此名所昉也。其有解题,胡应麟《经义会通》谓始于唐之李肇。案《汉书》录《七略》书名,不过一卷,而刘氏《七略》《别录》至二十卷,此非有解题而何？《隋志》曰："刘向《别录》、刘歆《七略》,剖析条流,各有其序,推寻事迹,自是以后,不能辨其流别,但记书名而已。"其文甚明,应麟误也。今所传者,以《崇文总目》为古,晁公武、赵希弁、陈振孙并准为撰述之式。惟郑樵作《通志·艺文略》,始无所诠释,并建议废《崇文总目》之解题,而尤袤《遂初堂书目》因之。自是以后,遂两体并行。今亦兼收,以资考核。金石之文,隋、唐《志》附"小学",《宋志》乃附"目录"。今用《宋志》之例,并列此门,而别为子目,不使与经籍相淆焉。

史评类

《春秋》笔削,议而不辨,其后三传异词。《史记》自为序赞,以著本旨,而先黄老,后六经,退处士,进奸雄,班固复异议焉。此史论所以繁也。其中考辨史体,如刘知几、倪思诸书,非博览精思不能成帙,故作者差稀。至于品骘旧闻,抨弹往迹,则才翻史略,即可成文。此是彼非,互滋簧鼓,故其书动至汗牛。又文士立言,务求相胜。或至凿空生义,僻谬不情。如胡寅《读史管见》讥晋元帝不复牛姓者,更往往而有。故瑕类丛生,亦惟此一类为甚。我皇上综括古今,折衷众论。钦定《评鉴阐要》及《全韵诗》,昭示来兹。日月著明,爝火可息。百家谰语,原可无存,以古来著录,旧有此门,择其笃实近理者,酌录数家,用备体裁云尔。

子部总叙

自六经以外,立说者皆子书也。其初亦相淆,自《七略》区而列之,名品乃定。其初亦相轧,自董仲舒别而白之,醇驳乃分。其中或佚不传,或传而后莫为继,或古无其目而今增,古各为类而今合,大都篇帙繁富。可以自为部分者,儒家以外有兵家,有法家,有农家,有医家,有天文演算法,有术数,有艺术,有谱录,有杂家,有类书,有小说家。其别教则有释家,有道家。叙而次之,凡十四类。儒家尚矣。有文事者有武备,故次之以兵家。兵,刑类也,唐、虞无皋陶,则寇贼奸宄无所禁,必不能风动时雍,故次以法家。民,国之本也,谷,民之天也,故次以农家。本草、经方,技术之事也,而生死系焉,神农、黄帝以圣人为天子,尚亲治之,故次以医家。重民事者先授时,授时本测候,测候本积数,故次以天文演算法。以上六家,皆治世者所有事也。百家方技,或有益,或无益,而其说久行,理难竟废,故次以术数。游艺亦学问之余事,一技入神,器或寓道,故次以艺术。以上二家皆小道之可观者也。《诗》取多识,《易》称制器,博闻有取,利用攸资,故次以谱录。群言岐出,不名一类,总为荟粹,皆可采撷菁英,故次以杂家。隶事分类,亦杂言也,旧附于子部,今从其例,故次以类书。稗官所述,其事末矣,用广见闻,愈于博弈,故次以小说家。以上四家,皆旁资参考者也。二氏,外学也,故次以释家、道家终焉。夫学者研理于经,可以正天下之是非,征事于史,可以明古今之成败,余皆杂学也。然儒家木六艺之支流,虽其间依草附木,不能免门户之私,而数大儒明道立言,炳然具在,要可与经史旁参。其余虽真伪相杂,醇疵互见,然凡能自名一家者,必有一节之足以自立,即其不合于圣人者,存之亦可为鉴戒。"虽有丝麻,无弃菅蒯","狂夫之言,圣人择焉",在博收而慎取之尔。

儒家类

古之儒者立身行己,诵法先王,务以通经适用而已,无敢自命圣贤者。王通教授河汾,始摹拟尼山,递相标榜,此亦世变之渐矣。迨托克托等修《宋史》,以道学、儒林分为两传。而当时所谓道学者,又自分二派,笔舌交攻。自时厥后,天下惟朱、陆是争,门户别而朋党起,恩雠报复,蔓延者垂数百年。明之末叶,其祸遂及于宗社。惟好名好胜之私心不能克,故相激而至是也。圣门设教之意,其果若是乎?今所录者,大旨以濂、洛、关、闽为宗。而依附门墙,藉词卫道者,则仅存其目。金溪、姚江之派,亦不废所长,惟显然以佛语解经者,则斥入杂家。凡以风示儒者,无植党,无近名,无大言而不惭,无空谈而鲜用,则庶几孔、孟之正传矣。

兵家类

《史记·穰苴列传》称,齐威王使大夫追论古者《司马兵法》,是古有兵法之明证。然风后以下,皆出依托。其间孤虚、王相之说,杂以阴阳五行。风云气色之说,又杂以占候。故兵家恒与术数相出入,要非古兵法也。其最古者,当以《孙子》《吴子》《司马法》为本,大抵生聚训练之术,权谋运用之宜而已。今所采录,惟以论兵为主,其余杂说,悉别存目。古来伪本流传既久者,词不害理,亦并存以备一家。明季游士撰述,尤为猥杂。惟择其著有明效,如戚继光《练兵实纪》之类者,列于篇。

法家类

刑名之学,起于周季,其术为圣世所不取。然浏览遗篇,兼资法戒。观于管仲诸家,可以知近功小利之隘。观于商鞅、韩非诸家,可以知刻薄寡恩之非。鉴彼前车,即所以克端治本。曾巩所谓不灭其籍,乃善于放绝者欤?至于凝、嶸所编,和凝、和嶸父子,相继撰《疑狱集》。阐明疑狱,桂、吴所录,桂万荣、吴讷相续撰《棠阴比事》。矜慎祥刑。并义取持平,道资弼教。虽类从而录,均隶法家。然立议不同,用心各异,于虞廷钦恤,亦属有裨。是以仍准旧史,录此一家焉。

农家类

农家条目,至为芜杂。诸家著录,大抵辗转旁牵。因耕而及《相牛经》,因《相牛经》及《相马经》《相鹤经》《鹰经》《蟹录》至于《相贝经》,而《香谱》《钱谱》相随入矣。因五谷而及《圃史》,因《圃史》而及《竹谱》《荔支谱》《橘谱》至于《梅谱》《菊谱》,而《唐昌玉蕊辨证》《扬州琼花谱》相随入矣。因蚕桑而及《茶经》,因《茶经》及《酒史》《糖霜谱》至于《蔬食谱》,而《易牙遗意》《饮膳正要》相随入矣。触类蔓延,将因《四民月令》而及《算术》《天文》,因《田家五行》而及《风角》《鸟占》,因《救荒本草》而及《素问》《灵枢》乎?今逐类汰除,惟存本业,用以见重农贵粟,其道至大,其义至深,庶几不失《豳风》《无逸》之初旨。茶事一类,与农家稍近,然龙团凤饼之制，银匙玉碗之华，终非耕织者所事。今亦别入谱录类，明不以末先本也。

医家类

儒之门户分于宋，医之门户分于金、元。观元好问《伤寒会要序》，知河间之学与易水之学争。观戴良作《朱震亨传》，知丹溪之学与宣和局方之学争也。然儒有定理，而医无定法。病情万变，难守一宗。故今所叙录，兼众说焉。明制定医院十三科，颇为繁碎。而诸家所著，往往以一书兼数科，分隶为难。今通以时代为次。《汉志》医经、经方二家后，有房中、神仙二家，后人误读为一，故服饵导引，歧涂颇杂，今悉删除。《周礼》有《兽医》，《隋志》载《治马经》等九家，杂列医书间。今从其例，附录此门，而退置于末简。贵人贱物之义也。《太素脉法》，不关治疗，今别收入术数家，兹不著录。

天文算法类

三代上之制作，类非后世所及。惟天文算法则愈阐愈精。容成造术，颛顼立制，而测星纪闰，多述帝尧。在古初已修改渐密矣。洛下闳以后，利玛窦以前，变法不一。泰西晚出，颇异前规，门户构争，亦如讲学。然分曹测验，具有实征，终不能指北为南，移昏作晓。故攻新法者至国初而渐解焉。圣祖仁皇帝《御制数理精蕴》诸书，妙契天元，精研化本，于中西两法权衡归一，垂范亿年。海宇承流，递相推衍。一时如梅文鼎等，测量撰述，亦具有成书。故言天者，至于本朝更无疑义。今仰遵圣训，考校诸家，存古法以溯其源，秉新制以究其变。古来疏密，厘然具矣。若夫占验机祥，率多诡说。郑当再火，裨灶先诬，旧史各自为类，今亦别入之术数家。惟算术、天文相为表里，《明史·艺文志》以算术入小学类，是古之算术，非今之算术也。今核其实，与天文类从焉。

术数类

术数之兴，多在秦汉以后。要其旨，不出乎阴阳五行，生克制化，实皆《易》之支流，傅以杂说耳。物生有象，象生有数，乘除推阐，务究造化之源者，是为数学。星土云物，见于经典，流传妖妄，浸失其真，然不可谓古无其说,是为占候。自是以外,末流猥杂,不可殚名。史志总概以"五行"。今参验古书,旁稽近法,析而别之者三:曰相宅相墓、曰占卜、曰命书相书。并而合之者一,曰阴阳五行。杂技术之有成书者,亦别为一类附焉。中惟数学一家,为《易》外别传,不切事而犹近理。其余则皆百伪一真,递相煽动。必谓古无是说,亦无是理,固儒者之迂谈;必谓今之术士能得其传,亦世俗之感志,徒以冀福畏祸。今古同情,趋避之念一萌,方技者流遂各乘其隙以中之。故悠谬之谈,弥变弥夥耳。然众志所趋,虽圣人有所弗能禁。其可通者存其理,其不可通者姑存其说可也。

艺术类

古言六书,后明八法,于是字学、书品为二事。左图右史,画亦古义,丹青金碧,渐别为赏鉴一途;衣裳制而纂组巧,饮食造而陆海陈,踵事增华,势有驯致。然均与文史相出入,要为艺事之首也。琴本雅音,旧列乐部,后世俗工拨捩,率造新声,非复《清庙》《生民》之奏,是特一技耳。摹印本六体之一,自汉白玄朱,务矜镌刻,与小学远矣。射义、投壶载于《戴记》。诸家所述,亦事异礼经,均退列艺术,于义差允。至于谱博奕、谕歌舞,名品纷繁,事皆琐屑,亦并为一类,统曰杂技焉。

谱录类

刘向《七略》门目孔多,后并为四部,大纲定矣。中间子目递有增减,亦不甚相远。然古人学部各守专门,其著述具有源流,易于配隶。六朝以后,作者渐出新裁,体例多由创造,古来旧目遂不能该,附赘悬疣,往往牵强。《隋志·谱系》本陈族姓,而末载《竹谱》《钱谱》《钱图》,《唐志·农家》本言种植,而杂列《钱谱》《相鹤经》《相马经》《鸷击录》《相贝经》,《文献通考》亦以《香谱》入"农家"。是皆明知其不安,而限于无类可归,又复穷而不变,故支离颠舛遂至于斯。惟尤袤《遂初堂书目》创立"谱录"一门,于是别类殊名,咸归统摄,此亦变而能通矣。今用其例,以收诸杂书之无可系属者,门目既繁,检寻亦病于琐碎,故诸物以类相从,不更以时代次焉。

杂家类

衰周之季,百氏争鸣。立说著书,各为流品,《汉志》所列备矣。或其学不传，后无所述，或其名不美，人不肯居。故绝续不同，不能一概。后人著录，株守旧文，于是墨家仅《墨子》《晏子》二书，名家仅《公孙龙子》《尹文子》《人物志》三书，纵横家仅《鬼谷子》一书，亦别立标题，自为支派。此拘泥门目之过也。黄虞稷《千顷堂书目》，于寥寥不能成类者，并入杂家。杂之义广，无所不包。班固所谓"合儒、墨，兼名、法"也。变而得宜，于例为善。今从其说，以立说者谓之"杂学"，辨证者谓之"杂考"，议论而兼叙述者谓之"杂说"，旁究物理、胪陈纤琐者谓之"杂品"，类辑旧文、涂兼众轨者谓之"杂纂"，合刻诸书、不名一体者谓之杂编。凡六类。

类书类

类事之书，兼收四部，而非经、非史、非子、非集，四部之内，乃无类可归。《皇览》始于魏文，晋荀勖《中经部》分隶何门，今无所考。《隋志》载入子部，当有所受之。历代相承，莫之或易。明胡应麟作《笔丛》，始议改入集部。然无所取义，徒事纷更，则不如仍旧贯矣。此体一兴，而操觚者易于检寻，注书者利于剽窃，转辗稗贩，实学颇荒。然古籍散亡，十不存一，遗文旧事，往往托以得存。《艺文类聚》《初学记》《太平御览》诸编，残玑断璧，至捃拾不穷，要不可谓之无补也。其专考一事，如《同姓名录》之类者，别无可附，旧皆入之类书，今亦仍其例。

小说家类

张衡《西京赋》曰："小说九百，本自虞初。"《汉书·艺文志》载《虞初周说》九百四十三篇"，注称"武帝时方士"，则小说兴于武帝时矣。故《伊尹说》以下九家，班固多注"依托也"。《汉书·艺文志》注凡不著姓名者，皆班固自注。然屈原《天问》，杂陈神怪，多莫知所出，意即小说家言。而《汉志》所载《青史子》五十七篇，贾谊《新书·保傅篇》中先引之，则其来已久，特盛于虞初耳。迹其流别，凡有三派：其一叙述杂事，其一记录异闻，其一缀辑琐语也。唐宋而后，作者弥繁。中间诬谩失真，妖妄荧听者，固为不少，然寓劝戒、广见闻、资考证者，亦错出其中。班固称"小说家流，盖出于稗官"，如淳注谓："王者欲知闾巷风俗，故立稗官，使称说之。"然则博采旁搜，是亦古制，固不必以冗杂废矣。今甄录其近雅驯者，以广见闻。惟猥鄙荒诞，徒乱耳目者，则黜不载焉。

释家类

梁阮孝绪作《七录》，以二氏之文别录于末。《隋书》遵用其例，亦附于志末，有部数、卷数而无书名。《旧唐书》以古无释家，遂并佛书于道家，颇乖名实。然惟录诸家之书为二氏作者，而不录二氏之经典，则其义可从。今录二氏于子部末，用阮孝绪例；不录经典，用刘昫例也。诸志皆道先于释，然《魏书》已称《释老志》，《七录》旧目，载于释道宣《广弘明集》者，亦以释先于道。故今所叙录，以释家居前焉。

道家类

后世神怪之迹多附于道家，道家亦自矜其异，如《神仙传》《道教灵验记》是也。要其本始，则主于清净自持，而济以坚忍之力，以柔制刚，以退为进。故《申子》《韩子》流为刑名之学，而《阴符经》可通于兵。其后长生之说与神仙家合为一，而服饵、导引入之。房中一家，近于神仙者，亦入之。鸿宝有书，烧炼入之。张鲁立教，符箓入之。北魏寇谦之等，又以斋醮、章咒入之。世所传述，大抵多后附之文，非其本旨。彼教自不能别，今亦无事于区分。然观其遗书，源流迁变之故，尚一一可稽也。

集部总叙

集部之目，《楚辞》最古，别集次之，总集次之，诗文评又晚出，词曲则其闰余也。古人不以文章名，故秦以前书无称屈原、宋玉工赋者。洎乎汉代，始有词人，迹其著作，率由追录。故武帝命所忠求相如遗书，魏文帝亦诏天下上孔融文章。至于六朝，始自编次，唐末又刊板印行。事见贯休《禅月集序》。夫自编则多所爱惜，刊板则易于流传，四部之书，别集最杂，兹其故欤！然典册高文，清词丽句，亦未尝不高标独秀，挺出邓林。此在蒭刘卮言，别裁伪体，不必以猥滥病也。总集之作，多由论定，而兰亭、金谷悉觞咏于一时。下及汉上题襟、松陵倡和，《丹阳集》惟录乡人，《箧中集》则附登乃弟，虽去取金孚众议，而履霜有渐，已为诗社标榜之先驱。其声气攀援，甚于别集。要之浮华易歇，公论终明，岿然而独存者，《文选》《玉台新咏》以下数十家耳。诗文评之作，著于齐、梁。观同一八病四声也，钟嵘以求誉不遂，巧致讥排；刘勰以知遇独深，继为推阐。词场恩怨,亘古如斯。冷斋曲附乎豫章,石林隐排乎元祐,党人余衅,报及文章,又其已事矣。固宜别白存之,各核其实。至于倚声末技,分派诗歌,其间周、柳、苏、辛,亦递争轨辙。然其得其失,不足重轻,姑附存以备一格而已。大抵门户构争之见,莫甚于讲学,而论文次之。讲学者聚党分朋,往往祸延宗社,操觚之士,笔舌相攻,则未有乱及国事者。盖讲学者必辨是非,辨是非必及时政,其事与权势相连,故其患大。文人词翰,所争者名誉而已,与朝廷无预,故其患小也。然如艾南英以排斥王、李之故,至以严嵩为察相,而以杀杨继盛为稍过当,岂其扪心清夜,果自谓然?亦朋党既分,势不两立,故决裂名教而不辞耳。至钱谦益《列朝诗集》,更颠倒贤奸,彝良泯绝,其贻害人心风俗者,又岂鲜哉!今扫除畛域,一准至公。明以来诸派之中,各取其所长,而不回护其所短。盖有世道之防焉,不仅为文体计也。

楚辞类

裒屈、宋诸赋,定名《楚辞》,自刘向始也。后人或谓之"骚",故刘勰品论《楚辞》,以"辨骚"标目。考史迁称"屈原放逐,乃著离骚",盖举其最著一篇。《九歌》以下,均袭骚名,则非事实矣。《隋志》集部以"楚辞"别为一门,历代因之。盖汉、魏以下,赋体既变,无全集皆作此体者,他集不与《楚辞》类,《楚辞》亦不与他集类,体例既异,理不得不分著也。杨穆有《九悼》一卷,至宋已佚。晁补之、朱子皆尝续编,然补之书亦不传,仅朱子书附刻《集注》后。今所传者,大抵注与音耳。注家由东汉至宋,递相补苴,无大异词。迄于近世,始多别解。割裂补缀,言人人殊。错简说经之术,蔓延及于词赋矣。今并刊除,杜窜乱古书之渐也。

别集类

集始于东汉,荀况诸集,后人追题也。其自制名者,则始张融《玉海集》。其区分部帙,则江淹有《前集》、有《后集》,梁武帝有《诗赋集》、有《文集》、有《别集》,梁元帝有《集》、有《小集》,谢朓有《集》、有《逸集》,与王筠之一官一集,沈约之正集百卷,又别选《集略》三十卷者,其体例均始于齐、梁。盖集之盛,自是始也。唐宋以后,名目益繁。然隋、唐《志》所著录,《宋志》十不存一,《宋志》所著录,今又十不存一。新刻日增,旧编日减,岂数有乘除欤?文章公论,历久乃明。天地英华所聚,卓然不可磨灭者,一代不过数十人,其余可传可不传者,则系乎有幸有不幸,存佚靡恒,不足异也。今于元代以前,凡论定诸编,多加甄录。有明以后,篇章弥富,则删薙弥严。非曰沿袭恒情,贵远贱近,盖阅时未久,珠砾并存,去取之间,尤不敢不慎云尔。

总集类

文籍日兴,散无统纪,于是总集作焉。一则网罗放佚,使零章残什并有所归;一则删汰繁芜,使莠稗咸除,菁华毕出。是固文章之衡鉴,著作之渊薮矣。《三百篇》既列为经,王逸所裒又仅《楚辞》一家,故体例所成,以挚虞《流别》为始。其书虽佚,其论尚散见《艺文类聚》中,盖分体编录者也。《文选》而下,互有得失。至宋真德秀《文章正宗》,始别出谈理一派,而总集遂判两途。然文质相扶,理无偏废,各明一义,未害同归。惟末学循声,主持过当,使方言俚语,俱入词章,丽制鸿篇,横遭嗤点,是则并德秀本旨失之耳。今一一别裁,务归中道,至明万历以后,侩魁渔利,坊刻弥增,剽窃陈因,动成巨帙,并无门径之可言,姑存其目,为冗滥之戒而已。

诗文评类

文章莫盛于两汉,浑浑灏灏,文成法立,无格律之可拘。建安、黄初,体裁渐备,故论文之说出焉,《典论》其首也。其勒为一书、传于今者,则断自刘勰、钟嵘。勰究文体之源流,而评其工拙;嵘第作者之甲乙,而溯厥师承:为例各殊。至皎然《诗式》,备陈法律;孟棨《本事诗》,旁采故实;刘攽《中山诗话》、欧阳修《六一诗话》,又体兼说部。后所论著,不出此五例中矣。宋、明两代,均好为议论,所撰尤繁。虽宋人务求深解,多穿凿之词;明人喜作高谈,多虚憍之论。然汰除糟粕,采撷菁英,每足以考证旧闻,触发新意。《隋志》附总集之内,《唐书》以下,则并于集部之末,别立此门。岂非以其讨论瑕瑜,别裁真伪,博参广考,亦有裨于文章欤?

词曲类

词、曲二体,在文章、技艺之间。厥品颇卑,作者弗贵,特才华之士,以绮语相高耳。然三百篇变而古诗,古诗变而近体,近体变而词,词变而曲,层累而降,莫知其然。究厥渊源,实亦乐府之余音,风人之末派。其于文苑,同属附庸,亦未可全斥为俳优也。今酌取往例,附之篇终。词、曲两家,又略分甲乙。词为五类:曰别集、曰总集、曰词话、曰词谱、词韵。曲则惟录品题论断之词及中原音韵,而曲文则不录焉。王圻《续文献通考》以《西厢记》《琵琶记》俱入经籍类中,全失论撰之体裁,不可训也。

(《钦定四库全书总目》[整理本],中华书局1997年版)

朱彭寿《安乐康平室随笔》(一则)

历代官撰诸书,今行于世者,以宋之《太平御览》《册府元龟》《太平广记》《文苑英华》为最著,然亦不过数种而已。唐之《文馆词林》,明之《永乐大典》均遗佚久矣。我朝稽古右文,特命儒臣时勤编纂,除平定各地方略专纪一时武功,又《天禄琳琅》《石渠宝笈》《西清古鉴》之类,专记内府储藏书籍、字画、金石诸品,兹不胪列外,其最称精要者,如于经义,则有《周易折中》二十二卷、《书经传说汇纂》二十四卷、《诗经传说汇纂》二十二卷、《春秋传说汇纂》三十八卷、《周官义疏》四十八卷、《仪礼义疏》四十八卷、《礼记义疏》八十二卷;于乐律,则有《律吕正义》五卷;又后编一百二十卷。于字书,则有《康熙字典》四十二卷、《西域同文志》二十四卷、《清文鉴》三十三卷;于音韵,则有《音韵阐微》十八卷;于正史,则有《明史》三百三十六卷;于编年,则有《御批通鉴辑览》一百十九卷;于史事提要,则有《历代纪事年表》一百卷;于历代通制,则有《续通典》一百四十四卷、《续通志》五百二十七卷、《续文献通考》二百五十二卷;于地理总志,则有《大清一统志》五百卷;于地理分志,则有各省通志、志名及卷数不备录。《西域图志》五十二卷、《日下旧闻考》一百六十卷;于本朝制度,则有《皇朝通典》一百卷、《皇朝通志》二百卷、《皇朝文献通考》二百六十六卷、《大清会典图说事例》若干卷、按此书历经增修,以光绪中修成者为最备。《大清通礼》五十四卷、《皇朝礼器图式》二十八卷;于经籍目录,则有《四库全书总目提要》二百卷,又《四库简明目录》二十卷。于名物谱录,则有《广群芳谱》一百卷;于理学,则有《性理精义》十二卷;于农政,则有《授时通考》七十八卷;于医学,则有《医宗金鉴》九十卷;于算学,则有《数理精蕴》五十三卷、《历象考成》四十二卷、又后编十卷。《仪象考成》三十二卷；于术数，则有《协纪辨方书》三十六卷；按天时之说见于《孟子》，此书为择日而作，利于民用，故特著之。于艺术，则有《佩文斋书画谱》一百卷；于类书，则有《渊鉴类函》四百五十卷、《分类字锦》六十四卷、《子史精华》一百六十卷、《佩文韵府》四百四十四卷、又拾遗一百十二卷。《骈字类编》二百四十卷；于编辑总集，文则有《历代赋汇》一百八十四卷、《皇清文颖》一百二十四卷、《全唐文》一千卷；诗则有《全唐诗》九百卷、《全金诗》七十卷、《佩文斋咏物诗选》四百八十六卷、《题画诗类》一百二十卷；词则有《历代诗余》一百二十卷；于诗文选本，则有《古文渊鉴》六十四卷、御选《唐诗》三十五卷、《宋诗》七十八卷、《金诗》二十五卷、《元诗》八十一卷、《明诗》一百二十八卷、《唐宋文醇》五十八卷、《唐宋诗醇》四十七卷。皆经诸名手，上秉圣裁，精心撰述，不独嘉惠多士，且将昭示方来，巨制鸿篇，洵为前代所未有者矣。又四部外，尚别有《古今图书集成》一万卷。

（[清]朱彭寿撰，何双生点校《安乐康平室随笔》卷一，中华书局1982年版）

张元济《印行〈四部丛刊〉启》

睹乔木而思故家，考文献而爱旧邦，知新温故，二者并重。自咸同以来，神州几经多故，旧籍日就沦亡；盖求书之难，国学之微，未有甚于此时者也。上海涵芬楼留意收藏，多蓄善本，同人怂恿景印，以资津逮；间有未备，复各出公私所储，恣其搜揽，得于风流阒寂之会，成此《四部丛刊》之刻。提挈宏纲，网罗巨帙，诚可云学海之钜观，书林之创举矣！觋缕陈之，有七善焉。汇刻群书，昉于南宋，后世踵之；顾其所收，类多小种，足备专门之流览，而非常人所必需；此之所收皆四部之中家弦户诵之书，如布帛菽粟，四民不可一日缺者，其善一矣。明之《永乐大典》，清之《图书集成》，无所不包，诚为鸿博，而所收古书，悉经剪裁；此则仍存原本，其善二矣。书贵旧本，昔人明训，麻沙恶椠，安用流传；此则广事购借，类多秘帙，其善三矣。求书者，纵胸有晁、陈之学，冥心搜访，然其聚也非在一地，其得也不能同时；此则所求之本具于一编，省事省时，其善四矣。雕板之书，卷帙浩繁，藏之充栋，载之专车，平时翻阅，亦屡烦乎转换；此用石印，但略小其匡，而不并其叶，故册小而字大，册小则便庋藏，字大则能悦目，其善五矣。镂刻之本，时有后先，往往小大不齐，缥缃异色，以之插架，殊伤美观；此则版型纸色，斠若画一，列之清斋，实为精雅，其善六矣。夫书贵流通，流通之机在于廉价；此书搜罗宏富，计卷逾万，而议价不特视今时旧籍廉至倍蓗，即较市上新版亦减之再三。复行预约之法，分期交付，即可出书迅速，使读者先睹为快，亦便分年纳价，使购者举重若轻，其善七矣。自古艺林学海，奚止充栋汗牛，今兹所收，不无遗漏，假以岁月，更当择要嗣刊。至于别裁伪体，妙选佳椠，亦即盱衡时世之所宜，屡访通人而是正，未尝率而以操觚，差可求谅于当世。邦人君子，或欲坐拥书城，或拟宏开邑馆，依此取求，庶有当焉。

  王秉恩　沈曾植　翁斌孙　严　修　张　謇
  董　康　罗振玉　叶德辉　齐耀琳　徐乃昌
  张一麟　傅增湘　莫　棠　邓邦述　袁思亮
  陶　湘　瞿启甲　蒋汝藻　刘承幹　葛嗣浵
  郑孝胥　叶景葵　夏敬观　孙毓修　张元济　同启

缪筱珊先生提倡最先，未观厥成，遽归道山，谨志于此，以不没其盛心。己未十月。（1919年12月）

（张元济著《张元济全集》第9卷，商务印书馆2010年版）

（二）校勘

程俱《校雠》

淳化五年七月，诏选官分校《史记》、前后《汉书》。虞部员外郎崇文院检讨兼秘阁校理杜镐、屯田员外郎秘阁校理舒雅、都官员外郎秘阁校理吴淑、膳部郎中直秘阁潘慎修校《史记》，度支郎中直秘阁朱昂再校；又命太常博士直昭文馆陈充、国子博士史馆检讨阮思道、著作佐郎直昭文馆尹少连、著作佐郎直史馆赵况、著作佐郎直集贤院赵安仁、将作监丞直史馆孙何校前后《汉书》。既毕,遣内侍裴愈赍本就杭州镂版。

咸平三年十月,诏选官校勘《三国志》《晋书》《唐书》。以光禄少卿直秘阁黄夷简、太仆少卿直秘阁钱惟演、都官郎中直史馆刘蒙叟、驾部员外郎崇文院检讨直秘阁杜镐、太常丞直集贤院宋皋、著作佐郎秘阁校理戚纶校《三国志》,又命镐、纶与虞部员外郎史馆检讨董元亨、秘书丞直史馆刘锴详校;兵部员外郎直昭文馆许衮、刑部员外郎直昭文馆陈充校《晋书》,黄夷简续预焉,而镐、纶、锴详校如前;金部郎中直昭文馆安德裕、屯田郎中直昭文馆句中正、主客员外郎直集贤院范贻永、殿中丞直史馆王希逸泊董元亨、刘锴同校勘《唐书》。宫苑使刘承珪领其事,内侍刘崇超同之。五年校毕,送国子监镂版,校勘官赐银帛有差,锴特赐绯鱼袋。四年九月,翰林侍读学士国子祭酒邢昺、直秘阁杜镐、秘阁校理舒雅、直集贤院李维、诸王府侍讲孙奭、殿中丞李慕清、大理寺丞王焕、刘士玄、国子监直讲崔偓佺表上重校定《周礼》《仪礼》《公羊》《穀梁传》《孝经》《论语》《尔雅》七经疏义,凡一百六十五卷,命模印颁行,赐宴于国子监,昺加中散大夫,镐等并迁秩。至景德二年九月,又命侍讲学士邢昺、两制详定《尚书》《论语》《孝经》《尔雅》错误文字,以杜镐、孙奭被诏详校,疏其谬误故也。

咸平中,真宗谓宰相曰:"太宗崇尚文史,而三史版本,如闻当时校勘官未能精详,尚有谬误,当再加刊正。"乃命太常丞直史馆陈尧佐、著作郎直史馆周起,光禄寺丞直集贤院孙仅、丁逊覆校《史记》。寻而尧佐出知寿州,起任三司判官,又以著作佐郎直集贤院任随领其事。景德元年正月校毕,任随等上覆校《史记》并刊误文字五卷,诏赐帛有差。又命驾部员外郎直秘阁刁衎、右司谏直史馆晁迥与丁逊覆校前后汉书版本,迥知制诰,又以秘书丞直史馆陈彭年同其事。至二年七月,衎等上言:"《汉书》历代名贤竞为注释,是非互出,得失相参,至有章句不同,名氏交错,苟无依据,皆属阙疑。其余则博访群书,遍观诸本,倘非明白,安敢措辞!虽谢该通,粗无臆说。凡修改三百四十九,签正三千余字,录为六卷以进。"赐衎等器币有差。

景德元年三月丁酉,光禄少卿直秘阁黄夷简等上校勘新写御书凡二万四千一百六十二卷,赐缯帛有差。校勘官前大名府馆陶县尉刘筠等六人并授大理评事秘阁校理。

大中祥符元年六月，崇文院检讨杜镐等校定《南华真经》摹刻板本毕，赐辅臣人各一本。五年四月，崇文院上新印《列子冲虚至德真经》，诏赐亲王、辅臣人一本。景德中，朝谒诸陵，路经列子观，诏加至德之号，又命官校正其书。至是刊版成，赐校勘官金帛有差。二年二月，诸王府侍讲兼国子监直讲孙奭言："《庄子》注本，前后甚多，唯郭象所注特会庄生之旨，请依《道德经》例，差馆阁众官校定，与陆德明所撰《庄子释文》三卷雕印。"诏奭与龙图阁待制杜镐等同校定以闻。已而言者以谓国学板本《尔雅释文》颇多舛误，又命镐、奭同详定之。至大中祥符四年，又命李宗谔、杨亿、陈彭年等雠校《庄子序》，模印而行之。盖先是，崇文院校《庄子》本，以其序非郭象之文，去之。至是，上谓其文理可尚，故有是命。

四年八月，选三馆、秘阁直官、校理，校勘《文苑英华》、李善《文选》，摹印颁行。

八年十二月，诏枢密使王钦若都大提举抄写校勘三馆、秘阁书籍，翰林学士陈彭年副之。先是，十月丙午，令吏部铨选幕职州县官有文学者赴三馆、秘阁校勘书籍。初，馆阁书籍以其夏延火，多复阙略，故命购本抄写。因命吏部取常选人状，先试判三节，每节百五十字以上，仍择可者，又送学士院试诗、赋、论，命入馆校勘，凡三年改京朝官；亦有特命校勘者。京官校勘若三年，皆奏授校理。大理评事晁宗悫改官及校勘皆三年，遂令先转官，后又一年与校理。自是校勘官遂皆四年授校理，自宗悫始也。时彭年又起请以直馆、校理及吏部试中选人分为校勘官；又令翰林学士晁迥、李维、王曾、钱惟演，知制诰盛度、陈知微，于馆阁、京朝官中各举服勤文学者一人为覆校勘官。迥等遂以左正言集贤校理宋绶、著作郎直集贤院徐奭、太子中允直集贤院麻温其、著作佐郎集贤校理晏殊、大理评事崇文院检讨冯元充选。凡校勘官校毕，送覆校勘官覆校；既毕，送主判馆阁官点检详校。复于两制择官一二人充覆点检官，俟主判馆阁官点检详校讫，复加点检。皆有程课，以考其勤惰焉。

九年三月，加王钦若检校太师，又加兵部郎中直史馆张复、祠部员外郎直集贤院祁暐阶勋，赐度支员外郎直集贤院钱易、太常博士秘阁校理慎镛绯鱼，皆预校《道藏》故也。是日，曲宴赏花于后苑，上作五言诗，从臣咸赋，因射于太清楼下。

天圣二年六月，诏右正言直史馆张观、太常博士集贤校理王质、晁宗悫、秘阁校理陈诂、光禄寺丞集贤校理李淑、馆阁校勘彭乘、国子监直讲公孙觉校勘《南》《北史》《隋书》，及令左司郎中知制诰宋绶、吏部员外郎龙图阁待制刘烨提举之。

天圣三年六月，诏馆阁校勘官太常少卿直昭文馆陈从易降直史馆，太常博士集贤校理聂冠卿、光禄寺丞集贤校理李昭遘并罢职，坐校勘太清楼书舛互故也。

景祐二年九月，诏翰林学士张观等刊定《前汉书》《孟子》下国子监颁行。议者以谓前代经史，皆以纸素传写，虽有舛误，然尚可参雠。至五代，官始用墨版摹六经，诚欲一其文字，使学者不惑。至太宗朝，又摹印司马迁、班固、范晔诸史，与六经皆传，于是世之写本悉不用。然墨版讹驳，初不是正，而后学者更无他本可以刊验。会秘书丞余靖建言《前汉书》官本差舛，请行刊正，因诏靖及王洙尽取秘阁古本对校，逾年，乃上《汉书刊误》三十卷。至是，改旧摹版以从新校。然犹有未尽者，而司马迁、范晔史尤多脱略，惜其后不复有古本可正其舛缪者云。明年，以校勘《史记》《汉书》官秘书丞余靖为集贤校理，大理评事国子监直讲王洙为史馆检讨，赐详定官翰林学士张观、知制诰李淑、宋郊器币有差。

景祐三年十月乙丑，御崇政殿观三馆、秘阁新校两库子集书，凡万二千余卷。赐校勘官并管勾使臣、写书吏器币有差。是日，赐辅臣、两制、馆阁官宴于崇文院。

（［宋］程俱撰，张富祥校证《麟台故事校证》麟台故事残本卷二中，中华书局2000年版）

彭叔夏《文苑英华辨证序》

叔夏尝闻太师益公先生之言曰："校书之法，实事是正，多闻阙疑。"叔夏年十二三时，手钞《太祖皇帝实录》，其间云"兴衰治□之源"，阙一字，意谓必是"治乱"，后得善本，乃作"治忽"。三折肱为良医，信知书不可以意轻改。《文苑英华》一千卷,字画鱼鲁,篇次混淆,比他书尤甚。曩经孝宗皇帝乙览,付之御前校勘官,转失其真,详见益公序篇。公既退老丘园,命以校雠,肤见浅闻,宁免谬误,然考订商榷,用功为多。散在本文,览者难遍,因荟粹其说,以类而分,各举数端,不复具载。小小异同,在所弗录。原注颇略,今则加详。谓如一作某字非者,今则声说。其未注者,仍附此篇。初不注者,后因或人议及,今存一二。勒成十卷,名曰《文苑英华辨证》云。嘉泰四年冬十有二月己丑朔,乡贡进士庐陵彭叔夏谨识。

([宋]李昉等编《文苑英华》附《文苑英华辨证》卷首,中华书局1966年版)

孙庆增《校雠》

校雠书籍,非博学好古、勤于看书而又安闲者,不能动笔校雠书籍。所以每见庸常之人,校书一部,住往弗克令终,深可恨也。惟勤学好问隐居君子,方能为之。古人每校一书,先须细心绸绎,自始至终,改正字谬错误,校雠三四次,乃为尽善。至于宋刻本,校正字句虽少,而改字不可遽改书上,元板亦然。须将改正字句,写在白纸条上,薄浆浮签,贴本行上,以其书之贵重也。凡校正新书,将校正过善本对临可也。倘古人有误处,有未改处,亦当改正。明板坊本、新钞本,错误遗漏最多,须觅宋元板、旧钞本、校正过底本或收藏家秘本细细雠勘,反覆校过,连行款俱要照式改正,方为善本。若古人有弗可考究、无从改正者,今人亦当多方请教博学君子,善于讲究古帖之士,又须寻觅旧碑版文字,访求藏书家秘本,自能改正,然而校书,非数名士相好聚于名园读书处,请究讨论,寻绎旧文,方可有成。否则终有不到之处,所以书籍不论钞刻好歹,凡有校过之书,皆为至宝。至于字画之误,必要请教明于字学声韵者,辨别字画音释,方能无误。古用雌黄校书,因古时皆用黄纸写,装成卷轴,故名黄卷,其色相同,涂抹无痕迹也。后人俱用白纸钞刻,又当用白色涂抹。今之改字,用淡色青田石磨细,和胶做成锭子,磨涂纸上,改字最妙。用铅粉终要变黑,最不可用。若大部书籍延请多人分校,呈于总裁,计日乃成。若校正刊刻,非博雅君子有力而好古者不能也。书籍上板,必要名手校正，方可刊刻，不然枉费刻资，草率刻成，不但遗误后人，反为有识所笑。惜乎古今收藏书籍之人，不校者多，校者甚少。惟叶石君所藏书籍，皆手笔校正，临宋本印宋钞俱借善本改正，博古好学，称为第一。叶氏之书，至今为宝，好古同嗜者赏识焉。

（[清]孙庆增撰《藏书纪要》，收入[明]祁承㸁等撰《澹生堂藏书约（外八种）》，上海古籍出版社2005年版）

章学诚《校雠通义叙》

叙曰：校雠之义，盖自刘向父子，部次条别，将以辨章学术，考镜源流；非深明于道术精微、群言得失之故者，不足与此。后世部次甲乙，纪录经史者，代有其人；而求能推阐大义，条别学术异同，使人由委溯源，以想见于坟籍之初者，千百之中，不十一焉。郑樵生千载而后，慨然有会于向、歆讨论之旨，因取历朝著录，略其鱼鲁豕亥之细，而特以部次条别，疏通伦类，考其得失之故而为之校雠。盖自石渠天禄以还，学者所未尝窥见者也。顾樵生南宋之世，去古已远，刘氏所谓《七略》《别录》之书，久已失传；《唐志》尚存，《宋志》已逸，嗣是不复见矣。所可推者，独班固《艺文》一志。而樵书首讥班固，凡所推论，有涉于班氏之业者，皆过为贬驳之辞。盖樵为通史，而固则断代为书，两家宗旨，自昔殊异，所谓道不同不相为谋，无足怪也。独《艺文》为校雠之所必究，而樵不能平气以求刘氏之微旨，则于古人大体，终似有所未窥。又其议论过于骏利。隋唐史志，甲乙部目，亦略涉其藩，而未能推阐向、歆术业，以究悉其是非得失之所在。故其自为《通志》，《艺文》《金石》《图谱》诸略，牴牾错出，与其所讥前人著录之谬，未始径庭，此不揣本而齐末者之效也。又其论求书之法，校书之业，既详且备。然亦未究求书以前，文字如何治察，校书以后，图籍如何法守；凡此皆郑氏所未遑暇。盖其涉猎者博，又非专门之精，巨编鸿制，不能无所疏漏，亦其势也。今为折衷诸家，究其源委，作《校雠通义》，总若干篇，勒成一家，庶于学术渊源，有所厘别。知言君子，或有取于斯焉。

（[清]章学诚撰，叶瑛校注《文史通义校注》校雠通义卷一，中华书局1985年版）

阮元《十三经注疏校勘记序》

古《周易》十二篇，汉后至宋晁以道、朱子始复其旧。自晁以道、朱子以前，皆《彖》《象》《文言》分入上下经卦中，别为《系辞》上下、《说卦》《序卦》《杂卦》五篇，郑玄、王弼之书业已如是，此学者所共知，无庸觇缕者也。易之为书最古，而文多异字，宋晁以道《古文易》掊撽为之，如郭忠恕、薛季宣《古文尚书》之比。国朝之治《周易》者，未有过于征士惠栋者也，而其校刊雅雨堂李鼎祚《周易集解》与自著《周易述》，其改字多有似是而非者。盖经典相沿已久之本，无庸突为擅易，况师说之不同，他书之引用，未便据以改久沿之本也，但当录其说于考证而已。臣元于《周易注疏》旧有校正各本，今更取唐、宋、元、明经本、经注本、单疏本、经注疏合本雠校，各刻同异，属元和生员李锐笔之，为书九卷，别校《略例》一卷，陆氏《释文》一卷，而不取他书妄改经文，以还王弼、孔颖达、陆德明之旧。

自梅赜献《孔传》而汉之真古文与今文皆亡，乃梅本又有今文、古文之别。《新唐书·艺文志》云："天宝三载，诏集贤学士卫包改古文从今文。"说者谓今文从此始，古文从此绝，殊不知卫包以前未尝无今文，卫包以后又别有古文也。《隋书·经籍志》有《古文尚书》十五卷，《今字尚书》十四卷，又顾彪《今文尚书音》一卷，是隋以前已有今文矣。盖变古文为今文实自范宁始。宁自为《集注》，成一家言，后之传写孔传者从而效之，此所以有今文也。六朝之儒，传古文者多，传今文者少，今文自顾彪而外，不少概见，李巡、徐邈、陆德明皆为古文作音，孔颖达《正义》出于二刘，盖亦用古文本，如"涂"之为"敉"，"云"之为"员"是也，然疏内不数数靓，殆为后人窜改，如陈鄂等之于《释文》欤？然则卫包之改古从今，乃改陆、孔而从范、顾，非倡始为之也。乃若天宝既改古文，其旧本藏书府，民间不复有之，更经丧乱，即书府所藏亦不可问矣。开成初，郑覃进石经，悉用今文。前此张参之壁经，后此长兴之板本，广政之石本，当无不用今文者。乃后周显德六年，郭忠恕独校《古文尚书》上之，上距天宝三载已二百余年，不知郭氏从何而得其本？宋初仍不甚行，至吕大防得于宋次道、王仲至家，而晁公武取以刻石，薛季宣据以作训，然后大显。今按《释文序录》云："尚书之字，本为隶古。"既是隶写古文，则不全为古字。今宋、齐旧本及徐、李等音，所有古字，盖亦无几。穿凿之徒，务欲立异，依傍字部，改变经文，疑惑后生，不可写用。是所谓古文，不过如《周礼》《汉书》，略有古体及假借通用之字而已。晁氏《读书志》云："陆德明独存一二于《释文》。"此正与古字无几之说相合。若连篇累牍，悉是奇字，则陆氏岂得或释或不释哉？晁氏又云："以《古文尚书》校《释文》，虽小有异同，而大体相类。"夫《释文》所存仅止一二，就此一二之中复小有异同，则全经不合者必十之九，其为赝本无疑。然观陆氏之言，则穿凿立异，自古而然，不独郭氏也。臣于《尚书注疏》旧有校本，兹以各本授德清贡生徐养原校之，并及《释文》，臣复定其是非，且考其颠末，著于简首。

考异于《毛诗》，《经》有齐、鲁、韩三家之异，齐、鲁《诗》久亡，《韩诗》则宋以前尚存，其异字之见于诸书可考者，大约毛多古字，韩多今字，有时必互相证而后可以得毛义也。毛公之传《诗》也，同一字而各篇训释不同，大抵依文以立解，不依字以求训，非孰于《周官》之假借者，不可以读《毛传》也。毛不易字，《郑笺》始有易字之例。顾注《礼》则立说以改其字，而诗则多不欲显言之，亦或有显言之者，毛以假借立说，则不言易字，而易字在其中，郑又于《传》外研寻，往往《传》所不易者而易之，非好异也，亦所谓依文立解，不如此则文有未适也。《孟子》曰："不以文害辞，不以辞害志。"《孟子》所谓文者，今所谓字，言不可泥于字，而必使作者之志昭著显白于后世。毛、郑之于《诗》，其用意同也。《传》《笺》分，而同一《毛诗》字有各异矣。自汉以后，转写滋异，莫能枚数。至唐初，而陆氏《释文》、颜氏定本、孔氏《正义》先后出焉，其所遵用之本不能画一。自唐后至今，锓版盛行，于《经》，于《传》《笺》，于《疏》，或有意妄更，或无意讹脱，于是缪盩莫可究诘。因以臣旧校本授元和生员顾广圻取各本校之，臣复定是非，于以知《经》有《经》之例，《传》有《传》之例，《笺》有《笺》之例，《疏》有《疏》之例，通乎诸例，而折衷于《孟子》"不以辞害志"，而后诸家之本可以知其分，亦可以知其一定不可易者矣。

有杜子春之《周礼》，有二郑之《周礼》，有后郑之《周礼》。《周礼》出山岩屋壁间，刘歆始知为周公之书而读之，其徒杜子春乃能略识其字，建武以后，大中大夫郑兴、大司农郑众皆以《周礼解诂》著，而大司农郑康成乃集诸儒之成，为《周礼注》。盖经文古字不可读，故四家之学皆主于正字。其云"故书"者，谓初献于秘府所藏之本也。其民间传写不同者，则为今书。有云"读如"者，比拟其音也。有云"读为"者，就其音以易其字也。有云"当为"者，定其字之误也。三例既定，而大义乃可言矣。说皆在后郑之注。唐贾公彦等作疏，发挥殊未得其肯綮。臣元于此《经》旧有校本，且合《经》《注》《疏》读之，时窥见其一二，因通校《经》《注》《疏》之讹字，更属武进监生臧庸搜校各本，并及陆氏《释文》，臣复定其是非，凡言周制言汉学者，容有藉于此。

《仪礼》最为难读。昔顾炎武以唐石刻《九经》校明监本，惟《仪礼》讹脱尤甚。《经》文且然，况《注疏》乎。《贾疏》文笔冗蔓，词意郁辀，不若孔氏《五经正义》之条畅。传写者不得其意，脱文误句往往有之。宋世《注》《疏》各为一书，《疏》自咸平校勘之后更无别本，误谬相沿，迄今已无从一一厘正。朱子作《通解》，于《疏》之文义未安者多为删润，在朱子自成一家之书未为不可，而明之刻《注疏》者一切惟《通解》之从，遂尽失贾氏之旧。臣于《仪礼注疏》旧有校本，奉旨充石经校勘官，曾校经文上石。今合诸本，属德清贡生徐养原详列异同，臣复定其是非，大约《经》《注》则以唐《石经》及宋严州单注本为主，《疏》则以宋单行本为主，参以《释文》《识误》诸书，于以正明刻之讹。虽未克尽得郑、贾面目，亦庶还唐宋之旧观。《郑注》叠古今文最为详核，语助多寡，靡不悉纪。今校是经，宁详毋略，用郑氏家法也。

《小戴礼记》，隋、唐《志》并二十卷，唐《石经》所分是也。贞观中，孔颖达等为《正义》，旧、新《唐志》皆云七十卷，晁氏《读书志》、陈氏《书录解题》皆同。案古人义疏皆不附于经注而单行，犹古《春秋》三《传》、《诗》《毛传》不附于经而单行也。单行之疏，北宋皆有镌本，今仅有存者，《仪礼》《穀梁》《尔雅》间存藏书家，而他经多亡。正义多附载经注之下，其始谓之"兼义"，其后直谓之"某经注疏"；其始本无释文，其后又附以释文，谓之"附释音某经注疏"，最后又去"附释音"三字，盖皆绍兴以后所为，而北宋无此也。有在兼义之先为之者，今所见吴中藏本有《春秋》《礼记》二种，《春秋》曰"春秋正义卷第几"，《礼记》曰"礼记正义卷第几"，皆不标为某经注疏。其卷数则《春秋》三十六卷，《礼记》七十卷，皆与《唐志》正义卷数合。盖以单行正义为主，而以经注分置之，此绍兴初年所为，非如兼义注疏之以经注为主，而以疏附之；既不用经注之卷数，又不用正义之卷数，《春秋》为六十卷，《礼记》为六十三卷，遂使唐人正义之卷次不可知。盖古今之迁变如此。《礼记》七十卷之本出于吴中吴泰来家，乾隆间惠栋用以校汲古阁本，识之云："讹字四千七百有四，脱字一千一百四十有五，阙文二千二百一十有七，文字异者二千六百二十有五，羡文九百七十有一，点勘是正，四百年来阙误之书，犁然备具，为之称快。"今《记》中所云惠栋校宋本者是也。其真本今藏曲阜孔氏。近年有巧伪之书贾，取六十三卷旧刻添注涂改，缀以惠栋跋语，鬻于人，镂板京师者，乃赝本耳。今属临海生员洪震煊以惠栋本为主，并合臣旧校本及新得各本考其异同，臣复定其是非，为《校勘记》六十有三卷，《释文》则别为四卷，后之为小戴学者，庶几有取于是。

《春秋左氏传》，汉初未审献于何时。《汉·艺文志》说孔壁事只云得《古文尚书》及《礼记》《论语》《孝经》，不言《左氏经传》也。《景十三王传》亦但云得古文经传。所谓传者，即《礼》之《记》及《论语》，亦未言有《左氏》也。《楚元王传》刘歆让太常博士，亦以《逸礼》三十有九、《书》十六篇系之。鲁恭王所得孔安国所献，而于《春秋左氏》所修二十余通，则但云藏于秘府，不言献自何人。惟《说文解字序》分别言之曰："鲁恭王坏孔子宅，得《礼记》《尚书》《春秋》《论语》《孝经》。又北平侯张苍献《春秋左氏传》。"然后《左氏经传》所自出始大白于世。顾许言恭王所得有《春秋》，岂孔壁中有《春秋》经文为孔子手定者与？北平侯所献，盖必有经有传，度其经必与孔壁经大同。然则《班志》所云《古经》十二篇者，指恭王所得与？抑指北平所献与？《左氏传》之学，兴于贾逵、服虔、董遇、郑众、颍容诸家，杜预因之，分《经》比《传》，为之《集解》。今诸家全书不可见，而流传间见者，往往与杜本乖异。古有吴皇象所书本、宋臧荣绪、梁岑之敬所校本，今皆不可得，盖《传》文异同可考者亦仅矣。唐人专宗《杜注》，惟蜀《石经》兼刻《经》《传》《杜注》文，而蜀石尽亡，世间拓本仅存数百字。后唐诏儒臣田敏等校《九经》,镂本于国子监,此亦《经》《传》《注》兼刻者,而今多不存。至于孔颖达等依《经》《传》《杜注》为《正义》三十六卷,本自单行,宋淳化元年有刻本,至庆元间,吴兴沈中宾分系诸经注本合刻之,其跋云:"踵给事中汪公之后,取国子监《春秋经传集解》《正义》精校,萃为一书,盖田敏等所镂,淳化元年所颁,皆最为善本,而毕集于是,后此附以《释文》之本,未有能及此者。"元和陈树华即以此本遍考诸书,凡与《左氏传》经文有异同可备参考者,撰成《春秋内传考证》一书。《考证》所载之同异,虽与《正义》本复然不同,然亦间有可采者。臣更病今日各本之蹖驳,思为讐正,钱塘监生严杰熟于经疏,因授以旧日手校本,又庆元间所刻之本,并陈树华《考证》及唐石经以下各本,及《释文》各本,精详捃摭,共为《校勘记》四十二卷。虽班孟坚所谓多古字古言,许叔重所谓述《春秋传》用古文者,年代绵邈,不可究悉,亦庶几网罗放佚,冀成注疏善本,用裨学者矣。

汉武帝好《公羊》,治其学者,胡毋子都、董胶西为最著。胶西下帷讲诵,著书十余万言,皆明经术之意,至于今传焉。子都为景帝时博士,后年老归教于齐,齐之言《春秋》者莫不宗事之,《公羊》之著竹帛自子都始。戴宏《序》偁子夏传与公羊高,高传其子平,平传其子地,地传其子敢,敢传其子寿,寿与弟子胡毋子都著于竹帛是也。何休为胶西四传弟子,本子都条例以作注,著《公羊墨守》《公羊文谥例》《公羊传条例》,尤邃于阴阳五行之学,多以谶纬释《传》。惟黜周王鲁,《传》无明文,晋王接以为乖碍大体,非过毁也。《公羊传》文初不与《经》相连缀,《汉志》各自为卷。孔颖达《诗正义》云:"汉世为传训者,皆与经别行。"故蔡邕《石经》《公羊》残碑无《经》,《解诂》亦但释《传》也。分经附传,大氐汉后人为之,而唐开成始取而刻石。徐彦《疏》《唐志》不载,《崇文总目》始著录,亦无撰人名氏。宋董迪云:"世传徐彦所作,其时代里居不可得而详矣。"光禄寺卿王鸣盛云:"即北史之徐遵明。"不为无见也。盖其文章似六朝人,不似唐人所为者。《郡斋读书志》《书录解题》并作三十卷,世所传本乃止二十八卷,其参差之由亦无可考也。臣旧有校本,今更以何煌所校蜀大字本、宋鄂州官本及唐石经本、宋元以来各注疏本属武进监生臧庸胪其同异之字，臣为订其是非，成《公羊注疏校勘记》十一卷，《释文校勘记》一卷，后之为是学者，俾得有所考焉。

《六艺论》云："《穀梁》善于经。"岂以其亲炙于子夏所传为得其实与？公羊同师子夏，而郑氏《起废疾》则以《穀梁》为近孔子，公羊为六国时人。又云："传有先后。"然则《穀梁》实先于《公羊》矣。今观其书，非出一人之手。如隐五年、桓六年并引尸子，说者谓即尸佼。佼为秦相商鞅客，鞅被刑后，遂亡逃入蜀，而预为征引，必无是事。或《传》中所言者非尸佼也。自汉宣帝善《穀梁》，于是千秋之学起，刘向之义存。若更始、唐固、糜信、孔衍、徐幹皆治其学，而范宁以未有善释，遂沈思积年，著为《集解》。《晋书·范传》云："徐邈复为之注，世亦偁之。"似徐在范后。而书中乃引邈注一十有七，可知邈成书于前，范宁得以捃拾也。读《释文》所列经解传述人，亦可得其后先矣。《汉志》《经》《传》各自为帙，今所传本未审合并于何时也。《集解》则《经》《传》并释，岂即范氏之所合与？范《注》援汉、魏、晋各家之说甚详。唐杨士勋《疏》分肌擘理，为《穀梁》学者未有能过之者也。但晋豕鲁鱼纷纶错出，学者患焉。康熙间长洲何煌者，焯之弟，其所据宋椠经注残本、宋单疏残本，并希世之珍，虽残编断简，亦足宝贵，臣曾校录。今更属元和生员李锐合唐《石经》元版注疏本及闽本、监本、毛本以校宋十行本之讹，臣复定其是非，成《穀梁注疏校勘记》十二卷，《释文校勘记》一卷。

《春秋》《易大传》，圣人自作之文也，《论语》，门弟子所以记载圣言之文也，凡记言之书，未有不宗之者也。鲁、齐古本异同，今不可详，今所习者，则何晏本也。臣元于《论语注疏》旧有校本，且有笺识，又属仁和生员孙同元推而广之，于《经》《注疏》《释文》皆据善本雠其同异，暇辄亲订成书，以诒学者云尔。

《孝经》有古文，有今文，有《郑注》，有《孔注》。《孔注》今不传，近出于日本国者，诞妄不可据，要之，《孔注》即存，不过如《尚书》之《伪传》，决非真也。《郑注》之伪，唐刘知几辨之甚详，而其书久不存，近日本国又撰一本流入中国，此伪中之伪，尤不可据者。《孝经》注之列于学宫者，系唐玄宗御注，唐以前诸儒之说，因藉捃摭以仅存，而当时元行冲《义疏》经宋邢昺删改，亦尚未失其真，学者舍是固无繇窥《孝经》之门径也。惟其讹字实繁，臣元旧有校本，因更属钱塘监生严杰旁披各本，并《文苑英华》《唐会要》诸书，或雠或校，务求其是，臣复亲酌定之，为《孝经校勘记》三卷，《释文校勘记》一卷。

《尔雅》一书，旧时学者苦其难读，今则三家邨书塾鲜不读者，文教之盛，可云至矣。《尔雅注》郭氏后出，不必精审。而从前古注之散见者，通儒多爱惜捃拾之，若近日宝应刘玉麐、武进臧庸皆采辑成书可读。邢昺作疏在唐以后，不得不绎唐人语为之，近者翰林学士邵晋涵改弦更张，别为一疏，与邢并行，时出其上。顾邢书列学官已久，士所共习，而《经》《注》《疏》三者皆讹舛日多，俗间多用汲古阁本，近年苏州翻版尤劣。臣元搜访旧本，于唐《石经》外得明吴元恭仿宋刻《尔雅经注》三卷，元椠雪窗书院《尔雅经注》三卷，宋椠《尔雅邢疏》未附合《经注》者十卷，皆极可贵。授武进监生臧庸取以正俗本之失，条其异同，纤悉毕备，臣复定其是非，为《尔雅注疏校勘记》六卷。上、中、下三卷各分上下卷。后之读是经者，于此不无津梁之益。陆德明《经典释文》此经为最详，仍别为校订讹字，不依注疏本与经注相淆。若夫《尔雅》经文之字有不与经典合者，转写多歧之故也；有不与《说文解字》合者，《说文》于形得义皆本字本义，《尔雅》释经则假借特多，其用本字本义少也。此必治经者深思而得其意，固非校勘之余所能尽载矣。

汉人《孟子》注存于今者，惟赵岐一家。赵岐之学，以较马、郑、许、服诸儒稍为固陋，然属书离辞，指事类情，于诂训无所戾。七篇之微言大义，藉是可推，且章别为指，令学者可分章寻求，于汉传注别开一例，功亦勤矣。唐之张镒、丁公著始为之音，宋孙奭采二家之善，补其阙遗，成《音义》二卷，本未尝作正义也。未详何人，拟他经为《正义》十四卷，于注义多所未解，而妄说之处，全钞孙奭《音义》，略加数语，署曰"孙奭疏"，朱子所云邵武一士人为之者，是也。又尽删章指矣，而疏内又往往诠释其所削。于十三卷自俩其例曰："凡于《赵注》有所要者，虽于文段不录，然于事未尝敢弃之而不明。"其可议有如此者。自明以来，学官所贮，注疏本而已。《疏》之悠缪不待言，而《经》《注》之讹舛阙遗，莫能谂正。吴中旧有北宋蜀大字本，宋刘氏丹桂堂巾箱本，相州岳氏本，盱郡重刊廖莹中世彩堂本，皆经注善本也，赖吴宽、毛扆、何焯、何煌、朱奂、余萧客先后传校，迄休宁戴震，授曲阜孔继涵、安丘韩岱云锓版，于是经注讹可正，阙可补。而注疏本有十行者，亦较他注疏本为善。今属元和生员李锐合诸本，胪其同异，臣为辨其是非，以经注本正注疏本，以注疏十行本正明之闽本、北监本、汲古阁本，为《校勘记》十四卷。章指及篇叙，既学者所罕见，则备载之。《音义》亦校订附后，俾为赵氏之学者得有所参考折衷。日本《孟子考文》所据仅足利本、古本二种。今则所据差广，考《孟子》者殆莫能舍是矣。

（［清］阮元撰，邓经元点校《揅经室集》一集卷十一，中华书局1993年版）

叶德辉《校勘》

书不校勘，不如不读。校勘之功，厥善有八：习静养心，除烦断欲，独居无俚，万虑俱消，一善也；有功古人，津逮后学，奇文独赏，疑窦忽开，二善也；日日翻检，不生潮霉，蠹鱼蚛虫，应手拂去，三善也；校成一书，传之后世，我之名字，附骥以行，四善也；中年善忘，恒苦搜索，一经手校，可阅数年，五善也；典制名物，记问日增，类事撰文，俯拾即是，六善也；长夏破睡，严冬御寒，废寝忘餐，难境易过，七善也；校书日多，源流益习，出门采访，如马识途，八善也。具此八善，较之古人临池仿帖，酬愿写经，孰得孰失，殆有天壤之异矣。顾知校书之善矣，而不得校之之法，是犹涉巨川而忘舟楫，游名山而无篮舆，终归无济而已矣。今试言其法，曰死校，曰活校。死校者，据此本以校彼本，一行几字，钩乙如其书，一点一画，照录而不改。虽有误字，必存原文。顾千里广圻、黄荛圃丕烈所刻之书是也。活校者，以群书所引改其误字，补其阙文，又或错举他刻，择善而从。别为丛书，板归一式。卢抱经文弨、孙渊如星衍所刻之书是也。斯二者，非国朝校勘家刻书之秘传，实两汉经师解经之家法。郑康成注《周礼》取故书杜子春诸本，录其字而不改其文，此死校也。刘向校录《中书》，多所更定；许慎撰《五经异义》，自为折衷；此活校也。其后隋陆德明撰《经典释文》,胪载异本;岳珂刻《九经三传》,抉择众长。一死校,一活校也。明乎此,不仅获校书之奇功,抑亦得著书之捷径也已。

（叶德辉撰《藏书十约》,收入[明]祁承㸁等撰《澹生堂藏书约（外八种）》,上海古籍出版社2005年版）

俞樾《古书疑义举例序》

夫周、秦、两汉,至于今远矣。执今人寻行数墨之文法,而以读周、秦、两汉之书,譬犹执山野之夫,而与言甘泉、建章之巨丽也。夫自大小篆而隶书,而真书,自竹简而缣素,而纸,其为变也屡矣。执今日传刻之书,而以为是古人之真本,譬犹闻人言笋可食,归而煮其箦也。嗟夫,此古书疑义所以日滋也欤! 窃不自揆,刺取《九经》诸子,为《古书疑义举例》七卷,使童蒙之子,习知其例,有所据依,或亦读书之一助乎? 若夫大雅君子,固无取乎此。俞樾记。

（俞樾等著《古书疑义举例五种》,中华书局2005年版）

张元济《〈百衲本二十四史〉前序》

昔司马温公尝言:"少时惟得高氏《小史》读之,自宋讫隋正史,并南、北《史》,或未尝得见,或读之不熟,今因修南、北朝《通鉴》,方得细观。"章实斋又言:"《通鉴》为史节之最粗,而《纪事本末》,又为《通鉴》之纲纪奴仆。尝以此不足为史学,而止可为史纂、史钞。"由是言之,为学不可不读史,尤不可不读正史。

正史汇刻之存于今者,有汲古阁之《十七史》,有南、北监之《二十一史》,有武英殿之《二十四史》。南监本多出宋、元旧椠,汲古阁雕,亦称随宋版精本考校,然今皆不易致。北监本校勘未精,讹舛弥甚,且多不知妄改,昔人久有定评。其为世最所通行者,莫如武英殿本。数十年来,重梓者,有新会陈氏本,有金陵、淮南、江苏、浙江、湖北五局儳配汲古合刻本;活版者有图书集成局本;石印者有同文书局本,有竹简斋本,有五洲同文局本,先后继起,流行尤广。惟是殿本校刻,虽号精审,而天禄琳琅之珍秘,内阁大库之丛残,史部美不胜收,当日均未及搜讨,仅仅《两汉》《三国》《晋》《隋》五史，依据宋、元旧刻，余则惟有明两监之是赖。迁《史》集解、正义多所芟节，《四库提要》罗列数十条，谓"皆殿本所逸，若非震泽王本具存，无由知其妄删"。然何以不加辑补？琅邪章怀两《汉》旧注，殿本脱漏数字，乃至数百字不等。宋嘉祐时校刊《七史》，奉命诸臣，刘、范、曾、王皆绩学之士，篇末所疏疑义，备极审慎，殿本留贻，不逮其半。实则淳化、景祐之古本，绍兴、眉山之覆刻，尚存天壤，何以不亟探求，任其散佚？是则检稽之略也。《后汉续志》，别于范《书》，殿本既信为司马彪所撰，而卷首又称刘昭《补志》，且并为百二十卷，厕八《志》于《纪》《传》之间。《国志》鼎立，分卷各殊。殿本既综为六十五卷，而三《志》卷数，又仍各为起讫。其他大题小题之尽废旧式者，更无论矣。是则修订之歧也。薛氏《五代史》，辑自《永乐大典》及其他各书，卷数具载原稿，乃锓版之时，悉予刊落，后人欲考其由来，辄苦无从循溯。又诸史均附《考证》，而《明史》独否。虽乾隆四十二年有考核添修之诏，而进呈正本，迄未刊布，且《纪》《志》《表》之百十六卷，犹从盖阙。是则纂辑之疏也。蜀臣关羽，传自陈寿，忽于千数百年后，强代秉笔，追谥忠义。薛《史》指斥契丹，如"戎王""戎首""狁狁""贼寇""伪命""犯阙""编发""犬羊"等语，何嫌何疑，概为改避？又明修《元史》，洪武二年，先成《本纪》三十七、《志》五十三、《表》六、《传》六十三、《目录》二；翌年续成《纪》十、《志》五、《表》二、《传》三十又六，厘分附丽，共成二百一十卷。一见于李善长之《表》，再见于宋濂之《记》，殿本则取先后成书之数，并为一谈。李《表》既非原文，宋《记》复失存录；是则删窜之误也。南齐巴州之《志》，桂阳始兴二王之《传》，蜀刻大字曾无阙文。果肯访求，何难拾补？然此犹可曰孤本罕见也。宋孝宗之《纪》，田况之《传》，至正初刊，均未残佚，而何以一则窜合二字，充以他叶；一则脱去全叶，文理不贯。然此又可曰初版难求也。《金史·礼仪志》《太宗诸子传》，初印凡阙二叶，嗣已出内府藏本校补矣。而后出之本，一乃补自他书，一仍空留素纸。其他少则一二句，多至数行数十行，脱简遗文，指不胜屈。犹不止此，阙文之外，更有复叶，如《宋史》卷三十五之《孝宗纪》，《元史》卷三十六之《文宗纪》是。复页之外，更有错简，如《元史》卷五十三之《历志》是。此则当日校刻诸臣，不能辞其粗忽之咎者也。

长沙叶焕彬吏部语余："有清一代，提倡朴学，未能汇集善本，重刻《十三经》《二十四史》，实为一大憾事。"余感其言，慨然有辑印旧本正史之意。求之坊肆，丐之藏家，近走两京，远驰域外。每有所觏，辄影存之。后有善者，前即舍去，积年累月，均得有较胜之本。虽舛错疏遗，仍所难免，而书贵初刻，洵足以补殿本之罅漏。诵校粗毕，因付商务印书馆，用摄影法覆印行世。缩损版式，冀便巾箱；真面未失，无虑尘叶。或为有志乙部者之一助欤！

中华民国十九年三月朔日，海盐张元济。

（张元济著《张元济全集》第9卷《古籍研究著作》，商务印书馆2010年版）

陈垣《校法四例》（节选）

昔人所用校书之法不一，今校《元典章》所用者四端：

一为对校法。即以同书之祖本或别本对读，遇不同之处，则注于其旁。刘向《别录》所谓"一人持本，一人读书，若怨家相对者"，即此法也。此法最简便，最稳当，纯属机械法。其主旨在校异同，不校是非，故其短处在不负责任，虽祖本或别本有讹，亦照式录之；而其长处则在不参己见，得此校本，可知祖本或别本之本来面目。故凡校一书，必须先用对校法，然后再用其他校法。有非对校决不知其误者，以其文义表面上无误可疑也。有知其误，非对校无以知为何误者。

二为本校法。本校法者，以本书前后互证，而抉摘其异同，则知其中之谬误。吴缜之《新唐书纠缪》，汪辉祖之《元史本证》，即用此法。此法于未得祖本或别本以前，最宜用之。予于《元典章》曾以纲目校目录，以目录校书，以书校表，以正集校新集，得其节目讹误者若干条。至于字句之间，则循览上下文义，近而数页，远而数卷，属词比事，牴牾自见，不必尽据异本也。

三为他校法。他校法者，以他书校本书。凡其书有采自前人者，可以前人之书校之，有为后人所引用者，可以后人之书校之，其史料有为同时之书所并载者，可以同时之书校之。此等校法，范围较广，用力较劳，而有时非此不能证明其讹误。丁国钧之《晋书校文》，岑刻之《旧唐书校勘记》，皆此法也。

四为理校法。段玉裁曰："校书之难，非照本改字不讹不漏之难，定其是非之难。"所谓理校法也。遇无古本可据，或数本互异，而无所适从之时，则须用此法。此法须通识为之，否则卤莽灭裂，以不误为误，而纠纷愈甚矣。故最高妙者此法，最危险者亦此法。昔钱竹汀先生读《后汉书·郭太传》，太至南州过袁奉高一段，疑其词句不伦，举出四证，后得闽嘉靖本，乃知此七十四字为章怀注引谢承书之文，诸本皆儳入正文，惟闽本独不失其旧。今《廿二史考异》中所谓某当作某者，后得古本证之，往往良是，始服先生之精思为不可及。经学中之王、段，亦庶几焉。若《元典章》之理校者，只敢用之于最显然易见之错误而已，非有确证，不敢借口理校而凭臆见也。

（陈垣著《校勘学释例》卷六，中华书局2004年版）

（三）辑佚

严可均《全上古三代秦汉三国六朝文总叙》

嘉庆十三年，开全唐文馆，不才越在草茅，无能为役，慨然曰："唐之文盛矣哉！唐已前要当有总集，斯事体大，是不才之责也。"其秋始草创之。广搜三分书，与夫收藏家秘籍、金石文字，远而九译，旁及释道鬼神。起上古，迄隋，鸿裁巨制，片语单辞，罔弗综录。省并复叠，联类畸零，作者三千四百九十七人，分代编次为十五集，合七百四十六卷。肆力九年，草创粗定。又肆力十八年，拾遗补阙，抽换之，整齐之，画一之。已于事而竣。挈五厄之散亡，扬万古之天声。唐已前文咸萃于此，可缮写。乌程严可均。

（［清］严可均编《全上古三代秦汉三国六朝文》，中华书局1958年版）

【附】严可均《全上古三代秦汉三国六朝文·凡例》

一、是编从群书纂录，字体正俗，略依本书。凡庙讳、御名，谨遵《四库书聚珍本》定例，敬阙末笔。

一、是编创始于嘉庆十三年，时初开全唐文馆，馆臣以唐碑或有王侍郎昶《金石萃编》未载者，属为广辑。既录本呈馆，遂并录唐已前文。肆力七八年，积草稿等身者再。省并复重，得厚一寸者百余册。一手校雠，不假众力，无因袭，无重出。各篇之末，皆注明见某书某卷。或再见、数十见，亦备细注明。以待覆检。

一、是编大例遵《全唐文》。《全唐文》不载诗，以有《全唐诗》。而唐已前诗有冯惟讷《古诗纪》，挂漏无多，故是篇亦不载诗。然如班固《两都赋》末有《明堂》《辟雍》等五诗，理无割弃，不能不破例。

一、分代编次，曰上古三代、曰秦、曰汉、曰后汉、曰三国、曰晋、曰宋、曰齐、曰梁、曰陈、曰后魏、曰北齐、曰周、曰隋。每代姓名次第，曰帝、曰后、曰宗室诸王、曰国初群雄、曰诸臣、曰宦官、曰列女、曰阙名、曰外国、曰释氏、曰仙道、曰鬼神。

一、开创之君，如魏武造魏，长沙桓王造吴，晋宣、景、文造晋，齐神武造齐，周文造周，依各史列当代诸帝之首。其诸臣以始仕之年分别先后，而子弟孙曾联属其下。其仕前代又仕后代者，归后代，如汉臣臣魏列魏初，魏臣臣晋列晋初。其累仕数代者归最后之代，如阳休之、崔猷、袁聿修历事后魏、北齐、周、隋，王元规、江总历事梁、陈、隋，列隋初。其前代遗老卒于后代者，归前代。如谯玄列汉末，陶潜列晋末。旧史无定例，或两载，今宜画一。其后代佐命卒于前代者，归前代，如周瑜、荀彧、鲁肃、关羽、吕蒙列汉末，刘穆之列晋末，皆以卒年为断。

一、唐已前旧集见存今世者，仅阮籍、嵇康、陆云、陶潜、鲍照、江淹六家。《蔡邕集》宋时得残本，重加编次，余无存者。见行董仲舒、司马相如、东方朔、扬雄、孔融、曹植、刘桢、王粲、陈琳、阮瑀、徐幹、潘岳、陆机、支遁、谢灵运、颜延之、谢惠连、梁武帝、简文帝、元帝、萧统、沈约、任昉、陶弘景、何逊、徐陵、庾信集二十七家，皆明人辑本，挂漏屡越，绝无罕见之篇。今此纂录，得三千六百二十五家，家一二篇至十余卷不等。其文分类编次，曰赋、曰骚、曰制、曰诰、曰诏、曰敕、曰玺书、曰下书、曰赐书、曰册、曰策命、曰策问、曰令、曰教、曰誓、曰盟文、曰对策、曰对诏、曰章、曰表、曰封事、曰疏、曰上书、曰上言、曰奏、曰议、曰驳、曰檄、曰移、曰符、曰牒、曰判、曰启、曰笺、曰奏记、曰书、曰答、曰对问、曰设论、曰设、曰难、曰释难、曰辨、曰考、曰七、曰记、曰序、曰颂、曰赞、曰连珠、曰箴、曰铭、曰诫、曰传、曰叙传、曰别传、曰约、曰券、曰谏、曰哀册、曰哀辞、曰墓志铭、曰碑、曰灵表、曰行状、曰吊文、曰祭文、曰祝文、曰题后、曰杂著。其僭逆如王莽、桓玄等，则先表疏，后诏令，变例以别之。

一、是编于四部为总集，亦为别集，与经、史、子三部必分界限，然界限有定而无定。诏令、书檄、天文、地理、五行、食货、刑法之文出于《书》。骚赋韵语出于《诗》。礼议出于《礼》。纪传出于《春秋》。百家九流皆六经余润。故四部别派而同源。故《文选》为总集。而收《毛诗序》《尚书序》《春秋左氏传序》《史论》《史述赞》《典论·论文》，《文苑英华》《唐文粹》亦如此。是经、史、子三部阑入集部，在所不嫌。《全唐文》不载晋、梁、陈、北齐、周、隋史论赞，又不载《帝范》《元子》《伸蒙》《续孟》《素履》《兼明》《化书》等子书。以诸史、子见存，今遵其例而推广之，以为界限。凡经传不录，录经传中所载之誓、诰、箴、铭等文。录佚经，而佚《诗》属诗，石鼓亦属诗，不录。录金石刻辞，而《岣嵝碑》字难识，不录。《史记》《两汉》《三国》《宋》《齐》《后魏》及《汉纪》《后汉纪》《华阳国志》之论赞全本见存，不录。录史序史评。录佚史之论赞，而佚史之纪传不录。方志不录。子书见存者不录，录佚文及佚子书。屈骚见存，不录，录宋玉、贾谊以下之拟骚。又面敕、面对未登简牍者不录。然史家语例，颇未画一，如《魏志》张既、王基千里陈事不云书启，《汉书》莽诏半作"莽曰"，《史记》文、景、武诏作"上曰"。若此之类，皆入录。

一、文有烦简、完阙、雅俗，或写刻承讹。或宋已前依托。毕登无所去取。

一、诏令、书疏、奏议、碑版等文。皆按年月日为先后。年月未详，列于各类之末。赋、颂、箴、铭，依唐人类书分门为先后。

一、诏令、书檄，有可考为某人具草者，归入撰人集中。

一、诏令、表疏、奏议等题目，半皆因文追撰，或旧有题，即仍其旧。至《文苑英华》题或未安，偶亦删改。

一、唐以前旧集体例，不与今同。如扬雄上书谏勿许单于朝，《御览》八百十一引《雄集》曰"单于上书愿朝,哀帝以问公卿。公卿以虚费府帑,可且勿许。单于使辞去,未发,雄上书谏"云云,所以识其缘起也。末又引《雄集》曰"天子召还匈奴使者,复报单于书而许之。赐雄黄金十斤",所以竟其事也。诸引旧集,此类甚多,今并纂录。

一、宋、齐、梁、陈、隋文多完篇,东汉、三国、晋文散见群书者,各自删节。往往有文同此篇,从数处采获,或从数十处采获,合而订之,可成完篇。张溥《百三家集》所载魏晋诸赋亦如此。而《赋汇》即据为定本。谨遵此例,刺取引见之文以校讹补缺,至乃碎锦残圭,义不连贯,则为散条,附当篇之末。片语单辞,未敢遗弃。

一、是编三千四百余家,皆为之小传,里系察举,迁除封拜,赠谥著述,略具始末。或其人不见于史传,则参考群书,略著爵里,如又不得,则云爵里未详。或并不知当何帝之时,则列每代之末。至胡安道二十许人,引见并不知朝代,但知为唐已前耳,别为《先唐文》一卷,列全书之末。

（[清] 严可均编《全上古三代秦汉三国六朝文》,中华书局1958年版）

匡源《玉函山房辑佚书序》

《玉函山房辑佚书》凡五百八十余种,为卷六百有奇,吾乡马竹吾先生之所辑也。先生悯今世学者不见古籍,乃遍校唐以前诸儒撰述,其名氏篇第列于史志及他书可考者,广引博征,自群经注疏、音义,旁及史传、类书,片辞只字,罔弗搜辑,分经、史、诸子为三编,又各因所得多少为卷,作序录以冠于篇。六百卷内,惟经编为稍全,史编则所得仅八卷,子编自儒家、农家外俱无目,颠倒舛错,漫无条理。盖当时随编随刊,书未成而先生卒,故其体例未能画一也。余得其书,乃参校汉、隋、唐《志》,补为目录如次,因为之序曰:

昔孔子没而大道微,汉兴六艺,仅得于焚灭之余,学者各以闻见相授受,专立门户,各抱一经,历东汉、魏、晋,诸儒迭出其所为书,若传、注、笺、解、训、故之类,愈辨而愈不胜其繁焉。六经支流,衍为诸子,纷然肴乱,各自为书,虽究其所蔽,好恶乖方,然博识多闻,苟或一言可采,则君子犹存之而弗废也。

自汉时刘歆、班固录书，序六艺为九种，历代因之，史官列有《经籍》《艺文》，大率叙其篇次存亡以备稽考。当隋、唐之世，古籍犹未尽湮，然唐人为诸经定义疏，仅存汉注，所兼采者南北数十家外，诸儒略存梗概而已。《隋志》修于唐初，所著录汉儒旧籍，视班书篇目十已亡其六七，其幸而存者魏晋诸子，卷数虽繁，然有其名而无其书者尤多也。盖自书遭秦火至隋，而已更五厄，及其后凋零磨灭，不可胜数，非夫笃信好学、深耆先圣之道者，岂能独为是旁搜远绍哉！

我朝文教昌明，远迈前代。乾隆时启秘书之馆，诏在事诸臣，即《永乐大典》中编辑世所未见书多至二百七十部，好古之士欣然向风，于是海内佚书稍稍复聚。百余年来，学者务为搜敚，如《皇清经解》中诸家所辑古义，彬彬乎称极盛焉！

竹吾先生家贫好学，自为秀才时，每见异书，手自抄录；及成进士，为县令，廉俸所入，悉以购书，所积至五万七千余卷。簿书之暇，殚心搜讨，不遗余力；晚归林下，犹复矻矻孜孜，纂辑无虚日，其津逮后学之心，可谓勤矣！先生没后，板归章丘李氏，已有散失，稚玉驾部印行数十部，其书始显于世。既而求者日多，丁中丞稚璜、文中丞质夫先后为补刊，其残缺若干篇，而有目无书者尚少四十余种；其散见各序中所谓已有著录者，如陆希声《周易传》、刘向《洪范五行传记》、刘歆《洪范五行传》、卫宏《尚文训旨》、李轨《尚书音》、孙毓《春秋左氏传贾服异同略》、蒋济《郊邱议》、干宝《司徒仪注》、杨泉《物理论》凡九种，亦皆不存，为仍其目，以待后之博学君子搜补焉。

（[清]马国翰辑《玉函山房辑佚书》，上海古籍出版社1990年版）

叶德辉《辑刻古书不始于王应麟》

古书散佚，复从他书所引搜辑成书，世皆以为自宋末王应麟辑《三家诗》始，不知其前即已有之。宋黄伯思《东观余论》中，有《跋慎汉公所藏相鹤经后》云：按隋《经籍志》、唐《艺文志》，《相鹤经》皆一卷，今完书逸矣，特马总《意林》及李善《文选注》、鲍照《舞鹤赋》钞出大略，今真静陈尊师所书即此也。而流俗误录著故相国舒王集中，且多舛午。今此本既精善,又笔势婉雅,有昔贤风概,殊可珍也。据此,则辑佚之书,当以此经为鼻祖。今陶九成《说郛》中,尚有其书。钱谦益《绛云楼书目》亦载有钞本。虽不知视真静书如何,要之此风一开,于古人有功不浅。乾嘉以来为是学者,如余萧客之《古经解钩沉》、任大椿《小学钩沉》、孙冯翼《经典集林》、张澍《二酉堂丛书》、王谟《汉魏遗书钞》《晋唐地理书钞》、茆泮林《十种古佚书》,于经、史、子三者,各有所取重。然以多为贵,则严可均《上古三代先秦两汉魏晋南北六朝先唐古文》、黄奭《汉学堂丛书》、马国翰《玉函山房辑佚书》,皆统四部为巨编。严辑虽名古文,实包经、子、史在内,其搜采宏博,考证精详,较黄、马二书尤为可据,虽断珪残璧,不诚书林之巨册乎!至有专嗜汉郑氏学者,元和惠栋开山于前,曲阜孔广林《通德遗书》接轸于后,而黄奭复有《高密遗书》之辑,皆不如袁钧《郑氏佚书》晚出之详。余每慨陶九成《说郛》、张溥《汉魏百三家》所录各书,不注出处,所收全集,反多节删。使孙、严生当其时,必不如此简略。后有作者,当必有所取则矣。

([清]叶德辉著《书林清话(附书林余话)》卷八,中华书局1957年版)

罗振玉《鸣沙石室佚书序》

距晋太康初纪汲郡出竹书之年,又千七百余载,为我先皇帝光绪之季岁,海内再见古遗宝焉。一曰殷虚之文字,二曰西陲之简轴。洹阳所出,我得其十九,既已毡拓之,编类之,考证之。虽举世尚未知重,而吾则快然自足,一若天特为我出之者。鸣沙之藏,则石室甫开,缥缃已散。我国人士,初且未知。宣统改元,伯希和博士始为予言之。既就观目录,复示以行笈所携。一时惊喜欲狂,如在梦寐。亟求写影,遽承许诺。后先三载,次第邮致,则斯编所载者是也。自夏徂秋,校理斯毕,爰书其端曰:

予于斯编之成,欣戚交并,有不能已于言者七事焉。古人有言,名世之生,期以五百。神物出世,数且倍之。实时会幸至,而我生不辰。今则大卜所掌,若诏予以典守。荒裔宝藏,亦并世而重开。此可欣者一也。鳌家简册,载以数车,而诸家写定,仅得七十五篇,今则简册盈千,卷帙逾万。兹编所刊,千不逮一,数已相埒。此可欣者二也。秘藏既启,遗书西迈，东土人士，末由沾溉。博士念我所自出，亟许以传写。一言之诺，三岁不渝，邮使屡通，异书荐至。此可欣者三也。敦煌之游，斯丹前驱，伯氏继武，故英伦所藏，殆逾万轴，法京所弆，数亦略等。吾友狩野君山近自欧归，为言诸国典守森严，不殊秘阁。苟非其人，不得纵览。英伦古简，法儒沙畹考释已竟，行将刊布，其余卷轴检理未完，刊行无日。此可戚者一也。往者伯君告予，石室卷轴，取携之余，尚有存者。子亟言之学部，移牒甘陇。乃当道惜金，濡滞未决。予时备官大学，护陕甘总督者适为毛实君方伯庆蕃，与予姻旧；总监督刘幼云京卿廷琛，与同乡里。与议购存大学。既有成说，学部争之。比既运京，复经盗窃。然其所存，尚六七千卷，归诸京师图书馆。及整比既终，而滔天告警，此六七千卷者，等于沦胥。回忆当时，自悔多事。此可戚者二也。遗书窃取，颇留都市，然或行篋字析，以易升斗，其佳者或挟持以要高价，或藏匿不以示人。遇此伦荒，何殊覆瓿。此可戚者三也。往与伯君订约写影，初冀合力，已乃无助。予为浭阳端忠敏公言之，忠敏亦谓前约已定，义不可爽。因慨任所费，然时公已罢职，力宝未逮。沪上尝估某，适游京师，予为构合，偿忠敏金。约以估任削劂，予任考订。顾时逾数年，求出一纸。乃复由予赎回，自任刊布。而既竭吾力，成未及半。此可戚者四也。

呜呼！天不出神物于乾嘉隆盛之时，而见于国势凌迟之日。今且赤县崩沦，礼亡乐敚。澄清之事，期以百年。而予顾汲汲为此，急若捕亡。揆以时势，无乃至愚，而冥行孤往，志不可夺。此编既成，将如孔鲋所谓"藏之以待其求，无宁守之以慰幽独"。苟天不使我馁死海外，尚当移书博士，更求写影，节啬衣食之资，赓续印行，以偿夙愿。知我笑我，非所计也。癸丑九月。

（罗继祖主编《罗振玉学术论著集》第九集，上海古籍出版社2010年版）

杨守敬《日本访书志缘起》

余生僻陬，家鲜藏书，目录之学，素无渊源。庚辰东来日本，念欧阳公"百篇尚存"之语，颇有搜罗放佚之志。茫然无津涯，未知佚而存者为何本。乃日游市上。凡板已毁坏者皆购之，不一年遂有三万余卷。其中虽无秦火不焚之籍，实有裔然未献之书。因以诸家谱录参互考订，凡有异同及罕见者，皆甄录之。夫以其所不见，遂谓人之所不见，此辽豕所以贻讥，然亦赖有秘文坠简，经余表章而出者，不可谓非采风之一助也。

日本旧有钞本《经籍访古志》七卷，近时涩江道纯、森立之同撰。所载今颇有不可踪迹者。然余之所得为此志之所遗正复不少。今不相沿袭，凡非目睹者别为《待访录》。

《访古志》所录明刊本，彼以为罕见而实我国通行者，如刘节之《艺文类聚》，安国徐守铭之《初学记》，马元调之《元白集》之类，今并不载。亦有彼国习见，而中土今罕遇者，又有彼国翻刻旧本而未西渡者，兹一一录入。

《经义考》每书载序跋，体例最善。《爱日精庐藏书志》遂沿之。兹凡《四库》未著录者，宋元以上并载序跋，明本则择有考证者载之。行款匡廓亦详于宋元而略于明本。

日本古钞本以经部为最，经部之中，又以《易》《论语》为多。大抵根原于李唐，或传钞于北宋，是皆我国所未闻。其见于《七经孟子考文》者，每经不过一二种，实未足概彼国古籍之全。

《考文》一书山井鼎校之于前，物观又奉敕校之于后，宜若彼国古本不复有遗漏。不知《考文》刊于享保中，当我康熙末，其时彼国好古之士亦始萌芽故，故所传《易》单疏本，《尚书》单疏本，《毛诗》黄唐本，《左传》古抄卷子本，皆为《考文》所未见，其他遗漏何怪焉。

日本古钞本，经注多有虚字。阮氏《校刊记》疑是彼国人妄增。今通观其钞本，乃知实沿于隋唐之遗。即其原于北宋者，尚未尽删削。今合校数本，其渐次铲除之迹，犹可寻阮氏所见经注本，大抵皆出于南宋，故不信彼为唐本。

日本文事盛于延喜、天平，当唐之中叶。厥后日寻干戈，至明启祯间，德川氏秉政，始偃武修文。故自德川氏以前，可信其无伪作之弊。《古文孝经》固非真孔传，然亦必司马贞、刘子玄所共议之本，《提要》疑是宋以后人伪作，未悉彼国情事也。

日本气候，固无我江南之多霉烂，亦不如我河北之少蠹蚀，何以唐人之迹存于今者不可胜计，盖其国有力之家皆有土藏，故虽屡经火灾而不毁。至于钞本皆用彼国茧纸，坚韧胜于布帛，故历千年而不碎。

日本收藏家除足利官学外，以金泽文库为最古，当我元明之间。今日流传宋本大半是其所遗。次则养安院，当明之季世，亦多宋元本，且有朝鲜古本。此下则以近世狩谷望之求古楼为最富。虽其枫山官库、昌平官学所，储亦不及也。又有市野光彦、涩江道纯、小岛尚质及森立之，皆储藏之有名者。余之所得，大抵诸家之遗。

日本医员多博学，藏书亦医员为多。喜多村氏、多纪氏、涩江氏、小岛氏、森氏，皆医员也。故医籍尤收罗靡遗。《跻寿馆书目》所载，今著录家不及者不下百种，今只就余收得者录之。

日本崇尚佛法，凡有兵戈，例不毁坏古刹，故高山寺、法隆寺二藏所储唐经生书佛经不下万卷，即经史古本，亦多出其中。今兹所录，仿《旧唐书·艺文志》之例，收诸家之为释氏而作者。其一切经虽精妙绝伦，皆别记之。

日本颇多朝鲜古刻本，皆明时平秀吉之役所掠而来，如《姓解》《草堂诗笺》等书，余询之朝鲜使臣，并称无传，且云秀吉之乱，其国典籍为之一空。然则求朝鲜逸书者，此地当得半矣。

日本维新之际，颇欲废汉学，故家旧藏几于论斤估值。尔时贩鬻于我土者，不下数千万卷。犹忆前数年有蔡姓者载书一船，道出宜昌。友人饶季音得南宋板《吕氏读诗记》一部，据云宋元椠甚多。意必有秘籍孤本错杂于其中，未知流落得所否。今余收拾于残剩之后，不能不为来迟恨，亦不能不为书恨也。

余之初来也，书肆于旧板尚不甚珍重。及余购求不已，其国之好事者遂亦往往出重值而争之。于是旧本日稀，书估得一嘉靖本亦视为秘籍，而余力竭矣。然以余一人好尚之笃，使彼国已弃之肉复登于俎，自今以往，谅不至拉杂而摧烧之矣。则彼之视为奇货，固余所厚望也。

日本学者于四部皆有撰述，朝事丹铅，暮悬国门，颇沿明季之风。然亦有通材朴学卓然可传者，反多未授梓人。拟别为日本著述提要，故兹皆不录入。其有采录古书不参彼国人论议者，如《医心方》《和名类聚》之类,皆千年以上旧籍,尤为校订之资,故变例收之。至若朝鲜为我外藩,《桂苑笔耕集》已见于《唐志》,今兹亦随类载入。《医方类聚》,日本有活字本,亦医籍之渊薮也。

皇侃《论语疏》《群书治要》及《佚存丛书》久已传于中土,此录似勿庸赘述。然《皇疏》有改古式之失,《治要》有钞本、活字二种,他如《古文孝经》《唐才子传》《臣轨》《文馆词林》《难经集注》,彼国亦别本互出,异同叠见,则亦何可略之?

日本收藏家,余之所交者,森立之、向山黄村、岛田重礼三人,嗜好略与余等。其有绝特之本,此录亦多采之。唯此三人之外,余罕所晋接,想必有惊人秘籍什袭于金匮石室中者,幸出以示我,当随时补入录中,亦此邦珍重古籍之雅谈也。

《志》中争宜刊布者,经部之《易》单疏、《书》单疏,万卷堂之《穀梁传》、十卷本之《论语疏》;小学类之蜀本《尔雅》,顾野王原本《玉篇》,宋本《隶释》;子部之台州本《荀子》,类书之杜台卿《玉烛宝典》,邵思《姓解》,医家之李英公《新修本草》,杨上善之《太素经》;集部之《文馆词林》十卷,是皆我久佚之籍,亦艺林最要之书,使汇刻为丛书,恐不在《士礼居》《平津馆》下也。若释慧琳《一切经音义》百卷、释希麟《续一切经音义》十卷,此小学之渊薮,一部传而汉唐宋文字、音韵之书皆得以见崖略。顾卷帙浩繁,力不能赡。世之高瞻远瞩者,或亦有取于斯。

前人谱录之书,多尚简要。《敏求记》唯录宋本,《天禄琳琅》《爱日精庐》《拜经楼》藏书则兼采明本,时代不同故也。而张金吾论说尤详。余之此书又详于张氏,似颇伤繁冗。然余著录于兵燹之后,又收拾于瀛海之外,则非唯其时不同,且其地亦不同,苟不详书,将有疑其为郢书燕说者。且录中之书,他日未必一一能传,则存此崖略,亦好古者所乐观也。

凡习见之书,不载撰人名氏。其罕见之品,则详录姓氏,间考爵里。

古钞本及翻刻本多载彼国题记,其纪元名目甚繁。若必一一与中土年号比较详注,则不胜其冗,今别为一表,以便考校。

光绪辛巳二月,宜都杨守敬记。

(杨守敬撰,张雷校点《日本访书志》,辽宁教育出版社2003年版)

（四）辨伪

刘知几《史通·疑古》

盖古之史氏，区分有二焉：一曰记言，二曰记事。而古人所学，以言为首。至若虞、夏之典，商、周之诰，仲虺、周任之言，史佚、臧文之说，凡有游谈、专对、献策、上书者，莫不引为端绪，归其的准。其于事也则不然。至若少昊之以鸟名官；陶唐之御龙拜职；夏氏之中衰也，其盗有后羿、寒浞；齐邦之始建也，其君有蒲姑、伯陵。斯并开国承家，异闻其事。而后世学者，罕传其说。唯夫博物君子，或粗知其一隅。此则记事之史不行，而记言之书见重，断可知矣。

及左氏之为传也，虽义释本经，而语杂它事。遂使两汉儒者，嫉之若仇。故二传大行，擅名于世。又孔门之著录也，《论语》专述言辞，《家语》兼陈事业。而自古学徒相授，唯称《论语》而已。由斯而谈，并古人轻事重言之明效也。然则上起唐尧，下终秦穆，其《书》所录，唯有百篇。而《书》之所载，以言为主。至于废兴行事，万不记一。语其缺略，可胜道哉！故令后人有言，唐、虞以下帝王之事，未易明也。

案《论语》曰："君子成人之美，不成人之恶。"又曰："成事不说，遂事不谏，既往不咎。"又曰："民可使由之，不可使知之。"夫圣人立教，其言若是。在于史籍，其义亦然。是以美者因其美而美之，虽有其恶，不加毁也；恶者因其恶而恶之，虽有其美，不加誉也。故孟子曰："尧、舜不胜其美，桀、纣不胜其恶。"魏文帝曰："舜、禹之事，吾知之矣。"汉景帝曰："言学者无言汤、武受命，不为愚。"斯并曩贤精鉴，已有先觉。而拘于礼法，限以师训，虽口不能言，而心知其不可者，盖亦多矣。

又案鲁史之有《春秋》也，外为贤者，内为本国，事靡洪纤，动皆隐讳。斯乃周公之格言。然何必《春秋》，在于《六经》，亦皆如此。故观夫子之刊《书》也，夏桀让汤，武王斩纣，其事甚著，而芟夷不存。观夫子之定礼也，隐、闵非命，恶、视不终，而奋笔昌言，云"鲁无篡弑"。观夫子之删

《诗》也,凡诸《国风》,皆有怨刺,在于鲁国,独无其章。观夫子之《论语》也,君娶于吴,是谓同姓,而司败发问,对以"知礼"。斯验世人之饰智矜愚,爱憎由己者多矣。加以古文载事,其词简约,推者难详,缺漏无补。遂令后来学者莫究其源,蒙然靡察,有如聋瞽。今故讦其疑事,以著于篇。凡有十条,列之于后。

盖《虞书》之美放勋也,云"克明俊德"。而陆贾《新语》又曰:"尧、舜之人,比屋可封。"盖因《尧典》成文而广造奇说也。案《春秋传》云:高阳、高辛二氏各有才子八人,谓之"元""凯"。此十六族也。世济其美,不陨其名,以至于尧,尧不能举。帝鸿氏、少昊氏、颛顼氏各有不才子,谓之"浑沌""穷奇""梼杌"。此三族也,世济其凶,增其恶名,以至于尧,尧不能去。缙云氏亦有不才子,天下谓之"饕餮",以比三族,俱称"四凶"。而尧亦不能去。斯则当尧之世,小人君子,比肩齐列,善恶无分,贤愚共贯。且《论语》有云:舜举皋陶,不仁者远。是则当皋陶未举,不仁甚多,弥验尧时群小在位者矣。又安得谓之"克明俊德""比屋可封"者乎?其疑一也。

《尧典·序》又云:"将逊于位,让于虞舜。"孔氏《注》曰:"尧知子丹朱不肖,故有禅位之志。"案《汲冢琐语》云:"舜放尧于平阳。"而书云某地有城,以"囚尧"为号。识者凭斯异说,颇为禅授为疑。然则观此二书,已足为证者矣,而犹有所未睹也。何者?据《山海经》,谓放勋之子为帝丹朱,而列君于帝者,得非舜虽废尧,仍立尧子,俄又夺其帝者乎?观近古有奸雄奋发,自号勤王,或废父而立其子,或黜兄而奉其弟,始则示相推戴,终亦成其篡夺。求诸历代,往往而有。必以古方今,千载一揆。斯则尧之授舜,其事难明,谓之让国,徒虚语耳。其疑二也。

《虞书·舜典》又云:"五十载,陟方乃死。"《注》云:"死苍梧之野,因葬焉。"案苍梧者,于楚则川号汨罗,在汉则邑称零、桂。地总百越,山连五岭。人风媻划,地气歊瘴。虽使百金之子,犹惮经履其途;况以万乘之君,而堪巡幸其国?且舜必以精华既竭,形神告劳,舍兹宝位,如释重负。何得以垂殁之年,更践不毛之地?兼复二纪不从,怨旷生离,万里无依,孤魂溘尽,让王高蹈,岂其若是者乎?历观自古人君废逐,若夏桀放于南巢,赵迁迁于房陵,周王流彘,楚帝徙郴,语其艰棘,未有如斯之甚者也。斯则陟方之死,其殆文命之志乎?其疑三也。

《汲冢书》云:"舜放尧于平阳,益为启所诛。"又曰:"太甲杀伊尹,文丁杀季历。"凡此数事,语异正经。其书近出,世人多不之信也。案舜之放尧,无事别说,足验其情,已于篇前言之详矣。夫唯益与伊尹见戮,并于正书犹无其证。推而论之,如启之诛益,仍可覆也。何者?舜废尧而立丹朱,禹黜舜而立商均,益手握机权,势同舜、禹,而欲因循故事,坐膺天禄。其事不成,自贻伊咎。观夫近古篡夺,桓独不全,马仍反正。若启之诛益,亦由晋之杀玄乎?若舜、禹相代,事业皆成,唯益覆车,伏辜夏后,亦犹桓效曹、马,而独致元兴之祸者乎?其疑四也。

《汤誓·序》云:"汤伐桀,战于鸣条。"又云:"汤放桀于南巢,唯有惭德。"而《周书·殷祝》篇称"桀让汤王位"云云。此则有异于《尚书》。如《周书》之所说,岂非汤既胜桀,力制夏人,使桀推让,归王于己。盖欲比迹尧、舜,袭其高名者乎?又案《墨子》云:汤以天下让务光,而使人说曰:汤欲加恶名于汝。务光遂投清泠之泉而死。汤乃即位无疑。然则汤之饰让,伪迹甚多。考墨家所言,雅与《周书》相会。夫《书》之作,本出《尚书》,孔父截翦浮词,裁成雅诰,去其鄙事,直云"惭德",岂非欲灭汤之过,增桀之恶者乎?其疑五也。

夫《五经》立言,千载犹仰,而求其前后,理甚相乖。何者?称周之盛也,则云三分有二,商纣为独夫;语殷之败也,又云纣有臣亿万人,其亡流血漂杵。斯则是非无准,向背不同者焉。又案武王为《泰誓》,数纣过失,亦犹近代之有吕相为晋绝秦,陈琳为袁檄魏,欲加之罪,能无辞乎?而后来诸子,承其伪说,竞列纣罪,有倍《五经》。故子贡曰:桀、纣之恶不至是,君子恶居下流。班生亦云:安有据妇人临朝!刘向又曰:世人有弑父害君,桀、纣不至是,而天下恶者必以桀、纣为先。此其自古言辛、癸之罪,将非厚诬者乎?其疑六也。

《微子之命》篇《序》云:"杀武庚。"案禄父即商纣之子也。属社稷倾覆,家国沦亡,父首枭悬,母躯分裂,永言怨耻,生人莫二。向使其侯服事周,而全躯保其妻子也,仰天俯地,何以为生?含齿戴发,何以为貌?既而合谋二叔，徇节三监，虽君亲之怨不除，而臣子之诚可见，考诸名教，生死无惭。议者苟以其功业不成，便以顽人为目。必如是，则有君若夏少康，有臣若伍子胥，向若陨仇雪怨，众败身灭，亦当隶迹丑徒，编名逆党者邪？其疑七也。

《论语》曰：大矣，周之德也。三分天下有其二，犹服事殷。案《尚书·序》云：西伯戡黎，殷始咎周。夫姬氏爵乃诸侯，而辄行征伐，结怨王室，殊无愧畏。此则《春秋》荆蛮之灭诸姬，《论语》季氏之伐颛臾也。又案某书曰：朱雀云云，文王受命称王云云。夫天无二日，地惟一人，有殷犹存，而王号遽立，此即《春秋》楚及吴、越僭号而陵天子也。然则戡黎灭崇，自同王者，服事之道，理不如斯。亦犹近者魏司马文王害权臣，黜少帝，坐加九锡，行驾六马。及其殁也，而荀勖犹谓之人臣以终。盖姬之事殷，当比马之臣魏，必称周德之大者，不亦虚为其说乎？其疑八也。

《论语》曰："太伯可谓至德也已。三以天下让，民无得而称焉。"案《吕氏春秋》所载云云，斯则太王钟爱厥孙，将立其父。太伯年居长嫡，地实妨贤。向若强颜苟视，怀疑不去，大则类卫伋之诛，小则同楚建之逐，虽欲勿让，君亲其立诸？且太王之殂，太伯来赴，季历承考遗命，推让厥昆。太伯以形质已残，有辞获免。原夫毁兹玉体，从彼被发者，本以外绝嫌疑，内释猜忌，譬雄鸡自断其尾，用获免于人牺者焉。又案《春秋》，晋士芬见申生之将废也，曰：为吴太伯，犹有令名。斯则太伯、申生，事如一体。直以出处有异，故成败不同。若夫子之论太伯也，不美其因病成妍，转祸为福，斯则当矣。如云"可谓至德"者，无乃谬为其誉乎？其疑九也。

《尚书·金縢》篇云："管、蔡流言，公将不利于孺子。"《左传》云："周公杀管叔而放蔡叔，夫岂不爱，王室故也。"案《尚书·君奭》篇《序》云："召公为保，周公为师，相成王，为左右。召公不说。"斯则旦行不臣之礼，挟震主之威，迹居疑似，坐招讪谤。虽奭以亚圣之德，负明允之才，目睹其事，犹怀愤懑。况彼二叔者，才处中人，地居下国，侧闻异议，能不怀猜？原其推戈反噬，事由误我。而周公自以不诚，遽加显戮，与夫汉代之赦淮南，宽阜陵，一何远哉！斯则周公于友于之义薄矣。而《书》之所述，用为美谈者，何哉？其疑十也。

大抵自《春秋》以前，《尚书》之世，其作者述事如此。今取其正经雅言，理有难晓，诸子异说，义或可凭，参而会之，以相研核。如异于此，则无论焉。夫远古之书，与近古之史，非唯繁约不类，固亦向背皆殊。何者？近古之史也，言唯详备，事罕甄择。使夫学者睹一邦之政，则善恶相参；观一主之才，而贤愚殆半。至于远古则不然。夫其所录也，略举纲维，务存褒讳，寻其终始，隐没者多。尝试言之，向使汉、魏、晋、宋之君生于上代，尧、舜、禹、汤之主出于中叶，俾史官易地而书，各叙时事，校其得失，固未可量。若乃轮扁称其糟粕，孔氏述其传疑，孟子曰：尽信《书》，不如无《书》。《武成》之篇，吾取其二三简。推此而言，则远古之书，其妄甚矣。岂比夫王沈之不实，沈约之多诈，若斯而已哉。

（［唐］刘知几著，［清］浦起龙通释，王煦华整理《史通通释》，上海古籍出版社2009年版）

胡应麟《四部正讹》（节选）

凡赝书之作，情状至繁，约而言之殆十数种。有伪作于前代而世率知之者，风后之《握奇》，岐伯之《素问》是也。有伪作于近代而世反惑之者，卜商之《易传》，毛渐之《连山》是也。有掇古人之事而伪者，仲尼倾盖而有子华，柱史出关而有尹喜是也。有挟古人之文而伪者，伍员著书而有《越绝》，贾谊赋鵩而有《鹖冠》是也。有传古人之名而伪者，尹负鼎而汤液闻，戚饭牛而相经著是也。有蹈古书之名而伪者，汲冢发而《师春》补，《梼杌》纪而楚史传是也。有惮于自名而伪者，魏泰《笔录》之类是也。有耻于自名而伪者，和氏《香奁》之类是也。有袭取于人而伪者，法盛《晋书》之类是也。有假重于人而伪者，子瞻《杜解》之类是也。有恶其人伪以祸之者，僧孺《行纪》之类是也。有恶其人伪以诬之者，圣俞《碧云》之类是也。有本非伪，人托之而伪者，《阴符》不言三皇而李筌称黄帝之类是也。有书本伪，人补之而益伪者，《乾坤凿度》及诸纬书之类是也。又有伪而非伪者，《洞灵真经》本王士元所补而以伪亢仓，《西京杂记》本葛稚川所传而以伪刘歆之类是也。又有非伪而曰伪者，《文子》载于刘歆《七略》，历梁、隋皆有其目，而黄东发以为徐灵府；《抱朴》纪于句漏本传，历唐、宋皆志其书，而黄东发以为非葛稚川之类是也。又有非伪而实伪者，《化书》本谭峭所著而宋齐丘窃而序传之，庄注本向秀所作而郭子玄取而点定之类是也。二说尚难信，谭事仅羽流所述，向子期与嵇、阮诸文士友而绝不为言，姑据前人载此。又有当时知其伪而后世弗传者，刘炫《鲁史》之类是也。又有当时记其伪而后人弗悟者，司马《潜虚》之类是也。《潜虚》，司马公属草未成，后人赝补行世，见朱紫阳《语录》、黄东发《日钞》。世以数学，无辩其非是者。又有本无撰人，后人因近似而伪托者，《山海》称大禹之类是也。又有本有撰人，后人因亡逸而伪题者，《正训》称陆机之类是也。

凡核伪书之道，核之《七略》以观其源，核之群志以观其绪，核之并世之言以观其称，核之异世之言以观其述，核之文以观其体，核之事以观其时，核之撰者以观其托，核之传者以观其人。核兹八者，而古今赝籍亡隐情矣。

凡四部书之伪者，子为盛，经次之，史又次之，集差寡。凡经之伪，《易》为盛，纬候次之。凡史之伪，杂传记为盛，琐说次之。凡子之伪，道为盛，兵及诸家次之。凡集，全伪者寡，而单篇列什借名窜匿甚众，于别编详之。

大率秦、汉以还，书若三《易》、《连山》《归藏》、子夏。《三坟》《六韬》《七纬》《关尹》《子华》《素书》《洞极》、李靖问答、《麻衣心法》、武侯诸策、王氏诸经，全伪者也；《列御寇》《司马法》《通玄经》，真错以伪者也；《黄石公》《鹖冠子》《燕丹子》，伪错以真者也；管仲、晏婴、文中，真伪错者也；《元包》《孔丛》《潜虚》，真伪疑者也。《鹖熊》残也，《亢仓》补也，《繁露》讹也，皆不得言伪也。《素问》《握奇》《阴符》《山海》，其名讹也，其书非伪也。《穆天子传》《周书》《纪年》，其出晚也，其书非伪也。即以伪乎，非战国后也，余亡足辩矣。《黄石》《鹖冠》《燕丹》，盖后人杂取战国他书之文，易其名号为此，非谓真三子作也。

宋黄长睿辩阁帖伪者，几半于真。余读秦、汉诸古书，核其伪几十七焉。世之论书者或以长睿为刻而不能不服其精，余为此辩，后世得无以罪长睿者罪余也。然余率本前人遗议,稍加详密,间折其衷耳。且夫人之始撰也,虑其书弗传也而托焉,托而传矣而其名竟没,有不悔其始之托焉者乎?余防萃诸家,暴而显之,托者固以亡没其实,所托者亦以亡受其疑,皆未为不厚幸也。至有舛而弗经、谬而亡征而俨然藉是行其说于天下后世,则余之喋喋讵得已哉。右余《读诸子辩》。

([明]胡应麟撰《少室山房笔丛》卷三十、三十二,上海书店出版社2009年版)

【附】祁承𤐢《鉴书》(节选)

夫所谓辩真伪者,经不易伪,史不可伪,集不必伪,而所伪者多在子。且非独伪也,孙文融有言:诸子至秦绝矣。古操术,今饰文,其深不当也;古初见奇,今奇尽,其精不当也;古殚一生精力,今以余技骋其工,不当也。故曰绝也。夫自汉而后,即真者尚不能与周秦并,况其伪哉?然又混淆而难别,如《盐铁论》之言食货也,史也而儒之;杜周士之《广人物志》也而子之。至温庭筠之著《乾𦠆子》,录谐也;刘崇远之著《金华子》,纪杂也,且滥以子称矣。故子之杂也,史之稗也,说之瑑也,易相混者也,惟辩其真则得矣。要而言之,四部自不能无伪。

([明]祁承𤐢等撰《澹生堂藏书约(外八种)》,上海古籍出版社2005年版)

顾炎武《窃书》

汉人好以自作之书而托为古人,张霸《百二尚书》、卫宏《诗序》之类是也。晋以下人则有以他人之书而窃为己作,郭象《庄子注》、何法盛《晋中兴书》之类是也。若有明一代之人,其所著书无非窃盗而已。

《世说》曰:"初注《庄子》者数十家,莫能究其旨要。向秀于旧注外为解义,妙析奇致,大畅玄风。唯《秋水》《至乐》二篇未竟,而秀卒。秀子幼,义遂零落,然犹有别本。郭象者,为人薄行,有俊才。见秀义不传于世,遂窃以为己注。乃自注《秋水》《至乐》二篇,又易《马蹄》一篇,其余众篇或定点文句而已,后秀义别本出,故今有向、郭二《庄》。"今代之人但有薄行而无俊才,不能通作者之意,其盗窃所成之书,必不如元本,名为钝贼,何辞!

《旧唐书》:"姚珽尝以其曾祖察所撰《汉书训纂》多为后之注《汉书》者隐没名字,将为己说,班乃撰《汉书绍训》四十卷,以发明旧义,行于代。"吾读有明弘治以后经解之书,皆隐没古人名字将为己说者也。

([清]顾炎武著,黄汝成集释,栾保群、吕宗力校点《日知录集释》,上海古籍出版社 2006 年版)

姚际恒《古今伪书考序》

造伪书者,古今代出其人,故伪书滋多于世。学者于此,真伪莫辨,而尚可谓之读书乎?是必取而明辨之。此读书第一义也。予辄不自量,以世所传伪书,分经史子三类,考证于后。明宋景濂有《诸子辨》;予合经史子而辨之。凡今世不传者,与夫琐细无多者,皆不录焉。其有前人辨论精确者,悉载于前,以见非予之私说云。四部有集。集者,别集,人难以伪。古集间有一二附益伪撰,不足称数,故不之及。子类中,二氏之书,亦不及焉。

([清]姚际恒著《古今伪书考》,中华书局 1985 年版)

【附】顾实《重考古今伪书考序》

中国旧籍,浩如烟海。于是有目录学者,为读一切书之门径,方法之良,无俟言喻。顾自学术进步,继长增高,则后来之为此学者,对于昔贤,不免多所訾议。语曰"当仁不让",此之谓也。章炳麟曰:"凡说古文艺,不观会通,不参始末,专以私意揣量,随情取舍。上者为章学诚,下者为姚际恒,疑误后生多矣。"太炎此言,足以振发举世之聋聩。章实斋之说,犹其上焉者,尚虞其疑误后生,则姚首源之下焉者,可知矣。首源《古今伪书考》一书,脍炙士林。逊清嘉道之际,周中孚尝谓其书"误本旧说,以不伪为伪,未免为前人之说所愚",可谓洞中窾要。余生也晚,雅不以此书为重,每屏置弗顾。一则姚氏生当清初,值学荒之世,徒抄撮《通考》之类去取殊多失当。又一则吾人今日承诸老师宿儒之后,所凭借之雄厚,将十百倍于姚氏所睹,恶用此已陈之刍狗为也。自张之洞《輏轩语》称姚氏此书"简便易看,为读诸子之门径",而士林多震眩其说。不知此书兼包经史子，而张氏偏举其为子类之书，出言已先有谬误。盖当官之谈，酬酢士民，必有率尔失检者矣。顷见姚氏此书，大为流行，各大学、各高三中学，咸油行发布，莘莘学子，几于人手一编。余方深悯社会常识之不健全，犹颠倒于三百年前之陈说而不自觉也。会衔校命入都，参与清宫古物事，在琉璃厂书肆，睹有新出版书，题名《古今伪书考释》者，亦多空衍姚氏之说，无所规正。岂举世滔滔，终莫为姚氏之争友耶。返校而后，略据诸家考订，暨平素心得，穷数日夕之力，每一书下，辄将姚考列前，余考列后，藉省学者两购，颜曰《重考古今伪书考》，庶几供一时研究国学者之急需，而稍尽区区之职责云尔。世有闳淹之君子，幸匡不逮。夏历中华民国十三年冬十二月，识于东南大学之六朝松下。武进顾实。

此书在东大，用作教本，为诸生讲之。友人胡朴安为登载《国学周刊》中，初名《古今伪书考笺正》，嗣因未安，重更今名。案姚氏此书一卷，原分经史子三类，今分为三卷。又原分有真书杂以伪者，有本非伪书而后人妄托其人之名者，有两人共此一书名，今传者不知为何人作者，有书非伪而书名伪者，有未足定其著书之人者，委琐分别，今并为一卷。共四卷。姚氏原序，止限经史子三类，不入集部，而子类滥入《杜律虞注》一书，当入集部，前人已讥之。又余重考中有曰"别详《汉书艺文志讲疏》"者，亦余所著书，参考当益明白，至如《麻衣正易心法》《家礼仪节》《天禄阁外史》等书，无关重要，概不更考，以省烦累。顾实附记。

（顾实著《重考古今伪书考》，山西人民出版社2014年版）

【附】黄云眉《古今伪书考补证序》

辨伪是读书第一义；然有不可不注意者：柤梨橘柚，味相反而皆调于口，伪伪而知其所以伪，伪固有真之用也。辨伪者但欲求真伪之各得其用；非欲举伪书而一一践之踏之，烧之灼之，以尽绝其根株而后快。明乎此而后知辨伪者之非有恶于伪也。抑伪有巧拙而辨有难易。丑人捧心而矉其里，里之人能笑之，此伪之拙而易辨者；淄渑之合，易牙尝而知之，他人不能也，此伪之巧而难辨者。伪巧而难辨，则有真之而伪，伪之而真者矣。然辨者之心，则固以求真为鹄；辨之术有未至焉耳，吾又从而辨之，非欲以罪辨者，辨其所未至也。明乎此而后知辨辨伪者之亦非有恶于辨伪也。

姚际恒首源氏之《古今伪书考》，一浅薄之辨伪书也。寻厥大概，无非抄撮《通考》《诸子辨》《笔丛》等所言，排比成书。分类舛驳，取舍随意；而叱辱之加，又往往不准于情理之所安。盖详核逊宋胡，而武断则过之，此不足以服作伪者之心也。近人顾惕生氏因就姚氏之所考而重考之，欲以匡救姚氏之失而为其诤友。余读其书，亦颇有独到之见；而惩噎废食，盛气叫嚣，其武断之态度，乃复与姚氏同。则以水济水，亦何足以服姚氏之心哉！

夫姚书之操术诚疏矣！然伪书如毛，逐代傅益，使吾辈胸中而犹横梗一竺古护前之观念则已；苟其无也，则且病姚氏失出之多于失入，而又何忍乎他责！虽然，获盗而不获赃，终无以关盗之口而释道路之疑。使此不及百种之伪书，以列证未备之故，而犹授竺古护前者以抵蹈之间，此则吾辈之耻，所当助姚氏以张目者，《补证》之作，盖秉斯恉。

虽然，姚氏辨伪者也；顾氏辨辨伪者也，非所谓竺古护前之徒也。真伪愈辨而愈著：姚氏伪之，顾氏真之，云眉又从而伪之。求真而已，非求胜也。真其所真，伪其所伪，使真伪各得其用，此吾辈读书应有之态度；亦所以为来者辟一读书之坦途也。其真之而非真，伪之而非伪，则术之未至，云眉不以罪姚、顾，人亦岂以罪云眉哉！

抑是非之公，具在人心，苟准诸情理而未安，则虽以《古文尚书》之伪，经阎惠诸君之侦查判决，已成如山之铁案者，亦不难继毛氏而重申冤词；况《补证》之程多力分，引其绪而不能竟其委者哉！云眉虽助姚氏以张目乎？然非其伥也。诚更得诤友如顾氏者而毅色呵斥之，纠其纰缪而扶其颠踬，则云眉将怡受而无忤；学术公器，真伪固不必定于吾也。

呜呼！鼓怒浪于平流，震惊飙于静树，微特不敢，抑亦不能。必谓为钩鈲群艺，哗众取宠，则无所逃罪。

今请略述《补证》之内容：

姚、顾二考，皆截用他文数语以就己说。本书则略师《经义考》，列他文于前，缀己说于后；他文多全录，非过长者不敢删节，恐以取舍戾原意也。（其中如唐檗黄先生之辨《尹文子》，马夷初先生之辨《列子》，皆以其文过长,割裂入篇,引为缺憾。)先录清人及近人辨伪之文;不足则以《四库提要》继之;又不足始下鄙意以补之:其断自清人者,承姚书而避繁复也。(下鄙意时,则不以此为限。)先他文而后及《四库提要》者,以《提要》易于检阅也。《提要》十之一,鄙说十之三,而他文亦仅十之六,则以辨伪之文,既少专篇,作者囿于闻见,又不能广搜而博征也。凡不待补不必补者不补。《古文尚书》,孔氏传,不待补者也。《古三坟书》《麻衣正易心法》《易乾凿度》《天禄阁外史》《心书》《续葬书》《拨沙经》《家礼仪节》等,或猥琐无讥,或望名知伪,此不必补者也。若《韵书》偶称沈约,《手泽》改署《志林》,既与伪书异科,亦在不补之列。

本书编次仍依姚书;然多有与姚说参差者,别表附后以便省览。

属稿甫竣,吾友陈伯瀛先生以江侠庵君所编译之日人《先秦经籍考》示余,受而读之,其中如本田成之之《作易年代考》,内藤虎次郎之《易疑》《尔雅之新研究》,武内义雄之《两戴记考》《大戴记曾子十篇考》《庄子考》《列子冤词》《孙子十三篇考》,佐藤广治之《孝经考》,小川琢治之《山海经考》《穆天子传考》,狩野直喜之《汲冢书出土始末考》等,与本书持论颇多异同。然以专家成专书,甚有研讨之价值。本书不暇采入,姑附其篇目于此,以志景仰。且以愧国人之拘虚自蔽,嗤辨伪为多事者。

又本书之成,得助于吾友冯孟颛、陈伯瀛二先生者不少,并于此谨致谢忱!

一九三一年,余姚黄云眉。

(黄云眉著《古今伪书考补证》,商务印书馆2019年版)

崔述《考信录提要·释例》(一则)

圣人之道,在六经而已矣。二帝、三王之事,备载于《诗》《书》,孔子之言行,具于《论语》。文在是,即道在是。故孔子曰:"文王既没,文不在兹乎?"六经以外,别无所谓道也。顾自秦火以后,汉初诸儒传经者各有师承,传闻异词,不归于一。兼以战国之世,处士横议,说客托言,杂然并传于后,而其时书皆竹简,得之不易,见之亦未必能记忆,以故难于检核考正,以别其是非真伪。东汉之末,始易竹书为纸,检阅较前为易;但魏、晋之际，俗尚词章，罕治经术，旋值刘、石之乱，中原陆沉，书多散轶，汉初诸儒所传《齐诗》《鲁诗》《齐论》《鲁论》陆续皆亡，惟存《毛诗序传》及张禹更定之《论语》，而伏生之《书》，田何之《易》，邹、夹之《春秋》，亦皆不传于世。于时复生妄人，伪造《古文尚书经传》《孔子家语》，以惑当世。二帝、三王、孔门之事于是大失其实。学者专已守残，沿讹踵谬，习为固然，不之怪也。虽间有一二有识之士摘其疵谬者，然特太仓稀米，而亦罕行于世。直至于宋，名儒迭起，后先相望，而又其时印本盛行，传布既多，稽核最易，始多有抉摘前人之误者，或为文以辨之，或为书以正之，或作传注以发明之。盖至南宋，而后六经之义大著。然经义之失真已千余年，伪书曲说久入于人耳目，习而未察，沿而未正者尚多。所赖后世之儒，踵其余绪而推广之，于所未及正者补之，已正而世未深信者阐而明之，帝王圣贤之事，岂不粲然大明于世？乃近世诸儒类多摭拾陈言，盛谈心性以为道学，而于唐、虞、三代之事，罕所究心。亦有参以禅学，自谓明心见性，反以经传为肤末者，而向来相沿之误，遂无复有过而问焉者矣。余年三十，始知究心六经，觉传记所载与注疏所释往往与经互异，然犹未敢决其是非。乃取经传之文，类而辑之，比而察之，久之而后晓然知传记注疏之失。顾前人罕有言及之者，屡欲茹之而不能茹，不得已乃为此录以辨明之。非敢自谓继武先儒，聊以效愚者千虑之一得云尔。

（[清]崔述撰《考信录提要》，中华书局1985年版）

（五）考证

马端临《文献通考自序》（节选）

昔荀卿子曰："欲观圣王之迹，则于其粲然者矣，后王是也。君子审后王之道，而论于百王之前，若端拜而议。"然则考制度，审宪章，博闻而强识之，固通儒事也。《诗》《书》《春秋》之后，惟太史公号称良史，作为纪、传、书、表，纪、传以述理乱兴衰，八书以述典章经制，后之执笔操简牍者，卒不易其体。然自班孟坚而后，断代为史，无会通因仍之道，读者病之。至司马温公作《通鉴》，取千三百余年之事迹，《十七史》之纪述，萃为一书，然后学者开卷之余，古今咸在。然公之书详于理乱兴衰而略于典章经制，非公之智有所不逮也，编简浩如烟埃，著述自有体要，其势不能以两得也。

窃尝以为理乱兴衰，不相因者也，晋之得国异乎汉，隋之丧邦殊乎唐，代各有史，自足以该一代之始终，无以参稽互察为也。典章经制，实相因者也。殷因夏，周因殷，继周者之损益，百世可知，圣人盖已预言之矣。爰自秦汉以至唐宋，礼乐兵刑之制，赋敛选举之规，以至官名之更张，地理之沿革，虽其终不能以尽同，而其初亦不能以遽异。如汉之朝仪、官制，本秦规也；唐之府卫、租庸，本周制也。其变通张弛之故，非融会错综，原始要终而推寻之，固未易言也。其不相因者，犹有温公之成书，而其本相因者，顾无其书，独非后学之所宜究心乎！

唐杜岐公始作《通典》，肇自上古，以至唐之天宝，凡历代因革之故，粲然可考。其后，宋白尝续其书，至周显德，近代魏了翁又作《国朝通典》。然宋之书成而传习者少，魏尝属稿而未成书，今行于世者独杜公之书耳，天宝以后盖阙焉。有如杜书纲领宏大，考订该洽，固无以议为也。然时有古今，述有详略，则夫节目之间，未为明备；而去取之际颇欠精审，不无遗憾焉。盖古者因田制赋，赋乃米粟之属，非可析之于田制之外也。古者任土作贡，贡乃包筐之属，非可杂之于税法之中也。乃若叙选举则秀、孝与铨选不分，叙典礼则经文与传注相汩，叙兵则尽遗赋调之规而姑及成败之迹。诸如此类，宁免小疵。至于天文、五行、艺文，历代史各有志，而《通典》无述焉。马、班二史各有诸侯王、列侯表，范晔《东汉书》以后无之，然历代封建王侯未尝废也。王溥作唐及五代《会要》，首立帝系一门，以叙各帝历年之久近，传授之始末，次及后妃、皇子、公主之名氏封爵，后之编会要者仿之，而唐以前则无其书。凡是二者，盖历代之统纪，典章系焉，而杜书亦复不及，则亦未为集著述之大成也。

愚自蚤岁，盖尝有志于缀缉，顾百忧薰心，三余少暇，吹竽已涩，汲绠不修，岂复敢以斯文自诡？昔夫子言夏、殷之礼而深慨"文献之不足征"，释之者曰："文，典籍也；献，贤者也。"生乎千百载之后，而欲尚论千百载之前，非史传之实录具存，何以稽考？儒先之绪言未远，足资讨论，虽圣人亦不能臆为之说也。窃伏自念：业绍箕裘，家藏坟索，插架之收储，趋庭之问答，其于文献盖庶几焉。尝恐一旦散轶失坠，无以属来哲，是以忘其固陋，辄加考评，旁搜远绍，门分汇别：曰田赋，曰钱币，曰户口，曰职役，曰征榷，曰市籴，曰土贡，曰国用，曰选举，曰学校，曰职官，曰郊社，曰宗庙，曰王礼，曰乐，曰兵，曰刑，曰舆地，曰四裔，俱效《通典》之成规。自天宝以前，则增益其事迹之所未备，离析其门类之所未详；自天宝以后至宋嘉定之末，则续而成之。曰经籍，曰帝系，曰封建，曰象纬，曰物异，则《通典》元未有论述，而采摭诸书以成之者也。

凡叙事则本之经史，而参之以历代会要，以及百家传记之书，信而有证者从之，乖异传疑者不录，所谓"文"也。凡论事则先取当时臣僚之奏疏，次及近代诸儒之评论，以至名流之燕谈、稗官之纪录，凡一话一言可以订典故之得失，证史传之是非者，则采而录之，所谓"献"也。其载诸史传之纪录而可疑，稽诸先儒之论辨而未当者，研精覃思，悠然有得，则窃著己意，附其后焉，命其书曰《文献通考》，为门二十有四，卷三百四十有八，而其每门著述之成规，考订之新意，各以小序详之。

昔江淹有言："修史之难，无出于志。"诚以志者，宪章之所系，非老于典故者不能为也。陈寿号善叙述，李延寿亦称究悉旧事，然所著二史，俱有纪传而独不克作志，重其事也。况上下数千年，贯串二十五代，而欲以末学陋识，操觚窜定其间，虽复穷老尽气，刿目鉥心，亦何所发明？聊辑见闻，以备遗忘耳！后之君子倘能芟削繁芜，增广阙略，矜其仰屋之勤，而俾免于覆车之愧，庶有志于经邦稽古者或可考焉。

（［元］马端临撰，上海师范大学古籍研究所、华东师范大学古籍研究所点校《文献通考》，中华书局2011年版）

潘耒《日知录序》

有通儒之学，有俗儒之学。学者，将以明体适用也。综贯百家，上下千载，详考其得失之故，而断之于心，笔之于书，朝章国典，民风土俗，元元本本，无不洞悉，其术足以匡时，其言足以救世，是谓通儒之学。若夫雕琢辞章,缀辑故实,或高谈而不根,或剿说而无当,浅深不同,同为俗学而已矣。自宋迄元,人尚实学。若郑渔仲、王伯厚、魏鹤山、马贵与之流,著述具在,皆博极古今,通达治体,曷尝有空疏无本之学哉。明代人才辈出,而学问远不如古。自其少时鼓箧读书,规模次第已大失古人之意,名成年长,虽欲学而无及。间有豪隽之士,不安于固陋而思崭焉自见者,又或采其华而弃其实,识其小而遗其大。若唐荆川、杨用修、王弇州、郑端简号称博通者,可屈指数,然其去古人有间矣。

昆山顾宁人先生,生长世族,少负绝异之资。潜心古学,九经诸史,略能背诵;尤留心当世之故,实录奏报,手自抄节,经世要务,一一讲求。当明末年,奋欲有所自树而迄不得试,穷约以老。然忧天闵人之志,未尝少衰。事关民生国命者,必穷源溯本,讨论其所以然。足迹半天下,所至交其贤豪长者,考其山川风俗、疾苦利病,如指诸掌。精力绝人,无他嗜好,自少至老,未尝一日废书。出必载书数簏自随,旅店少休,披寻搜讨,曾无倦色。有一疑义,反覆参考,必归于至当;有一独见,援古证今,必畅其说而后止。当代文人才士甚多,然语学问,必敛衽推顾先生。凡制度典礼有不能明者,必质诸先生;坠文轶事有不知者,必征诸先生。先生手画口诵,探源竟委,人人各得其意去。天下无贤不肖,皆知先生为通儒也。

先生著书不一种,此《日知录》则其稽古有得,随时札记,久而类次成书者。凡经义、史学、官方、吏治、财赋、典礼、舆地、艺文之属,一一疏通其源流,考正其谬误。至于叹礼教之衰迟,伤风俗之颓败,则古称先,规切时弊,尤为深切著明。学博而识精,理到而辞达。是书也,意惟宋、元名儒能为之,明三百年来殆未有也。耒少从先生游,尝手授是书。先生没,复从其家求得手稿,较勘再三,缮写成帙,与先生之甥刑部尚书徐公健庵、大学士徐公立斋谋刻之而未果。二公继没,耒念是书不可以无传,携至闽中。年友汪悔斋赠以买山之资,举畀建阳丞葛受箕,鸠工刻之以行世。呜呼!先生非一世之人,此书非一世之书也。魏司马朗复井田之议,至易代而后行。元虞集京东水利之策,至异世而见用。立言不为一时,《录》中固已言之矣。异日有整顿民物之责者,读是书而憬然觉悟,采用其说，见诸施行，于世道人心实非小补。如第以考据之精详，文辞之博辨，叹服而称述焉，则非先生所以著此书之意也。

康熙乙亥仲秋，门人潘耒拜述。

（［清］顾炎武著，黄汝成集释，栾保群、吕宗力校点《日知录集释》，上海古籍出版社2013年版）

钱大昕《廿二史考异序》

予弱冠时，好读乙部书，通籍以后，尤专斯业。自《史》《汉》讫《金》《元》，作者廿有二家，反覆校勘，虽寒暑疾疢，未尝少辍，偶有所得，写于别纸。丁亥岁，乞假归里，稍编次之，岁有增益，卷帙滋多。戊戌，设教钟山，讲肄之暇，复加讨论，间与前人暗合者，削而去之；或得于同学启示，亦必标其姓名，郭象、何法盛之事，盖深耻之也。

夫史之难读久矣，司马温公撰《资治通鉴》成，惟王胜之借一读；它人读未尽十纸，已欠伸思睡矣。况廿二家之书，文字烦多。义例纷纠，舆地则今昔异名，侨置殊所；职官则沿革迭代，冗要逐时。欲其条理贯串，了如指掌，良非易事，以予佇劣，敢云有得？但涉猎既久，启悟遂多，著之铅椠，贤于博弈云尔。且夫史非一家之书，实千载之书，袪其疑，乃能坚其信；指其瑕，益以见其美。拾遗规过，匪为齮龁前人，实以开导后学。而世之考古者，拾班、范之一言，摘沈、萧之数简，兼有竹、素烂脱，豕、虎传讹，易"斗分"作"升分"，更"子琳"为"惠琳"，乃出校书之陋，本非作者之愆，而皆文致小疵，目为大创，驰骋笔墨，夸曜凡庸，予所不能效也。更有空疏措大，辄以褒贬自任，强作聪明，妄生疧疵，不叶年代，不揆时势，强人以所难行，责人以所难受，陈义甚高，居心过刻，予尤不敢效也。桑榆景迫，学殖无成，惟有实事求是，护惜古人之苦心，可与海内共白。自知爨烛之光，必多罅漏，所冀有道君子，理而董之。庚子五月廿有二日，嘉定钱大昕序。

（［清］钱大昕著，陈文和主编《嘉定钱大昕全集·廿二史考异》，凤凰出版社2016年版）

王鸣盛《十七史商榷序》

《十七史》者,上起《史记》,下讫《五代史》,宋时尝汇而刻之者也。商榷者,商度而扬榷之也。海虞毛晋汲古阁所刻行世已久,而从未有全校之一周者。予为改讹文,补脱文,去衍文,又举其中典制事迹,诠解蒙滞,审核踳驳,以成是书,故名曰"商榷"也。《旧唐书》《旧五代史》毛刻所无,而云"十七"者,统言之,仍故名也。若《辽》《宋》等史则予未暇及焉。

大抵史家所记典制有得有失,读史者不必横生意见,驰骋议论,以明法戒也。但当考其典制之实,俾数千百年建置沿革,了如指掌,而或宜法,或宜戒,待人之自择焉可矣。其事迹则有美有恶,读史者亦不必强立文法,擅加与夺,以为褒贬也。但当考其事迹之实,俾年经事纬,部居州次,纪载之异同,见闻之离合,一一条析无疑,而若者可褒,若者可贬,听诸天下之公论焉可矣。书生胸臆、每患迂愚,即使考之已详,而议论褒贬犹恐未当,况其考之未确者哉。盖学问之道,求于虚不如求于实,议论褒贬皆虚文耳。作史者之所记录,读史者之所考核,总期于能得其实焉而已矣,外此又何多求邪?予束发好谈史学,将壮,辍史而治经。经既竣,乃重理史业,摩研排纂,二纪余年,始悟读史之法,与读经小异而大同。何以言之?经以明道,而求道者不必空执义理以求之也,但当正文字,辨音读,释训诂,通传注,则义理自见,而道在其中矣。譬若人欲食甘,操钱入市,问物有名甘者乎?无有也,买饴食之,甘在焉;人欲食咸,问物有名咸者乎?无有也,买盐食之,咸在焉。读史者不必以议论求法戒,而但当考其典制之实;不必以褒贬为与夺,而但当考其事迹之实,亦犹是也,故曰"同"也。若夫异者则有矣。治经断不敢驳经,而史则虽子长、孟坚,苟有所失,无妨箴而砭之,此其异也。抑治经岂特不敢驳经而已,经文艰奥难通,若于古传注,凭己意择取融贯,犹未免乎僭越,但当墨守汉人家法,定从一师而不敢他徙。至于史,则于正文有失尚加箴砭,何论裴骃、颜师古一辈乎?其当择善而从,无庸偏徇,固不待言矣,故曰"异"也。要之,二者虽有小异,其总归于务求切实之意则一也。

予识暗才懦,一切行能举无克堪,惟读书校书颇自力。尝谓好著书不如多读书，欲读书必先精校书。校之未精而遽读，恐读亦多误矣；读之不勤而轻著，恐著且多妄矣。二纪以来，恒独处一室，覃思史事，既校始读，亦随读随校，购借善本，再三雠勘，又搜罗偏霸杂史、稗官野乘、山经地志、谱牒簿录，以暨诸子百家、小说笔记、诗文别集、释老异教，旁及于钟鼎尊彝之款识，山林冢墓、祠庙伽蓝、碑碣断阙之文，尽取以供佐证，参伍错综，比物连类，以互相检照，所谓考其典制事迹之实也。暗砌蛩吟，晓窗鸡唱，细书饮格，夹注跳行，每当目轮火爆，肩山石压，犹且吮残墨而凝神，搦秃豪而忘倦。时复默坐而玩之，缓步而绎之，仰眠床上而寻其曲折，忽然有得，跃起书之，鸟入云、鱼纵渊，不足喻其疾也。顾视案上，有藜羹一杯、粝饭一盂，于是乎引饭进羹，登春台、飨太牢，不足喻其适也。凡所考者皆在简眉牍尾，字如黑蚁，久之皆满，无可复容，乃眷于别帙，而写成净本，都为一编。计《史记》六卷，《汉书》二十二卷，《后汉书》十卷，《三国志》四卷，《晋书》十卷，《南史》合《宋》《齐》《梁》《陈书》十二卷，《北史》合《魏》《齐》《周》《隋书》四卷，《新》《旧唐书》二十四卷，《新》《旧五代史》六卷，总九十八卷。别论史家义例，崖略为《缀言》二卷终焉。闲馆自携，寒灯细展，指瑕索瘢，重加点窜，至屡易稿始定。

噫嘻，予岂有意于著书者哉！不过出其读书校书之所得，标举之以诒后人，初未尝别出新意，卓然自著为一书也。如所谓横生意见，驰骋议论，以明法戒，与夫强立文法，擅加与夺褒贬，以笔削之权自命者，皆予之所不欲效尤者也。然则予盖以不著为著，且虽著而仍归于不著者也。学者每苦正史繁塞难读，或遇典制茫昧，事迹樛葛，地理、职官眼眯心瞽，试以予书为孤竹之老马，置于其旁而参阅之，疏通而证明之，不觉如关开节解，筋转脉摇，殆或不无小助也与。夫以予任其劳而使后人受其逸，予居其难而使后人乐其易，不亦善乎！以予之识暗才懦，碌碌无可自见，猥以校订之役，穿穴故纸堆中，实事求是，庶几启导后人，则予怀其亦可以稍自慰矣。夫书既成，而平生不喜为人作序，故亦不求序于人，聊复自道其区区务实之微意，弁之卷端。序所不足者，《缀言》具之云。进士及第通议大夫光禄卿前史官嘉定王鸣盛字凤喈号西沚撰。

（[清]王鸣盛著，陈文和主编《嘉定王鸣盛全集·十七史商榷》，中华书局2010年版）

赵翼《廿二史札记小引》

闲居无事,翻书度日。而资性粗钝,不能研究经学,惟历代史书,事显而义浅,便于浏览,爱取为日课,有所得辄札记别纸,积久遂多。惟是家少藏书,不能繁征博采,以资参订。间有稗乘脞说与正史歧互者,又不敢遽诧为得闲之奇。盖一代修史时,此等记载无不搜入史局,其所弃而不取者,必有难以征信之处,今或反据以驳正史之讹,不免贻讥有识。是以此编多就正史纪、传、表、志中参互勘校,其有牴牾处,自见辄摘出,以俟博雅君子订正焉。至古今风会之递变,政事之屡更,有关于治乱兴衰之故者,亦随所见附著之。自惟中岁归田,遭时承平,得优游林下,寝馈于文史以送老,书生之幸多矣。或以比顾亭林《日知录》,谓身虽不仕,而其言有可用者,则吾岂敢。阳湖赵翼谨识。

([清]赵翼著,王树民校证《廿二史札记校证》,中华书局2013年版)

王国维《流沙坠简序》

癸丑岁暮,始于罗叔言先生处,读斯坦因博士所得之汉晋简牍及沙畹博士考释之书。时先生方写定《殷墟书契后编》,又以世人亟欲睹是简也,乃属国维分任考订。握椠逾月,粗具条理。乃略考简牍出土之地,弁诸篇首,以谂读是书者。

案,古简所出,为地凡三:一为敦煌西北之长城,二为罗布淖尔北之古城,其三则和阗东北之尼雅城及马咱托拉、拔拉滑史德三地也。敦煌所出,皆两汉之物。出罗布淖尔北者,则自魏末以讫前凉。其出和阗旁三地者,都不过二十余简,又皆无年代可考。然其古者,犹当为后汉遗物;其近者,亦当在隋唐之际也。今略考诸地古代之情状,而阙其不可知者,世之君子,以览观焉。

汉代简牍出于敦煌之北,其地当北纬四十度,自东经九十三度十分至九十四度三十分之间。出土之地,东西绵亘一度二十分。斯氏以此为汉之长城,其说是也。案,秦之长城西迄临洮。及汉武帝时,匈奴浑邪王降汉,以其地为武威、酒泉郡,元狩三年。后又分置张掖、敦煌郡,元鼎六年。始筑令居以西,列四郡、据两关焉。此汉代筑城事之见于史者,不言其讫于何地也。其见于后人纪载者,则法显《佛国记》云:"敦煌有塞,东西可八十里,南北四十里。"《晋书·凉武昭王传》云:玄盛乃修敦煌旧塞东西二围,"东西"疑"东北"之讹。以防北房之患。筑敦煌旧塞西南二围,以威南房。案,唐《沙州图经》,则沙州有古塞城、古长城二址。塞城周回州境,东在城东四十五里,西在城西十五里,南在州城南七里,北在州城北五里。古长城则在州北六十六里,东至阶亭烽一百八十里,入瓜州常乐县界;西至曲泽烽二百一十二里,正西入碛,接石城界云云。李暠所修,有东、西、南、北四围,当即《图经》之古塞城。法显所见,仅有纵横二围,其东西行者,或即《图经》之古长城,而里数颇短,盖城在晋末当已颓圮,而《图经》所纪东西三百九十里者,则穷其废址者也。此城遗址,《图经》谓在州北六十三里,今木简出土之地,在北纬四十度稍北,准其地望,正唐《沙州图经》所谓古长城也。前汉时,分置三都尉于此,都尉之下又各置候官。由西而东,则首玉门都尉下之大煎都候官、玉门候官,汉龙勒县境。次则中部都尉所属步广候官、万岁候官;汉敦煌县境。又东则宜禾都尉所属各候官,汉效谷、广至二县境。说均见本书《屯戍丛残·烽燧类考释》中。又东入酒泉郡,则有酒泉西部都尉所治之西部障,北部都尉所治之偃泉障;又东北入张掖郡,则有张掖都尉所治之遮房障。疑皆沿长城置之。今日酒泉、张掖以北,长城遗址之有无,虽不可知,然以当日之建置言之,或宜如是也。今斯氏所探得者,敦煌迤北之长城,当《汉志》敦煌、龙勒二县之北境,尚未东及广至界。汉时简牍即出于此,实汉代屯戍之所,又自边郡通西域之孔道也。

长城之说既定,玉门关之方位亦可由此决。玉门一关,《汉志》系于敦煌郡龙勒县境下,嗣是《续汉书·郡国志》《括地志》《元和郡县志》、两《唐书·地理志》、《太平寰宇记》《舆地广记》,以至近代官私著述,亦皆谓汉之玉门关在今敦煌西北,唯《史记·大宛列传》云:"太初二年,贰师将军李广利伐大宛,还至敦煌,请罢兵,益发而复往。天子闻之,大怒,而使使遮玉门,曰:'军有敢入者,辄斩之。'贰师恐,因留敦煌。"沙畹博士据此以为:太初二年前之玉门关,尚在敦煌之东;其徙敦煌西北,则为后日之事。其说是也。案《汉志》酒泉郡有玉门县，颜师古注引阚骃《十三州志》谓："汉罢玉门关屯，徙其人于此。"窃疑玉门一县，正当酒泉出敦煌之孔道。太初以前之玉门关，当置于此。阚骃徙屯之说，未必确也。嗣后，关城虽徙，而县名尚仍其故，虽中更废置，讫于今日，尚名玉门，故古人有误以"玉门县"为"玉门关"者。后晋高居诲《使于阗记》云："至肃州后渡金河，西百里出天门关，又西百里出玉门关。"高氏所谓"玉门关"，实即自汉讫今之"玉门县"也。唐之玉门军亦置于此，而玉门关则移于瓜州境。《元和志》云：玉门关在瓜州晋昌县西二里，而以在寿昌县西北者为玉门故关。则唐之玉门关复徙而东矣。汉时西徙之关，则《括地志》始记其距龙勒之方向道里曰："玉门关在县汉之龙勒，在唐为寿昌县。西北一百十八里。"《史记·大宛传》正义引。《旧唐书·地理志》《元和志》《寰宇记》《舆地广记》均袭其文。近日秀水陶氏《辛卯侍行记》记汉玉门、阳关道路，谓："自敦煌西北，行六十里之大方盘城，为汉玉门关故地。"又谓："其西七十里有地名西湖，有边墙遗址及烽墩数十所。"斯氏亦于此发见关城遗址二所，一在东经九十四度以西小盐湖，一在东经九十三度三十分，相距二十余分，与大方盘城及西湖相去七十里之说相近。然则当九十四度稍西者，殆即陶《记》之大方盘城，当九十三度三十分者，殆即陶氏所谓"西湖"耶？沙畹博士疑九十四度稍西之废址，为太初以前之玉门关；而在其西者，为后日之玉门关。余则谓太初以前玉门关，当即酒泉之玉门县，如在东经九十四度、北纬四十度间，则仍在敦煌西北，与《史记·大宛传》之文不合，而太初以后之玉门关，以《括地志》所记方位道里言之，则在寿昌县西北百一十八里。今自敦煌西南行一百四十里，有巴彦布喇汛，陶氏以为唐寿昌县故址。自此西北百一十八里，讫于塞上，则适在东经九十四度、北纬四十度之间。则当九十四度之废址，疑为汉太初后之玉门关，而当九十三度三十分者，当为玉门以西之他障塞。盖汉武伐大宛之后，西至盐泽，往往起亭。又据《沙州图经》，则古长城遗址且西入大碛中，则玉门以西，亦当为汉时屯戍之所，未足据以为关城之证也。故博士二说之中，余取其前一说。但其地为《汉志》龙勒县之玉门关，而非《史记·大宛传》之玉门，则可信也。其西徙之年，史书不纪。今据斯氏所得

四、文献整理

木简，《屯戍丛残》第一叶。则武帝大始三年已有玉门都尉护众文书。其时关城当已西徙于此，上距太初二年不过十载，是其西徙必在李广利克大宛之后，太初四年。西起亭至盐泽之时也。可知斯氏长城、玉门关之说，确非臆造，吾侪得由斯氏之探索，沙氏之考证，以定玉门关之方位与其西徙之时，则二氏之功巨矣。

至魏晋木简残纸，则出于罗布淖尔涸泽北稍西，于东经九十度、当北纬四十度三十一分之地。光绪庚子，俄人希亭始至此地，颇获古书札。后德人喀尔亨利、孔拉第二氏，据其所得遗书，以是城为古楼兰之墟。沙畹博士考证斯坦因博士所得遗物，亦从其说。余由斯氏所得简牍及日本橘瑞超氏于此所得之西域长史李柏二书，知此地决非古楼兰，其地当前凉之世，实名海头，而《汉书·西域传》《魏略·西戎传》之居庐仓、《水经注》之龙城，皆是地也。何以知其非古楼兰也？曰：斯氏所得简牍中，其云楼兰者凡三：一曰："帐下督薛明言。谨按文书前至楼兰□还守堤兵。"本书《屯戍丛残》第三叶。此为本地部将奉使至楼兰后所致之文书，盖不待言。二曰："八月廿八日，楼兰白、疏恽惶恐白。"本书《简牍遗文》第四叶。其三曰："楼兰□白。"同上。而细观他书疏之例，则或云"十月四日，具书焉耆玄顿首"，同上。或云"敦煌具书畔毗再拜"，同上第五叶。皆于姓名前著具书之地。以此推之，则所云"楼兰白、疏恽惶恐白"者，必为自楼兰所致之疏。其书既自楼兰来，则此地不得为楼兰矣。此遗物中之一确证也。更求之地理上之证据，亦正不乏。《水经注·河水篇》云"河水东径墨山国南，又东径注宾城南，又东径楼兰城而东注。河水又东径于渤泽，即经所谓蒲昌海也"云云。案，河水者，今之宽车河或塔里木河。渤泽与蒲昌海者，今之罗布淖尔也。则楼兰一城，当在塔里木河入罗布淖尔处之西北，亦即在淖尔西北隅，此城则在淖尔东北隅，此其不合一也。古楼兰国，自昭帝元凤四年徙居罗布淖尔西南之鄯善后，国号虽改，而城名尚存。《后汉书·班勇传》："议遣西域长史将五百人屯楼兰，西当焉耆、龟兹径路，南强鄯善、于阗心胆，北扞匈奴，东近敦煌。"《杨终传》亦言："远屯伊吾、楼兰、车师、戊己。"《魏略》言："过龙堆到故楼兰，皆谓罗布淖尔西北之楼兰城，故东方人之呼淖尔也，曰渤泽、曰盐泽、曰蒲昌海；

215

而自西方来者,则呼曰牢兰海。"《水经注》引释氏《西域记》,"南河自于阗于东北三千里,至鄯善入牢兰海"是也。自西方来者,大抵先经楼兰城,而后至罗布淖尔,故名此淖尔曰牢兰海。《括地志》作"穿兰",字之讹也。此又楼兰在淖尔西北之一证。此其不合二也。故曰希、斯二氏所发现淖尔东北之古城,决非古楼兰也。

然则其名可得而言之欤?曰:由橘氏所得李柏二书观之,此地当前凉之地,实名海头。李书二书,其中所言之事同,所署之月日同,所遣之使者同,实一书之草稿,可决其为此城中所书,而非来自他处者也。其一书曰:"今奉台使来西,月二日到此。""此"字旁注"海头"二字。其二曰:"诏家见遣口来慰劳诸国,月二日来到海头。"或云"此",或云"海头",则此地在前凉时名曰海头,固无可疑。海头之名,诸史未见,当以居蒲昌海东头得名,未必古有此称也。求古籍中与此城相当之地,惟《水经注》之龙城足以当之。《水经注·河水篇》"蒲昌海水积鄯善之西北,龙城之东南。龙城,故姜赖之墟,胡之大国也。蒲昌海溢,荡覆其国。城基尚存而至大,晨发西门,莫达东门"云云。其言颇夸大难信,然其所记龙城方位,正与此城相合。又据其所云"姜赖之墟",更可以推知此城汉时之名焉。案:历代史书绝不闻有姜赖国,唯两汉之际,由玉门出蒲昌海孔道,以达楼兰、龟兹,中间有"居庐仓"一地。居庐、姜赖,皆一声之转,准以地望,亦无不合。何以言之?《汉书·西域传》:"乌孙乌就屠袭杀狂王,自立为昆弥。汉遣破羌将军辛武贤,将兵万五千人至敦煌,遣使者按行表,穿卑鞮侯井以西,欲通渠转谷,积居庐仓以讨之。"孟康曰:"卑鞮侯井,大井六通渠也。下流涌出,在白龙堆东土山下。"夫井之下流在白龙堆东,则上流必在其西,而居庐仓则又西焉,其地望正与此城合。《魏略·西戎传》《魏志·乌丸传》注引。云:"从玉门关西出,发都护井,回三陇沙北头,经居庐仓,从沙西井转西北,过龙堆,到故楼兰,转西诣龟兹,为西域中道。"案,今敦煌塞外沙碛如腰鼓形,从东南至西北分为二区,中有最细之处,古人或总称之曰白龙堆,如上所引《西域传》注孟康注。或总名之曰三陇沙。《广志》:"流沙在玉门关外,东西二千里、南北数百里,有断石曰'三陇',则似以三陇沙为沙碛总名。"而《魏略》之文殊为分晰,其在东南者谓之曰三陇沙,而在西北者则专有白龙堆之名。今所见古城适在二区之间,腰鼓最细处之西北,又当玉门、楼兰间之古道,则其为汉之居庐仓,又无可疑也。又观《魏略》《水经注》所纪淖尔以北之地,仅有二城,其在西者,二书均谓之楼兰;则在东者,舍居庐、姜赖奚属矣?然则此城之称曰居庐,曰姜赖,乃汉时之旧名;曰海头,则魏晋以后之新名;而龙城,则又西域人所呼之异名也。《水经注》所纪,似本释氏《西域记》。观"晨发西门,莫达东门"二语可知为西方人所记也。

此地自魏晋以后,为西域长史治所,亦有数证。橘氏所得李柏二书,既明示此事,斯氏木简中有书函之检署,曰"因王督致西域长史张君坐前,元言疏",《简牍遗文》第一叶。又有出纳簿书,上署曰"西域长史文书事郎中阙口"。《屯戍丛残》第十一叶。一为抵长史之书,一则著长史之属,此二简不著年代,不能定其为魏晋,或为前凉之物。然参伍考之,则魏晋间已置西域长史于此,不自前凉始矣。案,《后汉书·西域传》:"西域长史实屯柳中,以行都护之事。"后汉之初,亦放西京之制,以都护统西域,未几而罢。后班超以将兵长史平定西域,遂为都护,未几复罢。嗣是索班以行敦煌长史出屯伊吾。索班没后,班勇建议遣西域长史屯楼兰。延光三年,卒以勇为西域长史,出屯柳中,不置都护。自是长史遂摄行都护事矣。故《汉书》纪西域诸国道里,以都护治所乌垒城为据。而《后汉书》所纪,则以长史所治柳中为据。逮汉末,中原多事,不遑远略,敦煌旷无太守且二十岁,《魏志·仓慈传》。则柳中之屯与长史之官,必废于是时矣。魏皇初元年,始置凉州刺史,《张既传》。并以伊奉为敦煌太守。《阎温传》。三年,鄯善、龟兹、于阗各遣使贡献,西域遂通,置戊己校尉,《文帝纪》。以行敦煌长史张恭为之。《阎温传》。而西域长史之置,不见纪传,惟《仓慈传》言:"慈太和中迁敦煌太守,数年卒官。西域诸胡闻慈死,其会聚于戊己校尉及长吏治下发哀。""长吏"二字,语颇含混。汉末,西域除西域长史、戊己校尉外,别无大官,魏当仍之,则"长吏"二字,必"长史"之讹也。又据斯氏所得一简云,"西域长史承移今初除,月甘三日当上道,从上邽至天水",以简中所记地名考之,实为自魏至晋太康三年间之物。见《屯戍丛残考释》。恐西域长史一官,自黄初以来,已与戊己校尉同置矣。唯其所治之地，不远屯柳中，而近据海头，盖魏晋间中国威力已逊于两汉盛时，故近治海头，与边郡相倚。此又时势所必然者矣。至前凉时，西域长史之官，始见于史，《晋书·张骏传》。而《魏书·张骏传》则又称为"西域都护"。《传》言："分敦煌、晋昌、高昌三郡，西域都护、戊己校尉、玉门大护军三营为沙州，以西胡校尉杨宣为刺史。"《晋书·地理志》亦引此文，错乱不可读。案，前凉时，西域有长史，无都护，"都护"二字必"长史"之讹，或以其职掌相同而互称之。斯氏所得一简云"今遣大侯究犁与牛诣营下受试"，《屯戍丛残》第三叶。称长史所居为"营下"，又斯氏于尼雅北古城所得木简，有西域长史营写鸿胪书语（本书《补遗》）。此又《魏书·张骏传》之三营，其一当为西域长史之证也。此三营者，戊己校尉屯高昌，《晋书·张骏传》："初，戊己校尉赵贞不附于骏。至是，骏击禽之，以其地为高昌郡。"玉门大护军屯玉门，而西域长史则屯海头，以成首尾之势。则自魏晋暨凉，海头为西域重地，盖不待言。张氏以后，吕光、李暠、沮渠蒙逊父子迭有其地。后魏真君之际，沮渠无讳兄弟南并鄯善，北取高昌，此城居二国之间，必尚为一重镇。逮魏灭鄯善、蠕蠕，据高昌，沮渠氏亡，此城当由是荒废。郦氏注《水经》时，遂有"海水荡覆"之说。顾周、隋以前，碛道未闭，往来西域者尚取道于此，故善长得而记之。虽非希、斯诸氏之探索，殆不能知为古代西域之重地矣。

其余木简，出于和阗东北尼雅城北，及马咱托拉、拔拉滑史德二地者，为数颇少。尼雅废墟，斯氏以为古之精绝国。案，今官书尼雅距和阗七百十里，与《汉书·西域传》《水经注·河水篇》所纪精绝去于阗道里数最近，而与所纪他国去于阗之方位、道里相去颇远，则斯氏说是也。《后汉书·西域传》，光武时莎车王贤诛灭诸国。贤死明帝永平四年。之后，遂更相攻伐，小宛、精绝、戎卢、且末为鄯善所并，故范史纪西域诸国，无精绝传。今尼雅所出木简十余，隶书精妙，似汉末人书，尚在永平以后。其所署受书之人，曰王，曰大王，曰且末夫人，盖且末王女为精绝王夫人者。盖后汉中叶，精绝仍离鄯善而自立也。

考释既竟，爰序其出土之地并其关于史事之荦荦大者如右。其戍役情状与言制度名物者,并具考释中,兹不赘云。甲寅正月之晦,海宁王国维序于日本京都之吉田山东麓廎庐。

（王国维、罗振玉撰,何立民点校《流沙坠简》,浙江古籍出版社2013年版）

余嘉锡《四库提要辨证序》

右《四库提要辨证》经部二卷,史部七卷,子部十卷,集部五卷,武陵余嘉锡季豫甫之所作也。嘉锡束发受书,先君子自课之,先君子讳嵩庆,字子澂,光绪丙子进士,以户部主事出为河南知县,官至湖北候补知府。著有《缉芳仙馆诗词钞》《借酒集》《豆䵮琐议》诸书,稿藏于家,多为日寇所毁。常坐之案头,口授章句,《五经》《楚辞》《文选》既卒业,即命观四史、《通鉴》,学为诗古文,不令习时艺也。嘉锡颇知嗜学,发簏中书尽读之,目为之眚。小子狂简,遂斐然有述作之志,年十四,作《孔子弟子年表》,读《郁离子》,好之,效其体著书数万言;十六岁注《吴越春秋》,然于学问之事,实未有所解。阅张之洞《书目答问》,骇其浩博,茫乎失据,不知学之所从入,及读其《𬨎轩语》曰:"今为诸生指一良师,将《四库全书提要》读一过,即略知学问门径矣。"不禁雀跃曰:"天下果有是书耶!"间请于先君子,为道其所以然,意欣然向往之,遂日求购读。光绪二十六年庚子,年十有七矣,先君子以事于长沙,始为购得之,则大喜,穷日夜读之不厌。时有所疑,辄发箧陈书考证之,笔之上方,明年遂录为一册,此余从事《提要辨证》之始也。尔后读书续有所得,复应时修改,密行细字,册之上下四周皆满,朱墨淋漓,不可辨识,则别易一稿。如此三十余年,积稿至二十余册,自期以没齿乃定,故未尝出以示人。岁在辛未（一九三一年）,忽慨然动念,惧其放失,始发愤铨次先后,删除重复,编为目录,合经史子集四部,凡得七百余篇。其间尚多少作,见闻不广,读之令人惭,遂以暇时,稍加改治,手自缮录。然迫于讲课,扰于人事,或十许日不能终一篇,辄复投笔叹息。自念平生于经部所得不深,集部自荦荦数十家外,可传者少,其书汗牛充栋,读之未遍,未易妄加论定;惟史、子两部宋以前书未见者少,元、明以后,亦颇涉猎,因就两部芟定之,旧稿以外,复有增益。至一九三七年六月甫经写出十之五六，忽又因病辍业。七月卢沟桥事变起，日寇侵入北京，人益困顿忧苦，殆岌岌不可终日。自念平生精力尽于此书，世变日亟，马齿加长，惧亡佚之不时，杀青之无日，乃取史、子两部写定之稿二百二十余篇排印数百册，以当录副。尔后续有修改增益，浸浸加多。从一九三七年直至一九五二年，十五年之间复先后写定经部稿六十余篇，集部稿百余篇，史、子两部稿百余篇，凡二百六十余篇。盖自初读《提要》以来，五十余年之久，惟此二十余年治之最勤。然中间三次大病几死，至今手足尚时时麻痹不仁，意志虽勇，欲续有述作，而精力就衰，不足以副之矣。是以旷日持久，而其所成就者如是其少也。犹忆革命胜利以后，一九四九年之冬，以考证《东林点将录》及《天鉴录》二书用思过度而罹疾，病剧之时，第觉病榻之前后左右所陈列者莫非书也。迨病愈，而考索愈力，未及终篇，忽转为风痹，卧床数月始愈。自是以后，精神疲顿，虽发愤撰述，早兴夜寐，手自抄录，但以右臂麻痹，手颤作书不易，往往经一月始成一篇。至一九五二年秋，写《元和姓纂提要辨证》稿成，忽跌损右股，转成瘫痪，脑力益衰，遂不复能有所述作矣。每念及此，辄为之神伤。自顾平生无用世材，惟以著书为事，此稿既为一生精力所萃，于他人或不无裨益，未可任其废置，因重加编定，取其成稿四百九十篇，依《四库提要》原书目次排列，汇为一书，以就正于当世。倘蒙告之以所闻，而匡其不逮，则是区区之愿也。

  间尝论之，乾、嘉诸儒于《四库总目》不敢置一词，间有不满，微文讥刺而已。道、咸以来，信之者奉为三尺法，毁之者又颇过当。愚则以为《提要》诚不能无误，然就其大体言之，可谓自刘向《别录》以来，才有此书也。《别录》亡矣，今其存者，八篇而已。班固尝称刘向校书，每一书已，辄条其篇目，撮其指意，录而奏之；又云刘向司籍，辨章旧闻。夫取经传九流百家而辨章之，又从而撮取其指意，岂易言也哉，非博通如向，不足以办此。向子歆继父之业，总群书而奏其《七略》，今观诸书所引，已不能如《别录》之详，若固之《艺文志》，特《七略》之要删耳。其后荀勖、李充之徒，代有簿录。王氏《七志》、阮氏《七录》，又复继轨向、歆，然《隋志》率讥其不述作者之意，浅薄不经。盖著录之事，如此其难也。唐元行冲等撰

《群书四录》，同时修书学士毋煚已议其不能精悉，今遂只字弗传。宋之《崇文总目》，多所谬误，晁公武语。复残阙失次。晁氏《读书志》、陈氏《解题》，粗述崖略，鲜所发明。杨士奇以下，又不足算也。今《四库提要》叙作者之爵里，详典籍之源流，别白是非，旁通曲证，使瑕瑜不掩，淄渑以别，持比向、歆，殆无多让；至于剖析条流，斟酌今古，辨章学术，高挹群言，尤非王尧臣、晁公武等所能望其项背。故曰自《别录》以来，才有此书，非过论也。故衣被天下，沾溉靡穷，嘉、道以后，通儒辈出，莫不资其津逮，奉作指南，功既巨矣，用亦弘矣。虽然，古人积毕生精力，专著一书，其间牴牾尚自不保，况此官书，成于众手，迫之以期限，绳之以考成，十余年间，办全书七部，荟要二部，校勘鲁鱼之时多，而讨论指意之功少，中间复奉命纂修新书十余种，编辑佚书数百种，又于著录之书，删改其字句，销毁之书，签识其违碍，固已日不暇给，救过弗遑，安有余力从容研究乎？且其参考书籍，假之中秘，则遗失有罚，取诸私室，则藏弆未备，自不免因陋就简，仓卒成篇。故观其援据纷纶，似极赅博，及按其出处，则经部多取之《经义考》，史、子、集三部多取之《通考·经籍考》，即晁、陈书目，亦未尝覆检原书，无论其他也。及其自行考索，征引群籍，又往往失之眉睫之前。《隋》《唐》两志，常忽不加察，《通志》《玉海》，仅偶一引用，至《宋》《明》志，及《千顷堂书目》，已惮于检阅矣。甚至颜叔秉烛，不知出于《毛传》；见《蒙求集注》提要。蚬称缢女，不知出于《尔雅》；见《异物汇苑》提要。作《论衡》之王仲任，不知有传在《后汉书》；撰《家训》之颜之推，不知已见于《北齐史》；马迁之《史记》，谬谓尝采陆贾《新语》；胡爌之《拾遗》，未觉全抄《困学纪闻》；于习见习闻者尚如此，其他疏漏，复何待言。颜之推曰："观天下书未遍，不得妄下雌黄。"《家训·勉学篇》。此虽名言，其实难副。然董遇谓"读书百遍，而义自见"，《魏志·王朗传》注。固是不易之论。百遍纵或未能，三复必不可少。《四库》所收，浩如烟海，自多未见之书。而纂修诸公，绌于时日，往往读未终篇，拈得一义，便率尔操觚，因以立论，岂惟未尝穿穴全书，亦或不顾上下文理，纰缪之处，难可胜言。又《总目》之例，仅记某书由某官采进，而不著明板刻，馆臣随取一本以为即是此书，而不知文有异同，篇有完阙，以致《提要》所言，与著录之本不相应。如宗懔《荆楚岁时记》,《提要》所据为《汉魏丛书》本,而《四库》所收,则《宝颜堂秘籍》本也。倘取全书细校,类此者固当不乏。顾千里尝言,板本之异,夐若径庭,不识其为何本,则某书之为某书,且或有所未确,乌从论其精粗美恶。《思适斋文集》卷十二《石研斋书目序》。惜乎纂修诸公,未能解此也。昔迁、固修史,必撰自序,刘向校书,亦条篇目。既标宗旨,复便检阅,历世相承,莫之或易。而《四库》缮写,苟欲杀青,遂删除序目,取便急就,及作《提要》,未窥原本。故或连篇累牍,皆旧序之陈言;或南辕北辙,乖作者之本意;或有此篇,而谓《酒诰》俄空;或无此事,而忽无的放矢。此虽写官之失职,然而校雠之谓何。若夫人名之误,移甲就乙;时代之误,将后作前;曲解文义,郢书燕说,谬信谰言,榛楛勿翦;余已逐条驳正,不假一二谈也。案乾隆三十八年谕旨云:"朱筠奏每书必校其得失,撮举大旨,若悉放刘向校书序录,未免过于繁冗。应令承办各员,将书中要旨橐括,总叙崖略,用便观览。"见《总目》卷首。然则高宗初意本不责以《录》《略》之体,及诸臣承诏撰述,遂能钩玄提要,旁引群书,加以考证,原原本本,动至数百言,不肯以橐括崖略塞责,可谓通知著作之义矣。今库本所附《提要》,虽不及定本之善,以视《崇文总目》,固已过之。其后奉旨编刻颁行,乃由纪昀一手修改,考据益臻详赡,文体亦复畅达,然以数十万卷之书,二百卷之总目,成之一人,欲其每篇覆检原书,无一字无来历,此势之所不能也。纪氏恃其博洽,往往奋笔直书,而其谬误乃益多,有并不如原作之矜慎者。且自名汉学,深恶性理,遂峻词丑诋,攻击宋儒,而不肯细读其书。如谓朱子有意抑刘安世,于《名臣言行录》不登一字,而不知原书采安世言行多至二十二条。据文津阁本。谓以吕惠卿之奸诈,与韩、范诸人并列,而不知书中并无吕惠卿。谓杨万里尝以党禁罢官,讲学之家,终不引以为气类,故庆元党禁遂削其名,而不知万里实于孝宗时乞祠不复出,并无因党禁罢官之事。谓孔平仲不协于程子,讲学家百计排诋,终不能灭其著述,此条实隐诋朱子,见《珩璜新论》提要。而不知朱子实未尝诋平仲,且文集中有《孔毅父谈苑跋》,于其著述,护惜甚至。谓唐仲友立身自有本末,其为朱子所论罢,盖以陈亮之诬构,周密《齐东野语》所载甚明,见《帝王经世图谱》提要。而不知密之所载，与朱子按状皆不合，其说得之传闻，无一可信。夫其于宋儒如此，则其衡量百家，进退古今作者，必不能悉得其平，盖可知也。然而汉、唐目录书尽亡，《提要》之作，前所未有，足为读书之门径，学者舍此，莫由问津。一二通儒心知其谬，而未肯尽言，世人莫能深考，论学著书，无不引以为据，《提要》所是者是之，非者非之，并为一谈，牢不可破，鲜有能自出意见者。逮至近代，高明之士，自持其一家之说，与提要如冰炭之不兼容，遂厌薄其书，漫以空言相诋毁，亦未足以服作者之心也。余治此有年，每读一书，未尝不小心以玩其辞意，平情以察其是非，至于搜集证据，推勘事实，虽细如牛毛，密若秋荼，所不敢忽，必权衡审慎，而后笔之于书，一得之愚，或有足为纪氏诤友者。然而纪氏之为《提要》也难，而余之为辨证也易，何者？无期限之促迫，无考成之顾忌故也。且纪氏于其所未读，不能置之不言，而余则惟吾之所趋避。譬之射然，纪氏控弦引满，下云中之飞鸟，余则树之鹄而后放矢耳。易地以处，纪氏必优于作《辨证》，而余之不能为《提要》决也。夫蠹生于木，而还食其木，柳子厚好读《国语》，乃能作《非国语》，盖必与之相习，然后得其要害也。余之略知学问门径，实受提要之赐，逮至用力之久，遂掎摭利病而为书，习惯使然，无足怪者。然往往草创未就，旋觉其误。《传》曰："三折肱，然后知为良医。"余之为医弗良，而其折肱也屡矣，尚望世之读者，勿徒以诋诃古人为余罪，而能入我室操我矛以伐我，使我得有所启牖，则余之厚幸也。

一九五四年十月，余嘉锡序，时年七十有二。

（余嘉锡著《四库提要辨证》，中华书局2007年版）

陈寅恪《陈垣敦煌劫余录序》

一时代之学术，必有其新材料与新问题。取用此材料，以研求问题，则为此时代学术之新潮流。治学之士，得预于此潮流者，谓之预流（借用佛教初果之名）。其未得预者，谓之未入流。此古今学术史之通义，非彼闭门造车之徒，所能同喻者也。敦煌学者，今日世界学术之新潮流也。自发见以来，二十余年间，东起日本，西迄法英，诸国学人，各就其治学范围，先后咸有所贡献。吾国学者，其撰述得列于世界敦煌学著作之林者，仅三数人而已。夫敦煌在吾国境内，所出经典，又以中文为多，吾国敦煌学著作，较之他国转独少者，固因国人治学，罕具通识。然亦未始非以敦煌所出经典，涵括至广，散佚至众，迄无详备之目录，不易检核其内容，学者纵欲有所致力，而凭借未由也。

新会陈援庵先生垣，往岁尝取敦煌所出摩尼教经，以考证宗教史。其书精博，世皆读而知之矣。今复应中央研究院历史语言研究所之请，就北平图书馆所藏敦煌写本八千余轴，分别部居。稽核同异，编为目录，号曰《敦煌劫余录》。诚治敦煌学者，不可缺之工具也。书既成，命寅恪序之。

或曰，敦煌者，吾国学术之伤心史也。其发见之佳品，不流入于异国，即秘藏于私家。兹国有之八千余轴，盖当时垂弃之剩余，精华已去，糟粕空存，则此残篇故纸，未必实有系于学术之轻重者在。今日之编斯录也，不过聊以寄其愤慨之思耳！是说也，寅恪有以知其不然，请举数例以明之。摩尼教经之外，如《八婆罗夷经》所载吐蕃乞里提足赞普之诏书，《姓氏录》所载贞观时诸郡著姓等，有关于唐代史事者也。《佛说禅门经》《马鸣菩萨圆明论》等，有关于佛教教义者也。《佛本行集经演义》《维摩诘经菩萨品演义》《八相成道变》《地狱变》等，有关于小说文学史者也。《佛说孝顺子修行成佛经》《首罗比丘见月光童子经》等，有关于佛教故事者也。《维摩诘经颂》，唐睿宗玄宗赞文等，有关于唐代诗歌之佚文者也。其他如《佛说诸经杂缘喻田由记》中弥勒之对音，可与中亚发见之古文互证。六朝旧译之原名，借此推知。《破昏怠法》所引《龙树论》，不见于日本石山寺写本《龙树五明论》中，当是旧译别本之佚文。唐蕃翻经大德法成辛酉年（当是唐武宗会昌元年）出麦与人抄录经典，及周广顺八年道宗往西天取经，诸纸背题记等，皆有关于学术之考证者也。但此仅就寅恪所曾读者而言，共为数尚不及全部写本百分之一，而世所未见之奇书佚籍已若是之众，倘综合并世所存敦煌写本，取质量二者相与互较，而平均通计之，则吾国有之八千余轴，比于异国及私家之所藏，又何多让焉。今后斯录既出，国人获兹凭借，宜益能取用材料以研求问题，勉作敦煌学之预流。庶几内可以不负此历劫仅存之国宝，外有以襄进世界之学术于将来，斯则寅恪受命缀词所不胜大愿者也。

（陈寅恪著《金明馆丛稿二编》，生活·读书·新知三联书店2007年版）

五、文献收藏

（一）官藏

范晔《后汉书·儒林传序》

　　昔王莽、更始之际，天下散乱，礼乐分崩，典文残落。及光武中兴，爱好经术，未及下车，而先访儒雅，采求阙文，补缀漏逸。先是四方学士多怀协图书，遁逃林薮。自是莫不抱负坟策，云会京师，范升、陈元、郑兴、杜林、卫宏、刘昆、桓荣之徒，继踵而集。于是立《五经》博士，各以家法教授，《易》有施、孟、梁丘、京氏，《尚书》欧阳、大小夏侯，《诗》齐、鲁、韩，《礼》大、小戴，《春秋》严、颜，凡十四博士，太常差次总领焉。

　　建武五年，乃修起太学，稽式古典，笾豆干戚之容，备之于列，服方领习矩步者，委它乎其中。中元元年，初建三雍。明帝即位，亲行其礼。天子始冠通天，衣日月，备法物之驾，盛清道之仪，坐明堂而朝群后，登灵台以望云物，袒割辟雍之上，尊养三老五更。飨射礼毕，帝正坐自讲，诸儒执经问难于前，冠带缙绅之人，圜桥门而观听者盖亿万计。其后复为功臣子孙、四姓末属别立校舍，搜选高能以受其业，自期门羽林之士，悉令通《孝经》章句，匈奴亦遣子入学。济济乎，洋洋乎，盛于永平矣！

　　建初中，大会诸儒于白虎观，考详同异，连月乃罢。肃宗亲临称制，如石渠故事，顾命史臣，著为通义。又诏高才生受《古文尚书》《毛诗》《穀梁《左氏春秋》，虽不立学官，然皆擢高第为讲郎，给事近署，所以网罗遗逸，博存众家。孝和亦数幸东观，览阅书林。及邓后称制，学者颇懈。时樊准、徐防并陈敦学之宜，又言儒职多非其人，于是制诏公卿妙简其选，三署郎能通经术者，皆得察举。自安帝览政，薄于艺文，博士倚席不讲，朋徒相视怠散，学舍颓敝，鞠为园蔬，牧儿荛竖，至于薪刈其下。顺帝感翟酺之言，乃更修黉宇，凡所造构二百四十房，千八百五十室。试明经下第补弟子，增甲乙之科员各十人，除郡国耆儒皆补郎、舍人。本初元年，梁太后诏曰："大将军下至六百石，悉遣子就学，每岁辄于乡射月一飨会之，以此为常。"自是游学增盛，至三万余生。然章句渐疏，而多以浮华相尚，儒者之风盖衰矣。党人既诛，其高名善士多坐流废，后遂至忿争，更相言告，亦有私行金货，定兰台漆书经字，以合其私文。熹平四年，灵帝乃诏诸儒正定《五经》，刊于石碑，为古文、篆、隶三体书法以相参检，树之学门，使天下咸取则焉。

初，光武迁还洛阳，其经牒秘书载之二千余两，自此以后，参倍于前。及董卓移都之际，吏民扰乱，自辟雍、东观、兰台、石室、宣明、鸿都诸藏典策文章，竞共剖散，其缣帛图书，大则连为帷盖，小乃制为縢囊。及王允所收而西者，裁七十余乘，道路艰远，复弃其半矣。后长安之乱，一时焚荡，莫不泯尽焉。

东京学者猥众，难以详载，今但录其能通经名家者，以为《儒林篇》。其自有列传者，则不兼书。若师资所承，宜标名为证者，乃著之云。

（［南朝宋］范晔撰，［唐］李贤等注《后汉书》卷七十九上，中华书局1965年版）

牛弘《请开献书之路表》

经籍所兴，由来尚矣。爻画肇于庖羲，文字生于苍颉，圣人所以弘宣教导，博通古今，扬于王庭，肆于时夏。故尧称至圣，犹考古道而言，舜其大智，尚观古人之象。《周官》，外史掌三皇五帝之书，及四方之志。武王问黄帝、颛顼之道，太公曰："在《丹书》。"是知握符御历，有国有家者，曷尝不以《诗》《书》而为教，因礼乐而成功也。

昔周德既衰，旧经紊弃。孔子以大圣之才，开素王之业，宪章祖述，制《礼》刊《诗》，正五始而修《春秋》，阐《十翼》而弘《易》道。治国立身，作范垂法。及秦皇驭宇，吞灭诸侯，任用威力，事不师古，始下焚书之令，行偶语之刑。先王坟籍，扫地皆尽。本既先亡，从而颠覆。臣以图谶言之，经典盛衰，信有征数。此则书之一厄也。汉兴，改秦之弊，敦尚儒术，建藏书之策，置校书之官，屋壁山岩，往往间出。外有太常、太史之藏，内有延阁、秘书之府。至孝成之世，亡逸尚多，遣谒者陈农求遗书于天下，诏刘向父子雠校篇籍。汉之典文，于斯为盛。及王莽之末，长安兵起，宫室图书，并从焚烬。此则书之二厄也。光武嗣兴，尤重经诰，未及下车，先求文雅。于是鸿生巨儒，继踵而集，怀经负帙，不远斯至。肃宗亲临讲肆，和帝数幸书林，其兰台、石室、鸿都、东观，秘牒填委，更倍于前。及孝献移都，吏民扰乱，图书缣帛，皆取为帷囊。所收而西，裁七十余乘，属西京大乱，一时燔荡。此则书之三厄也。魏文代汉，更集经典，皆藏在秘书、内外三阁，遣秘书郎郑默删定旧文。时之论者，美其朱紫有别。晋氏承之，文籍尤广。晋秘书监荀勖定魏《内经》，更著《新簿》。虽古文旧简，犹云有缺，新章后录，鸠集已多，足得恢弘正道，训范当世。属刘、石凭陵，京华覆灭，朝章国典，从而失坠。此则书之四厄也。永嘉之后，寇窃竞兴，因河据洛，跨秦带赵。论其建国立家，虽传名号，宪章礼乐，寂灭无闻。刘裕平姚，收其图籍，五经子史，才四千卷，皆赤轴青纸，文字古拙。僭伪之盛，莫过二秦，以此而论，足可明矣。故知衣冠轨物，图画记注，播迁之余，皆归江左。晋、宋之际，学艺为多，齐、梁之间，经史弥盛。宋秘书丞王俭，依刘氏《七略》，撰为《七志》。梁人阮孝绪，亦为《七录》。总其书数，三万余卷。及侯景渡江，破灭梁室，秘省经籍，虽从兵火，其文德殿内书史，宛然犹存。萧绎据有江陵，遣将破平侯景，收文德之书，及公私典籍，重本七万余卷，悉送荆州。故江表图书，因斯尽萃于绎矣。及周师入郢，绎悉焚之于外城，所收十才一二。此则书之五厄也。后魏爰自幽方，迁宅伊、洛，日不暇给，经籍阙如。周氏创基关右，戎车未息。保定之始，书止八千，后加收集，方盈万卷。高氏据有山东，初亦采访，验其本目，残缺犹多。及东夏初平，获其经史，四部重杂，三万余卷。所益旧书，五千而已。

今御书单本,合一万五千余卷,部帙之间,仍有残缺。比梁之旧目,止有其半。至于阴阳河洛之篇,医方图谱之说,弥复为少。臣以经书,自仲尼已后,迄于当今,年逾千载,数遭五厄,兴集之期,属膺圣世。伏惟陛下受天明命,君临区宇,功无与二,德冠往初。自华夏分离,彝伦攸斁,其间虽霸王递起,而世难未夷,欲崇儒业,时或未可。今土宇迈于三王,民黎盛于两汉,有人有时,正在今日。方当大弘文教,纳俗升平,而天下图书尚有遗逸,非所以仰协圣情,流训无穷者也。臣史籍是司,寝兴怀惧。昔陆贾奏汉祖云"天下不可马上治之",故知经邦立政,在于典谟矣。为国之本,莫此攸先。今秘藏见书,亦足披览,但一时载籍,须令大备。不可王府所无,私家乃有。然士民殷杂,求访难知,纵有知者,多怀吝惜,必须勒之以天威,引之以微利。若猥发明诏,兼开购赏,则异典必臻,观阁斯积,重道之风,超于前世,不亦善乎!伏愿天监,少垂照察。

([唐]魏徵、[唐]令狐德棻撰《隋书》卷四十九《牛弘传》,中华书局1973版)

李林甫《唐六典·集贤殿书院》(节选)

汉刘歆总群书而为《七略》,凡三万三千九十卷。遭王莽、董卓之乱,扫地皆尽。魏氏采掇遗亡,至晋,总括群书,凡二万九千九百四十五卷。惠、怀之后,靡有孑遗。东晋所存三千一十四卷。至宋,谢灵运造《四部目录》,凡六万四千五百八十二卷。其后,王俭复造目录,凡万五千七十四卷。齐王亮、谢朓《四部书目》,凡万八千一十卷。齐末,兵火延烧,秘阁经籍煨烬。梁帝克平侯景,收公私经籍归于江陵,凡七万余卷;周师入郢,咸自焚之。周武保定中,书盈万卷,平齐所得,才至五千。隋秘书监牛弘请分遣使者搜访异书,平陈之后,经籍渐备,凡三万余卷。炀帝写五十副本,分为三品。大唐平王充,收其图书,溯河西上,多有漂没,存者犹八万余卷,自是图籍在秘书。今秘书、弘文、史馆、司经、崇文皆有之;集贤所写,皆御本也。书有四部:一曰甲,为经;二曰乙,为史;三曰景,为子;四曰丁,为集。故分为四库,每库二人,知写书、出纳、名目、次序,以备检讨焉。四库之书,两京各二本,共二万五千九百六十卷,皆以益州麻纸写。其经库书钿白牙轴、黄带、红牙签,史库书钿青牙轴、缥带、绿牙签,子库书雕紫檀轴、紫带、碧牙签,集库书绿牙轴、朱带、白牙签,以为分别。

([唐]李林甫等撰,陈仲夫点校《唐六典》卷九,中华书局1992年版)

程俱《书籍》

建隆初,三馆有书万二千余卷。乾德元年平荆南,尽收其图书以实三馆。三年平蜀,遣右拾遗孙逢吉往收其图籍,凡得书万三千卷。四年下诏募亡书,三礼涉弼、三传彭幹、学究朱载等皆诣阙献书,合千二百二十八卷,诏分置书府,弼等并赐以科名;闰八月,诏史馆凡吏民有以书籍来献,当视其篇目馆中所无者收之,献书人送学士院试问吏理,堪任职官者具以名闻。开宝八年冬平江南,明年春遣太子洗马吕龟祥就金陵籍其图书,得二万余卷,悉送史馆。自是群书渐备。两浙钱俶归朝,又收其书籍。

太平兴国九年正月,诏曰:"国家宣明宪度,恢张政治,敦崇儒术,启迪化源,国典朝章,咸从振举,遗编坠简,当务询求,眷言经济,无以加此。宜令三馆以《开元四部书目》阅馆中所阙者,具列其名,于待漏院出榜告示中外,若臣寮之家有三馆阙者,许诣官进纳。及三百卷以上者,其进书人送学士院引验人材书札,试问公理,如堪任职官者与一子出身,亲儒墨者即与量才安排;如不及三百卷者,据卷帙多少优给金帛;如不愿纳官者,借本缮写毕,却以付之。"自是四方书籍往往出焉。

端拱元年,诏分三馆之书万余卷别为书库,目曰秘阁。

淳化三年十月,遣中使李怀节以御草书《千字文》一卷付秘阁。李至请于御制《秘阁赞》碑阴模勒上石,帝曰:"《千字文》偶然闲写,因令勒石,李至更欲镌勒,且非垂示立教之文。《孝经》一书乃百行之本,朕当亲为书写,勒在碑阴可也。"五年六月,命供奉官蓝敏正赍御草五轴藏秘阁,诏史馆修撰张泌与三馆、秘阁学士观焉。

淳化元年七月,以御制《秘藏诠》十卷、《逍遥咏》十一卷、《秘藏诸杂赋》十卷、《佛赋》一卷、《幽隐律诗》四卷、《怀感一百韵诗》四卷、《怀感回文五七言》一卷,凡四十一卷,藏于秘阁。

帝尝谓宰相曰:"三馆、秘阁书籍,如闻颇不整一,多有散失,雠校亦匪精详,遂使传闻迭为差误。自今凡差官校勘及典掌者,当严行约束,庶绝因循。"

直史馆谢泌上言:"国家图书,未有次序。唐朝尝分经史子集为四库,命薛稷、沈佺期、武平一、马怀素人掌一库。望遵故事。"上嘉之,遂命泌与馆职四人分领四库,泌领集库。四年三月,诏三馆所少书有进纳者,卷给千钱,三百卷以上量材录用。

至道元年六月,命内品、监秘阁三馆书籍裴愈使江南、两浙诸州,寻访图书。如愿进纳入官,优给价直;如不愿进纳者,就所在差能书吏借本抄写,实时给还。仍赍御书石本所在分赐之。愈还,凡得古书六十余卷,名画四十五轴,古琴九,王羲之、贝灵该、怀素等墨迹共八本,藏于秘阁。先是,遣使于诸道,访募古书、奇画及先贤墨迹,小则偿以金帛,大则授之以官,数年之间,献图书于阙下者不可胜计,诸道又募得者数倍。复诏史馆尽取天文、占候、谶纬、方术等书五千一十二卷,并内出古画、墨迹百一十四轴,悉令藏于秘阁。图书之盛,近代无比。

至道二年六月,上遣中使赍飞白书二十轴赐宰相吕端等,人五轴。又以四十轴藏于秘阁,字皆方圆数尺。吕端等相率诣便殿称谢。

咸平二年三月,点检三馆秘阁书籍司封郎中知制诰朱昂等言:"四部书散失颇多,今点勘为朝臣所借者凡四百六十卷。"诏许诸王宫给本抄写外,余并督还。

闰三月,令三馆写四部书二本,一置禁中之龙图阁,一置后苑之太清楼,以便观览。后以馆阁官少,令吏部流内铨选幕职州县官有文学者赴馆阁校勘群书,乃择取馆陶尉刘筠、宛丘尉慎镛、郎乡尉沈京、安丰令张正符、上蔡尉张遵、固始尉聂震、桐城主簿王昱入馆校勘。正符未卒业而死。景德初写校毕进内。时京师藏书之家,惟故相王溥家为多,每借取传写既毕,即遣中使送还。先是,上谓辅臣曰:"国家搜访图书,其数渐广,臣庶家有聚书者,朕皆令借其录目,参校内府及馆阁所有,其阙少者,借本抄填之。迩来所得甚多，非时平无事，安能及此也。"

三年二月，诏藏《太宗御集》三十卷于秘阁，仍录别本藏三馆。四年十月，诏曰："国家设广内石渠之署，访羽陵汲冢之书。法汉氏之前规，购求虽至；验开元之旧目，亡逸尚多。庶坠简以毕臻，更悬金而示赏，式广献书之路，且开与进之门。应中外臣庶家有收得三馆所少书籍，每纳到一卷给千钱，仰判馆看详，委是所少之书，及卷帙别无差误，方得收纳。其所进书如及三百卷已上，量材试问，与出身酬奖；如或不亲儒墨，即与班行内安排。宜令史馆抄出所少书籍名目于待漏院张悬，及递牒诸路转运司严行告示。"申太平兴国之诏也。且令杜镐、陈彭年因其时编整签帙，区别真伪，仍令宋绶、晏殊参之。又命三司使丁谓及李宗谔搜补遗阙。

大中祥符四年九月，兼秘书监向敏中、判昭文馆晁迥、判史馆杨亿、判集贤院李维上言，请圣集御制藏于馆阁。于是内出杂文篇什付敏中等，各以类分，其继作即续附入。又有《静居集》《法音前集》《玉宸集》《读经史》《清景殿诗》《乐府集》《正说》等，天禧初命龙图阁待制李虚己总编为一百二十卷。五年四月，以新集《御制文颂歌诗》十五卷藏于秘阁，从秘书监向敏中之请也。

八年夏，荣王宫火，延燔崇文院秘阁，所存无几。五月，又于皇城外别建外院，重写书籍。翰林学士陈彭年请内降书充本，先遣官详正定本，然后抄写，命馆阁群官及择吏部常选人校勘。校毕，令判馆阁官详校，两制内选官覆点检，又令两制举服勤文学官五人覆校。其校勘、详校计课用秘书省式，群官迭相检察，每旬奏课，及上其勤惰之状。疑舛未辨正者聚议之。诏"可"，惟覆点检官之职，令覆校勘官兼之。乃出太清楼书，命彭年提举管勾，募笔工二百人。彭年仍奏监书籍内侍刘崇超预其事。又请募人以书籍鬻于官者，验真本酬其直与顾笔工庸等，五百卷已上优其赐，或艺能可采者，别奏候旨。于是献书者十九人，悉赐出身及补三班，得一万八千七百五十四卷。九年正月，命枢密使王钦若都提举，铸印给之，彭年依旧同掌。彭年参知政事，仍领其务，及卒，不复增人。钦若为相，以李迪代之。自是常以参知政事一人领之，号提举三馆秘阁写校书籍，至元丰改官制始罢。自彭年入中书，不复至馆，其总领之务但委崇超，判馆阁官不复关预。

天禧元年八月，提举校勘书籍所言："学究刘溥、侯惟哲献太清楼无本书各及五百卷，请依前诏甄录。"从之。十二月，王钦若言："进纳书籍，元敕以五百卷为数，许与安排。后来进纳并多，书籍繁杂，续更以太清楼所少者五百卷为数。今并是旋为及伪立名目，妄分卷帙，多是近代人文字，难以分别。今欲具定起请条贯，精访书籍。"从之。

二年五月，长乐郡主献家藏书八百卷，赐钱三十万，以书藏秘阁。

景祐元年闰六月，命翰林学士张观、知制诰李淑、宋郊编排三馆秘阁书籍，仍命判馆阁盛度、章得象、石中立、李仲容覆视之。三年十月甲寅，以知制诰王举正看详编排三馆秘阁书籍，自是常于内外制中选官充是职。嘉祐四年正月，右正言秘阁校理吴及言："祖宗更五代之弊，设文馆以待四方之士，而公相率繇此而进，故号令风采，不减汉、唐。近年用内臣监馆阁书库，借出书籍，亡失已多，又简编脱落，书吏补写不精，非国家崇乡儒学之意。请选馆职三两人，分馆阁吏人编写书籍，其私借出若借之者，并以法坐之。仍请求访所遗之书。"上乃命置馆阁编定书籍官，以秘阁校理蔡抗、陈襄、集贤校理苏颂、馆阁校勘陈绎等四人，分昭文、史馆、集贤、秘阁书而编定之，令不兼他局，二年一代。其后又置编校官四人，以《崇文总目》收聚遗逸、刊正讹谬而补写之，又以黄纸写别本以绝蠹败。至嘉祐六年，三馆、秘阁上所写黄本书六千四百九十六卷，补白本书二千九百五十四卷。上赐两府及馆阁官燕于崇文院，宰相韩琦等刻石记于院之西壁。

嘉祐五年八月壬申，诏曰："国家承五代之后，简编散落，建隆之初，三馆聚书仅才万卷。祖宗平定列国，先收图籍，亦尝分遣使人，屡下诏令，访募异本，补缉渐至。景祐中，尝诏儒臣校定篇目，讹谬重复，并从删去。朕听政之暇，无废览观，然以今秘府所藏比唐开元旧录，遗逸尚多。宜开购赏之科，以广献书之路。应中外士庶之家，并许上馆阁所阙书，每卷支绢壹匹，及五百卷，特与文资安排。"帝既择士编校馆阁书籍，访遗书于天下，以补遗亡，又谓辅臣曰："《宋》《齐》《梁》《陈》《后周》《北齐书》，世罕有善本，未行之学官。可委编校官精加校勘。"自是访得众本，校正讹谬，遂为完书，模本而行之。

宝元二年，上尝集天地辰纬云气杂占凡百五十六篇，离三十门，为十卷，号《宝元天人祥异书》，召辅臣于太清楼出而示之，命藏于秘阁。

嘉祐七年六月丁亥，秘阁上补写御览书籍。先是，判阁欧阳修言："秘阁初为太宗藏书之府，并以黄绫装褾，谓之太清本。后因宣取入内，多留禁中，而书颇不完。请降旧本，令补写之。"遂诏龙图、天章、宝文阁、太清楼管勾内臣检所阙书，募工于门下省誊录。至是上之。

熙宁中，宋敏求言："三馆、秘阁藏书虽博，类多讹舛，请以班固《艺文志》据所有，下诸路购善本校正，然后以《汉志》《唐志》篇目雠校，取其可传后者，余悉置之。"然不果行。

政和四年，措置点检秘书省官言：三馆、秘阁自崇宁四年借出书籍，未还者四千三百二十八册、卷，久不拘收。诏自今省官取借书籍，并申本省长、贰判状权借，依限拘收。时三馆、秘阁书所存三万三千一百四十九册、轴而已。至宣和初，提举秘书省官遂建言置补完御前书籍所于秘书省，稍访天下之书，以资校对。以侍从官十人为参详官，余官为校勘官；又进士以白衣充检阅者数人，及年，皆命以官。事未毕而国家多故矣。

（[宋]程俱撰，张富祥校证《麟台故事校证》卷二中，中华书局2000年版）

脱脱《宋史·艺文志总叙》

《易》曰："观乎天文，以察时变；观乎人文，以化成天下。"文之有关于世运，尚矣。然书契以来，文字多而世代日降；秦火而后，文字多而世教日兴，其故何哉？盖世道升降，人心习俗之致然，非徒文字之所为也。然去古既远，苟无斯文以范防之，则愈趋而愈下矣。故由秦而降，每以斯文之盛衰，占斯世之治忽焉。

宋有天下，先后三百余年。考其治化之污隆，风气之离合，虽不足以拟伦三代，然其时君汲汲于道艺，辅治之臣莫不以经术为先务，学士搢绅先生，谈道德性命之学，不绝于口，岂不彬彬乎进于周之文哉！宋之不竟，或以为文胜之弊，遂归咎焉，此以功利为言，未必知道者之论也。

历代之书籍，莫厄于秦，莫富于隋、唐。隋嘉则殿书三十七万卷。而唐之藏书，开元最盛，为卷八万有奇。其间唐人所自为书，几三万卷，则旧书之传者，至是盖亦鲜矣。陵迟逮于五季，干戈相寻，海寓鼎沸，斯民不复见《诗》《书》《礼》《乐》之化。周显德中，始有经籍刻板，学者无笔札之劳，获睹古人全书。然乱离以来，编帙散佚，幸而存者，百无二三。

宋初，有书万余卷。其后削平诸国，收其图籍，及下诏遣使购求散亡，三馆之书，稍复增益。太宗始于左升龙门北建崇文院，而徙三馆之书以实之。又分三馆书万余卷，别为书库，目曰"秘阁"。阁成，亲临幸观书，赐从臣及直馆宴。又命近习侍卫之臣，纵观群书。

真宗时，命三馆写四部书二本，置禁中之龙图阁及后苑之太清楼，而玉宸殿、四门殿亦各有书万余卷。又以秘阁地隘，分内藏西库以广之，其右文之意，亦云至矣。已而王宫火，延及崇文、秘阁，书多煨烬。其仅存者，迁于右掖门外，谓之崇文外院，命重写书籍，选官详覆校勘，常以参知政事一人领之，书成，归于太清楼。

仁宗既新作崇文院，命翰林学士张观等编四库书，仿《开元四部录》为《崇文总目》，书凡三万六百六十九卷。神宗改官制，遂废馆职，以崇文院为秘书省，秘阁经籍图书以秘书郎主之，编辑校定，正其脱误，则主于校书郎。

徽宗时，更《崇文总目》之号为《秘书总目》。诏购求士民藏书，其有所秘未见之书足备观采者，仍命以官。且以三馆书多逸遗，命建局以补全校正为名，设官总理，募工缮写。一置宣和殿，一置太清楼，一置秘阁。自熙宁以来，搜访补辑，至是为盛矣。

尝历考之，始太祖、太宗、真宗三朝，三千三百二十七部，三万九千一百四十二卷。次仁、英两朝，一千四百七十二部，八千四百四十六卷。次神、哲、徽、钦四朝，一千九百六部，二万六千二百八十九卷。三朝所录，则两朝不复登载，而录其所未有者。四朝于两朝亦然。最其当时之目，为部六千七百有五，为卷七万三千八百七十有七焉。

迨夫靖康之难，而宣和、馆阁之储，荡然靡遗。高宗移跸临安，乃建秘书省于国史院之右,搜访遗阙,屡优献书之赏,于是四方之藏,稍稍复出,而馆阁编辑,日益以富矣。当时类次书目,得四万四千四百八十六卷。至宁宗时续书目,又得一万四千九百四十三卷,视《崇文总目》,又有加焉。

自是而后,迄于终祚,国步艰难,军旅之事,日不暇给,而君臣上下,未尝顷刻不以文学为务,大而朝廷,微而草野,其所制作、讲说、纪述、赋咏,动成卷帙,累而数之,有非前代之所及也。虽其间釽裂大道,疣赘圣谟,幽怪恍惚,琐碎支离,有所不免,然而瑕瑜相形,雅郑各趣,譬之万派归海,四渎可分,繁星丽天,五纬可识,求约于博,则有要存焉。

宋旧史,自太祖至宁宗,为书凡四。志艺文者,前后部帙,有亡增损,互有异同。今删其重复,合为一志,盖以宁宗以后史之所未录者,仿前史分经、史、子、集四类而条列之,大凡为书九千八百十九部,十一万九千九百七十二卷云。

([元]脱脱等撰《宋史》卷二百二,中华书局1985年版)

徐燉《帝王好书》

历代帝王皆好典籍,秦火为万古罪人,无论已。汉兴除挟书律,广开献书之路。景帝募求天下遗书,藏之秘府。武帝建藏书之策,置写书之官。成帝使谒者陈农求天下遗书,诏刘向等校定。光武入洛,书二千余辆,后于东观广集新书,命班固等雠校。明帝大会诸儒于白虎观,考订群籍。灵帝诏诸儒正定五经刻石。魏道武命郡县大收书籍,悉送平城。隋文帝遣使四方搜讨异本,每书一卷,赏绢一匹。炀帝观文殿构甲、乙、丙、丁书屋。唐贞观中,魏徵、虞世南、颜师古请购天下书,选五品以上子孙缮写,藏内库。玄宗幸东都,议借民间异本传录,以千钱购书一卷。后唐庄宗募民献书及三百卷者,授以官衔。明宗令国子监校定九经,雕印卖之。周世宗锐意求访,凡献书者悉加优赐。宋太宗下诏购募亡书,分置书府,涉弼等并赐科名。太宗构崇文院以藏书籍,分经、史、子、集四库。仁宗诏中外士庶上馆阁阙书,每一卷支绢一匹,五百卷与文资官。徽宗诏郡县访求秘书,助教张颐进二百二十余卷,赐进士出身,李东一百六十卷,补迪功郎。高宗南渡,献书有赏。元世祖遣使取在官书籍版刻至京师,我太祖定鼎之后,极重儒臣,诏纂国家切要之书。成祖诏修《永乐大典》,一时儒臣毕集,天下贤才聘辟无筭。凡南京文渊阁所贮古今一切书,各取一部送京。以后则杳无求书之令矣。国家事事可侔前代,独好文之主稍逊。

([明]徐𤊹撰,沈文倬校注,陈心榕标点《笔精》卷七,福建人民出版社1997年版)

顾起元《南内藏书》

前代藏书之富,无逾本朝。永乐辛丑,北京大内新成,敕翰林院,凡南内文渊阁所贮古今一切书籍,自一部至有百部,各取一部送至北京,余悉封识收贮如故。时修撰陈循如数取进,得一百柜,督舟一艘,载以入京。至正统己巳,南内大灾,文渊阁所藏之书,悉为灰烬矣。

([明]顾起元撰,谭棣华、陈稼禾点校《客座赘语》卷六,中华书局1987年版)

(二)私藏

班固《汉书·河间献王刘德传》(节选)

河间献王德以孝景前二年立,修学好古,实事求是。从民得善书,必为好写与之,留其真,加金帛赐以招之。繇是四方道术之人不远千里,或有先祖旧书,多奉以奏献王者,故得书多,与汉朝等。是时,淮南王安亦好书,所招致率多浮辩。献王所得书皆古文先秦旧书,《周官》《尚书》《礼》《礼记》《孟子》《老子》之属,皆经传说记,七十子之徒所论。其学举六艺,立《毛氏诗》《左氏春秋》博士。修礼乐,被服儒术,造次必于儒者。山东诸儒多从而游。

([汉]班固撰,[唐]颜师古注《汉书》卷五十三,中华书局1962年版)

陈寿《三国志·蜀书·向朗传》

向朗字巨达，襄阳宜城人也。荆州牧刘表以为临沮长。表卒，归先主。先主定江南，使朗督秭归、夷道、巫（山）、夷陵四县军民事。蜀既平，以朗为巴西太守，顷之转任牂牁，又徙房陵。后主践阼，为步兵校尉，代王连领丞相长史。丞相亮南征，朗留统后事。五年，随亮汉中。朗素与马谡善，谡逃亡，朗知情不举，亮恨之，免官还成都。数年，为光禄勋，亮卒后徙左将军，追论旧功，封显明亭侯，位特进。初，朗少时虽涉猎文学，然不治素检，以吏能见称。自去长史，优游无事垂三十年，乃更潜心典籍，孜孜不倦。年逾八十，犹手自校书，刊定谬误，积聚篇卷，于时最多。开门接宾，诱纳后进，但讲论古义，不干时事，以是见称。上自执政，下及童冠，皆敬重焉。延熙十年卒。子条嗣，景耀中为御史中丞。

（[晋]陈寿撰，[南朝宋]裴松之注《三国志》卷四十一，中华书局1982年版）

王钦若《册府元龟·聚书》

士大夫以《诗》《礼》立身，儒素为业，广聚坟典，以遗子孙。若良农之储耒耜，百工之利刀尺也。缮其简编，饰诸缃帙。手自刊校，心无倦怠。至于义畜百家，室盈千卷，观乎油素，达圣哲之心，遗之子孙，有清白之业，异夫金玉满堂，货币润屋，多藏为累，后亡可俟者也。

后汉杜林，扶风人，家多书。王莽末，客河西，于河西得漆书《古文尚书经》一卷。每遭困厄，握抱此经。位至大司空。

魏王修，家不满斗斛，有书数百卷，太祖叹曰："士不妄有名也。"官至奉常。

蜀向朗，潜心典籍，积聚篇卷，于时最多也。年八十，手自校书，刊定谬误。位至特进。

晋张华为司空，领著作。常徙居，载书三十乘。秘书监挚虞撰定官书，皆资华之本以取正焉。天下奇秘，世所希有者，悉在华所。由是博物洽闻，世无与比。身死之日，家无余财，惟有文史，溢于几箧。

葛洪，博闻深洽，抄"五经"、《史》《汉》、百家之言、方伎、杂事三百一十卷，《金匮药方》一百卷，《肘后要急方》四卷。洪后为谘议参军。

裴宪为尚书，与荀绰家俱有书百帙。

宋王昙首，太保弘之弟也。幼有素尚，兄弟分财，昙首唯取图书而已。

南齐崔慰祖，清河东武城人也。好学，聚书至万卷。邻里年少好事者，来从假借，日数十帙。慰祖亲自取与，未尝为辞。

范蔚，家世好学，有书七千余卷。远近来读书者，尝有百余人，蔚为办衣食。

沈麟士，吴兴武康人，累征不就。火烧书数千卷，麟士年过八十，耳目犹聪明，乃手写细书，复成二三千卷，满数十箧。

梁陆少玄，光禄大夫澄之子。家有父澄书万余卷。张率与少玄善，遂通书籍，尽读其书。

沈约，聪明过人，好坟籍，聚书至二万卷，京师莫比。位至特进侍中。

任昉为秘书监，坟籍无所不见。家虽贫，聚书至万余卷，率多异本。昉卒后，高祖使学士贺纵共沈约勘其书目，官所无者，就昉家取之。

袁峻字孝高，笃志好学，家贫无书，从假借，必皆抄写自课，日课十纸，纸数不登，则不止。仕至员外散骑侍郎。

王僧孺为南康王谘议参军，好坟籍，聚书至万余卷，率多异本。与沈约、任昉家书相埒。

张缅，性爱坟籍，聚书至万余卷。抄《后汉书》众家异同，为《后汉纪》四十卷，《晋抄》三十卷；又抄《江左集》，未及成文，集五卷。位至御史中丞。

孔休源为光禄大夫，聚书盈七千卷，手自校理。

陈姚察，年十二，能属文。父上开府僧坦，知名梁代，二宫礼遇优厚，每得供赐，皆回给察为游学之资。察并用聚书图画，由是闻见，曰博仕，至吏部尚书。求天下书，逢即写录。所得万余卷，无所不览。

北齐郎基字世业，中山人，为郑州长史，颍川郡守。基泛涉坟籍，清慎无所营求。尝语人云："任官之所，木枕亦不须作。况重于此乎？唯颇令人写书。"潘子义曾遗之书曰:"在官写书,亦是风流罪过。"基答曰:"观过知人,斯亦可矣。"

辛术为东南道行台尚书,及定淮南,凡诸货物,一毫无犯,唯大收典籍,多是宋、齐、梁时佳本。鸠集万余卷,并顾、陆之徒名画;"二王"已下书法,数亦不少。

后周裴汉,借人异书,必躬自录本,至于疾疹弥年,亦未尝释书。仕至车骑大将军,仪同三司。

隋陆爽,字开明。初仕北齐,为中书侍郎。齐灭,周武帝闻其名,与阳休之、袁叔德等十余人,俱征入关。诸人多将辎重,爽独载书数千卷,至长安,授宣纳上士。

唐王方庆,聚书甚多,不减秘阁;至于图画,亦多异本。诸子莫能守其业,卒后,寻并散亡。仕至太子左庶子。

李袭誉居家清俭,凡禄俸,必散之宗亲,其余但写书而已。及从扬州罢职,经史遂盈数车。仕至凉州都督。

吴兢家聚书颇多,尝自录其卷第,号"吴氏西斋书目"。仕至左庶子。

苏弁聚书至三万卷,皆手自刊校。至今言苏氏书次于集贤芸阁焉。官至户部侍郎。

韦处厚,聚书万卷,手自刊校。官至相位。

王涯字广津,太原人也,以词艺登科。践扬清峻,家书数万卷,侔于书府;名画人所保惜者,必以厚赀致之;函奁皆饰之金宝,为垣窍而藏之复壁。后为相。

梁孙骘,开平初,历谏议常侍。骘雅好聚书,有"六经"、《史》《汉》、百家之言,凡数千卷。洎李善所注《文选》,皆简翰精专,至校勘详审。

赵凝镇襄州,凝好聚书,至数千卷。

后唐王都为定州节度,好聚图书。自恒山始破,汴州初平,令人广将金帛收市,以得为务,不责贵贱,书至三万卷,名画乐器各数百,皆四方之精妙者,萃于其府。

张宪,沉静寡欲,喜聚图书,家书五千卷。视事之余,手自刊校。仕至太原尹。

贾馥，故镇州节度使王镕判官。家聚书三千卷，馥手自刊校。

（[宋]王钦若等编纂，周勋初等校订《册府元龟》卷八百一十一，凤凰出版社2006年版）

苏轼《李氏山房藏书记》

象犀珠玉怪珍之物，有悦于人之耳目，而不适于用。金石草木丝麻五谷六材，有适于用，而用之则弊，取之则竭。悦于人之耳目而适于用，用之而不弊，取之而不竭，贤不肖之所得，各因其才，仁智之所见，各随其分，才分不同，而求无不获者，惟书乎！

自孔子圣人，其学必始于观书。当是时，惟周之柱下史老聃为多书。韩宣子适鲁，然后见《易象》与《鲁春秋》。季札聘于上国，然后得闻《诗》之风、雅、颂。而楚独有左史倚相，能读《三坟》《五典》《八索》《九丘》。士之生于是时，得见《六经》者盖无几，其学可谓难矣。而皆习于礼乐，深于道德，非后世君子所及。自秦、汉以来，作者益众，纸与字画日趋于简便，而书益多，士莫不有，然学者益以苟简，何哉？余犹及见老儒先生，自言其少时，欲求《史记》《汉书》而不可得，幸而得之，皆手自书，日夜诵读，惟恐不及。近岁市人转相摹刻诸子百家之书，日传万纸，学者之于书，多且易致如此，其文词学术，当倍蓰于昔人，而后生科举之士，皆束书不观，游谈无根，此又何也？

余友李公择，少时读书于庐山五老峰下白石庵之僧舍。公择既去，而山中之人思之，指其所居为李氏山房。藏书凡九千余卷。公择既已涉其流，探其源，采剥其华实，而咀嚼其膏味，以为己有，发于文词，见于行事，以闻名于当世矣。而书固自如也，未尝少损。将以遗来者，供其无穷之求，而各足其才分之所当得。是以不藏于家，而藏于其故所居之僧舍，此仁者之心也。

余既衰且病，无所用于世，惟得数年之闲，尽读其所未见之书，而庐山固所愿游而不得者，盖将老焉。尽发公择之藏，拾其余弃以自补，庶有益乎？而公择求余文以为记，乃为一言，使来者知昔之君子见书之难，而今之学者有书而不读为可惜也。

（[宋]苏轼撰，孔凡礼点校《苏轼文集》卷十一，中华书局1986年版）

晁公武《郡斋读书志序》

　　杜邺从张京兆之子学问,王粲为蔡中郎所奇,皆尽得其家书,故邺以多闻称而粲以博物显。下逮国朝,宋宣献公亦得毕文简、杨文庄家书,故所藏之富,与秘阁等,而常山公以赡博闻于时。夫世之书多矣,顾非一人之力所能聚;设令笃好而能聚之,亦老将至而耄且及,岂暇读哉!然则,二三子所以能博闻者,盖自少时已得先达所藏故也。公武家自文元公来,以翰墨为业者七世,故家多书,至于是正之功,世无与让焉。然自中原无事时,已有火厄,及兵戈之后,尺素不存也。公武仕宦连蹇,久益穷空,虽心志未衰,而无书可读,每恨之。南阳公天资好书,自知兴元府至领四川转运使,常以俸之半传录。时巴、蜀独不被兵,人间多有异本,闻之未尝不力求,必得而后已。历二十余年,所有甚富。既罢,载以舟,即庐山之下居焉。宿与公武厚。一日,贻书曰:"某老且死,有平生所藏书,甚秘惜之。顾子孙稚弱,不自树立。若其心爱名,则为贵者所夺;若其心好利,则为富者所售;恐不能保也。今举以付子,他日其间有好学者,归焉。不然,则子自取之。"公武惕然从其命。书凡五十箧,合吾家旧藏,除其复重,得二万四千五百卷有奇。今三荣僻左少事,日夕躬以朱黄,雠校舛误。终篇,辄撮其大旨论之。岂敢效二三子之博闻,所期者不坠家声而已。书则固自若也。倘遇其子孙之贤者,当如约。

　　绍兴二十一年元日,昭德晁公武序。

　　([宋]晁公武撰,孙猛校证《郡斋读书志校证》,上海古籍出版社1990年版)

毛扆《遂初堂书目序》

　　夫结绳既代,图籍肇兴;纲领有作,典章爰著。周官所掌三皇五帝之书,楚史能通八索九邱之故。韩子东聘,始见旧经;李叟西游,仅窥藏室。志昆丘之放者,固已缪悠;探禹穴之奇者,曾何仿佛。遐哉邈矣,有足征乎?更秦焚灭之余,遭汉搜扬之盛。辎轩遍于天下,竹简出于壁中。世主之所讨论,群儒之所缀辑,前称《七略》,末有《中经》。刘苍终莫得之,黄香所未见者。罕归私室,悉入内朝。然自洛邑初迁,多从亡逸;建安重扰,半杂煨尘。近则散落间阎,远或流布海宇。繇是博雅君子、荐绅先生,踵尚风流,迭相传写。壮武牛车兼两,邺侯签帙累万。雌黄审其未正,杀青存夫不刊。而家藏之积,殆与中秘侔矣。

且夫商盘周鼎,世以为古,而无适时之用;晁采夜光,人以为宝,而非蓄德之资。识天道之精微,揆人事之终始,穷物理之变化者,其唯书乎？故六艺立言之训,九流经世之要,传注之学,辞赋之宗,伎巧之方,姓名之考,齐谐之志,丘里之谈,虽云殊途,皆有可用。诚应世之先务,资身之大本欤！

晋陵尤延之,始自青衿,迨夫白首,嗜好既笃,网罗斯备。日增月益,昼诵夕思。重之不以借人,新若未尝触手。耳目所饫,有虞监之亲钞;子孙不忘,多杜侯之手校。表层楼而俪富,托名山而共久,不已盛乎！若其剖析条流,整齐纲纪,则有目录一卷。甲乙丙丁之别,可以类知;一十百千之凡,从于数举。

仆雅窃通书之好,每资余烛之光。猥辱话言,属为序引。研精覃思,固不逮于扬雄;单见浅闻,复有惭于袁豹。勉濡翰墨,祗尘简牍而已。

太末毛开平仲序。

（[宋] 尤袤撰《遂初堂书目》,中华书局 1985 年版）

杨士奇《文籍志序》

夫所贵士者能尽道焉耳。明道必自读书始。经,圣人之精也;史,备行事之得失;诸子百氏,有醇焉,有驳焉,审其是非邪正,以求至当之归,其书皆不可以阙也。吾先世藏书数万卷,元季悉毁于兵。吾蚤有志乎学,而孤贫不能得书。稍长,事钞录,无以为楮笔之费,则往往从人借读,不能数得。年十四五,出教童蒙,颇有所入,以供养不暇市书也。弱冠,稍远出授徒,所入颇厚,始畜书,不能多也。及仕于朝,有常禄,又时有赐赉,节缩百费,日月积之,一为收书之资。历十余年,经史子集虽不能备,颇有所蓄,视吾先世所藏千百之十一;视吾少之时,可谓富矣。夫人于其所好,劳心苦力以求得之,必将谨护珍袭,不至于废坏。逮传其后之人,未尝知得之之难,盖有视之漠然,不以留意,弃之如弃瓦砾者矣。吾惧后之人不知守也,凡书具志吾所以得,而勉其所以守。盖昔人爱一草一木,犹戒子孙以勿坏,矧书籍圣贤至训之所寓乎,敬之哉!且积书岂徒以侈座隅充箧笥而已,必将讲读究明,务得之于心,而行之于身也。司马君实谓积书不若阴德,以子孙未必能读。彼非有激而云然乎,不然其待乎后之人者薄也。吾不以薄待后之人也,勉之哉!

（[明]杨士奇撰《东里集》续集卷十四,文渊阁《四库全书》本）

祁承爜《澹生堂藏书约序》

余十龄背先君子时,仅习句读,而心窃慕古。通奉公在仕二十余年,有遗书五七架,庋卧楼上,余每入楼启钥取观阅之,尚不能举其义。然按籍摩挲,虽童子所喜,吹笙摇鼓者,弗乐于此也。先孺人每促之就塾,移时不下楼,继之以呵责,终恋恋不能舍。比束发就婚,即内子奁中物,悉以供市书之值。时文士竞尚秦汉,语为比耦,益沾沾自喜,每至童子试不前,亦夷然不屑也。及舞象而后,更沉酣典籍,手录古今四部,取其切近举业者,汇为一书,卷以千计,十指为裂。然性尤喜史书,生欲得一全史,为力甚艰。偶闻盱江邓元锡有《函史》,隐括颇悉。郭相奎使君以活版模行于武林者百许部,一时竞取殆尽。遂亟渡钱塘,购得其一,惊喜异常,不啻贫儿骤富矣!时方馆于富春山中,昼夜展读,一月而竟。遂苦怔忡,不成寐者数月,至有性命之忧。癸巳,读书云门僧房,与柳贞之共处讲席,贞之好谈宗乘事,正与病惬,乃稍稍戒观书。然而蠹鱼之嗜,终不解也。凡试事过武林,遍问坊肆所刻,便向委巷深衢,觅有异本,即鼠余蠹剩,无不珍重市归,手为补缀。十余年来,馆谷之所得,饘粥之所余,无不归之书者,合之先世,颇逾万卷,藏载羽堂中。

丁酉冬夕,小奴不戒于火,先世所遗及半生所购,无片楮存者。因叹造物善幻,故欲锻炼人性情乃尔,遂北入成均。燕市虽经籍渊薮,然行囊萧索,力不能及此。每向市门倚楼看书,友人辄以"王仲任"见嘲。辛丑下第,稍葺一椽,寻欲聚书其中,而旋以释褐为令。初吏宁阳,掌大一城,即邑乘且阙,安有余书?及更繁茂苑,其为经籍渊薮,虽犹之燕市乎,然而吏事鞅掌，呼吸不遑，初非畏风流之罪过，实迫于晷刻之无暇耳。间有见贻，概以坊梓，且多重复，奇书异本，无从得而寓目焉。自入白门，力寻蠹好，询于博雅，觅之收藏，兼以所重易其所阙，稍有次第，然而汉唐人之著述，则不能得十一于千百也。癸丑，偶以行役之便，经岁园居，复约同志互相裒集，广为搜罗。夏日，谢客杜门，因率儿辈，手自插架，编以综纬二目，总计四部，其为类者若干，其为帙者若干，其为卷者若干，以视旧蓄，似再倍而三矣。

夫余之嗜书，乃在于不解文义之时，至今求之，不得其故，岂真性生者乎？昔人饥以当食，寒以当衣，寂寥以当好友，余岂能过之！第所谓胸中久不用古今浇灌，便尘俗生其间，照镜则面目可憎，对人则语言无味，殆为是耳！然而聚散自是恒理，即余三十年来聚而散，散而复聚，亦已再见轮回矣。今能期尔辈之有聚无散哉？要以尔辈目击尔翁一生精力，耽耽简编，肘敝目昏，虑衡心困，艰险不避，讥诃不辞，节缩饔飧，变易寒暑，时复典衣销带，犹所不顾，则尔辈又安忍不竭力以守哉？至竭力以守而有非尔辈之所能守者，固有数存乎间矣。今与尔辈约：及吾之身则月益之，及尔辈之身则岁益之。子孙能读者则以一人尽居之，不能读者则以众人递守之。入架者不复出，蠹啮者必速补。子孙取读者就堂检阅，阅竟即入架，不得入私室。亲友借观者，有副本则以应，无副本则以辞，正本不得出密园外。书目视所益多寡，大较近以五年，远以十年一编次。勿分析，勿覆瓿，勿归商贾手。如此而已。

虽然，元美有言：世有勤于聚而俭于读者，即所聚穷天下书，犹亡聚也。世有侈于读而俭于辞者，即所读穷天下书，犹无读也。吾岂能必尔辈之善读，读而且饶于辞哉？盖有味于黄鲁直之言也：四民皆当世业，士大夫家子弟能知忠信孝友斯可矣，然不可令读书种子断绝，有才气者出，便名世矣。斯余藏书之意乎？因杂取古人聚书读书足为规训者，列于后，而并示以购书鉴书之法，令儿辈朝夕观省焉。

（［明］祁承爜等撰《澹生堂藏书约（外八种）》，上海古籍出版社2005年版）

张岱《陶庵梦忆》(两则)

梅花书屋

陔萼楼后,老屋倾圮,余筑基四尺,造书屋一大间。傍广耳室如纱幮,设卧榻。前后空地,后墙坛其趾,西瓜瓤大牡丹三株,花出墙上,岁满三百余朵。坛前西府二树,花时,积三尺香雪。前四壁稍高,对面砌石台,插太湖石数峰。西溪梅骨古劲,滇茶数茎妩媚,其傍梅根种西番莲缠绕如缨络。窗外竹棚,密宝襄盖之。阶下翠草深三尺,秋海棠疏疏杂入。前后明窗,宝襄西府,渐作绿暗。余坐卧其中,非高流佳客,不得辄入。慕倪迂清閟,又以"云林秘阁"名之。

三世藏书

余家三世积书三万余卷,大父诏余曰:"诸孙中惟尔好书,尔要看者,随意携去。"余简太仆文恭大父丹铅所及有手泽存焉者,汇以请,大父喜,命舁去,约二千余卷。崇祯乙丑,大父去世,余适往武林,父叔及诸弟、门客、匠指、臧获、巢婢辈乱取之,三代遗书一日尽失。余自垂髫聚书四十年,不下三万卷。乙酉避兵入剡,略携数簏随行,而所存者为方兵所据,日裂以吹烟,并舁至江干,籍甲内挡箭弹,四十年所积,亦一日尽失。此吾家书运,亦复谁尤。余因叹古今藏书之富,无过隋、唐。隋嘉则殿分三品,有红琉璃、绀琉璃、漆轴之异。殿垂锦幔,绕刻飞仙。帝幸书室,践暗机,则飞仙收幔而上,橱扉自启,帝出,闭如初。隋之书计三十七万卷。唐迁内库书于东宫丽正殿,置修文、著作两院学士,得通籍出入。太府月给蜀都麻纸五千番,季给上谷墨三百三十六丸,岁给河间、景城、清河、博平四郡兔千五百皮为笔。以甲、乙、丙、丁为次,唐之书计二十万八千卷。我明中秘书,不可胜计,即《永乐大典》一书,亦堆积数库焉。余书直九牛一毛耳,何足数哉!

([明]张岱撰,马兴荣点校《陶庵梦忆》卷二,中华书局2007年版)

徐𤊹《笔精》(五则)

藏书

海盐姚叔祥有言:今藏书家知秘惜为藏,不知传布为藏,何者?秘惜则缃橐中自有不可知之秦劫,传布则毫楮间自有递相传之神理。然所谓不知传布之说有四:大抵先正立言,有一时怒而百世与者,则子孙为门户计而不敢传;斗奇炫博,乐于我知,人不知则宝秘自好而不肯传;卷轴相假,无复补坏刊谬,而独踵还痴一嗦,则虑借抄而不乐传;旧刻精整,或手书妍妙则惧翻摹致损而不忍传:凡此四不传者,彼鬻不知世变靡常,聚必有散,一旦三灾横起,流烂灭没,无论藏者,且累著作姓名一并抹煞,是藏有加于亡,何必后来猖猖罥祖龙为也。

又

吾乡前辈藏书富者,马恭敏公森、陈方伯公暹。马公季子能读能守,陈公后昆寖微,则散如云烟矣。又林方伯公㦤和、王太史公应钟,亦喜聚书,捐馆未几,书尽亡失。然四公之书,咸有朱黄批点句读,余间得之,不啻拱璧也。予友邓参知原岳、谢方伯肇淛、曹观察学佺,皆有书嗜。邓则装潢齐整,触手如新;谢则锐意搜罗,不施批点;曹则丹铅满卷,枕籍沉酣:三君各自有癖。然多得秘本,则三君又不能窥予藩篱也。

书城

宋季德茂环积坟籍,名曰书城。予友邵武谢兆申好书,尽罄家资而买坟籍,兀坐一室,四面皆书,仅容一身。宋世版本未盛,恐季公未必如此之富。予与谢君极称臭味交,谢君藏蓄几盈五六万卷,又多秘册,合八郡一州未有能胜之者,不独古人书城、书窟、书仓、书岩为奇耳。

保守书籍

世之蓄田产屋宇多者,子孙稍贤,必保守不失,何也?可以资衣食不匮也。蓄尊罍彝鼎多者,子孙稍贤,亦保守不失,何也?可以资耳目近玩也。惟蓄书籍图画多者,子孙虽贤,未必保守不失,何也?非深知笃好者,鲜不屑越也。余见保产业之家,多至六七代,而保书籍者不过一二代耳。然保之之法，当较之田产屋宇尤加严密，庶几历四五代也。唐末吴人徐修矩，世守书籍万卷。皮日休常就借读，日休诗云："保兹万卷书，守慎如羁绁。"陆龟蒙诗云："吾闻徐氏子，奕世皆才贤。因之遗孙谋，不在黄金钱。"若才贤不至奕世，守慎不如羁绁，非所以论保守也。

聚书十难

陈贞铉曰："聚书有十难：学无渊源，一难也。家少承书，二难也。不生通都大邑，三难也。乏慧鉴，四难也。隋唐以上，书不多见，五难也。携带跋涉，易致触损，六难也。检曝之劳，病于夏畦，七难也。近无善本，校雠斯苦，八难也。家贫购书，九难也。片时不阅，便供蛀虫，十难也。夫聚必有散，物理之常，念此十难，嗜好弥笃。"余尝言曰，田宅易购，美书难逢，缘不相值，奇秘终蕴。昔杜暹藏书，每题跋尾曰："请俸买来手自校，鬻及借人为不孝。"言虽未大，亦自痛切矣。

（［明］徐𤊹撰，沈文倬校注，陈心榕标点《笔精》卷七，福建人民出版社 1997 年版）

洪亮吉《北江诗话》（一则）

藏书家有数等：得一书必推求本原，是正缺失，是谓考订家，如钱少詹大昕、戴吉士震诸人是也。次则辨其板片，注其错讹，是谓校雠家，如卢学士文弨、翁阁学方纲诸人是也。次则搜采异本，上则补石室金匮之遗亡，下可备通人博士之浏览，是谓收藏家，如鄞县范氏之天一阁、钱唐吴氏之瓶花斋、昆山徐氏之传是楼诸家是也。次则第求精本，独嗜宋刻，作者之旨意纵未尽窥，而刻书之年月最所深悉，是谓赏鉴家，如吴门黄主事丕烈、邬镇鲍处士廷博诸人是也。又次则于旧家中落者，贱售其所藏，富室嗜书者，要求其善价，眼别真赝，心知古今，闽本蜀本，一不得欺，宋椠元椠，见而即识，是谓掠贩家，如吴门之钱景开、陶五柳、湖州之施汉英诸书估是也。

（［清］洪亮吉撰，刘德权点校《洪亮吉集》卷三，中华书局 2001 年版）

黄宗羲《天一阁藏书记》

尝叹读书难，藏书尤难，藏之久而不散，则难之难矣。

自科举之学兴，士人抱兔园寒陋十数册故书，崛起白屋之下，取富贵而有余。读书者一生之精力，埋没敝纸渝墨之中，相寻于寒苦而不足。每见其人有志读书，类有物以败之，故曰：读书难。

藏书非好之与有力者不能。欧阳公曰："凡物好之而有力，则无不至也。"二者正复难兼。杨东里少时贫不能致书，欲得《史略》《释文》《十书直音》，市直不过百钱，无以应，母夫人以所畜牝鸡易之，东里特识此事于书后。此诚好之矣，而于寻常之书犹无力也，况其他乎？有力者之好，多在狗马声色之间，稍清之而为奇器，再清之而为法书名画，至矣。苟非尽捐狗马声色字画奇器之好，则其好书也必不专。好之不专，亦无由知书之有易得有不易得也。强解事者以数百金捆载坊书，便称百城之富，不可谓之好也。故曰：藏书尤难。

归震川曰："书之所聚，当有如金宝之气，卿云轮囷覆护其上。"余独以为不然。古今书籍之厄，不可胜计。以余所见者言之：越中藏书之家，钮石溪世学楼其著也。余见其小说家目录亦数百种，商氏之《稗海》皆从彼借刻。崇祯庚午间，其书初散，余仅从故书铺得十余部而已。辛巳，余在南中，闻焦氏书欲卖，急往讯之，不受奇零之值，二千金方得为售主。时冯邺仙官南纳言，余以为书归邺仙犹归我也，邺仙大喜，及余归而不果，后来闻亦散去。庚寅三月，余访钱牧斋，馆于绛云楼下，因得翻其书籍，凡余之所欲见者无不在焉。牧斋约余为读书伴侣，闭关三年，余喜过望。方欲践约，而绛云一炬，收归东壁矣。歙溪郑氏丛桂堂，亦藏书家也。辛丑在武林掊拾程雪楼、马石田集数部，其余都不可问。甲辰馆语溪，携李高氏以书求售二千余，大略皆钞本也，余劝吴孟举收之。余在语溪三年，阅之殆遍，此书固他乡寒故也。江右陈士业颇好藏书，自言所积不甚寂寞，乙巳寄调其家，其子陈澎书来，言兵火之后，故书之存者惟熊勿轩一集而已。语溪吕及父，吴兴潘氏婿也，言昭度欲改《宋史》，曾弗人、徐巨源草创而未就，网罗宋室野史甚富，缄固十余簏在家。约余往观，先以所改历志见示。未几而及父死矣，此愿未遂，不知至今如故否也？祁氏旷园之书，初庋家中，不甚发视。余每借观，惟德公知其首尾，按目录而取之，俄顷即得。乱后迁至化鹿寺，往往散见市肆。丙午，余与书贾入山翻阅三昼夜，余载十捆而出，经学近百种，稗官百十册，而宋元文集已无存者，途中又为书贾窃去卫湜《礼记集说》、《东都事略》。山中所存，唯举业讲章、各省志书，尚二大橱也。丙辰至海盐，胡孝辕考索精详，意其家必有藏书，访其子令修，慨然发其故箧，亦有宋元集十余种，然皆余所见者。孝辕笔记称引姚牧庵集，令修亦言有其书，一时索之不能即得，余书则多残本矣。吾邑孙月峰亦称藏书而无异本，后归硕肤，丙戌之乱，为火所尽。余从邻家得其残缺《实录》，三分之一耳。由此观之，是书者造物之所甚忌也，不特不覆护之，又从而灾害之如此。故曰：藏之久而不散，则难之难矣。

天一阁书，范司马所藏也，从嘉靖至今盖已百五十年矣。司马殁后，封闭甚严。癸丑，余至甬上，范友仲破戒引余登楼，悉发其藏。余取其流通未广者抄为书目，凡经史、地志、类书坊间易得者及时人之集、三式之书，皆不在此列。余之无力，殆与东里少时伯仲，犹冀以暇日握管怀铅，拣卷小书短者抄之。友仲曰："诺。"荏苒七年，未蹈前言。然余之书目遂为好事流传，昆山徐健庵使其门生誊写去者不知凡几。友仲之子左垣，乃并前所未列者重定一书目，介吾友王文三求为藏书记。近来书籍之厄不必兵火，无力者既不能聚，聚者亦以无力而散，故所在空虚。屈指大江以南，以藏书名者不过三四家。千顷斋之书，余宗兄比部明立所聚。自庚午讫辛巳，余往南中，未尝不借其书观也。余闻虞稷好事过于其父，无由一见之。曹秋岳倦圃之书，累约观之而未果。据秋岳所数，亦无甚异也。余门人自昆山来者，多言健庵所积之富，亦未寓目。三家之外，即数范氏。韩宣子聘鲁，观书于太史氏，见《易象》与《鲁春秋》。曰："周礼尽在鲁矣。"范氏能世其家，礼不在范氏乎？幸勿等之云烟过眼，世世子孙如护目睛，则震川覆护之言，又未必不然也。

（[清]黄宗羲著，陈乃乾编《黄梨洲文集》，中华书局2009年版）

【附】阮元《宁波范氏天一阁书目序》

　　海内藏书之家最久者，今惟宁波范氏天一阁岿然独存。其藏书在阁之上，阁通六间为一，而以书厨间之，其下乃分六间，取天一生水地六成之之义。乾隆间，诏建七阁，参用其式，且多写其书入四库，赐以《图书集成》，亦至显荣矣。余自督学至今，数至阁中，翻所藏书，其金石搨本当钱辛楣先生修《鄞县志》时即编之为目，惜书目未编。余于嘉庆八、九年间命范氏后人登阁分厨写编之，成目录一十卷。十三年，以督水师复来，宁绍台道陈君廷杰言及之，陈君请观其目，遂属府学汪教授本校其书目、金石目，并刻之。刻既成，请序焉。

　　余闻明范司马所藏书，本之于丰氏煕坊。此阁构于月湖之西，宅之东墙圃周回，林木荫翳，阁前略有池石，与阛阓相远，宽闲静闶，不使持烟火者入其中，其能久一也。又司马没后封闭甚严，继乃子孙各房相约为例，凡阁厨锁钥，分房掌之，禁以书下阁梯，非各房子孙齐至不开锁，子孙无故开门入阁者罚不与祭三次，私领亲友入阁及擅开厨者罚不与祭一年，擅将书借出者罚不与祭三年，因而典鬻者永摈逐不与祭，其例严密如此，所以能久二也。夫祖父非积德则不能大其族，族大矣而不能守礼读书则不肖者多出其间，今范氏以书为教，自明至今，子孙繁衍，其读书在科目学校者彬彬然以不与祭为辱，以天一阁后人为荣，每学使者按部，必求其后人优待之，自奉诏旨之褒，而阁乃永垂不朽矣，其所以能久者三也。观察刻目录既成，即以板畀其后人庋阁下，甚盛举也。余更有望者。此阁所藏五万三千余卷皆明天启以前旧本，若明末暨国朝之书概阙焉，范氏子孙若有能继先业而嗜典籍者以裒藏继之，则书益以富矣。且阁不甚高，椽木亦渐朽，新而增之，不益袆欤。

　　又案《甬上耆旧传》曰："范钦字尧卿，嘉靖十一年进士，知随州，有治行，迁工部员外郎。时大工频起，武定侯郭勋为督，势张甚，钦以事忤之，勋谮于帝，下狱，廷杖。知袁州，大学士严嵩其郡人也，嵩之子世蕃欲取宣化公宇，钦不可，世蕃怒，欲斥之。嵩曰：'是抗郭武定者，蹈之适高其名。'遂得寝。稍迁按察副使，备兵九江。历迁副都御史，巡抚南赣。擒剧贼李文彪，平其穴。疏请筑城程乡之濠居村，设一通判，以消豫章、闽、粤之奸。复攻大盗冯天爵，斩之。迁兵部右侍郎，解组归。张时彻、屠大山亦里居人，称为'东海三司马'。钦筑居在月湖深处，林木翳然，性喜藏书，起天一阁，购海内异本，列为四部，尤善收说经诸书及先辈诗文集未传世者。浙东藏书家以天一阁为第一。卒年八十三。"因并录之，以见司马事实。又黄梨洲先生有《天一阁藏书记》，亦录而刻之于卷首。

（［清］阮元撰，邓经元点校《揅经室集》二集卷七，中华书局1993年版）

钱泳《汲古阁》

虞山毛子晋生明季天、崇间，时流贼横行，兵兴无定。子晋本有田数千亩，质库若干所，一时尽售去，即以为买书刻书之用。创汲古阁于隐湖，又招延海内名士校书，十三人任经部，十七人任史部，更有欲益四人，并合二十一部者，因此大为营造，凡三所。汲古阁在湖南七星桥载德堂西，以延文士；又有双莲阁在问渔庄，以延缁流；又一阁在曹溪口，以延道流。汲古阁后有楼九间，多藏书板，楼下两廊及前后，俱为刻书匠所居。阁外有绿君亭，亭前后皆种竹，枝叶凌霄，入者宛如深山。又二如亭左右则植以花木，日与诸名士宴会其中，商榷古今，殆无虚日。又有所谓一滴庵者，为子晋焚修处，中揭一联云"三千余年上下古，八十一家文字奇"，为王新城尚书笔也。当崇祯末年，谷屡荒，人民扰乱，凡吴郡乡城诸富家莫不力尽筋疲，而子晋处之自若，其用意良深矣。子晋没后，其子名扆字斧季者，于诸子中最为知名，又补刻书数十种，以承父志，实为海内藏书第一家也。初子晋自祈一梦，梦登明远楼，楼中蟠一龙，口吐双珠，顶光中有一山字，仰见两楹悬金书二牌，左曰："十三经。"右曰："十七史。"自后时时梦见，至崇祯改元戊辰，忽大悟曰："龙，即辰也。珠顶露山，即崇字也。"遂于是年誓愿开雕，每年订证经史各一部，其余各种书籍，亦由此而成焉。

（［清］钱泳撰，张伟点校《履园丛话》卷二十二，中华书局1979年版）

李调元《西川李氏万卷楼藏书约》

余奉先大夫石亭公训：嗣后族众丁繁，子孙有愿析产而居者，除将田宅均分外，所有万卷楼家藏四十橱，分经、史、子、集四部，每部十橱，皆签记书名，有书目三十卷，名曰"西川李氏藏书簿"。子四人共管看守，不许分析，仍时添买，续登书目、补注于后。如众房有爱书佳子弟，亦许自备纸札，就楼写读，不得擅携一纸下楼。诚以各书，皆累代前人，或手自钞录，或得于重价，聚之甚难，散则甚易也。余题楼联句云"科第冠三巴，是祖父忠厚所贻，已经三世；书香留百代，愿子孙谨严封钥，无失一篇"，职是故也。凡诸子看守此书，亦应传戒丁宁，毋令风飘雨渗，虫蠹鼠啮。每开楼时，尤须小心烟烛。遇六月六日曝书毕，即仍照经、史、子、集四部，依次安放楼上四十橱中，毋得错乱，方不负祖父付托苦心。倘传之久远。或偶遇不肖子孙欲分书籍，及擅借与人，甚则或因家贫将书擅卖一本与人，此则非吾子孙也。许众房子孙声明家长，即执此约，鸣官究治。愿后来各老公祖父台，垂悯其祖父钞购之苦，以重惩之。感且不朽，亦愿吾子孙世守此训，毋辱祖先，以招咥笑也。戒之！戒之！

（[清]李调元撰《童山文集》卷十二，中华书局1985年版）

（三）书院收藏

徐锴《陈氏书堂记》

古之学者，家有塾，党有庠，术有序，国有学。此系乎人者也。圣王之处士也，就闲燕；孟母之训子也，择邻居。玄豹隐南山而成文章，成连适东海而移情性。此系乎地者也。然则稽合同异、别是与非者，地不如人；陶钧气质、渐润心灵者，人不若地。学者察此，可以有意于居矣。

浔阳庐山之阳，有陈氏书楼。其先盖陈宜都王叔明之后曰兼，为秘书少监；生京，给事中，以从子褒为嗣，至盐官令；生瓘，至高安县丞；其孙避难于泉州之仙游，生伯宣，著史记，今行于世。昔马总尝左迁泉州，与之友善。总移南康，伯宣因来居庐山，遂占籍于德安之太平乡常乐里。合族同处，迨今千人。室无私财，厨无异爨，长幼男女，以属会食。日出从事，不畜仆夫隶马。大顺中，崇为江州长史。乾宁中，崇弟勋为蒲圻令。次弟玫,本县令。能嗣其业,如是百年。勋从子衮,本州曹掾。我唐烈祖中兴之际,诏复除而表揭之,旌其义也。衮以为族既庶矣,居既睦矣,当礼乐以固之,诗书以文之。遂于居之左二十里曰东佳,因胜据奇,是卜是筑,为书楼堂庑数十间,聚书数千卷。田二十顷,以为游学之资。子弟之秀者,弱冠以上,皆就学焉。自龙纪以降,崇之子蜕、从子渤、族子乘,登进士第,近有蔚文尤出焉,曰逊曰范,皆随计矣。四方游学者,自是宦成而名立,盖有之。於戏!文如麻菽,求焉斯至;道如江海,酌焉满腹。学如不及,仁远乎哉?昔北海有邴郑之风,离骚有江山之助者,皆古也。

门生前进士章谷,尝所肄业,笔而见告,思为之碣。会陈氏之令子曰恭,自南昌掾入仕至都下,因来告别,援翰以授之。时太岁己巳十一月九日记。

([南唐]徐铉著,李振中校注《徐铉集校注》附《徐锴集》,中华书局2016年版)

曹彦约《白鹿书院重建书阁记》

白鹿洞之复有书院,前使君朱文公所建也。书院之有御书石经,孝宗皇帝之赐,文公之请也。藏书而有阁焉,又文公之所度地,前学官李君琪之所创。前使君宗学桂博士欲改而大之,今使君太府王寺丞增益其费,命学官丁君燧董成之。几五十年,而后文公之志始遂,亦难矣哉!

仰惟高宗皇帝立极东南,当毡裘跳梁之后,圣学湮微,不断如发。亲御宸画,勒圣经于乐石,摹而揭之,使嗣圣得以诏士子,则阁名云章,岂不足以增重书院?思昔圣人治天下,立司徒之职,以典教为本,家必有塾,党必有庠,术必有序,国必有学。洒扫应对进退有其节,礼乐射御书数有其文。本之以孝弟忠信,行之于州闾乡党,然后考之以德艺,升之俊秀,无非使之明其善以复其性。夫是以上作而下应,教化行而习俗成。后世以法度整齐天下,古道日薄,时乎用儒,或以为观美。间有称其道德之开延,喜其六经之表章,其于名教茫未有补。惟我本朝尊儒重道,累圣相承,前后一律,故白鹿赐经始于熙宁,而修缮之敕发于章圣。高宗皇帝闵圣经之道将废,万几余暇,不以声音采色为乐,而以笔札为工;不以藻词丽语洒翰，而以圣经示训。则夫奉云章于杰阁，瞻望而尊敬之，视汉熹平、蜀广政所刻，相去远矣。圣经标准万世，凡圜其冠，方其履者，皆知其不可一日废于天下也。然而口诵其言者常多，而心惟其义者常寡。议论横出者常胜，而真实践履者常不逮。岂载之简册者，犹有遗憾哉？知之者有所未致，而行之者有所不力也。天理具在，孰不有所知？学焉而不博，问焉而不审，思不慎而辨不明，非致知也。日用酬应，孰不有所行？执之不固，积之不久，得一善不拳拳服膺而勿失，非力行也。推本圣人垂法天下，与本朝先哲所以讲明义理，垂裕于学者，纤悉详尽。以此奉亲，以此事君，以此行己，以此及物，不但云章所刻而已。

由是而推之，凡经籍所载，见诸简册，先儒之所归重者，虽手之所抄，家之所藏，市人之所摹勒，莫不求之以诚，守之以敬。惴惴栗栗，如薄冰深渊之在前，而惟恐失步；皇皇汲汲，如驹隙桑荫之易徙，而惟恐失时。下至于诸子百家之说，编年传纪之载，与夫微言谠论，有益于身心，有利于世道者，积累而通彻之，饥餐渴饮，不废朝夕，此则累圣所以惠天下之旨，朱文公所以淑后学之心。前后主议典教是邦者，于此特注意焉，其不为应故事明矣。旧阁尚卑隘，总高深之数为丈者率不满二，其广特加一焉。今所增或以丈计，或以尺数，蔑有不满之虑。书院伟矣，阁崇且广矣，所望于称是阁者，日游其间，云章参其前；出乎其外，云章著于心。如是则居族称孝，居乡称弟。仕于州县，利泽及于民；立乎朝著，名声昭于时。皆自致知力行始，则又诚敬之所端本，不可诬也。

王使君栻，字式之，故相之贤子，作郡有惠政，尤于两学加意。若殿若庑，靡废不举，大启是阁，特其显著者。召节已至，尚肯以斯文为重，讫此役而后行，贻书来告，以记为托。且言莅其事者，星子县主簿王櫺、堂长魏汝谐、学录直学陈畊、缪惟一也。彦约幸生是邦，昔尝肄业书院，义不可辞，辄诵所闻如此。

宝庆丁亥正月，郡人曹彦约记。

（曾枣庄、刘琳主编《全宋文》第二百九十三册，上海辞书出版社、安徽教育出版社2006年版）

魏了翁《书鹤山书院始末》

开禧二年秋八月,临邛魏了翁请郡西还,既又三辞聘召,遂得迁延岁月,丘园之乐者累年。先庐枕山,与古白鹤冈阜属连。山之巅则修竹缘坡,循坡而上,草木胶葛,又上焉则荆棘之所于也。有烽燧故基,相传为李唐时西南夷数大入,是为望敌之所。盖居一县之最高峰,故县人亦罕至其地。一日与家人穷阱,颇爱面前陿支一峰,欲即之而不得,则除剪其荆棘,蒙犯虺蝎。聚足而上,则其地平衺,衡广二百尺,纵数里,无复侧峻凹凸,殆天闵而地藏者。陿支中峰复屹立其前,如有巨人端士色授面承,欲遂卜室贮书其上,与朋友共焉。会居心制,未即功。

嘉定三年春,诏郡国聘士,邛之预宾贡者比屋相望,未有讲肄之所。会鹤山书院落成,乃授之馆。其秋试于有司,士自首选而下,拔十而得八,书室俄空焉,人竞传为美谈。了翁曰是不过务记览、为文词以规取利禄云尔,学云学云,记览、文词云乎哉?则又取友于四方,与之共学,负笈而至者襁属不绝。乃增广前后,各为一堂,堂内廊庑门墉以次毕具。旁为小室,曰立斋,永嘉叶公为之铭。介一堂曰书舫,舫之左右为南北窗,堂之后为阁。家故有书,某又得秘书之副而传录焉,与访寻于公私所板行者,凡得十万卷,以附益而尊阁之。取《六经阁记》中语榜以"尊经",则阳安刘公为之记。阁之下又为一堂,堂内榜曰"事心",取邵子语。阁之阴辟小圃,凿池筑室,艺卉木,为游息之所。圃之后凭高瞰虚,一川风物之秀皆在目中。又为亭其上,于以仰观日星风露之变,俯察鸟兽草木之宜,又若有以荡开灵襟、助发神观者。

自惟穷乡晚进,学未能信,而沴叨烦使,轻涉世纷,将败绩厥官是惧。方表乞祠官之禄,若得请焉,退而聚友于斯,藏修息游于斯,相与诵先王之遗言,随事省察,万有一不坠厥初以为朋友羞,尚不虚筑室贮书之意也。

(曾枣庄、刘琳主编《全宋文》第三百一十册,上海辞书出版社、安徽教育出版社2006年版)

虞集《袁州路南轩书院新建藏书阁记》

袁州路南轩书院者,祠广汉张子宣公而列于学官者也。故宋时,宣公之弟构定叟守宜春,宣公至焉,郡人士思宣公而不敢忘也。端平丙申,郡守庐山彭方度地于东湖之上,始创书院,又七年而后成。彭守时为尚书,兵部侍郎记之。内附国朝以来,莫之改也。近岁水啮其北址,藏书之阁圮焉,其势未已,讲堂且圮。仍改至元之三年,山长庐陵赵某始至,凛然忧之。告诸大府,请加完缮。大府听其言,思其所属焉。幕府之长严君仲毅进曰:"仲毅之在此,不可使学校有所遗缺也。"明年,前太守真定张侯宗颜去为漕,今太守广信张侯熙祖始来。同寅协和,民以无事,仲毅得以致其力焉。

然书院之田,不足以供祭祀、廪稍之用,是以营缮有所未遑也。乃出月俸为之先,而上下应之。即书阁之旧址,斫松为枋,沉布水底,加层石焉。延十有五丈,广百步,崇二丈,畚石加土,平接讲堂之址,凡若干尺,堂始无虞。是时郡学新作尊经阁,旧阁之材,尚有坚完者。以今侯之意,与书院奠诸新堤之上,复藏书之旧观。阁凡三层,皆出飞檐以远风雨,奉宣公之像于阁下以为祠。又作东西庑,以属诸讲堂。作咏归亭,与立雪亭对。大门之东,与老氏之宫接。正其界,为亭以表之。至元五年某月某日告成。又作水柜于上流,以防冲突之及。是役之始终,严君日至,而赵某,译史邓某,府吏胡某,直学赵某,皆勤敏核实,克相其功。属予记其事如此。

嗟夫!使幕府之佐其长身任其劳而不辞,则府安有缺事哉?然予不敢徒书其土木之功也。盖闻之,圣人既远,周子兴焉。作为图书,以发不传之秘。两程子继之,而其道大行。龟山杨氏之归闽,叔子固叹其道之南矣。其传诸豫章延平者得朱子。而张子得于五峰胡氏者,生同时而学同源也。斯世斯文之所系者重矣。张子以丞相魏公之元子,天资粹美,异于常人。自其弱冠,已知求学圣人之道,及得所传,远有端绪。察乎几微萌动之端,以博极乎求仁之道。玩心神明,不舍昼夜。极讲明问辨之功,从容以和而不激;极舒迟温厚之意,端严以正而不阿。朝进暮绎,同归一致。任重道远,死而后已。及夫蝉蜕人欲之私,春融天理之妙,其所至盛矣哉!以之事上莅民,以之立言垂教,百世之下学者可考焉。昔在魏公相思陵于艰难之中,屡出于险奸之手。大忠大义,时人比之诸葛武侯。宣公以为,武侯王佐之才,而自比于管乐,必不然也。取旧传而更定之,盖以明其父之心焉。定叟之为弟也,才略几有父风。治袁之日,宣公闲暇而过之,所以端其为政之本源,以见诸行事。其民被其德,而不知者多矣。当彭守时,其残墨余论之犹存,而今不复可见,岂不重可叹哉?遗像俨然,衣冠容色之在于斯也,学者想见其冲和纯粹之气,洋溢充满,反求诸己,知其所不及,以自致其变化焉,则固君子之所望也。

(李修生主编《全元文》卷八四四,凤凰出版社2004年版)

李东阳《岍山书院崇经阁记》

崇经阁者,岍山书院藏书之阁也,院在陕之陇州。陇人静乐阎先生为教官,素喜积书。及致事,居城西五里许,建静乐堂,藏其书以教学者。先生既谢世,其子光甫为吏部考功郎中,时欲成父志,置所未备书复万余卷。季子参甫为监察御史,亦积书以益之,于是经书子史皆备。光甫以河南参政致事归,乃即堂之故址为书院,中为敦本堂,东西为养正、复初二斋,堂之后斯阁建焉。中设孔子及四配像,旁两壁各置架以庋书,而总名曰崇经者,亦张伯玉尊经意也。阁之下设七贤像,左右为肄诵之房。后为燕室,设乡贤主于中,翼以庖庾。周为高垣,垣之外为田百余亩,岁收其入以共祀事。凡州都之俊秀未籍于庠校者,皆聚学其间,延师而教之,学者日众。参政君乃以书属其子御史价请记于予。

予惟圣人之道,达于天下,固人之所能知能行。而乃有不及知与不能行者,圣人则著其道于经,以明示天下,盖有不得已焉。天下之人不能皆穷经以明道,君人者建学以居之,置师以教之。若学校所未育,儒师所未及教,穷乡僻壤之间,遗经旧史亦有不得而窥者,贤士大夫又从而赞相之,虽非法制之所必为,而亦莫之或禁,如兹院兹阁者是已。且学之设,固存乎师。然犹有守令以领其事,有宪臣以督其令,乃能成才而致用。则夫乡党之学,非有所谓贤士大夫者,足以系众望而收全功,亦奚以建为哉！先生往而后，皆以《易》《书》《春秋》显，群子姓学《易》者尤众，盖其家学得于经者如此。陇之士视此而兴焉，其大者以文学行业效用于天下，而其小者亦不失其亲上死长之民，庶无负于兹阁之建也。是为之记。

（［明］李东阳著，周寅宾编《李东阳集》，岳麓书社2008年版）

李东阳《永嘉县学奎光阁记》

温之永嘉学有奎光阁，弘治以前未建也。盖自东晋建学以来，至南宋而其制始备。其地负华盖山，胜盖一郡，历代之人才弗绝，国朝科目特盛，而兴替亦不常。正德纪元丙寅，姑苏王君献臣来知县事，莅学之始，见孔子庙大成殿后不数武，有容成道院，怪而问焉。有能道永嘉故事者曰："院北实儒宫旧地。"于是徙道院于其华观之南，复地若干武。院之西北亦久为某据，闻新令之政亦欣然来归，又复地若干武，山若干丈。殿之北西又买地若干亩以足之。地既廓，政亦寖举，欲即院址背山面殿为峻阁，以为藏书之所，如古所谓尊经阁者。顾财力方绌，犹豫久不决，县人好义者皆相与相成之。为重檐飞甍，高栋疏牖，下轶尘坌，上薄霄汉，超出云雨，俯视江海，尽一郡之盛。积书数千卷，庋置其中，以资讲诵博闻见，非徒为登临眺望之具也。阁既成，乃标以今名。

教谕率诸生而前曰："命名之义何居？"王君曰："是取诸列宿，所谓文章之府者也。传不云乎圣人之道，昭如日星。六经者，道之精华也。夫道根乎人心，贯乎伦理，见诸民生日用之间。天下之所见，固然莫殊也。乃或蔽于外诱之私，则有不能知者。于是有复初之学焉，有复礼之力焉，有复性之功焉。然学必须于博文，文之大者莫六经，若士之所当尊而习焉者。天下之物有失然后有复，兹地之失固可以言复矣。不慎以守之，能保其终勿失乎！物之在外者且然，而况于道乎！夫苟不知所以复之，则所谓老氏者，邻居而杂处，非惟不相为谋，即或有诱而去之者，圣人之徒纵未能拒而攘之，而忍为其所诱耶！今游斯学者，于六经乎取之由诵读讲说之粗，极于体验充扩之大，以成文明之治，俾功业昭于一时，名誉著于无穷者，盖自昔有之，而自今其未艾且益盛也。"皆再拜曰："敢不于吾侯之言是图。"

又相与议曰:"侯之功,有不敢忘者。且其仕以名进士,其为监察御史,执法尽职,谪远方末职,以荐拔今官。其所为政,多可称述,非兹事止也,是恶可以不记?"乃具书京师请于予。予于礼部之试得王君,知其贤久矣,故为之记。

([明]李东阳著,周寅宾编《李东阳集》,岳麓书社2008年版)

马理《河东书院藏书楼记》

河东书院者,张子侍御之所建也。侍御巡河东醝,省无益作有益,故有兹建也。由门而入,历斋而堂而寝而亭备矣。由亭而入,有重屋焉,巍然而临乎!台池者,藏书楼也。张子曰:"夫书隆也,藏焉尔矣。"夫宁无不善诵习者乎?以举业者尚乎利,以文辞者尚乎名,以训诂者尚乎纬,以索隐者尚乎诞,故尚利斯不足与言义矣,尚名斯不足与言实矣,尚纬斯不足与言经矣,尚诞斯不足与言恒矣,亦宁无废书者乎?曰:率性之道,吾固有之也,在行之而已。夫焉用书是诞之说也,佞之徒也,故仁,斯愚义,斯惨礼,斯窒智,斯荡信,斯贼直,斯绞刚,斯狂勇,斯乱,不可与入道焉,予为是惧。故乐人之善,学而藏书焉,藏欲富恶湿与蠹,故用楼也。藏以序,故先诸经而后及其他也。藏欲久,故择立人以典之,贮诸楼而扃且钥也,诞之害人久矣,故藏之富者,欲博以文也,盖恶夫径约者也,务博者鲜知要焉,故藏先于侍御,与人为善如是哉。可志也夫,遂志之。侍御者,安阳张仲修也。

(刘泽民、李玉明主编,张培莲分册主编《三晋石刻大全·运城市盐湖区卷》,三晋出版社2010年版)

李尧栋《岳麓书院藏书记》

士,民之表也;经,士之业也。民风醇本于士习端,士习端本于经术明,经明则行修。一人行修,移于一家,一家行修,移于一乡、一国。训世正俗,其必由通经之士乎?自余来抚楚南,楚南故骚雅地,人材无患不古若。顾近日之民颇好讼,甚者赴诉于京。案之初,非有困弊之为昭苏也,非有奇冤重比之未获洗遂也,又非有茕独老幼之欲有复于上,而其长弗达也。夫民愚何知，清讼之源，固镇抚使者之职，抑亦乡邻族党间薰其德，而善良者无人欤。则夫劝学修礼，崇化厉贤，良汲汲矣。

楚南岳麓书院之建，自北宋始。咸平初，州守李允则请于朝，乞以书藏。祥符间，山长周式引见便殿，赐中秘书，使归教授，矧其为朱、张两大贤讲学之地哉。我朝康熙二十三年，巡抚铁岭丁公请颁经史十六种，特建楼以藏之，盖修北宋故事也。历年多皆朽蠹散轶，而不可复稽。余惧后生之士因陋就寡，但为决科利禄计，无以讲道而劝斯民也。亟谋之同官，发公帑钱五百缗，购书若干卷，经史子集粗具，诸生读书，各造其所，毋挟以归。岁一曝，月一整，则责之监院事者，俾永其传。或曰古今载籍极博，曾是区区者，而足为学者之山渊乎？余曰：然。然书不贵能藏贵能读，苟即此而通之，其视兔园册子何如也。且诸生日与圣贤对，经术明而士习端，士习端而民风醇，读书之益孰大于是？讵比藏书家，必与刘《略》、班《艺》、虞《志》、荀《录》争胜也哉。抑又安知夫后之人不踵而行之，更广为购储，使日臻于美备哉？则即以此区区者为物始也可。爰书以为记。

（[清]欧阳厚均编，邓洪波、周郁点校《岳麓诗文钞》，岳麓书社2009年版）

魏源《敦善书院条规》

一、延访名师，以勤造就。查书院之设，原以佐郡县之学校，而院长聘请，其体尤尊，必须望重一时，方足以资模楷，更须住居院内，朝夕指授，庶几业有专攻而成才较易。至于住院生童，如有实力向学，自应加以鼓励；倘系托名住院，但止冀增膏火，一经查出，即将加增膏火照数扣除。

一、酌定课期，以便来学。查海州石室书院现系每月初二日官课，十六日堂课，今敦善书院定为每月初八日官课，二十三日堂课，两处课期不同，生、童无难分赴。至于文有一日短长，难以一次定其优劣，今但以每月初八日官课取定名次先后为准，生、童各分正课、副课，照案支给膏火，并不于开课之前另期甄别。至每月应支膏火，统于下月官课之期，随同课卷点名发给。如有官课取定之后，堂课不到者，即将应支全月膏火扣除一半。如当停课之期,即照前一次取定名次发给。

一、增商籍膏火,以广人材。查郁洲书院本系专为灶籍而设,今新建敦善书院,一切改定章程,应增商籍生、童膏火二十名,与灶籍生、童一律开支。但生、童既分商、灶,则每课取定名次,必须分作两案,各照名次先后支给膏火,庶彼此不相侵占。

一、秋闱融支膏火,以备赴试资斧。查石室书院每遇乡试年分,自七月至九月停课,并将此三个月生员膏火全数预支,按照乡试人数通长划算,由送考广文在省散给,其法最为公允。今敦善书院遇乡试之年,自应仿照办理。至于童生州试、院试停课,亦应支给膏火,以资考费。生员如系廪保,或应赴岁科试者,亦应停课,分别支给。

一、童试造册移州,以备录送。查童生在院读书,不少有志上进之士,每逢州考之时,先期分别灶籍、商籍,造具印册,移送备查。

一、书院议增经费,约略核数,以便支销。查向来院长并不到馆,每年脩金八十两,每月火食银四两六钱有零,并无关聘节礼、往来盘费、厨火工食,今拟增脩金每年一百二十两,火食银每月七两,聘金四两。如非本处延请,应送往来盘费银十两,节礼银每节四两。厨夫工食银每月八钱,火夫工食银每月五钱,俱照全年开支。向来膏火二十名无分生、童,每人按月给银九钱,并无花红饭食,今定为正课二十名,副课二十名,正课生员每月膏火银一两二钱,副课一两,正课童生每月一两,副课八钱。住院生、童以十二名为率,各按取定正课、副课膏火,照加一培,均扣除正腊两月,每年照十个月开支。其有不在取定正、副课之列者,无论生童,作为外课,不支膏火。每月官课花红约银四两,饭食十二桌,约银八两,如在停课期内,按月停支。向来本无董事,现派董事五人,分年轮管,每年议给薪水银四十两。看管书院门斗,每月饭食银一两六钱。书办纸笔银每月八钱。每年课卷一千余本,约需银十二两以上。通作库平纹银支发,并不折扣。外提书院岁脩银每年四十两,由轮管董事承领,随时修葺;如有余存,即归于存留项下;如遇大修之年,另议酌增。又提存乡试场资银每年五十两,积至三年,可得一百五十两。提存会试路费银每年五十两,积至三年,可得一百五十两。俟当乡、会试之年,各照各款按股均分，但非商、灶两籍及并未在敦善书院应课者，不得支领。又义学脩金，每年四十两，火食每月四两，聘金二两，每节节礼银二两，均附于书院经费项下，按年开支。以上敦善书院每年额支经费银一千二百零二两二钱，通作库平纹银支销，如有节省，即归于余存项下。

一、书院藏书，现分经、史、子、集共计一百三十八种，凡一万三千三百八十卷，并时文选本、馆阁诗赋等部，统盖分司印信，责成董事经管。凡生、童取阅，准其告知董事，循环递换，不准带出书院。董事遇有生、童取阅，亦即随时登记，随时收回。如有遗失，惟该管董事是问。每年夏日曝书，亦由董事经理。

一、书院器具购自苏扬，远道运回，颇为不易，且系必须应用之物，现在分晰造册，统交董事随时检点，不得私自借出，以致短缺。

一、书院现系盐务公捐，如遇督盐宪、运司按临，自应扫除供备；又系商、灶生童会课之所，如遇学宪考试，海州路经板浦，亦应暂作公馆。此外，无论地方、盐属官长及奉差委员一概不开借住之端，以杜舆儓台骚扰，并预防日久占据。

一、书院一切经理无不责成董事，必须选派得人。现在选派董事均能实力妥办，本年公同经管，以后分年轮管，将来如有更换，应由商、灶两籍公举。

（[清]魏源撰，魏源全集编辑委员会编校《淮北票盐志略》卷十四，岳麓书社2004年版）

丁申《敷文书院》

敷文书院在万松岭，明弘治十一年，浙江右参政周本以废报恩寺，改奉先圣像，名万松书院，征圣裔孔衢、孔绩来供祠事。嘉靖三十三年重建，新建伯王守仁撰记。万历五年，建继道堂于毓秀阁北，圣裔尚礼摹镌圣像于石，祀堂中。八年，朝议毁各书院，惟此以巡按御史谢公师启、佥事乔公因阜之请，得不毁。我朝康熙十年，范公承谟重修，改为太和书院。仁庙南巡，御书浙水敷文扁额，并颁《古文渊鉴》《渊鉴类函》《周易折中》《朱子全书》等书，藏于院内。徐公元梦又修，更名敷文书院，增构存诚阁,恭藏赐书。黄公炳捐置学田。乾隆十六年奉上谕,经史,学之根柢也。会城书院聚簧序之秀而砥砺之,尤宜示之正学,朕时巡所至,若江宁之钟山书院、苏州之紫阳书院、杭州之敷文书院,各赐武英殿所刊之十三经、二十四史一部,资髦士稽古之学,先后翠华临幸,召试士子,叠奉明诏,颁赐各书,恭藏院中,俾诸生观摩有自。居院中者敢不勤学稽古,以仰副文治之隆哉。

([清]丁申《武林藏书录》卷上,收入[明]祁承㸁等撰《澹生堂藏书约(外八种)》,上海古籍出版社2005年版)

(四)寺观收藏

白居易《苏州南禅院千佛堂转轮经藏石记》

千佛堂转轮经藏者,先是郡太守居易发心,蜀沙门清闲矢谟,吴僧常敬、弘正、神益等偳功,商主邓子成、梁华等施财,院僧法弘、惠满、契元、惠雅等蒇事。大和二年秋作,开成元年春成。堂之费计缗万,藏与经之费计缗三千六百。堂之中,上盖下藏。盖之间,轮九层,佛千龛,彩绘金碧以为饰。环盖悬镜六十有二。藏八面,面二门,丹漆铜锴以为固。环藏敷座六十有四。藏之内,转以轮,止以柅,经函二百五十有六,经卷五千五十有八。南阎浮提内大小乘经凡八万四千卷。按唐《开元经录》名数,与此经藏同于阎浮大数二十之一也。

藏成经具之明年,苏之缁白徒聚谋曰:今功德如是,谁其尸之?宜请有福智僧、越之妙喜寺长老元遂禅师为之主,宜请初发心人前本部守白少傅为之记。佥曰:然。师既来,教行如流,僧至如归,供施达嚫,随日而集。堂有羡食,路无饥僧。游者学者,得以安给。惠利饶益,不可思量。师又日与苾刍众升堂焚香,合十指,礼千佛,然后启藏发函,鸣犍椎,唱伽陀,授持读讽十二部经。经声洋洋,充满虚空。上下近远,有情识者,法音所及,无不蒙福。法力所摄,鲜不归心。佾然巽风,一变至道。所得功德,不自觉知。繇是而言,是堂是藏是经之用,信有以表旌觉路也,脂辖法轮也,示火宅长者子之便门也,开毛道凡夫生之大宝也。亶其然乎!

又明年,院之僧徒三诣雒都,请予为记。夫记者不唯纪年月,述作为,亦在乎辨兴废,示劝诫也。我释迦如来有言:一切佛及一切法皆从经出。然则法依于经,经依于藏,藏依于堂。若堂坏则藏废,藏废则经坠,经坠则法隐,法隐则无上之道几乎息矣。呜呼!凡我国土宰官、支提上首暨摩摩帝辈,得不虔诚而护念之乎?得不保持而增修之乎?经有缺必补,藏有隙必葺,堂有坏必支。若然者,真佛弟子,得福无量。反是者,非佛弟子,得罪如律。

开成二年二月一日记。

([唐]白居易著,谢思炜校注《白居易文集校注》卷三十三,中华书局2011年版)

白居易《香山寺新修经藏堂记》

先是,乐天发愿修香山寺僧房既就,事具前记。迨今七八年。寺有佛像,有僧徒,而无经典。寂寥精舍,不闻法音。三宝缺一,我愿未满。乃于诸寺藏外杂散经中得遗编坠轴者数百卷帙,以《开元经录》按而校之。于是绝者续之,亡者补之,稽诸藏目,名数乃足。合是新旧大小乘经律论集,凡五千二百七十卷。乃作六藏,分而护焉。寺西北隅有隙屋三间,土木将坏,乃增修改饰为经藏堂。堂东西间辟四窗,置六藏。藏二门,启闭有时,出纳有籍。堂中间置高广佛座一座,上列金色像五百。像后设西方极乐世界图一,菩萨影二。环座悬文幡二十有四,榻席巾几洎供养之器咸具焉。合为道场,简俭严净。开成五年九月二十五日,堂成,藏成,道场成。以香火衅之,以饮食乐之,以管磬歌舞供养之。与闲、振、源、济、钊、操、洲、畅八长老,及比丘众百二十人围绕赞叹之。又别募清净僧七人,日日供斋粥,给香烛,十二部经次第讽读。俾夫经梵之音,昼夜相续。洋洋乎盈耳哉,忻忻乎满愿哉!尔时道场主佛弟子香山居士乐天,欲使浮图之徒游者归依,居者护持,故刻石以记之。

([唐]白居易著,谢思炜校注《白居易文集校注》卷三十四,中华书局2011年版)

王安石《真州长芦寺经藏记》

西域有人焉,止而无所系,观而无所逐。唯其无所系,故有所系者守之;唯其无所逐,故有所逐者从之。从而守之者不可为量数,则其言而应之、议而辨之也,亦不可为量数。此其书之行乎中国,所以至于五千四十八卷,而尚未足以为多也。

真州长芦寺释智福者,为高屋,建大轴两轮,而栖匦于轮间,以藏五千四十八卷者。其募钱至三千万,其土木、丹漆、珠玑,万金之闳壮靡丽,言者不能称也,唯观者知焉。夫道之在天下莫非命,而有废兴,时也。知出之有命,兴之有时,则彼所以当天下贫窭之时,能独鼓舞得其财以有所建立,每至于此,盖无足以疑。智福有才略,善治其徒众,从余求识其成,于是乎书。

([宋]王安石撰,刘成国点校《王安石文集》卷八十三,中华书局2021年版)

王安石《涟水军淳化院经藏记》

道之不一久矣。人善其所见,以为教于天下,而传之后世。后世学者或徇乎身之所然,或诱乎世之所趋,或得乎心之所好,于是圣人之大体,分裂而为八九。博闻该见有志之士,补苴调胹,冀以就完而力不足,又无可为之地,故终不得。盖有见于无思无为退藏于密寂然不动者,中国之老、庄,西域之佛也。既以此为教于天下而传后世,故为其徒者多宽平而不忮,质静而无求。不忮似仁,无求似义。当士之夸漫盗夺,有己而无物者多于世,则超然高蹈,其为有似乎吾之仁义者,岂非所谓贤于彼而可与言者邪?若通之瑞新,闽之怀琏,皆今之为佛而超然,吾所谓贤而与之游者也。

此二人者,既以其所学自脱于世之淫浊,而又皆有聪明辩智之才,故吾乐以其所得者间语焉。与之游,忘日月之多也。琏尝谓余曰:"吾徒有善因者,得屋于涟水之城中,而得吾所谓经者五千四十八卷于京师。归市匦而藏诸屋,将求能文者为之书其经藏者之岁时,而以子之爱我也,故使其徒来属。能为我强记之乎？"

善因者，盖常为屋于涟水之城中，而因瑞新以求予记其岁时，予辞而不许者也。于是问其藏经之日，某年月日也。夫以二人者与余游，而善因属我之勤，岂有它哉？其不可以终辞，乃为之书，而并告之所以书之意，使镵诸石。

（[宋]王安石撰，刘成国点校《王安石文集》卷八十三，中华书局2021年版）

范纯仁《安州白兆山寺经藏记》

元丰元年十一月予自少喜为山水之游，凡所至有名山胜概，虽遐险必造焉。治平二年，自侍御史责倅安陆，安之西有金峰山，山有古白兆僧寺。时道人垂素为之长老，而众皆称其名德。寺有本朝列圣御书，岁时郡遣从事检校。予到官才数月，遂自求以往。至则爱其林泉幽茂，岩谷深邃，周游登览，而邀素从焉。惟法堂土木新，询之则素所营也，予益嘉其必葺。又至僧堂北隅，有老屋，若殿而小，视其榜则经藏也。素指谓予曰："此雍熙中所建，有龚御史石记在焉。然地址隩僻，蠹腐所滋，游礼者或不能至，将徙而置于大殿之西爽垲之地而新之。"予询其期，则曰："释子举事，待信施而集，虽志于有成，未可必其期也。"

予移官去后一纪，谪守义阳，距安为近。地僻少宾友，思得素谈老、庄，而闻其老益高介，弃其寺而庵居，罕与俗接。予谩以书招之，书未达而素已惠然见访矣。语道之暇，因曰："昔者欲徙之经藏，今已成矣。自治平三年冬十月经始，至熙宁四年夏五月告毕，计用檀施之财八十万，将刻石以记岁月，愿公为我书之。"予曰："师尝自谓传达摩之宗，不立语言文字，直指心源，见性成佛，奚取五千之书，而复新其藏为？又以一切有为，皆如梦幻，己则忘之，何用岁月名氏之记，而求知于后人哉？"师曰："不然。夫众生静明，真心与佛齐等。由情着于物，故翳而为病。佛犹良医，知病之本，皆称其浅深缓急，为药以治之。今之经，犹对病之药也。物之感情无穷，故众生之病无穷，则其所治之药亦无穷。此五千之书所以必有也。今之经藏，犹药之府也。则其栖贮不得不严，将以应夫病者之求,则亦药之肆也。其置设不得不显,此藏之所以必徙而新之也。大凡前人有为,必告后人以为之之意,则庶几其守而不坠矣。此记之所以必作也。"予闻师之言,爱其有理,故为之书。

元丰元年冬十有一月壬申记。

(曾枣庄、刘琳主编《全宋文》第七十一册,上海辞书出版社、安徽教育出版社2006年版)

杨万里《兴崇院经藏记》

安福县南出为十里者,有地曰邬村。有寺岿然者,兴崇院也。作于治平丙午,至宣和甲辰而火。释守通者再作之,至建炎庚戌,又火。释延赟与惠崇者又作之。殿堂有严,庖湢毕葺,至今其徒得以安,安而居,继继而不绝者,二释力也。释海璇今居之,璇良于医,得钱无所用,独用之于其师之教所宜为者。宫庐之欹倾,佛像之漫漶,既苴既考,既袯既藻。则与其徒蕴贤、蕴淮计曰:"有寺百年而无经一卷,非不耒而农,不书而士乎?蔬其腹,衲其躯焉而已矣。吾徒藉第令自窾自懵,靡脑靡忸,其若后之敏惠秀辩,求心问性者何?"于是倾囊之赢,劝里之侠,得钱如干。蕴贤乃杖竹履草,风饪露寐,走二千里,至福唐,市经于开元寺以归。为卷者五千四十有八,为匦者数十百,承以耦轮,峙以崇殿。金碧炜烨,丹漆可鉴。龙光神威,森然欲动。鼓舞盹庶,罔不尊礼教所应有,彪列明备。

璇因文士刘宗芝及吾外弟周世通,来求予文,以纪其成。予曰:"彼于其师之经,所谓五千四十八卷者,匦之矣,能如士之于书皆诵之否?能诵之矣,抑能如士之于书皆通之否?"世通曰:"释之不如士,固也。抑不宁唯是,释能以无经为怍,固不如士之以书而入官,以官而捐书。释能倾赀以市经,固不如士之以身而殉货,以货而殉色。释能辛勤千里而求经,固不如士之重跰以附炎,奔命以死权。"予无以诘,因并书其语。盖殿成于淳熙戊戌之冬,轮藏成于己亥之春。赀出于璇,力出于贤与淮云。

是岁十月三日,杨某记。

([宋]杨万里撰,辛更儒笺校《杨万里集笺校》卷七十二,中华书局2007年版)

释法明《宝梵教寺经藏记》

大夏距天竺国不知其几千万里,有能仁氏之教,盖出于净饭之后,当周昭王二年四月而生。兹大圣将利益于天下,忽地动泉溢,虹光上贯紫薇,王命史占之,剖石南郊,用纪其事。生十九年,父王以嗣嫡之储,钟爱甚笃。因感而欲出俗,志坚不可夺,遂逾大雪山,修道德,成行满于菩提树下,成等正觉,三转法轮,度人无数。机薪既尽,将入涅槃,顾谓其徒曰:"我灭后一千年,声教当留于四方。"于是阿难多闻第一与诸弟子俱微言将绝,于毕钵罗窟中结集法藏。凡住世四十有九年,所说之法若水传器,将大小诸部,不可备举,盛行其土。至汉明帝夜梦金像飞行殿墀,因遣使往西域求之月氏,遇摩腾、竺法兰二大士,以白毡绘其像,以贝多叶缮其书。至止洛京,首命翻译,印《四十二章经》,为释教来东之始也。乃度僧,创白马寺以奉之。原其教,大率以因果为宗,近则使人迁善远罪,终则使之革凡成圣,大有益于教化,故世谓儒释道若鼎之足焉。

历魏、晋、隋、唐,又迁千有余载,中间或隆或替,皆系于时君世主,其道未尝为之增损也。唐高僧玄奘义盛者尝亲往天竺,备历寒暑,得经律论,合前后所译约五千余卷。梁朝傅大士乃补处慈氏方,以其书覆以宝殿,架以车轴,此亦流通法宝无穷之意。自尔檀信有所祈祷,至于事近恳投,如谷答响。或者窃疑之曰:"吾观琅函玉轴,而赤者是纸,黑者是墨,分别者是业识。与夫施财推解之神,而手未尝捧其卷,目未尝阅其书,又不知其中所说何法,祇一举心祈向,便能感格神物,易危为安,此系何道而致之然?"殊不知如来为一切众生,故于婆婆世界无一芥子许不是舍身命处。且以丈尺之地铺以芥子,纵功力算计尚莫能知,况婆婆如是之广,其积功累德,宜乎不待发一言而千里应之。此但以一代施之为言,若其以法界身随机逼教,则尘尘刹刹,殿推是藏,闻所出音声与亲闻如来所说一大藏教无以异也,而况手持目阅、游心其间者哉!荆溪且一句通神,咸资彼岸,思惟修习,永证菩提,前所谓迁善远罪、革凡成圣,岂虚言耶?

宝梵院者,在县之东北隅,去城市一牛吼地。治平中始易今额,业以十方讲观住持。政和间,猊座久虚,众举真懿大师德臻。胡氏子,世为邑之大族,妙龄披缁,乃居延庆三十年,禀法智大师天台教观,众钦仰。既来,适丁百废,莫能支矣。一日,其父允和语之曰:"邑中未有轮藏为道俗洗心植福之地,汝能经画,吾当助之。"于是乐从其说,袖疏出谒豪右。后七年而藏成,宝殿一新,华鬘八面,护法神龙从地捧之而出。菩萨天仙,光明辉映,若帝网殊,互相涉入。其徒了宗、如雅、可立同往乌墩镇募缘,得经五百函以实之。兴作于建炎丁未,落成于绍兴甲寅,总费钱万有余贯。既成,臻公遂告老西堂。

未二十年而主人几易,第恐日迁月化,后之人不知创始之本末,乃过谓仆曰:"此藏未有记,公能以文字治增上胜缘乎?"仆曰:"昔韩梓材,唐之名儒也,尝为清泉寺作《轮藏记》,其所载太和中,率天下佛祠逾三万,其能置大藏者不过十百。然以唐较宋朝,其增制佛祠不啻数倍,而能置大藏者,又何止于十百而已哉?顾当时建立之人求其记者,皆一时巨公硕儒,以文章翰墨照辉后人,欲其取重于天下矣。而公独以一林下无闻之人求为之记,得非以仆芜而为诮焉?"然不敢辞而为之记。

(曾枣庄、刘琳主编《全宋文》第一百四十五册,上海辞书出版社、安徽教育出版社2006年版)

罗颂《古岩经藏记》

古岩,知名寺也,予少而游焉,爱其僧房在石下有坡陀嵌空之状,已而上经阁,函列整整,可以手探而意取。念方外之士,肯以其余闲徜徉于此,因尽阅其经,盖亦足乐。其后闻欲更为藏,予私以为是得已而不已者。

淳熙十年冬,住持慈悦遣守如来告曰:"经阁起于绍兴中,惟经实营之。阁久而益坏,慈悦与慈妙、守晖等,乞钱为藏于东偏。方汝霖、汝再首助之,以迄于成。且阁之于尊经有所未至也,今既大为之,轮衍八面以为十,置函其间,上为莲华、千叶、毗卢居之,五十二大士,缥缈于孤云之上。当其机械一动,果若山君海王拥而挟之以趋经,不既严矣乎!敢请记。"予于是知其有为而为之也。

尝闻佛之视斯人如慈母之于子,丁宁训敕,惟恐其未喻。而意之所归,则有卓然而至当者。故其书遍于天下,而方以为无法之可说。自佛既灭,其徒相与诵而讲之,不胜其浩博,而即心之义始出。理事之相资,空有之相宣,语默之相救,凡所以明此非真有,所谓教外之传也。迨分而为南北之宗,又散而为五家之派,号为参禅者,皆患言之障道,而思造于忘言之域。故颛任诸方语以为直截之要,其立意则善,然其取舍决择或至流而为戏论。大凡方便悟解,则佛之说与其祖与师之说,初不害其忘言。如或不然,则二者均之为有言,宜异乎此而泥乎彼,犹未免于有言也。以言而求忘言,去道亦远矣。盖昔尝有难佛者,一示之以良久而迷云顿开,佛于是乎有鞭影之喻。然则施于棒喝,实祖其故智也。观其书者,亦必有道矣。如上人既尝游四方,宜必有所闻,而犹以雕镂涂饰、旋斡震眩为足以尊经,又以予之文为足以表其尊经之指而请焉,何谓?

予玩华而忘实,故晚未闻道。方愿悔前所为,抱周孔之书而熟味之,以究夫性命之极。万一有所自得,而后考佛之书,取其与吾儒合者,明著焉以授之,庶乎其有补。恐其不能待也,姑述旧闻。

十一月朔日罗颂记。

(曾枣庄、刘琳主编《全宋文》第二百五十四册,上海辞书出版社、安徽教育出版社2006年版)

耶律楚材《燕京大觉禅寺创建经藏记》

辽重熙、清宁间,筑义井精舍于开阳门之郭,傍有古井,清凉滑甘,因以名焉。金朝天德三年,展筑京城,仍开阳之名为其里。大定中,寺僧善祖有因缘力,道俗归向者众,朝廷嘉之,赐额大觉。贞祐初,天兵南伐,京城既降,兵火之余,僧童绝迹,官吏不为之恤,寺舍悉为居民有之。戊子之春,宣差刘公从立与其僚佐高从遇辈,疏请奥公和尚为国焚修,因革律为禅。奥公罄常住之所有,赎换寮舍,悉隶本寺。稍成丛席,可容千指。瑞像殿之前,无垢净光佛舍利塔在焉,残缺几仆。提控李德者,素党于糠蘖,不信佛教,至是改辙施财,完葺其塔。继有提控晋元者,施蔬圃一区于寺之南,以给众用,糊口粗给。庚寅之冬,刘公以状闻朝廷,招提院所贮余经一藏,乞迁于本寺安置,许之。于是奥公转化檀越,创建壁藏斗帐龙龛一周，凡二十架，饰之以金缋之彩，穷工极巧，焕然一新，计所费之直，白金百笏。能事告成，累书请湛然居士为记。

余慨然曰：昔者圣人之藏书也，贮之以金柜，写之于琬琰，重道尊书，以示于将来也。浮屠氏之建宝藏者，亦犹是乎！吾夫子删《诗》定《书》，明《礼》赞《易》，六经之下，流为诸子，《春秋》以降，散为史书，较其卷轴，不为不多矣。兵革以来，率散落于尘埃中。吾儒得志于时者，曾无一人为之裒集，置之净室，安之宝架，岂止今日也哉！承平之世，间有儒冠率集士民，修葺宣圣之庙貌者，曾未卒功，已为有司纠劾矣，且以擅兴之罪罪之。噫，吾道衰而不振者，良以此夫。昔雪岩示寂于王山时，万松老人方应诏住持仰峤，讣问既至，不俟驾而行，遇完颜子玉诸涂。子玉叹曰："士人闻受业之师物故也，虽相去信宿之地，未闻躬与其祭者，岂有千里奔丧者邪！佛祖之教，源远流长者，有自来矣。"子玉屡以此事语及士大夫。今奥公禅师非为子孙计，无取功名心，汲汲皇皇丐乞于道路，唯以佛宫秘藏为务，可谓不忘本矣。余已致书于诸道士大夫之居官守者，各使营葺宣父之故宫，亦由奥公激之也云。

癸巳中秋日记。

（李修生主编《全元文》卷十二，凤凰出版社 2004 年版）

任士林《杭州路崇福院藏经阁记》

崇福院在杭州城北门之北，良渚之南。宋淳熙乙亥建也。盖杭为东南巨镇，市巷棋列，庐井蚁附。车运马驰，不厌旦夜。北行三十里，始有良渚之旷。纷华既远，驰骋亦休。泛苕水，上天目，此焉。西东佛庐巍然，坐摄群寂，则弘严象教亦固其所。

景定庚申，前住山寿滔，初建无量寿佛宝阁，穆陵书以宠之，中奉四大部经，天龙森列，扶卫有严，幢盖香华，云烟披郁。今住山师学，弘持先志，饰美缘，中外之居，小大之宇，凡皆葺而新之。具足梵典五千四十八卷，经左右南向，律论东向西向，疏钞北向。崇以华龛，联络窗牖，宝函象轴，五采彰施，炳炳乎，秩秩乎，有不贻双林目巧之胜，而法轮流转，具不退。

因于是耆旧僧师秀德、广德,叵与凡协力缘信之徒,相与谋曰:"是不可不记。"遂以状来。余惟释氏之道,无隐显精粗、洪纤高下,性性具圆,心心本了,而非言语文字所能载,亦非言语文字所不载。如星辰河汉,历历垂布。而风雨晦冥,一毫不爽。如枝条花叶,种种新好,而雪霜根柢,一芽不蚀。是故佛灭度后五百余载,《四十二章》之旨流入中土。又千有余载,五千四十八卷始具,而经律论之宗分矣。夫道岂不漓乎?然万目睽睽,诸妄靡靡,而病得医,而渡得筏,而暗得灯。道之漓,民之厚也。今国家以翻阅布慈仁,塔寺以庄严奉福利,而心惟口诵之士等证妙觉道,岂果漓乎哉!师学师以信广缘,以智弘果,识通经藏之先,意严梵相之外。慈仁之布,于是乎广;福利之奉,于是乎严,等证妙觉,于是乎在。夫然则道岂果漓乎哉?遂乐为之记。

(李修生主编《全元文》卷五百八十二,凤凰出版社 2004 年版)

(五) 公藏

郑观应《藏书》

我朝稽古右文,尊贤礼士,车书一统,文轨大同,海内藏书之家指不胜屈。然子孙未必能读,戚友无由借观,或鼠啮蠹蚀,厄于水火,则私而不公也。乾隆时特开四库,建文宗、文汇、文澜三阁,准海内稽古之士就近观览,淹通博洽,蔚为有用之才,作人养士之心,至为优厚。而所在官吏奉行不善,宫墙美富,深秘藏度,寒士末由窥见,及寇乱洊经付之一炬。中兴将帅,每克一省一郡,汲汲然设书局,复书院,建书楼。官价无多,尽人可购,故海内之士多有枕经葄史,博览群书,堪为世用者。通商日久,西学流传,南、北洋亦复广译西书以资考证。惟是穷乡僻邑闻见无多,疆吏亦漠不关心,置之度外,则傲僻孤陋,故我依然,然后知藏书之为益多,而广置藏书以资诵读者之为功大也。

泰西各国均有藏书院、博物院,而英国之书籍尤多,自汉、唐以来,无书不备,本国书肆新刊之书,例以二分送院收储。如有益于国计民生者,必膺朝廷重赏,并给予独刊之权若干年。咸丰四年间,于院中筑一大厦,名曰读书堂,可容三百人,中设几案笔墨。有志读书者,先向本地绅士领有凭单,开列姓名住址,持送院中,董事换给执照,准其入院观书,限六阅月更换一次。如欲看某书、某册,则以片纸注明书目,交值堂者检出付阅。就长案上静看,不许朗诵。阅毕签名书后,何日、何处、何人阅过,缴还经手。该值堂年终查核,知何书最行。另有赁书楼,有股分者每年出书银四元,可常往看,各处新报俱全,只准借书两本,限两礼拜归还。如无股分者赁阅,每日计银两先付。阅毕缴还,不许携带出门及损坏涂抹。倘有损失,责令赔偿,特设总管一员司理其事,执事数百人,每年经费三十万金。通国书楼共二百所,藏书凡二百八十七万二千册。此外,如法兰西书楼五百所,藏书凡四百五十九万八千册。俄罗斯书楼一百四十五所,藏书凡九十五万三千册。德意志书楼三百九十八所,藏书凡二百二十四万册。意大里书楼共四百九十三所,藏书凡四百三十五万册。奥大利书共五百七十七所,藏书凡五百四十七万六千册。法京巴黎另有一书楼异常宏敞,独藏书二百七万九千册。德京伯灵之书楼亦藏七十万册。罗马大书院除刻本外,更有钞本三万五千册,细若蝇头,珍如鸿宝,洵数典之钜观,博学之津梁也。

我中国自都中四库外,镇、扬、杭三阁早付劫灰。其家藏最富者,如昆山徐氏之传是楼,鄞县范氏之天一阁,杭州汪氏之振绮堂,钱塘吴氏之瓶花斋,吴门黄氏之滂熹园,石冢严氏之芳茉堂,邬镇鲍氏之知不足斋,昭文张氏之爱日精庐,南浔刘氏之暝琴山馆,所藏古籍宏富异常,兵燹以来半归散佚。近日则吴兴陆氏之皕宋楼,首屈一指,另建守先阁,请于大府,奏于朝廷,供一郡人士观览。其大公无我之心,方之古人亦何多让。独是中国幅员广大,人民众多,而藏书仅此数处,何以遍惠士林。宜饬各直省督、抚,于各厅、州、县分设书院,购中外有用之书藏贮其中,凡外国未译之书,宜令精通西文者译出收贮。派员专管。无论寒儒博士,领凭入院,即可遍读群书。至于经费,或由官办,或出绅捐,或由各省外销款项科场经费。将无益无名之用度稍为撙节,即可移购书籍而有余。仍常年储备专款,分派员役管理,稽查所有新书,随时添购。果能认真经理,数十年后,贤哲挺生,兼文武之资,备将相之略,或钩元摘秘,著古今未有之奇书;或达化穷神,造中外所无之利器。于以范围天地,笼罩化夷,开一统之宏规,复三王之旧制,极巍焕,信景铄,皆于读书稽古二事基之矣。

今天下竞言洋学矣,其实彼之天算、地舆、数学、化学、重学、光学、汽学、电学、机器、兵法诸学,无一非暗袭中法而成,第中国渐失其传,而西域转存其旧,穷原竟委,未足深奇。若合天下之才智聪明,以穷中外古今之变故,标新领异,日就月将,我中国四万万之华民,必有复出于九州万国之上者。苟强分畛域,墨守规为固陋昏蒙,甘受人制,则印度、琉球、越南、缅甸之续耳。前车已覆,来轸方遒,有识之君子将何择焉!

(夏东元编《郑观应集》,上海人民出版社1982年版)

梁启超《万木草堂书藏征捐图书启》

今之语天下事者,莫不曰:欧美学人多,是以强。支那学人少,是以弱。真知本之言哉!虽然,学也者,非可以向壁而造,捕风而谈也。则必读书,又不能抱高头讲章,兔园册子以自足也。则必多读书。虽然,以数千年之中国,为书数十万卷,其必读者亦数万卷。加以万国大通,新学日出,横行之籍,象鞮之笔,无一书可以弃,无一书可以缓。然则欲以一人之力,备天下之书,虽陈、晁、毛、范,固所不能。况乃岩穴蓬甓好学之士,都养以从师,赁庑以自给者。其孰从而窥之。

启超故陬澨之鄙人也。年十三,始有志于学,欲购一潮州刻本之《汉书》而力不逮,乃展转请托以假诸邑之薄有藏书者,始得一睹。成童以还,欲读西学各书,以中国译出者,不过区区二百余种,而数年之力,卒不能尽购。泊乙未在京师强学会中,乃始获遍读焉。至于今日,而《续三通》《皇朝三通》《大清会典》等,至通行易得之书,犹未能自置十百之一。恃一瓻之谊,乞诸友朋而已。夫启超既已如是,天下之寒士其与启超同病者,何可胜道。其艰苦十倍于启超者,何可胜道。购既大难,借亦非易,其坐是束手顿足,涂目塞耳,降志短气而卒不获大成者,不知几百千万亿人也。

彼西国之为学也,自男女及岁,即入学校,其教科必读之书,校中固已咸备矣。其淹雅繁博孤本重值之书，学人不能家庋一编者，则为藏书楼以庋之，而恣国之人借览焉。伦敦大书楼藏书至五千余万卷，入楼借阅之人，岁以亿万计。其各地城邑都会莫不有书楼，其藏书至数十万卷者。所在皆是，举国书楼以千数百计，凡有井水饮处，靡不有学人，有学人处，靡不有藏书。此所以举国皆学，而富强甲于天下也。

昔高宗既勒成《四库全书》，著录天府，复于江浙设文宗、文汇、文澜三阁以饷江左之学者。而仪征阮相国亦体右文之盛德，设焦山、灵隐各书藏，故乾嘉之间，江左之学者，人蒲竹而家铅椠。学术之茂，近古所希，斯藏书之明效哉！

吾粤僻在岭表，百年以来与中原士大夫相隔绝，故以学鸣于时者殆寡。海道既通，风气渐被。迄同光以后，而贾马许郑之学萌芽间出，加以海疆多事，濠镜、香港两地为泰西人中国孔道，彼族颇以其学设塾以教我子弟，将收以为用。而耳目沾被，聋聩稍开，于是今日海内之论人才者，靡不于吾粤属观听焉。顾自和议成后，庙谟谆谆，廷议缤缤，以兴学育才为急务，于是各行省雾起云涌，学堂学会所在而有，即至陕蜀之僻远，桂黔之瘠苦，犹思兴焉。独我粤以中西之孔道、文学之地、各省所想望者，而声沉响绝，寂无一闻，启超等实耻之。

往者既与二三同志，各出其所有之书，合庋一地，得七千余卷。使喜事小吏典焉，名曰万木草堂书藏，以省分购之力，且以饷戚好中之贫而好学者而已。数年以来，同志借读渐夥，集书亦渐增，稍稍及万卷，而粤士之忧天下者，方将联一学会，群萃州处，以相切偲，以讲求救天下之学。启超以为书之不备，不足以言学，图器之不备，不足以言学。欲兴学会，必自藏图书器始，于是思因向者书藏之旧而扩充焉。材力绵薄，惧不克任。闻之求其友声，时人称焉。独为君子，抑亦古者之所耻也。海内耆硕方闻好义之士，或生长此地，率维桑之敬，或曾官斯士，推甘棠之泽，或爱其士气之可用，加以奖藉，或怜其濒海之颠危，垂赐扶恤，盛意提倡，慨赠百城，阐扬风流，沾溉末学。他日五岭之间，南海之滨，其或有一二倜傥非常之士，得以肆力于学，养成其才，以备国家缓急乎，皆仁人君子之赐也。吾粤幸甚，启超等幸甚。

一、凡惠捐者，或拨官局之书，或赐家刻之本。或中国书籍，或泰西新书，或捐各种图各种仪器，或以金钱代，皆无不可，拜领盛意，感谢惟均。

一、凡原有及惠捐之书图器，按年刻一清册。至戊戌年岁杪起。书目以《七略》分类，注明某书某君所捐，备登台衔官阶，图器亦然，册末附阅书赁书管书章程，分送惠捐诸公，以志盛德。

一、本书藏，亦有自刻同人新著各书。凡诸公惠捐者，随检自刻书奉酬，以表谢悃，惟酬书多不过两三种，不以捐书之多寡为酬书之厚薄，不敢投报分明，反没高义。

一、凡惠捐者，或寄上海时务报馆内梁任父，或寄长沙时务学堂内梁任父，或寄上海大同译书局内韩树园，或寄广东省城广府学宫万木草堂内王镜如收皆可，收到时有同人公谢启及奉酬之书为凭。

（梁启超著《饮冰室合集》，中华书局1989年版）

罗振玉《京师创设图书馆私议》

保固有之国粹，而进以世界之知识，一举而二善备者，莫如设图书馆。方今欧、美、日本各邦，图书馆之增设，与文明之进步相追逐，而中国则尚然无闻焉。鄙意此事亟应由学部倡率，先规画京师之图书馆，而遝之各省会。兹将京师之创设图书馆之办法，条举如下：

一曰，择地建筑也。图书馆宜建于往来便而远市嚣，不易罹火灾之处。规模宜宏大，约须用地四五十亩，预留将来推广地步。至建筑式样，宜调查各国成式而仿为之。其经费至少之数，约须一百万金。分三期筹备之，每三年为一期，九年而全部告成。每三年中筹三十三四万金，度支虽奇绌，尚不至难办也（并建筑及购书共计之）。但调查既须时日，而建筑与搜书，亦非旦暮间所克办，则事几之决，不可缓矣。

二曰，请赐书以立其基也。图书馆之书籍，分二大部，一本国，一外国。本国之书，宜奏请颁赐库藏，以为之基。查从前颁赐之库书，在南中诸省者，半付劫灰。而奉天、热河之赐书，均尚完好。又当日四库存目之书，亦尚存大内，中多善本。又钦定各书，如《图书集成》及累朝方略之类,与夫翰林院所存《永乐大典》之烬余者,均宜奏请颁赐图书馆存储。(又闻外务部所存外国书籍不少,亦宜储藏图书馆。)至武英殿及钦天监所藏书版,亦应请归图书馆保存,以便随时缮修,并广其传布。

三曰,开民间献书之路也。从前库书,大率采诸民间。但百余年来,新著日出,而古籍之存海内藏书家,未经进呈者亦不少。今宜援照旧例征取,而奖之亦如旧例。方今东南藏书家,所藏大半散失。然如聊城之杨,归安之陆,则均完好无缺。杨氏后裔珍重保守,而艰于嗣续。陆氏则曾登广告于报纸,言有造藏书楼者,愿尽捐其所藏。若收两家之书,入京师图书馆,而破格奖励之,则二君既申其孝思不匮之心,而古籍亦不至散失,况更可招致他藏书家乎?此亦征搜遗书之机会,不可失者也。

四曰,征取各省志书及古今刻石也。各省志书,为历史地理之资料,亟须裒集。宜咨行各省,征取储藏。(各省书局之刻本,一并征取。)至古金石刻,在秦汉以前者,大有裨于古文学,秦汉以后者,亦有裨于历史。宜仿之通志馆成例,令各省进呈。其私家所藏,则如征书例可也。

五曰,置写官。馆中宜置写官。凡民间珍异之书,不愿献纳者,可令写官移写后,而返其原本。写官之选用,可考选各省士子之文学较优者充之。其待遇如各部之书记,其有年劳者之奖励亦如之。其员数不能预定,大约二三十人可矣。

六曰,采访外国图书。外国图书至繁赜,宜先择最新最要者购之。先由调查员于调查建筑时,向专门学家咨访,写成应购书目。回国后可依目购之。以后逐年增置,以期完备。

以上乃大略办法。至监守之法,借阅之例,设官之员数等,应参考各国成规而采用之。先由调查员从事调查。至京师图书馆以外,各省城亦应各立图书馆一所,以为府、厅、州、县之倡。如是则二十年后,我国之图书馆,或稍有可观乎!

(载李希泌、张椒华编《中国古代藏书与近代图书馆史料》,中华书局1982年版)

傅增湘《北平图书馆善本书目序》

古者，国之简册，藏于柱下，《周官》外史掌四方之志，三皇五帝之书。两汉以降，西京之金马、石渠，东京之兰台、东观，号为典籍之林，其典掌皆史职也。迨后世好文之主，下诏遣使，四出征书，以充秘府，由是馆阁之制兴焉。然尝详稽故实，凡其编入中经，录之官簿者，专以供几暇之披览，侈承明之珍秘，而非与人士共之者也。有清中叶，诏开四库，网罗古今，既成定本，著录于文渊阁。又降敕录副，分颁文宗、文汇、文澜三阁，设馆储书，公诸天下，此其权舆。至光绪季年，张文襄管理学部，乃奏请开馆于京师，设官定制，列诸职掌，图书馆之名乔乔皇皇，遂为海内士流所引望矣。

顾草创之初，所恃以充架者，惟内阁大库旧藏。其中宋元秘籍殆数百种，惜其年湮代远，阙失弘多。其后端忠敏自江南奏进，有归安姚氏、南陵徐氏、海虞瞿氏诸家之书，旧椠精钞，往往而在。而甘肃大吏，解进敦煌石窟经卷又八千余轴。嬗代以来，文津阁《四库全书》更自热河辇至，咸庋其中，函帙既多，骎骎鼎盛。惟馆址再迁，屋宇卑陋，仅可蔽风雨，资用困绌，粗足给藏吏，以云展布，殆所未遑。余长部务时，颇欲锐志经营，以继崇文、集贤之轨，丁国多故，事与愿违，第手订阅览，写录条章，增给收书岁额而已。

近岁文化复兴之说腾播海宇，群谓吾国学术文艺，咸凭载籍以传，保粹存古之道，崇为国论。于是朝野献议，中外协谋，移前代岁币所余，合新旧两馆而扩充之，选地于琼岛之西，未及三年，高楼云起，朱甍碧瓦，辉映湖山，锦帙牙签，充塞栋宇，盖制度之崇闳，蕴藏之美富，琅嬛福地，委宛仙居，殆无以过，非复昔时筚路蓝缕之风矣。

袁君守和，以专门名家，久领馆政。任事伊始，即延赵君斐云专司征访纂校之职。赵君夙通流略，允擅监裁，陈农之使，斯为妙选。频年奔走，苦索冥搜，南泛苕船，北游厂肆，奋其勇锐，撷取菁英。且能别启恒蹊，自抒独见，于方志、禁书、词曲三者，搜采尤勤。夫吾国典籍，夙称浩博，然统系分明，最裨实用者，莫如地志。尝考千顷黄氏所载，佳构如林，而阁本征收，只有姑苏、无锡、武功、朝邑四志，存者千一，挂漏实多。馆中有慨于此，肆力访求，大而都会，远及边隅，断自启、祯，数逾四百。四明范氏，差足抗衡，此洵百国之宝书，四库之佚典矣。至于销毁之严科，实文字之厄运，批根引蔓，尽付劫灰，今则禁网既宽，屋壁咸出，焕然神明，顿还旧观。此皆先民精魄所存，紧由神物护持之力。别如词曲、杂剧之属，率为前史艺文所遗，第乐府流传，风雅攸寄，极才人之藻思，为文苑之附庸，矧《西厢》《琵琶》，曾登《经籍》，过而存之，亦王圻《续通考》之例也。凡兹目裒香之编，要诸家簿录所略焉。若夫宋椠元刊，秘钞名校，所在求之若渴，时拔其尤，苟旷世之稀逢，斥兼金而勿恤。至如天一、海源及南北旧家近岁流出者，亦复惜其散亡，广为罗致。或一书而兼收数本，或残帙而竟获重完。综计先后所得，合以旧储，审定入善本库者，为书凡三千七百九十有六部，以卷计者，凡七万八千一百九十有九，而乙库所藏善本尚不与焉。

溯自辟馆以来，编目之役，凡经数举。缪君艺风以宿彦耆儒，首膺馆职，手自属草，排比粗定，会经鼎革，不及付雕，坊肆流行，仅存初稿。嗣则江君叔海、王君懋熔，续加葺录。已而夏、彭二君重事修正，于旧目讹夺，颇肆抨弹，然第工于纠人，而所撰未为赅备。今乃拟定体例，将欲辑为书影，录为书志，次第刊布，以便编摩。先成《简目》四卷，授之梓人，赵君以序文为请。自维生平酷嗜藏书，兼耽雠校，信于兹馆，雅有宿缘。忆自癸丑入都，僦屋西涯，晨钞暝勘，历夏涉秋，孤籍异书，咸得寓目。及新屋落成，衡宇相望，踪迹益稠，一瓻往还，殆无虚日。回溯二十余年，始以抱残守缺之笃，终成鸿博巨丽之观，譬之于人，初识之于髫稚，继乃见其长成，今则腾实蜚声，魁然冠世，使余垂老之年，躬逢胜赏，其愧叹欣愉之情，固有倍蓰于恒人者矣！

或以兹目依类标名，未参序论，微伤简略，岂餍群情！不知尤氏《遂初》，始题版本，此编之作，例属初桄，逮及《直斋解题》，备详考订，要俟削稿，正可合镌，巨制鸿编，照耀宇内。吾知太液池畔，必有庆云之采，虹月之辉，轮囷纠缦，上与东壁争光。昔人所侈为群玉之府，二酉之山者，庶几旦暮遇之矣。

（傅增湘撰《藏园群书题记》，上海古籍出版社1989年版）

论著提要

《中国印刷术的发明和它的西传》提要

翟新明

卡特(Thomas Francis Carter),美国著名汉学家。1882年10月26日生于美国新泽西州,1904年毕业于普林斯顿大学;1906年后,多次至中国旅行,并参与办学、救济等。1922至1924年,卡特与夫人Dagny Carter游学欧洲,曾从伯希和(Paul Pelliot)等学者求学。1924年,应哥伦比亚大学中文系邀请,卡特前往任该系系主任,并获该校博士学位,1925年8月6日病逝。

卡特的传世名著为《中国印刷术的发明和它的西传》(*The Invention of Printing in China and Its Spread Westward*),该著的写作缘起于1921年他在山东旅行途中对中国印刷术及对世界影响的思考。卡特在欧洲游学时广泛搜集汉学界有关中国印刷术的研究资料,最终在病逝前完成该书,由哥伦比亚大学出版社于1925年6月出版。1941年北平曾影印此本,并加中文题名"中国印刷发明史"。该著于1931年10月由哥伦比亚大学出版社再版,书首加入了卡特夫人于1931年3月写成的作者小传,在内容上仅做了极少修改,并由劳费尔(Berthold Laufer)增加了少量参考书目,与1925年初版并无大的差别。1950年始,卡特在哥伦比亚大学的继任者傅路德(Luther Carrington Goodrich)应卡特夫人的邀请,根据新出新见材料与研究著作对卡特原著进行了增订,书前增加了傅路德所作修订版序言,卡特夫人原序也略加增改,复将每章之后的参考书目移置书末附录,并附录了词汇表与索引,由罗纳德出版社于1955年出版。此外,卡特的老师伯希和还曾为再版此书而撰写札记,在 1945 年伯希和去世之后,这些札记经戴密微(Paul Demiéville)、戴何都(Robert des Rotours)整理补充,收入 1953 年出版的《伯希和遗著》第四册《中国印刷术的起源》(*Les Débuts de l'Imprimerie en Chine*)中。

卡特英文原著于 1925 年出版以后,迅即传入中国。荷兰莱登大学教授戴闻达(Jau Julius Lodewijik Duyvendak)最早将卡特原书缩略为"Coster's Chinese Ancestors"一文,发表在燕京华文学校(Yenching School of Chinese Studies)主办的 *The New Mandarin* 第一卷第三号(1926 年 6 月),后由张荫麟译为文言文,改题为《中国印刷术发明述略》,发表在《学衡》第五十八期(1926 年 10 月),附录另补充有关雕版印刷的一则材料。此后,向达翻译了此著(译作《中华印刷术之发明及其西渐考》)中的第十三、第十四、第七、第二十三、第十、第八及第九、第十一共八章,分别发表在《科学》第十一卷第六期(1926 年 6 月)以及《图书馆学季刊》第一卷第四期(1926 年 12 月)、第二卷第一期(1927 年 12 月)、第二卷第二期(1928 年 3 月)、第五卷第三四期合刊(1931 年 12 月)、第六卷第一期(1932 年 3 月)、第六卷第四期(1932 年 12 月),复在《北平北海图书馆月刊》第二卷第二号(1929 年 2 月)刊登所译第五、六两章。向译本系以 1925 年初版为底本,以文言文译出,所译除正文外,还附有注释和本章参考书籍目录,并加对卡特原著的补注。最早的全译本是刘麟生应商务印书馆《出版周刊》特邀而翻译的《中国印刷术源流史》,根据的是 1931 年修订版,首先在《出版周刊》第 181 至 216 期(1936—1937)连载,后收入商务印书馆《汉译世界名著丛书》,于 1938 年出版,山西人民出版社复于 2015 年影印。刘译本也以文言文译出,但删去了原书每章后的注释和参考书目,不过,刘麟生在译本《跋》文中附录了简略的校勘表,以订正卡特原书之误。商务印书馆于 1957 年又出版了吴泽炎根据 1925 年初版翻译的《中国印刷术的发明和它的西传》,吴译本以语体文译出,保留了卡特原有的注释,且以扩注形式对卡特原文进行注解,但删去了每章后的参考书目。台湾商务印书馆于 1968 年出版了胡志伟根据 1955 年傅路德增订版翻译的《中国印刷术的发明及其西传》,但删去了原书附录。至此,卡特此著的三种英文版本,均有了相对应的中译本。日本则有平凡社于1977年出版的薮内清、石桥正子根据1955年增订版翻译的日译本《中国の印刷術:その発明と西伝》,此译本还根据张秀民《中国印刷术的发明及其影响》等著作进行了注释补充。

本书共分四编二十四章,书前有《绪论》一篇,讲述本书写作缘起、材料来源及所受到学术界的帮助;另附有关纸张和印刷术发明与西传的图、表各一页,正文附有书影拓片等图片四十张(中译本有所删减)。第一编四章介绍中国印刷术的背景,第二编七章介绍中国雕版印刷术的发明及其发展历程,第三编十章侧重于从中外交通史的视角考察中国造纸术、印刷术在东西方的流传,第四编三章考察中国活字印刷术的发明与改进。各章之后均附有注释与本章参考书目,以供读者参考。

在本书出版之前,中国学者有关印刷术的介绍,或如沈括《梦溪笔谈》散见于著述,或如叶德辉《书林清话》专述版本,或如孙毓修《中国雕版源流考》汇辑史料,而无系统论述。西方学者对于印刷术的关注则集中于谷腾堡活字印刷术的发明,即使涉及对中国雕版与活字印刷术的介绍,也未曾将其与欧洲印刷术联系起来。本书是第一部系统介绍中国印刷术发明、源流及其对东西方影响的印刷史研究专著。卡特首先从前印刷时代入手,指出印刷术尤其是雕版印刷发明的必备条件:纸张与墨的发明为印刷术提供了物质材料,印章、符箓与石刻拓本的使用提供了印刷复制方法的借鉴,佛教发展则直接推动了最早的雕版印刷品的产生。在此基础上,卡特提出,由于会意文字与字母文字的不同,中国印刷术以雕版印刷为最重要,而西方则强调活字印刷术的重要性,故对中国印刷术的发明及其意义,必须追溯到雕版印刷。因此,卡特着重考察了中国雕版印刷术的起源、社会背景及其在隋唐宋元各个时代的发展。即是说,卡特该著中的"中国印刷术",首先指向的是雕版印刷术而非西方侧重的活字印刷术,这是基于作者对中国印刷术实情的考察而得出的结论。卡特不仅注意到雕版书与活字书本身,在作为印刷术前身的印章、符箓、石刻拓本之外,还关注到了诸如纸币、纸牌、织物印花等与印刷术相关的载体,这些也正是卡特得以考察中国雕版印刷术流传至西方世界的重要证据。在此基础上,卡特尤其注意从中外交通史的视角考察元朝对于东西方世界的征服及对双方交流带来的重大影响,并着重考察回鹘、阿拉伯、波斯、埃及等地出土的纸张、印刷品的情况,以考证中国雕版印刷术在西方世界的流传。在概述中国与朝鲜活字印刷术的发明与改进之后,作者专立一章以考察谷腾堡活字印刷术发明的"世系",诸如造纸术、纸牌、宗教印刷品、印刷书在西方世界的传播以及西方学者对中国印刷术的介绍,都对欧洲雕版与活字印刷术的发明产生了重大影响,实即对中国印刷术的西传做一总结。由此,卡特首次从世界印刷史的角度为东西方文化构建起了关联,并强调了东西方文化在心理上的一致性。

　　本书的写作,不仅参考了中国、日本与西方有关印刷术的原始文献和论著,还广泛收集近代考古学的成果,尤其是新疆、埃及等地出土的纸张、印刷品,更直接受到西方学者的指导。总体来说,本书既将地下之实物与纸上之遗文相释证,复取西方与中国文献记载相补正,更以西方汉学观念对中国印刷术研究相参证。卡特以西方汉学家的身份,关注中国印刷术历史,能够从印刷史的角度对中国印刷术的发明、演变进行系统考察,并将中国印刷术纳入世界印刷史之中,是当之无愧的中国印刷史研究巨著。

　　本书出版之后,即受到学术界关注与高度评价,诸如穆尔(A.C.Moule)、劳费尔、牟复礼(Frederick W.Mote)、恒慕义(Arthur W.Hummel)、毕格(Cyrus Henderson Peake)、傅汉思(Hans H.Frankel)、戴何都等汉学家均有书评加以评介。在中国,除屡加翻译外,程伯群、邓嗣禹、汪太玄、程德昌等亦有评介,尤以邓嗣禹发表在《图书评论》第二卷第十一期(1934)上的书评最为详尽。当然,本书亦有错讹及可商榷之处。除相关文献未曾寓目与论述错误外,如对雕版书起源的考察,卡特系之于唐玄宗时,而张秀民则多次考证当在唐太宗贞观年间;张秀民复称卡特此著"对于中国印刷术传入朝鲜、日本,语焉不详,其他亚洲各国除伊朗外,更一字未提"。邓嗣禹书评亦列其"三可议、四缺点,与若干错误",已颇详备。事实上,卡特对于中国对西方印刷术影响这一重要观点,只是举出若干史籍记载与出土文献而未能有明确考证,更多近于推测,后如伯希和等学者对此即持反对意见,有关于此的讨论至今未休。此是卡特限于时代背景与文献资源,而不能不有所阙误。

另一方面,本书的出版也进一步激发了国内外学术界对于中国印刷史的研究,1926年开始,国内外有关中国印刷术研究的论著相继出版,对于中国印刷术及与西方印刷史关系的研究成为文献文化史研究中长盛不衰的课题。张秀民《中国印刷术的发明及其影响》(1958)的写作也是受到本书的刺激,并以后出转精之势而成为中国印刷史研究上最重要的著作之一,但本书在中国与西方印刷史研究上开山之作的地位仍不可被忽略。

《日本古印刷文化史》提要

章早晨

《日本古印刷文化史》曾有旧版，1932年出版，南京大学文学院域外汉籍研究所有藏。今见者为平成二十八年（2016）新装刊行。书盒字体革新，内在与旧版实一致。文字多使用旧时代假名文字，大正昭和气息扑面。汉字亦用旧体。文风谨严淳厚。新装版文字排印续持原貌。后解说文字由上田纯一教授所撰。著者木宫泰彦明治二十年（1887）生于静冈县，昭和四十四年（1969）去世，享年八十二岁。大正间东京大学文学部史学科卒业，山形、水户、静冈各县高等学校教授历任。昭和四十一年（1966）设立常叶女子短大，任学长。其著作主要有《荣西禅师》《中日交通史》《日华文化交流史》等。

是书起奈良时代印刷创始期，迄江户时代活字版兴隆期，追索凡八百五十余年间之印刷文化。以日本印刷史之发展为轴，述日本与中国之文化交流。是一统一、综合之文献论述作品。全书按基本历史时代分为六篇，分别为《奈良时代（印刷创始期）》《平安时代（印刷兴隆期）》《镰仓时代（和样版隆盛期）》《南北朝时代（唐样版隆盛期）》《室町时代（印刷衰微期）》《江户时代（活字版兴隆期）》。各篇又分数章，分述其中各期或各种版式发展样貌。前后有著者之序、凡例及跋等。后附录《古刻书题跋集》及《日本古刻书索引》。

首篇第二章，即考论日本印刷术属独创还是由中国传来。提供诸家说法，先论述中国印刷术之起源情况。日本上古情况，缥缈难考。首篇所谓印刷术之奈良时代，实则古远无可考证其时代之印刷文化。作者引

《日本古印刷文化史》提要

文献所载之传说，聊备一端，粗探而已。飞鸟奈良，日本之印刷文化皆黯然无光，唯以史事推考，未得实物为证。桓武迁都，平安初期，开版事业全然中绝。中期以降，出现所谓"摺供养"，以刷印经文经典。本来，自奈良朝以来惯于抄写供养。至平安时代，经卷大量抄写所费金钱与岁月过多，于是以板印替代，称为摺供养。故至平安末期，著名的"平家纳经"，则在印刷术时代里出现，即显得尤为珍重。

镰仓时代以降，禅僧之日中交流勃兴。同时相关之经典、禅语录类为中心的典籍扩大输入，旧时之奈良、京都地区的开版事业新扩张到镰仓地区，而京都一带的儒典、诗文集等开版事业亦开始。其中，所谓"唐样版"尤其值得注意。其与五山无直接关联，但复刻宋元明版本，或仿效之而制出新版，总称之为"唐样版"。这其中，日本受中华文化影响显著。

唐末五代之时，日本锁国，而中国来日之航船却年年不绝。中国商船为贸易来往之利润年年岁岁赴日。航船多由两浙地方始发，经肥前入港于筑前博多。当时中国印书，又以杭州为上，蜀本次之，福建本最下。两浙航船多携善本至日，所载之书物最得平安朝贵族所需所爱。又因日本佛教兴隆与汉文学之隆盛，而多向日本输入经卷、儒书、诗文集。保延六年(1140)清源赖业使用宋版《左传》。宇治左大臣藤原赖长藏有宋版《周易正义》《礼记正义》，散见于《台记》；其得《周易正义》时于日记《台记》中写道：余心(之)悦甚于(得)千金；得《礼记正义》则"胜得万户侯"。《宇块记》中可见藤原通宪(信西)藏宋版《尚书释文》；《百练抄》里可见平清盛将新渡来之宋版《太平御览》献于好"林间煮酒烧红叶"之高仓帝。皆一时中国珍贵书物传来之显证佳谈。

日本印版之进入纯熟佳绝，实在镰仓时代以后。以南都兴福寺所属春日社为先。春日版专好印法相典籍，开板浩瀚、料纸益精、版式整然、书风丰丽，非前代印刷所能比。其与受宋元文化影响之五山版、俞良甫版、大内版、萨摩版又大异旨趣。至春日版出始可谓真正的和样版出。

下至于室町，则战火频仍，时人无心学问，诸版皆至于衰微而未绝。

著者叙述室町时代之唐样版的开版，认为大致分两个时期。其一以应永为中心凡四十余年，受前代之黄金时代余势影响而有一定之规模。其二为应仁之乱后凡百十年间，此间稍振都绝，然亦有几许开版。第一期与第二期间之凡三十年开版事业全然中绝。当时之遗品今日一无存留。第一期大体延续前代，开版主要是京都各大禅院，以禅籍印版为多。至第二期，京洛禅院开版几无。以堺、山口、鹿儿岛、骏府等各地方为开版之主要区。开版之坊间俗士次第增多，儒书、字书占了多数。盖日本经历应仁之乱，幕府权威直坠，京都荒废，群雄割据之地方及新建城池之城下町勃兴之故。著者描绘印刷史，亦为研究各时代之正史从书籍版印角度提供旁证。各时代所印之书籍存目可考者，著者于书中皆一一列举。以佛经及中华传来典籍为主流。由本书可见，日本古印刷史，亦一鲜明之日本文化发展史。

应仁乱后，百余年间战国兵乱之世。无论唐样版或和样版皆只好衰退。丰臣秀吉统一全土、继而进入德川时代后，文教事业遂复再兴。秀吉征伐朝鲜，带回活字印刷术。著者不惜费笔墨，详细绍介活字版之技术来自北宋毕昇，远早于欧罗巴使用活字。又配合文献考证分述北宋之活字、朝鲜之活字及活字印刷之传来日本。日本本国人创作之文学文献，自平安镰仓始真正勃兴抬头，而江户汉学与国学两立，国学尤为真正兴盛，是故江户时代之版印情况，嵯峨光悦，始显出日本书籍全面样貌，而不唯佛经、汉籍占据版印之主流了。此亦日本书籍由漫长的写本时代进入真正的印本时代之鲜明标识。

全书最后附有《古刻书题跋集》为参考，几乎占全书之三分之一篇幅。列印刻诸书题跋。如第四"大孔雀明王经"条：卷下、一卷、宽治五年（1091）以前刊、京都、久原文库藏（卷末墨书）、保安三年三月十日午时许、慈尊院御房奉受、始从六月六日、了、宽治五年七月九日于得大寺阿阇梨房、正月十三日、奉受了、奉受了——以上字样。又如第五百八十二"古文真宝"条：二册、庆长十四年（1609）刊、京都、久原文库藏、（卷末刊记）、庆长十四年乙酉年阳月下旬、室町通近卫町本屋新七刊行——以上字样。均可对照是书正文，尤为清晰各卷各书之开版具体情况。

本书虽关照史实，亦常附著者臆测。又以先行诸学者成果为据，皆有注释说明。书中材料多搜集于东京大学史料编纂所、宫内省图书寮、岩崎文库、静嘉堂文库、京都大学附属图书馆、东大寺图书馆等，得阅览影印，为是书之可靠性增添砝码。研究日本印刷史及日本文化史或日本汉籍者，尤当参考此书。

《印刷书的诞生》提要

白艳波

《印刷书的诞生》是法国年鉴学派大师费夫贺与印刷史学者马尔坦的经典之作。费夫贺（Lucien Febvre，1878—1956），法国历史学家，他与布洛克（Marc Bloch）共同创办了年鉴学派的核心刊物，也就是后来的《年鉴：经济、社会与文明》。如今，费夫贺已是公认的20世纪史学大师，其作品有《菲立浦二世和弗朗什孔泰》《土地与人类演进》《命运：马丁·路德传》《全观历史》《拉伯雷与16世纪的不信神问题》《地理观的历史导论》《为历史而战》等。马尔坦（Henri-Jean Martin，1924—2007），1924年生于巴黎，曾任法国高等研究实践学院研究主任。他是负有盛名的印刷史学者，除本书外作品尚有《17世纪法国的印刷、权利与人民》《宗教、专制与阅读：1658至1715的法国》等。

根据马尔坦所作"前言"，我们可以进一步了解本书的构思、撰写等情况：

1953年，费夫贺邀我参与此书编纂。他把著述计划，和以下的序言内文让我知道。我们决定，先由我寄初稿给他，再由他着手修编、补充。1955年10月，我将第一、二、四章，与第五章前两节的手稿寄出，而他也完成校订，文章始具雏形。1956年1月，我又把第三章、第五章结论，与第六、七章的初稿交出，他在初阅过后，曾口头表示认可。当时他有意校毕全书，岂料天不从人愿，竟逝不逢时，本书的续成，我自然责无旁贷，只是从此少了他的奥援。或云本书由我一人完成,但他的名字,仍应印于书首,毕竟本书发想于他,灵感亦来自他。谨以这种方式,将此书献给他,聊表敬意与怀念。([法]费夫贺、[法]马尔坦著,李鸿志译《印刷书的诞生》,广西师范大学出版社 2006 年版,下引此书,仅标页码)

由前言可知,本书的发起人与主要构思来源于费夫贺,而具体的撰写则主要由马尔坦完成,费夫贺未能校完全书即逝世,后续工作皆由马尔坦完成。据此,笔者在感叹本书命运曲折之余,对于二人工作之相得益彰、情谊之深厚亦印象深刻。

此书自出版以来,已成为西方文化史研究人员和人文学者必读的基本书目。印刷书的勃兴是一段不容小觑的历史进程,费夫贺与马尔坦在这部广受好评的史书中,聚焦于 1450 至 1800 年间,活字印刷术发明后的早期图书史,带领我们探究印刷书诞生的缘起,以及西方文明从手抄本迈入印刷书社会的革命性转型。

此书法文书名为 *L'Aparition du livre*,最早于 1958 年在巴黎出版。英译本(英文书名 *The coming of the Book：The Impact of Printing, 1450—1800*)则有 Schocken 出版社 1976 年版等不同版本。而最早的中译本由李鸿志翻译、台北猫头鹰出版社 2005 年出版,广西师范大学出版社经台北猫头鹰出版社授权,于 2006 年 12 月在大陆出版了简体字译本。本文参考的就是广西师范大学出版社 2006 年版。

在此顺便对中译本稍做介绍。中译本文笔优美,典雅流畅。为了尽可能呈现法文版原貌,中译本除了重视对正文的字斟句酌,同时采取了随文附注的形式。从费夫贺序言中"倘若本书不叫做'印刷书的诞生'(法文原版书名 *L'Aparition du livre* 之意为'书籍的出现')"的楷体随文注释开始,对于全书中因文化差异而可能造成的歧异或费解之处,译者在原作者注释(正体)的基础上又加入随文注释(楷体),简明扼要,大大方便了中文读者。但值得注意的是,中译本中,法文原文注释附于每章末尾;但除个别有中文翻译外,大部分依然是法文原文,读者参考阅读时面临较大障碍。译者若能将其翻译为中文,应该会大大便利读者了解相关学术史。总体而言，本书正如中译本的"内容介绍"所言："年鉴学派治学之道的极致范例，尽在书中呈现。本书是公认的学术经典，但由于作者亲切易读的叙述笔法，加之译文的忠实雅正，任何人读来都能津津有味，欲罢不能。"

在介绍《印刷书的诞生》一书的主题内容之前，尚需对西方书籍史研究发展历程做一回顾，以明确本书在学术史上的地位。对此，赵益曾在《从文献史、书籍史到文献文化史》一文中有精准概括，文中总结道：

> 近代西方新史学诞生以来，特别是年鉴史学提倡社会、文化观照视野以后，开始出现以"社会""经济""文化"取代传统历史编纂学叙事关注的倾向。"新文化史"兴起后，各种文化现象诸如政治、知识思想、语言、性别、科学技术、物质、日常生活等都得到了前所未有的重视，"文献"特别是印刷书籍更加成为一项重要的反思对象。书籍史研究的开创著作公推法国年鉴派史学家费夫贺（Lucien Febvre）及马丁（Henri-Jean Martin）所著《印刷书的诞生》（1958年出版），其研究的核心内容已经不局限于书籍印刷史本身，而是从宏观的角度试图解答印刷术的发明对整个欧洲历史究竟造成什么影响这一意义深远的问题。《印刷书的诞生》开辟了此后各种书籍史如印刷品使用史、出版文化史、阅读实践史、写作文化史之先河。（赵益《从文献史、书籍史到文献文化史》，《南京大学学报》［哲学·人文科学·社会科学版］2013年3期）

而关于其书的主题内容，费夫贺在《印刷书的诞生》序言中就开宗明义地指出，其书"无意编纂或重写一部印刷史"，所以"并不会冗长地解释印刷术的发明，也不会重复一些老生常谈，讨论某个国家在印刷领域的领先地位、某位印刷大师如何比其他同业更形重要、某人在印刷的出现上应居何功，或是最早的印刷品由来为何"。费夫贺所意图表达的是，欧洲印刷术的滥觞"不仅早过地理大发现，也早过地动说的提出"，在当时林林总总的根本变化里曾扮演过重要的角色，并进一步成为西方文明的

推手。《印刷书的诞生》的目的,就是证明"印刷书乃是精通寰宇知识的最有效途径之一"。作者的一段目的性陈述非常重要:

> (印刷书)将多位代表性思想家散布于各地的理念,荟萃于一处。它对研究的重大贡献,在于将某人研究的成果,直接传递给另一位研究者,并以省时、方便,既不费力也不昂贵的方式,将所有领域中最卓绝的创造精神,恒久地熔于一炉;……透过知识的汇聚,书籍仿佛为前述理念带来新生,为其注入无可匹敌的力量与活力。这些新理念不仅获致一以贯之的新轴心,并基于同样理由,得到改革与倡导的强大能量。在极短的时间内,新的概念传遍了全世界每一个语言不致造成隔阂的角落。书籍创造出思想的新习惯;这些习惯不独存在于博览群经者的小圈子里,更远远地向外延伸,扩及每一个懂得思考的有智之士。(序言)

作者在序言中明确了印刷书"西方文明推手"的角色,并对其内涵作了简要而精准的概括,全书正是围绕这一定位展开。

本书时间跨度长,内容包罗广,厘清了印刷书在欧洲诞生过程中的若干重要问题,同时探讨了印刷术对于欧洲文明进程的巨大影响。作为书籍史研究的开创著作,《印刷书的诞生》带给我诸多启发,其中的很多事实和观点甚至颠覆了我此前的主观认识。以下就笔者阅读过程中印象较深者作具体分析。

(一)颠覆"常识"

所谓"常识",是指从事各项工作以及进行学术研究所需具备的相关领域内的基础知识。在本书中,主要指关于欧洲书籍史的相关基本知识或传统认识。而本书的一大亮点,就是对欧洲书籍史领域传统认知的纠正,甚至是颠覆。此前的那些看似毫无争议但实属想当然的认识,在本书的文献与实证面前不堪一击。具体而言,书中多通过否定性的表述,纠正人们关于书籍史的传统错误认识。

> 所有关于法国文学史的著作,都同意法语在12世纪时已然通行。但文字作品传布的方式,却又是另外一回事。当时的文学,主要是为了在听众面前朗诵或宣读而作;毕竟早年的读者数量不多,不足以支持其他形式的公开发表。但这种条件之下,传统文学的一大部分还能继续发展,似乎已令人相当诧异。虽然当代的文化中有许多类似的例证,但我们仍然因为受到了书写文化彻底而深刻的影响,颇难想象口语文化要如何代代相传、历久不衰。也许,新兴于我们这个年代的媒体,包括广播、电视、电影等,更能让我们体认,观念与著述的传递,不是非通过印刷媒体不可。(第16页)

本段论述书写文化之前法国文学以口头形式传播的情形,身处20世纪的作者,在回顾印刷媒体发明以前的历史时,对于当时的普遍情形却感到惊异。由此更进一步证明了书写文化对于人类文明的"彻底而深刻的影响"。载体虽异,文明的火炬不息。

> 众多的历史陈迹中,只有流传至今的雕版书,受到如此仔细地审视、如此热切地研究;这些稀有的残章遗页,代表着一个曾经规模宏大的行业。其稀有的程度,正是它们曾经普及的明证;因为普及,当时的广大群众便不甚珍惜、未予妥存。硕果仅存的那些,大都是被人塞进书的封皮里,或填入箱子的内衬里,方得保全。(第23页)

此段作者运用反向思维,以今之"稀有",证昔之"普及",虽然只是大胆推测,但确实符合历史实际。类比当代许多在中国大陆不得见、却在日韩完好保存的古籍,又何尝不是如此呢?由此不得不惊叹作者的卓识。在学术研究中,掌握材料固然重要;但对材料的解读能力有时可能更为关键,作者在本书中面对有限的材料,往往能巧妙利用,并得出令人拍案叫绝的推测或结论。

而以下关于印刷术传布速度的主观印象与实际情形的分析,则又是一个十分典型的颠覆性论点:

> 本世纪(20世纪)的读者对科技革命习以为常,或许觉得印刷术的传布相当缓慢。然而,15世纪的欧洲人,因交通不便、技术原始,遭逢的难处实难尽数。而在1450到1460年间,只有美因茨几间工坊的少数人得窥印刷之秘,偏偏以当时的标准观之,这又是种极其复杂的工艺。至于新建的印刷铺,在原物料的取得上多所不便(如阳文字范需要钢铁,阴文字模需要铜,字粒本身又要铅锡合金),可谓困难重重。就连印刷所需的技术人员,也甚为匮乏,举凡雕模匠、铸字工、排字工,尽皆不足。若把前述总总一并纳入考虑,则印刷术的传播一点也不算慢。再怎么说,一个仰赖各种不同技术与方法而建构的新产业,都不是一蹴可就的;况且大量印制的书本如欲开辟销售通路,有赖新商业关系的建立。从这个角度看,我们就不得不承认,印刷术的传播,其实快得出奇。(第174页)

一项技术的推广过程,须落实到具体的历史时段、具体的个人,像印刷术这样相对复杂而又影响深远的技术尤其如此。当我们回望历史时,只是在宏观上考察其发展历史,对象是印刷术,时间背景则是1450—1800之间这三百多年的悠久历史,相形之下,确实很容易认为其传布缓慢。但一旦落实到具体的时间、地点、人物,才会发现其中的每一个体所肩负的职责之重,困难之多(尤其是发展初期)。而本书的作者正是试图还原当时的历史情景,并加以"深描",这样的研究与考察才是符合历史实际的,也才是有价值的。基于此,作者得出了"印刷术的传播,其实快得出奇"的结论,并顺带对当时人的精神风貌有了真切体认:"此外,15世纪的人,乃是特别积极于创新的一群;只消回顾几个历史上的时间点与当时的地图,即足以证明此点。"在这个意义上,作者对印刷术传布之初的相关历史人物达成了"同情之了解"。

（二）经济利益

除了前述各种颠覆"常识"的事实与结论，在阅读过程中笔者还深感经济利益在印刷术诞生及传布过程中的强大驱动力，甚至可以说，商品性是印刷书的本质属性。而这样的阅读印象，正是作者还原印刷术在欧洲的发展历程时所着力凸显的。

首先，单从章节设置上就可看出商业因素的重要性：第一章《前奏：纸张进入欧洲》的第三节即以《商业因素》为题，而第四章更是直接以《书籍商品》为题，集中论述印刷书的商品性，而在第七章《书籍生意经》中，则主要涉及图书生产流通环节的相关现实问题。商业因素贯穿印刷书诞生前后，并形塑了其生产流通的具体形式。以下结合具体内容说明：

在第四章《书籍商品》中，作者开篇即言道："从印刷工业存在的第一天起，便与其他工业一样，受到同一套规则的支配：每一本书，都是一件商品；印制它们的人，首要目的是营利。"（第101页）点明了商品性是作为商品的印刷书的本质属性，《书籍商品》之标题可谓名副其实。对于印刷书这一属性的认识与强调，在后文中不断得到印证与落实。

第五章《图书圈的小世界》，作者探讨了印刷术诞生后对于作家这一职业的深远影响，其中经济因素仍然占主导地位：

> 作家这种职业，就是这样一点一滴地建立起来的。他们历经缓慢的演变，终于认清自己有权从著作中得利、有权支配自己的智能财产，同时也让外界承认这些权利。这更意味作家业已挣脱长期桎梏，不再仰仗私人捐助或国家供养。但有些限制还是存在：作家既然得以分享售书利润，自然会试着写出卖相最佳的书，从而以迎合最多的读者为目的。如此风气，到头来可能助长因循守旧的文风，反而导致劣币驱逐良币的结果。（第159页）

在印刷术的催化作用下，作家挣脱了旧的经济桎梏，却又戴上了市场导向的新枷锁,进而影响作品的质量。作家的职业化与商业化如影随形。

除此之外,商品性还影响了图书市场上不同文本的命运:

> 牟利,从一开始就是书商与印刷商的最主要宗旨,这是不能忽略的事实。……基于此,我们不难理解,印刷术的最直接效应,不过是让手抄本时代里已然广获争读的作品,进一步地扩大发行而已,其他较不受欢迎的文本,则泰半沦为绝响。印刷机大量复制的书籍,其册数以百计,而后更达千册,这不仅促成书本数量的提升,更令选书变得严格。记住这些事实,有助于我们更加深刻地体认15世纪印刷产业的本质。(第249页)

印刷术改变了图书的生产方式,从而扩大了图书的出产量;规模的扩大客观上造成了每次图书生产成本与利润的增加;在经济利益的驱动下,书商与印刷商选书更加严格,以确保牟利,从而加剧了欢迎度不同的文本之间的分化。

对印刷书商品性的体认,是全书的一个中心论点,而这一观点此后遂成为欧洲书籍史研究的基本常识,为此后各种研究的多方面拓展奠定坚实基础。

除了上述颠覆"常识"及经济利益这两个重要方面,本书还有诸多特色,如对于论点的落实:可以具体到每一项技术,每一个生产要素,乃至每一个关键人物,从而具备了书籍史"深描"的特色。同时,全书多有关于印刷书的各种插图,便于直观了解欧洲印刷术发展的诸多细节。此外,全书还善于利用数据以支撑论点,如"为佐证前述说法,我们来比较一下1475至1560年间,纸厂的分布情况,尤其是法国的纸厂"(第14页)等。这些特点相互交叉,贯穿全书,共同造就了这部西方书籍史上的开创性著作。

《书于竹帛》提要

刘碧波

《书于竹帛》是钱存训先生研究印刷术发明前中国书史的英文名著。在该书问世之前,中国古代书籍史的研究主要关注印刷术的发展及其影响,而对印刷术发明前的文字书写和书籍制度缺乏系统深入的研究。在欧美汉学关于中国书籍史研究的进程中,该书具有填补学术空白的重要意义。

钱存训(1910—2015),1932年金陵大学文学士,1952年以论文《近代译书对中国现代化的影响》获取芝加哥大学硕士学位,1957年以论文《印刷发明前的中国书和文字记录》获取同校博士学位。钱氏曾任芝加哥大学东亚语言文明学系荣誉教授、东亚图书馆荣誉馆长、英国李约瑟东亚科技史研究所终身研究员等职务。他有关书史的代表作有《书于竹帛》《中国纸和印刷文化史》《中国书籍、纸墨及印刷史论文集》等。

该书由钱氏博士学位论文修订而成,初刊本为英文,名为 Written on Bamboo and Silk: The Beginnings of Chinese Books and Inscriptions,于1962年由芝加哥大学出版社出版,1963年、1969年两次重印,2002年增订再版。最早的中文译本由香港中文大学出版社于1975年出版,书名为《中国古代书史》。此后有1986年北京印刷工业出版社的《印刷术发明前的中国书和文字记录》,1996年台北汉美图书公司的《书于竹帛:中国古代书史》(增订本),2002年上海书店出版社的《书于竹帛:中国古代的文字记录》(第四次增订本)等诸多中文译本,复以2002年上海书店版为佳。该书另有日文译本《中国古代书籍史:竹帛に书す》,由宇都木章、泽谷昭次等合译,1980年由东京法政大学出版社出版;韩文译本有《中国古代书史》,金允子翻译,1990年汉城东文选出版社出版,1999年再版。

该书主要论述印刷术发明以前中国文字的记录书写、书籍形成与发展历程,概述了汉字对中国文化传承、中华文明在世界文明中的地位所起到的作用,并探讨了与中国文字记录密切相关的若干专题;进而分别论述了甲骨、金文和陶文、玉石、竹简、木牍、帛书和纸在书写历史上的产生与发展情况;总结了中国文字书写和书籍史的若干综合问题。

该书首章从书籍史的初始阶段即印刷术发明之前中国的文字记录与书写出发,阐释中国文字记录的"持久性和延续性""普遍性和广被性""古代文献的丰富多产"这些"世界文化史上所独具的特色",并综合探究与中国文字书写密切相关的若干社会经济文化因素,扩展了书籍史研究的外延,具体表现为"贞卜和祭祀文字"(书写文化背景)、"官书和档案"(书写动机)、"史官的职权"(书写主体)、"私家著述和藏书"(书写规模及影响)、"焚书之祸"(书写史上的灾难事件)、"古籍的整理"(书写内容的整合)、"宗教文学的盛行"(宗教与书写之关联)七个方面,为下文展开不同时期书写的讨论奠定基础。

第二章《甲骨文》重点讨论甲骨文的起源、性质、发现与研究,当时的字汇与书体,详细介绍了甲骨兽骨、龟甲来源、使用形式、龟甲本身长度大小、制作方法、契刻方式;最后介绍了甲骨卜辞的内容和排列,特别突出了其记事文的特征,附带介绍了人类和动物头骨用于契刻的知识。

第三章《金文和陶文》首先指出陶泥和青铜作为决不相似的两种物质,却有着密切的联系和渊源;随后分别介绍了金文的性质、类别、款式、用途,专题介绍了镜铭、货币上的契刻文字,印章和封泥这一兼用金属、玉石、陶泥等多种材料的文字载体;最后介绍了陶器和砖瓦款识。

第四章《玉石刻辞》首先强调了石刻之于青铜的优势所在,随后详细叙述了石鼓文和古代刻石、碑碣、摩崖和墓志、石经、释道经典刻石诸类石刻文献的情况,简要介绍玉器刻辞,最后特别关注了石刻的拓印技术,认为这开启了雕版印刷术的先河。

第五章《竹简和木牍》重点关注竹简和木牍的书写应用，首先从传世文献记载考察书籍材料的演化，认为书写材料主要呈现由简牍向帛纸过渡的趋势；随后介绍了战国、秦代到汉晋简牍的出土文献情况，竹简的制作方法、形式、行格、书体及其与古书书写、编排的关系。

第六章《帛书》从考古发现、历史文献和地理环境，考察了中国的丝织文化起源；随后主要通过毛笔的使用年代、典籍记载和出土缯书情况，推测帛书的年代和在书写史上的地位变化，并介绍了帛书的考古发现及珍贵帛书的文化价值、帛书作为书写材料的优点，"卷""折"两种主要形式，帛书一般仅用于儒家经典、绘图、祭祀、王公贵族重大事件记录的贵重性。

第七章《纸卷》首先介绍纸的定义和起源，厘清蔡伦改进纸而不是发明纸的观点，作者追溯"纸"这一文字在历史上出现的源头，并将"纸"与"缣帛""素"等概念加以区分；随后主要探讨早期造纸的详细方法、蔡伦的贡献、造纸术的进一步发展及世界影响，重点批驳了"纸的西源说"，并从世界文化的宏观视角上补充介绍了各地关于古纸的考古成果；进而专门论述敦煌纸卷的特殊价值及文物流布情况；最后分别论述了纸的材料、制作、加工、保存和卷轴制度等知识。

第八章《书写工具》先概述文房四宝在出土文物与历史文献中的并存情况，先介绍毛笔的发展和形式，根据出土文献否定蒙恬造笔之说，将毛笔的使用时间推到商周甚至史前时代；其次介绍"黑墨和丹书""烟墨""漆书和石墨"等墨类工具，其中重点讨论了中国墨最初是否"点漆而书"的问题；最后介绍砚石的质料和形式、书刀的形制和用途。

第九章为结论，总结了前述书写材料的类别、地下和纸上文献的传承、铭文年代、中国书籍的起源和发展、书写和复制技术、文字演化、字汇增加、书写顺序、宗教和儒家文化等对文字记录发展的影响等内容。

众多知名学者给予了本书以高度评价，比较重要的意见如许倬云"西文著述中至今唯一有系统介绍印刷发明前中国文字记载方式的书籍"，李约瑟"本书……显然是卡特的经典之作《中国印刷术的发明和西传》一书的姊妹篇……和卡特的名著完全可以媲美而并驾齐驱"，平冈武夫"这部著作……是一部由殷墟到敦煌这重要时代整个汉字书写的全部历史"等等。除肯定本书选题与视角的独创性及重要价值外，作者描述文献载体物质形态的丰富性，对地下之考古材料与地上之传世文献的充分运用，全书引用中外文材料的丰富，大量图表、书目、实物图片和统计数字的展示等所显示的深湛文献学造诣，也被学术界奉为楷模。

作为书籍史研究名著，该书选题独到、体大思精、材料丰富翔实、旁征博引，行文要言不烦、通俗晓畅，无论是本领域专家还是书籍史的初学者，均能从中受益，可为中国古代书籍史研究必读书目。本书最主要价值在于引领学术风气，开启了中国书史研究视角从传统印刷术研究向"前印刷时代"转折的先河；而贯穿内部的部分社会经济文化因素与书写相关性的问题，则指向了书籍史与社会文化史综合影响的研究新阶段。另外，本书在不同章节中时有创见，如甲骨文时期是否有长篇作品存在、帛书最早出现年代、纸与西方纸草的问题、"漆书"与墨的始源问题、简牍与古代书籍的书写形式等，许多问题均能廓清或修正前人见解，新意迭出。

当然，本书在细节上也存在错误或遗漏，具体可参见北京大学李若晖《略谈〈书于竹帛〉一书中的几个问题》。此外，在第七章《纸卷》中涉及关于纸与缣帛的区分问题时，钱氏提及王隐《晋书》与《后汉书》均有称"素帛""缣帛"为纸的记录，且"纸"字左有"糸"旁，似表示二者相关；但钱氏随后又援引应劭《风俗通义》"载素、简、纸经凡二千辆"，认为纸与缣帛是两回事。按本处所援引史料为后出文献，有以后虑先之嫌疑；且没有其他明确证据可供佐证；而在后世广泛使用的"纸"出现之前，本身特别接近于"纸"的书写功能的"缣帛"被称之为"纸"亦非断然不可，这也是该书值得商榷的细节之一。

《近代藏书三十家》提要

曹天晓

《近代藏书三十家》的作者是中国台湾学者苏精先生。对于大陆知识界来说,苏先生的名声似乎不是太"显赫",但自 2018 年《铸以代刻》在中华书局出版后,一时间洛阳纸贵,好评如潮。该书利用大量英国传教士的书信等第一手文献,生动勾勒出 1807 年至 1873 年的六十余年间,在华传教士尝试引介西式活字印刷取代中国传统木刻雕版印刷的过程,从而反映出中国近代化过程的一个重要面向。其研究视角、研究方法十分新颖独特,带有浓厚的海外汉学色彩。很难想象这样一部"新潮"著作竟出自一位 1946 年出生的古稀学者笔下。不过,苏精先生最为有名的著作当属早年所撰写的《近代藏书三十家》,此书风格、体例完全不同于新出的《铸以代刻》,被称为"近代藏书史研究中里程碑式的著作"(李军《三十家　三十年:读〈近代藏书三十家〉(增订本)》,《书品》2009 年第 6 期)。

一

苏精先生 1972 年毕业于台湾师范大学社会教育系,1976 年进入台湾"中央图书馆"工作。九十年代以后曾先后任教于南华管理学院出版学研究所、淡江大学信息与图书馆系、云林科技大学汉学资料整理研究所、辅仁大学和清华大学历史研究所。

早在 1978 年,苏精先生就出版了第一部学术专著《清季同文馆》,这是其学术研究的起点。四十年来孜孜矻矻,笔耕不辍,成果相当丰硕。其所出版的著作主要有：《近代藏书三十家》(1983)、《清季同文馆及其师生》(1985)、《马礼逊与中文印刷出版》(2000)、《中国，开门：马礼逊及相关人物研究》(2005)、《上帝的人马：十九世纪在华传教士的作为》(2006)、《近代藏书三十家》(2009新版)、《基督教与新加坡华人1819—1846》(2010)、《铸以代刻：传教士与中文印刷变局》(2014)、《林则徐看见的世界：〈澳门新闻纸〉的原文与译文》(2017)、《清季同文馆及其师生》(2018新版)、《铸以代刻：传教士与中文印刷变局》(2018新版)等。由以上书单可知，苏先生的研究领域主要集中在19世纪的中西文化交流，地点多集中在北京、上海、珠三角、新加坡这几个最先接触西方文化的区域，研究对象则聚焦于同文馆、传教士、新媒介，利用的文献以传教士档案与书信为多，而《近代藏书三十家》一书的内容、风格迥异于其他著作。

正如邹振环先生所言，《近代藏书三十家》一书是苏精先生"工作之余"的产品(邹振环《中国图书出版的"典范转移"：读苏精〈铸以代刻：传教士与中文印刷变局〉》，《清华学报》2015年第1期)。自1979年起，苏精先生每见善本古籍上历代藏家的累累钤印和圈点题跋，便发愿搜集整理藏书家的资料，于是陆续在台湾《传记文学》、香港《明报月刊》、台湾《"中央图书馆"馆刊》等杂志上刊发关于近代藏书家的传记文章数十篇。这些文章在1983年集结成《近代藏书三十家》一书，由台湾传记文学出版社出版。该书被认为"开近代藏书史研究之先河"(史睿、王楠《近代藏书三十家·后记》，苏精《近代藏书三十家(增订本)》，中华书局2009年版，第275页，下引版本同此)，但在很长时间里，大陆学人难见该书，只能通过复印等手段一窥其妙。2009年，经过全面增订后，该书由北京中华书局重版，很快便重印三次，足见该书受欢迎之程度。

此书虽然名为"近代藏书三十家"，但实际上共收30家、31人，2009年出增订本时，补入《周叔弢自庄严龛》一篇，变成31家、32人，但未易书名(是书将潘承弼、潘承厚兄弟二人合为一篇叙述，因此共收藏书家31家、32位。为便于叙述，下文径称"31位藏书家")。由于此书内容的特殊性，全书没有分章节，从前往后依次是2008年新序、1982年旧序、31篇藏书家评传、结语、附录《抗战时期秘密搜购沦陷区古籍始末》、参考书目、后记、关键词索引。这31篇评传文章大体是按照藏书家生年依次排列,但张钧衡、蒋汝藻、刘承幹三家则合为《藏书之乡　藏书之家》一文附于末尾,因为此三家皆为吴兴(今属湖州)人。这31篇评传文章均以"藏书家名＋书斋名"为题,比如"盛宣怀愚斋""傅增湘双鉴楼""刘承幹嘉业堂",篇题朴实而明晰。

中国近代藏书家数以千百计,较著名者亦有数十家,然而此书只入选31家,必然是优中选优。据该书自序云,所选对象为卒于民国元年(1912)以后的藏书家。至于各篇内容,则"撰介其家世生平、藏书聚散经过、所藏内容特点、编印校勘或著述,及与藏书有关的行实等项,每家并列举参考书目"(苏精《近代藏书三十家·旧序》)。从实际撰写情况来看,每篇文章的内容大体分为三个小节:家世生平、藏书情况、著述与校刻情况。根据每位藏书家的个人特点,各篇章节设置略有变化,有些文章还有导言或结语,体例较为灵活。

为便于后文论述,现将苏著所选藏书家基本信息列表如下。

表1　《近代藏书三十家》传主一览

序号	主人名	斋名	生卒年	省份	府县	今属市
1	盛宣怀	愚斋	1844—1916	江苏	武进	常州
2	叶昌炽	治唐室	1849—1917	江苏	长洲	苏州
3	卢靖	知止楼	1856—1948	湖北	沔阳	仙桃
4	李盛铎	木犀轩	1858—1937	江西	德化	九江
5	梁鼎芬	葵霜阁	1859—1919	广东	番禺	广州
6	叶德辉	观古堂	1864—1927	湖南	湘潭	湘潭
7	章钰	四当斋	1865—1937	江苏	长洲	苏州
8	宗舜年	咫园	1865—1933	江苏	上元	南京
9	张元济	涉园	1866—1959	浙江	海盐	嘉兴
10	董康	诵芬室	1837—1947	江苏	武进	常州
11	邓邦述	群碧楼	1868—1939	江苏	江宁	南京
12	徐乃昌	积学斋	1868—1936	安徽	南陵	芜湖
13	丁祖荫	湘素楼	1871—1930	江苏	常熟	苏州

续 表

序号	主人名	斋名	生卒年	省份	府县	今属市
14	陶湘	涉园	1871—1940	江苏	武进	常州
15	傅增湘	双鉴楼	1872—1950	四川	江安	宜宾
16	梁启超	饮冰室	1873—1929	广东	新会	江门
17	王克敏	知悔斋	1873—1946	浙江	仁和	杭州
18	丁福保	诂林精舍	1874—1952	江苏	无锡	无锡
19	叶景葵	卷庵	1874—1949	浙江	仁和	杭州
20	伦明	续书楼	1875—1944	广东	东莞	东莞
21	张寿镛	约园	1876—1945	浙江	鄞县	宁波
22	莫伯骥	五十万卷楼	1878—1958	广东	东莞	东莞
23	朱希祖	郦亭	1879—1944	浙江	海盐	嘉兴
24	吴梅	奢摩他室	1884—1939	江苏	长洲	苏州
25	陈群	泽存书库	1890—1945	福建	闽侯	福州
26	周叔弢	自庄严龛	1891—1984	安徽	建德	池州
27	郑振铎	玄览堂	1898—1958	福建	长乐	福州
28	潘承厚 潘承弼	宝山楼	1904—1943 1907—1957	江苏	吴县	苏州
29	张钧衡	适园	1872—1927	浙江	吴兴	湖州
30	蒋汝藻	传书堂	1877—1954	浙江	吴兴	湖州
31	刘承幹	嘉业堂	1881—1963	浙江	吴兴	湖州

二

通观全书,其有以下几方面特点。

首先,兼顾全国、论述详备。盘点、记述藏书家的著作,一般认为始自晚清叶昌炽《藏书纪事诗》,此后伦明著有《辛亥以来藏书纪事诗》。但这两部著作还是属于以诗存人的旧体文学,非现代意义上的藏书家传记,限于体例,其所记载的信息十分有限。真正开启现代藏书家传记研究的著作,恐怕是民国十五年(1926)发表在《图书馆学季刊》上的洪有丰《清代藏书家考》，此外还有蒋镜寰《吴中先哲藏书考略》(1930)、项士元《浙江藏书家考略》(1937)、徐绍棨《广东藏书纪事诗》、杨立诚、金步瀛《中国藏书家考略》(1978)等。但这些著作要么局限于一省，难窥全貌，要么着眼全国，但却蜻蜓点水，皆不及苏氏之著全面、详备。笔者将苏著所选31位藏书家，分省市统计如下。

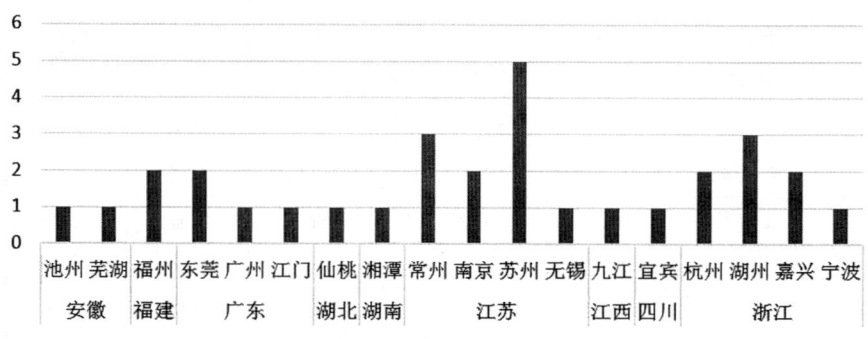

表1 《近代藏书三十家》传主分省统计

由上表可清晰看出，该书所列藏书家涉及全国9个省份、18个城市，基本涵盖晚清以来文化较为发达的大部分地区。亦可看出江苏、浙江两省作为明清以来文化大省，藏书家数量遥遥领先，尤其是苏州、常州、湖州三市，更是藏家云集，显示出雄厚的文化实力。再者，广东后来居上，位列全国第三，这也和近代以来广东经济、文化的崛起相一致。而安徽省在清代前中期文化十分发达，尤其是皖南地区，名城众多，大家辈出。然而到了晚清，随着桐城派的没落，以及沿海地区经济的崛起，地处内陆山区的皖南逐渐隐退，仅有两位藏家上榜。湖南在近代虽然很"活跃"，但主要是表现在政治方面，文化方面则表现一般，仅有叶德辉一人上榜。近代中国各省文化地位之升降，藉由此书可见一斑。唯有搜罗广泛、去取精当、并达到一定数量，才能得出如此贴合史实的结论。

其次，突出藏家学术贡献、出版贡献、文化传播与保护贡献。洪亮吉《北江诗话》中把藏书家分为五类：考订家、校雠家、收藏家、鉴赏家、掠贩家。叶德辉《书林清话》进一步把考订家改为著述家，五分法遂成不刊之论。苏著所选藏家大多属于前两类，该书所选藏家并非将藏书数量多寡作为最核心的遴选标准，而是在藏书数量的基础上兼顾其藏书特色、文化贡献。传主的藏书目的要么是为自己读书著述，要么为保存民族文化，因而这些人往往会将自己所藏珍本古籍刊刻行世，化身千百，以惠众人。这种藏书理念无疑是极为先进的，甚至超过当今中国的大部分公共藏书机构。我们可以从书中举些例子。盛宣怀刊刻《常州先哲遗书》《卫生丛书》，叶昌炽撰有《藏书纪事诗》《语石》等著，卢靖刊刻《湖北先正遗书》《沔阳丛书》，李盛铎刊刻《木犀轩丛书》及《续刻》，梁鼎芬刊刻《端溪丛书》，叶德辉刊刻《观古堂汇刻书》《观古堂所刊书》，邓邦述编刻《群碧楼丛刻》，徐乃昌编刻《积学斋丛书》《随庵徐氏丛书》，丁祖荫编刻《虞山丛刻》，傅增湘编刻《蜀贤丛书》，张寿镛编刻《四明丛书》，张钧衡编刻《适园丛书》《择是居丛书》，刘承幹刊刻《吴兴丛书》《嘉业堂丛书》，张元济编印《涵芬楼秘笈》《四部丛刊》三编、《续古逸丛书》《道藏》《续道藏》《百衲本二十四史》等书，贡献尤为巨大。再如章钰手校书籍一万五千卷，傅增湘则校书近两万卷，这两位都是真正读书人，非鉴赏家、掠贩家可比。苏著每一篇皆用近三分之一的篇幅讲述这些藏家的著述、校勘书籍、编刻丛书、捐建公共图书馆等文化事业，而非仅仅以藏书多寡、善本多寡来衡量藏家的成就，这种卓越的选择眼光，与旧时"藏书纪事诗"之类的著作大为不同。

再次，逐一点明藏书特色，凸显近代藏书家的时代特点。苏精先生在撰写这31位藏书家的文章时，并非千人一面，而是在大体相同的结构框架下，灵活改变论述的侧重点，尽量突出该藏家的个人藏书特色，尤其能够体现新时代藏书思想的转变。这主要体现在三个方面，一是有不少藏家不重收藏宋元古本，而是以实用为目的，甚至有的藏家故意不收藏宋元本，因为每收藏一部宋元本就意味着必须舍弃大量普本；二是近代藏家的藏品逐步多元化，开始注重收藏乡贤著述、卫生医药、戏曲小说、版画书籍、名人手札等以往不太重视的文献；三是近代不少藏家乐于开放自己的藏书，甚至捐建公共图书馆，还有的藏家不在藏书上钤印（如宗源瀚、宗舜年父子），这些都体现了近代藏书家豁达的心态与超越的眼光，他们不再将古书视为私家财产,而是将其看作中国乃至人类共同的文化遗产。反观清代以前的大部分藏书家,其藏书大多秘不示人,死后只传子孙后代,结果往往被不肖子孙败坏殆尽。以上三方面的例子太多,只要翻开《近代藏书三十家》,随处可见。此处只略举第二类数例:董康多藏戏曲类书籍,丁福保藏书多医书、佛学、小学类,叶景葵多藏名家手稿,陶湘重视收藏明代套印本和赏鉴类书籍,朱希祖多藏南明文献,吴梅多藏曲学书籍,郑振铎多藏戏曲、小说、版画类书籍。当然,对于宋元古本、名家批校本的收藏,一直很兴盛,近代藏书家亦然,以上只是突出近代特有之收藏。

又次,重视一手史料,论据严谨扎实。《近代藏书三十家》虽然属于评传类著作,学术性要求似乎不高,但苏精此著并非一般传记文学之信笔演绎,而是言必有据,甚至可以说字字有来历,文章信息密度很高。该书每篇文章均有脚注,注明关键信息的来源。书末列有28页参考书目,粗略估算有四百余种。这部书在外行看来似乎只是简单的人物传记,但须知近代人物的文献繁多,分布广泛,有时甚至需要查访名人故居、名人后裔,十分耗时耗力。且该书并非一人之传记,而是三十一家之传记,涉及面极广,所需查阅的文献资料极多,非短时间可以赶制。再者,民国文献有不少藏于港台地区,而因为现实政治的原因,直到目前为止,大陆学者很难获取港台文献,但港台学者获取大陆文献相对较易,我们从此书所列参考文献即可看出,其中有不少港台文献在大陆是难以看到的。从这个角度来看,此书非港台学者不能为之。

最后,该书字里行间饱含对文献旧邦的热爱,是一部有温度的藏书史。关心古典文献、研究藏书史的人,对于文化都有一种深沉的热爱,这种热爱氤氲在文字中,仔细去寻,处处可见。比如书中每当谈到大量藏书因日寇炮火而毁亡时,总是痛心疾首,满怀遗憾。笔者粗略统计,全书正文所用"惜""叹""遗憾"等表示惋惜的字词多达八九十次,平均每篇有三次。作为一部非抒情类史传作品,足见其所寓情感之深厚。如叙述皕宋楼藏书被日本人买走的事件时,作者借董康之言感叹:"古籍流落异域,反不如自来虽遭无数水火兵灾,至少其魂魄还能长守故土!"(第67页)在讲到陈群泽存书库图书的命运时,苏精先生写道:"展卷怀想数十年来文献浩劫，真是令人感叹何如。"（第 177 页）写到宗舜年之子宗维恭将家藏古籍大部分卖出时，书中感叹道："《宋本《湘山野录》和《通鉴纪事本末》》在数十年中不断地辗转易主与分合，书也可叹，人也可叹！"（第 53 页）

每当讲到某位藏家将毕生所藏书籍捐给公共图书馆，或者将其付之梨枣化身千百时，作者总是热情赞扬，大加称颂。至于书末所附《抗战时期秘密搜购沦陷区古籍始末》一文，则更加鲜明地表达了作者对于中华文献、文化的热爱。另外，这种对于民族文化的热爱，使人能够超越现实政治的遮蔽，穿越历史的浮云，从人类文化的更高角度去思考历史人物的选择，给历史人物以了解之同情。比如书中所选董康、王克敏、陈群三人，皆投身汪伪政权，历来被视为汉奸，盛宣怀在大陆被视为"洋奴买办"，叶德辉在大陆被视为"反动地主"，对于这些人，大陆学者在七八十年代要么不提，要么简单扣以恶名。但苏精先生的论述比较客观，不因其历史恶名而磨灭其文化功绩，对于他们保存古籍、弘扬文化的历史贡献，充分予以肯定。但另一方面，苏精先生对于那些无可争议的汉奸行径也鲜明予以批评（详见苏精《近代藏书三十家》董康、陈群等篇）。

三

《近代藏书三十家》一书内容丰富，取材精当，论述审慎，言必有据，文笔洗练而寓含情感，可读性很强。并且在问世三十多年后又出版了修订本，充分吸收新出研究成果，补订过去的疏误。然而该书仍然存在一些小的瑕疵和可以商榷之处。

首先是字句方面的疏误。刘尚恒《〈近代藏书三十家〉简评》（2010）一文已经列举了对"食鱼斋"、开化纸、自庄严龛、"季鹰适志"的误解，此外还有一些小问题。例如《梁鼎芬葵霜阁》篇，第 33 页注释③标注出处为徐绍棨《广东藏书纪事诗·梁鼎芬葵霜阁》，实则不然。该注所释梁鼎芬于清人文集不收袁枚、龚自珍之语出自《广东藏书纪事诗》中的《惠州丰湖书藏》篇，而非《梁鼎芬葵霜阁》。惠州丰湖书藏是梁鼎芬掌教丰湖书院时所立，是篇纪事诗云："袁龚著作防流毒，训诫严明立峻闲。"（徐绍棨《广东藏书纪事诗》,沈云龙主编《近代中国史料丛刊续编第二十辑》第200种,文海出版社1975年,第200—201页。此条疏误由豆瓣网友嘿斋首先发现并公开在网络。)后文引梁鼎芬《丰湖书藏书目》序对该语有详细解释。再如第132页"严元照《全上古三代秦汉三国六朝文》",严元照当为严可均,二人均为湖州人氏,生活年代也相仿,严可均(1762—1843),号铁桥,湖州乌程人,严元照(1773—1817),号悔庵,湖州归安人。此外,笔者还发现一处病句,《宗舜年咫园》篇:"因此在光绪二十三年(1897)殁后,获得将生平政绩宣付国史列入《循吏传》。"(第51页)后半句显然缺宾语"殊荣"或"资格"。

其次是史实方面的错误。江曦《〈近代藏书三十家〉指瑕》(2012)一文中已有不少纠谬,兹再举一例。在《宗舜年咫园》篇,论述宗舜年父亲宗源瀚的藏书时,苏著认为:"他的'颐情馆'数万卷藏书大都是普通版本,明刊本已经少见,宋元刊本则是到宗舜年的'咫园'才开始收藏。"(第52页)事实上,宗源瀚颐情馆藏书中虽然宋本不多,但也还是有的。据宗源瀚《自有余斋日记》,他曾购藏宋拓《华岳碑》,并得到潘祖荫、翁同龢等收藏大家的赏鉴、题词(宗源瀚著,曹天晓整理《宗源瀚日记》,凤凰出版社2020年版,第106、127、182页)。或因苏精先生在台湾,不便查阅大陆所藏相关文献而生误解。

最后是藏家人选不是太多。中国近代藏书家何止数百,但此书仅选择31家。另外,一些十分著名,且卒于1912年以后的藏书家却未入选。笔者窃以为至少可再增20家:康有为万木草堂、缪荃孙艺风堂、罗振玉大云书库、陈宝琛赌棋山庄、沈曾植海日楼、王存善知悔斋、张寿荣花雨楼、王锡祺小方壶斋、端方匋斋、潘宗周宝礼堂、甘鹏云崇雅堂、梁之相二十万卷楼、陆树藩皕宋楼、瞿启甲铁琴铜剑楼、刘声木苌楚斋、刘体智远碧楼、刘世珩玉海堂、叶恭绰灵金馆、邓之诚五石斋、袁克文皕宋书藏、叶启勋拾经楼、傅惜华碧蕖馆、钱杏邨藏书等。以上所列20位藏书家,皆藏书丰富且各有特色、影响较大者。限于笔者个人眼界学识,必然有缺漏或不该列而列者。但其中至少有半数藏家可与苏著所选者相颉颃。尤其是缪荃孙、罗振玉、瞿启甲等藏书大家,贡献、影响都很大,但却未能入选苏著,不免有遗珠之憾。

此外，笔者在阅读此书过程中，越发以为此书之撰有仿太史公《史记》之意。首先，在著作宗旨方面，二书皆非简单的史料罗列，而是有内在精神贯穿其中，并寓有作者本人的情感寄托；在笔法艺术方面，苏著与《史记》一样，"别择确当，议论精辟，眼光独到，文字简洁雅致"（史睿、王楠《近代藏书三十家·后记》），且笔端带有情感；而在体例方面，苏著与《史记》一样，采用人物群传的方式结构全书，既是传记作品，又是藏书史著作，故可称之为"纪传体藏书史"，更有趣的是，《史记》有三十世家，而此书旧版亦为三十"世家"，只不过此"世家"为文化世家、藏书世家。

张元济在《印行四部丛刊启》中曾言："睹乔木而思故家，考文献而爱旧邦。"此书的价值不仅在于提供藏书家传记史料，更在于揭示近代中国的动荡环境中，中华古籍文献是如何历经磨难、代代相传，最后百川归海，完成由私入公的历史转变进程。

《中国纸和印刷文化史》提要

刘碧波

《中国纸和印刷文化史》是钱存训先生关于中国书籍史和印刷史的综合性著述,可谓是其名著《书于竹帛》的续编。本书原是钱氏为英国剑桥大学李约瑟博士所编著的《中国科技史》大系分册中的一章,后扩展为大系中的一个分册,并单行出版。本书初刊本为1985年出版的英文版《中国科技史》的分册,由剑桥大学出版社出版,随后两年内重印三版。最早的中译本题为《中国科学技术史:纸和印刷》,由刘祖慰翻译,科学出版社与上海古籍出版社于1990年联合出版。1995年,台北商务印书馆出版了李约瑟《中国之科学与文明》第13分册,即刘拓、汪刘次昕合译的《造纸与印刷》。在中译本中,目前最为通行的是2004年广西师范大学出版社出版的《中国纸和印刷文化史》。

本书旨在探讨纸和印刷在中国和世界文化史上的地位、作用和影响。全书共分十章,首章概述纸和印刷研究的宏观问题,其后各用三章论述纸和印刷的相关问题,第八、九章讨论纸和印刷术在世界的传播,第十章讨论纸和印刷对东西方文明的贡献。

绪论部分《造纸术和印刷术的起源与发展》首先讨论纸的定义,从西方"莎草纸"和中国纸造纸原理本质上的区别,重申中国造纸术的起源地位。随后概括介绍了造纸术的改进、原料、用途等。印刷术的起源并无确切时间记载,佛经的刊刻对早期印刷术的传播起了重要作用,雕版印刷、活字印刷和套色印刷技术日渐精进。

第二章《纸的性质与演变》首先介绍了纸发明前的书写材料甲骨、青铜器、陶器、玉器、竹木等，并归纳了中国书写材料的分期。进而分析造纸的基本原理、造纸的材料来源、汉代造纸的起源与革新、晋代的普及等问题；宋代开始使用竹作为造纸材料，造纸业也日渐地域化、专业化，印刷术的推广也刺激了造纸业的进一步盛行；明清时期造纸业进入工厂化阶段，使用纸张的类型也更为精细，大量纸坊运营的经济状况及管理制度文献流传至今。19世纪中叶，受外国纸张市场冲击，传统造纸业走向衰落。第三章《造纸的技术和方法》着重介绍了造纸的材料、工具和方法，以及纸张的修复与保藏知识。第四章《纸的用途和纸制品》介绍了纸除用于书写外的诸多社会功能，主要包括交易性质的纸币、纪念性质的冥币冥器、装饰性质的纸鞋衣冠墙纸和用于军事的纸甲、娱乐性质的剪纸等。

第五章《中国印刷的起源与发展》首先介绍了印刷术发明前的复印技术，指印和抄写、印章文字、青铜铸品和石刻、墨拓和漏印等。随后考察雕版印刷的起源时间以及各时代印刷的发展，目前发现的早期印刷文本多是宗教文献，至五代时期则印刷内容更为广泛，其中最重要的是后唐冯道刊刻儒家经典的活动。宋代是中国印刷术的黄金时代，辽、西夏、金、元等各有刻书活动。明代印刷在题材、技术和艺术上都超越前代，国家刻书规模更大，刊刻书籍种类繁多，并扩大到西方著作的刊刻，地方官府和私家刻书盛行。清代刻书业在数量及规模上继续扩展，而西方石印法的传入，对传统印刷技术带来了冲击。

第六章《中国印刷的技术和程序》首先谈到中国古代典籍有关印刷技术记载较少的问题，进而讨论雕版、活字等印刷技术的发展，同时指出，尽管活字印刷术在11世纪中叶已经发明，但一直没有在中国得到广泛使用，这是由于汉字字汇量大，常用字使用频率又高，需要的活字数量较大，成本较高；而且活字印刷术在少量书籍的印刷时不占优势，并有拆版费时费力的问题，需要更大投资，书法单调，容易出错等困难。本章还介绍了中国书的版式和装订，如不同书法字体、卷轴到线装书的发展历程等，并介绍了中国墨的制作与鉴赏知识。

第七章《中国印刷的图绘和艺术》主要介绍雕版印刷中包含艺术意义的诸多因素。其中，木刻版画成为雕版印刷中一项最能体现实用与美学双重价值的艺术形式。插图的运用是印刷书之于手抄本时代的文化创新，有插图的刻本首先见于佛经，随后扩展到儒家经典与其他名物、科技、医学图录，文学作品中的木刻插图也大量增加。精美的木刻插图得益于当时技艺精湛的刻工，而刻工多为家族事业。套色复印技术的发展则形成了更为精巧复杂的印刷艺术；年画的兴起与流行，则是多色木版套印技术的新创作形式。

第八章《纸与印刷术的西传》首先辨正了西方人对于中国纸张的认识误解。直到19世纪末20世纪初，考古发现的中国纸张被进行科学鉴定后，欧洲国家才认可纸在公元初期便由中国发明的事实。在此之前，欧洲人虽然已接触中国传入的纸数百年，但对纸的认识一直主观而琐屑。纸在3世纪开始西传，经敦煌到达阿拉伯世界，10世纪传到欧洲，15—16世纪传到美洲，随后西传至其余各地。印刷术西传的足迹则并不清楚，可能是与纸的西传相似的路径，但时代要晚许多。而印刷书的西传，与蒙古人对西方世界的征服关系较大。由于雕版印刷术实为一切印刷术的始祖，欧洲印刷术的起源与中国有密切联系不容置疑，但欧洲活字印刷术的原理与中国活字印刷术的关系，则有较大争议。

第九章《纸和印刷术的东渐和南传》主要介绍了中国对东亚文明的影响。纸在公元3世纪之前便传入朝鲜，而造纸术在朝鲜的使用不晚于公元6世纪，活字印刷术也在朝鲜广为使用。日本早期纸张的历史难以确定，而造纸术在公元610年以后可能开始使用。佛教的盛行对朝鲜日本印刷术的发展均影响深远，日本浮世绘版画印刷闻名于世。此外，中国纸和印刷术还进一步流传到琉球、越南、南亚和东南亚各国。

第十章总结纸和印刷术对世界文明的贡献。钱氏认为，纸的发明，不仅是书写材料的重要革新、印刷术发明的前提，也广泛用于社会生活的各个方面，受到东西方人民的盛赞。印刷术的发明和使用，严重冲击了欧洲思想和社会，促进了欧洲的宗教改革，推动了教育的普及，加快了现代文明的步伐。印刷书对于中国的书籍制度也有深远影响，首先促进了中国书籍总量的大量增加，也促进儒学的复兴、学校和书院的繁荣、科举制度的发展。不过，印刷术对东西方文化思潮的总体影响是背道而驰的，也导致了印刷术时代后东西方文明发展趋势的巨大差异。

本书深受东西方学术界好评,学界认为本书通过翔实的资料,丰富的插图,以百科全书式的叙述论述了关于纸和印刷的各方面主题,以高度的比较风格从世界文明的视角审视中国的两大发明,新意迭出。本书既是科技史的博通介绍,也贯穿了众多文化史的问题,堪称知识性与研究性兼具的典范之作。

本书是对以往中国书籍印刷史研究的集大成之作,以深湛的学术功力涉及纸和印刷从技术到文化层面的方方面面,更为难得的是,作者在绪论中已经关注到"印刷文化史"研究的学术新动向,在书中探讨纸和印刷术何以起源于中国、印刷术对东西方文明影响的差异等问题时,已表现出对这一趋向的关注。比较遗憾的是,限于本书所处的学术研究阶段与本书作为"科技史"组成部分的性质,有关各章节内容所涉及的丰富文化背景、纸和印刷对文化史所产生的复杂影响,论述尤显不足。而本书最后所认为的印刷术主要维护了中国文化的稳定性,既受到了车淑珊在《中国宋代书籍文化与文本传播》一文中关于宋代书籍与文化不稳定性的怀疑,在中国书籍史发展的其他阶段,其实际历史影响也值得进行更具体地分析。

《启蒙运动的生意——〈百科全书〉出版史（1775—1800）》提要

余 凡

本书作者罗伯特·达恩顿(Robert Darnton)，普林斯顿大学教授，哈佛大学图书馆馆长，图书史专家，欧洲文化史专家。本书的英文本出版年份是1979年，出版社为Belknap Press。中文版出版年份是2005年，出版社为生活·读书·新知三联书店，由叶桐和顾杭译。该书为中国现当代文学提供了新的研究领域和研究方法。受该书研究思路的影响与启示，以出版、传播为中心视角和方法的文学研究显著增长，文学史研究和报纸杂志出版史研究领域取得了一系列重要成果。

启蒙运动作为西方黑暗中世纪之后的第二次思想文化运动，在科技、政治、文学、艺术和道德领域掀起了一场惊涛骇浪的思想文化变革。作为一场追求"理性"的伟大的思想改革，启蒙运动在世界思想文化发展史上占据着重要位置。作为世界范围内的知识分子的普遍性认知和理解，启蒙运动是神圣的、崇高的、伟大的，对其一直葆有着敬畏、歌颂的浓厚情感。而罗伯特·达恩顿的《启蒙运动的生意》，则试图为我们抵近一个真实的"启蒙运动"生产过程。通过本书，读者会发现历史的发展有太多偶然性，而诸多偶然性因素耦合在一起，成就了我们今天所熟知的以法国为中心、波及其他西欧国家的"启蒙运动"。从这一角度而言，本书不仅颠覆了我们对启蒙运动的一般理解，而且更新了我们对文艺甚至其他人文社科领域的现象与问题的认识方式。这就是说，通过对某一文学流派、文学社团、文学报纸杂志的产生、发展和衰亡历史的掌握，可以为我们抵近甚至还原一个在更深层面上真实的、内部的文艺发展史。更为重要的是，文学报纸杂志的出版传播史,则可以成为研究文学的新的学术增长点。因此,《启蒙运动的生意》为我们看待文学提供了新的视角、新的方法。

在内容上,《启蒙运动的生意》以《百科全书》的生产、出版、传播与消费为研究中心,细致讨论了该书在整个启蒙运动中所扮演的角色,以及《百科全书》出版、销售的中间环节如出版商、造纸商、书商、印刷员、销售员、银行家、撰稿人等人员所扮演的重要角色。罗伯特·达恩顿将目光转向了《百科全书》的编辑、出版、修订、销售以及传播等关涉当时的社会、文化和生活的细微层面,呈现并照亮了作为商品的《百科全书》等书籍在生产动机上的灰暗与褶皱。即《启蒙运动的生意》的审视视角从过去惯性思维中的焦点人物——《百科全书》组织者狄德罗,转向出版商庞库克,以及以出版商庞库克为中心的利益产业链,这是过去对启蒙运动的研究未曾细致考量过的对象。《启蒙运动的生意》以详细的文献资料和丰赡的细节展示,将读者带入到启蒙运动这一"神奇魔术舞台"的侧后方,洞察这一场雄伟壮阔的文化思想运动在精英知识分子之外的人群,特别是在底层社会人群中是如何被看待和评价的,以及启蒙运动的新的文化思想如何对精英知识分子之外的社会阶层产生影响、如何影响他们的思想观念甚至行为,等等。并从一个新的角度去考察、抵近法国大革命。对"神奇魔术舞台"侧后方的展示,使读者看到了精英化意味浓厚的《百科全书》成书过程中实则充满着浓厚商业利益追逐的本质。

在研究方法上考察《启蒙运动的生意》,可以发现,固然其在文学史学、传播学、出版史学等领域起到了重要的垂范作用,对文学的生产、出版和传播的阐释切中肯綮,这些都是其值得肯定的重要价值和意义。但是,从学术研究的规范性、科学性和有效性,甚至是本研究的某些具体细部的"合法性"等角度而言,《启蒙运动的生意》也存在着明显的缺陷。一方面,在破立论证角度上,本书仅仅靠一个出处的文献材料来说明问题,则是仅有孤证而无旁证。这就造成了其结论的单薄,不具有普遍性和广泛性。进而,抵近启蒙运动的历史真实的效果就会大打折扣并且容易受到质疑。一旦有相冲突甚至相反的案例出现,则罗伯特·达恩顿的《启蒙运动的生意》中的很多结论就会不攻自破。另一方面,在上文中,笔者将《启蒙运动的生意》比作带领读者进入"神奇魔术舞台"侧后方的一盏明灯,照亮了过去所无法被看清的启蒙运动旗手们之外的社会阶层在这场运动中所扮演的角色,"还原"了伟大思想文化创造者如狄德罗、伏尔泰、卢梭等启蒙思想家之外原本属于启蒙运动产生发展史中做出贡献的人们,如出版商和书商。但是,笔者认为启蒙运动史是属于启蒙思想家和启蒙接受者的发展史,而其他阶层的态度和看法等普遍性心态无法展现启蒙运动的真实的"群体文化心理结构"。进而,本书作者由此出发对启蒙运动自身存在问题的认识和探源也是不完全和有效性不够的。

  作为中国现当代文学专业的初学者,本书对笔者而言具有重要的方法启示价值。第一,在文学研究日益深化和细化的今天,从生产、出版和传播角度对文学报纸杂志生产的现场进行抵近甚至还原,是文学研究的新角度和新途径,为中国现当代文学研究开辟了新的学术增长点。通过对一种文学刊物的发展历史进行考察,走向文学刊物发展历史的背后,揭露文学刊物办刊理念和最终目的之间的裂罅、目的与手段的龃龉与冲突,探寻编辑人员的传承与更迭、办刊风格和审美趣味的变迁,探秘其间的文学制度与政治审查制度之间的密切关系等,以及办刊人员为了维系刊物而不得不主动"追逐"金钱收益等。这些为抵近文学刊物甚至整个时代社会的文学生态提供了一个很好的视角。第二,对文学生产、出版和传播进行研究,除了需要掌握出版和传播的知识外,还需要对版本学、人类学和社会学等研究方法有一定的掌握。这是因为,支撑出版和传播研究的方法来源在出版和传播之外。第三,《启蒙运动的生意》的研究思路为我们进行学术研究提供了一个重要启迪:一旦一种进入研究对象的新方法可以得到新的、更为全面科学的结论时,则需要我们进行研究方法的调整,并进行新的学术资源的挖掘,唯有如此才有利于新的研究结论的发现。新的学术资源是对研究问题进行再审视和再探析的重要出发点,也是新的研究结论形成的重要根据。而新的研究方法则是对文献进行梳理后的自然的召唤。《启蒙运动的生意》之所以一经出版就在西方知识界引发"地震",是因为本书的作者掌握了新的学术资源——大量的原始书信文献。第四,作为研究者,面对如启蒙运动这类庞大的研究对象,应当在心底自然地树立起一种观念：启蒙运动这一宏大而复杂的历史舞台上并非只有精英知识分子的戏份，启蒙运动更应当是这一宏大的运动中所有参与者和奉献者共同的"启蒙运动"。单单从精英知识分子这一单一角度来论说包括《百科全书》撰写和出版在内的启蒙运动，是片面的。这就是说，将出版商、书商、印刷工、造纸商、银行家和售书人等在内的人群纳入启蒙运动中进行讨论，是以启蒙运动为命题的学术研究的题中应有之义。因此，科学全面地对研究对象进行分析，尽可能地将研究对象所涉及的诸多因素、诸多组成部分考虑在内，是文学研究追求全面、科学、有效的必备前提。

总之，《启蒙运动的生意》在研究方法上告诉我们：史料的收集和掌握很关键。如果没有得到大量的商业往来通信等史料，研究者则无法抵近《百科全书》所引发的商战和传播过程等细节；本书借由《百科全书》的生意，将抽象的启蒙思想的传播过程具象化，使得当时的印刷业、社会思想状况、社会各阶层的生活情况等得到有效展现；没有必要把历史神圣化，对历史的抵近须注重对细节的把握。

《书法与古籍》提要

陈思建

书法是中国最重要的艺术形式之一,早在绘画之前就被认为是一种优秀或高级的艺术,早期的绘画理论和批评往往源于书法评论。《书法与古籍》为牟复礼(Frederick W. Mote)和他的学生朱鸿林合著。牟复礼(1922—2005),1948年于燕京大学获学士学位,曾问学于向达、启功、王崇武等人。后返美于西雅图华盛顿大学继续学习中国文史,1954年获博士学位。同年在台湾大学从事博士后研究,次年到荷兰莱顿大学任Fulbright交流基金讲师。1956年在普林斯顿大学任中国历史与文明学助教,1959年任副教授,1963年任教授,1969年创办普林斯顿大学东亚学系,并在那里发展东亚研究,其研究领域集中于中国元、明两代。朱鸿林,毕业于香港珠海书院中国文史学系及中国文学研究所,随后留学美国普林斯顿大学,并于1984年获得普林斯顿大学东亚学博士学位。专攻中国近世历史与文化,研究包括中国近世尤其明代的思想、社会及政治历史、宋明理学经典、明人文集等。

本书最初是为普林斯顿大学艺术博物馆举办的书法及古籍展览的图录所撰写,发表在普林斯顿大学《葛思德东方图书馆馆刊》(1988年第2卷第2期特刊),原标题为Calligraphy and the East Asian Book,1989年出了单行本,2010年中文版由中国美术学院毕斐译出,省却原书标题所强调之"东亚"的古籍,或是因为标题多少有点误导读者,展品中只包含很少中国以外的古籍或书法作品,但是直接省略"东亚"的限定,也有些冒失,毕竟东亚作为更大研究视野,既符合史实也有其实际意义。"本图录为展览而撰写",牟复礼揭示了《书法与古籍》是一本展览图录,1989 年牟复礼与方闻合作在普林斯顿大学艺术博物馆举办题为"书法与东亚书籍"的展览。值得注意的是,或配合展览活动的预热,展览目录是先于展览活动本身发表在葛思德东方图书馆的特刊上,一年后方由 Shambhala Press 出版。《书法与古籍》的重要性在于,它是第一本把中国古籍和书法并列进行研究的英文著作,而书法和古籍是中国古代艺术与文化特质最重要的体现。基于扎实的研究,本书为这一新的学术研究领域开辟了新的前景。

牟复礼在《前言——书法与古籍因缘考》部分,即重点申明《书法与古籍》并无意深入探究中国古代书法艺术的美学内容,而旨在向西方读者展示理解中国书法的艺术形式,并厘定其概念界限,藉此助于观者观看、或沉思,普林斯顿艺术博物馆所举行古籍展览的精美展品。这实际上是牟复礼为展览所作的序言,并且把书法与古籍并存的历史发展,以及书法作为一种艺术形式的鉴赏特征,包括中西读者对书法艺术的认知差异,通过古籍版刻书体的直观体验,令人信服地呈现在西方读者面前。为此,牟复礼组织编写普林斯顿艺术博物馆藏品的文献资料,以支撑或编织成延伸性、密集性的背景信息,为读者的艺术鉴赏及评价建立坐标。牟复礼所面临的主要问题,是西方读者对中国书法与古籍的认知缺乏。因而,为展品而写作,有效平衡鉴赏性与学术性是其写作的目标。《书法与古籍》的要旨,体现在导论部分,使用概括性的文字标题,实际上是展览区域划分的依据。还有关于展览品的或长或短的解释性的文字,说明本书系集体合作的成果。

构成《书法与古籍》主体部分的内容章节,编撰者的目的和思路都是配合 129 件展品的说明性介绍,按照朝代先后次第展开,揭示从最早文字起源到写本时代的各种书体发展,从唐代的写本到宋元明清雕版印刷的时代变化,一一结合展览作品加以文字标题,其中导论部分由牟复礼执笔,注记目录由协作者完成。一、从最早的文字到最早的书籍。分为两节:(1) 文字的早期形式。说明汉字的独立发明及其演进,注记由陈葆真、萧蕙芳、顾浩华撰写。(2) 碑刻与艺术传统。说明汉代至六朝形成了成熟的书法形式,并通过摹刻上石和复制拓本来传布书法典范。同时指出拓本是印刷的一种形式。注记由萧蕙芳撰写。二、雕版印刷发明前后的写本。分为两节：(1) 早期卷子本。回顾了手抄卷子本的历史，包括以写经体的解释，注记由萧蕙芳、陈葆真撰写。(2) 印刷术发明之后的写本。回顾了中国印刷史的形成期，并且提示写本传统依旧延续。注记由朱鸿林撰写。三、宋元版刻之完善。分为两节：(1) 总体趋势。以实物证明两宋版刻的黄金时期，就葛思德东方图书馆的馆藏讨论宋元版刻的精华所在，并集中评述版刻书法。注记由朱鸿林撰写。(2) 赵孟頫对元末暨明代版刻之影响。重点研究赵孟頫，及其书迹对版刻设计的影响。注记由陈葆真、朱鸿林撰写。四、明代版刻之创新。葛思德东方图书馆特藏部收藏明版书颇丰，选取部分用以展示"创新"诸方面。注记由朱鸿林撰写。五、晚明版刻之书法。提供了明代版刻运用写刻的诸多有趣实例。注记由朱鸿林撰写。六、清人刻书之精品。注记由朱鸿林撰写。大量的清代藏品，选择不同种类，包括插图本、写本或稿本，旨在强调书法与版刻之间的联系。从各章节的内容呈现分析，要向西方读者介绍书法和印刷艺术二者对中国基本的文化和文明构成的重要性，编撰者面对的问题有两个，首先要理解何以导致书法在东亚如此重要，其次必须认识书法在中国与东亚古籍漫长发展史起到什么作用。《书法与古籍》的写作视角，处处体现中国古代书法与古籍的域外观察者的视角，这体现在展品的介绍文字具有普及、具体及翔实的特征，尽管在著者主观看来，展现中国书法迥异于西方文化语境，不遗余力在细节和背景材料上，或者正是因为客观认为西方读者的接受程度如此。

  本书以书法及古籍作为标题，以展品的注解和记录为写作中心，重点在揭示中国古书版刻字体风格历史变迁，通过展陈在西方观者面前的古典文献，借以说明中国书法与古籍版刻并存式的发展，从二者的历史发展言，其紧密联系亦不言而喻。文字最早刻在兽骨、龟甲上，在汉代，典籍刻在石头上，人们复制其文本在拓本之中，使用独特的传拓技术作为复制书法的主要手段，这些拓本也同时具有书籍形态。关于拓片的部分令人信服地论证了拓片是一种印刷形式，并且通过拓片复制的文本起作用。然而，在中国艺术的所有媒介中，书法可能是最难以理解和欣赏的，本书或致力于解释中国书法之为迥异于西方文化传统中的书写,牟复礼亦指出汉字书写与书籍制作的主题与中国古代文化的特质密切关联,东西方对"书法"作为特殊书写艺术的认知差异,材料的不同固是一个因素,更重要的是"西方艺术自我意识的传统中,它的地位迥异于东亚书法在人们心目中的地位"。指出"在欧洲无法像在中国那样,绘画与书法共享材料",书法"而能充当中国艺术荣誉至高者的表达工具"。就中国古代印刷技术层面,牟复礼指出中国独特的书籍艺术,因为先进的欧洲铅印术传入而遭受冲击,成为"供古玩家珍藏,由史家研究"的过往云烟,但牟复礼不忘指出,书法艺术与雕版印刷术的灵活结合,并存在于书法与古籍的鼎盛时期。所以,鉴于书籍在中国文化史上的重要性,本书为这一新的学术研究领域开辟了新的前景,并使我们能够研究中国书籍的各种主题。读者或十分欢迎本书作者及其协作者的努力,以扩大我们对中国古籍的认识,西方世界丰富的中国艺术收藏,如果限于认识能力而对展品本身所带来的艺术感受——无法体会或者而未加深究,后者可以导致从外部观察一种文明时最常见、最严重的错误:想当然地类比!

《拉莫莱特之吻：有关文化史的思考》提要

翟　敏

《拉莫莱特之吻：对文化史的反思》(The Kiss of Lamourette：Reflections in Cultural History)，罗伯特·达恩顿(Robert Darnton)著，美国诺顿出版社(W.W.Norton&Company)1990年首次出版。2010年华东师范大学出版社出版了中文版，题为《拉莫莱特之吻：有关文化史的思考》，由萧知纬翻译。

罗伯特·达恩顿，1939年出生于纽约，是普林斯顿大学教授，哈佛大学图书馆馆长，是英语世界中最重要的法国史专家之一，也是文化史方面的领军人物，曾任《纽约时报》和《纽瓦克星报》的记者。达恩顿著述颇丰，本书是他最著名的著作之一，其他代表作有《启蒙运动的生意：〈百科全书〉出版史(1775—1800)》《屠猫记：法国文化史钩沉》《旧制度时期的地下文学》《法国大革命前的畅销禁书》《催眠术与法国启蒙运动的终结》等。他曾获多项学术奖和图书奖，包括美国的麦克阿瑟奖、美国的国家图书评论奖以及法国的美第奇奖提名。

本书是作者二十世纪七八十年代15篇文章的选集，它们集合在副标题"对文化史的反思"之下，这些文章性质不一，既包括学术性质的书评和论文，也加入了作者对记者经历的观察与思考，依照作者的话来说就是"不同时期针对不同需要写下的"。前6篇针对一般读者写作，后9篇则为学术性论文。在这本书中，作者从观念史、思想史、观念的社会史和文化史四个层次讨论了作者对文化史的思索，是对文化史方法论的理论反思。本书的特色在于，作者并不通过纯理论性思辨，不讨论"叙述与事实之间的哲学关系",而是通过个案研究及其比较,甚至是个人从业经历,来思考文化史研究的理论、方法和实践中存在的问题。作者认为历史研究应该关注前人所经历的人类的生存状况,通过他们的生活和思想去理解生活的意义。

在本书中作者重视的问题是,今人应该如何回顾历史?如何进入它?如何理解和评价它?书名《拉莫莱特之吻》,也是本书第一篇文章的名字,这个说法取自法国大革命中的一个事件。法国大革命充斥着暴力和血腥,人民陷入集体性疯狂。拉莫莱特是法国的一名神甫,也是一位哲学家、革命家,他拥护宪法。在1792年7月7日这个决定法国未来命运的时刻,他主张大家放下对立,像兄弟一样拥抱亲吻彼此,以"博爱"的精神平息争斗。这种博爱是法国大革命的果实,它对社会价值观的影响改变了历史进程。有些历史学家认为法国大革命不过是一个"神话",但作者告诉我们集权和博爱无疑同时存在于革命,但不可忘记法国大革命是平民按照自由、平等和博爱的原则打破旧秩序,建立新世界的历史,"拉莫莱特之吻"正是要提醒我们必须注意理解历史的复杂性。《波兰要自由》从一个历史事件入手,关注波兰官方和民间历史叙事的矛盾,提醒人们历史书写不仅关乎过去,更关乎未来。

第二部分《媒体》,包含四篇文章,探究电影、电视、报纸、学术著作等媒体在文化生产中的作用。《见仁见智的电影〈丹东〉》通过一部电影在法国和波兰两个不同语境中的解读,聚焦人们对法国大革命的不同关注重心。作者认为,丹东和罗伯斯庇尔在是否用专制来保证民主的问题上代表两种不同的革命路线,电影《丹东》不惜以牺牲历史事实的方式偏向丹东,它在波兰赢得了共鸣,却被法国左翼批评,这反映了不同的政治和学术立场。事实自己不会讲话,我们必须看清语境对意义的决定作用。《电视:一封给电视制片人的公开信》批评历史电视剧对历史的戏说,指出兰克对史实的关注没有过时,历史研究不能只有话语,史料工作不容忽视,否则历史研究就是无本之木。《新闻事业:"有闻必录"与"合辙即登"》关注新闻媒体,作者以记者的从业经历告诉我们,媒体不是中性的存在,"新闻性"是由文化决定的,所谓"合辙即登","连毛带血的现实生活之'足',必须适应叙述规范和编辑室要求之'履'"。不仅面向大众的新闻写作受到固定生产方式影响,学术著作的出版也使得学术写作充满了"套路",第六章《学术著作的出版窍门》揭示出标榜客观研究的学术写作也必须遵循一定的出版规则。

第三部分《白纸黑字》,探讨书籍史和阅读史的方法论。为应对书籍史逐渐陷入跨学科混战的研究局面,作者针对欧美书籍史研究的案例,提出了书籍的"传播路线图",这个模型关注文本的传播以及外部影响,认为印刷书一般都遵循相似的循环规律,提醒人们研究书籍作为印刷媒介在传播过程中的各个环节和整个过程,同时还要研究它的不同表现形式以及与周围经济、社会、政治和文化系统的关系。作者认为以此模式分析书籍,可避免陷入割裂式研究。《文学史上被遗忘了的中间人》是对"传播路线图"应用的典型案例,书籍经过作者、印刷商、出版商和销售商才到达读者手中,这一事实曾为过去的文学史所忽视,没有这些中间人,文学作品得不到制作和发行。《阅读史初探》指出,阅读史在历史情境中讨论文本与读者的关系,把阅读作为一种社会行为来研究,注重读者对文本意义的不断构造与阐释,对此达恩顿提出了五种研究方法。

第四部分《你方唱罢我登场》,是对思想文化史的方法论反思,主要借助对具体研究著作的分析和比较来进行。《思想史与文化史》回顾20世纪70年代思想史和文化史的研究,其背景是思想史的相对衰落和社会文化史的兴起。作者追溯了重要的研究成果,讨论美国思想史和社会史研究在20世纪的离合关系。70年代以来思想史越来越强调历史背景,强调历史与语言的关系。文化史离精英更远,思想史和人类学汇合,繁荣了大众文化研究,但也产生了庸俗化倾向,缺乏对自身的反思。《思想观念的社会史》通过社会思想史的兴起聚焦社会史与思想史的结合问题。达恩顿比较了两个不同史学传统的社会思想史著作——彼得·盖伊的《解说启蒙》和巴黎高研院第四研究所的论文集《社会阅读》——他们都试图把启蒙运动放入当时的社会背景中考察,却互相看不起。为了调和思想史和社会史,彼得·盖伊采用了黑格尔的辩证逻辑,过分倚重哲学理论与大思想家,相比《社会阅读》来说显得过分简化。后者利用档案和大众读物深入平民的日常生活，揭示出法国文化史的复杂性，一定程度上摆脱了印象式的泛泛之论，这启发我们真正的社会思想史必须走出书斋，发掘更贴合历史实际的新材料，采用新的方法。《心态史》是对心态史的方法论反思，达恩顿通过该领域三个主题的具体研究指出，研究者应当将研究建立在扎实的社会科学研究之上，熟悉论题相关专业领域的研究方法，吸收重要的研究成果，否则就会对材料做出错误解读，将精神领域与社会现实不恰当地联系起来，得出似是而非甚至错误的结论。作者还指出心态史本身的问题是长于现象描述，短于历史解释，我们需要避免僵化的经济决定论，对于文化的相对独立性可以从人类学获得启发。

第五部分《相关学科与触类旁通》，探讨历史与知识社会学、文学和人类学的关系，核心关注点是研究对象在特定历史情境中的意义阐释，达恩顿认为文化史研究最重要的是将对象与语境联系起来，深入特定的文化系统，并在此基础上做出历史性的解释。

全书关注面广阔，显示出作者深厚的学养和思力。文化史本身是一个跨学科的研究领域，强调整体性，它不孤立地研究对象，而重视对象与政治、经济、社会的联系。文化的定义难以有确定界限，因此文化史更注重研究方法，研究者分处于不同的学科，选择感兴趣的论题进行研究。作者在本书中关注历史解释本身的现实取向，提醒研究者注意媒介在文化生产中的作用，对阅读史和书籍史研究提出了建设性的方法。第四部分对思想文化史等领域的反思则建立在对具体研究成果的基础之上，其评述令人信服，可使读者在研究方法上获得实质性启发。第五部分关注学科外部的方法启发，包括知识社会学、文学和人类学。

总体而言，这本书出版于文化史方兴未艾的时期，是对文化史内部各领域的针对性评述，也可看作一个阶段性总结，而不是对文化史本身的全面反思。"文化史"对"文化"的定义异常宽泛，这从本书入选的文章中可见一斑，从新闻报道到启蒙运动甚至几世纪前的屠猫事件，都是本书的观照对象，统摄于"文化史"之下。因此文化史的另一个特点是重视和依赖方法，也是文化史超越传统史学的新颖之处。

本书所反思的问题，例如有些研究过于细碎，有些研究从有限的材料做出倾向性解读，造成错误的结论等，作者将之归为技术问题和方法问题，如果更仔细广泛地搜集材料，熟悉社会科学研究方法和成果，则可以避免这种错误。达恩顿似乎并不认为文化史研究取向本身有需要反思之处。作者言明不讨论叙事和事实间的哲学问题，但无论如何这是史学研究中逃不开的根本问题，尤其是在史学经历了语言学转向之后。本书中回顾的一些研究著作，在不同程度上都面临这个问题，什么是"历史事件"？对于一个历史事件的意义到底应该如何认识或解释？怎样处理对历史的描述和解释？文化史研究的庞杂、琐碎能否只通过乞灵于一定的方法解决？文化史整体是否需要反思？答案应该是更复杂的。

此书还有一个需要注意的问题是中文版本的翻译问题，很多时候译者没有采用通行的译名，而且第一次出现人名时不标注原文，甚至同一人名有几种不同译法，造成阅读的困难与误解。例如著名历史学家兰克（Leopold von Ranke）译为"兰肯"，观念史家洛夫乔伊（Arthur Oncken Lovejoy）译成阿瑟·拉乌兆伊，其他的例子还有托马斯·库恩（Thomas Kuhn）译作托马斯·昆，克利福德·格尔茨（兹）（Clifford Geertz）译作克立佛·基尔茨，恩斯特·卡西尔（Ernst Cassirer）与约翰·波考克（J.G.A Pocock）甚至在同一篇文章中出现不同译法。另外重要的术语、概念以及文章名都没有随文注出原文，比如观念史（history of ideas）和思想史（intellectual history）等等，这些在阅读的时候都需要特别注意。

《版权的起源》提要

崔 筠

《版权的起源》,作者马克·罗斯(Mark Rose),哈佛大学出版社1993年出版,2018年1月,商务印书馆出版该书中文译本,译者杨明。

本书作者马克·罗斯,1967年毕业于哈佛大学,获英国文学博士学位,后执教于耶鲁大学、伊利诺斯州立大学、加利福尼亚州立大学,曾任加利福尼亚州立大学英语系主任、人文研究院主任。译者杨明,现任北京大学法学院副教授。

本书围绕一系列著名的版权侵权案件展开,借以阐述版权制度的起源。全书共八章。

第一章《文学财产的有关问题》,开篇即指出,"作者"这一概念最显著的特征就是作品的所有权,作者作为原创者,即作品的所有者。原创与所有权的关系,体现为制度,就是本书要讨论的版权问题。作者认为,虽然知识产权的概念早已存在,但作为现代制度的版权制度,是随着印刷机的产生、中世纪晚期至文艺复兴早期作者身份的个体化,以及17、18世纪商业社会的高度发展而产生的。本书主要的关注点,在18世纪英国被称为"文学财产问题"的长期法律斗争,斗争的起点,就是颁布于1710年的世界上第一部现代意义的版权法——《安妮女王法令》。这部法令的颁布,在法律意义上将作者视为作品的所有者,同时限定了作品受保护的期限。通过对18世纪几起版权案件的分析,作者展示了18世纪法学家为确立"文学财产"这一概念所做的努力。

第二章《管制制度》,从出版商和作者两个方面介绍了对版权产生起到重要推动作用的制度。出版商方面，由于印刷业的繁荣，15世纪威尼斯产生了特许权制度，规定了作品的特许权；16世纪初，英格兰在接受这一制度的同时，建立了出版贸易规章制度，两个制度分别规定了王权和出版商工会的作品特许权，但这个时候的版权保护并不在于作品本身，而是出版商出版作品的权利。作者方面，17世纪的英国，作者的创作被视为对国家的贡献，因此会被授予自己作品的印刷出版特权，但这种特权把作品视为贡献而非财产，作者对作品不享有文学意义上的权利。通过17世纪几起作者权利认定案件，作者对作品财产权的关注更加强烈。

第三章《版权制度的形成》，介绍了作品如何由作家财产发展为作家权利。本章通过介绍弥尔顿、洛克、笛福等著名文学家在争取版权过程中做出的努力，说明了作者与其作品间的关系是如何逐渐明晰，进而推动了《安妮女王法令》的诞生。而《安妮女王法令》从诞生到颁布，经历了多次的修订与审查，因此，《法令》并没有解决文学财产概念背后的理论问题。尽管如此，版权还是在财产权而不是管理体系下得到了重构。

第四章《法庭上的作者》，介绍了《安妮女王法令》颁布后，作者是如何在法庭上争取权利的。本章通过"伯内特诉切特伍德案"、《一封作者写给议员的信》、"蒲柏诉柯尔案"等有代表性的事件，回顾了《安妮女王法令》颁布的头三十年，英国作者如何维护自己对作品的财产权。

第五章《图书销售商的斗争》，介绍了随后的三十年，作者与出版商，围绕作者对作品"权力的精确本质"这一核心问题展开的法庭斗争。通过对"汤森诉柯林斯案""米勒诉泰勒案"和"辛顿诉唐纳森案"三个典型案件的回顾，揭示了作者与出版商争论的核心问题——永久版权问题。通过这一章，本书从版权的问题，开始进入对文学本质的探讨，即：永久版权的支持者坚持作者对其创作的自然权利；反对者认为版权只能被认为是和专利一样的有限特权；支持者又主张作品既不是实体书籍，也不是其中承载的思想，而是综合语言和思想的实体。

第六章《文学财产的确定》，详尽地描述了一起文学财产典型案件——"唐纳森诉贝克特案"的前因后果。作者认为，这起案件引发了一场关于"以所有权为基础的个人主义观念能够在多大程度上延伸到文化创作领域"的争论。值得注意的是,这起案件引发了一个引人瞩目的转变,拥护永久版权的图书销售商,开始逐渐适应有期限的版权保护。这起案件构建了版权的法定基础,由于这起案件而通过的1842年《版权法案》一直沿用至20世纪。

第七章《财产、独创性、个性》,围绕文学财产的独创性展开,开始讨论版权对文学的反作用。作者敏锐地看到,上两章讨论过的"米勒诉泰勒案"和"唐纳森诉贝克特案",都是围绕同一作品展开——詹姆斯·汤姆逊的长篇颂诗《四季》,这是由于《四季》特殊的"独创性"。因为作品的"独创性"和"个性"日益凸显,"作者"成了发明家,文学作品和机械产物有了区别,版权也更加重要。罗斯在这里认为,版权从这一刻起开始对文学产生反作用,由于版权的存在,作品的独创性成为作者更加关注的问题。

第八章《奇怪的变化》,对现在的版权问题进行了一系列的思考和质疑。罗斯通过引用博尔赫斯关于《堂吉诃德》作者的寓言,对版权的规定做出了反思。同时还对福柯在《什么是作者》中设想的没有版权和作者的"美丽新世界"表明了态度——版权使得所有人成为具有一定程度的独特性以及一定程度人格的个体。这也是作者写作本书的最终目的。

本书为众多法律专业之外的读者了解版权法的起源提供了一次新鲜的阅读体验。最精彩的部分是对以下几个问题的讨论:一是作者在版权争夺中的尴尬地位。直到《安妮女王法令》颁布前夕,当时英国的制度保护的仅仅是出版商。通过本书,我们可以看到作者是如何通过一次次的抗争,使自己逐渐取得与出版商平等的地位,最终凌驾于出版商之上。二是文学作品是否该拥有永久版权。罗斯认为:"永久版权的支持者专注于作者的普通法权利,反对永久版权的人专注于作品。"罗斯以文学研究者的特殊视角,讨论了永久版权可能对文学发展造成的影响,即一本有用的书不应成为永久排他性的财产,其出版后应属于公众,作者只应当享有收益的权利。在我国正着手修订《著作权法》的今天,本书也具有一定的借鉴作用和现实意义。三是探讨了法律的完善与文学的发展之间的关系,作为文学专业的学者,罗斯不满足于探讨版权法本身,而是将作品的独创性与个性作为讨论的根本话题,他跨越法学、文学、美学等多种学科的论述,为这些领域的跨学科研究做出了有益的启示。

本书也同时存在一些不足,如跨学科研究的尝试略显不足,全书仍偏重法理、案例的介绍,对版权法的核心——作家和作品论述有所不足;某些章节的翻译过于晦涩,非法律专业读者理解起来会有些困难。

《中国宋代书籍文化与文本传播》提要

侯承相

"Book Cultural and Textual Transmission in Sung China"初刊于《哈佛亚洲研究专刊》(*Harvard Journal of Asiatic Studies*)第54卷第1号,第5—125页,1994年由哈佛燕京学社出版。目前尚无中文翻译。文章名可译为《中国宋代书籍文化与文本传播》。

作者苏珊·彻尼阿克(Susan Cherniack),任教于美国科罗拉多大学博尔德分校(University of Colorado,Boulder)。作者对于中国古典文学的研究另见于两文,分别是1988年所写《三首伟大的杜甫诗歌》("Three Great Poems by Du Fu")以及1993年所写《最后的证言:曹植对文帝的追悼》("Having the Last word: Cao Zhi's Eulogy for Emperor Wen")。前者选取了作者认为杜甫诗中尤其值得重视的三首长篇之作——《自京赴奉先县咏怀五百字》《北征》《秋日夔府咏怀奉寄郑监审李宾客之芳一百韵》,从中分析杜甫长篇诗歌中体现的人文精神。

《中国宋代书籍文化与文本传播》最初是作者在1992年3月参加在美国马萨诸塞州坎布里奇(Cambridge,Massachusetts)举办的第202届美国东方学会年会(the 202nd Meeting of the American Oriental Society)时的会议论文,后经在美国哈佛大学和华盛顿大学的课程论文补充润色,形成本文现状。本文虽系单篇论文,但篇幅较长,至今尚无中译本,评论文章亦仅见戴仁(Drège, Jean-Pierre)《书籍版本介绍》(*Edition et histoire du livre*),刊于法国《汉学书目》(*Revue Bibliographique De Sinologie*)1996年第14卷,第4—5页。

这篇文章的论述中心在于宋代印刷术兴起与普及之后，宋代的学术方法（主要是校雠学方法）发生了较大变化，文人获取书籍的途径更广，刻本书籍的类型与形制有了创新，书籍的价格降低。

　　本文一上来就用宋代洪迈《夷坚志》中所载的一条材料说明古人对文本权威性和固定性的尊崇：宋代五名刻工因擅改刻版内容而遭天雷轰顶。由此作者进行东西方对比，指出中国人对文本变化的反应是完全异于西方人的，西方人执着于保持文本的稳定性与连贯性，认为任何进入原始文本的内容都是对原文本的污染。但是宋代印刷术的普及使得文本变得更为活跃，由此使得中国人对于校勘学更为重视，通过校勘和按语来"纯化"文本是中国文人追求的目标。

　　正文部分共四节，但章节体量差异显著，总体来说，前三节属于理论概述，第四节为全文重点，论述宋代书籍文化与文本的变化，因此，前三节可以看作是对第四节的铺垫，同时也是理论精髓的提炼。

　　第一节为《中国人对传播过程中文本改变的态度》，作者举《吕氏春秋》记载晋人将"己亥"误写作"三豕"，最终由子夏纠正的故事，说明文本的讹误有着深远的历史，而中国古人特别是校勘学家的理想就是将古书"复其旧，复其原"。由此出发，文章提出了古人在面对文字变化时存在着"妄改"的问题，其原因主要是"以意改字"和"以臆改字"。最后，作者以孔子校勘《诗经》《周易》《春秋》的例子说明古人对文本改变的态度是以"多闻阙疑"为基本要求的。

　　第二节为《宋代书籍文化的文本变化》，重点讨论宋代印刷术普及给文本变化带来的新特征，南宋国子监刻《九经》，使得经书文本基本稳定下来，刻本取代抄本成了书籍的主要形态。

　　第三节为《对文本权威性的质疑》，简要梳理了宋代理学的发展，指出新儒学鼓励对经典文本权威性进行质疑，特别是对于初学者而言，"学从疑处始"。与此同时，不同学术流派的论争，对汉唐章句正义之学的怀疑，使得宋代学术风气渐向"疑古"，而经典也就变得不再神圣不可侵犯，注释、解读都成了新的可能，甚至经典文字本身也成了"可以修正"的。

　　第四节《宋代书籍文化与文本波动》是全文的重点与主体，本节又分为五个小节,分别是"印刷文化的到来""印刷错误""印刷者之间的竞争及造成的文本变形""印刷文化与校勘方法""宋代校勘学的机制"。

其中《印刷者之间的竞争及造成的文本变形》一小节主要论述的是印刷业商业化带来的市场竞争让很多刊刻本尤其是形制较为小巧的书籍"飞入寻常百姓家",由此,印刷者们更加关注刻本形制的创新,特别是将刻本精小化,使其更为廉价易得。

《印刷文化与校勘方法》小节中作者介绍了陈垣"四校法"——对校法、本校法、他校法、理校法,又提及叶德辉"活校法"与"死校法",并且从宋代印刷文化发展的角度提出刻本的流行让这些校勘方法变得更加实用而多样化。在宋代校勘学家中,首要校雠方法为"理校法",因为宋代新儒学讲求"义理"。

《宋代校勘学的机制》小节中作者提出宋代校勘方法承前代而来,又有创新,尤其是在正式校勘中使用墨点删除文字,雌黄、铅粉、朱砂等为原料的墨汁以及它们不同的使用场合与方法,让宋代校勘更为规范化,在这一方面作者举出刘知几为例,在《史通》撰写中刘氏使用了不同的校勘手段。同时作者指出有宋一代,学者无论是在朝堂内外均延续使用朱笔或其他颜色的毛笔在手稿上进行批注的习惯。接着,作者指出在宋代私家藏书中校勘也扮演着极为重要的角色,优秀的藏书家往往集校勘学家身份于一身。最终,作者认为,印刷术的普及使得绝大多数的宋代学者都有可能成为藏书家,并且在刊刻本上进行校勘也更为便捷,归根结底是印刷术普及所带来的书籍成本的降低。

在正文结束之后,作者本文还有一个附录,内容为传统校雠学中常见的文本错误类型,如改字、脱字、衍字、错简、正文与注文混淆、涉符号而误等。此外还举出三本主要的校雠学著作,如王叔岷《校雠学通例》,王利器《杜集校文释例》,陈垣《校勘学释例》。附录部分占正文五分之一,更像读书随笔,对于向西方学生介绍中国传统的校雠法有一定作用,但本身学术价值不高。

总体而言,这篇文章内容丰富,文献扎实,引用材料甚夥,但是许多观点并不新鲜,与其说是作者对宋代书籍文化与文本流传的独立研究,毋宁说是作者将关于宋代印刷术普及带来的文化生活、学术研究、文本流传等方面变化的研究综述。或许这与作者早年研究资料缺乏,这一领域相关学术研究较少等原因有关,但唯其如此,更能见作者对这一课题研究的筚路蓝缕之功。

《阅读纸草，书写历史》提要

王祖琪

《阅读纸草，书写历史》(*Reading Papyri*, *Writing Ancient History*)由上海三联书店于2007年出版,属于"上海三联书店经典书库"。本书的作者为美国纸草学家和希腊罗马时期的埃及史专家罗杰·巴格诺尔(Roger S. Bagnall),作者受卢特里奇出版社(Routledge)之邀请写作英文版并于1995年出版,宋立宏、郑阳将原著翻译为中文并由上海三联书店出版发行。

本书作者罗杰·巴格诺尔在进行本书的创作之前有充分的资料储备与书写经验,他在《前言》中提到自己关于纸草的研究动力有二。其一是他曾经撰写了《晚期古代的埃及》(*Egypt in Late Antiquity*)(1993)一书,纸草占据本书核心地位。该书的出版时间距离《阅读纸草,书写历史》的问世只有两年,可见纸草学是作者延续的学术研究焦点。写作此书促使作者不断思考纸草作为证据与其他证据的关系,以及用纸草证据下结论时需要注意的局限。在不断思考与总结经验中,作者组织了一次名为"为文化求证:古代社会中写下和未写下的"的小型会议。这也就是第二个动力,在与包括纸草学家、考古学家、人类学家和文学学者在内的跨领域专家的讨论中,作者对于纸草与历史进行了进一步思考,也决定了本书的性质是对纸草学方法论的研讨,而不是仅简单就纸草本身展开的研究。

本书由七个章节与《序言》《导论》《引用书目》《总书目》《索引》《附录:老普林尼论纸草》《译后附言:关于纸草》以及大量纸草图片共同构

成。从本书的结构可以看出，这部书可以作为参考性很强的工具书使用。从章节主体部分来看，本书分为三大部分，其中一二章为第一部分，主要介绍了纸草与纸草学基本问题。三到五章为第二部分，是对纸草学研究方法的梳理与探讨。六七章则为第三部分，是在对纸草学已有方法的总结后，对现存问题的反思与对研究前景的探索与展望。

作者对于纸草文化本身的涉及并不多，而是采用了完全不同于以前纸草学手册之类的书写方式，明确回答几个具体的问题，即：何为纸草？它们来自何方？谁在古代因为什么目的而使用它们？开始的讨论在现存文书所分布的广阔的地理范围内进行，并把这些问题放进大的参照系中。接下来则集中探讨人们能够从埃及纸草中获得何种信息的四大决定因素：语言和字体，文书类型及其生产方式，文本的幸存，对残损文本的利用，并探讨这四个因素如何构成不可或缺的基础。这些基本问题的探讨虽然所占篇幅不大，但是为接下来的探讨纸草学的研究方法打下了坚实的基础。

本书的重点研讨部分是探讨纸草文本作为历史证据研讨的方法，以及诸如统计学、人类学、比较史学和传统语文学的跨领域方法是如何与纸草学互动从而推进研究的。作者擅长在大量的具体事例中阐释抽象的研究方法，比如在第三章《个别与一般》讨论"综合分散的文本"问题时举出了维利·克拉里塞的题为《埃及的几个希腊人》的文章作为例子，以不同文本上呈现出的希腊特色人物姓名为焦点，研究希腊人融入埃及社会的历史情况。并在同一章节又以黛博拉·霍布森的索克诺拜欧·涅索斯村庄的经济研究作为对照。通过分析前者与后者研究方法的不同，作者得出相对全面公平的结论。

在对方法论的讨论中，关于纸草学研究的传统语文学方法的阐释非常能体现作者辨证的思考与鲜明的研究特色。他首先提出，用语文学方法研究纸草文本，本质上存在一种悖论。一方面，文本是人造的产物，编辑和纸草间存在对峙的关系，阅读和解释盘根错节地交织在一起，研究者的释读具有创造性。另一方面，要想检验假设，又需要谨慎运用语文学方法。作者认为："悖论的这两个方面对于历史研究仍然非常重要，它们一起构成为什么纸草的世界仍然容易和那些没有受过纸草学方法训练的人绝缘的主要原因。"虽然"语文学在文化史研究中尤其关键,在文化史和社会史的结合点上最最关键",但是"仅仅通过古典语文学来拓宽原始材料是不够的……即使是19世纪古典语文学处于全盛的时候,它也未能禁得起古物科学(Alterumswissenschaft)的挑战"。

在本书以前,学界对于纸草的研究成果非常丰富。本书的特色之一便是作者在章节主体的背后贴心地附上了较为全面的引用书目、总书目以及附录《老普林尼论纸草》。罗马人普林尼(公元23/24—79年)的《博物志》(*Naturalis Historia*)第13卷第74—82节是已知较早关于古代纸草制造工艺的阐释,后世关于纸草学的研究皆发端于此。本书的《总书目》中主要向研究者介绍工具书,也是纸草学研究的必读书。如E.G Turner 的 *Greek Papyri* (Oxford 1968;2nd ed. 1980)(《希腊纸草》),这是本书出版以前唯一用英文写作的概括性著作,强调纸草的文学性。又如,P.W. Pestman 的 *The New Papyrological Primer* (Leiden 1990)(《新纸草学初级读物》),这是一部带注释的文选,但是没有翻译,也是对纸草学总体性的介绍。《总书目》中,作者还强调除了传统的纸质论著之外,纸草学研究也日益依赖电子工具,所以本书也把这些网站、数据库一并列举。如纸草学工具最全面的目录挂在纸草学家国际协会(International Association of Papyrologists)的网站上。一些曾经的纸质资料现在也可以在网上获得,比如 *Bibliographie Papyrologique*《纸草目录》是一本由 A. Martin 与 G. Nachteragael 主编的关于文献和文学纸草读物的季刊,研究者可以从出版方获得1932年到2004年的所有电子资源。《引用书目》《总书目》与附录《老普林尼论纸草》是本书的重要补充部分,也使得这部纸草学著作不仅适用于致力于相关领域的研究专家,同时为想要了解更多相关基础问题的入门学者提供帮助。

从整体上来看,学界关于纸草学的研究缺少方法论的总结,罗杰·巴格诺尔在这部书中一直流露出作为一位纸草学家、历史学家的焦虑,他始终担心这门学科会越走越窄,自我封闭。带着这种焦虑而来的使命感,作者致力于总结本学科已有的方法,并大胆假设,提出新的方法。通过对以往所取得的学术成果进行细致的扒梳分析，指陈得失，本书为学界提供翔实而客观的学术史资料，体现了作者包容、开放、多维的态度，这一点也是作者自己孜孜以求且引以为豪的。在处理资料与方法论的关系问题时，作者反复强调"形成和检验假设这对工作具有互动而递归的特征"。因而，在构建整体的文本框架时，作者也始终遵循这一内在逻辑，虽然理论上形成假设在前而以证据进行检验在后，但是在具体行文中，作者依然把主要用来分析证据的章节放在前面，而把用来形成问题和假设的章节放在后面。虽然这样处理导致内容不甚清晰明了，但是读者在阅读的过程中始终能感受到证据与理论，假设与检验之间的互动。正如该书书名"阅读纸草，书写历史"所体现的，阅读纸草与书写历史是互动的，即使纸草书写整体史是不可能的，但是作者提出的是一种更加开放乐观的思路，在书写历史的视域中，纸草学必须与其他学科互动，从而获取不竭的生命力，历史也在对纸草的释读中展现出开放性的面貌。从这个层面而言，罗杰·巴格诺尔的尝试是有重要价值的。

《阅读史》提要

刘慧婷

阿尔维托·曼古埃尔(Alberto Manguel),1948年出生于阿根廷布宜诺斯艾利斯,加拿大籍著名作家、翻译家、编辑,曾先后在意大利、法国、英国、加拿大等多国出版机构从事编辑出版工作,曾任阿根廷国家图书馆馆长。著作涵盖小说、随笔、文选等多种体裁。1992年,曼古埃尔的首部小说《来自外乡科姆的消息》(*News From a Foreign Country Came*)荣获年度McKitterick奖。

1996年,英国哈珀·科林斯出版公司(Harper Collins Publishers)首先以英文出版此书。1997年美国企鹅图书(Penguin Books)再版此书英文版。1998年,是书法文版(*Une Histoire de la lecture*)出版,并获得法国梅迪思斯随笔奖(Prix Médicis Essai)。1999年6月,吴昌杰的中文译本由台湾商务印书馆初版发行,译名为《阅读地图——一部人类阅读的历史》。北京商务印书馆为方便大陆读者阅读是书亦于2002年出版了吴昌杰中译本,题名简作《阅读史》。2013年3月,台译本初版经第八次印刷,书前附有作者曼古埃尔时隔十五年撰写的序言译本。2016年12月,台湾商务印书馆再版吴昌杰译本,译名则改为《阅读地图——人类为书痴狂的历史》,并将其与《自己的国文课——略读与精读的秘诀》《波赫士的魔幻图书馆》《如何阅读一本书》三本著作一同出版。

就篇章布局而言,曼古埃尔的《阅读史》在台湾商务印书馆初版时仅列章节及篇末索引,2002年大陆出版时将全书正文二十二章分为《最后一页》《阅读活动》《读者的力量》《补页》四部分。其中,《阅读活动》与《读者的力量》是全书的主体,各自涵盖十章,《最后一页》和《补页》各为一章。2016年12月台译本再版时参考大陆的篇章分次(唯将《阅读活动》改作《阅读的行为》)。这正体现了译者与出版商在复本生产时的特殊参与方式,也印证了第一章《最后一页》所言,"任何书的每一复本依然如同凤凰一般独一无二"。

本书中文版在中国台湾和大陆虽内容大体一致,但书名的翻译有异。台译本将全书视为一部阅读的地图,讲述人类阅读的历史,题名给读者留下无尽的遐想空间;大陆版则较为简约,仅题"阅读史"。王余光认为,严格意义上讲,以"阅读史"为书名不太贴切,而用台湾版书名更为合适(王余光、许欢《西方阅读史研究述评与中国阅读史研究的新进展》,载《高校图书馆工作》2005年第2期,第5页)。英文版书名原作 A history of reading,使用冠词"A"而非"The"已彰显作者之匠心独运和谦逊风范——一部凝聚个人感知与体验的阅读史,台版题名的确较佳。

全书以散文笔法撰写而成,并非以理论研究为中心、学术话语浓厚的专著,但从作者所引证的丰富材料来看,基本涵盖二十世纪以来阅读史研究的相关重要问题。台湾版译名使用"阅读地图"来强调此书的非学术性,但从全书来看,作者的撰写目的并不在于覆盖世界各地各时代人类的阅读活动。其实我们没有必要过分纠结于此书译名,因为任何一部学科史书籍,都不可避免地存在选择性,无法面面俱到,写作笔法也没有必要依照传统成体系式研究的思维框架追溯人类阅读活动的各个阶段。相反,曼古埃尔所使用的专题性、随笔式阐述,既能够将读者从深奥的学术话语中解脱出来,使非学术研究者也能读懂,同时又体现了他创作本书的目的,即强调阅读本身是一种感知愉悦的体验,而非知识性的获取,进而在方法论上为读者提供指导。正是这种愉悦的体验,才是人类阅读活动从古至今所追寻的理想状态。

作为二十世纪八十年代以来新兴的研究领域,"阅读史"在读者反应批评、接受美学、阐释学等文学批评理论的影响下应运而生。西方阅读史研究奠基人罗伯特·达恩顿(Robert Darnton)在《阅读史初探》中指出,将阅读作为一种社会现象来研究具体涉及两个层面,其一是"什么人在读书、读的是什么书、在哪里读书和什么时候读书",其二是"为什么读书和怎么读之类的问题",而后者难度更高(参见[美]罗伯特·达恩顿著,萧知纬译《拉莫莱特之吻:有关文化史的思考》,华东师范大学出版社,2010年,第132页)。几乎与达恩顿同时,一位来自异国的文化研究者正试图以自己独特的阅读视角阐释6000年间的阅读史。

经过七年的文献搜集,曼古埃尔的《阅读史》终于问世。在正文中,曼古埃尔从具体的阅读实践出发,主体围绕"为什么阅读"和"怎么阅读"两方面展开。即便以话题分章,随笔的创作形式决定了此书每一章节并非单独探讨达恩顿所言六项问题中的某一项问题,很多时候是多项问题共同讨论,但一个中心不变——读者,即一切阅读都围绕"读者"展开。如第二章《阅读黑影》与第七章《图像阅读》将视域转向阅读的受众群体,书面语言(相对于口语)使文字在生成的过程中将意义变得具象化,图像能够使表达更为直观易懂,即使不识字的"读者"也能够知晓书籍所传达的某种含义;第三章《沉默的读者》、第八章《聆听朗读》与第十章《私人阅读》指出默读与朗读对读者个体来说的不同意义,强调读者阅读行为的私密性与公开性;第十五章《象征性读者》与第十六章《在墙内阅读》关注到读者的社会地位、身份,通过认识某一类书的读者了解书籍本身,尤以女性阅读为独特书写视角……总之,在曼古埃尔笔下,读者的主观能动性超越了作者,这在第一章《最后一页》和最后一章《补页》体现得尤为鲜明——读者可以依照自己的兴趣进行跳跃式阅读,甚至可以参与到所阅读书籍的创作,增添或删除任何所思所想。

罗兰·巴特提出的"作者之死"开启了读者诞生的时代,消解了作者的声音,使文本获得解放。曼古埃尔则将作者也视为读者,赋予其双重角色。在第十八章中,通过朗读本人作品的形式,作者能够获得一种全新的愉悦,"他或她可能会因为这个体验而感到振奋,并写得更多"。就读者的阅读活动而言,朗读他人作品、聆听他人朗读作品同样能够刺激作者的创作。作者曼古埃尔与博尔赫斯的朗读与聆听经历毫无疑问证明了这一点。十六岁时,曼古埃尔在放学后打工的书店(the Pygmalion Anglo-German bookshop)与作家豪尔赫·路易斯·博尔赫斯(Jorge

Luis Borges)偶遇。由于博尔赫斯几近失明,需要他人为其朗读书籍,曼古埃尔便成为博尔赫斯每周的朗读者。在聆听朗读的过程中,博尔赫斯时不时进行评论,这种反应常是一种自言自语——由于大脑中已然生成聆听后的各种想法,需要通过口语的方式重复以铭记于心,或告知朗读者(曼古埃尔)为其记录,以便日后运用到自己(博尔赫斯)的写作当中。而这种朗读体验也影响了曼古埃尔此后的创作。

部分读者在阅读此书时或许认为,书中有关东方的"阅读史"着墨过少,且过于强调作者个人的体验,忽视了在时间与空间上更为全面的分析与考量,条理不够清晰,一部阅读史难道不应该在读者头脑中留下类似编年体的印象?

事实上,历史不应以线性的时间先后作为唯一的记述标准,我们所观照的应当是时空的组合及阅读形态的革命。曼古埃尔将公元前4000年至今的阅读史料予以搜集,无论东方还是西方,从口耳相传时代到抄本时代,再到印刷时代和现今的信息时代,文本的载体发生着变化。古老的刻写版、卷轴、莎草纸、羊皮纸逐渐被工业时代的印刷品取代,而当今信息时代的电子文本对人类产生的影响颇具颠覆性。作者在序言中发问,我们无法知晓所有书籍的命运终将如何,但当我们不再将书本视为我们的工具,而过度依赖于能够根据我们的需求提供效率的电子科技时,我们的思想、心智、判断力是否还能展露生命力?曼古埃尔认为,只有"书本(或教堂)要求我们平静思考,什么是真正威胁我们的危机,哪些是我们真正的武器",这些质问唯有通过读者的阅读才能解答。

《印刷术的普及与宋代的学问》提要

曹天晓

《印刷术的普及与宋代的学问》是日本现代汉学家清水茂先生的一篇经典论文,该文撰写于1996年,发表于1997年5月的日本《东方学会成立五十周年纪念东方学论集》中。2003年该文又译成中文,收在中华书局出版的《清水茂汉学论集》中,笔者所读到的便是这本论文集中的中文译本。

一

清水茂(1925—2008),日本京都人,京都大学名誉教授、日本著名汉学家。1951年毕业于京都大学文学部,师从仓石武四郎、吉川幸次郎、小川环树等著名学者。曾任日本中国学会评议员、京都大学中国文学会会长、东方学会会员、日本中国语学会会员。1961年曾赴香港收集有关中国文化研究资料,1974年任京都大学文学部教授,1979年,随老师吉川幸次郎访问中国,在北京师范大学做学术报告。1989年退休后任该校名誉教授。清水先生的研究领域十分广泛,涉及汉语语义学、文体学、修辞学、粤方言、书志学、中国古代诗文、辞赋、戏剧等方面。

清水先生的主要学术成果为论文,著作并不是太多,已出版的著作有《韩愈》(岩波书店,1958)、《王安石》(岩波书店,1962)、《顾炎武集》(朝日新闻社,1975)、《中国诗文论薮》(创文社,1989)、《清水茂汉学论集》(中华书局,2003)等。

《清水茂汉学论集》是一部汉文著作,由清水先生的中国弟子、日本南山大学蔡毅教授所译,2003年由中华书局出版,是《世界汉学论丛》中的一种。此论文集共选清水先生的论文、书评、解题40篇,其中14篇是赴中国讲演或出席学术会议时,应学会或杂志之邀直接用中文写成,其余26篇则由日文翻译而成。此论文集的内容涉及中国古代诗、词、赋、古文、小说、语言文字、印刷文化、中日文学交流等多个领域的研究,成果极为丰富。在该书自序中,清水茂引用加拿大学者白润德教授的话,认为日本的汉文学研究,亦以考据学与比较文学为主:

　　　　盖文学研究,其指归乃语言之美学,然语言之美,深奥玄妙,非本国人难以窥之。而考据乃寻章摘句,发覆启蒙,倘得史实之别解,即可获识见之新变。比较研究,则须通晓两国以上语言文学。外国人立足本国,侧取汉学,所谓"旁观者清",或可树新颖之说。余之为学,亦不出此二途。(《清水茂汉学论集》中译本自序)

这段论述可谓鞭辟入里,充分体现了作为外国汉学家的自明与自信。事实上,清水先生对于中国古典文学的体悟是非常深刻的,从该书所收的论文中便可看出。但作为外国学者,清水先生的关注点,又有些不同于中国本土学者的地方,比如本文要探讨的《印刷术的普及与宋代的学问》这篇文章。

二

　　根据文末自注,《印刷术的普及与宋代的学问》这篇文章写作于1996年。全文十二页,分为七节。文章虽然不长,但独到的见解十分丰富,令人应接不暇。概而言之,该文章主要论述了以下五个观点。

　　第一,印刷书籍在宋代的普及,对学术发展产生了一定的影响。比如,导致人们对书籍产生依赖,不再像前人那样认真阅读了。文中引了朱熹的话作为最关键的证据:"今人所以读书苟简者,缘书皆有印本多了。……盖古人无本,除非首尾熟背得方得。……今人连写也自厌烦了,所以读书苟简。"(朱熹《朱子语类》卷第十,学四《读书法上》,中华书局1986年版,第171页)

第二,宋代书籍印刷使得书籍形态产生变化,即从卷子本变为册子本。这种形态的变化又进一步导致了书籍内容的变化。比如在卷子本时代,人们总是把最重要的内容写在最靠近卷首的地方,越往后的内容相对越不重要,因为卷子本只能从卷首开始阅读,人的注意力集中时间有限,看到后面可能就有些倦怠了。但册子本打破了这种线性阅读方式,人们可以跳跃式阅读,随意翻阅自己想看的部分,如此则作者不必将最重要的部分写在最开端。

第三,册子本还使检索相关资料成为可能,"把相关资料汇集一处,比照检核的考证方法,便由此产生"(《清水茂汉学论集》,第91页)。这种以类聚之的方法的应用便是"重言重意互注本",该文还认为洪迈《容斋随笔》、王应麟《困学纪闻》也都是承册子本便于检索之惠,也即册子本的出现导致了宋代考证学风的兴起。对于这一点,笔者认为论证不够有力,卷子本同样可以做到这些,比如唐代已经编纂了《艺文类聚》《北堂书钞》《初学记》《白氏六帖》等大型类书。

第四,印刷术的出现促进了书籍的普及,使得一介寒士也能购书藏书,《大学》《中庸》《论语》《孟子》之类的经典著作广为传诵,进而导致经书注解方式产生了新变化,注释的对象从特权阶层转向普通民众,为其提供生活伦理规范,朱子学应运而生。但这一部分的论证似乎不是太明晰。

第五,宋代的新儒学有所谓濂、洛、关、闽四学,其中前三者皆与福建有关。周敦颐任南安军司理参军时,程氏兄弟之父程珦为通判军事,曾命二子向周敦颐问学,这个重要关节便发生在福建泉州。程氏门人中福建人也特别多。而朱熹更是与福建关系极为密切,生于福建,长于福建,任于福建,老于福建,其门人弟子也颇多福建人,其学更名为"闽学"。为何宋代学术多与福建有关?清水先生认为这与宋代福建发达的出版业有关。出版繁荣,自然文化教育兴盛,从而能够产生众多文人学者。

三

客观来讲，清水先生这篇文章无论观点还是证据都有许多值得商榷的地方，但该文的研究角度是十分独特、极具开创性的。评价这篇文章不得不提到清水先生的另一篇文章《纸的发明与后汉的学风》，该文与《印刷术的普及与宋代的学问》实际上是清水先生1988年在国际东方学者会议上所做的题为《书籍的形态与学风》的演讲稿的前后两个部分，后来经过拆分、改写、扩展而成。

在《纸的发明与后汉的学风》一文中，清水先生主要提出以下观点：纸的发明使书籍易于制作和普及，士人易于获得众经，从而东汉以后学者多兼通诸经，而西汉学者多专治一经。另外东汉学者的个人著述数量也多比西汉学者多。由于书籍的普及，学生不必亲自到老师处学习，可以自学，甚至穷人也可以一边劳动一边求学。而西汉时读书人必须聚集到老师处读书，实因竹书笨重，乃不得已之事。除了对学术产生影响之外，清水先生还提到纸的发明对汉代政治历史产生的巨大影响：

> 纸的发明，使书籍易于普及。与此同时，纸还用于书简，使信息的传送也大为便捷。后汉末年，知识阶层追究朝廷的腐败，而有党锢之祸，这与纸的发明而使文化人能得到信息，从事体制批判不无关系。科学技术的革新，使各种信息的传送更多更广，有利于暴露长期盘踞政权的统治者的腐败。而统治者想以权力压制言论，维持独裁，便不可能持久，王朝终归于覆灭。（《清水茂汉学论集》，第33页）

清水先生的这两篇文章虽然讲的是后汉、宋两个朝代的情况，但研究思路和视角是相同的，即都是探究技术的发展对人文学术的影响。这种研究思路在中国学术界或许是比较新的，但在西方早已得到广泛应用。正如《纸的发明与后汉的学风》一文开端提到的，欧美有学者早已开始研究印刷术的传入给西欧的思想、文化以怎样的影响,例如谷腾堡的印刷术催生了路德的《新约圣经》,甚至促进了基督教的兴盛。这在如今已经成为常识,但在八十年代还是比较有启发性的研究路径。

四

在清水先生的这两篇文章之后,有不少学者开始关注印刷术与学术的关系。例如钱存训《中国纸和印刷文化史》第十章《纸和印刷术对世界文明的贡献》第四节《印刷术在中国社会和学术上的功能》(广西师范大学出版社 2004 年版,第 356 页),提到宋代印刷术的普遍应用导致经典研究的复兴,儒家经典的新注新疏著作大量印行,篇幅庞大的通史、方志、类书和目录著作也开始大力编纂。但并没有深入探讨这些问题。

对印刷术与学术及文学之关系这一问题进行深入探讨的是台湾成功大学张高评教授。张氏发表过多篇关于宋代印刷术与文学演变的文章,最后都收入 2008 年出版的《印刷传媒与宋诗特色——兼论图书传播与诗分唐宋》(里仁书局)一书。该书从印刷文化史的角度,结合版本学、传播学、接受学研究等方法,对宋代学风文教、宋诗之学唐变宋、宋诗之新变自得、诗分唐宋、宋诗特色之形成等诸多学术课题,都做了深入探讨。其书绪论中还特别提到清水茂先生《印刷术的普及与宋代的学问》这篇文章与其观点相同。2011 年,有篇硕士学位论文题为《宋代雕版印刷与文学传播研究》,遗憾的是,该论文竟然未曾提及清水茂先生这篇名文。大陆学者成一农近年也发表了一篇主题相关的论文,题为《印刷术与宋代知识发展方式的转型——以中国古代全国总图的发展为例》。

总体看来,有关印刷术对文学学术的影响研究,已经成为比较热门的研究话题,但目前的研究多注目于宋代,对于宋以后的研究相对较少,这大概也是因为自宋代开始,印刷术大规模应用,而此后九百年间,中国的印刷术技术几乎没有变革性的进步,因此很难找到新的研究角度。我们不得不承认,清水茂先生早在三十多年前就已经对这个问题进行了十分深入的思考研究,可算作开风气之先者。

《纸的发明与后汉的学风》及《印刷术的普及与宋代的学问》这两篇文章的实质是探讨传播媒介的变革对学术的影响，因此，选择后汉、宋代这两个时间点是必然的。后汉时纸开始大规模应用，宋代印刷术开始大规模应用，这是中国文化史上两次重大媒介变革。而今，我们身处的时代正在进行第三次媒介变革，即电子媒介的大规模应用。这种新型媒介对文学、学术的影响丝毫不亚于前两次。对这个问题，目前尚有待深入研究。

五

　　回到《纸的发明与后汉的学风》一文，笔者认为此文亮点在于，虽然文章论述的问题很大、很复杂，但作者举重若轻，深入浅出，全文加注释仅有六千多字，篇幅十分简短，语言浅白流畅（这点和翻译有关），这种简洁流畅的文风在当今学术界颇不多见。另外，该文章的观点十分鲜明，勇于创新，敢下论断，颇有老吏断狱之感。文章思路清晰，分节鲜明，文末的总结、提升更是简明扼要。

　　窃以为该文章的不足之处在于，作者提出的精彩论断虽然很多，但材料证据不够充分，许多结论未进行严密论证和深入分析，可商榷、可发挥处尚多。如上文提到的，作者认为册子本的出现使检索相关资料成为可能，这一点卷子本同样可以做到，只能说册子本提高了检索资料的效率。又如文章认为印刷术的出现促进了书籍的普及，导致注释对象从特权阶层转向普通民众，为其提供生活伦理规范，朱子学应运而生。这部分论证缺乏必要充足的材料佐证，未能令人信服。但总体而言，此文角度新颖，胜义纷披，不失为早期海外汉学书籍史研究的经典名文。

《汉籍输入的文化史——从圣德太子到德川吉宗》提要

安 生

《汉籍输入的文化史——从圣德太子到德川吉宗》是日本汉学家大庭修(1927—2002)的一部关于汉籍传播研究的力作,由日本研文出版社(山本书店出版部)于1997年出版发行,目前尚无中译本。

大庭修早年毕业于日本龙谷大学东洋史研究科,此后进入京都大学人文科学研究所居延汉简研究班从事简牍研究,1960年赴日本关西大学执掌教席直至1997年荣退,原关西大学东西学术研究所所长、大阪府立近つ飞鸟博物馆馆长。其主要著作有《秦汉法制史の研究》《江户时代における中国文化受容の研究》(此书有由戚印平、王勇、王宝平翻译的中译本《江户时代中国典籍流播日本之研究》,杭州大学出版社1998年版)、《汉简研究》《古代中世日中关系史の研究》《江户时代の日中秘话》,等等。

此书共分为十一章。第一章《长崎的圣诞夜》是作者对其从事汉籍交流研究的历程回顾,包括研究的缘起、问题的提出以及材料的收集等。第二章《圣德太子与正仓院——古代的典籍传来》至第十一章《国境开放与输入汉籍》为此书的主体部分,囊括了汉籍东传日本的一些重要文化课题,比如圣德太子与遣唐使时期的汉籍流传(第二章)、藤原赖长等平安时期文人的汉籍阅读、僧侣与汉诗的创作、江户时期重要汉籍收藏机构德川家红叶山文库(或称枫山文库)的建立、江户时期中国船贸易与汉籍传入、德川吉宗与中国地方志以及《古今图书集成》的收藏等等。此书以"文化史"为名,正体现在各个章节的布置与纂构中。

作者依据第一手文献资料,分析汉籍传入与日本社会、文化的关系,努力抉发其背后的文化史内涵,立论扎实,见解精到,这种以书籍交流为线索的文化研究即是本书的突出特点。例如,1840年鸦片战争失败后中国传统文人士大夫普遍萌生革新意识,魏源的两部著作《圣武记》和《海国图志》也相继传入日本,根据大庭修的考察,原本应被江户幕府视为禁书的西学书籍《海国图志》在当时却视为御用书而从长崎港火速送往江户(今东京),这体现出十九世纪日本对西方的敏感与日俱增。随着1853年培里率美军战舰开进浦贺,日本持续了几百年的闭关锁国政策也被迫中止,作者将日本的开港与此后一个时期汉译西方书籍的传入相关联,认为汉籍实际上成了西方文化与日本的中间媒介,日本的知识阶层正是由于此前所打下的深厚汉学基础,才能有机会阅读汉译西方书籍,从而最终实现日本的现代化,明治时期的文人固然有着先进的思想,但人们往往忽视了一点,即明治文人对汉文化也同样非常了解,作者的这番议论,阐明了汉籍的实物传播与其背后文化内蕴的关联。

其缺憾在于此书虽名为"文化史",但由于只是九个较为独立的课题集合,因此不能展示中日汉籍交流文化史的全貌,尤其是唐宋时期的汉籍交流仅占全书一小部分,且很多汉籍东传问题都未涉及,日本汉籍的回流和西传方面作者也未加侧重。

关于中日两国的书籍交流研究,较早的,如森克己《日宋文化交流の诸问题》(1950年出版)所收论文中就有探讨书籍输入者,其中如一些研究唐、宋时代汉籍输入的论文都是二十世纪四十年代所写就的。此外,在大庭修之前,还有像太田晶二郎、木宫泰彦等日本学者也对汉籍交流问题有过研究,不过当时的学者多重视中古及中古以前的汉籍传入,而对江户以来的近世汉籍传入研究用力不多,从这一角度说,大庭修的研究是具有极大开拓性的。此外,大庭修也是迄今为止日本学者中在这一领域中坚持最久、用功最勤者。他将江户时期留存至今的许多为人所忽视的大量第一手资料进行整理、爬梳、组织,加以精细入微的考证,体现了治学的扎实和稳健,也为后来的汉籍交流研究树立了标杆。大庭修的研究成果在二十世纪八九十年代被广泛介绍至中国学术界,产生了较大影响。《江户时代中国典籍流播日本之研究》一书的译者王宝平在译后记中罗列中国学者有关江户时期中国书籍东传课题的研究达十多种。与此同时,中国的学者也写作了不少汉籍交流方面的著作,如严绍璗《汉籍在日本的流布研究》、王勇《汉籍在日本的流传与影响》、覃启勋《史记与日本文化》、郑梁生《元明时代东传日本的文献》等。近年来,中日文化交流研究进一步展开,涌现了不少有关书籍交流的研究成果,如静永健、陈翀《汉籍东渐及日藏古文献论考稿》、松浦章《清代帆船与中日文化交流》、王勇主编《东亚坐标中的书籍之路研究》等。此外,由于书籍交流亦属域外汉籍研究领域,因此像张伯伟主编的《域外汉籍研究集刊》中也载有众多有关此课题的文章。

《满满的书页——书的历史》提要

崔 筠

《满满的书页——书的历史》,法国伽利玛出版社(Gallimard)1997年出版,著者布鲁诺·布拉塞勒(Bruno Blasselle),法兰西国家图书馆印刷书籍部主任、托尔比亚馆文学艺术部主任。2002年,上海书店出版社出版了中译本。译者为余中先,中国社会科学院研究生院教授、博士生导师,著名法语文学翻译家。

本书是介绍欧洲图书制作史的学术著作,因可读性较强,同时配有大量彩色插图,很适合作为了解欧洲图书制作史的入门读物。全书分为五章。

在第一章《手抄的书》中,作者首先就书籍给出了自己的定义。在作者看来,完全意义上的书具备两个因素:一种方便的载体和一个能够按照无限变化的模式复制并传播的文本。作者从词源学的角度介绍了书的起源,读者从中可以了解到许多有趣的知识,如:书的希腊文名词是 biblion,这正是 Bible(圣经)一词的来源。作者认为,最早的真正意义上的书是用羊皮纸制作的,手抄圣经的修道院的僧侣们就是最早的书籍制作者。作者在此处详细介绍了僧侣抄书的地点、工具、抄写方式,读者甚至可以通过11世纪的插图了解抄写的姿势。作者还特别引用了11世纪圣安塞尔姆对抄书人有关校对工作的要求。对比中国成熟于西汉的校雠学,西方的起步显然晚了很久。本章还对早期书籍的文字、装饰、装订、流通等内容进行了简要介绍。

第二章《古登堡,一个有争议的发明家》介绍了印刷术产生及初期发展的过程。对于古登堡是欧洲印刷术的发明人这一常识性问题,作者用事实考证的方法提出了有力的质疑。作者认为,并没有确凿的文献可以证明古登堡是印刷术的发明人,相反,当时欧洲的不同地方有不同的人在研究印刷技术。这样的考证可以给读者带来新的启示:对于一些新技术新发明,现有的知识是否过分强调了个体的作用。本章通过大量插图,使读者详细了解了欧洲活版印刷的里程碑——《四十二行本圣经》的制作过程。在本章中,作者还指出,在欧洲,印刷术的产生并没有完全取代手抄本。这一现象与中国宋代刻本与钞本并行,甚至更重视钞本的特点不约而同,读者可从中窥见中西方书史中的共性特征。

第三章《印刷走向胜利》介绍了印刷书是如何慢慢取代手抄本,并对社会文化产生重要影响的。作者指出,直到16世纪还拘泥于模仿手抄本的印刷书,开始受到风行全欧洲的革命和思辨精神的影响,成了创造与发明的催化剂,也成了政治当局和宗教界的提防对象。本章详细分析了印刷书是如何在文艺复兴和宗教改革中发挥重要作用。通过丰富的插图,读者可以了解到这一时期图书相较中世纪的显著变化,如:书页的结构有了内部空间,文本层次形成,多种字体开始混用,表示音调的符号产生。正是这些丰富的元素,使印刷书完全取代了手抄本,给读者带来更好的阅读体验。

第四章《被控制的出版业》介绍了与书籍发展相伴而生的版权和审查问题。在作者看来,在宗教改革和反宗教改革的冲突爆发后,出版界经历了一场危机。在宗教著作饱和后,市场日益萎缩,内部平衡被打破。在许多政治极权主义盛行的国家,图书业受困于吹毛求疵的检查制度,随之而来的还有盗版、盗印等行为的冲击,图书的革新逐渐被扼杀。在本章,读者可以从插图中看到欧洲最早的期刊、通俗读物蓝皮书,以及日益精美的图书封面绘图。

第五章《国王书》介绍了印刷书在启蒙运动中的关键作用,以及启蒙运动如何推动了书籍的发展。读者在本章中可以看到,在18世纪专制王权受到挑战之际,印刷书是如何成为启蒙运动的基本媒介,推动启蒙运动成为整个欧洲的精神和科学生活的中心。本章的插图可以让读者特别是中国读者看到，图书馆业在18世纪的欧洲已经发展到怎样的高度。作者引用《人权宣言》第11条："思想与观点的自由交流，是人类最宝贵的权利之一，任何一个公民都可以自由地发表言论、写作和出版。"用以说明启蒙运动给出版业带来的划时代变革。

本书的附录《见证与文献》有着不输于正文的重要性，在这一部分，作者引用了大量史料、专著、信件、日记等资料，这些材料的作者来自欧洲历史上的著名作家、出版人、商人和普通读者。通过阅读这一部分，读者可以从不同身份的书史参与者的视角，身临其境回顾欧洲图书的发展史，获得丰富体认。同时作者也通过这一部分向读者表明，本书的全部观点都是建立在丰富史料的基础上，而绝非空谈。

本书丰富的插图和充满趣味的可读性并不能掩盖它的学术价值，作者详细注明了全书158张插图的基本信息，仅仅配合这些信息浏览本书的插图，读者就如同参观了一次欧洲书史博物馆。作者的严谨还体现在索引的编制上，欧洲书史上重要的关键词都可从索引中找到。同时，书中随处可见作者丰富的跨学科知识，如从传播学角度为书所下的定义，从语言学角度探究书的起源，从文献学角度对古书的解读，以及从政治学、经济学角度对书史的观照等等。此外，作者敏锐的学术眼光也是本书的魅力之一，对古登堡发明印刷术这一西方家喻户晓知识的大胆怀疑和科学求证，对书籍在文艺复兴、宗教改革、启蒙运动等重大社会历史事件中扮演角色的分析，都给读者以学术上的启示，特别是熟悉中国印刷史的读者，更可以从中西对比中找到会心之处。以上一切还是建立在本书极高的可读性基础上的。本书的译者余中先先生是著名法语翻译家，曾翻译过乔治·贝克特、米兰·昆德拉等世界著名作家作品，他流畅的译笔使本书读来更加深入浅出。值得一提的是，本书的法文本和中文本均采用特殊封面装帧，以有凸出感的文字表现印刷的历史，外观与内容相得益彰。

当然，本书也存在一些不足之处，如以百科全书式的小专题组成全书,虽然重视了事件与细节,但导致书史的脉络不够明晰;提到造纸术及雕版印刷术时,均忽视了中国对欧洲的影响;作者作为法国学者,对法国在欧洲图书史上的地位不免评价过高,特别是关于启蒙运动的章节。不过瑕不掩瑜,想要简单了解西方图书发展史,本书仍是首选之作。

《纵乐的困惑:明代的商业与文化》提要

尧育飞

《纵乐的困惑:明代的商业与文化》(The Confusions of Pleasure: Commerce and Culture in Ming China)由加拿大知名汉学家卜正民(Timothy Brook,1951—)撰写,为研究明代商业与文化关系的名作。卜氏为北美知名的中国史研究专家,先后获多伦多大学文学学士、哈佛大学文学硕士(历史)和哲学博士(历史及东亚学)。博士期间师从孔飞力(Philip Kuhn,1933—2016),曾在北京大学和复旦大学进修中文,并在东京大学、剑桥大学从事过多年的学术研究工作。取得博士学位后,卜氏先后在阿尔伯特大学、多伦多大学、斯坦福大学、不列颠哥伦比亚大学等校任教,曾任不列颠哥伦比亚大学圣约翰学院院长,2006年获古根海姆学术奖。卜氏学术兴趣广泛,主张从全球比较的视野而非孤立地研究中国历史,其主要研究领域为明代社会史,旁及中国近代史及全球史。卜氏勤奋高产,1988年以来,已先后编著19部著作,包括《明清史的地理资料》(Geographical Sources of Ming-Qing History,1988)和《觊觎权力:佛教与晚明士绅社会的形成》(Praying for Power: Buddhism and the Formation of Gentry Society in Late-Ming China,1993)等。近年,卜氏担任哈佛大学出版社《哈佛中国史》(History of Imperial China)主编,并撰写该书第五卷《挣扎的帝国:元与明》。

昔年牟复礼(Frederick Mote,1922—2005)和崔瑞德(Denis Twitchett,1925—2006)主编《剑桥中国明代史》,请卜氏撰写《明代交通与商业》一章。卜正民为此做了大量的资料搜集与研究工作,因篇幅所限,该章无法涵盖其研究成果，故卜氏萌生另写一书的念头。此即《纵乐的困惑：明代的商业与文化》一书著述的缘起。该书1998年由加州大学出版社(Berkeley：University of California Press)出版，中文版则由方骏、王秀丽和罗天佑翻译，2004年分别在生活·读书·新知三联书店和台北联经出版事业公司出版，2016年广西师范大学出版社予以再版。

为揭示商业与文化在整个明代的发展与变迁历程，《纵乐的困惑：明代的商业与文化》采取编年叙事的写法。全书分《冬》《春》《夏》《秋》四章，每章分若干子目，如第一章涵盖《墙砖》《交通负担》《集思成文》等，第二章包括《国家与市场》《商业与文化》等，第三章涉及《钱神》《消费与生产》《贸易》《时尚》等。各子目看似松散，但都"沿着从交通到商业、从商业到文化的轨迹"来研究明代的商业与文化，进而勾勒出裂变、逆流、地区性变动等经济现象。串联起这些子目的则是此书颇类旅行指南的写作手法，全书赋予明代小人物张涛以导游身份，引领读者遍览明代社会生活风貌，并集中处理了国家与商业、士绅与商人、消费与生产等几组重要问题。

张涛生活在明中后期，曾担任歙县知县，在他看来，明朝的历史是一部堕落史，即从稳定而有道德秩序的农业社会蜕变为道德堕落而骚动的商业社会，颇类四季轮转。具体而言，明王朝的开始类似于安详和静谧的冬季。明初呈现给世人的是一幅颇秩序严整和生活安定的图画：男耕女织，家给人足，"居则有室，佃则有田，薪则有山，艺则有圃。催科不扰，盗贼不生。婚媾依时，闾阎安堵"。到了中期，王朝静谧的冬季逐步让位于喧闹的春季。自给自足的自然经济逐步为喧嚣狡诈的商业世界所代替，"出贾既多，土田不重"，"高下失均，锱铢共竞"，"互相凌夺，各自张皇"。于是社会分化，世风日下，"诈伪萌矣，讦争起矣，芬华染矣，靡汰臻矣"。明朝晚期，王朝进入疯狂的夏季，商业资本空前活跃，"末富居多，本富尽少。富者愈富，贫者愈贫。起者独雄，落者辟易"，"贸易纷纭，诛求刻核。奸豪变乱，巨猾侵牟"。在商业的喧闹声中，明王朝进入它的秋季。在这个季节，明王朝继续向商业社会演变，"富者百人而一，贫者十人而九。贫者既不能敌富，少者反可以制多。金令司天，钱神卓地"，"贪婪罔极,骨肉相残。受享于身,不堪暴殄"。在这种状况之下,明王朝走到尽头。而针对张涛的观点,卜正民予以批判,他认为张涛并未把握历史主潮。在卜正民看来,"有明一代,中国的人口增长了一倍多,商人们正在将生产者和消费者引向地区性和全国性的商业网络,没有这种网络,生产者和消费者谁都无法生存;商业出口将日本和西班牙的白银吸引到中国市场,使明朝经济得以良性运转;新的财富影响着信息传播和知识储存的方式"。

为进一步夯实己见,卜正民在书还安排另外七位出场人物:崔溥、张岳、叶春及、黄汴、张瀚、李乐、张岱。崔溥为十五世纪末来华的朝鲜官员,撰有旅行日记《漂海录》,记载大运河行纪,盛赞富庶的江南,而对贫瘠的北方颇多微词。张岳,十六世纪前期活跃于地方政坛,曾撰《惠安县志》。叶春及是广东人,十六世纪后期在惠安担任知县,是第一位采用实地勘查的方法绘制该县地图的官员。黄汴活跃于1570年前后,后居苏州,撰有中国第一本路程指南《天下水路路程》。张瀚出身杭州织户,官至尚书,是敏锐的时代观察家。李乐祖籍嘉兴桐乡,致仕后编写桐乡主要商业市镇镇志,是位精明的时事评论家。至于张岱,则生活于明末清初的杭州,曾以怀旧的笔触,纪录明末社会状况。书中通过张涛的导游,贯穿起七位历史人物的叙述及事迹,对砖块、桥梁、集市、寺院、邮件、饥馑、时尚、印刷、激情和凶兆等社会状况予以描述,卜氏认为这些状况背后,体现了"商业化不断加剧的大背景和它带给明人的与日俱增的不安和恐惧"。

明代经济关系为20世纪中国史学研究热点,但学术界对明代商业及其社会影响的研究主要从20世纪50年代开始的。早期的代表人物是日本学者西嶋定生和中国学者傅衣凌。傅氏通过明代社会经济探索资本主义萌芽,并创立中国社会经济史研究的学派,影响甚大。20世纪70年代,西方学者开始从制度史和思想史的角度思考明代的社会经济问题。直到八十年代,文化方面的议题方逐步成为热点。在《纵乐的困惑:明代的商业与文化》之前,唯一尝试从经济关系的角度考察文化问题的是英国学者柯律格(Craig Clunas)的《长物:早期现代中国的物质文化与社会状况》(*Superfluous Things: Material Culture and Social Status in Early Modern China*)。因此,《纵乐的困惑:明代的商业与文化》可说是第一部"描述正在发生巨大商业变化的国度的文化史"。

2000年,本书荣获列文森中国研究著作奖(Joseph Levenson Book Prize),该奖评委会称:"卜正民再现了明代中国充满活力的商业社会,展示出商业在塑造公私生活文化上的力量。在进行他那仿佛生活在明朝的生动活泼的生命之旅的同时,卜正民展示了明代中国仍然是世界经济中心,正如他所说的:'大西洋的潮汐被中国的月亮牵引着。'他巧妙地将木刻、地方志、定量数据和文人对商业的抱怨结合在一起,创造了一幅王朝成长过程中值得留恋的社会图画。读过此书后,没有人再会无视明代中国对商业利润的热心和巨大消费。"

然而是书过于强调商业文化对明代社会的影响,将大时代背景下的各类现象变化统归为商业文化侵蚀造成的,有意无意忽视了明代社会各种社会思潮的变迁、王朝治理结构的变化等的重要性。此外,是书在史料的征引和解读上,也存在不少瑕疵,如所用史料多来源于江南,无法代表整个中国,而过于强调边缘材料,也令不少结论有失偏颇。此外,书中还存在史料误读的情况,将南京城墙砖上的"总甲"释读为"把甲"等。至于中译本,也偶有瑕疵,如将"会同馆"译为"会通馆"等。令人遗憾的是,尽管增添了《中译本新版后序》,但广西师范大学出版社本并未据三联本发行后的书评成果予以订正。

《历史上的书籍与科学》提要

张鑫龙

《历史上的书籍与科学》由英国玛丽娜·弗拉斯卡-斯帕达(Marina Frasca-Spada)及尼克·贾丁(Nick Jardine)两人主编,苏贤贵等人翻译。玛丽娜·弗拉斯卡-斯帕达是哲学史学家,是剑桥大学圣凯瑟琳学院的研究员,同时兼任科学史与科学哲学系的讲师,以及 *Studies in History and Philosophy of Science* 和 *Studies in History and Philosophy of Biological and Biomedical Science* 的副主编。目前研究兴趣包括大卫·休谟(David Hume)著作中的认识论问题、18世纪的人心理论以及逻辑学和形而上学在18世纪英国的教学与接受情况。尼克·贾丁是剑桥大学达尔文学院的研究员,科学史与科学哲学教授。同时是 *Studies in History and Philosophy of Science* 和 *Studies in History and Philosophy of Biological and Biomedical Science* 的主编。目前主要有与阿兰·塞贡(Alain Segonds)合作的关于近代早期宇宙论的优先权之争以及科学编史学的计划。苏贤贵为北京大学哲学系教授。

该书于2006年2月由上海科技教育出版社出版,收入《八面风文丛》。原著 *Books and Science in History* 则是由剑桥大学出版社于2000年出版。

该书的编纂,起源于剑桥编史学组(Cambridge Historiography Group)发起的"科学史/书籍史"的系列讨论,是一部讨论科技史与书籍史的著作,主要包含三个大篇:第一篇是《书籍的成就》,第二篇是《学术性阅读和交流性阅读》,第三篇是《科学时代的出版》。各篇下是二十多位知名学者撰写的共二十章的内容。前面有两位编者撰写的导言,后面还有两篇后记,分别论述书籍、文本和知识的形成以及科学书籍的过去、现在和未来。导言部分两位编者高屋建瓴地论述科学史与书籍史的关系,指出近几年来,科学史与书籍史的学科已经大大地扩展和改变,几十年前,这些领域还相对专门和孤立,但现在已经被较为广泛地接受,并且与一般历史、社会史和文化史更为紧密地整合在一起。这两个领域都脱离了从积极的生产者到被动的消费者那儿的信息扩散和传播模式。书籍史的子领域中,阅读史与对书籍的组织结构和版面设计的研究,特别是对"旁文(paratext)"比如目录、旁批、脚注、索引、插图等的研究已经是很活跃的领域。正文各章的内容都是单独的论文,自成体系,缺乏连续性。

第一章《印刷术之前的书籍与科学》,考察了印刷术之前在几何学、天文学等领域古代文本的保存和传播,描述了抄写房和图书馆等的运作方式,以及那时学者们思想交流的情况,指明无论是过去还是现在,虽然书本是保存知识最主要的手段,但它们绝不是传播科学思想和知识的唯一媒介。

第二章《世界地图印刷》,通过考察一幅16世纪的土耳其版世界地图的出版背景,详述了印刷术对于地理学发展的贡献以及欧洲与土耳其文化的交流。并通过手稿的生产不能产生政治和文化"归属感"来论述欧洲早期近代史总是把奥斯曼文化的地位边缘化,部分原因是土耳其人未能接纳印刷机的技术和知识革新,并希望借此提醒历史学家提防犯下从意识形态的立场出发,将接受或拒绝使用印刷机作为衡量文化返祖现象标志的错误。

第三章《生辰星相图集,一种文体的起源和使用》,追溯了生辰星相图这种文体在近代早期的流行情况,指出它对当时的读者来说,起到了关键作用,因为它以多种方式提供知识,刺激他们的求知欲。并论述了占星术和近代天文学之间错综复杂的关系。

第四章《为自然哲学做注解和索引》,论述新兴的印刷术使得人民很容易获得那些著名的、仍然备受尊敬的古代和中世纪的权威著作,而且刺激了越来越多的当代作者编纂自己的作品，种种因素作用的结果是在所有研究领域的文本评论流通中，有太多数量的作品需要阅读和引证，这自然引发了索引和摘要的编制。还论述了从不系统的文摘编制到渐趋系统的印制索引等情况。

第五章《图解自然》，通过现今的科学史家在引证过去著作的词句与段落时表现出的审慎与关注，对插图却从来没有过，意在勾勒出插图被引入某些近代早期出版物的过程，以及这些书籍作者对此类直观插图所持有的一系列的态度。

第六章《天文学著作与宫廷传播》，通过第谷、开普勒等人的天文学著作的出版，描述了近代早期科学如何受到赞助以及科学家们如何通过书信等进行交流和争论。

第七章《关于哲人石的文献》，通过讨论所谓哲人石，进而联系到炼金术以及炼金术的文献，以及炼金术的文献又是如何促进炼金术的发展的。

第八章《对异域动物的描写与讨论》，通过对《新西班牙药物词典》与《巴西自然历史》等书籍漫长而复杂的编辑史的考察，论述了近代早期博物学知识的传播和博物学著作出版的问题，以及资料的限制极大地影响了信息的传播，而编辑者的选择和分辨模糊了作者和编辑之间的界限，也影响着信息的传播。

第九章《简明扼要的脚注》，基于对《论罪恶的起源》一书中10页左右内容的研究，重构历史中的一段关键时期，即关于空间及其性质以及基于洛克和牛顿著作的空间观进行讨论的历史。

第十章《研究型图书馆的官僚式规划》，论述近代研究型图书馆的出现与追求学术性知识目的从博学到研究的过程，并把研究型图书馆的起源作为德国启蒙运动的一部分展开讨论。指出启蒙运动通过把书籍调整到一个合理的虚拟空间从而导致书籍的分离，而浪漫主义使这点永远继承下来并得到进一步发展。

第十一章《百科全书知识》，论述了过多的书籍以及不相应的信息含量，使得《百科全书》的出版势在必行。而且《百科全书》虽然是对知识的收集,但也有自身的构思。

第十二章《期刊文献》,考察了期刊的起源,并探讨了 18 世纪文学市场的扩大以及由其维持的期刊出版的繁荣,并考察逐渐出现的期刊读者的专业化现象及其与专业团体形成的关联。

第十三章《迎合时髦读者的自然哲学》,论述了科学理念和科学理想传播到上流阶层和社会范围中的过程,以及社会精英们建立自然哲学正统地位的过程。

第十四章《自然之书的洛可可式读物》,通过考察 18 世纪中期有关贝类文献这一特殊体裁的博物学著作的某些细节,探讨图书的物质对象与使其"发生作用"的手段之间的互动。

第十五章《小读者与科学》,讨论《在家的夜晚》和《自然知识和圣经知识入门》这两本代表着"理想"和"宗教"倾向的不同读物,从而展示出各个职业阶层对儿童在科学方面的教育享有的共同的把科学与道德以及宗教相结合的信念。

第十六章《阅读生理学》,通过研究阅读生理学的连续性及其变化的程度,尝试解决纸上的字是如何在人们头脑中产生印象这一问题。

第十七章《一场教科书革命》,通过联系分析革命与同一时期出版界的实践,探究了教科书出版的商业环境是如何冲击自命的改革者,以及讨论 19 世纪英国重要的教育出版市场对于这一时期的科学史具有的重要意义。

第十八章《供出口的有用知识》,论述了自然知识被印刷成系列教科书的过程,以及参与到出版事业中的各种人是如何思考、协商、付出和做出改变的,论证作者个人身份的缺失能让我们更好地了解参与知识生产与传播过程的社会机制。

第十九章《编辑一位近代科学英雄的著作》,通过论述詹姆斯·斯佩丁和麦考利两人对培根的不同态度,阐述了培根成为英国科学史界泰斗的原因,以及斯佩丁编纂的《培根文集》只是书籍史中充满热情的插曲。

第二十章《印刷术的进步》,分析了在改革激励与工业化促成的出版环境下,科学系统是如何产生的这一问题。

在科学史和书籍史独自领域内的著作可谓汗牛充栋,而此书作为系统探讨两个领域交叉范围内的研究著作,不论是给科学史领域,还是书籍史领域,都能提供一个全新的补充性的视角。如《书史导论》所指出的:"书史作为一个研究领域,既标志着一个终点,也标志着一个起点。很清楚,当我们迈进一个讨论'新'的电子革命的时代时,开始于15世纪的'旧'的印刷革命,呈现出更清晰的焦点和自然的终结。正如手抄本传统曾与当时新的印刷技术融合,我们现在正在看到类似的新旧媒体的融合与互补。20世纪以来视觉文化嵌入到文化的构成之中(电影、电视、万维网的发展),也同时意味着印刷文化的重塑,以适应这些传播媒介。"

书籍的历史和科学的历史是齐头并进、相辅相成的,科学的进步,如从龟甲到竹帛、纸张,从木版印刷到激光照排等,对书籍的传播起了极大的作用;而书籍的广泛传播,又促进了科学知识的大范围普及,两者都对各自有着积极的推进。书写材料以及阅读方式的演进过程,以及由之带来的文本形态结构和知识传播方式的影响,是我们要注意的。而本书则恰好在这方面做了有益的探讨,以大量科学和书籍的相关例证,揭示出科学和社会文化之间的复杂关系。

《莎士比亚与书》提要

李晓田

美国耶鲁大学乔治·M.博德曼英文讲座教授戴维·斯科特·卡斯顿(David Scott Kastan),曾先后执教于达特茅斯学院和哥伦比亚大学,著作包括《莎士比亚与时间的形体》《理论之后的莎士比亚》《莎士比亚与书》及《莎士比亚与宗教》等。《莎士比亚与书》(*Shakespeare and the Book*),2001年由剑桥大学出版社出版,后由郝田虎、冯伟译为中文,前者翻译了绪论、第一章、第二章和封底,后者翻译了其余部分的初稿,并由前者校阅、修改全书、增加译者注,商务印书馆于2012年出版,是《书史译丛》系列之一。

第一章《从剧场到印刷厂;或曰,留下好印象/印数》,本章旨在介绍莎士比亚剧本早期出版的随意性和印刷厂里剧本物化的实际排印过程。在莎士比亚时代,戏剧是通俗的娱乐形式,作为文学是不入流的,英文剧本尚未成为文学体裁,在当时的书业中无足轻重,印刷剧本更被视作短命读物。当时不存在现代著作权法,政府通过书业公会和审查制度来控制图书行业,版权属于出版商而非作者,出版商购买戏剧文本是为了获利。也即,莎士比亚生时严格地说不是"莎士比亚",今天对莎士比亚文本年代误植(anachronistic)的希望和期待干扰了我们的历史判断。

第二章《从四开本到对开本;或曰,尺寸之类的重要》末言"虽然他从未追求过伟大,但他逝世七年之后,伟大找上了他",讲述了1623年第一对开本的出版过程,及出版商为莎士比亚赋予了作者这一其前所未有的身份。第一对开本被赫明和康德尔题献威廉·赫伯特和菲利普·赫伯特，前者将文化上通俗的剧本转变为精英的文学体裁，呈现的是莎士比亚实际"写作"的所有剧本，而不是他有贡献的剧作。对开本将莎士比亚树立为了作者。

第三章《从当代到经典；或曰，文本修复》，讲述了不同时代的潮流风尚或原则，左右着对莎士比亚的印刷出版和阅读接受。在第一对开本出版九年后，第二对开本出版，并对第一对开本中语言不规范的错误进行了订正，而其出版是由于观众因剧场关闭而激发起的阅读热情，出版商为了利益考量而印刷发行。但随着时间的推移，莎士比亚变得古老而过时，其作品被大肆篡改以迎合时尚观众的期待。这些改动并不以恢复原作意图为己任，改编者也不觉其改动有何不妥之处，正是当时的法律要求和剧场的现实需要促进了他们的改良尝试。同时，学术研究又致力于追求恢复莎士比亚的戏剧原本。但人们终于就莎士比亚文本的不确定性和不完美性达成了共识。

第四章《从抄本到计算机；或曰，思想的在场》。新技术的飞速发展，使得传统印刷书面临可能消亡的困境，这迫使我们思考书的未来。而今我们的阅读环境正在日益从书转移到屏幕，书以数字的形式显现，电子文本具有外形完整的印刷文本所不具备的可渗透性，任何文献都可以与其他任何文本进行链接，产生超文本。超文本完全改变了我们对于莎士比亚剧本的认知模式。

莎士比亚文本处于作者权威文本湮灭的存在状态，而后代一直致力于对莎士比亚原始作品文本的保存、散播和重新生产。而重新生产莎文的过程是机器印刷而非手工抄写，失落的莎士比亚文献与后来保存和重新生产之间不存在极大的时间间隔，故而莎士比亚文本史是一元的，相对简单。所以当卡斯顿教授以莎士比亚戏剧文本是如何被赋予物质形态为研究视角，其所面临的不太复杂的文献问题为此著的展开客观上提供了一些便利，从而使得此书内容纵横17至20世纪的莎翁接受研究，但焦点依然集中而明晰。同时，是著并非莎翁的相关文学研究，而是从文学转向历史，关注书本身，即"作为制造物的书，作为商品的书，以及作为技术的书"，对准莎士比亚剧本被印刷出版的历史过程和紧紧环绕着书本制作的印刷中介,如出版商、印刷商、校对者、编者等展开叙述,选题鲜明而新颖,文笔亦流畅生动。1983年美国校勘学家杰罗姆·麦根从"新目录学"内部对"作者意图理论"进行批判,提出了"文本社会学理论",主张文学艺术作品存在的样式是社会性的而非个人性的,所有文学作品的生产都要经历一个从心理事件(文学创作)转变为社会事件(文学作品)的系统嬗变。卡斯顿教授即采用了文本社会学的研究方法,聚焦于文本赖以生存的物质形式,重建莎士比亚戏剧作品成书、流传过程的事件链条。

卡斯顿教授在研究中,还善于从对细节的关注中发掘丰富的信息,比如第一章中发现出版的各种莎士比亚剧本封面上,或有莎士比亚之名,或无之。尽管名字有有无之别,但著者通过对当时印刷模式的历史考证,认为"戏剧文本上展示作者的名字并不带来特定的商业优势",而是作为区分的标志,而非莎翁作者身份的确立。此类有益的发现和思考令人称赏。又,在第三章中,卡斯顿教授认为,在后来的版本中,编辑的介入越发抢眼和重要,评注和其他各种资料与莎士比亚的作品共同分享版面,更使得文本的不确定性显得明白无误,甚至威胁到文本本身。这对我们古典文学研究颇有启发,中国的大量书籍都是融正文、注解为一体的作品集,这种呈现形式在方便读者理解的同时,也妨碍了对正文的阅读体验,并客观上纵容读者放弃自主思考,用视觉体验代替部分思维活动,注文依附于正文而流传,但其生命力却等同于正文,这实质上也是对文本的威胁。

此著也有一些可商榷处,如卡斯顿教授抛弃了传统的文学批评方法,强调出版商、印刷商等非文艺界力量对莎翁的重大发明功绩,言"虽然他从未追求过伟大,但他逝世七年之后,伟大找上了他",但其难免行之过远,对莎翁作品自身的伟大和文学批评家对莎翁的形塑及读者的接受都不够重视,甚至未置一词,从而也就未能解释"伟大"何以偏偏找上了莎士比亚。另外,第三章中作者言:"然而在路易斯·西奥博尔德身上,我们看到了那个时代对于莎士比亚近乎精神分裂般的态度:总是对莎士比亚毕恭毕敬,但一方面自以为是地改编他的剧本以确保剧场演出的成功。"首先,西奥博尔德似乎只是个例,其矛盾的态度是否可以代表那个时代,这令人生疑;其次,不同的阅读情境下,同一文本拥有不同的接受面向,舞台表演和学术研究发生了龃龉,是因为不同接受分支各自拥有强大的文化体系,足以驱使作品文本成为其各自的认知客体,发挥认知主体的能动性,使得包括莎士比亚在内的任何伟大或不伟大的作家作品都分别被在舞台上改编并同时在学术研究中追求复原。也即,较之其他剧作家,莎士比亚似乎没有特殊性可言。著者的研究未能形成横向的对比,从而使得说服力不够。又第四章作者言:"我们通常熟悉的舞台剧与纸上剧之间的二元对立将被另一组二元对立所取代:纸上剧与屏上剧。"此句的表述不够妥当。诚然,作者提出的此两组二元对立可以成立,但即使在今天,前者也并未消亡,后者更谈不上对前者有所取代,只不过是随着技术发展和媒体手段的扩展,增加了"屏上剧"这一新的文本呈现形式而已,况且还有影视剧改编、广播剧、有声阅读、剧场演出数字化等其他新兴形式对莎士比亚剧本进行改编和传播,这些似乎未被著者纳入考量范围。

《书的历史》提要

崔 筠

《书的历史》(*Histoire du livre*),作者艾柏特·拉伯赫(Albert Labarre),法国大学出版社(Presses Universitaires de France,简称 PUF)2001 年出版。2003 年,台湾玉山社出版该书中文译本,译者廖启凡。

本书作者艾柏特·拉伯赫,历史学博士,1955—1962 年期间担任法国阿米安图书馆馆长,1962—1994 年期间担任法国国家图书馆馆长。原本主要是负责书目管理,后来转为印刷品保存,最后负责书籍保存和维护管理。主要研究方向为与书籍历史相关的领域以及目录学。

全书分为七章,第一章《书籍的起源》重点介绍了书籍的最基本构成单位——文字的起源,以及早期书籍载体的演变。《书籍材质的演变》一节介绍了石头、木头、黏土、布料、金属、皮革等材质在全世界被用作书籍载体的情况,其中对于古埃及书写载体——纸莎草的介绍,详细讲到了纸莎草的材质、保存、书写方式、流通形式等,使人读来饶有兴味。

第二章《希腊罗马时代的书籍》介绍了西方传统意义上的古典时代——希腊罗马时代书籍的制作、保存和流通情况。其中三个方面的讲述较为精彩:一是古典时代书籍作者和编辑者的权利与义务,书籍流通带来的收益全部属于编辑者,而作者只能享受声望与荣耀,因为没有版权,书籍的所有者可以任意改动书籍内容。二是关于古典时代出版物审查的介绍,与中国秦代的焚书坑儒事件不谋而合,古代希腊、罗马同样有着大量的禁毁图书、迫害作者等行为,从中可以窥见东西方政治与思想文化发生冲突的共同点。三是古代希腊、罗马的图书馆,早在公元前二世纪建立的阿塔利德图书馆，已有藏书二十一万册，四世纪中叶的罗马已有28座图书馆，较同时期的中国而言，民众获取书籍和知识要便利得多。

第三章《中古世纪的书籍》描述了西方中世纪手抄本的制作与保存、传播过程。令读者产生兴趣的是以下两个方面：一是中世纪的教会手抄本开始重视书籍的装饰，这种装饰既体现在书籍的外表——如象牙雕刻封面、精美的花纹绘制等；还包括对文字本身的装饰，既通过严格复杂的校订减少书中的错误，又通过大量使用艺术字母提升文字的美观程度，这两点直到现代仍被书籍出版业所重视。二是自十二世纪末到十三世纪，书籍制作与传播的中心从修道院转向城市，中国传来的造纸术为书籍得以在民间传播带来了巨大作用，而因教育和娱乐所带来的书籍的大量需求，又导致了哥德式字体和缩写字的产生，读者由此可以看到，书籍的发展一方面受到文字发展的支配，另一方面甚至会反过来影响文字，这为我们了解文化现象提供了一个新的视角。本章还特别介绍了古代中国和阿拉伯世界的书籍制作情况。

第四章《印刷术的传入》介绍了印刷术的起源及其在欧洲的传播。作者在此处指出了一个西方文化研究中存在的误区，即：学界通常认为，文化发展与印刷术的发明是相互促成的关系，印刷术的发明大大推动了知识的传播，而人们对知识和书籍的需求促进了印刷术的发明。但作者指出：西方的印刷术产生于莱茵河畔一个仅有三千人的小村庄，印刷术的发明并非受到知识的驱使，而是因为金属技术的进步。这种实证主义的精神无疑打破了许多人的常规思维。

第五章《从中古世纪手抄本到现代书籍》回顾了印刷术产生后，印刷书籍是如何逐渐取代了手抄本，并逐渐发展为现代书籍的，同时简要介绍了书籍在文艺复兴和宗教改革中发挥的重要作用。本章最有特色的是对人与书关系的探讨，如：书籍是如何推动了印刷业的发展，印刷术的发展又给印刷工人带来了什么？与书籍出版密切相关的版权法与审查法是如何产生的，作家从为了声望到为了金钱而写作对书籍意味着什么？书籍的大众化会对读者有什么影响？作者对这些问题的看法都可谓独具只眼。

第六章《启蒙时代的反改革运动书籍》将视野从书籍本身扩展开来。作者综合历史、经济、政治等多种因素，指出了十六世纪西方出版业面临的种种变化，如：启蒙运动的新观念迫使书籍法规和审查制度开始瓦解，蔓延欧洲的经济危机导致书籍成本大涨，印刷术发明以来积累的大量图书使得二手书对新书构成极大威胁，以及宗教与世俗问题的种种影响。作者由此出发，依次介绍了欧洲重要国家出版业的演变。作者还于本章单独开辟一节，介绍了特殊书籍——报刊的发展和演变。

第七章《现代书籍》从印刷技术、图书设计和出版业等多个角度介绍了书籍由近代走向现代化的过程。作者惯于从社会、经济等宏观出发关照书籍的特点在此章仍有体现。作者从印刷机的改良、造纸业的发展、印刷技术的改进等多方面分析了工业革命对书籍的影响。照相等先进技术的出现，使得图书的外观更加受到重视，图书封面不再单纯依靠贵重的材质彰显豪华，而是通过漂亮的插图吸引读者，形象与色彩逐渐取代了材质，成为书籍装帧首先考虑的因素。本章的最后部分，作者以大量翔实的数据和图表说明了现代出版业之发达，同时也对影音、电子等新媒体可能对书籍造成的冲击表示了担忧。但作者仍然对书籍的发展抱有乐观的态度，他引用路易斯阿曼的话为全书作结："对于想对资料负责、对文化抱有积极态度的人而言，印刷书籍仍不可或缺。在这个充满各种印象的世界中，书籍呈现出一种个人的且有益身心的存在感。"

从全书的体例和行文方式看，本书虽然是面向大众的普及读物，但作者无疑是用严肃的学术态度来写作的。这种学术态度一方面来自作者的实证主义精神，如对书籍史早期作者与出版家的关系的判断，对印刷术兴起原因的全新分析等。另一方面来自作者广阔的学术视野，既能关注到经济、政治对书籍的作用与反作用这样的宏观问题，又可以顾及例如书史中二手书与新书的关系这样的细节问题。作者在本书中的观点或许可以商榷，但他看待问题的思路的确能给读者以启示。

本书也存在一些缺点,受篇幅限制,行文太过简略,对启蒙时代这一西方书史上的关键阶段叙述不够;虽然涉及中国及阿拉伯世界的书籍历史,但没有与欧洲书史进行横向比较以探究其异同;科学的图表统计仅用于最后一章,读者无法了解到古代及近代书史的基本数据。

《中国出版文化史》提要

李盛尧

井上进先生系日本京都大学东洋史专业博士,日本名古屋大学教授,主要研究方向为中国明清学术史及中国出版史。著有《顾炎武》(1994)、《书林的眺望》(2006)、《明清学术变迁史——出版与传统学术的临界点》(2011)等学术论著。

据此书《后记》所言,作者对中国出版史的关注由来已久,早在1990年就写有《读书与藏书》一文,此后又陆续发表了《书肆·书卖·文人》(1994)、《出版文化和学术》(1997)等出版史方面的论文。在这些研究的基础之上,作者写成《中国出版文化史》一书,并交由名古屋大学出版会于2002年出版。此书的翻译工作由华中师范大学日语系李俄宪教授主导,而初译工作则由中南地区的六位日语专业教师完成。华中师范大学出版社将此书的中文版列为《出版学建设丛书》之一种,于2015年出版。

此书分为《前编》与《本编》两大部分。第一章至第六章属《前编》,起自先秦,终于唐代,所论内容大致为印本时代之前的书籍与学术。《本编》包括第七章至第十八章,起自五代,终于明末,针对印本时代书籍的出版、售卖、收藏的问题进行了详尽地介绍与分析,对相关的学术思潮也多有论述,是本书的主体部分。此外,此书还附有作者《前言》一篇、《后记》一篇,译者《译后记》一篇。

在传统史学框架中,书籍史及出版文化史并未受到应有的重视,与其他领域相比,书籍出版方面的史料显得较为匮乏与分散,如作者在《前言》中所述:"即便是文化史,在传统史学中也很难找到完整的叙述,更不要说书籍史乃至出版文化史了。"在这样的学术背景之下，撰写出版文化史需要面临的一个最大的难题就是史料的搜集，而作者显然在这方面付出了大量的心力。据《后记》，我们可以了解到作者在准备过程中阅读过《全上古三代秦汉三国六朝文》一类的总集，并翻阅了大量的正史，这为本书的丰富与翔实提供了基础。除正史之外，作者对其他各类文献也多有关注，以第十三章《冬日的结束》为例，该章所引文献包括丁丙《善本书室藏书志》、傅增湘《藏园群书经眼录》等藏书目录，胡应麟《甲乙剩言》、田艺蘅《留青日札》等笔记，《松江府志》《杭州府志》等地方志，以及大量的序跋，这些不同种类的文献使得此书丰赡博厚，非凿空而论者可比。此外，此书还援引了大量藏于日本的珍贵文献，如第十八章《关于对出版的利用》就参用了山口大学图书馆、内阁文库、神宫文库、加贺市立图书馆等多个日本藏书机构的藏书，对于国内读者来说，这些文献难得一见，以这些文献为基础的观点自然也就尤其值得重视。

此书以书籍史、出版史为主干，而能兼顾各种与出版密切相关的文化现象，因而既不显得拘泥，又无枝蔓之病。如第十一章《朱子学的时代》所论话题主要为朱子理学在元明两代的影响，而其侧重点则在于出版与朱子学之关系，作者在文中指出，元明两代朱子学的风行实际上伴随着图书的严重匮乏，甚至朱子学的载体也仅为《性理群书》《理学类编》一类汇编性质的读物，而朱子本人的著作如《朱子语类》等则鲜有出版。又如第十一章《知之去向》所论内容主要为阳明心学，作者在此章提出明末书籍的泛滥导致了学术的庸俗化，一些士人因而产生了排斥知识的心态，而阳明心学遂得以大行其道。这两章均将书题中的"出版"与"文化"两个主题融洽地衔接在了一起，体现了作者开阔的视野和卓越的汇通能力。此外，本书的《前编》对焚书坑儒、四部分类法、唐代科举等重要问题也有所探讨，而始终不曾脱离书籍史这一主干，具体地向读者展示了书籍与文化之间的千丝万缕的联系。

智者千虑，或有一失，此书也偶有疏失之处。如第九章《民间出版从业者》一节引用了"陈起编辑刊行的诗歌总集《江湖集》中的两首诗"（第9页），事实上，此处所引诗歌共有三首，作者不慎将两首七言绝句当作一首七言律诗,致有此误。

《中国出版文化史》一书固然值得称道,但译者的工作实在难以令人满意。井上进先生在书中引用了大量的古典文献,并一一注明出处,而译者往往不查原书,擅自意译。例如此书第十四章《书籍世界的新纪元》摘引孙楼《博雅堂藏书目录序》以说明晚明江南士人之藏书风气,译者将此段引文译为:"苏州乃人文之渊薮,士大夫藏书虽少量亦颇多,且因爱好丰富文雅之事,使前所隐未能传世之珍本相继刊行。"(第158页)这段译文文白杂糅,令人生疑。笔者查检孙序,发现此段原文应为:"吴号文薮,学士大夫聚书少亦不减邺架,复富而喜事,诸帐中异帙向秘不传者,日托诸枣。"(《海虞文徵》卷三)。两相比对,可知这段译文完全是出于臆造。这样的问题绝非仅此一例,译者在翻译第六章所引《新唐书·吴武陵传》(第54页)、第八章所引《蓼花洲闲录》(第83页)、第十四章所引《为毛潜在隐居乞言小传》(第168页)等文献时,也同样不检原书,臆造古文,给读者带来了很大的困扰。

此外,译本的字句及标点也多有讹误。例如第十三章摘引王锜《寓圃杂记》卷五《吴中近年之盛》曰:"以至于今,愈益繁盛,闾檐辐辏,万瓦甃鳞,城隅濠股,亭馆布列,略无隙地。"(《明代笔记小说大观》,上海古籍出版社2005年版,第325页)而译本"闾檐"误作"癌檐",并脱去"甃鳞"之"甃"字,对应尾注又将"寓圃"误写为"富圃"(第151页),令人难以卒读。此外,译本中"阎若璩"误作"间若璩"(第204页)、"沈律"误作"浓津"(第211页)、"北溪字义"误作"北溪字义"(第236页),凡此种种,不胜枚举。又此书第十八章引用李延昰《南旧话录》卷六"吴门书贾某者"(第228页)云云共三十八字,而译者竟然不加任何标点,令人匪夷所思。除却以上这些硬伤,这一译本还存在着文笔不畅、翻译腔过重等缺点,不仅没能达到"信"的要求,在"达""雅"两方面也多有欠缺,限于篇幅,不更赘述。

译者在《译后记》中称:"特别要说明的是,书中牵扯到的大量的中国古代典籍的原始引用被作者译成了日文,我的工作是不但要将引文译回汉语,更要把它们还原成古代典籍中的原始状态。"(第243页)通观全书,译者显然并未完成"把它们还原成古代典籍中的原始状态"这一任务。

《谋利而印：11 至 17 世纪福建建阳的商业出版者》提要

许 勇

本书原名为 Print for profit: The Commercial Publishers of Jianyang, fujian(11th—17th centurise)，作为《哈佛燕京学社丛书》第 56 种，由哈佛大学出版社 2002 年出版。作者贾晋珠（Lucille Chia），美籍华裔学者，哥伦比亚大学中国史博士（1996），现任美国加州大学河滨分校历史系教授，主要研究中华帝国后期书籍文化史、东南亚华人史等。另编著有《中国印刷时代的知识和文本生产（900—1400 年）》(Knowledge and Text Production in an Age of Print: China, 900—1400，与威德塔合编，2011 年)、《佛教在东亚的传播：中国佛教经典的形成与演变》(Spreading Buddha's Word in East Asia: The Formation and Transformation of the Chinese Buddhist Canon，与吴疆合编，2016 年)等。

2019 年，此书经由美国加州大学河滨分校丘葵先生、克莱蒙特·麦肯纳学院邹秀英女士、加拿大维多利亚柳颖女士、亚利桑那州立大学刘倩女士的翻译，美国俄亥俄州立大学李国庆先生的统校，于福建人民出版社出版，被列入《福建印刷文化研究丛书》，书名译作《谋利而印：11 至 17 世纪福建建阳的商业出版者》。

《谋利而印》关注的重点在标题中即已阐明，即 11 世纪初到 17 世纪末（从北宋末到清初）的福建建阳地区的商业出版活动及出版者。建阳地区的出版，兴起于宋代，并迅速发展成为全国最重要的出版中心之一，与杭州、蜀地几成鼎立之势。然而在南宋开始，建阳本就饱受大众争议，

《谋利而印：11至17世纪福建建阳的商业出版者》提要

名声不佳。两宋之际的叶梦得曾说："今天下印书，以杭州为上，蜀本次之，福建最下。"福建最下的原因就是用纸、版刻不佳，刻印迅速，"多以柔木刻之，取其易成而速售"。到了陆游时代，"麻沙本"不仅成了建阳刻本的代名词，也成了版本学上的一个经典笑料。可以说，建阳本从兴起之时，就背负上了"麻沙本"这样的一个恶名，近千年来一直被这样定性着。所以此书的开篇就给这个恶名定了基调——"有失公允"，并由此引导读者思考这样的问题："为何一个传统上被视为难以治理、常常被朝廷忽视的偏僻山区，会发展成为中华帝国最为重要、最为长久的出版中心之一"？"为何其他偏远地区（如福建西部的长汀四堡，以及安徽的徽州）也会跻身中华帝国晚期的出版中心"？基于这样的思考，此书主体部分分为三部七章。

第一部分为第一章《导言》和第二章《建阳雕版印本的外观》。《导言》部分重点论述了建阳与中国印刷史的密切关系以及本书撰写所运用到的基本文献。参与到商业出版过程的出版者似乎很少主动留下他们的信息，为了寻找他们的踪迹，深入探索建阳与中国印刷史的关系，作者搜集了两千多种建阳刻本、十八部来自建阳地区的族谱，试图从中勾连起那些出版商与族谱中人名的关系。这样深入的文献普查与考索，不仅奠定了本论著的重要文献基础，也编成了本书的三个附录：宋代时期建阳本选录、建阳出版商列表、《建阳本书目》编纂说明。这三个附录，呈现的不仅是建阳商业刻书的规模，更是作者深耕多年、潜心建阳本的学术积累。第二章《建阳雕版印本的外观》，从书籍制作所使用的材料（纸、墨、雕版版片）、雕版刊刻、建阳雕版印本的设计三个方面，描述建阳刻本的外部特征。作者根据外观，将建阳本分成两类，一类为优质的建阳本，一类为低劣的坊刻本。"优质的建阳本广泛采用两种楷体字，赋予其特有的神采"，而"低劣坊刻本的粗鄙字体也一望可知"。并由此说明："最受推崇的中国雕版书展现了与精致手稿相同的特征：字白墨黑，字体漂亮。""与之相反，商业刻印者意在出售尽可能多的印本以谋利，往往偷工减料，压缩版面。通过在每一叶、每一行挤入尽量多的字，再用更小的字加入评点和夹注，他们成功地制作了许多中国历史上极难辨读的书。"从而让读者认识到建阳本的两面性,一面是建阳的商业出版确实大量存在因为谋利而粗制滥造的现象,另一面是,大量的商业出版也为技术的革新提供了契机。

第二部分为第三章《宋元时期建阳出版业的发展》和第四章《宋元时期的建阳本》。第三章《宋元时期建阳出版业的发展》,直接回答了叶梦得"福建本几遍天下"的原因,一是该地区拥有林木和印墨资源;二是经史类书籍在建阳本中占了很大比重,而这些书是士子们急需的书籍。三是交通便利。这都是建阳出版业在宋元兴起发展的重要原因。本章中还论述了"建阳的出版商",并以"刘氏、余氏、熊氏出版世家"为具体案例,探讨建阳出版业在宋元甚至到了明代还长盛不衰的原因。同时,作者还注意到了这些出版世家族谱中对他们从事出版事业"失载""失语"的现象,并认为"他们身为刻印者的谋利欲望与心向士绅地位的精神追求之间的矛盾仍在持续"。

第三部分为第五章《明代的建阳出版业》、第六章《明代的建阳本》和第七章《结论》。第五章《明代的建阳出版业》,主要探讨了建阳刻书业在明中期的复兴,以及著名出版家族如余氏、刘氏、熊氏、郑氏、陈氏、叶氏、萧氏等的商业出版活动。同时还注意到了相比宋元时期,明代建阳出版业的一个特点,就是州县官府对建阳出版业的参与,这种参与对于提高建阳本的质量起到了一定的作用。第六章《明代的建阳本》,比较了明代建阳本在外观、种类方面与宋元建阳本的区别,字体的优美化、版式的多元化、插图的精美化以及牌记、广告的大量出现,都使得明代建阳本呈现出对自身"充满了信心"的意味。在种类方面,史部的编年史和地理书、子部的医书和类书、集部的虚构类小说和戏曲民谣集等刊刻的数量显著增加,不仅得到了出版商的偏爱,也得到了市场的青睐。本章还顺带讲述了清代以后建阳出版业的快速衰落,并推测其原因。第七章《总结》认为:"建阳本的故事的确与中国雕版印刷的光辉时代(或世纪)相契合。"通过对建阳本发展史的深入考察,并将建阳本置于中国雕版史或出版史的历程中来看,得出这样的结论令人信服。

总而言之,作者充分运用了文化史研究的方法,并不仅仅从物质形态的角度看书籍,而是将书籍看作是生产者、消费者之间的媒介,看作是社会史、经济史、文化史的物质投射,将被传统学术、传统思想遮蔽起来的建阳刻书业重新从两千多种建阳本、十八部建阳地区的族谱中打捞、构建起来,重构起建阳本的光辉时代。这一研究方法,在中国文献文化史的研究中具有典范意义。但是,此书中仍留下了不少遗憾,各种因文献缺乏而无法回答的问题比比皆是,以"谋利而印"统摄建阳的商业出版是否合适等等,这些问题还待后续的研究者深入探索。

《木简竹简述说的古代中国》提要

何百川

《木简竹简述说的古代中国——书写材料的文化史》(《木簡・竹簡の語る中国古代——書記の文化史》),日本学者冨谷至著。冨谷至先生1952年出生于日本大阪,日本京都大学史学科东洋史专业博士,现任京都大学人文科学研究所教授,主要研究领域为中国秦汉法制史、简牍学,是日本治中国秦汉史最具代表性的学者之一。他另著有《秦汉刑罚制度研究》《文书行政的汉帝国》《汉简语汇考证》等书。

此书的日文版由岩波书店于2003年出版,中译版由人民出版社于2007年出版,刘恒武译,中西书局2021年再版。全书围绕着中国古代书写载体由简牍过渡到纸张的过程以及相关问题展开研究,分为六章。

第一章《关于纸的发明》,由日本现行的几种高中历史教材对中国古代纸之演进、流行的描述出发,重新审视蔡伦的贡献。文中以大量考古发现的西汉纸上没有书写任何文字、或文字区区可数且被倾斜地写在纸的中心这一现象为基础,认为"植物纤维纸在西汉时代已经存在。然而未被作为书写材料使用。将其适用于书写的是蔡伦,蔡伦所造的作为书写材料的纸称为蔡侯纸"。

第二章《纸以前的书写材料》,将书写材料分为两类:第一类书写材料和书写内容之间有着密切的关系,即书写的材质限定了所记录内容的范围;第二类书写材料则摆脱了内容的制约。甲骨、青铜器属于前一类书写材料,纸属于后一类书写材料。由此,本章对传统的"书写文字的材料,经历了甲骨、金属器和石材,不久变成纸"教科书观点进行了一系列订正。自秦二世将诏书刻在石碑上起,为了昭显皇帝的世俗权威,石刻面向的读者是臣下与人民;至东汉时,立碑之风兴盛,碑所面向的读者皆为活着的人。富谷氏不赞同墓碑转变为墓志是因为"东汉时期的墓碑由于曹操的立碑禁令而移入墓中"的观点,认为墓志所面向的读者是冥界地下之人,与墓碑分属于两个不同的发展线程,故较为赞同"后世的墓志就是从画像石的题记独立出来的"之说法。因此,在谈到作为书写材料的石刻与纸之间的关系时,富谷氏坚持"不能将两者放到一条单线的序列里去"。

第三章《木简和竹简》,主要论述两个问题。第一,简册书籍存在两种收卷方法,一是将篇名与篇次写在第1简、第2简的背面,把记有文字的一面作为内侧,从最后的简向内卷去,卷完的时候开端简的背面露在表面,由此可以确认篇名与篇次;二是篇名与篇次写在末端简的背面,从第1简的内侧开始向内卷入,使被编缀起来的末端简在整卷简牍的最上边。这两种不同的收卷方式所蕴含的最深刻的差异在于:前者是已经形成定稿的封闭的文本,后者是不断编缀添加的开放的卷宗。而中国的书籍并非一开始即成定稿。故而简牍装帧所特有的形式,在纸质书籍的时代是看不到的,此即简牍书籍编缀方式的意蕴所在。本章讨论的第二个问题中,富谷氏对传统认知中木简和竹简"两者在功能上并无差异,只不过看哪个更容易得到而就便使用"的说法提出异议,认为二者实有不同的用途:竹简是编缀起来以书册形式使用的书写材料,因其便于批量制作均一厚度、长度、宽度的标准简,用作书籍的材料;木简则适合作为单独简使用,便于进行刻齿、修圆、开孔等细小加工,用作各种证明(检、檄、楬、符)的材料。

第四章《简牍述说的书写世界》,以简牍书写与文书行政的关系为研究对象,主要探讨两个问题。首先,"书同文字"并非指战国文字统一为小篆,小篆字体也并非李斯一手独创。"书同文字"应是指统一文书行政所使用的书体,是对不同种类、不同等级的官方文书所用文字的规定。其对象始终是官方文书,并不包括私人文函、书籍。其次,文书在书体上被统一的同时,在制度上也被整合,二者共同构成了文书行政的程序:以皇帝命令为首的下发文书呈扇状散布浸透，来自下级机关的上报文书则像扇轴集中上收。使这个过程成为可能的，就是作为书写材料的简牍的形态。因此可以说，秦汉文书行政就是建立在简牍之上的。

第五章《楼兰出土的文字资料——木和纸的并用》，主要研究汉魏晋之际书写材料由木过渡到纸的过程。冨谷氏认为在此过程中，以记录与传递信息为主的书籍在书写材料上最先由简牍过渡到纸张；然而，此时的纸不具备存储信息之外的其他功能，故而拥有同一格式的户籍、拥有证明作用的封检等，尚没有完成书写材料的变革。因此也可以说，这个时代是木与纸并用的时代。

第六章《由汉到晋——由简牍到纸》，认为在书写材料由简牍变为纸的过程中，包装简牍的织物的颜色也在新的书写材料——纸的颜色上得以延续，并举青纸、黄纸诏书为论述之一例。同时，全国统一格式的户籍，其书写材料也在"苏峻作乱，版籍焚烧"的历史契机中由简牍改换为纸张。维持和巩固秦汉中央集权国家的纽带正是文书行政。因此，一旦书写材料发生变化，行政、律令制度就要受到影响；由简牍时代向纸的时代过渡，也就是向新的政治行政时代的过渡。这也正是全书之旨归所系。

将本书与冨谷氏近年出版的又一部力作《文书行政的汉帝国》（江苏人民出版社，2013年；以下简称《文书》）对读，可以窥见作者一贯的研究旨趣所在，以及其不断深入的过程。首先，冨谷氏能超越史学考订、文献比勘的范围，重视探求形式本身的内容及其动态特征。例如本书第二章论述甲骨、金属器作为书写材料时，斩钉截铁地提出："重要的不是准确传达书写的内容，而是强调某种灵验文字的排列，图像文字重在视觉感受而非读解。"《文书》中对"檄"的研究继续贯彻了这一思想，并旗帜鲜明地提出了"视觉简牍"的概念，认为露布檄文的最大意义正在于宣示、警戒、昭布，起到视觉冲击的效果，而不在于檄文内容的本身（《文书》第68—77页）。此论调较本书第三章对于檄的简单介绍而言，不啻已前进了一大步；其次，对待同一个问题，冨谷氏勇于尝试不同的切入点，得出较以往更加圆融通达的结论。例如对汉代篆隶书体的研究，本书第四章认为自篆书到隶书再到草书的变化,是书写过程中对简便性与艺术性交错追求的产物,这是就书体演变而言,固然大略如此。《文书》则更为细致地注意到隶书中常见的悬针、波磔等现象仅局限于某些特定的单字而非所有字,认为这是源自对"文书整体的预期视觉效果,以及从中生发出来的那种公信力与权威性"的追求(《文书》,第 132 页)。这其实是在"文书行政"这一大背景下对公文书体与书法艺术之动态关系的观照,是否能为定论自属另一问题,然其方法足以启人之思。像这样的地方,通过对读两书尚能发现许多;今仅略述笔者学习心得,举例如此。

冨谷先生曾于 2016 年 8 月访问南京大学并作讲座,其人敦谨谦厚,风度洒然,令后辈歆慕不已。本书在论述中对一些疑难问题,亦不知为不知,坦然陈述,并不作强解。所以,必欲吹毛求疵,则本书第五章论述木纸并用的过渡阶段部分似稍显薄弱。既然西晋泰始年间"书写在纸上的正式名籍应该已经存在"(第 116 页),而后文又谓东晋以前拥有固定格式的名籍文书仍然书写在竹简上,似相龃龉。当然,此亦就出土资料而实话实说,不得不尔。作者本人亦承认"这里还有一些不自然的感觉",后续的研究若能补充新资料与新见解,必将更臻完美。

《明末江南的出版文化》提要

陈灿彬

《明末江南の出版文化》,大木康著,东京研文出版 2004 年出版。大木康(Oki Yasushi),日本横滨人,东京大学文学博士,主要研究方向为中国明清文学、明清江南社会文化史,著有《中国游里空间——明清秦淮妓女的世界》《冯梦龙〈山歌〉研究》《明末江南的出版文化》《明清文人的小品世界》《冒襄和〈影梅庵忆语〉研究》等书,论文多篇。

本书是作者在《明末江南出版文化的研究》(《广岛大学文学部纪要》1991 年特刊)的基础上重新加以补充和修改而成。上海古籍出版社 2014 年出版的周保雄中文译本,又在原版的基础上增加了四篇论文作为附录,所用的材料和观点大抵沿袭既有的研究。作者原本是以晚明白话小说为研究对象,因为要探讨白话小说流行的现象,进而思考晚明的出版文化。本书回答的正是这个问题。以往的中国印刷史、书籍史研究偏重宋代印刷、活字印刷、版本目录、训诂校勘,甚少措意书籍的社会文化史研究。大木康不满于此,首先把关注的年代下移到明末(嘉靖、隆庆、万历、天启、崇祯),研究的地区则限制在江南,其次探讨出版活动与社会文化的关系。

本书共有五章。第一章从出版数量、刻书地区、刊刻形态概述明末江南的书籍出版。作者认为嘉靖年间是中国书籍史的一个分水岭,在此之后的书籍刊行数量明显增多,所引书籍的范围也更为广泛。除了福建一直保持繁荣外,刻书中心从宋元时期的杭州、四川、临汾等地变为新兴的苏州和南京。另外,从刊刻形态来看,官刻、私刻、坊刻都在增加,其中坊刻尤其繁盛。而坊刻又以牟利为主要目的，结果必然出现许多满足市场需求的出版物。

第二章论述明末江南出版业隆盛的背景。作者把它归纳为技术的进步、原材料供给的方便、刻工群体、书籍的需求、书价低廉。首先，明朝已经实行了雕版的分工，故而出版费用下降，快速印制大部头书籍成为可能。事实上，书籍的需求和技术的革新是相辅相成的。在利益的驱动下，为了满足巨大的需求，必然革新技术，比如"明朝体"（宋体字）这种纯几何形的字体就是为了提高雕版的工作效率而产生的。其次，传统的刻书中心一般都靠近木材产地。然而，明末新的刻书中心苏州和南京却不是如此，它们得益于晚明商业文化的发展，如徽商所发挥的物资流转作用。通过考察歙县虬村黄氏刻工家族的微观视角，作者论证了嘉靖、万历年间的出版高潮。再次，作者把社会分成识字层和非识字层，并对识字阶层中的上层（皇帝、官僚、乡绅、巨贾）和中层读者（科举考生、普通商人、僧侣道士）进行分析。就明末而言，中间阶层的人数呈增多态势，由此可以看出书籍日趋大众化。中间阶层的扩大，正是书籍普及的巨大推动力。最后作者论证了明末书价的低廉，这是书籍普及的重要因素。

第三章以"初期大众传媒社会的成立"为线索管窥明末江南出版文化的诸多面相。嘉靖以后的江南地区已经出现印刷术真正普及和书籍大众化的现象。因此，以印刷物为媒介的大众传媒社会可以说已具雏形。作者以四个例子来论证，即李贽思想的流行、华亭董家焚抄事件、东林和复社的党社活动、明末清初的信息传递，这是本书较为精彩和富有启发的部分。作者认为李贽的思想因为书籍而流行海内，其形象又因大众传媒而被扭曲，如大量冒名的出版物。另外，印刷品在董家焚抄事件扮演了重要角色，甚至可以概括为"媒介操控舆论"。党社运动不但利用印刷品表达主张，而且用来制造舆论，甚至是人身攻击。最后以姚廷遴的日记《历年记》来讨论明朝终结的消息是如何在当时传递的。总之，这一时期的印刷品作为媒介在思想传达、舆论形成、消息传递等方面起着重要作用。

第四章以陈继儒和冯梦龙为代表考察了明末江南的出版人。首先，明末所出现的"山人"既有传统隐士的特征，又有商业文化背景下的世俗。陈继儒正是此中代表。他利用出版业向更广泛的人群传递那些以前只能在文人雅士之间悄悄传承的趣味生活技巧，如琴棋书画诗酒花茶等知识，因而造成一种高雅的世俗化，任谁都能接近。其次，通过考察冯梦龙的出版活动，作者认为他代表了另一种倾向，即印刷术的普及让世俗世界有表达自我的机会。虽然陈继儒和冯梦龙驰骋在不同的领域，但他们都是依靠出版来立身扬名。这种类型的知识分子只有到了晚明才有。

第五章利用《儒林外史》中的描写，考察明清士人与出版活动。出版业的繁荣和科举考试的需要给士人开辟了另一条谋生之路。大木康划分为八股之士和诗文之士，两者都依靠出版业坐收名利。值得注意的是，本书利用了许多小说、戏曲的材料来分析当时的出版活动，如引用孔尚任《桃花扇》第二十九出中关于南京三山街书肆主人蔡益刊行复社文集的材料。虽是文学作品，但历史上确实存在三山街蔡氏书店，至少可取其通性的真实。本章所用《儒林外史》亦复如此，通过其中的描写，至少可以得知当时编纂八股文选本的流程。事实上，使用小说材料来研究书籍史在欧美已是公开的秘密，如艾伦（James S. Allen）研究法国阅读史就成功运用了法国小说中有关阅读行为的描写。大木康的研究就是借鉴了西方书籍史的研究先例。

本书认为明末才出现所谓的"出版高潮"，这点与另一位日本学者井上进的看法是相同的。后者甚至认为明朝初年遭遇"出版之冬"，直到十五世纪末十六世纪初才逐渐好转。事实上，这一点学界却颇有异议。传统认为印本文化兴盛于宋代（十二世纪），当代学者仍有人持这种观点，如艾思仁、贾晋珠等。然而，所谓出版高潮只能相对前代而言。无论是南宋，还是晚明，抄本仍然占据着重要的地位，它仍然是传播的重要手段。附录《明清两代的钞本》其实已经关注到这个长期被人忽视的问题，可惜未能深入。另外，作者讨论出版数量时是以杨绳信所编的《中国版刻综录》为主要材料，实际上，这只是反映了传世文献的情况，民间大量实用书籍却被略而不计。因此，如果把焦点锁定在精英社会的印本文化上,那么就会忽略抄本文化和民间实用读物等问题。

又如第三章所论述的"早期大众传媒社会的成立"。日本学者内山精也《传媒与真相:苏轼及其周围士大夫的文学》同样使用传媒的角度分析宋代的乌台诗案,而且尤其强调当时印刷品对思想传播和创作心态的作用。两者都是个案研究,论证的都是传媒与社会的关系。他们是否有渊源关系,我们不得而知。但是,如果按照内山精也的论述,这个大众传媒社会的雏形是不是也可以上推到宋代,这是我们要慎重思考的。

最后,关于书价的问题,作者使用了矶部彰、酒井忠夫、沈津等二手研究文献,所论证的是书价对于普通老百姓来说仍然是高昂的。即使被称为通俗小说,其价格也是不通俗的;也就是说,主要读者仍是以官僚为主的士人和巨商。另一方面,社会下层百姓买得起的是日用类书等实用书籍。这点常为研究者所忽视。大木康用《儒林外史》王冕攒钱买书的故事和《扬州画舫录》所载《小二郎曲》的流行其实并不能完美解释明末整体书价的低廉。考察低廉不但要与前代相比,而且还要看底层百姓是否有能力购买。前者史料较为缺乏,后者则要分清社会阶层和书籍类别。这都需要再做斟酌。

总而言之,本书开拓性极强,但是论述往往点到为止。因为多以个案研究切入,所以要想全面观照明末江南的出版文化仍需要更多细化的研究。

《传媒与真相：苏轼及其周围士大夫的文学》提要

徐亦然

《传媒与真相：苏轼及其周围士大夫的文学》一书，汇集日本学者内山精也论文十二篇，为王水照主编《日本宋学研究六人集》之一种，朱刚、益西拉姆翻译，上海古籍出版社2005年8月出版，2013年11月再版。

内山精也，1961年出身于日本新潟县柏崎市，1992年毕业于早稻田大学研究生院文学研究科。文学博士。曾任横滨市立大学副教授，现为早稻田大学教育综合科学学术院教授。内山精也为日本宋代文学研究"第三代"学人，师从著名学者松浦友久，并于1988至1989年至复旦大学留学，由王水照指导。内山精也的个人学术经历与日本宋代文学研究的壮大几乎同步。1984年，尚为研究生的内山精也与同好组成"宋诗研究班"，共同研读并译注钱锺书《宋诗选注》。1988年，研究班创办《橄榄》杂志，这也是日本第一种宋代文学专刊（共出版20号）。1990年研究班转为全国性的学术组织"宋代诗文研究会"，并于1996年举行了"宋代文学谈话会"第一次年会，与中国的宋代文学研究者交流密切。此后，内山精也又与同人组织"江湖诗派读书班"，并于2009年创办《江湖派研究》。本书为内山精也论文的第一次结集，此后出版专著有《苏轼诗研究：宋代士大夫诗人的构造》（研文出版，2010），《庙堂与江湖——宋代诗学的空间》（《日本汉学家"近世"中国研究丛书》，复旦大学出版社，2017），主编《南宋江湖诗人——中国近世文学之黎明》（勉诚出版，2015）。另有合著《续校注唐诗解释辞典附历代诗》（松浦友久主编，大修馆书店，2001），合译《宋诗选注》（钱锺书著，平凡社东洋文库2004年1、

5、12月，2005年5月）。

《传媒与真相》一书十二章，共分为四个单元。第一单元为单篇论文:《王安石〈明妃曲〉考——围绕北宋中期士大夫的意识形态》。本章首先详细梳理王安石《明妃曲》的体裁、内容、与此前诗作联系以及当时与身后评价，并指出《明妃曲》作于伴送契丹国使途中，表达了王安石本人在朝廷遭遇挫折后的失意与不满，而同时士大夫的和作，对王安石的这一意图皆有积极的反应。最后一节《北宋中期士大夫的意识形态》则可视作全书序论，本节首先提出歌行、乐府系统作品具有政治上的美刺功能，此种形式的士大夫言论亦受到保护，但这一传统在传播媒体的变革后发生崩溃，苏轼"乌台诗案"即为标志。其次，士大夫阶层的崛起为唐宋变革的重要方面，其对传统学术的批判姿态以及对建立新秩序的向往，形成了北宋中期士大夫言论的典型环境。

第二单元包括三篇文章。《〈东坡乌台诗案〉流传考——围绕北宋至南宋初士大夫间的苏轼文艺作品收集热》基于对《乌台诗案》的版本考察，追溯了这一文本从御史台抄出并在士大夫社会中流传的途径，并指出宋徽宗末期对元祐党禁的解除只是《乌台诗案》得以流传的外部环境，其实质动因在于南北宋之交整个士大夫社会对苏轼文艺作品的收集热潮，这也是苏轼传媒影响力巨大的一个明证。《"东坡乌台诗案"考——北宋后期士大夫社会中的文学与传媒》则详细梳理了"乌台诗案"的经过，并联系宋代《诗经》学的"存序""废序"之争，以及苏轼之前王朝专制下文祸发生之情形，指出士大夫"主文而谲谏"传统的破坏，以及苏轼个人遭遇之严酷，使"乌台诗案"具有前所未有的特殊性。内山精也认为，御史台官员没有针对苏轼的歌行、乐府体诗歌加以审讯，证明其尚遵从士大夫言论传统的底线，而他们弹劾苏轼的更重要原因，在于对印刷媒介下，苏轼作品传播流布所造成的巨大影响的危惧。而这一"诗案"的后果，则是中国古典诗歌政治社会功用的日渐弱化。《苏轼文学与传播媒介——试论同时代文学与印刷媒体的关系》考察了苏轼及其同时代士人对传播媒介的感知情况，并指出苏轼在乌台诗案之后的文学创作发生了转变，从中可以明确看到印刷媒介影响的痕迹。最明显之处即苏轼对自己旧作的次韵,其诗作的传播状态使得次韵诗本身的社交性得到替代,成为对读者的回应。

第三单元包括四篇文章。《苏轼"庐山真面目"考——围绕〈题西林壁〉的表达意图》考察了苏轼在本诗创作前后的相关事实,指出庐山之行中,苏轼个人经历与庐山的佛教文化意义、隐逸文化意义的相遇。并认为苏轼所言"庐山真面目"乃是对陶渊明"此中有真意"之"真意"的回应。《苏轼次韵诗考》延续了《苏轼文学与传播媒介》的思路,针对苏轼诗集中篇幅众多的次韵之作,指出自次韵与次韵古人是苏轼个性化的诗歌创作,此类次韵不具备一般次韵的社交性,而具有明确的对比性。苏轼次韵古人时,有意识地创作了一系列"和陶诗",除了通过次韵其诗以感念其人,苏轼和陶也相当自信,有明确的流传意图。《苏轼次韵词考——以诗词间所呈现的次韵之异同为中心》比较了诗、词次韵的异同,并认为在传统的词的创作中导入次韵手法,诞生了古今体诗中并不多见的"同时同座"形态,而通过效法传统形态次韵,以书简为媒介进行唱和,则使词自然地脱离了宴席场合,是词体本身发生转折的重要契机。《苏轼櫽栝词考——围绕对陶渊明〈归去来兮辞〉的改编》指出苏轼《哨遍》词在《归去来兮辞》基础上增添了个人的新意,这种开放型技法在苏轼櫽栝词中十分特殊,是从"集字"到"和陶"的中间阶段,暗示着苏轼意图向他人强力展示作为诗人的自我。

第四单元四篇文章为对苏轼同时期士大夫文学创作的考察。《两宋櫽栝词考》梳理了两宋櫽栝词创作的概况,指出櫽栝带来了词的创作场面的典雅化,创造出了士大夫可以积极参与制作的环境,而櫽栝也成为南宋词人对苏轼表达敬慕的常见方式。《宋代八景现象考》认为潇湘风土与名胜的组诗题咏皆有各自的士大夫文学传统,而北宋文人水墨技法、画论的兴起,使士大夫画家成为媒介,在绘画领域产生"潇湘八景",此后的八景系列诗歌则与绘画不能脱离。《黄庭坚与王安石》一文独具慧眼,从宋人诗话、笔记有关王、黄关系的内容出发,探讨了黄庭坚对王安石的看法、对王安石诗歌的学习,并在与"苏黄"关系的对比中,揭示了从王安石、黄庭坚,再到江西诗派的宋代诗史潜流。《"李白后身"郭祥正及其"和李诗"》是对士大夫社会言论下个人如何创作与行事的个案探讨。郭祥正曾被梅尧臣誉为"太白后身",这一评价在士大夫间广为流传,使得郭祥正不仅创作了大量学习李白、追和李白的诗歌,也在生活中自觉而矛盾地扮演着李白的角色。

内山精也此书并没有系统论述传媒变革与北宋士大夫文学的关系,但在各专题研究中,"传媒与士大夫社会"均作为一种研究视角存在。此种视角在日本的中国学研究中渊源有自,小川环树即对唐宋诗歌的传播有所讨论(《书店与抄写》,载氏著,周先民译《风与云——中国诗文论集》,中华书局2005年版),认为宋人生前诗文集即可出版,使之不再局限于诗人及诗人周边的小范围人群,并以苏轼"乌台诗案"为例证(《宋代诗人及其作品》《苏东坡其人其诗》,载《风与云——中国诗文论集》)。而后清水茂也有《印刷术的普及与宋代的学问》一文。尽管如此,对于媒体与宋代士大夫文学关系的集中探讨,内山精也此书仍属首例。与内山精也同时期的日本学者浅见洋二,其专著《距离与想象——中国诗学的唐宋转型》即有相关章节讨论诗歌与媒体的关系,此书亦为《日本宋学研究六人集》之一种,可见当代日本宋代文学研究的中坚学者于文本发生、传播视角的重视。而两人在各自新作《庙堂与江湖——宋代诗学的空间》(内山精也著,复旦大学出版社,2017)、《文本的密码——社会语境中的宋代文学》(浅见洋二著,复旦大学出版社,2017)中,对传媒变革与文本生成问题,均有进一步探讨。尤其是《文本的密码》涉及宋代言论统治与文本关系、别集编定与流传、诗文注释对不同介质文献的利用等诸多问题,值得参看。

中国学者对文学传播的研究开展较早,王水照著名的"五朵金花"一说即包括宋代文学与传播,王兆鹏的研究可为代表。中日学者研究各具特色,内山精也的论著在文献考证与推理论述方面的严谨性均有不足(参杨曦《传媒视角,求真精神——读内山精也〈传媒与真相:苏轼及其周围士大夫的文学〉》,载《文学研究》2017年第1期),但其思路是将传媒作为研究视角而非研究对象本身,因而与文学作品的文本分析结合得更为紧密。并且,以传媒为题的宋代文学研究专著,本书似为第一种,具有广泛的学术影响。

《书籍的流通如何影响宋代文人对文本的观念》提要

尧育飞

《书籍的流通如何影响宋代文人对文本的观念》(*Influences that the circulation of books had upon Song literati thinking about texts*)为美国汉学名家艾朗诺(Ronald Egan,1948—)在 2005 年第四届宋代文学国际研讨会上报告的论文,该文收入沈松勤主编的《第四届宋代文学国际研讨会论文集》(浙江大学出版社,2006)一书中。艾朗诺 1970 年毕业于西雅图华盛顿大学,因在校期间亲聆白先勇讲座而走上研究中国文学的道路,后入哈佛大学东亚文学与文明系,师从海陶玮(James Hightower,1915—2006)和方志彤(Achilles Fang,1910—1995),以研究《左传》与先秦叙事文学为题获博士学位。此后艾氏先后在哈佛大学、加州大学圣芭芭拉分校等校任教,现为斯坦福大学东亚语言与文化系教授。艾氏主要研究方向为古代中国文学与历史。他曾以英文选译钱锺书《管锥编》(*Limited Views: Essays on Ideas and Letters by Qian Zhongshu*,1998),并撰写《剑桥中国文学史》(*The Cambridge History of Chinese Literature*)北宋文学部分。其代表作《美的焦虑:北宋士大夫的审美思想与追求》《才女之累:李清照及其接受史》等皆有中译本行世。

《书籍的流通如何影响宋代文人对文本的观念》全文主要分两部分:第一部分主要谈北宋时期官方印刷活动,书籍数量增长与私人藏书的关系,刻本对手抄本的影响,图书借阅活动和藏书楼发展,以及唐代诗集在宋代的发行情况;第二部分主要通过分析宋代四个文人(黄庭坚、李清照、朱熹、陆游)对阅读、写作和书籍的看法,讨论书籍的广泛流通如何影响彼时的思想和文学。

在第一部分中,艾朗诺主要回答了宋代书籍流通的几个基本问题,即11世纪什么书籍最容易获得?手抄本还是刻印本?读书人看书难不难?书籍如何流通和传播?艾朗诺认为北宋时期书籍仍颇为珍贵,主要仍以抄本形式流通,且流行的书籍多是与科举考试密切相关和具有实用价值的书籍。宋代官方刻书主要由中央、地方政府和郡县学校三级机构完成。中央的国子监刻书影响极大,路、州、县等各级政府机构刻书亦多。官方刻书以经书、史书居多,也涵盖日历、医药、地方志、数学、文人文集等。书籍的增长促成宋代私人藏书远迈前代。分析宋代藏书构成,北宋前期藏书多以手抄本为主,南宋则刻本有明显增长。不少藏书家藏书超过三万卷。此外,宋代藏书家并非默默无闻的学究,而多是达官显宦和极具文学声誉的人,如刘敞、刘攽、晁补之、晁公武、韩琦、陆佃等。宋代文人利用书籍多采用誊抄手段,这一方面有利于校勘和学习,另一方面则是因为,除此之外,书籍并没有其他更好的流通手段。更重要的原因可能是,宋代的私人藏书家较为开放,常常允许他人借阅图书。宋敏求、苏颂等人都留下慷慨允借书籍的事迹。南宋以来,地方性书院的藏书楼的普遍设立也为读书人获取书籍提供极大便利。除此之外,艾朗诺还以唐诗为例,考察文学书籍在11世纪的流传经历。据他论述,仅有14种唐人文集在北宋初期刊刻。但文学书籍销量极大,据《吴都文粹》记载,1059年杜甫诗集在苏州出版,销量高达一万部。而王安石刊刻《唐百家诗选》以前,已有数百种唐人诗集行世。大约150年后,陆游准备刊刻杜牧诗集时,他发现稍有名气的唐代诗人基本都有诗集刻本行世。

在简要梳理完11世纪书籍刊刻和文集流传情况后,艾朗诺的论文转而探讨个体案例。在黄庭坚的案例中,艾朗诺认为黄庭坚及其江西诗派的诗学理念,如"以俗为雅、以故为新""点铁成金""夺胎换骨"等,是建立在遍阅古书、锤炼文字的基础上,即"诗人对客观世界的观察和反应是经过前人作品过滤的"。艾氏认为黄庭坚的独特见解与书籍的广泛流传息息相关,只有前人诗集容易获得,黄庭坚所要求的"无一字无来历"才容易实现。在李清照的例子中，艾朗诺利用李清照《金石录后序》中的材料，表明李清照对书籍的熟谙，她能清楚记得书籍哪一卷哪一页有什么内容。而这与印刷书籍并未大量发行密切相关。印刷书籍大量发行后，读书人不再如李清照那样重视书籍了。由此而来的便是艾朗诺列举的第三个文人朱熹。朱熹的时代，面临一个因书籍泛滥带来的学术危机。此即朱熹所云："今人所以读书苟简者，缘书皆有印本多了。"书籍泛滥使年轻人颇感急迫和焦虑，无法沉浸在经典中，也放弃背诵等古老方式。为此，朱熹强调读书应当有法，应当少读书，用力读经典。但朱熹自身也有矛盾，他批评书本泛滥导致学生学习迷茫，但自己也大量刻书。朱熹对文本的这种焦虑感在艾朗诺所举第四个案例——陆游那里发生变化。朱熹限制学生的阅读范围，但陆游不一样。尽管陆游也强调读通少量的书，但陆游发现书与书之间存在联系，要理解一本书，需要博览群书。也就是说，陆游认为读书破万卷，才更有益于理解文本。在陆游的时代，文人越来越普遍地参与到刻书活动中，如其所云"近世士大夫所至，喜刻书版"。此时，书籍的广泛流传已经改变文人对书写文字的观念。他虽认为手抄本优于刻本，但已明白刻本是时代必然趋势。他不孤立看待每一本书，而把大量藏书理解为有千丝万缕联系的整体，且并不为此感到焦虑，而是深深沉浸其中。

  在艾朗诺之前，已有不少论著探讨过书籍何以在宋代迅速得以广泛流通，但书籍广泛流通的时代大变化如何影响宋代读书人的书籍观念和使用书籍的方式，此前讨论尚少。受益于欧美书籍史研究风气，艾氏在2005年即推出这篇讨论文人、文学观念和书籍关系的论文，可谓先声夺人。须知，彼时欧美书籍史研究的大量成果尚未有中译本在中国大陆发行。从这个意义上说，艾朗诺这篇论文堪称中国文学和书籍史结合的发轫性作品。其价值不仅在于讨论文人如何利用书籍，而且更进一步，涉及诗学理论与书籍关系。尤其是关于黄庭坚和江西诗派诗学理念与唐人诗文集大量刊刻的关系，极具启发性。这方面，王宇根的《万卷：黄庭坚和北宋晚期诗学中的阅读与写作》取得极大拓展。循着艾朗诺的思路，利用统计学和大数据的方法，对研究其他时段书籍流通与文学观念的发生和演变,也许仍不无借鉴意义。如宋末江湖派的崛起与书籍刊刻,如明初刻书较少与台阁诗派长期盘踞文坛的关系。可以说,艾朗诺这篇论文,为研究书籍与文人深层次关系打开了一个缺口。

  然而艾氏这篇文章也略存瑕疵。讨论江西诗派诗学理论与书籍广泛流通之间的关系,固然极具启发,但忽视其与前代诗学的关系则有失偏颇。况且,书籍与文学观念的关系,虽然容易理解,但要找到更为坚实的证据链,并不容易。另外,讨论朱子读书法的兴起时,艾朗诺过于强调书籍泛滥促使朱熹提出这一理论,也稍显草率。朱子读书法的提炼,更大的原因应当建立在朱熹对儒家经典别具一格的理解上。究其原因,不应低估朱熹建构道学体系的策略与实践。当然,以上所言不无吹毛求疵之嫌。要言之,艾氏此文是研究书籍流通与文人文本观念的开拓新论述,从事文献文化研究的学者不妨少加留意。

《书籍的社会史：中华帝国晚期的书籍与士人文化》提要

侯承相

A Social History of the Chinese Book——Books and Literati Culture in Late Imperial China 初版于 2006 年，由香港大学出版社出版，后经何朝晖翻译，中译本于 2009 年在北京大学出版社出版，书名为《书籍的社会史：中华帝国晚期的书籍与士人文化》。

作者周绍明(Joseph P. McDermott)执教于英国剑桥大学圣约翰学院，在宋明间社会经济史研究方面著述丰富，是《剑桥中国史》宋代经济一章作者之一，主编《中国国家与宫廷礼权》《东亚的艺术与权力》，最近刚刚完成一部关于徽州史的长篇论著。中国古代书籍史与藏书史是他的又一重要研究领域，发表了不少独到而深入的研究成果。据作者自己所言，这本书原是其为博士论文选定的题目，但时任牛津大学汉学讲座教授的龙彼得(Piet van der Loon, 1920—2002)建议其将此题目留待有较多材料积累时再做，原因是"关于这个题目的中文史料少之又少，十分零散，有时甚至互相矛盾，而且许多书即便在东亚也不易看到"。由此，作者经过了三十多年的积累，最终将这个材料少之又少的题目写成了皇皇大作。

译者何朝晖为北京大学历史学博士，哈佛大学费正清东亚研究中心博士后，现供职于山东大学文史哲研究院古典文献研究所。主要研究领域为明清史、出版史、文献学。著有《明代县政研究》等。

此书共分六章，内容集中在对古代中国 1000—1800 年间书籍的生产、传播和消费情况的考察，运用社会经济学的方法试图揭示古代中国雕版印刷术发明之后书籍的社会化历程。与传统中国目录学不同的是，作者首先是以西方的世纪为时间单位，而非中国以朝代为论述顺序；其次作者所采用的研究方法是社会史学和社会经济学的方法，而非传统的中国目录学研究方法。

作者在正文开始之前设计了引言，在引言中讲述了一则有关读书和士人的故事。清代苏州修鞋匠钱近仁家贫而向学，求人教字，"每认一个字，就付给教他识字的人一个铜板"，死后得到了当地文士的同情与尊重，大家合力将其葬在了苏州的虎丘山上，并请江苏按察使汪缙撰写碑文。作者因而进一步指出，与其说江南士人们尊重的是虽贫而向学不辍的钱近仁，毋宁说他们尊重的是钱近仁所尊重所向往的精英文化，而这种精英文化正是士人们赖以自傲的核心。

第一章《1000—1800年间中国印刷书籍的生产》，关注到印刷术普及过程中经济成本因素的作用，用社会史的视野来观照属于传统中国文献学的问题，给人耳目一新之感。作者还专门论述了刻工的世界，从刻工组织、分工和社会地位三个方面分析了刻工世界的发展变化。刻工相比于抄手、刷印工、装订工等其他书业工人在历史上留下了更多的痕迹，而刻工中的文人刻工尤其值得尊重。

第二章《印本在中国的崛起》，论述在雕版印刷术被发明之后，印本逐渐成了书籍的重要形态，但是抄本仍然占据着极为重要的地位，原因是雕版印刷的书籍范围较为狭窄，很多书特别是文人别集无法通过雕版印刷传播，此外古代士人钟爱抄书也是原因之一。和中国传统的版本目录学研究方法不同的是，作者在论述中大量采用了调查数据，尤其是对印本份额等数据的分析，体现了从宏观视角把握问题的追求。

第三章《书籍发行与士人文化》，主要论述了书籍的获取方式，作者概括出了赠予、购买两种主要途径，前者是将书籍作为礼物在士人圈中互相赠送，后者是在明代后期以后在江南大量出现的书铺中买卖书籍。由此，作者指出在晚明的江南很多士人呈现出"藏书家、编辑家、出版家"三合一的身份特征。然而刻本的流行和书籍获取的便利并未对学术的发展带来相应的促进,因为在商业出版中的书籍多数都是迎合市井的通俗性读物和适应科举的实用性书籍。

第四章《中国学术世界中获取书籍的难题》,作者列举西方从古埃及和古巴比伦到中世纪欧洲,再到近代以来的英国、法国等都存在面向全社会读者的图书馆,而在古代中国无论是官方藏书还是私家藏书都有着强烈的排外性。政府藏书特别是皇室藏书更多地只能被包括皇家在内的当权者使用,私人藏书则除了本族士人之外几乎不向外人借阅。由此造成了在中国古代学术世界中获取书籍的难题。

第五章《改良的尝试与知识共同体》,承第四章而来,探究古代士人在面临书籍获取难题时的应对之策。这些方法包括了有偿向藏书家借阅或者抄录其所藏书籍、藏书家向家族之外的人赠送书籍或捐书给书院。此外还有重要的"知识共享",也就是作者所谓的与藏书家有一定关系的"知识共同体",这些共享知识的人或与藏书家有血缘关系、或与藏书家为朋友同事,更为常见的共享方式便是共享图书,亦即藏书家之间互相交换或阅读彼此的藏书。基于此,作者勾陈出了古代藏书家的知识共同体在共享图书时的"共享协议",这些协议的基本原则是安全、平等、利己和利于书籍保存。

第六章《士人著述与钱近仁的案例》,又回到引言中的那个故事,钱近仁深处社会最底层,甚至从未结婚生子,他对于书的热爱是纯天然的,"并未积极利用他的书和关于书的知识来进入更高层的社会圈子",而他身上体现出来的勤奋、诚实、敬畏学问和专心读书的优点——这些本属于士人的优点很多时候在那个时代的士人身上已经看不到了——正是死后受到士人尊重的原因所在。

作者此书最大的贡献在于其为研究中国古代图书出版流传阅读等开拓了新的视野,透过社会史和经济史的窗户能够看到书籍史研究更为广阔的世界。对于传统中国目录学或文献学研究而言,这本书提供了一个新的可能性,即在研究古代典籍时更多地去关注其刊刻时间与刊刻量、刊刻原因与赞助人、刻工与刷印工、流通范围与影响力乃至书籍价格和流通历史等,并由此去探究隐藏在书籍刊刻背后的社会、历史与经济原因。此书引用文献多达823条,涉及古今中外各种文献著作和研究著作论文等,尤其是引用的欧美、日本学者的观点、论著,为中国古代书籍史研究绘出了一幅"世界地图"。

《印刷的世界：书籍、出版文化与中华帝国晚期的社会》提要

徐亦然

本文英文原题为 The Printed World：Books，Publishing Culture，and Society in Late Imperial China，载《亚洲研究杂志》(The Journal of Asian Studies)66 卷第 3 期，2007 年 8 月。中文译文刊于《史林》2008 年第 4 期。

梅尔清(Tobie Meyer-Fong)，美国学者，耶鲁大学学士(1989)，斯坦福大学博士(1998)，现为约翰霍普金斯大学历史系教授。其研究领域主要在清代社会史、文化史，专著有《清初扬州文化》(Building Culture in Early Qing Yangzhou)、《浩劫之后：太平天国战争与 19 世纪中国》(What Remains：Coming to Terms with Civil War in 19th Century China)，主编《晚期中华帝国》(Late Imperial China)杂志。

书籍史是西方"新文化史"研究的重要组成，也是海外汉学一个新兴的视角，二十世纪九十年代以来，在明清史研究中蔚然成风。本文对美、日两国的相关论著进行了较为全面的回顾与述评，这也是中文学界系统了解海外明清书籍史研究所能参考的最早文献之一。

第一节《书籍世界》，可视作本文绪论。梅尔清指出，将中国书籍作为一种社会史、文化史的研究资源或对象，在当时正在形成一个新的研究领域，被冠以"书籍史""印刷史""印刷文化"等名称。尽管中国书籍史研究在整个世界范围内的书籍研究中尚处边缘，这一领域的大多数学者仍然坚持将中国书籍视作根植于中国自身社会、文化的产物，秉持"在中国发现历史"的态度。

第二节《时间中的书籍》，回顾了中国出版史时期划分的诸问题。基于书籍印刷质量和印刷术在唐宋转型中的重要作用，传统的藏书家与学者往往将宋代视作中国出版史的巅峰。井上进、大木康、周启荣和周绍明（Joseph P. McDermott）等学者则从出版数量与范围、市场、读者规模等方面考量，认为晚明出版印刷超越了宋代。而贾晋珠（Lucille Chia）等人的研究发现在蒙古统治之下，元代印刷出版依然繁荣，因此主张将南宋与元视作一个整体，明代早期是处于宋元与晚明两个出版高峰间的低谷。清代出版文化则与晚明迥异，这是一个有待展开的研究领域，而不能简单视作晚明绚烂出版文化的终结。

第三节《地域问题》，指出地域问题在晚期中华帝国的出版文化研究中占据了中心位置，书籍印刷并不是单纯的技术行为，而是一种能够塑造环境、拓展信息与商业网络的文化现象，因而书籍与地域相互成就。包筠雅（Cynthia Brokaw）关注福建西部的边远村庄四堡，这一地区利用资源便利印刷书籍，进而融入了更广阔的书籍市场。贾晋珠对建阳与南京两个出版中心进行了细致的研究，两地皆从属于江南的书籍网络，但在书籍印刷质量上显露出明显的地域差异。大木康则考察了江南士大夫如何利用书籍使见闻、情感与声望发生流传，进而塑造士大夫社会和士大夫文化。

第四节《隐含读者》，则转向书籍研究的消费层面，由此探讨书籍在晚明的社会地位。马兰安（Anne E. McLaren）发现晚明出版物的序言将其读者设定为更为多元的大众，表明阅读已不再是学者的特权，出版者在序言中对读者的概念化，不仅在吸引新兴读者群体，也在为通俗出版物正名。何古理（Robert E. Hegel）则指出通俗小说往往有不同的版本，分别针对不同的读者市场，并同时流通，说明读者群之广泛。而在明清易代之后，白话小说的出版集中于低端版本，而文人兴趣则转向抄本小说。包筠雅在对四堡的研究中指出，书商的出版行为取决于市场，因而清代边远地区的书籍出版采取了保守的态度，这也是一种文化同一性的表征。

第五节《性别、文人身份与印刷文字》，回顾了学术界对于印刷、商业化与身份认同之间关系的探讨,而这种身份认同主要涉及性别与文人两个范畴。高彦颐(Dorothy Ko)开创性地研究了女性与17世纪的写作文化,她认为这一时期的出版实践塑造了女性作为读者与作者的经验,女性作品为读者关注、为家族看重,女性作者同男性作者一样可以接触广泛的印刷书籍,又能在足不出户的情形下让自己的作品进入印刷世界,因而出版业为女性提供了获得新的文学身份与社会角色的通道。魏爱莲(Ellen Widmer)将视角转向晚清的女性与小说写作和消费,但由于19世纪的印刷文化研究相对缺少,这一主题亦待进一步考察。而她对还读斋的个案研究则揭示了17世纪印刷文化的变迁,在17世纪60年代之前还读斋的书籍出版相当专业,从属于晚明的商业文化,而80年代以后则转向业余而实用的书籍印刷行为,印刷机构不仅展现了社会文化的变化趋向,也表明了出版商社会身份的重新建构。柯丽德(Katherine Carlitz)则在晚明戏剧的创作、出版中考察了精英士人与书籍市场之间的关系,指出文人身份在书籍印刷中成为商品,而这一商业化过程也改变了文人身份的内涵。周绍明对公元1000年到1800年江南地区的书籍史进行了长时段的研究,指出文人身份与书籍已紧密联系起来,文人兴趣与行为在书籍生产、流通中走向市场,传递给其他群体,而文人群体本身也因此发生变化。

第六节《出版与政治权威》,简要评述了学者对于出版业与政治权威之间的讨论。陈学霖考察了从唐朝至现代的出版业与审查制度,指出政府始终具有控制印刷出版的欲望,但往往缺乏实际控制的能力。周启荣则认为印刷业在政治领域中扮演了更为重要的角色,新生的士商阶层通过对经典的重新注释挑战了传统的政治与文化权力,削弱了皇帝与官僚机构在科举考场中的统治力。落第文人不断卷入商业出版,但仍旧热衷于政治,因而其角色是颠覆性而非对抗性的。

梅尔清在文章的结尾阐述了对以上角度的看法。书籍出版史分期的争论,明确又模糊了书籍史与朝代史、文化与政治之间的关系,对于清代书籍史新的研究也当促使学界重新思考"晚期中华帝国"作为一个分析时段的有效性。区域研究中,华北地区书籍流通与市场活动尚待进一步考察，通过将文化与物质生产定位于具体的空间，区域间的商业网络可以从书籍流动的视角去研究，市场和产品如何塑造地方与国家文化也当被重新考虑。关于书籍的社会地位，围绕市场展开的探讨并不是唯一途径，将书籍置于特定的社会背景与关系中、置于特殊读者与作者群体的社会活动中，能够将书籍出版与社会环境更好地结合。总体而言，书籍史的研究可以广泛延伸到众多领域，进而增加对于晚期中华帝国社会与文化各层面的了解。

西方书籍史或印刷文化史与中国传统目录学、文献学有非常不同的学术背景与问题意识，在新文化史兴起的背景之下，书籍被视作历史中的一股力量，书籍的传播过程提供了理解思想、社会以及历史的独特路径。海外汉学研究引入书籍史的视角，具有两种明显的倾向，即着重探讨印刷书籍与力求拓展书籍研究的社会视角。这一方面确实扩展了中国传统的文献研究，另一方面也产生了明显的局限性。首先，正如梅尔清在文中已经提及，部分学者意识到明清时期雕版印刷并没有完全取代抄本在书籍流通中的地位，而现存大量的清代抄本、稿本及附着其上的批校、序跋，提供了重新审视文本生成、书籍流通的生动资料，这也可以使中国文献研究的整体性不因印刷术的出现发生断裂。第二，梅尔清显然意识到中国传统文献学与西方书籍史研究的异趣，却没有对后者的社会文化进路进行必要反思，事实上，明清书籍的传播既存在于商业出版中，亦广泛存在于学者的学术交流间，而学者间书籍交流的动力，往往又深植于传统文献学对校雠、版本的兴趣。因而立足于中国文献校雠之学的传统，借鉴西方书籍史研究的社会、文化视角，进行一种新的文献文化史研究十分必要。第三，梅尔清写作此文时，北美汉学家尚未真正意识到书籍交流在东亚汉文化圈的重要意义，将地域背景从中国扩展至东亚，将流通视角从单向转变为"环流"，这是当下书籍史研究扩展自身领域的另一条路径。

《文化贸易：清代至民国时期四堡的书籍交易》提要

尧育飞

Commerce in Culture: The Sibao Book Trade in the Qing and Republican Periods（《文化贸易：清代至民国时期四堡的书籍交易》，以下简称《文化贸易》）为美国学者包筠雅（Cynthia J. Brokaw，1950— ）女士历时十余年之作。包筠雅早年毕业于卫斯理学院（Wellesley College），后在哈佛大学东亚系获硕士学位（1974）、博士学位（1984）。包氏先后在美国俄勒冈大学、俄亥俄州立大学等校任教，2009 年至布朗大学担任历史学教授。包氏早年从事明清善书研究，以《功过格：明清时期的社会变迁与道德秩序》（The Ledgers of Merit and Demerit: Social Change and Moral Order in Late Imperial China，1991）一书享誉学界，该书中译本由杜正贞、张林翻译，1999 年由浙江人民出版社出版，2021 年由上海人民出版社再版。此后包氏转向中国书籍史研究，曾长期在四堡深入调研当地雕版印刷及出版业情况。近年包氏主要研究清代四川地区的书籍文化。《文化贸易》为包氏穷十六年功力写成的学术转型之作，该书英文版虽迟至 2007 年方由哈佛大学出版社出版，但部分章节在 1997 年后曾陆续以论文形式在中国大陆期刊发表。2015 年，该书中译本由厦门大学历史系教授刘永华等人翻译，以《文化贸易：清代至民国时期四堡的书籍交易》为名在北京大学出版社出版。

《文化贸易》一书共十四章，分上下两编：上编涵盖第二章至第八章，主要描述和分析了四堡出版业务、组织及其刊刻的书目和刊印过程；下编为第九章至第十四章，既探讨这些坊刻本的内容、物理特征和版面安排，也探讨它们在清代及民国时期书籍文化中的地位与影响。

在上编中，包氏概述了四堡的基本情况。四堡是客家聚居村落，位于闽西汀州府长汀、清流、宁化、连城四县交界地区，当地从事出版业的书商主要来自雾阁、马屋两村的邹氏宗族和马氏宗族。是书认为，四堡印刷出版业大约在康熙年间（1682年左右）从雾阁、马屋开始兴起，乾嘉时期步入鼎盛阶段，至19世纪初，当地涌现出46家新书坊。同期北京的书坊，可考者近120家，苏州57家，广州25家，由此可证四堡堪称当时南方重要出版中心。四堡印刷出版的兴起，为清代出版业（尤其是坊刻本）空间扩张提供重要证据。从广度上说，四堡书商不仅前往广东、江西和浙江等邻省，而且进入广西、云南、贵州、湖南、湖北和江苏等路程较远的省份，或开设固定的书肆、书摊，或走街串巷肩挑贩书。地方志称四堡人"以书版为产业，刷就发贩，几半天下"，"城市有店，乡以肩担"。在空间扩张的深度挖掘上，包筠雅注意到，四堡书商多选择作为腹地的府城、县城和集镇，它们靠近但并不处于广东、广西、江西和湖南省的都市核心。是书还注意到客家移民路线在四堡销售网络扩张中扮演的重要角色。清代客家人聚居的地区，也正靠近都市核心的腹地。这种经营策略，让四堡书商得以克服自身不利条件，避免与其他区域性出版中心发生激烈竞争，从而获得相对稳定的收益与发展。此种经营策略最大特点是极具渗透力，即四堡的销售网络渗透到区域市场系统的下端——集镇和乡村，尤其是渗透到过去的书籍销售网络可能从未触及的华南、西南的内陆腹地和边疆地区。从这个意义上说，比起其他的出版中心，四堡书商的销售网络也许更为典型地反映清代坊刻本空间扩散的深度。由于地理因素的局限，要了解江南等文化先进地区的文人风尚，对四堡书坊而言并不容易。为了克服这一局限，四堡书商不仅认真选择销售网络的辐射范围，而且对出版的文本进行审慎的选择，他们刊行的是经过市场检验的畅销书，主要为经生应用典籍与课艺应试之文。

在下编中，作者实地分析四堡刻本的类型及其在清代大众文化中的位置。按包氏观点，四堡畅销刻本主要分三大类：教育类书籍，包括蒙学、杂字、幼学、文范、诗选、四书五经等；指南类书籍，包括实用类书、家礼、药书、医书、通书、风水书、星相指南、善书等；文艺类书籍，包括小说、戏曲、歌册、诗集、书画集等。据刘永华统计，是书共对92种四堡坊刻本（教育类36种，指南类32种，文艺类24种）做出详略不等的分析。作者不仅关注这些坊刻本的内容，还特别注意这些文本的物理特征和版面安排。从印刷书目看，四堡坊刻本的核心文本是教育、指南和文艺类等"确认无疑的畅销书"，极少刊行学术著作，包括乾嘉考据著述。从版本学的角度看，四堡坊刻本多半开本很小，版面排字拥挤，误字漏字时有出现，印在廉价的毛边纸上，雕刻的质量本来就不好，又因过度磨损而字迹模糊，因而价值不高。但四堡坊刻本的版本学缺陷，恰恰为理解清代的"大众文本文化"（popular textual culture）提供了较好的证据。四堡坊刻的"大众文本文化"，除幼儿启蒙读物如《三字经》《弟子规》《增广贤文》《幼学故事琼林》《千家诗》《唐诗三百首》和《四书集注》等普通书籍外，还囊括明清小说、历代文学评论、医药、历法，乃至巫卜星相、堪舆诸书。有些禁书如《绣像金瓶梅》，据传清代乾隆前后也在四堡刊印过。对四堡坊刻本的分析表明，四堡书坊试图满足不同层次读者的需要，其社会维度是"大众的"。在此基础上，作者特地提出书籍销售的"四堡模式"。"四堡模式"指的是凭借版面安排和低廉价格，书坊更为有力地渗透进社会下层。作者推断，四堡坊刻本的目标受众是广大农村较富裕的阶层。在此基础上，作者郑重发问：这些坊刻本向内陆腹地和社会下层渗透的现象，对中国文化进程究竟意味着什么？在这种文化扩张的影响下，中国文化的整合程度是否逐渐提高？一般而言，面对四堡坊刻本在空间与社会层面渗透的史事，人们很容易联想到文化整合性提高的观点。但包筠雅认为，以四堡坊刻本为中心的核心文本群（Core text group）并非铁板一块，它们本身较为驳杂，不仅内容深浅不一，书中阐述的价值观也不尽一致，有的甚至包含被视为异端的内容。某些以方言写成的杂字、字典、歌册等作品，不仅无益于提高文化统一性，反倒有助于延续独特的地方文化传统"，凡此种种，反而有效地制衡了出版业所塑造的国家文化统一效应。

从社会文化史的角度梳理书籍的历史脉络，是近年来备受关注的一种研究趋势。新近的书籍史研究中,已从对书籍的制作、销售过程的探讨,转移到对书籍与读者之间关系的社会文化史分析上,进一步的则已切入到阅读文化的研究中。《文化贸易》一书并非简单探寻书籍的制作与销售本身,而是致力于探讨清代坊刻本在空间层面的扩张和社会层面的渗透,尤其是四堡坊刻本的受众(audience)及印刷书在中国文化整合过程中扮演的角色。从这个意义上说,《文化贸易》堪称研究清代书籍文化的代表性作品,也将是"中国书籍社会史领域未来研究的底线或基本参考书"。

当然,包氏此书在文献利用的诠释上尚有瑕疵。如对四堡刻书规模的估量,包氏主要依据口述材料、《文海楼账本》《萃云堂书房书单》以及少数几种分关文书等,但在利用书坊的账本和书时,她似乎混淆了书坊发售与刊刻书籍的区别,从而把书坊刻本与代售书籍都笼统归为四堡刻本。这就导致估算四堡刻书的规模、价格等方面存在问题,而这些有可能动摇本书立论的基础。此外,在分析四堡刻本的阅读群体时,书中多是推测,而缺乏力证表明某些人确实读过四堡刻本。考虑到是书在十年前出版,包氏未利用近年涌现出更为庞大的日记、文书等文献,其在阅读史上的探讨虽推测成分居多,是书仍具方法论价值。

《分析书志学纲要》提要

刘慧婷

《分析书志学纲要》(*Bibliographical analysis: a historical introduction*)著者 G.托马斯·坦瑟勒(G. Thomas Tanselle),1934 年生于美国印第安纳州黎巴嫩。1959 年毕业于西北大学(Northwestern University)英语系,获博士学位。美国著名文本评论家、书志学家和文献收藏家,曾供职于威斯康星大学、哥伦比亚大学。曾担任约翰·西蒙·古根海姆纪念基金会副主席、美国著名藏书家协会 Grolier 俱乐部主席、弗吉尼亚大学书志学会主席。著有《美国印本研究指南》(*Guide to the Study of United States Imprints*,1971)、《历史文献的编辑》(*The Editing of Historical Documents*,1977)、《书志学研究选集》(*Selected Studies in Bibliography*,1979)、《书史研究:纸张》(*The History of Books as a Field of Study: A Paper*,1981)、《文本批评与学术编辑》(*Textual Criticism and Scholarly Editing*,1990)、《塞缪尔·约翰逊对于萨卢斯特的翻译:海德手稿的传真和转录》(*Samuel Johnson's Translation of Sallust: A Facsimile and Transcription of the Hyde Manuscript*,1993)、《书志学入门研讨会教学纲要》(*Introduction to Bibliography: Seminar Syllabus*,2002)、《书夹:他们的历史、形式与功用》(*Book-Jackets: Their History, Forms, and Use*,2011)、《书志学史文献》(*Essays in Bibliographical History*,2013)等等。本书由剑桥大学出版社于 2009 年出版,为书志学研究者提供了较为清晰的历史总结,也是一部颇具理论意义的学术指南。2014 年,复旦大学苏杰教授将中译

本译出,经由浙江大学出版社出版。

《分析书志学纲要》是西方分析书志学研究的一部典范论著。作者将"书志学"界定为古印本学,与对古写本的研究相对。全书正文分为《学科创建史》《制作线索分析》《设计要素分析》三个部分。

《学科创建史》一章梳理了书志分析的理论、历史以及相关学者的生平与著作。

1908年以前的书志学研究——追溯了书志学革命的先驱者,如托马斯·贝内特、约瑟夫·埃姆斯、托马斯·哈特韦尔·霍恩等;其后,亨利·布拉德肖在《M.J.德迈耶所藏十五世纪图书分类引得》中强调,"按照其印刷地点和印刷作坊对早期的图书进行梳理,是厘清早期印刷图书的唯一方法",他以精密的图书结构分析意识成为书志学肇始之初最为重要的奠基者;威廉·布莱兹的《威廉·卡克斯顿的生平和图书印刷》一书强调按照字样对每本书进行物质细节用途研究的重要性,这一里程碑式重要著述明显受到布拉德肖的影响;1908年波拉德主编《大英博物馆古印本目录》第一卷出版,以布拉德肖、布莱兹等人的理论为基础,立足于印刷史,系统描写了大英博物馆的相关藏品形态。总之,这一时期,书志学研究者已经意识到分析外在物质证据在认识文本发展演变中占据优先地位。

1908—1945年的书志学研究——波拉德的《莎士比亚对开本和四开本》一书以文艺复兴时期的英国戏剧为研究对象,试图通过对印刷坊印刷习惯的分析解决文本正误问题,成为"新书志学"的第一座丰碑。此时期代表人物如波拉德、格雷格、麦克罗等,其中,格雷格以其"节制而又谨慎的宣传风格"在当时成为书志学会的中坚力量,他指出"书志学调查占据校勘工作的四分之三",同时强调书志学研究的动态性和历史性,即通过对印刷坊动态印刷过程中留下的物质证据思考书页文本的形成。读者若通读格雷格在这一时期向书志学会定期提交的总览报告,便能够清晰了解当时书志学研究的总体面貌。

1945—1969年的书志学研究——以弗雷德森·鲍尔斯和查尔顿·欣曼为代表。鲍尔斯于1948年创立《书志学研究》期刊,次年著有《书志描写原理》。鲍尔斯对分析书志学热衷而自信，其研究不仅关注到书志学对文本校勘与文学批评的重要作用，还试图通过范例向读者呈现应如何使用物质证据，这在其1959年于牛津大学的莱尔讲座以及五年后出版的《书志学与校勘》一书中有清晰的阐释。欣曼于1963年出版了《莎士比亚第一对开本的印刷和校对研究》，以个案分析的形式对分析书志学理论在研究中的使用加以系统介绍，成为战后书志学研究的另一重要代表人物。

1969年至今的书志学研究——D.F.麦肯齐于1969年发表《心智的印刷者：略论书志学理论和印刷坊实践》，对已确立的部分书志学理论假说提出质疑，认为在印刷坊的实际工作中存在诸多变数，而个案分析在一些情况下并不能成为推论性的普遍原理。七十年代以来，文学的社会生产和接受获得研究者的广泛关注，相应地，分析书志学的研究因注重文本校勘与印刷过程而逐渐受到冷落。

《制作线索分析》一章梳理了对15世纪以来图书制作研究的历史，主要包括排字研究与印刷研究两方面。排字研究方式多样，如对排字坊的研究可以通过分析铅字、字体以及排字实践加以识别；对排字工的研究可藉由文本标题、说话者标识以及舞台指示语的排版习惯、右对齐习惯、被替换的铅字、翻转的铅字、调换与连体字母、排字框条的行宽等予以考察；对页面排字顺序的研究则可通过破损铅字、铅字短缺、行线与间距粗细大小等进行确定。对16、17世纪图书排字工的研究以查尔顿·欣曼为代表，欣曼发现，不同套铅字分别属于不同的印刷坊，以此证明存在联合印刷的实例。

印刷研究涵盖纸张分析、组版与开本的判定、龙骨版的识别、印刷书帖的分析、针眼位置的分析、铅字啮痕证据的分析、停机修正和校对分析、替换页的分析、印刷数字记号的分析等等。此外，识别印次的方法包括对填空材料宽度的分析、对图版磨损或变更以及胶印模糊的分析、对插铅变化的分析等等。1909年波拉德对龙骨版的分析是对16、17世纪图书印刷研究的经典范例。当然，这些研究印刷过程的具体方法也有其局限性，比如"进行性铅字磨损和停机修正并不总是存在；凹凸检验只能显示出一个单张之两面孰先孰后；针孔在对开本中可能看不到，而在小开本中可能会被裁掉"，因此坦瑟勒指出，"每一版次必须检视众多拷贝，而且每个拷贝的检视也必须用到多种分析方法"。对18、19、20世纪的图书研究以威廉·B.托德、B.J.麦克穆伦、J.D.弗利曼等人关于印刷数字记号的研究为代表；在纸张分析方面，则有R.W.查普曼、大卫·L.范德穆伦的研究。

《设计要素分析》一章围绕坦瑟勒本人的研究理论和实践展开。他指出，分析书志学存在两个分支，其一是传统的着眼于制作线索的分析，见于第二章；其二是从视觉、社会角度致力于设计要素的分析。后者虽以前者为前提，但更强调书籍的文化与社会意义。

如前所述，该书于"1969年至今的书志学研究"一部分指出，七十年代以来，文学的社会生产和接受获得研究者的广泛关注，在本章中，坦瑟勒从1996年斯科特·赫勒的《视觉形象取代文本成为许多学者的研究焦点》一文出发，关注到"视觉文化"在社会生产中的重要性，进而将个体创作者的意图表达与图书研究结合，探求对"图书史"的研究，思考"图书的物质形式如何影响文化史、图书赖以流通的扩散网络，以及图书所引发的阅读活动"。同时，坦瑟勒也指出文本校勘方面的相应转变——"作者意图不再被看作是校勘整理者念兹在兹的唯一关怀，现在有许多校勘整理者将文本看成是多个社会力量复杂集合的结果，把文本的物质载体背景看作他们所察觉到的意义的有机组成部分"。事实上，分析书志学的研究路径与文本校勘差可比拟。坦瑟勒指出，我们需转变传统意义上的研究观念，将文本与社会相结合，思考设计要素背后的多重意义。

在此基础上，坦瑟勒认为对图书设计要素的分析包含心理研究、文化研究和美学研究三个路径，三者互相重叠，但各有侧重，在研究过程中需要综合考量。

心理研究以对字体行款的分析为中心，涉及单个字母的"易辨性"、词语组合的"易识性"以及句段篇章的"易读性"三组概念。在组聚关系的变化和读者的记忆接受之间，考量图书设计者的选择和读者在阅读时的生理与心理互动。典型案例如莫里森所设计的"Times New Roman"，作为20世纪用得最为广泛的一种字体,以其醒目易识别的封闭空白这一特性成为图书设计的指南。碧翠丝·瓦德则将排字比作设计一只水晶高脚杯,"印刷应当视而不见",即文本需兼具艺术性与实用性,读者在阅读时须免受文本复杂形态的困扰。

文化研究试图通过考察图书设计的时空流行情况,分析特定时期、特定地域的历史文化背景。也就是说,在对时代风格熟悉的基础上,运用图书设计分析各种宏大潮流及个案表达。如伯特兰·H.布朗森《18世纪英国作为品味标志的印刷艺术》(1958)一文通过考察扉页、正文、开本等思考当时的社会传统;莫里森的专著《约翰·菲尔:牛津大学出版社与菲尔字体》(1967)通过菲尔字体展现牛津大学出版社的印刷出版史。

美学研究强调图书的视觉形象,试图藉由插图或视觉化文本形态传达作者或出版社社员意图。比如赫伯特的图形诗,已将形状作为文本的重要组成部分;再如马克·吐温作品中的插图描绘等等。坦瑟勒试图通过约翰·斯派罗关于碑铭艺术的研究对"图书设计的基本元素"和"文本中的独特视觉呈现"予以辨别,从整体上讲,二者都是文本意图的一部分,根本区别或许在于"文本"与"非文本"之间。

总之,坦瑟勒力图通过梳理西方书志学的研究脉络为读者呈现一个较为清晰的学科发展变迁史,在传统分析书志学注重图书本身生产过程分析的基础上,强调图书设计在心理、文化及美学方面的研究路径。读者在这一过程中既需要考量文本本身,亦需要关注社会与文本生产的联系。此书为当今书志学研究提供了崭新的研究视角。

值得注意的是,坦瑟勒在《制作线索分析》一章讨论了对15世纪图书研究的历史。但通过目录我们发现,他并未将这一节置于对"16、17世纪图书排字工的研究"一节之前,而是置于对16、17世纪图书排字工研究和印刷研究两节之后。这种章节安排大概是为了强调,相比16、17世纪的研究,传统意义上的古印本研究注重识别和描写,对15世纪印本的研究则将目光逐渐转向印刷坊印制文本的过程,亦可看作分析书志学诞生的先导。

此外,坦瑟勒于字里行间流露出对亨利·布拉德肖、弗雷德森·鲍尔斯、查尔顿·欣曼、保罗·尼达姆、杰罗姆·麦根等学者研究成就的认同与尊重。特别是保罗·尼达姆的研究，"卓有成效地运用史蒂文森和新书志学的研究方法，推出了一系列重要论文，以其逻辑谨严广受关注——这些论文应当被看作是所有书志学家的基本读物，无论他们研究哪一个时期的图书"。此书扉页亦题"献给保罗·尼达姆"，可见坦瑟勒对尼达姆学术研究的高度尊崇。

当然，坦瑟勒实际上是从欧美书志学研究的成果和文献出发展开探讨，对东亚汉文化圈的书志学研究情况未予系统介绍。西方分析书志学的研究方法与中国的古籍版本鉴定有可兹比较参证之处。若着眼于汉文化圈的书志学，在研究方法上，尚需学人回顾古籍版本学史和印刷史，在东西方历史文化的比较中整体把握"书志学"的概念和界域，探求符合汉文化圈的研究路径。不可否认，坦瑟勒对分析书志学史的回顾与前瞻为中国书籍史的研究提供了优秀的参考范式。

《西方校勘学论著选》提要

李晓田

西方的文本校勘起源于两千五百多年前的古希腊,在对古典文本、《圣经》文本、莎士比亚文本以及近现代作家文本的校勘整理过程中,校勘者依靠"本子"和"理性",发展和完善了西方校勘学的"折中法""谱系法""底本法"以及"作者意图理论"和"文本社会学理论"等原则及方法。《西方校勘学论著选》正是一部系统介绍上述西方校勘学理论、原则、方法、流派及发展历史的编译作品集,收录了 A.E.豪斯曼《〈马尼利乌斯〉第一卷整理前言》与《用思考校勘》、保罗·马斯《校勘学》、路德维希·比勒尔《文法学家的技艺:校勘学引论》、W.W.格雷格《底本原理》、G.托马斯·坦瑟勒《校勘原理》、杰罗姆·麦根《现代校勘学批判》等七篇文章。苏杰编译,2009 年由上海人民出版社出版发行。

A.E.豪斯曼(1859—1936),英国著名诗人、剑桥大学古典学教授。《〈马尼利乌斯〉第一卷整理前言》是其整理古罗马诗人马尼利乌斯《天文学》第一卷的前言,出版于 1903 年;《用思考校勘》是其 1921 年在剑桥大学古典学会研讨会上宣读的论文,后发表于《古典学会会刊》1921 年第 18 卷。前文对马尼利乌斯作品整理中的得失进行了梳理,分析了斯卡利杰、本特利、潘格雷、雅各布等重要校勘学家的贡献及其缺憾,主张校勘家应具有简单直捷、正直明断的质量。后文中,豪斯曼认为校勘并不神秘,纯粹是理性和常识,强调审慎和郑重、智慧与了无偏见,对臆断妄改的古文书学方法给予了无情的冷嘲热讽。豪斯曼二文运用了巧妙的比喻来给予读者形象生动的说明,隽语迭出,笔调活泼,可谓嬉笑怒骂,皆成文章。

保罗·马斯(1880—1964)，德国古典学家。《校勘学》对"谱系法"进行了简明扼要的系统介绍。"谱系法"又称为"拉赫曼方法"，是将校勘过程分为"对校"和"修正"两个环节，即藉由"共同讹误"和"独特讹误"，对某一作品的所有文献证据(本子)进行分组联系，建立谱系，得出文本歧变前的"原型"，此之谓"对校"；但"原型"并不等于失落了的作者原本，要恢复作者原本，还须对"原型"中的讹误作修改，此之谓"修正"。保罗·马斯认为最可靠的校对者要能关掉自己的"知识系统"，纯粹通过视觉来开展工作，即以严谨科学的态度对待各种异文载本；同时又能对文本有最深入的了解，考虑作者可能的知识和观点，并以自己在艺术风格方面的感知能力对作品风格时时保持敏感，也即，校勘既是科学，也是艺术。

路德维希·比勒尔(1906—1981)，任教于爱丁堡大学。《文法学家的技艺：校勘学引论》1946年发表于《古典书页》，回顾和介绍了20世纪上半叶文本整理过程中的各个阶段以及其中存在的缺陷，其观点主要来自文本工作的实践，而非理论研究。认为在三个抄本异文各不相同的地方，谱系法并不能够起作用；多姆·昆廷发明了"三个一组比较法"，旨在为某文本所有抄本中任何可能的三个比较项寻找居间抄本，一旦居间者得到确认，剩下的工作依然按照传统方法去展开。但其瑕疵在于，在实际运用中对大部头文本所进行的随机抽样对校，这使得忽略掉有启发意义的文本特点的危险大大增加；尤金·维纳弗将抄写分为四个步骤，从而得出在每个步骤中可能发生的讹误，对讹误进行了分类，这只能适用于抄本数量不大且共同讹误可以分类的情形。路德维希·比勒尔还对将精确科学的方法应用到人文研究领域，从而导致校勘学危机这一情况进行了反思，主张在校勘中虽有一些规律可总结，但对其运用必须审慎，应以其为向导而非颠扑不破的真理；认为我们校勘者的态度必须是人文的，即用一个思想试图理解另一个思想的态度。

W.W.格雷格(1875—1959)，英国目录学家、莎士比亚研究专家，曾先后任职于剑桥大学、牛津大学。《底本原理》于1950年发表在《目录学研究》上。"折中法"和"谱系法"是针对《圣经》文本和古典文本的整理而发展出的，但当莎士比亚文本及近现代文本进入校勘视域，这些新文本具有与原本相隔不远、以印刷文本形式传承，一元谱系、大量异文是拼写标点等非实质性文本要素的特点，从而要求新的校勘方法。"底本法"即是罗纳德·麦克罗针对此而提出的，即选择可靠本子为底本，只对底本明显讹误作修正。W.W.格雷格《底本原理》继续申发，提出了"实质性异文"与"非实质性异文"的区分，认为前者是会影响作者意图或其表达实质的文本异文，后者是诸如拼写、标点、词形分合等形式上的影响。抄写者（或排字工）对两类文本要素的反应不同，对前者严格进行复制范文，对后者则遵循自己的习惯和风格。因而选择底本时，在非实质性文本因素问题上，有义务遵从，而在实质性文本上，有选择自由。但格雷格也主张所有作品的现存抄本都是独立于其他抄本，在校勘整理中被选为底本的文本，在实质性异文方面并不一定提供最多的正确文字，从而解决了所谓底本专制的问题。

　　G.托马斯·坦瑟勒(1934—)，美国目录学家，任教于哥伦比亚大学，是继W.W.格雷格、费雷德森·鲍尔斯之后新目录学的代表人物。其《校勘原理》出版于1987年。"新目录学"与同时期流行的"新批评"流派有许多不同，"文本校勘"与"文学批评"两种活动之间存在分裂，"新批评"反对从"作者意图"出发讨论文本，而"新目录学"则是以"作者意图"作为其理论的核心。作者意图理论的形成不仅是对底本理论的解释，而且是指导底本选择与变本选择的规则。坦瑟勒主张校勘学家推出的任何文本，本身就是文学批评的产物，反映出特定的美学立场；在文本出版问题上，必须把作者看作一个自治的权威；在作者最终意图的判定时，应以手稿而为权威，尽可能地保存文献文本所有的细节，最大限度地为读者提供文本的物质证据，而所有这些细节对于解读作者的构思和意蕴都有其潜在的价值。

　　杰罗姆·麦根(1937—)，美国文本理论学家，任教于弗吉尼亚大学。《现代校勘学批判》出版于1983年，针对"作者意图理论"进行了批判，提出了"文本社会学理论"，认为作者意图概念发生效力的前提是作者的作品开始与有关社会组织和机制发生关联。因而真正意义上的作者权威文本从来都是社会生产的结果,作为校勘准据的"作者权威",其构成要素决不能仅限于作者及其意图。在作者意图标准下指导校勘整理实践,很可能由于其模糊了文学生产的真正特点,掩盖了特定历史条件下的个体作者与在历史上不断发展的文学生产的社会机构之间的辩证关系,从而将文本校勘引向歧途;且最终意图的独霸性应用,不仅作用于作品文本的整理,还渗透到对文学作品的阅读和理解中。杰罗姆·麦根主张,一个文本的演变史首先是社会事件,然后才是精神事件。文学作品的生产,存在出版机构、读者与作者之间的互动与合作,这些关系决定了校勘理论不能建构在作者绝对自治的概念之上,文学作品的最终权威既不是归于作者,也不是归于相关出版机构,而是存在于双方合作权威所达成的合意的实际结构之中。因而底本选择根本不用依靠任何意义上的作者意图,最好选用第 1 版作为底本,而非作者的手稿,这样才能更好地考虑围绕着文学生产过程中的社会因素。

《徽州：书业与地域文化》提要

贾文霞

《徽州：书业与地域文化》由米盖拉（Michela Bussotti）、朱万曙主编，属列《法国汉学》第十三辑，2010年4月由中华书局出版。主编米盖拉曾获2003年有汉学界诺贝尔奖之称的"儒莲奖"。

本书涵盖前言、主题论文(15)、附录(1)与作者译者联系方式四部分。前言重在说明整书的编纂缘由、体例特征、内容概述以及研究价值。

十五篇主题论文大致内容如次：

戴仁《从敦煌到徽州：中国最早印刷品地理分布略论》以10世纪中叶为断代，分为以前与13世纪两个时间段，通过数据分析印刷书籍的地理分布情况，但结论却是"尽管在南宋灭亡之前，徽州及其周边地区完全处于印刷书籍广泛流通的范围之内，但是我们尚无明确证据说明这一地区从雕版印刷术的诞生及早期阶段开始，就非常积极地参与了其中的活动"，颇游离整部书的基调。放置首篇的考虑，或在于印刷史的溯源有所裨益。

贾晋珠《吴勉学与明朝的刻书世界》以明代万历末期多产刻书家徽州籍吴勉学为中心，宏富博瞻地勾勒出明代江南地区的出版行业。论文首先从刊书种类、数量、刻书者身份、书籍版式等方面介绍了南京与建阳两个刻印书籍中心，以便读者对晚明商业刻书有个总体了解。接着详细考察吴勉学的刻书活动，如吴勉学所有刻本与江南其他书坊刻印小说、新闻趣事集、戏剧、流行曲集等不同，主要包括全部经部书籍以及部分史书、医书、诸子类书籍、文选等可归为学术类的书籍。文章还指出尽管吴勉学为徽州籍,但其刻书的内容、格式与风格等范围远远超出徽州特定地域范围。

唱春莲《窥见徽州文化的一个窗口——谈明清时期徽州医籍的特点》试图通过对现存明清时期徽州医书的阅读和理解,着重分析新安医籍的特点以及内中蕴含着的地域文化现象。这些医书多记述科场失意、亲属或个人感染疾病、甲申之变、推崇仁术等内容,探究新安徽商与医学昌盛的原因——徽商形成的地缘是新安医学发展的基础、儒商文化是新安医学形成的文化因素,徽商与儒道的新旧思想矛盾冲突与交流,构成了新安医学的典型风格,并以汪机的《针灸问对》为案例。难能可贵的是,作者根据阅目的部分清明两朝徽人撰著或出版的珍贵医书,特将书籍编著者、版本、版式等内容客观摘录出来,以有备于研究新安医学之用,其文献价值尤大。

朱万曙《明清时期徽州的戏剧传统与徽州人的戏曲刊刻》主要围绕徽州的戏剧传统与戏曲书籍刊刻两个方面展开。徽州民间不仅保存了大量的戏剧抄本,还部分地推进了徽州本土的风俗化进程,同时其戏剧传统还渗透到日常生活与民间管理的层面中。尽管徽州人家刻戏曲作品不多,但坊刻却异常丰富,其徽州人开设的书坊及徽州籍坊主要有玩虎轩、尊生馆、环翠堂、选雅斋等,胡文焕、黄嘉惠、朱元镇、孙学礼等著名的刻书家。在胪列徽州刻工刻镌的戏曲作品的基础上,分析徽版戏曲正文的刊刻风格。

林丽江《晚明徽州墨商程君房与方于鲁墨业的开展与竞争》在梳理文献的基础上概述程君房与方于鲁的生平梗概、交往与过节,同时透过分析《程氏墨苑》与《方氏墨谱》的编辑方式与出版过程,进一步描述了当时两人墨业的经营状况,并借此探讨了徽州乃至江南一带人士对两人业务进展的赞助情形。

米盖拉《历代休宁县方志》、徐学林《朱熹著作在徽州朱氏的刊刻》、鲍国强《明刻徽州竦塘黄氏族姓地图及相关问题考略》、陈琪《清末徽州祁门竹源陈氏宗谱文书》、卞利《明清至民国时期徽州族谱的纂修、刊刻和印刷研究》,这些文章分别就明清时期徽州的重要版本种类、地方志、童蒙读物展开个案或主题研究。特别注意的是，介于书籍与文献间难以界定种类的家谱，在徽州常是制作精良的印刷品，这类不以阅读和传播为目的的"非书籍"无疑是补充史学史、社会史、地方文化史的重要资料。

翟屯建《徽州散件印刷品研究》、阿风《明清时代徽州诉讼文书的收集、整理与出版研究》、王振忠《清朝民国时期的善书与徽州社会》，此三篇各有侧重地介绍属于徽州印刷独具特色的散印品、形式成册的文书以及善书。这些以散页、小本形式存在的文献，因面向普通民众，故见证着一种地方文字的文化及其在日常生活中的应用。

戴廷杰《雅俗共融，瑕瑜互见——康熙年间徽州商籍扬州文士和选家张潮其人其事》以徽州商籍张氏族人之张潮为例，将其置于书籍史、文化史的历史语境中，详细阐述了他的生平交游、著述以及刻书出版事业。

周绍明《一座中国山岳的创成——黄山：中国艺术里的政治与富裕》绾合各类版画、绘画作品等艺术文献资料，对黄山这座在徽州乃至中国都极具象征意义的名山加以文化解读：有关黄山的视觉再现的文人传统。其选题论证尤有方法论上的启示，堪称文化史研究中的杰作。其立论逻辑基于黄山文化史的两个特征——较晚兴起的重要性以及与文人传统之间的紧密联结，时间段的采择在17世纪——这一时期是关于黄山一系列视觉再现发展的关键时期，阐述的方法重点在艺术与权力。因弘忍艺术对黄山图像的形塑具有重大效力，是文着重强调被以往研究者所忽视的居中因素——资助者的角色。在十七世纪五六十年代，弘忍家乡徽州歙县溪南吴氏对其提供了至关重要的资助支持。

附录则收录阿风综述徽州文书近期研究的论文《徽州文书研究回顾》，这对徽州及其书籍史研究的学者有所裨益。

从书籍史的角度觇测是书辑选的各篇论文，从不同侧面向读者展示了对于徽州印刷品及书籍研究的多样性、复杂性，所涉及的文献诸如时贤编纂的地方志、收藏家手中的墨谱、各式各样的医书、善书以及童蒙课本，无不体现出从士人到一般平民的各个社会阶层与印刷史的千丝万缕之联系，这种活态的研究视域正构成一个不断发展、伴随兴衰起伏的徽州地方文化的向度。

正如《前言》定位的"本辑文章可说是完全谈不上系统与全面地论述徽州印刷文化",因中西方学者在学术观念、思维逻辑与研究范式上存在很大程度上的差别,其论文也反映出两者的不同取径:中国学者忠实于"徽州"这一特定地域的地方文献资料;西方学者则更关注与徽州存在密切联系的更大范围上的相关人物、出版事业、商业经济、文化交流等更为宏大全面的信息,因此有意识地规避所谓"本籍地区"(特别是对于像徽州这样一个人口迁移频繁、文化交流密集的地区)的研究模式。这对于思考从哪些方面以及怎样界定某一地方的研究有着互为观照的价值。

《万卷：黄庭坚和北宋晚期诗学中的阅读与写作》提要

侯承相

《万卷：黄庭坚和北宋晚期诗学中的阅读与写作》(Ten Thousand Scrolls: Reading and Writing in the Poetics of Huang Tingjian and the Late Northern Song)是作者王宇根在其博士论文基础上译成中文并加以修改而成的。本书英文版于2011年在哈佛大学亚洲中心(Harvard University Asia Center)出版。中文版于2015年在生活·读书·新知三联书店出版。

本书副标题"黄庭坚与北宋晚期诗学中的阅读与写作"揭示了这本书的核心内容，那就是力图解决黄庭坚的阅读对其诗学中特重读书这一点的影响，在此过程中作者引入北宋晚期印刷业兴盛的历史背景，讨论这一背景下山谷的阅读与其对阅读的态度是如何变化的。

在"绪论"部分，作者一上来就将江西诗派的诗学理论定性为是"以书籍的阅读和学习为根基的"，并由此提出了全书的核心问题，那就是黄庭坚及其影响下的江西诗派"这一诗学理论和实践以阅读为起点和根基的创作宗旨和方法与当时正发生着急剧变化的物质文化现实之间有什么样的深切关联"。换言之，本书要解决的问题是黄庭坚与北宋晚期诗学(主要是江西诗派)形成与发展和北宋印刷术兴盛的社会物质环境的关系。将此二者实现统一的连接点就是阅读与写作，黄庭坚和江西诗派的诗学理论核心是追求一种新的阅读和写作方法，而这种新的阅读与写作方法又与当时的出版文化有着密不可分的关系。作者指出自己的研究区别于中国印刷史和书籍文化研究的地方在于他的关注点在于"印刷的使用和印刷文化的产生对文学和文学批评的影响",而非印刷文化本身。

作者将北宋晚期界定为十一世纪的最后到十二世纪的最初二三十年的大约半个世纪的时期,这也正是黄庭坚生命的后半段以及死后的二十余年。这一时期正是印刷术兴盛、出版印刷业勃兴的阶段,士人的阅读载体正经历着从抄本向刻本转移的重大变化。选取这一时段以及黄庭坚作为研究对象体现了作者精准的学术眼光和文献文化史与传统诗学研究相结合的学术追求。

除"绪论"和"结语"之外,本书分为五章。与一般的学术书籍不同的是,作者将五章分别题为《寻求完美》《斧柯》《雾豹》《读书》《万卷》,显示了与西方汉学家注重标题醒目简练一脉相承的特色。如作者自言,"每一章讨论黄庭坚诗学的一个重要方面及其与当时的思想和物质文化的关联"。概言之,第一章讨论的是北宋诗坛找到杜甫作为诗歌典范的过程与黄庭坚在其中所发挥的作用;第二章以山谷诗中的"斧柯"一词为喻,讨论山谷诗学对"法"的追求及其实现路径;第三章题为《雾豹》,借南山雾雨中滋养毛色的玄豹这一文学意象来类比山谷诗学对于技法的追求,而这种追求的最终目的是达到"无法"的境地。黄庭坚认为陶渊明、苏轼正是超越了一切技法才最终达到了"潦然无所拘系""超轶绝尘"的效果。

第四章与第五章是本书的核心,更多地体现着作者诗学研究与社会学研究相结合的意图。

第四章《读书》,作者特别关注黄庭坚作品中那些直接涉及书籍以及书籍阅读的内容。从"山谷的阅读"与"山谷的被阅读"两个层面阐释读书之于山谷的重大意义,并试图引入前人研究中"几乎被完全忽视的物质文化根源"视野。作者首先梳理了传统文学视野中的读书史,从《庄子·天下》篇中齐桓公读书的寓言到《史记》所载刺客荆轲喜好读书的故事,关于后者,作者指出"把荆轲描述成一个爱读书的人所揭示给我们的,更多的不是荆轲本人或他所处时代的实际阅读经验和状况,而是作者司马迁的那个时代对于阅读和英雄的文化想象和文化预期",显示出一种超越文本进行思考的尝试。在这之后,作者还提到了陶渊明的读书、束皙的《读书赋》,最后归结到山谷的阅读,提出了六条山谷集中关于读书的材料,并将其分为两类,一类是与古人相承接的作为文人日常生活的阅读,一类是指导后进学写诗时强调作为诗歌写作方法的阅读。这些论述都是以对材料的细致解剖为基础的,作者始终不忘文本细读,并且能够从中提出令人耳目一新的假设。如,作者用大量篇幅试图论证山谷诗名句"江湖夜雨十年灯"中的"灯"是夜读之灯,并能做到"以黄证黄",用山谷诗中与此相关的另外一句"夜寒空对短檠灯"来互相阐释,结论虽较传统的解读如"朋友分别时的温情之灯""想象朋友夜雨中孤寂的思念之灯"殊为大胆,但也可备一解。

第五章《万卷》经过前四章的铺垫,作者着力解决"读书对黄庭坚来说究竟意味着什么?对他来说,阅读的目的是什么"的核心问题。为了解决这一问题,作者先梳理了韩愈集在北宋前中期的流传与接受情况所经历的巨大变化。然而不同于一般的版本源流考辨,作者选取了欧阳修、柳开接触到韩集文本的偶然性作为例子,说明在印刷业兴盛之前北宋士人获取书籍的难度。随着印刷术的兴盛,到了作者本书所讨论的北宋晚期,刻版书的流通更广泛,价格也有了实质性的下降,由此联系到山谷论杜韩"无一字无来处",作者指出"快速而准确地确定一个字的'来处'并追溯其语义变化轨迹的能力,在很大程度上依赖于相当大数量之文本的共时、稳定和物理在场"。换言之,作者认为正是刻版书的流行才使得黄庭坚诗学对于典故来处的强调成为可能。通过对材料的勾连,作者试图演绎出从印刷业兴盛到山谷强调读书之间的一段联系,这一联系可以简单概括为"印刷业兴盛——获取书籍更为方便——士人反而不重读书或读书速度变快了——山谷强调读书"。从中也可以看出,阅读对于山谷而言更多的是要服务于写作。至此,前文提到的两个问题就在潜移默化中得到了解决。

从研究方法上来说,正如作者自己标明的那样,本书采用的是历史的和阐释的双重视角,也就是既要观照到北宋晚期印刷文化的历史发展与山谷诗学形成及影响的进程,又要在具体材料分析中使用中国诗学传统的方法。同时，本书带有极为鲜明的海外汉学色彩，不仅大量引用海外汉学家和西方学者的理论，尤其是在讨论"历史视野中的'法'"的问题时，而且作者本身也具有深厚的海外汉学背景，书中的论述常常体现出超脱的理论建构意图。

作者的研究有着深厚的传统诗学功底，在文本细读方面多有所获。这一点只要看一看本书第二至第五章的标题即可得知，作者在细读山谷诗的过程中对诗中屡次出现的"斧柯""雾豹""读书""万卷"等词语与意象产生了兴趣，由表及里，发掘隐藏在这四个词语背后山谷诗学对法的追求、对读书的重视、对诗歌本身艺术创新的尝试等特点，从而得出了更为令人信服的结论。

当然，作者的双重研究视角又并非彼此独立，而是尽力追求二者的结合。例如，在第五章中作者着重分析了苏轼《李氏山房藏书记》一文，就李常藏书的文本形态从苏文、《宋史·李常传》、秦观《李公行状》、王禹偁《东都事略》、苏颂《龙图阁直学士知成都府李公墓志铭》等五条材料进行对比，相对较早的材料并未对李常藏书九千卷的文本形态做出具体刻画，但后出文本却愈来愈强调藏书为"钞本"。对于这种差异性，作者进行了思想史的探讨，提出"李常是宋代新儒学运动在北宋的早期发展中的一个重要人物"，而后世新儒学运动所推崇的价值包括了个人意志、用功和勤勉等，因此包括《宋史》编纂者在内的后人在面对李常藏书这条材料时有意识地加上了"亲手抄书"这一细节。对于这一段材料的细读与理论的架构充分体现了作者将"历史的和阐释的双重视角"相结合的特点。应该指出的是，这一研究方法并非完全是外来的，程千帆先生所强调的"文艺学与文献学相结合"的研究方法就是要求在文学研究中注意文献考证与文学批评的统一。由此我们还可以想到钱锺书先生"东海西海，心理攸同"的说法。海外汉学的研究方法与中国传统的研究方法并非迥然异路，从其学术精神的内核来看，其实更可以说是殊途同归。

当然，本书也难免在某些方面有"未尽之义"，如作者在第四章论述黄庭坚的阅读时提出了读书之于山谷主要有两重目的，其一是将读书作为一种具有高度文化象征意义的文人活动，这一点是与前代文人一脉相承的；其二是将读书作为一种"与日常生活有深切连接的获取信息和知识的实用工具"。在论述这一观点时作者征引了一批山谷诗文中有关"阅读"的材料，但是却没有更进一步地讨论山谷的阅读是否与时空变化有关，这种阅读与时空的关系能够反映出山谷何种境遇。另外，或许因为材料匮乏，作者并未提出山谷读书的文本情况的直观信息。这些都有待后来人做更进一步的研究。

最后还值得一提的是，作者以学贯中西的渊博为读者展示了更为广阔的宋代文献文化史研究空间，在引用文献和注释中提供了一大批可供后来人参考的西方学者关于宋代出版文化的研究论著，读者可以在本书的"引用书目"与正文脚注下多加注意。

《书史导论》提要

时鹏飞

《书史导论》,戴维·芬克尔斯坦、阿里斯泰尔·麦克利里著,何朝晖译,商务印书馆2012年出版。戴维·芬克尔斯坦,英国爱丁堡玛格丽特女王大学社会科学、媒体与传播学院传媒与印刷文化教授,著有《布莱克伍德的出版社:维多利亚时代作者与出版商之关系》《印刷文化与布莱克伍德传统:1805—1903》。阿里斯泰尔·麦克利里,英国爱丁堡纳皮尔大学文学与文化教授、苏格兰书籍中心主任、苏格兰印刷与出版社资料中心主任,著有《寻找英雄:追寻艾伦·莱恩》等。戴维·芬克尔斯坦、阿里斯泰尔·麦克利里又合著有《书史读本》《利斯岸边的造纸业》《苏格兰爱丁堡书史》(第四卷)、《诚信买卖:苏格兰的书商与图书贸易》等。

尽管《导论》一书带有"进入书史领域的一本指南"的性质,但是它并不像罗伯特·达恩顿的《书史是什么?》或与此类似的伊丽莎白·艾森斯坦或本尼迪克特·安德森的著作那样,追问书史研究究竟应该研究什么,而是基于梳理20世纪上半叶目录学兴起以来近百年内书史研究领域涌现的各种研究范式(paradigm),总结不同时期书史研究的主要取向。同时由于《导论》一书"强调了学生们在学习近代以来的书史时,可能会遇到的社会交流问题。它既是对西欧文化中文本历史的叙述,也是关于理解这段历史,并将其置于相关背景之中加以考察的最新思考的一个综合",因此它也并不像书史研究中的专题研究,比如H.L.皮纳的《古典时期的图书世界》那样几近"竭泽而渔"地穷尽原始史料,而是大多借用二手文献,即便是在叙述"印刷的诞生"等历史事实的章节也是如此。

由于《导论》鸟瞰式的视角和对相关研究的沉潜,使其作为一部综述性质的著作,往往能给出具有整体性观照的意见,比如:"书史学者做得特别好的方面,是揭示了自中世纪以来作者角色(以及作者行为所依据的所有权制度)的概念变化有多大。"(第141页)又比如:"在最近的书史研究中,研究得最全面的领域,是参与书籍和其他文本生产、发行和接受的印刷、印刷商和各种代理的世界史。"(第145页)都是深知甘苦之言。同时在梳理书史研究的不同层面时,也能充分吸收主要理论模式和重要批评意见,从而高屋建瓴又不失平允地对与之相关的种种说法进行去取,比如书史的定义问题,是书史研究最基本的问题,但是面对哈罗德·拉弗已经十分周密的定义,戴维和阿里斯泰尔还是一针见血地指出:"纵然有这样明确的定义,既没有使那些研究在这一类别之外的口述传统与手写文本的学者满意,也不令那些被亚当斯和巴克吸引过来的学者们满意,后者使'交流圈'转而更多地突出和反映文本在思想和社会领域中的物质生产和运动。"(第37页)他们转而采用Greenspan和Rose来自《书史》(Book History)杂志的更为广义的定义,因为只有这样才能包容最近一段时期书史研究新开拓的领域,并给出了这样的评价:"如此宽松的定义应该是那些研究书史的人最为满意的。"值得注意的是,这样的取向并没有偏向罗伯特·达恩顿更加强调社会学因素的研究,尽管《导论》十分赞赏罗伯特·达恩顿对书史研究领域的开拓工作。又比如对罗兰·巴特的批评:"说作者死了,杀死他或她的'权威',就是忽略现在我们生活在一个由文化生产和市场力量驱动的世界的事实。作者和他们的书,是商品。作者的名字带有各种各样的意义。"(第139页)这样的批评尽管简洁,但却的确是在吸取了巴特最主要的批评者们,尤其是福柯的意见之后总结出来的,因此虽然简短却切中要害。

本书最精粹的部分是第一章《书史理论》对书史研究兴起以来的经典著作的理论述评,无论是对传统目录学功能的边缘的分析,还是就麦肯锡对文本社会学所做出的贡献的评价,都堪称中肯而又不失扼要,不过美中不足的是,尽管对以往的各种理论都有中肯的评价,但是对近年来书史研究领域普遍出现的泛社会学的总体倾向却没有给出一种反思性的说法,即现代书史研究在目录学、历史学和社会学三者边缘的交叉地带中究竟应处于怎样的位置,尽管对于泛社会学倾向的评价是当下绝大多数人文学科都无法回应的,但是求索该问题答案的过程原本也是书史研究本体性确立的必不可少的一环。本书相对平实的是叙述印刷史的第三章《印刷的诞生》,戴维和阿里斯泰尔尽管都是在印刷史研究领域学有专精的学者,但是这样全面地梳理印刷史恐怕也的确非任何一两个学者所能胜任,因此本章基本上使用的是二手文献,但是考虑到在如此简短的章节里要吸收如此丰富的史料和相关论著,这样的做法应该说也是可以理解的。

另外,尽管名为《书史导论》(以下简称《导论》),戴维和阿里斯泰尔也坦承:"在书籍的发展史中,中国提供了许多关键性的技术革新。首先是纸的制造。……来自中国的第二个重要创新是墨。……一个更具争议性的要素是中国发明了雕版印刷。"(《中文版序》)但是正如译者指出的是:"这本书还有些'名不符实'。它名为《书史导论》,实际上只是西方书史的导论。"(《译者前言》)当然这也与中国的书史研究有着"独特学术理路和传统",同时也与"在西方学者建立的书史研究框架里,几乎没有西方之外的各种书文化的位置"有关,不足以为此书咎。最后值得一说的是,本书译者本身具有历史学背景,并对书史研究同样沉潜有年,因此不但细节处理非常精细(比如研究书史与民族文学的学者 Robert Escarpit,原文误作 Roger Escarpit 等,皆能予以发现并是正),而且译笔流畅条达,考虑到本书涉及繁多的书史领域和社会学领域的理论问题,该特点就显得更加难能可贵。

《为自然书籍制图：16世纪人体解剖和医用植物书籍中的图像、文本和论证》提要

陈健炜

本书作者楠川幸子（Sachiko Kusukawa），剑桥大学三一学院研究员。她的研究领域包括欧洲近代科学史、知识史与书籍史，曾出版专著 *The Transformation of Natural Philosophy: the case of Philip Melanchthon*（《自然哲学的转变：以菲利普·梅兰希通为例》，1995）、*Natural philosophy epitomised: Books 8—11 of Gregor Reisch's Philosophical Pearl* (1503)（《自然哲学的缩影：格雷戈尔·赖希的〈哲学珠玑〉卷八至卷十一》，与 A. R. Cunningham 合作，2010）等。本书原名 *Picturing the Book of Nature: Image, Text, and Argument in Sixteenth-Century Human Anatomy and Medical Botany*，芝加哥大学出版社 2012 年出版，王彦之翻译，2021 年浙江大学出版社出版。

图像与文本关系，是近来学界关注的重要问题。在十六世纪的科学史中，1543年前后相继出版的富克斯《植物史论》与维萨里《人体的构造》，较早地在书中绘制了大量精美的插图，并引发了当时学界的大量讨论。因此，楠川幸子以这两本学术名著中的图像作为研究对象，探讨图像在科学知识的论证、传播过程中所起到的独特作用。

在第一部分的四个章节中，楠川幸子采取了书籍印刷史的研究方法，探讨了印刷技术、成本、销量等各种因素是如何影响了十六世纪学术书籍中图像的使用，以及作者、出版商、工匠、政府等主体在印刷出版过程中的互动。通过比较各项印刷技术的技术水平与生产成本，大多数出版商采用了当时最经济可行的印刷方式——木版画（第一章）。相较于

《为自然书籍制图：16世纪人体解剖和医用植物书籍中的图像、文本和论证》提要

宗教书籍与日用书籍的畅销，学术书籍的印刷成本高、销量低，投资者往往血本无归。因此，作者也往往需要筹措经费，且出版商往往采用制作"改编本"与"精装本"等策略来增加销量（第二章）。为了控制成本，当时同一幅插图可以多次被用在同一本书甚至不同书籍之上，图像与文本无法完全对应；另一方面，只有少量印本是"着色"的，且读者往往自行着色，导致即便同一印版下不同印本也常各不相同。这都削弱了图像在传播知识中的作用（第三章）。最后，政府作为作者版权的"保护者"与学术异端的"审查者"在书籍流通中出现，只不过所谓的政治保护与审查力度却大多流于形式（第四章）。总而言之，在当时的学术书籍中插入图像绝非易事，而这更凸显了维萨里、富克斯等人在自然科学书籍中插入图像的良苦用心。

本书的第二部分探讨了16世纪欧洲学者在植物学著作出版中对于图像的不同态度与使用方式。对于《植物史论》的作者富克斯而言，图像不仅仅是阅读文字的辅助，它更是作者在进行科学论证、解决学术争议时的重要环节（第五章）；与之相反，科尔纳瑞斯坚持了语文学的研究传统，质疑图像的真实性，拒绝在其著作中附图（第六章）。而对于格斯纳来说，图像是他进行知识生产的重要手段，从搜集资料到绘图、撰写札记，图像贯穿了格斯纳研究的全过程（第七章）。然而，从马蒂奥利与格斯纳的学术冲突来看，即便双方都使用了图像进行论证，但依然无法一锤定音，这也一定程度反映了图像在学术论证中的局限性（第八章）。在这一部分中，楠川幸子还讨论了学者们对于图像的不同态度背后的哲学思想（如富克斯对于"偶性"与格斯纳对于"形式"的认识），这些都揭示了文艺复兴时期自然科学研究的多重思想背景与多元研究路径。

第三部分围绕维萨里的《人体的构造》与16世纪解剖学研究展开。在学界关于放血疗法的讨论中，维萨里分别在著作中与解剖现场采用了人体图像进行辅助论证，这为日后他在巨著《人体的构造》中使用图像奠定了基础（第九章）。随后，楠川幸子深入地讨论了此书的出版动机、画师的身份以及图像排列方式对于阅读方式的影响。维萨里试图用画像来表现心目中"自然的""规范的"人体，并以此来纠正前代学者（如亚里

士多德、盖伦)对于人体构造的部分描述错误,进而确立自己的医学权威(第十章)。与富克斯的遭遇类似,当时的学界对于维萨里的解剖学说与图像论证方式所持的态度各不相同:迪布瓦强烈地反对在解剖著作中使用图像,主张眼见为实;欧斯塔基虽然同样使用图像来论证人体结构,却得出了与维萨里相反的结果;普拉特则完全复制并改编了维萨里的图像,成为后者经典化的重要推动。上述例子展示了十六世纪解剖学研究中对于文本、图像与人体三者关系的不同理解,这最终塑造了印刷书籍中医学知识的呈现方式(第十一章)。

从研究方法上看,重视图像在科学史研究中的价值,西方学界早期有马丁·路德维克(Martin J.S. Rudwick)在1976年发表的"The Emergence of A Visual Language for Geological Science 1760—1840"(《1760至1840年地质科学中视觉语言的出现》)一文,随后如马丁·肯普(Martin Kemp)、洛林·达斯顿(Lorraine Daston)、彼得·加里森(Peter Galison)等学者,均在这个科学与艺术的交叉领域有着丰富的研究成果。楠川幸子继承了这一学术传统,给予了十六世纪自然书籍中的图像以特殊关注。通过对《植物史论》《人体的构造》等著作的分析可知,图像绝不仅仅是可有可无的辅助阅读工具,它是富克斯将古典文献中的叙述落实至实际观察中植物的纽带,是格斯纳进行植物研究的日常工具,也是维萨里在解剖学中构建"规范"人体的重要手段。没有图像,富克斯等人的知识生产与学术论证便无法完成。楠川幸子的研究揭示了图像之于科学史发展的重要作用,极大程度改变了以往人们对于图像的认知。

同时,作者并未将十六世纪的科学书籍出版史简单概括为从"无插图"到"有插图"的线性发展过程。反之,作者试图回到中世纪的学术"现场",说明当时的自然科学研究对于图像的接受和使用不是一蹴而就,更不是理所当然的。例如在维萨里的反对者中,既有截然反对使用图像者,也有同样使用图像来反驳维萨里者,更有改编维萨里的图像来重塑文本结构者,图像与文本的关系极为复杂。可见在十六世纪科学界对于学术研究"范式"的追寻与讨论中,图像是其中重要的争议点之一。但与之同时,作者也并未将富克斯等人与反对者的学术思想截然一分为二,还将他们的学术目标都归结为重建古典学术的辉煌。由此，从发现共性到突出个性，从宏观考察到微观分析，楠川幸子都为研究者提供了优秀的示范。

此外，正如《为自然书籍制图》中所观照的研究对象，本书为读者提供了多达120幅以上的彩色配图。除了与本书密切相关的《植物史论》《植物史》《人体的构造》三书外，作者更广泛搜集了同时代其他自然科学著作中的图像，以图像为线索，通过对比的形式，或考察同一图像原型在不同书籍中的转换、变型（如图2.2），或论证不同印刷技术对于图像视觉体验的影响（如图3.14），这些生动的图像例证为本书增色不少。

值得一提的是，本书曾荣获2014年美国科学史学会"辉瑞奖"。正如颁奖词所述，"本书的论点与研究方法远远超过了（所论述的）十六世纪的印刷图像"，它对于日后的科学史、图像史与书籍史研究，都将起到重要的借鉴作用。

《图书馆的故事》提要

陈灿彬

《图书馆的故事》,(英)马修·巴特尔斯著,赵雪倩译,商务印书馆2013年出版。作者为英国马修·巴特尔斯(Matthew Battles),退休前任职于哈佛大学霍夫顿图书馆(Houghton Library),曾在哈佛的总馆怀德纳图书馆(Widener Library)担任决定哪些书该留在书架、哪些书可以退到储备书库的馆藏评鉴者工作。著有《怀德纳图书馆传》(*Widener*: *Biography of a Library*)。译者赵雪倩为复旦大学国际文化交流学院高级讲师。

本书并非严格的学术著作,字里行间充满着感性的色彩,但是也并非天马行空,毫无文献依据,最后附有"资料来源",可以看成本书的参考文献。虽然内容比较松散,但是依靠"资料来源"仍然能够清晰地看出作者的行文逻辑。因此,本书可以视为一组学术性较强的故事随笔。

本书题为《图书馆的故事》,内容不出图书馆的那些人那些事,既包括历史上图书馆之兴废存亡,也涵盖那些与图书馆密切联系的人物,如图书馆员、读者等。作者最后强调的是,虽然经历如此多社会、政治、文化的变革和运动,如印刷品的泛滥、历代的焚书事件,图书馆依然保持顽强的生命力,没有在人类文明中销声匿迹。换言之,我们仍要不断为图书馆的收藏增添书籍。作者最后所持的论调是乐观的,要不然他也不用在结尾讨论自己的书要放在图书馆的哪个位置。但是,我们仍要回到作者在前文所谈到的种种问题,这依然是人类需要不断思考的图书馆难题。在第一篇"解读图书馆",作者就有巨大的困惑:既然图书馆的藏书是不断增加,那么未来要如何解决储存的问题。进而言之,图书馆该如何引进和清理图书？读者又该如何选择？书中引到埃德蒙·皮尔逊(Edmund Pearson)的话发人深省:"随着用来存放编目卡片的橱柜越来越多,早晚有一天,波士顿公立图书馆与哈佛图书馆的图书编目将在哈佛桥上汇合的笑话就会成真。"(第12页)印刷革命导致印刷品的泛滥,图书馆的收藏随之改变。那么,人们该如何拣择书籍呢？塞尼卡的《道德信札》就说:"重要的不是你有多少书,而是他们有多好。"与此相应的,也就出现书中所称的"书籍的战争"。这是一场古今思想之争:古人的智慧与现代的思想,哪种更加值得拥有。例如坦普尔认为古人在艺术和学术方面创造了人类历史上最伟大的成就,与之相比,现代思想家的成就显得苍白无力。威廉·沃顿则认为,现代科学手段使人们对古典世界有了更深入的洞察。事实上,面对新生事物,尤其是威胁到自己的权益,人们总有抵触情绪出现,而到了无力回天之时,更会产生那种怀旧的乌托邦。另外,书籍制作成本的降低让人们更容易获得,也因此更加不珍惜。书中特别提到华盛顿·欧文《随笔集》那种斯威夫特式的焦虑:"三四万册书在那里,与此同时,一大群的作者们在同一时间忙碌着;印刷机令人恐惧地加速运转,成倍地印刷图书……这个世界将不可避免地变得好书过剩,光是记住它们的名字就可以成为人们一生的工作。"东海西海,心理攸同。在中国古代,也有不少类似的声音。苏轼《李氏山房藏书记》:"余犹及见老儒先生,自言其少时,欲求《史记》《汉书》而不可得,幸而得之,皆手自书,日夜诵读,惟恐不及。近岁市人转相摹刻诸子百家之书,日传万纸,学者之于书,多且易致如此,其文词学术,当倍蓰于昔人,而后生科举之士,皆束书不观,游谈无根,此又何也？"又如唐顺之《答王导岩书》:"其屠沽细人,有一碗饭吃,其死后则必有一篇墓志;其达官贵人与中科第人稍有名目在世间者,其死后则必有一部诗文刻集。……幸而所谓墓志与诗文集者,皆不久泯灭,然其往者灭矣,而在者尚满屋也。若皆存在世间,即使以大地为架子,亦安顿不下矣。此等文字倘家藏人畜者,尽举祖龙手段作用一番,则南山煤炭竹木当尽减价矣。"苏轼感叹时人有书不读,唐顺之则对书籍暴涨表示担忧。前者可与华盛顿·欧文的文章相参，后者则与斯威夫特《书籍战争》中的寓言故事映衬："如果你们的材料都是垃圾的话，你们就需要搜肠刮肚、费尽心机地应对了，而最终的结果就如同一个蜘蛛网，其寿命跟别的蜘蛛网不会有什么不同：被遗忘、忽视，或者隐藏在一个角落之中。"（第97页）处理书籍是图书馆的一大问题，虽然数字化使图书的存储空间变小，数量变大，但是我们是本着保存人类文明的想法，不加拣择留给后代，还是制定筛选机制，优胜劣汰。有意思的是，"开罗书冢"处理的是废弃的图书，却意外地留给后代；图书馆要为人类延续书籍，却一次次遭到焚毁。

本书的一大重点是讨论图书馆的兴废存亡，如第二篇"火烧亚历山大"、第六篇"知识在燃烧"都涉及这个主题。托勒密王朝的亚历山大图书馆的焚毁、秦始皇的"焚书坑儒"、西班牙人在墨西哥山谷的焚书，等等。除了人祸，还有许多突发性的天灾，历史上的这两大因素实际上已经是种图书筛选机制。另外，图书的选择也跟政治、权力有着密切的关系。"摧毁一座图书馆是一种残酷的表达观念的方式，一座保存完整的图书馆同样可以作为压迫和屠杀的工具，因为它们可以为神秘自负的民族主义及其对种族纯洁的向往提供炮弹。"（第161页）20世纪纳粹德国的图书审查制度就是这方面的代表。戈培尔和罗森堡以德意志民族的名义重塑德国的文学，查禁其他不符合标准的图书。另一方面，图书馆员为了生存，也要迎合统治者，按照纳粹文化标准来挑选图书。作者称之为"图书馆员们进入堕落意义上的黄金时代"。20世纪末发生在巴尔干半岛的多次图书馆袭击事件也有着复杂的政治动机。民族主义者的主要摧毁目标就是图书馆、档案馆、博物馆和文化机构。因为它们保存着历史上的物质证据（书籍、文件、艺术品），这昭示着在这片土地上拥有不同种族和宗教传统的人民曾经享有同一个文化遗产的事实。这正是民族主义者蓄意攻击的原因。文化的摧毁正是种族屠杀的前兆。

此外，图书的增加自然要面临编目问题。第五篇"人人有书读"大致围绕着这个主题，这句话曾是欧美公共图书馆运动的座右铭。图书馆员的工作类似于精神上的普罗米修斯，把图书传给读者。如何快速取书，也就成为焦点。大英图书馆的馆员安东尼奥·帕尼兹的编目创新，他所运用的"文本互证"法(第 117 页),可与中国古代目录学的"别裁互著"法相参看。其后又介绍了杜威高效的"十进制分类法"和"卡片编目"等贡献。编目是为了服务读者,如果没有读者的参与,图书馆也就没有存在的意义。美国南方黑人理查德·怀特突破种族歧视的图书馆,为自己获得了另一个精神世界。犹太隔离区的图书馆给读者提供一种"逃避的方式"。这些都让我们看到图书馆存在的意义。

《书籍的秩序：14 至 18 世纪的书写文化与社会》提要

陈灿彬

《书籍的秩序：14 至 18 世纪的书写文化与社会》，(法)罗杰·夏蒂埃著，吴泓缈、张璐译，商务印书馆 2013 年出版。罗杰·夏蒂埃(Roger Chartier)，法兰西学院院士，法国第四代年鉴学派、新文化史研究的代表人物，研究方向为欧洲近现代文化史，主要著作有《法国大革命的文化根源》《西方世界的阅读史》。译者吴泓缈为武汉大学法语系教授。张璐为武汉大学法语系博士。

本书是夏蒂埃的论文集，共收七篇论文。台译本《书籍的秩序：欧洲的读者、作者与图书馆(14—18 世纪)》(联经出版事业公司 2012 年版，谢柏晖译)则只收其中三篇。书中各篇文章虽然没有逻辑上的演进，但主要是围绕书写条件、传播形式与文本意义之间的关系，这必然涉及书籍史中的作者、出版商、印刷商、书商、评论者、读者、观众等角色的参与和定位。而作者所言书籍的秩序正是概括这些角色所呈现出的功能：首先是人们为书籍设计秩序(编列书目、作品分类、作者署名)；其次是文本为读者设计秩序(书本形式、印刷和出版意图)；最后是书籍秩序(不同的物质形式)与话语秩序的关系。

第一篇《文字的表现形式》，勾勒改变文字记录、存档及传播模式的重大变革，也就是说，西方的书写文化在历史上发生哪些转变？简而言之，15 世纪中期，古腾堡印刷术变革及其带来的书籍生产革命；中世纪及后来的 18 世纪下半叶，实现了阅读实践的革命(从朗读到默读，从精读到泛读)；2 到 4 世纪，以翻页书代替卷轴书，彻底颠覆了书籍形式的革命。那么,这些变革给人类社会带来了什么呢?作者开篇就先后引了三位前贤的看法:维科《新科学》、孔多塞《人类精神进步史表纲要》、马尔泽布尔《关于税捐的谏书》。他们都是关注书写形式和传播方式的变革如何推动民族发展的进程、人类精神的进步、君主制历史。但是,作者研究书写、传播话语形式的演变,最重要的目的是想回应我们这个时代面临的问题:如何给电子革命在宏观史中定位?事实上,作者极力批判那种"非此即彼"的论调,而是强调新对旧的继承。例如,古腾堡的活字印刷术并没有改变书的基本结构,印刷书籍仍然照搬手抄本的形式;阅读实践虽然发生变革,但旧形式仍然有旺盛的生命力;册页书更是在印刷文化中延续下来。然而,与前两者相比,电子革命对文本形式的改变是巨大的,而且也会重新界定种种法律概念(著作权、版权)、规则条例、图书馆管理概念。但是,这也并不意味着图书馆要中止对过去的文字作品进行收集、保护和统计的工作。

第二篇《作者的角色》,首先梳理新批评、分析文献学、法国书籍史的研究缺陷,也就是"抹杀作者成为符号学称霸时代的特征",而法国书籍史研究传统则过于注重量化,其重点是落在读者的社会分布情形上。这也就导致作者的隐身,然而"新历史主义"和麦肯锡的"文本社会学"则宣布了作者的回归。但是,作者不再孤立,而是受约束的。换言之,作者并非文本意义的唯一主宰,而是受到多种因素的约束。另外,从福柯对"作者功能"的讨论(作者功能是给话语分类的基本功能)出发,作者探讨了作者功能与文学产权概念、审查制度、文本的物质形式的关系。首先,虽然作者功能的形成与印刷术有着密切的关系,但它并不完全取决于印刷出版和作者的独立,而是早已有之。此外,传统的赞助和保护人机制仍然与新技术及其市场逻辑并行不悖。其次,审查制度对作者的规训。作者功能成为"阻止异端文字传播的基本武器"(第44页)。然而,这也不是印刷革命之后才有的现象。最后,文本形式变革中的作者功能,如作者肖像、文本版式、抄本文化。

第三篇《赞助与题献》讨论保护人制度与题献行为,它们并没有因为印刷术的产生而消失,而是具有极强的绵延性。题献行为曾支配着文本的生产和传播,如题献画、出版合同中给作者免费赠书、为国王诵读所呈之作。不但作者、译者献书,出版商也献书。不但题献人文著作,科学论著(如伽利略)也可以。这其中都涉及书写与权力的关系。

第四篇《无墙的图书馆》,以法文 Bibliothèque 在时人(17 和 18 世纪)辞典的不同含义为线索,分别梳理了图书馆、文库和图书目录等含义,而以目录的编排为主。文中主要介绍了多尼(Anton Francesco Doni)1550 年的《图书目录》,以及德·迈内和德·韦迪耶分别在 1584 和 1585 年出版的"目录"。他们之间的不同以及争论。作者认为,人们所赋予 Bibliothèque 的不同释义,尖锐地反映了近代文人内心的某种重大苦闷和冲突。无所不包的图书馆只能存在想象之中,而实现这种梦想,最接近的方法是编排一份详尽的目录。

第五篇《读者群体》,指出物质形式影响文本意义的生成,而不同读者对文本的阅读也有不同的方式。麦肯锡:"新读者创造新文本,文本的新意直接依赖于文本的新形式。"(第 90 页)另一方面,阅读模式也会影响物质形式,造成书籍结构的变动。以法国"蓝皮书库"为例,出版商根据自己想象的大众阅读模式,对文本进行重组、改编。不过,阅读活动从来不会完全屈从于种种限制,读者拥有极大的自由度,遵循自己的规则、逻辑和模型。

第六篇《从宫廷到民间》是对莫里哀喜剧《乔治·唐丹》的个案分析,考证和解读都尤为精彩。作者捉住《乔治·唐丹》在 1688 年的两种演出方式(宫里和城中),运用大量当时人的材料(节目单、新闻报道、官家记事、私人记录),分析了两类不同观众的观感以及当时的时代背景,阐释了莫里哀喜剧的文本意义。在宫中,它成了一个讨论社会现实的文本,因为剧中所演正是贵族正在经历的事情;在城里,它又传达出社会等级森严,人人要安于其位,不可僭越的思想。这并不是再现现实,而是通过编造一些在社会生活中根本不可能发生的情境,让人看到最为残酷的现实。这也许就是莫里哀之所以成为经典作家的原因。

第七篇《"大众"阅读》,首先批判了文化模型转变研究中的强行划分,而忽视文化转向之后旧传统的绵延性。作者认为大众文化的定义虚幻,与其找出那些"大众"文化集合体本身,不如描写吸纳它们的种种不同方式。阅读正是这种吸纳的表现。由于读者的能动性,面对强加的文化模型,他们不一定完全接受,而是保持距离,或用自己的逻辑吸纳。因此,把"大众"范畴与文本类型或阅读方式等同起来的观点就值得商榷。作者在本文主要检讨了"大众阅读"的研究方法。

本书书名与内容其实多有不符。首先,所谓"书籍的秩序"虽然作者有过澄清,但是事实上有些文章的主体不一定会扣住这个主题,相反更像各自为战。其次,时段也不局限在14至18世纪,而是上至卷轴书时代,下至电子革命的21世纪。可能是因为比原版多增加了四篇文章,所以书名以及年代区间有点义有不安。还有,台译本有译者的导读,大陆译本却什么也没有,这不能不说是此书的一个缺陷。

《家与世界：16 至 17 世纪雕版印刷物中所编写的"皇明"》提要

庄文龙

何予明 Yu-ming He，北京大学学士、硕士，柏克莱加州大学博士。曾于里德大学、芝加哥大学任教。现任加州大学戴维斯分校东亚语言文化系的副教授。研究方向及兴趣主要包括戏剧表演与文本、书写与视觉文化、社会与思想史，以及 14 至 19 世纪近代中国书籍史。

本书原以英文写成，题名 Home and the World: Editing the "Glorious Ming" in Woodblock-printed Books of the Sixteenth and Seventeenth Centuries，于 2013 年由哈佛大学亚洲中心（Harvard University Asia Center）出版，为哈佛燕京学社专论系列丛书（Harvard-Yenching Institute Monograph Series）的第 82 部，并于 2015 年获美国亚洲研究协会（Association for Asian Studies）颁发列文森中国研究书籍奖（Joseph Levenson Pre-1900 Book Prize）。本书最后一章已被译成中文，由时文甲译、程章灿校，以《书籍与蛮夷：〈赢虫录〉的历史》为题，载于《古典文献研究》第 16 辑第 60—98 页，于 2013 年由凤凰出版社出版。

本书为明末书籍与出版文化史的主题研究著作，探讨大众书籍在商业货品和物质文化等方面的价值和意义，所述书目时限主要在 16 世纪末至 17 世纪初的半个世纪。本书分为三个部分，合共四章。第一部分为绪论，以清代学者所使用"稗贩"一词的作为引旨，希望重新审视此概念所指涉的明代通俗书籍。又提及此书受到欧洲汉学家罗杰·夏蒂埃（Roger Chartier）《书籍的秩序》（The Order of Books）的影响，将触及欧洲书籍史研究的一些讨论焦点，故而重点对明代书籍之间，以至书籍与读者群之间的相互影响。第二部分为第一、二、三、四章的主题研究部分。第一章分析了《博笑珠玑》这种游戏性百科全书的特点，讨论了其大众娱乐的性质如何迎合当时的都市文化，其化用经典的特性又如何影响经典文本的价值。第二章考察了一些戏曲杂著，讨论了读者需要对书籍编辑排版的影响。第三章以各种歌本、剧本和日用类书的插图为例，论述读者约定俗成的文本记忆对书籍引用典故和加以创新的相互关系。第四章以《臝虫录》一书为对象，从此书的出版和流传分析其书的写作动机和读者接受情况，论述了明清时中国对外部世界的认识和意义。第三部分为结论，以本书封面上所载、出自《妙锦万宝全书》的插图作结，以街头商贩与三位女性的买卖描像，喻示书商与读书的书籍买卖情况，以及象征本书引题"家和世界"所期望探讨的明末社会实景。

作为列文森书籍奖的获奖书目，本书确实有不少重要发现、观点和价值。首先，本书重新评估了大众书籍的价值。本书在绪论便引介了"稗贩"一词，并由《四库全书总目》批评《异域图志》的例子分析，认为清代学者用此一贬义性概念乃出于学术研究规范以及王朝合法性等方面的不同原因。本书别于清代学者低估这类大众书籍的态度，主张回归最初，以历史学、社会学的角度重新审视这种书籍。通过研究其内容、形式、出版、流传等各方面的因素，探讨明代当时大量雕版印刷物出现的都市商业化背景，同时描绘书籍流通与再生产的真实文化世界，考察读者阅读与书籍编辑之间直接和间接的互相关联，从而回应和补充了近代书籍史研究的一些重要观点。何氏又认为，考察明代大众书籍对经典和通俗的拼贴现象，已超出一般所谓雅俗、大小的二元化讨论框架，而更近于一种再创造。可以说，本书提供了一个考察明代通俗书籍的崭新角度。

本书又介绍了具有游戏性质的大众书籍类型。例如第一章以《博笑珠玑》为对象，该书包括的谜语、皮话、笑话、酒令等游戏，介绍了古代这种具有强烈的娱乐性质，且别于以前的各家经典书籍。在介绍古代书籍少为人知的一种类型的同时，借由分析书中的游戏内容和配合明清小说记载，描绘出明代真实的社会生活景象。可以说，这种分析和发现超越了以往学者集中探讨通俗文学的文学方面的主题、内容和形式的研究局限。

　　本书且重点分析了读者体验与书商编辑书籍之间的重要相互作用。何氏在第一章提及《博笑珠玑》对不同文本的挪用，例如以通俗易懂、轻松戏谑的方式引用四书、《大明律》、《千家诗》等严肃的官方文本，迎合都市文化的文人对知识的了解和娱乐性应用要求。第二章又分析了戏曲杂著的排版，特别探讨了一种特殊的排版格式，在书页中插入与书中内容并不相关而又受读者欢迎的备注，主要为一些游戏或实用性的资料，说明了编者基于商业考虑而应读者的需求做出排版创变。第三章提及一些书籍插图，说明了书商将相同或相似的情节图像在不同文本中交叉使用，说明明末书籍文化中书商和读者同时追求流行文化的现象。而书籍中诗、戏文、书法、图画经常同时出现，也说明了书商迎合读者对不同文化元素结合欣赏的要求。第四章提及《赢虫录》所涉及"五虫"一词，又说明以"人"为"赢虫"具有的游戏效果，也是用于吸引书籍市场中不同阶层的读者。

　　本书在分析了明代通俗读物所反映时人的知识观、价值观之外，更分析了其世界观。何氏在第四章以清朝对"夷"一词的讨论作引子，探讨了中国人历来对周边国家民族的认知和态度，重点讨论了《赢虫录》一书的具体内容、写作动机和读者态度。何氏认为该书所引用的文字材料、地理知识，以及各种异域怪诞的事物，即以适应读者对周围世界的好奇心，而非仅仅满足其对真实地理知识的渴求。同时，透过《赢虫录》中对不同国家民族的文字记载、图像描绘和地理定位，便可窥见时人对于本国以外的世界观念，在今天看来一些奇怪非常的描述，恰好可以说明时人对异域事物的一种"误解"，或者编者为求满足读者而刻意造成的结果。何氏分析了该书对中国境内外的各个民族的描述，说明了异域世界的观念在当时如何被中国人所调整、融合、传播和阅读。

　　本书自出版以来，其研究内容、方法、视野和成就深受各界好评。对于本书填补前人空白方面，如包筠雅说："《家与世界》出色地填补了现存明代书籍文化文献的空白。在早期作品的见解基础上提出了一个更精细的分析，从文本的物质和内容上揭示了晚明的阅读品味和实践。在一系列不同文本文字、插图（以及他们的想象读者）的仔细分析中，这一出色和细致的研究成果标志着中国书籍文化研究日益成熟。"对于本书的研究方法，段晓琳在其载于《明代研究》第25期的书评便说："本书最大的特点莫过于对不同领域学科的涉足：文学界对于文本的细致解读，历史学家对于史学脉络和社会背景的把握，还有艺术史领域对图文关系的视觉分析，都在本书中得到了很好的体现。"

当然，本书有些地方值得商榷，如何氏认为《臝虫录》成书较后，后来取代了以前《异域图志》一书的题名，而《臝虫录》在明人的阅读世界中的地位在嘉靖年间似乎就已经很稳固了。但鹿忆鹿在《〈臝虫录〉在明代的流传——兼论〈异域志〉相关问题》便提出异议，其据南京图书馆所藏正德间《异域志》抄本的静明子朱橚的序，认为《臝虫录》在明初已经成书，比带图的《异域图志》可能更早。然而，更值得我们肯定的，是本书创造性的分析、跨领域的研究方法和填补前人空白的重要成就。

《铸以代刻》提要

潘振方

苏精,英国伦敦大学图书馆系哲学博士,台湾云林科技大学汉学资料整理研究所退休教授,其研究以 1992 年为界分为前后两期:1976 年苏精进入"中央图书馆"工作,主要研究方向为晚清同文馆和近代藏书家,先后著有《晚清同文馆》《清季同文馆及其师生》和《近代藏书三十家》。1992 年,46 岁的苏精毅然辞去图书馆工作,前往英国读书。其后二十多年,他的研究基本以外国传教士为中心,主要关注他们的印刷出版活动,先后出版《马礼逊与中文印刷出版》(台湾学生书局,2000)《中国,开门!——马礼逊及相关人物研究》(香港基督教中国宗教文化研究社,2005)《上帝的人马:十九世纪在华传教士的作为》(香港基督教中国宗教文化研究社,2006)《基督教与新加坡华人:1819—1846》(台湾清华大学出版社,2010 年)和《铸以代刻:传教士与中文印刷变局》(台大出版中心,2014 年)。《铸以代刻》一书,是苏精对于自己传教士印刷出版研究的一个阶段性总结。此书于 2018 年由中华书局出版简体中文版,书名改为《铸以代刻——十九世纪中文印刷变局》(以下引用均出自此版,统称《铸以代刻》)。

《铸以代刻》一经出版,便得到极大的关注。早在 2015 年,台湾便出现三篇书评,分别是:吴宇凡《中国近代西方印刷技术导入与嵌合:读苏精〈铸以代刻〉记》(《"全国"新书资讯月刊》195 期)、卞冬磊《古腾堡的人马在 19 世纪的中国:深描和隐喻评〈铸以代刻:传教士与中文印刷变局〉》(《新闻学研究》123 期)、邹振环《中国图书出版的"典范转移"——

读苏精〈铸以代刻:传教士与中文印刷变局〉》(《清华学报》45卷1期)。其中邹文成为简体版《铸以代刻》的代序。2018年《铸以代刻》在大陆出版以后,亦有多篇书评发表,如高明《档案文献应用的典范——读〈铸以代刻——十九世纪中文印刷变局〉》(《中国出版史研究》,2018年第3期)、尼三《建构中文印刷史之变局——读苏精〈铸以代刻〉》(《大公报》,2018年8月13日)、艾俊川《铅字在1873》(澎湃新闻,2018年11月19日)等。

《铸以代刻》一书,是建立在充实的档案史料基础之上的。苏精的博客名为"档案如是说",这个名称透露出他治学的一个特点,也是《铸以代刻》一书最特别之处。苏精自己说,从1992年开始接触传教士的文献之后,他就着手开始抄录传教士们的书信以及史料的内容。从伦敦会的档案开始扩大到美部会的档案,后来又再度扩大到抄录美国长老传教会的档案,抄录文字已经超过450万字。这450多万字的档案除了传教士的档案之外,还包括约17万字的英国东印度公司的档案。这些档案内容也不全都是印刷出版方面的内容,还包含医疗治病、学校教育、礼拜讲道和翻译活动等内容。(《苏精:传教士如何改变近代中文书籍印刷局面》,澎湃新闻,2018年5月11日。)苏精积累如此大量的第一手史料,可见其用功之深,在此领域"竭泽而渔"。

《铸以代刻》一书探讨基督教传教士在从1807年到1873年为止六十余年间引介西式中文活字印刷取代传统木刻的过程,以及他们创立和经营中文印刷出版所的活动。(《铸以代刻》自序第1页)作者将十九世纪西式活字在中国的发展过程,分为三个阶段:

讨论与尝试时期。从传教士来华到鸦片战争前大约三十多年间,传教士们在广州、澳门和东南亚各地,尝试以各种方法印刷中文图书,并比较各种方法的优点、缺点和可行性。这些讨论与尝试主要是由最早来华并从事中文出版印刷事业的伦敦会和美国长老会的传教士进行。伦敦会的传教士决定开始铸造中文活字,而美国长老会则决定要购买法国人在巴黎铸造的拼合活字。但是,无论哪一种铸造的活字,在这段时期内成果都很有限,不便于实用。

准备与奠基时期。从鸦片战争到同治朝的三十多年间,铸造的中文活字进入实用阶段,也坚定其在华传播的基础。铸造的中文活字在技术上已经具备和木刻竞争的生产条件。更重要的是,这种印刷中文的方法,在这个时期内已经引起迫切需要学习西方长技的中国人的注意,一些官员、士绅和商人都对此感兴趣,他们不但购买活字和印刷机,并且开始学习使用。

发展与本土化时期。从同光之际到19世纪结束之前,当时国内外情势快速变化,当时的知识分子渴望获得即时的信息,并且迅速发表自己的见解。但是传统木刻无法满足大量快速生产的需求,于是铸造的中文活字获得加速发展的机会。这一时期有中国人开始自行铸造中文活字。以西式活字和机器来打印还成为某些中国印刷出版机构业者标榜的宣传用语。同时中国人也取代传教士,成为西式活字印刷在中国传播的主要力量。因此,19世纪结束的时候,西式活字的印刷已经明显取代传统木刻,成为中文印刷的主要方法。(自序第3页)

其中本书主要讨论的是前两个时期,对于最后一个时期没有展开讨论。这种安排主要是由于传教士文献的内容主要集中于前两个时期,而对于西式活字印刷如何本土化依然缺乏资料,这也是邹振环所说"有一分档案说一分话"。

《铸以代刻》研究的内容是主要传教士创立经营的七个西式中文印刷出版机构,包含马礼逊在澳门的印刷所、麦都思在巴达维亚的印刷所、后来迁移到上海以后的墨海书馆、伦敦会在香港的英华书院、美国长老会在澳门的华英校书房、宁波的华花圣经书房、上海的美华书馆以及非传教士创立的东印度公司澳门印刷所。全书十二章,多而不乱,大体可以分为两大部分,前七章讨论伦敦会领导影响下的五个印刷机构(包含东印度公司澳门印刷所);后五章讨论美国长老会领导下的三个印刷机构。对于每个印刷机构,作者都从其设立经过、管理与经费、工匠与技术以及产品与传播等方面展开详细的研究。作者依据档案将各个印刷机构有关诸如刻工工资、纸张成本、印量、印刷机构的历年经费收支账目等数据整理出来,如墨海书馆印刷出版书目1844—1847、英华书院1868

年经费收支账目、华花圣经书房历年代印收入、美华书馆1861—1869年产量、美华书馆出版品分发统计等,令人耳目一新。除此之外,作者还对几个印刷机构的负责人,尤其是墨海书馆的伟烈亚力和上海美华书馆的姜别利进行重点研究。

比较《铸以代刻》不同版本的两个副标题,原来的"传教士与中文印刷变局"更贴合本书原意。大陆简体版改为"十九世纪中文印刷变局"虽然格局看似更大,但似乎有淡化本书中宗教作用之嫌。实际上宗教对于印刷术的产生、发展有重大的影响。雕版印刷术的早期应用与佛教传播有着密不可分的关系,谷腾堡印刷机最早也是为印刷《圣经》而出现的。究其原因主要有二:

一、有稳定的经济来源支持。教会设立印刷机构的主要目的是为帮助自己传教,因此很少会顾虑经营印刷的风险、盈利问题。大多数机构是依靠教会的慷慨的补助才得以生存,少数能够盈利的机构也出乎传教士的意料。教会依靠信徒募捐,可以将大笔资金投入印刷业,有时甚至会出现供过于需的情况。1853年"英国基督徒的捐款远远超过印刷100万部《新约》所需,八个月后累计已达33954镑,足够印刷200万部《新约》……接下来的数年中圣经公会补助印刷各种版本中文《圣经》的钱源源而至,墨海书馆也就不停的生产。"(第203页)

二、有大量的印刷需求。宗教所使用的经典,是传教的必需品,而且许多内容大批量复制以传播。原来旧方式已经无法满足其需要,新的印刷的方式就应运而生,但是新的方式并不一定是马上取代旧的方式,手抄佛经一直都存在,而在墨海书馆、英华书院等机构里雕版、石印和活字三种印刷方式也长期并存。

苏精本人早年在图书馆工作,熟悉传统的目录版本学,后来在英国求学,系统接受西方印刷史和书籍史的训练,善于利用目录学和书籍史相结合的方法。《铸以代刻》一书是建立在详细的档案史料基础之上的,这与罗伯特·达恩顿《启蒙运动的生意》一书相似,后者对《百科全书》的研究得益瑞纳沙泰尔印刷公司遗留下完整而详细的文献。利用档案史料研究,可以突破其他传统文献的局限,了解更加详细真实的史实,做出比前人更精细的结论和更准确的判断。(邹序,第6页)同时档案史料所透露出来的一些历史细节也值得后人玩味。例如翻译水平不高的印刷工汤姆斯"自愿不计酬劳再留一年,以排印自己英译的才子佳人弹词小说《花笺记》"。(第51页)麦都思在巴达维亚与华人论战,来到上海以后却收敛起来。伟烈亚力在墨海书馆一直为自己的加薪问题而烦恼。再如,不同中国工匠的做事风格完全不一样,以至于外国人看待华工的态度有着截然的不同。

但是《铸以代刻》一书"其成也档案,其失亦档案"。

首先,其书充分利用西方传教士遗留下来的书信、日志、各种报告和统计等文献,其视角重心在于传教士身上,因此其对于非传教作品及中文材料的研究并不充分。而这些非传教作品往往有更为广泛的传播,这一点似可以从中国的传统书目中找到踪迹。在论述华花圣经书房时,作者提到"华花圣经书房的产品中最受中国人欢迎的很可能是袆理哲的《地球图说》"(第405页)。而《地球图说》一书就被龚易图的《乌石山房藏书简明目录》所著录,如果作者稍加梳理传统书目材料就更能证明《地球图说》在中国的流行程度。

其次,《启蒙运动的生意》一书是以《百科全书》为线索贯穿全书,相比之下《铸以代刻》则是几个印刷机构同时展开,平均用力以求全面,但失去聚焦点。而且对于每个印刷机构的研究有些程式化,湮没各自的独特性。

最后,《铸以代刻》一书至少涉及三种币制:镑、元、两(文)。不同货币在历史不同时期购买力不同,而且晚清国内币制混乱,因此三种不同的币制可能会对读者的理解造成一定的影响。作者理应提前说明三种币制之间的换算关系,以及其在当时具体的购买力。

《帝制中国地方志的书写、出版和阅读（1100—1700年）》提要

陈灿彬

戴思哲（Joseph R. Dennis）《帝制中国地方志的书写、出版和阅读（1100—1700年）》（*Writing, Publishing, and Reading Local Gazetteers in Imperial China, 1100—1700*），Harvard University Asia Center，2015年出版。

戴思哲，现为美国威斯康星大学麦迪逊分校历史系教授，主要研究领域为地方志与法律史。本书是第一本用英文撰写的中国地方志研究专著，而且最重要的也是第一本从社会语境考察地方志的出版、流通、阅读和使用的著作。对于方志，历史学家主要从其中找到自己想要的材料，却未从社会、法律、经济史的角度作整体的分析。欧美学界对中国地志已有不少关注，如包弼德（Peter Bol）、卜正民（Timothy Brook）、魏丕信（Pierre-Etienne Will）等人的论文。（第2页）但是，戴思哲参照西方书籍史的研究范式，借用了罗伯特·丹顿（Robert Darton）提出的"传播循环"（communication-circuit），开拓出研究中国地方志的新方式。丹顿的研究理念就是分别考察出版者、印刷者、托运者、书贾和读者，并把他们关联起来，探究社会和文化问题。这是书籍的生命史，也是本书的章节框架，它由"编纂的推力""出版过程""阅读和使用"三部分组成，共分为七章。一方面回答是谁编纂地志，为什么要编，其中涉及哪些人际网络，地志编纂背后的博弈，出版所涉及的财务问题；另一方面回答地志如何发行、流传以及被人阅读和使用的问题。事实上，这两方面是相互影响，换言之，地志的阅读和使用影响了地志的编纂和出版，反之亦然。因

此，考察两者的互动也是本书的重点。为了解决这些问题，作者大量使用地方志的副文本（paratextual elements），如序跋、关于修志的请愿书、官方修志令、出版和编纂的人员清单、编纂者的记录。

　　第一章考察为什么不同层级的地方政府要编纂地志。本章先以明代正德皇帝的故事导入，然后追溯地方志的起源和发展，再次是地志的修撰如何在明代县级制度化。作者通过明代朝廷的两份修志凡例（1412、1418），认为朝廷的命令是修志的主要推力，然后分析朝廷之外的府县官员修志时所暗含的复杂动机。另外，对于边远地区，修志活动有着更为特殊的动机，如明代征服云南之后的一系列修志活动。它有助于边陲地区建立书面文化，并把土著纳入帝国政治秩序和文化版图之中。换言之，修志是了解帝国和同化土著的重要手段。与此同时，作者通过分析《马湖府志》前后两个版本，认为当地的安氏家族修志是归顺朝廷的标志，而把地志修成了族谱，则是通过这种公共文本（public texts），宣扬自己统治的合法性。第二章则以《新昌县志》为个案，分析地方是如何编纂地志及其背后的动机和博弈。地志乍看只是各种资料的汇编，然而它们的编纂都有独特的目的。《新昌县志》就是个生动的例子，其编者与书中的传记人物实际上有着各种血亲和姻亲关系。换言之，地方志变成策略性文本，有着严重的家谱化倾向。这样有利于建构编纂者在当地社会的合法性地位。另外，从读者对《新昌县志》的反应可以看到地志就是反映当地氏族身份的文本。明乎此，我们利用地志便要十分警惕材料的可信性。

　　第三章探讨地志的编纂过程。学者对地志体裁何时繁荣多有争论。巴兆祥认为是在十六世纪；张升则认为要更早些。处理这个问题关键要先厘清地方志的定义。作者认为地志是动态的文献（living documents），每逢一段时间就会得到更新、修补。巴氏的统计数据主要是已经成熟的地志，张氏则把先前的版本计算入内。事实上，地志随着王朝的建立和巩固而繁荣，特别是朝廷诏令的推动。另外，本章也考察了许多编纂过程的细节，如编纂的工作地点、参与编纂的人员类型及其薪酬、资料的来源、如何安排。最后再通过《衡州府志》的个案研究，展现编纂过程中地

《帝制中国地方志的书写、出版和阅读(1100—1700年)》提要

方如何与中央互动来完成这项工作的。第四章讲地志的出版,其形式分为抄本和刊本。虽然不少地志仅仅是稿本,但是相对于其他书籍类型,刊印地志在编纂者看来更为优越和正规。这种区分涉及广义和狭义的地志含义。(第176页)也就是说,狭义的地志是指成熟的地志。另外,地方志提供了大量的出版信息,这些细节有助于重构明代的出版状况。周弘祖《古今书刻》虽然也提供许多地域出版信息,但并不全面,如多围绕江南和福建的出版中心。地方志却可有效地补充。因此,本章关注了一些非出版中心,如北京、江西南昌、吉安等地。这些都是常被研究者忽略的地方。另外,刻工和稿本的流动都能被追踪,这样就能还原刻工的活动网络,丰富我们对当时出版市场的理解。第五章为地志所涉及的财务问题。刊印书籍的成本是多少?生产材料的成本?刻工的工资?刷印和装订的费用?这些问题是研究书籍史和社会史的重中之重,也是历来争议较多的地方。由于中国不像西方那样保留财务记录,学者依据各自的材料往往得出不同的结论,如明代的书价,伊维德、沈津和贾晋珠认为大多数人无法承担,而周启荣、周绍明和包筠雅则认为可以承受。本章支持周启荣的观点,用方志所提供的大量材料来佐证,这是一大突破。由于地方志的出版有明显的地域差异,其成本也不可能一致。如1552年广东用梨木雕版印刷一部地志仅花0.01两银子,只是16世纪80年代北京官刻的四十分之一。虽然如此,作者仍给我们提供了一个模型:明代中后期地志的成本可少至10两,也可多达370两;每页的成本从0.091两到0.437缗不等。

第六章研究潜在和实际的读者以及方志的发行方式。虽然方志的主要读者是官员和文人,但是编纂者所预设的潜在读者却涵盖更广,有男有女,有知识精英也有普通百姓,有当地人也有外地人。另外,书籍的发行销售方式有很多,但是方志却相对特殊。它并不是商业产品,所以并不会在书店销售;不过,旧方志有时会在市场流通。受命修志通常会以抄本的形式上交,原稿本则存放在衙门、学校等地。大部分编纂者会刊印方志,分发给政府、学校、编者、赞助者。雕版则多藏于当地衙门和儒学中,有需要就会印刷。这也意味着方志的读者大多是与官府有关的

人。然而,他们是如何阅读和使用呢? 这就是第七章想要解决的问题。作者使用夏蒂埃(Roger Chartier)"阐释社群"(interpretive communities)的概念,主要对官员、游客、文人、藏书家等类型如何阅读和使用进行分析论证,如准备上任的官员利用方志可以熟悉当地的风土人情,这有助于与当地氏族的合作和政策的实施;游客旅行随身携带方志,从中得到风景名胜的信息。作者都有详赡的例子进行说明。另外,方志还可以用来作为法律诉讼的证据。地志不但可以为无形的社会身份张本(如第二章所述),也能用来争夺有形的社会财产,如本章所举有关绍兴皂李湖的纠纷,就是当地居民对《上虞县志》出版后的反应和回击。各个版本的差异事实上体现了当地社会身份、权力、财产之争。因此,相关利益者会试图影响方志的内容生产,甚至行贿编者,伪造材料。

　　本书角度新颖,例子丰富,然而明代方志现存近千种,作者事实上只是使用五百多种(第6页),而且多为东部地区,更别说清代和民国现存还有七千余种。所以,有些数据和结论就显得不够全面。书中的时间界定是1100到1700年,因此,研究者仍然可以从时间上进一步拓展,不过要面对的是更为浩繁的资料。值得注意的是,地方志的数据化近几年有很大的进步,如爱如生的《中国方志库》、雕龙的《中国地方志》等等,这也将为进一步的研究工作提供了更大的便利。

《书的大历史：六千年的演进和变迁》提要

汪 斌

《书的大历史：六千年的演进和变迁》，作者［英］基思·休斯敦(Keith Houston)，由三联书店于 2020 年翻译出版，译者为伊玉岩、邵慧敏。该书原名 *The Book*：*A Cover-to-Cover Exploration of the Most Powerful Object of Our Time*，由诺顿公司（W. W. Norton & Company)于 2016 年出版。基思·休斯顿并非专职的学者，只是业余从事与语言、符号和古籍有关的研究，除本书外还著有《英语符号趣味学》(*Shady Characters*：*The Secret Life of Punctuation*，*Symbols & Other Typographical Marks*)等。

原书名可直译为《书籍：对我们时代最具影响力之物的一次全面探索》，书籍是指"电子书问世之前人类长期与之相伴并仰赖的实体书籍"，作者将其拆解为四个部分加以论述，即《纸张》(The Page)、《文字》(The Text)、《插图》(Illustrations)、《书籍的形式》(Form)，每一部分由三至四章内容构成，全方位探索了书籍的起源与演变。

第一部分以《纸张》为题，讨论人类书写材料由莎草纸、羊皮纸至纸张的发展史。第一章考察古埃及莎草纸的原料（纸莎草）、制造工艺、保存方式以及书写体验。有了类似莎草纸的书写材料，记载文字的卷轴才可能存在，书籍才可能诞生。第二章探讨羊皮纸的发明与流传。公元前二世纪，埃及经济遭战争破坏，导致莎草纸供应短缺，发源于帕加马的羊皮纸顺势取而代之。它书写光滑，寿命较长，很快成为欧洲古代和中世纪写作的主要载体。第三章详细阐述了相传为东汉蔡伦发明的造纸术所使用的原料和工艺流程。第四章则介绍纸张如何经由阿拉伯世界传入欧洲，仅仅用几个世纪就取代了羊皮纸的地位。欧洲造纸业对造纸工艺进行一系列改革后，最终实现了工业化机器造纸。在这个过程中，造纸原材料（亚麻布）的短缺导致木浆造纸技术的诞生，而化学造纸大量使用化学剂导致了纸张变得脆弱，从而促使了脱酸工艺产生。值得注意的是，第一部分原题为"The Page"，意为"页"，而蔡伦所发明的"纸张"称为"paper"，中文版两者皆译作"纸张"，读者须加以分别。

第二部分题为《文字》，原文为"The Text"，直译为"文本"，旨在探讨书籍的文本内容及其书写方式的演变过程。第五章《文字的出现》原题为"the arrival of writing"，追溯文字的起源及其书写演变。首先介绍了苏美尔人的楔形文字，其次讨论古埃及人用特制墨水在莎草纸上进行的书写。作者引介历代埃及学家的研究，指出埃及象形文字与闪米特语音的融合最终取代了楔形文字，成为字母文字的起源。此后，埃及的灯芯草笔演变为希腊芦苇笔，鞣酸铁墨水取代了碳墨水。第六章介绍古登堡发明活字印刷术的过程，涉及中国印刷史中的活字印刷。古登堡使用活字印刷而成的"四十二行圣经"开启了印刷书籍取代手抄本的大门。第七章，到了19世纪，书籍供不应求，古登堡时代的印刷设备亟待改进，机械印刷机应运而生并不断改良，机械印刷机的应用又产生了自动化排字的需求，由此诞生莱诺铸排机和莫诺铸排机。至此，书籍文本内容的印刷经历了由手写、手工印刷到工业机器印刷的演变，排版方式也由手工、机器铸排，最终被电脑排版取代。

第三部分《插图》聚焦于图像在印刷史中所起的重要作用，正是图像的印刷需求引发了印刷术的不断革命。首先，作者介绍了手写时期插图本的主要形式即泥金装饰手抄本，展示了图像相比于文字更加复杂的制作工艺（第八章）。印刷术出现后，相比于活字印刷，雕版印刷更易于印刷图像。木刻雕版印刷首先在中国出现，但是何时、如何传入欧洲并不明了。15世纪，雕版开始被欧洲人用于图像印刷。经过一系列工艺改良，木版画和活字印刷的成功结合，实现了插图本的大量印制（第九章）。铜板雕刻的发明弥补了雕版印刷中木版磨损的缺陷，然而铜版难以雕刻，为此又诞生了使用酸性溶液进行腐蚀的蚀刻技术（第十章）。19世纪，阿洛伊斯（Alois Senefelder）发明了平板印刷术，利用亲油和拒油两种材料特性，可以在平板上快速蚀刻文本，不必再分别印刷文字与图像，从而实现了活字印刷和铜版印刷的统一。与此同时，"达盖尔银版照相法"与"塔尔博特照相法"也被发明，这两种方法能够以前所未有的快捷将照片印刷出来。在照相法的基础上改良得到了"半色调浮雕印刷"，结合平板印刷和浮雕印刷，又诞生了照相平板印刷技术和卷筒纸胶版印刷技术，两者结合，可以实现几乎所有类型的大批量低成本印刷（第十一章）。

第一、二部分讨论了纸张、笔墨和文字，也就是书写的载体、工具和内容，最后一部分则进而研究最终呈现的书籍形式。第十二章详细分析了莎草纸卷轴的形制、制作方式，追溯该类卷轴在埃及历史上所发挥的重要作用。作者称莎草纸卷轴为书籍的祖先，探讨为何最先出现的是卷轴而不是其他形式。第十三章介绍考古发掘的早期分页书，指出莎草纸卷轴演变为分页书的两种可能途径："折本"的过渡形式，或是装订成册的信件。同时探讨了书籍的最初形式来自羊皮纸手抄本的可能性，但是由于缺乏实证，尚无定论。第十四章阐述分页书籍如何装订，对分页书籍装订的每一道工序，如封皮、缝线框架、环衬页、堵头布、衬背等都作了介绍。1837年，威廉·汉考克发明胶订法，颠覆了一千多年的制书传统，一直沿用至今。最后一章《尺寸为王：现代书籍的诞生》关注纸张的尺寸。现代书籍装帧的基本技术自文艺复兴后并无大的改变，倒是书的受众与外观发生了变化，主要就是由纸张的尺寸引起的。莎草纸和羊皮纸书籍的尺寸都取决于制作它们的材料。15世纪后，制书匠以四个折页"帖"为基础，将书的尺寸汇合为一个层级体系，根据其对折的次数从大到小形成对开本、四开本、八开本直至十六开本，而书籍的普及便是由阿尔杜斯印刷的八开本维吉尔作品开始的。

本书的四个部分中，纸张是书的物质载体，文字是书的内容，形式是纸张聚合为书籍的方式，三者各自独立又彼此关联，在书籍制作的历史上互相促进，最终演化为现代形式的书籍。而第三部分关于"插图"在出版史上作用的论述则体现了作者独具匠心之处。由于插图不像字母易于活字印刷，于是雕版得以应用。为解决雕版的磨损问题，发明了铜版蚀刻。由于铜版印刷为凹版，与活字凸版难以协调，从而引发了新一轮的改革，诞生了平板印刷和照相法。至此，文字与图像的印刷方式才得以统一。现代书籍印刷的诸多技术都是由插图印制的需要而得到推进的，作者以一持万，为我们清晰地展示了印刷技术的演进史。将这一部分置于图像与文本关系研究的视域中考察，与楠川幸子《为自然书籍制图》(Sachiko Kusukawa, *Picturing the Book of Nature*)等研究书籍史中图像所起作用的著作互相参照，可以更好地认识到图像如何促进了当代印刷技术的发展。

本书主要关注书籍印刷的技术层面，尤精于研究各种材料（如纸莎草）的物理、化学、生物特性，考察各类制作工艺（如平版印刷术）的物理化学原理、生产过程，试图从物质、技术层面对书籍史的诸多问题予以解答。例如在探讨为何活字印刷在欧洲取得成功而在中国失败时，作者指出以下四点原因：一、中国的墨水为水性墨水，不易黏附于金属、胶泥或瓷器印版上；二、中国的纸张太脆弱，只能轻刷，难以承受机械压印；三、水性墨水会泅透纸张，因此只能单面印制；四、汉字繁多且构造复杂，铸造难度大。由于作者将主要精力用于考察与书籍制作有关的物质与技术基础，因此对这一过程中作者、出版者、投资商、工匠、政府等主体之间的互动与博弈，以及书籍印刷后的分发与流通，虽偶有涉及，而未能详述。

本书将物质、技术层面叙述置于书籍的演化史中考察，着眼于书籍如何从最初的形态逐渐发展至现代书籍，选取作者认为的关键节点进行提纲挈领地勾勒，呈现出一个动态的过程。例如第四章指出造纸术的发展导致亚麻破布原料的短缺，原料短缺迫使纺车的应用，应用纺车使得原料增多，从而又带动了纸张生产增多，导致制作书籍的瓶颈转移到抄写员身上。待活字印刷解决了内容书写的问题，纸张生产的速度又重新受到亚麻原料短缺的限制，这种短缺甚至影响到整个社会的衣食住行，使国家的国防政策处于紧张状态，直到木浆造纸工艺发明后，这种紧张才得以缓和。又如第十五章中，作者指出文艺复兴后书籍的基本装帧技术没有改变，反而是书的受众与外观随纸张尺寸的变化而发生变动，而纸张尺寸的变动又受到造纸技术和政策的影响。可见作者往往能够从一些大的层面对书籍史予以关照，提出颇具启发性的观点。不过出于同样的原因，作者抓大放小，在一些历史细节方面未能予以翔实的考证。对于纸张、文字、插图、装帧在同一时期的彼此纠缠、互相促进，亦未能给予更多关注。

作者的史料应用也相当谨慎，例如在第三章引述蔡伦造纸的说法，以及第九章引用《马可·波罗游记》时，特别说明其真实性尚存争议，但是作者巧妙地利用了这些记载，指出它们无论真假，都在一定程度上反映出部分的现实或背后的时代思潮。

由于作者以现代书籍为演进的最终形态，由此向前追溯，导致视线主要聚焦于欧洲书籍史，只在有必要的时候才提及欧洲以外的书籍演化史，有时难免会有所忽略。例如在第四部分探讨分页书的装订时，就未曾涉及唐以后中国古籍的各类装帧形式。这一方面提醒我们跳出自身的视野局限，意识到中国古代典籍在西方书籍史学者研究中的地位仍待提高，另一方面也促使我们去书写自身的书籍史，将之呈现于世界书籍史研究中，如钱存训《书于竹帛》。

总而言之，本书以书籍的演化史为核心，以物质、技术基础为切入点，分纸张、文字、插图、形式四个方面，纲举目张，有条不紊地呈现了从文字、纸张起源到现代书籍的发展演变过程。著作最后还胪列了大量英文参考文献，可供读者按图索骥，深入了解书籍的制作历史。

《从书籍史到阅读史：阅读史研究理论与方法》提要

陈灿彬

《从书籍史到阅读史：阅读史研究理论与方法》，新星出版社2017年出版，戴联斌著。作者博士毕业于牛津大学，研究领域为中国书籍史、阅读史、知识史和社会文化史，尤其关注中国人文传统的形成和演化。博士论文研究明代学者对朱熹读书法的继承和发扬，并在2012年以《明代中国的书籍、阅读和知识》(Books, Reading, and Knowledge in Ming China)为名，由牛津大学出版社正式出版。

作者硕士期间就开始关注书籍史研究，这本书最初只是他的一份读书报告，是对欧美书籍和阅读史研究的学术史鸟瞰，是其开展中国书籍史研究的理论储备。这份报告在其博士毕业任教哈佛大学期间得到了修订和补充。作者的博士论文研究中国书籍和阅读史，因而，这本书不仅总结了西方阅读史的研究理论和方法，而且对西方研究中国书籍史的现状也有所兼顾。

不过，这本书的主要落脚点仍是西方阅读史的研究理论和方法，换言之，阅读史为什么能在欧美成为一个学术领域，它的理论前提和学科规范是什么？具体言之，阅读史的学科疆界是什么？它所研究的问题、所用的史料和方法又是什么？现阶段又取得了什么成就？本书除引言和赘语外，共分九章，章节基本按照作者想要回答的问题来安排。那么，阅读史是什么呢？

阅读史是书籍史的分支，研究的是读者及其阅读行为。书籍有两个最基本的特征，即文本和承载文本的物质形态。如果没有读者阅读，那就无法生成意义。因此，书籍是文本、物质形态、阅读三要素的统一体；而书籍史要研究的就是这三个要素如何相互作用，生成意义。

第一章描述阅读史家所面临的困境，也就是如何将读者反应批评理论运用于历史研究？阅读史的理论框架、概念和范畴基本是从文学批评理论，即读者反应批评理论（reader-response criticism）借来的。但阅读史研究是史学研究，如何打破文学批评理论和实证研究的界限是研究者所要考虑的首要问题。事实上，研究阅读行为要数史学界最早，甚至在二十世纪八十年代就已确立了两种研究史学传统。然而，由于向文学批评理论借镜，强调读者在文本意义生成中的角色，阅读史家虽然找到研究的理论前提，但理论和实证研究如何打通却是一大问题。

第二章叙述读者反应批评理论的贡献和缺憾，这是接续上一章的问题而来。既然阅读史研究的理论假说是读者反应批评理论，那么研究者是如何从这个理论中推演出自己的方法论？首先是读者问题。阅读史所研究的读者是历史上的真实读者，与读者反应批评理论基于作者意图和文本虚构的读者有所不同。其次是阅读过程，也就是读者对作品的接受和反应是受到其所处的社会和制度的影响。因此，想要寻找真实读者及其阅读过程就必须回到历史的语境中去。

那么，阅读史家如何改造读者反应批评理论？这是第三章要回答的问题。书籍史和新历史主义强调文本生产和消费中的社会和物质因素，也让读者和阅读研究回归历史。这是阅读史家用来改造的理论来源。不过，如何才能把这些概念范畴放到历史脉络中考察？作者由此对阅读史的学科疆界、研究问题、操作规范、史料、方法和研究实践做了一次考察。这也是第四章到第八章的内容。

阅读史融合了文本批评、目录学和文化史的方法，具有跨学科的性质。要做学科建设，学者就必须把它与其他学科区分开来，确立自己的独特性，也就是提出新问题。那么，阅读史的研究问题是什么呢？影响最大的是罗伯特·丹顿（Darnton）提出的六个问题：谁读，读什么，在哪儿，什么时候，为什么读，怎么读。这些问题又涉及思想演化、社会变革和权力关系三个维度。换言之，阅读习惯和模式如何变化、阅读如何启蒙和禁锢读者、阅读有何功用色彩、读者有何支配作用。这就是阅读史关心的问题。

那么，阅读史研究有何操作规范？第六章中，作者总结了两个理论和五个谬误，前者是研究者遵从的基本原理，即德·塞托的读者与文本互存理论和麦肯锡的文本物质形态理论；后者则是要规避的理论陷阱，即意图谬误、情感谬误、受容谬误、文化素养谬误、目录学谬误。

第七章，作者按阅读史要回答的问题给史料进行分类，主要涉及阅读技能培养和行为规训（读书指南）、书籍持有与流通（财产清单、借阅记录、目录）、个体读者体验（回忆录、日记、口述史、编者往来、书迷来信、图像资料、小说描写）、阅读痕迹（书钞、边批）、文化与社会认同（社会学调查、家访报告、读书会和文学社），以及思想钳制与文字狱（法律案卷）。问题不同，材料自然不同，这是毫无疑问的。

第八章讲研究方法。在麦肯锡的文本社会学理论之前，研究者主要使用的方法是历史计量分析和纯粹的文本阐释。在此之后，研究者则多以书籍三要素为基础进行研究。虽然理论有着许多建构，但目前阅读史研究最切实可行仍是个案研究。作者归纳出五种研究方法：基于文本的方法、基于物质形态的方法、基于读者的方法、政治分析法和经济分析法。阅读行为的本质是抽绎意义的过程。研究过程中必须找到历史上的真实读者，在具体的历史环境考察，回答他们怎么读，为什么读的问题。值得注意的是，历史上的读者实际接触的版本与后代是有差异的，这一点经常为研究者所忽略。

第九章是述评当今阅读史研究所取得的一些成就。这些观点虽然不能说普适，但对于不同传统、文化的研究是有启发的。如阅读类型有许多种，重要的有公共阅读与私密阅读，默读与朗读、群体阅读和个体阅读。所有的阅读模式都有不同的社会和文化功能，它们的转变甚至意味着历史的变革。这也就是"阅读革命"的理论基础。欧美学界已提出三次阅读革命假说。不过，图书生产的革命能否促成阅读革命是要打上问号的。换言之，古腾堡的印刷术并不能促成阅读模式的根本变革，正如电子书的出现尚无法完全取代纸质书一样。因此，学者称一部好的阅读史"应该再现一个历史时期阅读的多种可能性以及不同阅读模式之间的冲突,而不是简化为从一个模式到另一个模式的转变"。此外,作者重点介绍了夏蒂埃的"拈借说",这个理论旨在研究读者使用和理解文本的历史,让阅读史变成了一门社会史。易言之,阅读史的中心应该是文本世界和读者世界交汇的地带,阅读史要研究的,应该是"符号控制机制"与阐释策略中的逻辑的关系——前者产生传统和规范,后者则决定具体的阅读行为和意义抽绎过程。(第157页)

本书面对的是中国读者,所以结语部分还简单梳理了欧美学者对中国书籍史的研究脉络,大致经历由印刷技术史和出版史转向书籍文化史和社会史的变化。这种转向无疑是受到西方书籍史理论的影响。这方面的研究综述,如梅尔清(Tobie Meyer-Fong)《印刷的世界:书籍、出版文化和中华帝国晚期的社会》(中文本见《史林》2008年第4期。英文本"The Printed World: Books, Publishing Culture, and Society in Late Imperial China", *The Journal of Asian Studies* Vol. 66, No. 3 [August] 2007: 787 - 817)、国内学者如王余光、许欢《西方阅读史研究述评与中国阅读史研究的新进展》(《高校图书馆工作》2005年第2期)、张仲民《从书籍史到阅读史——关于晚清书籍史/阅读史研究的若干思考》(《史林》2007年第5期)、赵益《从文献史、书籍史到文献文化史》(南京大学学报[哲学·人文科学·社会科学版]2013年第3期)、侯琳《海外中国书籍史研究——以美国明清史为主》(华东师范大学中国史专业2017年硕士论文),都可以给我们提供一个思考的新维度。

总而言之,本书专门面向中文读者,较为系统地介绍了欧美阅读史的研究理论和方法,提供了大量英文文献书目。读者自可按图索骥,找到符合自己研究的方法论。值得注意的是,本书一直强调理论与实证的对立。理论到底对实证有何助益,这是值得我们思考的。对于这类理论介绍的书籍,我们有必要了解其中的理论,可以借鉴,但又不可过于迷恋。也就是说,研究仍要回归史料,切忌"以论代史"。这可能也是阅读史理论所倡导的回到历史语境中去吧。

《近代中国的学术与藏书》提要

翟新明

高田时雄（Takata Tokio），日本著名汉学家、敦煌学研究专家。1949 年出生于日本大阪市，1972 年毕业于日本京都大学文学部，在硕、博士班继续修习，师从小川环树教授。1976 年进入巴黎社会科学高等研究院学习，师从李嘉乐教授（Alexis Rygaloff），1980 年获取该校语言学博士学位；1981 年在京都大学博士班结业，2005 年获取该校文学博士学位（2006 年 1 月授予学位）。1981 年以后任教于日本学术振兴会、北海道国立小樽商科大学、京都大学教养部等，1989 年开始在京都大学人文科学研究所任教，负责语言史研究部门，1997 年升任教授，2014 年 3 月退休，获得荣誉教授称号。退休后，高田时雄还兼任复旦大学历史学系特聘教授、日本关西大学东西学术研究所委嘱研究员等。

《近代中国的学术与藏书》是高田时雄最新出版的学术论文集，由北京中华书局于 2018 年 4 月出版。柴剑虹作序《厘清史实，促进交流，功莫大焉》，实际上可视同一篇简要介绍与书评；书后有高田时雄《后记》，记述自己对于敦煌文献与汉籍研究的渊源历程。本书共计收录论文二十篇，均为作者在 2001 至 2015 年间写成发表的论文，其中十篇原即中文写成发表，七篇原为日文写成发表，后翻译为中文在中国刊物上发表，三篇为收入本书时由作者翻译为中文。所有论文在出版时均经作者重加校阅修订。

从内容上来看，本书所收论文，基本是对日本学人海外访书始末及汉籍在海外流传的考察，即是对文献文化史研究领域中书籍史的考察，其中又以对敦煌文献的考察为主体而最具系统性。本书所收前七篇论文均是与敦煌文献相关的研究成果,包括《李滂与白坚》《明治四十三年京都文科大学清国派遣员北京访书始末》《探求敦煌写本》《内藤湖南的敦煌学》《清野谦次搜集敦煌写经的下落》《羽田亨与敦煌写本》《日藏敦煌遗书的来源与真伪问题》,主要涉及的是敦煌文献流入日本的途径、经过,以及日本学者对中国、欧洲所藏敦煌文献的访求始末。此外所及,《金楷理传略》《清末的英语学:邝其照与其著作》二文是对清末德籍美国学者金楷理与中国学者邝其照的翻译事业的考察,《朱塞佩·罗斯与罗斯文库》《意大利汉籍的搜集》《摇篮时代的欧洲汉语课本》《宋刊本〈周易集解〉的再发现》四文是对欧洲所藏汉籍与汉学研究的考察,《近代日本之汉籍收藏与编目》《陶湘所藏五百九十一种丛书购买始末》《〈广州通纪〉初探》《中尊寺本金银泥字〈大唐西域记〉的旧藏者》四文是对日本所藏汉籍的考察与研究,《俄国中亚考察团所获藏品与日本学者》《俄藏利玛窦〈世界地图〉札记》《俄罗斯〈黑皮丛书〉简介》三文则是对俄罗斯所藏汉籍与汉学研究的考察。

自 1990 年敦煌文献被发现以来,斯坦因、伯希和等先后至敦煌掠夺文献,俄国、日本亦有盗买,清政府则迟至 1910 年才重视到这一批文献,而在残存文献运抵学部之前,又被李盛铎等盗取部分文献。敦煌文献成为 20 世纪与甲骨文、汉简、明清档案相并列的史料四大发现之一,并经国内外学者的共同努力,而形成现代学术史上蔚为显学的敦煌学研究。对于敦煌文献的研究,国内外学者都屡有发现发明,而对于日本所藏敦煌文献传入的来源、经过,则关注者较少。在英国、法国、俄罗斯之外,日本藏有相当数量的敦煌写本,并成为敦煌学研究中心之一,其中以羽田亨所藏李盛铎盗取之敦煌写本最为完备与重要,而李盛铎所藏流入日本的脉络向来并不清晰。高田时雄《李滂与白坚》一文从李盛铎第十子李滂入手,由其委托白坚寻找生母日本人横沟菊子为引,对于李盛铎所藏敦煌写本经李滂、白坚之手而转入羽田亨收藏这一过程,进行了大胆而细密的推论。外如论述清末京都文科大学五位学者至清政府学部、日本学者至欧洲访查敦煌文献,内藤湖南、清野谦次、羽田亨等学者收集、查访敦煌文献及其下落等问题，都进行了同样精彩的考察，并综合考论了日藏敦煌遗书的来源及其真伪问题。

1976至1980年间，高田时雄留学法国，在关注敦煌文献的同时，并搜访欧洲所藏汉籍，此后又涉及对意大利与俄罗斯所藏汉籍的考察。与对敦煌文献的关注点相似，高田时雄也着重关注到汉籍传入域外的过程，也即书籍流传的过程。在考察罗斯文库、意大利汉籍、日本汉籍、俄罗斯汉籍的收集、流传、研究之外，高田时雄还对具体的文献如宋刊本《周易集解》、日本抄本《广州通纪》、金银泥字《大唐西域记》、俄藏利玛窦《世界地图》等做了具体而微的考察。此外，高田时雄还关注到了近代中国翻译以及欧洲对汉语的学习问题，尤其是对金楷理、邝其照的翻译著作和欧洲的汉语课本进行了详尽的考察，总体上仍然属于对汉籍的考察范围，旁涉海外汉学的研究。

高田时雄在本书《后记》中称"其中大部分篇目都是关于'书'与'文献'，因此书名中的'学术与藏书'正是本书的关键词"，事实上，本书所收的二十篇论文也确实主要关注于汉籍的流传与研究，也就是集中于对近来国内学术界盛行的域外汉籍与海外汉学的关注。高田时雄本人精通日、中、英、法、德、俄等数国语言，故对于世界汉学尤其是敦煌学研究成果能够有全面细致的把握，其在各国访书的经历，也为他对于汉籍流传的考察提供了便利和帮助。另一方面，除所寓目的汉籍及相关研究论著外，高田时雄还大量利用了官私书信、新闻报道、网络资料，以及研究机构和私人所藏各类文献，以此来对汉籍流传过程中具体的问题进行考证，故能发掘新文献，提出新问题与观点。限于直接材料的缺失，部分考察虽不免于带有推测、联想的成分，但引述史料翔实，逻辑缜密，推论亦具有"同情"心理，对于相关史实的考察确实能够见前人所未见、发前人所未发，而具有相当的学术价值，在研究方法、材料和视角上对于国内学术研究大有裨益。

本书取"近代中国的学术与藏书"为论文集名，应是考虑到敦煌文献以及汉籍的流入域外主要发生在近代中国，而汉籍与海外汉学研究亦与近代中国学术相关。但本书所收论文基本是关涉汉籍在域外的流传，与近代中国的实际关联性并不太大。此外,因是论文结集的形式,虽然明确区分了敦煌文献与各国汉籍研究,但部分论文的次序编排亦有不尽合理处,如《明治四十三年京都文科大学清国派遣员北京访书始末》一文涉及的事件发生时间在《李滂与白坚》一文之前,且涉及内藤湖南与李盛铎交往,为后文中李盛铎所藏敦煌文献转入日本奠定基础,二文次序理应调换。又如《朱塞佩·罗斯与罗斯文库》一文,罗斯虽为意大利外交官,但本文所考察的罗斯文库实际上是建立在中国,并与日本购买相关,似不应安排在欧洲汉籍部分。总体来说,本书所涉及的主题虽是关于汉籍,但主体部分仍是日本与欧洲对汉籍的访求、流传及下落问题,故"近代中国"一题仍可斟酌,而全书框架安排也值得重新考虑。